항균잉크란?

코로나19 바이러스 "친환경 99.9% 항균잉크 인쇄" 전격 도입

언제 끝날지 모를 코로나19 바이러스
99.9% 항균잉크(V-CLEAN99)를 도입하여 「**안심도서**」로
독자분들의 건강과 안전을 위해 노력하겠습니다.

항균잉크(V-CLEAN99)의 특징

- 바이러스, 박테리아, 곰팡이 등에 항균효과가 있는 산화아연을 적용
- 산화아연은 한국의 식약처와 미국의 FDA에서 식품첨가물로 인증받아 **강력한 항균력**을 구현하는 소재
- 황색포도상구균과 대장균에 대한 테스트를 완료하여 **99.9%의 강력한 항균효과** 확인
- 잉크 내 중금속, 잔류성 오염물질 등 **유해 물질 저감**

TEST REPORT

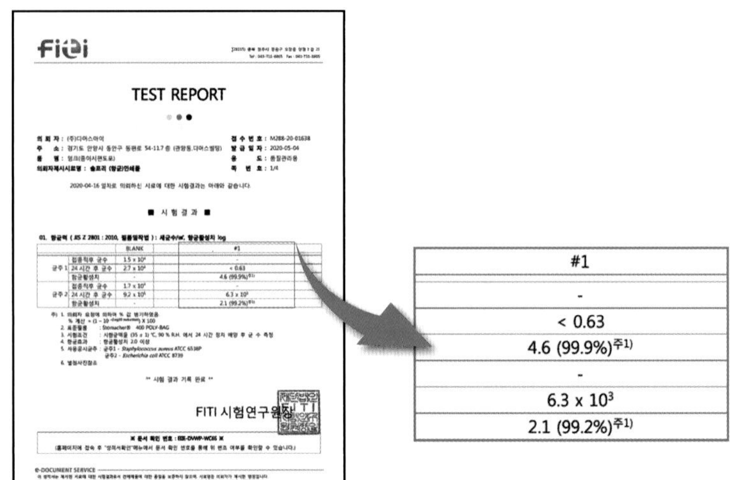

TEST REPORT

#1
-
< 0.63
4.6 (99.9%)주1)
-
6.3×10^3
2.1 (99.2%)주1)

FITI 시험연구원장

측량 및 지형 공간정보산업기사

[필기]

PREFACE

머 리 말

측량 및 지형공간정보산업기사의 수행업무

국토의 이용 및 개발, 건설공사, 공간정보 및 관련 DB 구축을 위하여 각종 측량 및 공간정보 구축에 대한 자료취득, 성과작성 및 점검 등의 세부적인 업무를 수행합니다.

측량 및 지형공간정보산업기사의 진로와 전망

측량 및 지형공간정보산업기사는 토목, 건축 등의 시공과 관련된 모든 건설업체, 건설구조물의 안전 및 점검 관련 진단업체, 기본측량의 측지측량업체, 공공측량 등을 수행하는 모든 공사 · 공단, 항공사진측량을 활용한 항공사진측량업체, 최근 드론을 활용한 기관 등에 진출할 수 있습니다. 최근 3D화의 요구에 따라 스마트도시를 구축하고, 자율주행 등을 위한 3D 도로망의 구축으로 측량기술자의 활용이 증대되고 있으며, 앞으로 전체 도시로의 확대를 위한 요구에 따라 측량기술자의 고용 창출이 증대되리라 기대하고 있습니다.

측량 및 지형공간정보산업기사 필기시험 합격을 위한 본 서적의 구성

본서에는 최근 기출문제 출제경향, 빨간키(빨리보는 간단한 키워드) 핵심요약, 핵심이론과 핵심예제, 과년도+최근 기출복원문제와 해설 등이 수록되어 있습니다.

측량 및 지형공간정보산업기사 필기시험 합격을 위한 학습방법

기출문제의 풀이와 자주 출제되는 내용을 완벽하게 숙지하고, 중요 공식을 이해하고 암기한다면 수험생 여러분은 합격의 기쁨을 느끼실 것입니다.

여러분 모두 수험생활 동안 어려움과 유혹을 이겨내시고 합격이라는 목표를 가지고 최선을 다하시어 측량 및 지형공간정보산업기사 자격 취득의 영광을 얻으시길 바랍니다.

감사합니다.

공학박사 김명배

시험 안내

개 요

오늘날 우리 생활에 요구되는 수많은 지형 및 공간에 대한 정보를 수집, 처리, 분석하기 위한 지상측량과 항공사진측량, 인공위성에 의한 영상획득 및 원격탐사 등에 대한 전문적인 지식과 기술을 갖춘 기술 인력을 양성하기 위하여 자격제도를 제정하였다.

진로 및 전망

❶ 정부의 도시행정 및 지역행정 관련부서, 도시개발공사, 한국도로공사, 수자원공사 등의 정부투자기관, 각종 협회, 건설업체 등 다양한 분야로 진출할 수 있다.

❷ 현재 국가와 지방자치단체에서 지적도 전산화, 토지기록관리 전산화 등의 토지정보체계(LIS) 구축사업과 국가지리정보체계(NGIS) 구축사업, 도시정보체계(UIS) 구축사업 등이 활발하게 진행되고 있으나 미국의 경우 공공부문에서만 매년 5조원 규모의 지형공간정보 관련 시장이 형성되고 있으며, 캐나다는 1조 3천억원 규모의 시장에 2천여개의 업체가 GIS 산업에 종사하는 데 비해, 우리나라는 1천억원 규모의 시장에 250여 업체가 활동하고 있어 앞으로 발전전망이 매우 높다고 할 수 있다. 또한 활용면에 있어서 도로, 철도, 상 · 하수도, 가스, 전력, 통신, 재해관리, 국토공간관리 등 공공분야는 물론 물류분야, 차량항법 분야 등 민간분야에서도 폭넓게 이용될 수 있어 이 분야의 자격취득자에 대한 인력수요는 증가할 것으로 판단된다.

시험일정

구 분	필기원서접수 (인터넷)	필기시험	필기합격 (예정자)발표	실기원서접수	실기시험	최종 합격자 발표일
제1회	1.25~1.28	3.2~3.17	3.23	4.5~4.8	5.7~5.20	6.3
제2회	3.29~4.1	4.17~4.27	5.18	6.21~6.24	7.24~8.5	8.19
제4회	8.16~8.19	9.14~10.3	10.13	10.25~10.28	11.19~12.2	12.16

※ 상기 시험일정은 시행처의 사정에 따라 변경될 수 있으니, www.q-net.or.kr에서 확인하시기 바랍니다.

시험요강

❶ 시행처 : 한국산업인력공단(www.q-net.or.kr)

❷ 관련 학과 : 대학 및 전문대학의 토목 및 건축공학 등 관련 학과

❸ 시험과목
- ㉠ 필기 : 응용측량, 사진측량 및 원격탐사, 지리정보시스템(GIS) 및 위성측위시스템(GNSS), 측량학
- ㉡ 실기 : 측량및지형공간정보 실무

❹ 검정방법
- ㉠ 필기 : 객관식 4지 택일형 과목당 20문항(과목당 30분)
- ㉡ 실기 : 작업형(1시간 50분 정도, 100점)

❺ 합격기준 : 100점 만점에 60점 이상 득점자
- ㉠ 필기 : 100점을 만점으로 하여 과목당 40점 이상, 전 과목 평균 60점 이상
- ㉡ 실기 : 100점을 만점으로 하여 60점 이상

검정현황

필기 시험

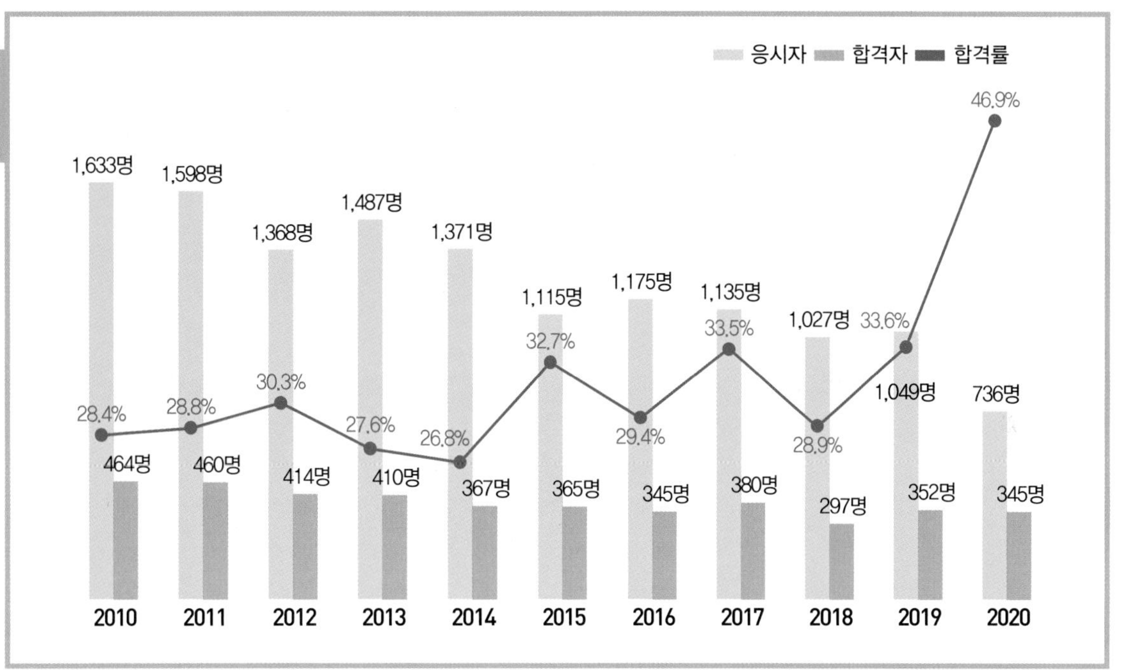

실기 시험

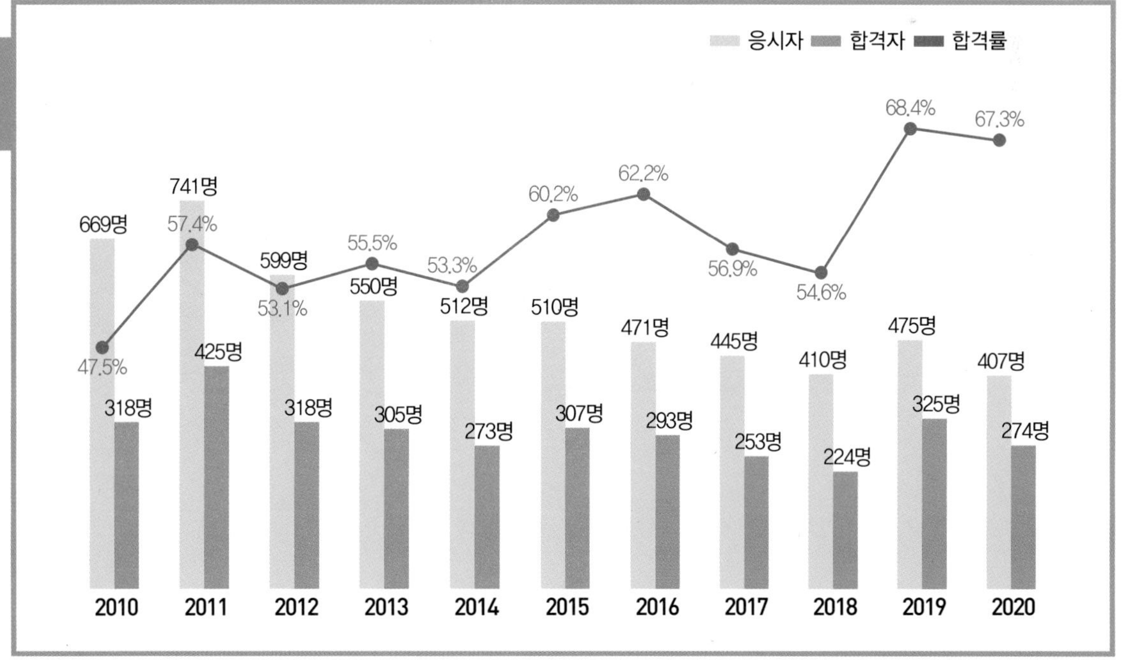

출제기준

필기과목명	주요항목	세부항목	세세항목	
응용측량	면적 및 체적측량	면적 및 체적측량	• 면적측량	• 체적측량
		면적분할법	• 면적분할법	• 면적분할의 활용
	노선측량	노선측량의 개요	• 노선 측량의 목적 • 노선 측량의 응용	• 곡선의 종류
		중심선 및 종횡단 측량	• 중심선 계산 및 설치	• 종횡단 측량
		단곡선 설치와 계산 및 이용방법	• 단곡선 설치	• 단곡선 계산 및 이용
		완화곡선의 종류별 설치와 계산 및 이용방법	• 완화곡선 종류 및 설치 • 편경사(캔트) 및 확폭(슬랙)	• 완화곡선 계산 및 이용
		종곡선 설치와 계산 및 이용방법	• 종곡선 설치	• 종곡선 계산 및 이용
	하천측량	하천의 수준기표 및 종횡단 측량	• 수준기표 측량 • 대횡단 측량	• 거리표 측량(종단)
		하천의 수위관측 및 이용방법	• 하천 수위관측	• 이용방법
		하천의 유속, 유량의 측정 및 계산방법	• 유속측정 및 계산 • 유량곡선	• 유량계산
	수로측량	연안조사 및 해안선 측량	• 자료조사 • 해안선측량	• 연안조사
		조석관측	• 조위표 설치	• 조석관측
		수심측량	• 수심측량	• 도면작성
	터널측량	터널측량의 방법 및 단면측량	• 터널 내 측량 • 터널 내외 연결측량	• 터널 외 측량 • 터널단면측량
	시설물측량	도로시설물측량	• 자료조사 • 대장 및 도서작성	• 도로시설물측량
		지하시설물측량	• 자료조사 • 대장 및 도서작성	• 지하시설물측량
		기타 시설물측량	• 자료조사 • 대장 및 도서작성	• 위치 및 변위 측량
사진측량 및 원격탐사	사진측량	사진측량의 개요	• 사진측량의 정의 및 분류 • 사진측량 장비	• 사진측량의 특징 • 사진측량정확도
		입체시 특성	• 원리 및 방법	• 시차 및 시차차
		사진촬영	• 계획 및 준비	• 촬영 조건
		사진판독	• 판독요소	• 판독순서
		사진기준점 측량	• 계획 및 준비	• 기준점 측량
		세부도화에 관한 사항	• 사진표정	• 세부도화
		공간영상지도제작	• 정사보정 • 수치지형모형	• 모자이크 및 영상처리
	원격탐사	정의 및 특성	• 정의 및 특성 • 원격탐사 응용	• 플랫폼 및 센서 종류
		자료처리 및 분석	• 영상수집 • 영상처리 • 영상편집	• 영상보정 • 영상분석

필기과목명	주요항목	세부항목	세세항목	
지리정보 시스템(GIS) 및 위성측위 시스템(GNSS)	지리정보 시스템(GIS)	GIS의 개요	• 정의, 유형	• 주요기능, 특성
		GIS의 구성 요소	• 하드웨어, 소프트웨어	• 데이터베이스
		공간정보 구축	• 지도, 수치지도 및 기본지리정보 • 디지타이징 및 스캐닝 • 지하 공간정보	• 좌표변환 • 3차원 공간정보
		GIS 데이터베이스	• 자료(공간, 속성)구조	• 자료관리
		GIS 표준화	• 데이터 모델 • 메타데이터	• 데이터 포맷
		데이터 처리 및 공간분석	• 데이터 처리	• 공간분석
		GIS 응용	• GIS 응용분야	
	위성측위 시스템(GNSS)	위성측위 일반 사항	• 위성측위 일반	• 위성측위 시스템의 제원
		GNSS(위성측위)의 원리	• GNSS(위성측위)의 원리 • 위성신호의 전달	• GNSS(위성측위)위성신호
		GNSS(위성측위)측위	• GNSS(위성측위) 항법 • DGPS 원리	• 단독측위원리 • 오차의 종류
		GNSS(위성측위)의 응용	• 공공분야 • 기타활용분야	• 민간분야
측량학	측량학에 대한 전문적인 지식이 요구되는 사항	지구의 크기와 형상, 운동	• 지구타원체 • 측지경위도	• 구면삼각형
		좌표계와 위치 결정	• 극좌표 • UTM좌표계 • 투영법	• 평면직교좌표계 • 우리나라측량의 원점
		측량기기의 종류 및 조정	• 기기 종류	• 기기별 조정
		거리 및 각측량	• 거리측량	• 각측량
		삼변 및 삼각측량	• 특징 및 정확도 • 조정계산	• 작업순서, 관측 • 결과정리
		다각측량(트래버스측량)	• 특징 및 정확도 • 조정계산	• 작업순서, 관측 • 좌표전개
		수준측량	• 정의, 분류, 용어 • 수준망 조정	• 야장기입법 • 교호수준측량
		지형측량	• 지형도 작성	• 오차 및 정확도
		측량오차론	• 오차의 종류	• 조정계산 방법
	공간정보의 구축 및 관리 등에 관한 법령	총 칙	• 목 적	• 정 의
		측량통칙	• 측량의 계획	• 측량의 기준
		기본측량	• 실 시 • 측량성과의 심사	• 측량성과
		공공측량 및 일반측량	• 실 시 • 측량성과의 심사	• 측량성과
		측량업 및 기술자	• 측량업 등록	• 측량기술자
		지명, 성능검사, 벌칙	• 지 명 • 벌 칙	• 성능검사

이 책의 구성과 특징

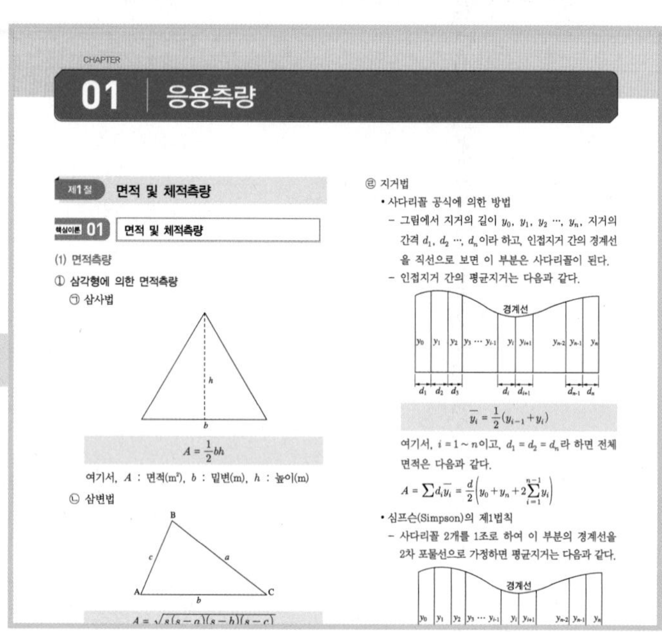

CHAPTER

01 | 응용측량

제1절 면적 및 체적측량

핵심이론 01 면적 및 체적측량

(1) 면적측량

① 삼각형에 의한 면적측량

㉠ 삼사법

$$A = \frac{1}{2}bh$$

여기서, A : 면적(m²), b : 밑변(m), h : 높이(m)

㉡ 삼변법

$$A = \sqrt{s(s-a)(s-b)(s-c)}$$

㉣ 지거법

- 사다리꼴 공식에 의한 방법
  - 그림에서 지거의 길이 $y_0, y_1, y_2 \cdots, y_n$, 지거의 간격 $d_1, d_2 \cdots, d_n$이라 하고, 인접지거 간의 경계선을 직선으로 보면 이 부분은 사다리꼴이 된다.
  - 인접지거 간의 평균지거는 다음과 같다.

$$\overline{y_i} = \frac{1}{2}(y_{i-1} + y_i)$$

여기서, $i = 1 \sim n$이고, $d_1 = d_2 = d_n$라 하면 전체 면적은 다음과 같다.

$$A = \sum d_i \overline{y_i} = \frac{d}{2}\left(y_0 + y_n + 2\sum_{i=1}^{n-1} y_i\right)$$

- 심프슨(Simpson)의 제1법칙
  - 사다리꼴 2개를 1조로 하여 이 부분의 경계선을 2차 포물선으로 가정하면 평균지거는 다음과 같다.

핵심이론

필수적으로 학습해야 하는 중요한 이론들을 각 과목별로 분류하여 수록하였습니다.
시험과 관계없는 두꺼운 기본서의 복잡한 이론은 이제 그만!
시험에 꼭 나오는 이론을 중심으로 효과적으로 공부하십시오.

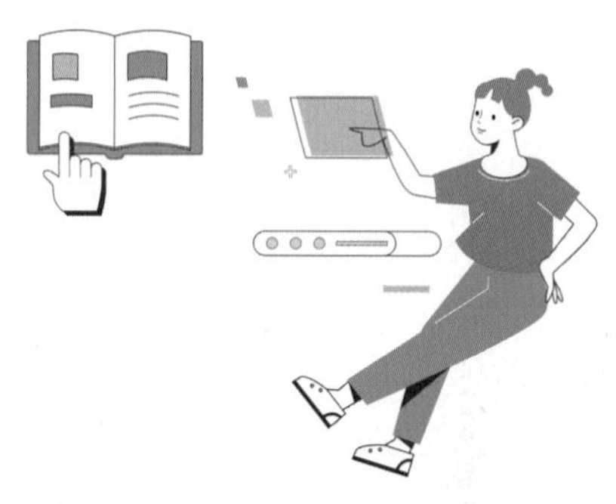

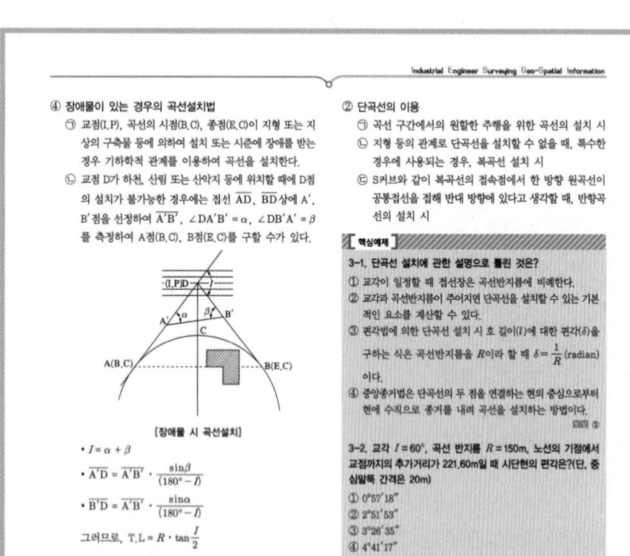

Industrial Engineer Surveying Geo-Spatial Information

④ 장애물이 있는 경우의 곡선설치법

㉠ 교점(I.P), 곡선의 시점(B.C), 종점(E.C)이 지형 또는 지상의 구축물 등에 의하여 설치 또는 시준에 장애를 받는 경우 기하학적 관계를 이용하여 곡선을 설치한다.

㉡ 교점 D가 하천, 산림 또는 산악지 등에 위치할 때에 D점의 설치가 불가능한 경우에는 접선 $\overline{AD}$, $\overline{BD}$상에 A′, B′점을 선정하여 $\overline{A'B'}$, ∠DA′B′ = α, ∠DB′A′ = β를 측정하여 A점(B.C), B점(E.C)를 구할 수가 있다.

[장애물 시 곡선설치]

- $I = \alpha + \beta$
- $\overline{A'D} = \overline{A'B'} \cdot \frac{\sin\beta}{(180° - I)}$
- $\overline{B'D} = \overline{A'B'} \cdot \frac{\sin\alpha}{(180° - I)}$

그러므로, $T.L = R \cdot \tan\frac{I}{2}$

- $\overline{AA'} = T.L - \overline{A'D}$
- $\overline{BB'} = T.L - \overline{B'D}$

㉢ B.C, E.C가 결정되면 원곡선의 설치는 가능해진다.

② 단곡선의 이용

㉠ 곡선 구간에서의 원할한 주행을 위한 곡선의 설치 시

㉡ 지형 등의 관계로 단곡선을 설치할 수 없을 때, 특수한 경우에 사용되는 경우, 복곡선 설치 시

㉢ S커브와 같이 복곡선의 접속점에서 한 방향 원곡선이 공통접선을 접해 반대 방향에 있다고 생각할 때, 반향곡선의 설치 시

[핵심예제]

3-1. 단곡선 설치에 관한 설명으로 틀린 것은?

① 교각이 일정할 때 접선장은 곡선반지름에 비례한다.
② 교각과 곡선반지름이 주어지면 단곡선을 설치할 수 있는 기본적인 요소를 계산할 수 있다.
③ 편각법에 의한 단곡선 설치 시 호 길이(l)에 대한 편각(δ)을 구하는 식은 곡선반지름을 R이라 할 때 $\delta = \frac{1}{R}$(radian)이다.
④ 중앙종거법은 단곡선의 두 점을 연결하는 현의 중심으로부터 현에 수직으로 종거를 내려 곡선을 설치하는 방법이다.

정답 ③

3-2. 교각 $I = 60°$, 곡선 반지름 $R = 150$m, 노선의 기점에서 교점까지의 추가거리가 221.60m일 때 시단현의 편각은?(단, 중심말뚝 간격은 20m)

① 0°57′18″
② 2°51′53″
③ 3°26′35″
④ 4°41′17″

정답 ①

3-3. 노선측량에서 단곡선의 곡선반지름 $R = 100$m, 교각 $I = 60°$라면 옳지 않은 것은?

① 장현(L) = 120m

핵심예제

출제기준을 중심으로 출제빈도가 높은 기출문제와 필수적으로 풀어보아야 할 문제를 핵심이론당 1~2문제씩 선정했습니다. 각 문제마다 핵심을 찌르는 명쾌한 해설이 수록되어 있습니다.

측량 및 지형공간정보산업기사

2016년 제1회 | 과년도 기출문제

제1과목 응용측량

01 터널의 갱내외 연결측량에서 측량방법이 아닌 것은?

① 정렬식에 의한 연결법
② 2개의 수직터널에 의한 연결법
③ 삼각법에 의한 연결법
④ 외접 다각형법에 의한 연결법

해설
외접 다각형법에 의한 연결법은 갱내 곡선설치방법이다.
터널의 갱내외 연결측량방법
• 1개의 수직갱에 의한 연결방법(정렬식, 삼각법)
• 2개의 수직갱의 연결방법

02 반지름 286.45m, 교각 76°24′28″인 단곡선의 곡선길이(C.L)는?

① 379.00m ② 380.00m
③ 381.00m ④ 382.00m

해설
곡선길이(C.L) $= \frac{\pi}{180} \times R \times I°$
C.L = 0.0174533 × 286.45 × 76°24′28″ = 382.00m

04 노선에 단곡선을 설치할 때, 교점 부근에 하천이 있어 그림과 같이 A′, B′를 선정하여 $\alpha = 36°14'20''$, $\beta = 42°26'40''$를 얻었다면 접선길이(T.L)는?(단, 곡선의 반지름은 224m이다)

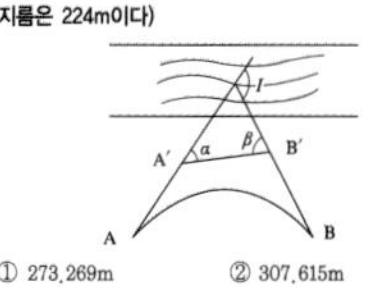

① 273.269m ② 307.615m
③ 327.865m ④ 559.663m

해설
교각$(I) = 180° - (\alpha + \beta) = 180° - (36°14'20'' + 42°26'40'')$
$= 101°19'00''$
T.L $= R \times \tan\frac{I}{2} = 224 \times \tan\frac{101°19'00''}{2} = 273.269$m

과년도 기출문제

지금까지 출제된 과년도 기출문제를 수록하였습니다. 각 문제에는 자세한 해설이 추가되어 핵심이론만으로는 아쉬운 내용을 보충 학습하고 출제경향의 변화를 확인할 수 있습니다.

측량 및 지형공간정보산업기사

2021년 제2회 | 최근 기출복원문제

제1과목 응용측량

01 도로의 기울기 계산을 위한 수준측량 결과가 그림과 같을 때 A, B점 간의 기울기는?(단, A, B점 간의 경사거리는 42m이다)

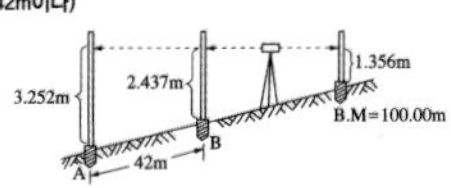

① 1.94% ② 2.02%
③ 7.76% ④ 10.38%

해설
$H_B = 100 + 1.356 - 2.437 = 98.919$m
$H_A = 100 + 1.356 - 3.252 = 98.104$m
$h = 98.919 - 98.104 = 0.815$m
$D = \sqrt{l^2 - h^2} = \sqrt{42^2 - 0.815^2} = 41.992$m
$\therefore i = \frac{h}{D} \times 100 = \frac{0.815}{41.992} \times 100 = 1.94\%$

02 땅고르기 작업을 위해 토지를 격자(4 × 3m) 모양으로 분할하고, 각 교점의 지반고를 측량한 결과가 그림과 같을 때, 전체 토량은?(단, 표고 단위 : m)

2.4 2.5 2.8 3.0

03 수로측량의 수심을 결정하기 위한 기준면으로 사용되는 것은?

① 대조의 평균고조면 ② 약최고고조면
③ 평균저조면 ④ 기본수준면

해설
육지표고기준을 기본으로 평균해수면(기본수준면)을 통해 수로측량의 수심을 결정하기 위한 기준면으로 사용하고 있다.

04 도로 설계에서 클로소이드곡선의 매개변수(A)를 2배로 하면 동일한 곡선반지름에서 클로소이드곡선의 길이는 몇 배가 되는가?

① 2배 ② 4배
③ 6배 ④ 8배

해설
$A^2 = RL = \frac{L^3}{2r} = 2rR^2$

05 그림과 같은 토지의 면적을 심프슨 제1공식을 적용하여 구한 값이 44m²라면 거리 D는?

최근 기출복원문제

최근에 출제된 기출문제를 복원하여 가장 최신의 출제경향을 파악하고 새롭게 출제된 문제의 유형을 익혀 처음 보는 문제들도 모두 맞힐 수 있도록 하였습니다.

최근 기출문제 출제경향

2018년 2회

- 점곡법의 체적계산
- 원곡선 설치
- 수심측량계산
- GIS의 자료구조
- 사진측량의 축척계산
- 거리측량의 오차조정
- 수준측량의 계산

2018년 4회

- 하천의 수위관측설치
- 단곡선 설치
- 사진측량의 비고
- GIS의 분석기능
- GNSS의 특징
- 교호수준측량의 계산

2019년 1회

- 심프슨의 면적계산
- 지형도 지형표시방법
- 곡선설치
- 곡선설치 확폭
- 하천측량의 특징
- 사진측량의 특징
- 사진측량의 기복변위
- 수치영상의 표현방법
- 거리측량의 오차

2019년 2회

- 곡선설치방법
- 완화곡선의 설명
- 하천측량의 유속측정법
- 심프슨의 면적계산
- 항공사진측량의 계획
- 사진측량의 비고
- GIS의 기능
- GPS의 정확도
- 측량의 최확값 계산

2019년
4회

- 도상의 면적계산
- 곡선설치방법
- 하천수위결정
- 사진측량의 특수3점
- 원격탐사의 특징
- GIS자료데이터의 특징
- 거리측량의 오차
- 수준측량의 계산

2020년
1·2회 통합

- 각주공식에 의한 면적계산
- 하천측량의 특징 및 수심계산
- 단곡선 설치 특징
- 사진측량의 축적
- 사진측량의 영상 판독
- GIS자료구조 특징
- GPS위성시스템의 특징
- 교호수준측량
- 등고선의 성질

2020년
4회

- 클로소이드의 완화곡선길이
- 심프슨공식에 의한 면적계산
- 곡선설치
- 사진측량의 비고계산
- 사진판독요소
- GIS의 자료구조
- GIS의 분석기법
- 최확값 계산

2021년
2회

- 수준측량에 의한 기울기산정
- 점고법에 의한 체적계산
- 터널시공측량방법
- 사진측량 영상분류
- 기선고도비
- GIS의 자료입력방법
- GIS의 특징
- 교호수준측량
- 거리측량오차

목 차

빨 빨리보는

/

간 간단한

/

키 키워드

당신의 시험에 빨간불이 들어왔다면!
최다빈출키워드만 모아놓은
합격비법 핵심 요약집 빨간키와 함께하세요!
그대의 합격을 기원합니다.

CHAPTER 01 응용측량

■ 면적측량

- 삼사법

$$A = \frac{1}{2}bh$$

- 삼변법

$$A = \sqrt{s(s-a)(s-b)(s-c)}$$

여기서, $s = \frac{1}{2}(a+b+c)$

- 협각법(두 변과 그 협각을 알 경우)

$$A = \frac{1}{2} \cdot b \cdot c \cdot \sin\alpha$$

- 지거법

$$A = \sum d_i y_i = \frac{d}{2}\left(y_0 + y_n + 2\sum_{r=1}^{n-1} y_r\right)$$

- 심프슨(Simpson)의 제1법칙

$$A = \sum 2d \cdot \overline{y_i} = \frac{d}{3}\left(y_0 + y_n + 4\sum_{i=0}^{n-2} y_{2i+1} + 2\sum_{i=1}^{(n-2)/2} y_{2i}\right)$$

- 심프슨(Simpson)의 제2법칙

$$A = \sum 3d \cdot \overline{y_i} = \frac{3}{8}d\left\{y_0 + y_n + 3\left(\sum_{i=0}^{(n-3)/3} y_{3i+1} + \sum_{i=0}^{(n-3)/3} y_{i+2}\right) + 2\sum_{i=1}^{(n-3)/3} y_{3i}\right\}$$

- 좌표에 의한 면적 계산

$$A = \frac{1}{2}\{x_1(y_2 - y_n) + X_2(y_3 - y_1) + \cdots + x_n(y_1 - y_{n-1})\}$$

체적측량

- 양단면평균법

$$V = \frac{(A_1 + A_2)}{2} \cdot l$$

- 중앙단면법

$$V = l \cdot A_m$$

- 각주 공식

$$V = \frac{l}{3}\left(A_0 + A_n + 4\sum A_{\text{홀수}} + 2\sum A_{\text{짝수}}\right)$$

- 점고법에 의한 체적 계산

  – 사각형 분할 시 : $V = \frac{A}{4}\left(\sum h_1 + 2\sum h_2 + 3\sum h_3 + 4\sum h_4\right)$

  – 삼각형 분할 시 : $V = \frac{A}{6}\left(\sum h_1 + 2\sum h_2 + \cdots + 8\sum h_8\right)$

- 등고선법에 의한 체적 계산

$$V = \frac{l}{3}\{A_1 + A_n + 2(A_3 + A_5 + \cdots + A_{n-2}) + 4(A_2 + A_4 + \cdots + A_{n-1})\}$$

면적 분할법

- 한 변에 평행한 직선에 의한 분할

$$\overline{\text{AD}} = \overline{\text{AB}} \cdot \sqrt{\frac{m}{m+n}}$$

- 변상(邊上)의 고정점을 통과하는 직선에 의한 분할

$$\overline{\text{BQ}} = \frac{\overline{\text{AB}} \cdot \overline{\text{BC}}}{\overline{\text{BP}}} \cdot \frac{m}{m+n}$$

- 정점(頂點)을 통과하는 직선에 의한 분할

$$\overline{\text{BP}} = \overline{\text{BC}} \cdot \frac{l}{l+m+n}$$

- 사다리꼴의 저변(底邊)에 평행한 직선에 의한 분할

$$\overline{\text{AP}} = \overline{\text{AB}} \cdot \frac{\overline{\text{PQ}} - \overline{\text{AD}}}{\overline{\text{BC}} - \overline{\text{AD}}}$$

- 사변형의 1정점을 통과하는 직선에 의한 분할

$$\overline{\text{PD}} = 2\frac{\triangle\text{APD}}{\overline{\text{AH}}} = \frac{2n}{m+n} \cdot \frac{F}{\overline{\text{AH}}}$$

- 다각형의 분할

$$\frac{F}{k} = F_3 \cdot \frac{n}{m+n} + F_4 \cdot \frac{m'}{m'+n'} + \cdots$$

■ 단곡선 설치

- 단곡선의 계산
  - 접선장(T.L) = $R \cdot \tan\frac{I}{2}$
  - 곡선장(C.L) = $0.0174533RI°$
  - 외선장(S.L) = $R \cdot \sec\frac{I}{2} - R = R\left(\sec\frac{I}{2} - 1\right)$
  - 장현(C) = $2R \cdot \sin\frac{I}{2}$
  - 중앙종거(M) = $R\left(1 - \cos\frac{I}{2}\right)$
- 편각 설치
  - $\delta_1 = 1{,}718.87' \times \frac{\overset{\frown}{\mathrm{AP}_1}}{R}\mathrm{min}$
  - $\delta_2 = 1{,}718.87' \times \frac{\overset{\frown}{\mathrm{AP}_2}}{R}\mathrm{min}$
  - $\delta_3 = 1{,}718.87' \times \frac{\overset{\frown}{\mathrm{AP}_3}}{R}\mathrm{min}$
- 중앙종거법에 의한 설치법

  $\overline{\mathrm{CM}} = R\left(1 - \cos\frac{I}{2}\right)$
- 완화 곡선에는 클로소이드, 3차포물선, 렘니스케이트 곡선 등이 있다.
- 편경사(캔트)

  $i = \tan\theta = \frac{P}{W} = \frac{mV^2/R}{m \cdot g} = \frac{V^2}{g \cdot R} ≒ \frac{C}{b}$
- 확 폭

  $\varepsilon_0 = \frac{L^2}{2R}$
- 종곡선 설치
  - 접선 길이(l) = $\frac{R}{2}(m - n)$
  - 종거(y) = $\frac{x^2}{2R}$

■ 하천측량

평균유속의 계산

• 1점법 : $V_m = V_{0.6}$

 - 수면으로부터 수심의 6/10 되는 곳의 유속을 측정하고, 이것을 평균유속으로 한다.
 - 약 5%의 차이가 있다.

• 2점법 : $V_m = \frac{1}{2}(V_{0.2} + V_{0.8})$

 - 수면으로부터 수심이 2/10와 8/10 되는 곳의 유속을 측정하여 구하는 방법이다.
 - 약 2%의 차이가 있다.

• 3점법 : $V_m = \frac{1}{4}(V_{0.2} + 2V_{0.6} + V_{0.8})$

 - 수면으로부터 수심이 2/10, 6/10, 8/10 되는 곳의 유속을 측정하여 구하는 방법이다.

• 4점법 : $V_m = \frac{1}{5}\left\{V_{0.2} + V_{0.4} + V_{0.6} + V_{0.8} + \frac{1}{2}\left(V_{0.2} + \frac{V_{0.89}}{2}\right)\right\}$

 - 수면으로부터 수심이 2/10, 4/10, 6/10, 8/10 되는 곳의 유속을 측정하여 이들로부터 평균유속을 구하는 방법이다.

■ 수심측량

• 단일빔 음향측심기
• 다중빔 음향측심기
• 라이다(LiDAR)에 의한 수심측량

CHAPTER 02 사진측량 및 원격탐사

■ 사진측량의 장점

- 짧은 시간에 넓은 면적을 촬영 : 접근하기 어려운 곳의 측량이 가능하다. → 경제성
- 점의 측정이 아닌 전체의 측정이 가능하다(정량 + 정성). → 정확성, 정확도 균일성
- 기록을 보관하였다가 차후에 다른 부분을 다른 목적으로 사용 가능하다. → 다양한 활용성
- 동적 대상물의 순간 포착이 가능하다(4차원 측량이 가능). → 순간성

■ 사진측량의 단점

- 기상의 영향을 많이 받는다.
- 소지역 대축척의 경우 비경제적이다.
- 지상측량이 필요하다.

■ 시차 및 시차차

시차(視差, Parallax)란 어떤 대상물이 관측 시점(視點, Point of Observation)이 달라짐에 따라 배경면(Reference Frame)에서의 위치가 다르게 보이는 현상을 말한다.

■ 중복도(종중복과 횡중복, Endlap and Sidelap)

지도제작을 위한 측량용 사진은 반드시 입체쌍 사진이어야 하므로 이때 사진의 중복도는 촬영 진행방향으로 60%, 인접코스 간 30%를 표준으로 한다. 단, 필요한 경우 진행방향으로 80%, 인접코스 간 65%까지 중복시킬 수 있다.

■ 축척(Scale)

$$M = \frac{1}{m} = \frac{f}{H} = \frac{l}{S} = \frac{f}{H \pm h}$$

($+h$인 경우는 평균표고 아래 비고가 있을 때)

■ 촬영기선길이

- 촬영경로의 촬영 중에 임의의 촬영점으로부터 다음 촬영점까지의 실제거리를 촬영기선거리 또는 촬영종기선거리라 한다.

  B = 사진크기의 실거리 $\times \left(1-\frac{p}{100}\right)$

- 촬영경로 사이의 간격(C_0)은 촬영횡기선길이라 한다.

  C_0 = 사진면 크기의 실거리 $\times \left(1-\frac{q}{100}\right)$

■ 사진 및 모형의 수, 기준점측량 작업량

- 유효면적의 계산
  - 사진 한 매의 경우

    $$A_0 = (a \cdot m)(a \cdot m) = a^2 \cdot m^2 = \frac{a^2H^2}{f^2}$$

  - 단코스 촬영경로의 경우

    $$A_1 = (a \cdot m)(a \cdot m)\left(1-\frac{p}{100}\right) = a^2 \cdot m^2\left(1-\frac{p}{100}\right)$$

  - 복코스 촬영경로의 경우

    $$A_2 = (a \cdot m)(a \cdot m)\left(1-\frac{p}{100}\right)\left(1-\frac{q}{100}\right) = a^2 \cdot m^2\left(1-\frac{p}{100}\right)\left(1-\frac{q}{100}\right)$$

  여기서, a : 사진 한 변의 길이, m : 사진축척 분모수

- 모델수
  - 안전율을 고려한 경우

    $M_n = \frac{F}{A} \times$ (1 + 안전율)

  - 안전율을 고려하지 않았을 경우

    ⓐ D = (촬영경로의 종방향 길이 ÷ B) → 한 촬영경로의 모형수

    ⓑ D' = (촬영경로의 횡방향 전체길이 ÷ C_0) → 경로수

    ⓒ 단촬영경로의 모형수(M_{na}) = D, 사진매수 = $D + 1$

    ⓓ 복촬영경로의 모형수(M_{nb}) = $D \times D'$, 사진매수 = $(D + 1) \times D'$

  여기서, B : 촬영 종기선길이, D : 모형수, D' : 경로수, C_0 : 촬영횡기선 길이

- 지상기준점 측량의 작업량
  - 작업량은 수평위치 기준점의 수와 수직위치 측량에 대한 거리를 산출하면 된다.
  - 수평위치 기준점의 수 : 모형의 수 × 2
  - 수직위치 기준점량 : [촬영경로의 종방향 길이 × (2 × 경로의 수 + 1) + 촬영경로의 횡방향 길이 × 2]km

■ 표 정

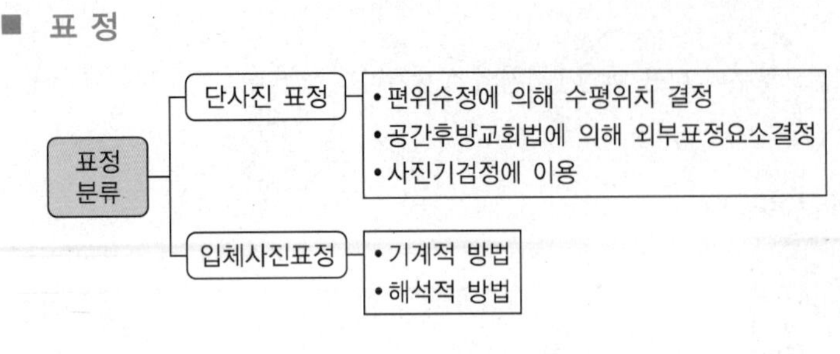
표정 분류
단사진 표정
• 편위수정에 의해 수평위치 결정
• 공간후방교회법에 의해 외부표정요소결정
• 사진기검정에 이용
입체사진표정
• 기계적 방법
• 해석적 방법

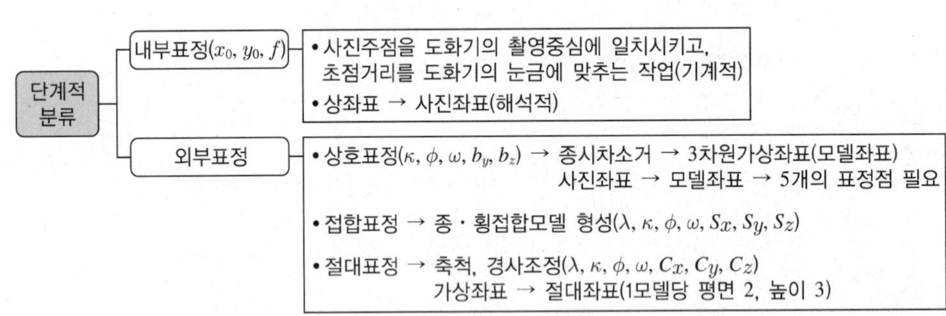
단계적 분류
내부표정(x_0, y_0, f)
• 사진주점을 도화기의 촬영중심에 일치시키고, 초점거리를 도화기의 눈금에 맞추는 작업(기계적)
• 상좌표 → 사진좌표(해석적)
외부표정
• 상호표정(κ, ϕ, ω, b_y, b_z) → 종시차소거 → 3차원가상좌표(모델좌표)
사진좌표 → 모델좌표 → 5개의 표정점 필요
• 접합표정 → 종 · 횡접합모델 형성(λ, κ, ϕ, ω, Sx, Sy, Sz)
• 절대표정 → 축척, 경사조정(λ, κ, ϕ, ω, Cx, Cy, Cz)
가상좌표 → 절대좌표(1모델당 평면 2, 높이 3)

CHAPTER 03 지리정보시스템(GIS) 및 위성측위시스템(GNSS)

■ GIS의 구성요소

- 하드웨어
- 소프트웨어
- 데이터베이스

■ 디지타이징 및 스캐닝

- 디지타이징(Digitizing)
  - 디지타이저를 이용한다.
  - 작업자의 숙련도와 사용되는 소프트웨어의 성능이 중요하다.
  - 입력시간이 많이 걸리는 반면 작업자의 판단에 따른 낡은 도면도 입력이 가능하며 지적도 등의 대축척지도 입력에 유용하다.
- 스캐닝(Scanning)
  - 평판스캐너 또는 원통형스캐너를 이용한다.
  - 스캐닝 테이블에 종이지도를 부착시키면 지도상의 모든 자료를 스캐너가 자동으로 읽어 밝기값의 수치로 저장한다.
- 디지타이징과 스캐닝의 비교
  - 스캐닝은 디지타이징과 비교하여 5～10배 빠른 작업속도, 스캐닝에 가장 적합한 지도는 깨끗하고 단순하며 문자나 그래픽 심벌과 같은 부수적 정보를 많이 포함하지 않은 지도의 입력에 용이하며, 다량의 지도입력에도 유리하다.
  - 디지타이징은 입력될 지도의 양이 적고 스캐닝이 용이하지 않은 지도의 입력에 유리하다.

■ 입력오차의 유형

- 디지타이징 오차
  - 위치오차 : 종이의 변형, Overshooting, Undershooting, Spike 등
- 스캐닝 오차

■ 자료(공간, 속성)구조

• 벡터구조

점(Point), 선(Line, Arc), 면(Polygon, Area)이 공간상에 존재하는 불규칙한 형상의 객체를 나타낸다.

• 격자구조

- 공간은 일정한 크기의 격자(셀, Cell, Pixel)로써 나누어진다.
- 자료압축저장기법

ⓐ Run-length Code 기법 ⓑ Quadtree 기법

ⓒ Block Code 기법 ⓓ Chain Code 기법

• 벡터와 격자의 비교

- 벡터구조의 장점

ⓐ 복잡한 현실세계의 묘사가 가능하다.

ⓑ 보다 압축된 자료구조를 제공하기 때문에 데이터 용량의 축소가 용이하다.

ⓒ 위상에 관한 정보가 제공되므로 관망분석과 같은 다양한 공간분석이 가능하다.

ⓓ 그래픽의 정확도가 높다.

ⓔ 그래픽과 관련된 속성정보의 추출 및 일반화, 갱신 등이 용이하다.

- 벡터구조의 단점

ⓐ 자료구조가 복잡하다.

ⓑ 여러 레이어의 중첩이나 분석에 기술적으로 어려움이 수반된다.

ⓒ 각각의 그래픽 구성요소는 각기 다른 위상구조를 가지므로 분석에 어려움이 크다.

ⓓ 그래픽의 정확도가 높은 관계로 도식과 출력에 비싼 장비가 요구된다.

ⓔ 일반적으로 값비싼 하드웨어와 소프트웨어가 요구되므로 초기 비용이 많이 든다.

■ 위성측위 시스템

위성측위(GNSS) 개발 및 운용국

• 미국의 위성(GPS)
• 러시아 위성(GRONASS)
• 유럽연합 위성(GALLILEO)
• 중국 위성(Beidou, 북두)

■ 구 성

우주부문, 제어부문, 사용자부문으로 나눈다.

■ 신호(주파수)

• 각 위성은 두 가지의 다른 주파수의 신호를 동시에 발생시키는데 L1 반송파라고 알려진 1.57542GHz 주파수와 L2 반송파라고 불리는 1.2276GHz 주파수의 신호로 구성되어 있다.

• 반송파에 중첩되는 정보는 PRN(Pseudo-Random Noise) 부호와 항법 메시지(Navigation Message)로 이루어진다.

■ 단독측위 원리

여러 개(4개 이상)의 위성으로부터 한 개의 수신기까지의 거리를 측정하고 이들을 사용하여 후방교회법의 원리에 따라 수신기의 3차원 위치를 결정하는 방법이다.

■ DGPS 원리

두 개 또는 그 이상의 코드형 수신기를 사용하는 상대측위법의 하나로서 하나의 수신기를 기지점(기준국)에 설치하여 의사거리에 포함된 각종 오차에 대한 보정자료를 생성하고 동시에 미지점(이동국)에 또 다른 수신기를 설치하여 기지점에서 생성된 오차 보정자료를 이용하여 미지점의 자료를 보정함으로써 높은 정밀도를 구하는 측위법이다.

■ RTK GPS방법

의사거리 대신에 실시간에서 보정된 반송파의 위상차를 사용하여 DGPS와 유사한 방법으로 오차를 제거하는 방법을 실시간 GPS 측량이라 한다.

■ 위성측위 방법

• 1중차감법
두 개의 다른 수신기(두 개의 측점)에서 하나의 위성을 동시에 관측할 때 두 개의 수신기에서 수신되는 신호의 순간적인 위상차를 측정하여 그들의 차를 구하는 방법이다.

• 2중차감법
하나의 위성에 대하여 1중차감을 행하고 동시에 또 다른 위성에 대하여 똑같은 1중차감을 실행한 후 두 방정식의 대수적 차에 의하여 결정하는 방법이다.

• 3중차감법
수신기, 위성, 시간이 모두 계산의 주체가 되며, 2중차감을 두 번의 연속된 시간에 두 번 시행하여 그 차를 구하여 얻는 방법이다.

■ 오차의 종류

• 시스템 오차
- DGPS, 상대측위로 보정 가능
- 위성시계오차, 위성궤도오차
- 전리층 굴절오차
- 대류권 굴절오차
- SA(Selective Availability)에 의한 오차

• 수신기 오차

CHAPTER 04 측량학

■ 수준측량용기기의 조정

시준선의 조정

- 시준선 오차는 수준측량에서 전시와 후시의 길이를 같게 하면 자연적으로 상쇄된다.
- 항정법에 의한 시준선의 조정 : $e = \dfrac{r_{1B} - r_{1A} - r_{2B} + r_{2A}}{2}$

■ 트랜싯과 데오드라이트의 조정

- 평반기포관의 조정(평반기포관축⊥연직축)
- 십자종선의 조정(십자종선⊥수평축)
- 수평축의 조정(수평축⊥연직축)
- 십자횡선의 조정(십자횡선 수평축이 평행)
- 망원경 기포관의 조정(시준선 기포관축이 평행)
- 연직분도원의 버니어 조정(기포가 중앙에 있을 때 연직분도원 0눈금과 연직버니어 0은 일치할 것)

■ 거리측량

정오차의 보정

- 표준척 보정(특성값 보정) : $C_0 = \pm \dfrac{l - l'}{l'} L$
- 온도보정 : $C_t = \alpha(t - t_0)L$
- 장력보정 : $C_p = \dfrac{(p - p_0)}{AE} L$
- 처짐보정 : $C_s = -\dfrac{L}{24}\left(\dfrac{wl}{P}\right)^2$
- 경사보정 : $C_i = -\dfrac{h^2}{2L}$
- 표고보정 : $C_m = -\dfrac{h}{R} L$

※ $D = L + C_0 + C_t + C_p + C_s + C_i + C_m$

■ 각측량

• 단측법

- 한 개의 각을 1회 관측으로 얻는 방법
- 각 관측정도

ⓐ 1방향에 생기는 오차 : $m_1 = \pm\sqrt{\alpha^2+\beta^2}$

ⓑ 각 관측(두 방향의 오차)의 오차 : $m_2 = \pm\sqrt{2(\alpha^2+\beta^2)}$

ⓒ n회 관측한 평균값에 있어서의 오차 : $M = \pm\sqrt{\frac{2}{n}(\alpha^2+\beta^2)}$

• 배각법(반복법)

- 한 각을 2회 이상 측정하여 그 평균치를 얻는 방법
- 각 관측정도

ⓐ 1각에 포함되는 시준오차 : $m_1 = \sqrt{\frac{2\alpha^2}{n}}$

ⓑ 1각에 포함되는 읽기오차 : $m_2 = \pm\sqrt{\frac{2\beta^2}{n}}$

ⓒ 1각에 생기는 배각관측오차 : $M = \pm\sqrt{\frac{2}{n}\left(\alpha^2+\frac{\beta^2}{n}\right)}$

• 방향관측법

- 한 점 주위에 여러 개의 각이 있을 때 이용
- 각 관측정도는 단측법과 동일

• 조합관측법

조합관측법은 수평각 관측법 중에서 가장 정밀한 결과를 얻을 수 있어 1등 삼각측량에 이용된다.

■ 각측정 오차 및 보정

시준오차 : $\frac{\Delta d}{d} = \frac{\theta''}{\rho''}$

■ 삼변 및 삼각측량

• 단열삼각망

- 하천, 철도, 도로, 수로 등을 건설하고자 할 경우와 같이 측량할 대상이 비교적 폭이 좁고 길이가 긴 지형에 적합한 형태의 삼각망을 단열삼각망이라 한다.
- 같은 거리에 대하여 측점수가 가장 적으므로 측량이 간단하여 경제적이나 측정오차에 대한 오차소거 목적으로 구성되는 조건식의 수가 다른 형태의 삼각망에 비해 적어 정밀도가 낮은 단점이 있다.

• 사변형삼각망

사변형삼각망은 포함되는 면적이 작고, 다른 형태의 삼각망에 비해 측정값에 따른 조건식의 수가 많아 오차조정이 복잡하고 시간이 많이 소요되는 단점이 있지만, 높은 정밀도를 요구하는 지역의 측량이나 기선을 확대하기 위한 기선삼각측량에 사용된다.

• 유심삼각망

유심삼각망은 각 삼각형의 측정 중 하나가 어느 한 지점으로 수렴하는 형태로 구성되는 삼각망으로서, 동일 측점수에 비해 포함면적이 커서 대규모 농지, 단지 등 방대한 지역의 측량에 적합하며, 정확도는 단열삼각망과 사변형삼각망의 중간에 해당한다.

■ 다각측량

• 각측량의 조정

− 교각법(폐합다각형의 경우)

ⓐ 내각 측정 시 : $[\alpha] = 180°(n-2)$

ⓑ 외각 측정 시 : $[\alpha] = 180°(n+2)$

여기서, n은 트래버스의 변의 수를 나타낸다.

− 편각법

ⓐ 각 측선이 전 측선과 이루는 각으로 180° 미만의 협각을 말하며, 주로 도로 및 철도 등의 측량에 사용한다.

ⓑ 편각은 좌우편각이 있으며, 폐합인 경우 편각 총합은 ±360°이다.

− 방위각법

ⓐ 진북선(N)을 중심으로 구하려는 측선과 이루는 우회각을 방위각이라 한다.

• 트래버스측량의 계산 및 조정

− 측각의 오차점검

ⓐ 폐합트래버스의 경우

내각 측정 : $\Delta\alpha = [\alpha] - 180°(n-2)$

외각 측정 : $\Delta\alpha = [\alpha] - 180°(n+2)$

여기서, $\Delta\alpha$는 오차량, n는 변수, $[\alpha]$는 관측값의 총합을 말한다.

ⓑ 결합트래버스의 경우

$\Delta\alpha = W_a - W_b + [\alpha] - 180°(n-2) \Rightarrow$ 그림 (a)

$\Delta\alpha = W_a - W_b + [\alpha] - 180°(n-1) \Rightarrow$ 그림 (b), (c)

$\Delta\alpha = W_a - W_b + [\alpha] - 180°(n-3) \Rightarrow$ 그림 (d)

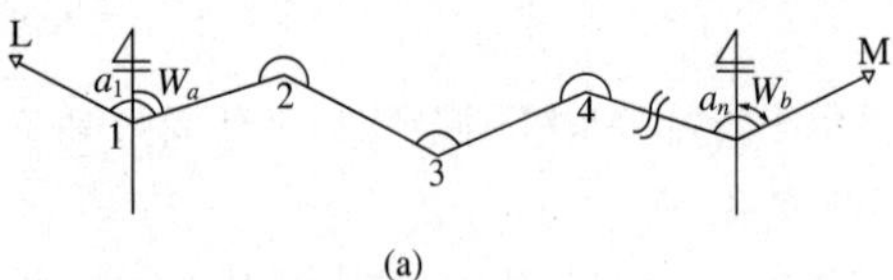

(a)

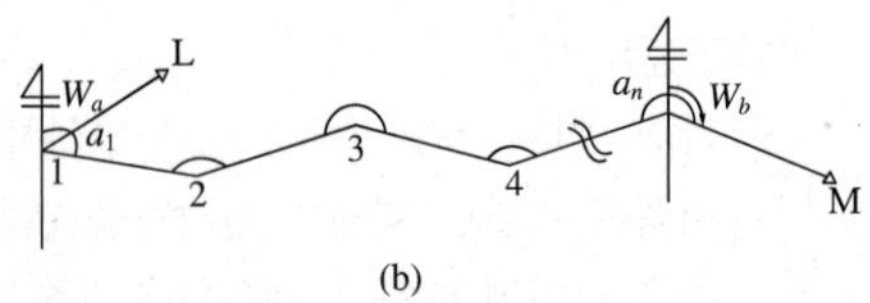

(b)

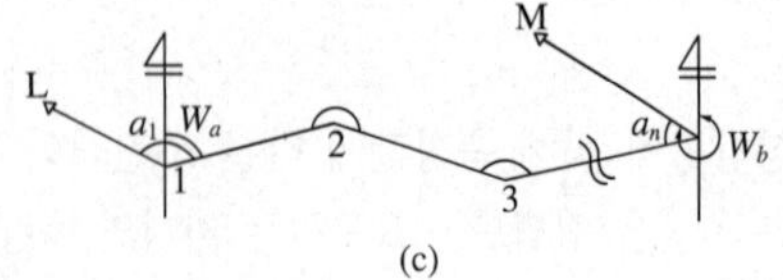

(c)

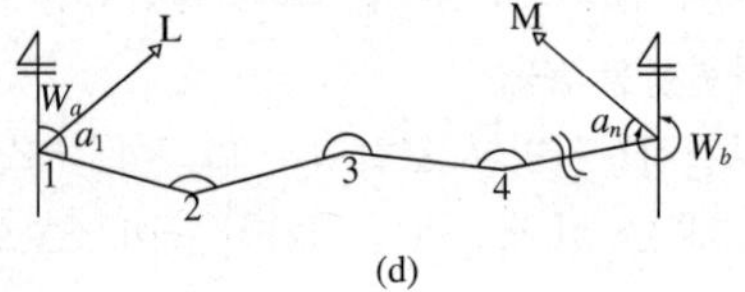

(d)

• 방위각과 방위 계산

– 교각을 관측한 경우 : 어느 측선의 방위각 = 전 측선의 방위각 − 180° ± 교각

– 편각을 관측한 경우 : 어떤 측선의 방위각 = 전 측선의 방위각 ± 그 측선의 편각

• 위거 및 경거 계산

– 위거 : $L = l \times \cos\beta$

– 경거 : $D = l \times \sin\beta$

• 폐합오차 및 폐합비

– 폐합오차$(E) = \sqrt{(\Delta l)^2 + (\Delta d)^2}$

여기서, Δl : 위거오차, Δd : 경거오차

– 폐합오차의 조정

ⓐ 컴퍼스법칙

위거 보정량 : $\dfrac{\Delta l}{\Sigma L} \times l$

경거 보정량 : $\dfrac{\Delta d}{\Sigma L} \times l$

ⓑ 트랜싯 법칙

위거 보정량 : $\dfrac{\Delta l}{[L]} \times L$

경거 보정량 : $\dfrac{\Delta d}{[D]} \times D$

• 합위거 및 합경거 계산

– $x_i = x_1 + \sum_{i=1}^{n} L_i$

– $y_i = y_1 + \sum_{i=1}^{n} D_i$

• 면적의 계산

– 임의 측선의 횡거 : 전측선의 횡거 + 전측선 경거의 $\frac{1}{2}$ + 임의 측선 경거의 $\frac{1}{2}$

– 임의 측선의 배횡거 : 전측선의 배횡거 + 전측선의 경거 + 해당 측선의 경거

– 면적 = $\frac{1}{2}$ {∑(해당 측선의 위거 × 해당 측선의 배횡거)}

■ 수준측량

야장기입법

- 고차식(Two Coulomb System)
  - 2점의 높이를 구하는 것이 목적으로 도중에 있는 측점의 지반고를 구할 필요가 없을 때 사용한다.
  - 후시와 전시만 필요하므로 2란식이라고도 한다.
  - 단점은 오차의 점검이 어렵다.
  - 미지점(G.H) = 기지점(G.H) + 후시(B.S) − 전시(F.S)
- 기고식(Instrumental Height System)
  - 미지점(G.H) = 기지점(G.H) + 후시(B.S) − 이기점(T.P) 또는 중간점(I.P)
  - 미지점(G.H) = 기계고(I.H) − 이기점(T.P) 또는 중간점(I.P)

    단, I.H = G.H + B.S이다.
- 승강식(Rise and Fall System)

  미지점(G.H) = 기지점(G.H) + 승(또는 −강)

■ 지형측량

- 등고선법의 특성
  - 동일 등고선상의 모든 점은 같은 높이이다.
  - 등고선은 도면 안 또는 밖에서 폐합하며 도중에 없어지는 일이 없다.
  - 등고선은 낭떠러지나 동굴을 제외하고는 서로 합쳐지거나 만나지 않는다.
  - 등고선은 급경사지에서는 간격이 좁아지며 완경사지에서는 넓어진다.
  - 등고선이 도면 내에서 폐합하는 경우는 산정이나 분지를 나타낸다.
  - 산정이나 분지는 대개 호수이나, 물이 없을 경우에는 저지의 방향으로 화살표를 하여 구분한다.
  - 등고선은 등경사지에서는 등간격을 나타내며, 평사면에서는 등거리의 평행선이다.
  - 등고선 간의 최단거리 방향은 최급경사 방향을 나타내며, 최급경사 방향은 등고선에 수직한 방향(A−B방향)이다.
  - 등고선이 계곡을 통과할 때에는 한쪽 비탈을 따라 거슬러 올라가서 계곡선에 직각으로 만난 다음, 다른 비탈을 따라 내려간다.
  - 등고선이 분수선을 통과할 때는 한쪽 비탈을 따라 거슬러 올라가서 분수선에 직각으로 만난 다음, 다른 쪽 비탈을 따라 올라간다.
  - 등고선은 그림에서 한 쌍의 철부가 마주보고 있고 그 사이에 다른 한 쌍의 등고선이 바깥쪽을 향하여 내려갈 때 그곳은 고개(안부)를 나타낸다.
- 등고선의 종류
  - 주곡선

    ⓐ 등고선의 표현은 실선으로 나타내고 있으며, 이를 주곡선이라고 한다.

    ⓑ 지형도상에서 최대 경사선방향에 있어 인접한 경사선의 육안으로 식별할 수 있는 한계는 0.2mm이고 곡선의 굵기는 0.1mm로 표현할 경우 최소 0.3mm가 두 개의 곡선의 중심간격으로 정해지는데, 보다 식별을 잘하기 위해 0.4 ~ 0.5mm를 택하고 있다.

ⓒ 지형도상의 주곡선은 축척분모수의 $\frac{1}{2,500}$ ~ $\frac{1}{2,000}$로 정해지고 있으며, 중축척 이상$\left(\frac{1}{10,000}\text{ 이상}\right)$인 경우 축척분모수에 대해 $\frac{1}{2,500}$, 소축척 이하$\left(\frac{1}{10,000}\text{ 이하}\right)$인 경우 축척분모수에 대해 $\frac{1}{2,000}$을 적용한다.

- 간곡선 : 주곡선 간격의 $\frac{1}{2}$간격으로 보조곡선을 간곡선(파선으로 표시)으로 하여 표시한다.
- 조곡선 : 주곡선과 간곡선 사이의 $\frac{1}{2}$간격으로 보조곡선인 조곡선(점선으로 표시)으로 표시한다.
- 계곡선 : 주곡선을 5개마다 굵은 실선으로 표시하여 나타내는 선을 계곡선(2호 실선으로 표시)이라고 한다.

■ 측량오차론

- 산술평균($\overline{x}$) = $\dfrac{\sum_{i=1}^{n} w_i x_i}{\sum_{i=1}^{n} w_i} = \dfrac{w_1x_1 + w_2x_2 + w_3x_3 + \cdots + w_nx_n}{w_1 + w_2 + \cdots + w_n}$
- 표준편차(σ) = $\sqrt{\dfrac{1}{n-1}\sum_{i=1}^{n}(x_i - \overline{x})^2}$
- 평균의 표준편차
  표준편차가 σ인 한 물리량을 1회에 n번 반복 측정하면 매회 얻어지는 측정값에 대한 평균과 표준편차는 일반적으로 달라진다.
  - 평균 $\overline{x}$의 표준편차를 σ_m이라고 하면, σ와 σ_m 및 n 사이의 관계

    ⓐ $\sigma_m = \dfrac{\sigma}{\sqrt{n}} = \sqrt{\dfrac{1}{n(n-1)}\sum_{i=1}^{n}(x_i - \overline{x})^2}$

    ⓑ 확률오차(σ_p) = $0.6745\sigma_m$(50%의 신뢰도)

■ 최소제곱법

- 오차를 확률의 이론에 의하여 합리적으로 조정하여 참값에 가장 가까운 값, 즉 최확값을 구하는 방법이다.
- 오차 x_i가 생기는 확률(y_i) = $ce^{-h^2x_i^2}$
- 동시에 일어나는 확률(P) = $y_1 \times y_2 \times \cdots \times y_n = c^n e^{-h^2(x_1^2 + x_2^2 + \cdots + x_n^2)}$

■ 측량관계법규

벌칙 및 과태료(공간정보의 구축 및 관리 등에 관한 법률)

• 제107조

측량업자로서 속임수, 위력(威力), 그 밖의 방법으로 측량업과 관련된 입찰의 공정성을 해친 자는 3년 이하의 징역 또는 3,000만원 이하의 벌금에 처한다.

• 제108조

다음의 내용 중 어느 하나에 해당하는 자는 2년 이하의 징역 또는 2,000만원 이하의 벌금에 처한다.

1. 측량기준점표지를 이전 또는 파손하거나 그 효용을 해치는 행위를 한 자
2. 고의로 측량성과를 사실과 다르게 한 자
3. 측량성과를 국외로 반출한 자
4. 측량업의 등록을 하지 아니하거나 거짓이나 그 밖의 부정한 방법으로 측량업의 등록을 하고 측량업을 한 자
5. 성능검사를 부정하게 한 성능검사대행자
6. 성능검사대행자의 등록을 하지 아니하거나 거짓이나 그 밖의 부정한 방법으로 성능검사대행자의 등록을 하고 성능검사업무를 한 자

• 제109조

다음의 내용 중 어느 하나에 해당하는 자는 1년 이하의 징역 또는 1,000만원 이하의 벌금에 처한다.

1. 무단으로 측량성과 또는 측량기록을 복제한 자
2. 심사를 받지 아니하고 지도 등을 간행하여 판매하거나 배포한 자
3. 측량기술자가 아님에도 불구하고 측량을 한 자
4. 업무상 알게 된 비밀을 누설한 측량기술자
5. 둘 이상의 측량업자에게 소속된 측량기술자
6. 다른 사람에게 측량업등록증 또는 측량업등록수첩을 빌려주거나 자기의 성명 또는 상호를 사용하여 측량업무를 하게 한 자
7. 다른 사람의 측량업등록증 또는 측량업등록수첩을 빌려서 사용하거나 다른 사람의 성명 또는 상호를 사용하여 측량업무를 한 자
8. 지적측량수수료 외의 대가를 받은 지적측량기술자
9. 거짓으로 다음 내용의 신청을 한 자

   가. 신규등록 신청

   나. 등록전환 신청

   다. 분할 신청

   라. 합병 신청

   마. 지목변경 신청

   바. 바다로 된 토지의 등록말소 신청

   사. 축척변경 신청

   아. 등록사항의 정정 신청

   자. 도시개발사업 등 시행지역의 토지이동 신청

10. 다른 사람에게 자기의 성능검사대행자 등록증을 빌려 주거나 자기의 성명 또는 상호를 사용하여 성능검사대행업무를 수행하게 한 자
11. 다른 사람의 성능검사대행자 등록증을 빌려서 사용하거나 다른 사람의 성명 또는 상호를 사용하여 성능검사대행업무를 수행한 자

• 제 111조

① 다음 각 호의 어느 하나에 해당하는 자에게는 300만원 이하의 과태료를 부과한다.

1. 정당한 사유 없이 측량을 방해한 자
2. 고시된 측량성과에 어긋나는 측량성과를 사용한 자
3. 거짓으로 측량기술자의 신고를 한 자
4. 측량업 등록사항의 변경신고를 하지 아니한 자
5. 측량업자의 지위승계 신고를 하지 아니한 자
6. 측량업의 휴업・폐업 등의 신고를 하지 아니하거나 거짓으로 신고한 자
7. 본인, 배우자 또는 직계 존속・비속이 소유한 토지에 대한 지적측량을 한 자
8. 측량기기에 대한 성능검사를 받지 아니하거나 부정한 방법으로 성능검사를 받은 자
9. 성능검사대행자의 등록사항 변경을 신고하지 아니한 자
10. 성능검사대행업무의 폐업신고를 하지 아니한 자
11. 정당한 사유 없이 보고를 하지 아니하거나 거짓으로 보고를 한 자
12. 정당한 사유 없이 조사를 거부・방해 또는 기피한 자
13. 정당한 사유 없이 토지 등에의 출입 등을 방해하거나 거부한 자

② 정당한 사유 없이 교육을 받지 아니한 자에게는 100만원 이하의 과태료를 부과한다.

③ 제①항 및 제②항에 따른 과태료는 대통령령으로 정하는 바에 따라 국토교통부장관, 시・도지사, 대도시 시장 또는 지적소관청이 부과・징수한다.

측량 및 지형공간정보산업기사

단원의 구성

PART

01

핵심이론 +

핵심예제

CHAPTER

01 응용측량

제1절 면적 및 체적측량

핵심이론 01 면적 및 체적측량

(1) 면적측량

① 삼각형에 의한 면적측량

㉠ 삼사법

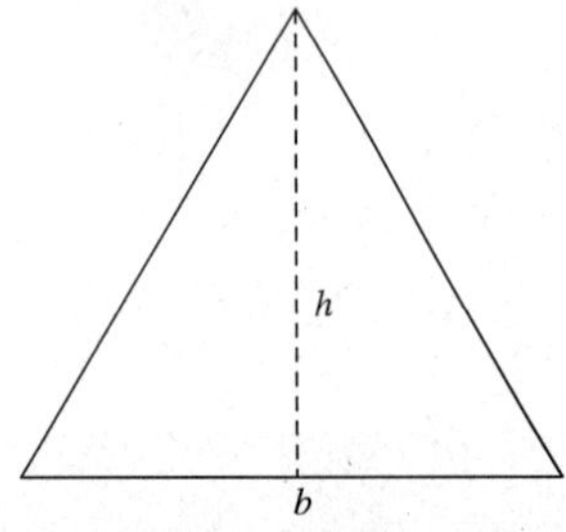

$$A = \frac{1}{2}bh$$

여기서, A : 면적(m^2), b : 밑변(m), h : 높이(m)

㉡ 삼변법

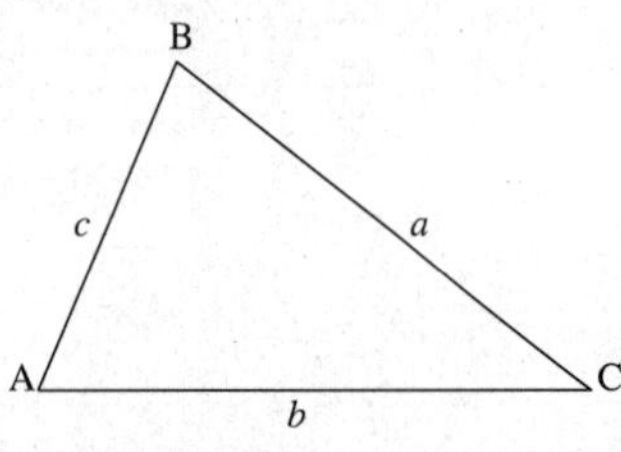

$$A = \sqrt{s(s-a)(s-b)(s-c)}$$

여기서, $s = \frac{1}{2}(a+b+c)$

㉢ 협각법(두 변과 그 협각을 알 경우)

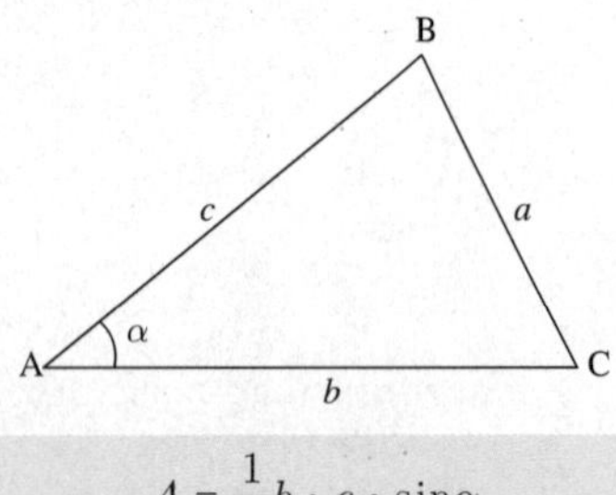

$$A = \frac{1}{2}b \cdot c \cdot \sin\alpha$$

㉣ 지거법

• 사다리꼴 공식에 의한 방법

– 그림에서 지거의 길이 y_0, y_1, y_2 ⋯, y_n, 지거의 간격 d_1, d_2 ⋯, d_n이라 하고, 인접지거 간의 경계선을 직선으로 보면 이 부분은 사다리꼴이 된다.

– 인접지거 간의 평균지거는 다음과 같다.

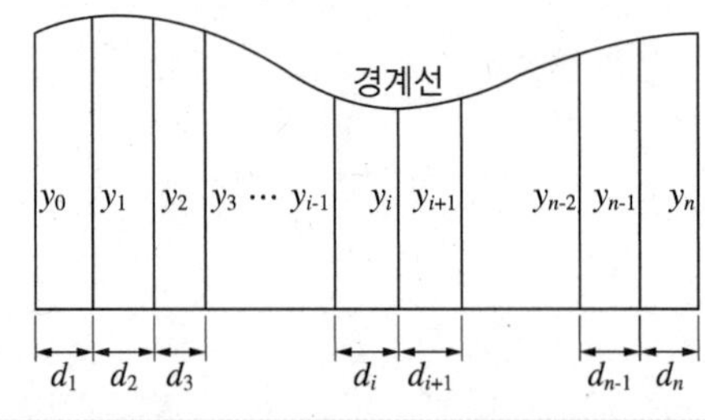

$$\overline{y_i} = \frac{1}{2}(y_{i-1} + y_i)$$

여기서, $i = 1 \sim n$이고, $d_1 = d_2 = d_n$라 하면 전체 면적은 다음과 같다.

$$A = \sum d_i \overline{y_i} = \frac{d}{2}\left(y_0 + y_n + 2\sum_{i=1}^{n-1} y_i\right)$$

• 심프슨(Simpson)의 제1법칙

– 사다리꼴 2개를 1조로 하여 이 부분의 경계선을 2차 포물선으로 가정하면 평균지거는 다음과 같다.

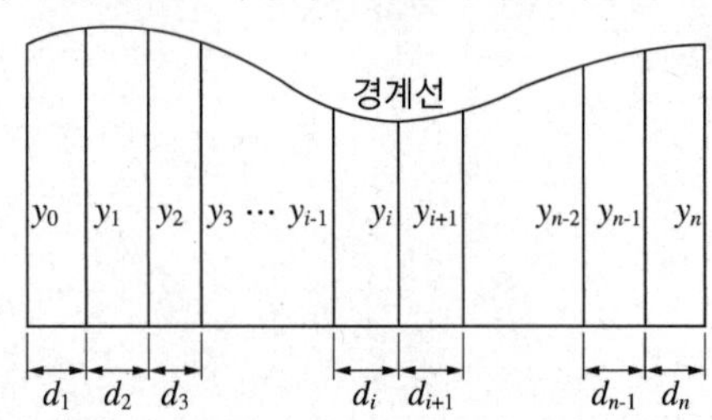

$$\overline{y_i} = \frac{y_{i-1} + 4y_i + y_{i+1}}{6}$$

지거 간격 d가 동일하다고 하면, 전체면적은 다음과 같다.

$$A = \sum 2d \cdot \overline{y_i}$$
$$= \frac{d}{3}\left(y_0 + y_n + 4\sum_{i=0}^{n-2} y_{2i+1} + 2\sum_{i=1}^{(n-2)/2} y_{2i}\right)$$
$$= \frac{d}{3}\left(y_0 + y_n + 4\sum y_{od} + 2\sum y_{ev}\right)$$

여기서, y_{od} : 홀수(Odd)번의 지거

y_{ev} : 짝수(Even)번의 지거

- 심프슨(Simpson)의 제2법칙
  - 사다리꼴 3개를 1조로 하여 이 부분의 경계선을 3차 포물선으로 가정하면 평균지거는 다음과 같다.

$$\overline{y_i} = \frac{1}{8}(y_{i-1} + 3y_i + 3y_{i+1} + y_{i+2})$$

지거 간격 d가 동일하다고 하면, 전체 면적은 다음과 같다.

$$A = \sum 3d \cdot \overline{y_i}$$
$$= \frac{3}{8}d\left\{y_0 + y_n + 3\left(\sum_{i=0}^{(n-3)/3} y_{3i+1} + \sum_{i=0}^{(n-3)/3} y_{i+2}\right) + 2\sum_{i=1}^{(n-3)/3} y_{3i}\right\}$$

- 좌표에 의한 면적계산
  - 폐다각(閉多角) 토지의 경계점 좌표 x, y가 트래버스 및 삼각측량 등에서 얻어졌을 경우 이 좌표를 이용하여 면적을 산정하는 방법으로 가장 정도가 높은 방법이다.
  - 각점의 횡축에 투영된 대형(臺形)의 면적을 고려하면(종축투영의 대형도 관계없다) 다음과 같다.

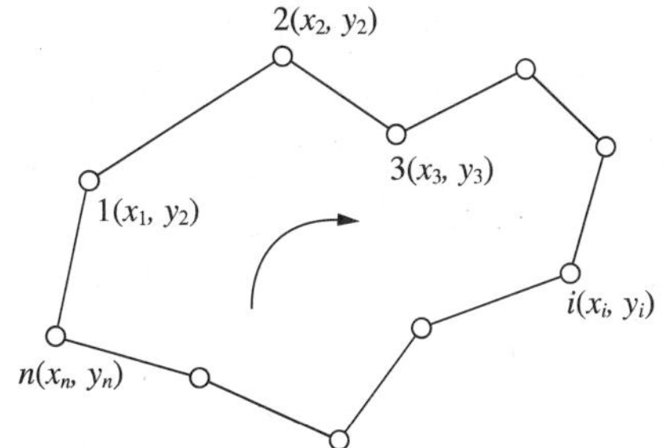

$$A = \frac{1}{2}\{x_1(y_2 - y_n) + x_2(y_3 - y_1) + \cdots + x_n(y_1 - y_{n-1})\}$$

또는

$$A = \frac{1}{2}\{y_1(x_n - x_2) + y_2(x_3 - x_1) + \cdots + y_n(x_1 - x_{n-1})\}$$

- 계산을 간단히 하는 방법으로 각점의 x, y 좌표를 상하로 나누어 쓰고 시점 1의 좌표를 최종단에 한 번 더 기입한다.

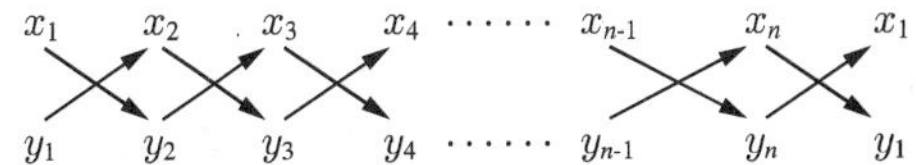

- 투사지법에 의한 면적계산
  - 도면상에 그려진 불규칙한 도형의 면적을 간편하게 구할 수 있는 방법이다.
  - 투명하거나 반투명 재질로 된 종이를 도면에 덮어 씌어 투사되는 도형의 면적을 구하므로 투사지법이라 한다.
- 방안법
  - 투사지에 일정 크기의 정방형으로 격자를 그린 후 도면 위에 덮어 씌워 격자의 개수를 헤아림으로써 면적을 구한다.
  - 방법이 간단하고 특별한 계산식이 필요 없어 신속하게 수행할 수 있는 반면, 높은 정확도를 요구하는 면적계산에는 부적합하다.

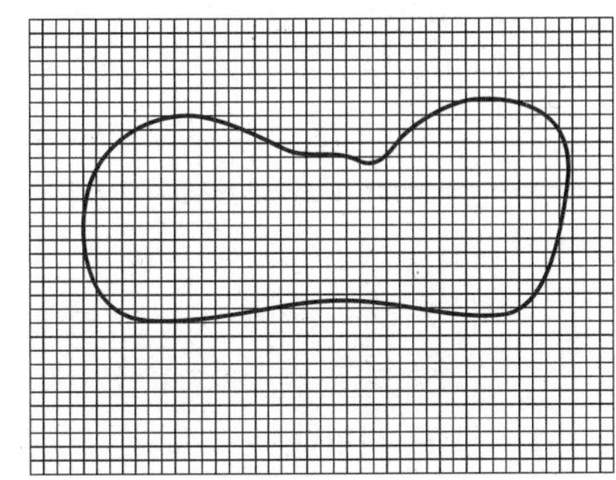

  - 도형의 면적 A는 다음 식을 이용하여 계산한다.

$$A = a\left(N_a + \frac{1}{2}N_p\right)$$

여기서, a : 격자 1개의 면적

N_a : 경계선 안에 완전히 들어간 격자의 개수

N_p : 경계선에 걸리는 격자의 개수

- 종접합모형법
  - 투사지에 일정한 간격(d)으로 횡선을 그린 후 도면 위에 덮어씌우고 도형의 경계선과 횡선을 이용하여 연속적으로 면적을 계산하는 방법이다.

- 격자법과 마찬가지로 방법이 간단하고 특별한 계산식이 필요 없는 반면, 높은 정확도를 요구하는 면적계산에는 부적합하다.

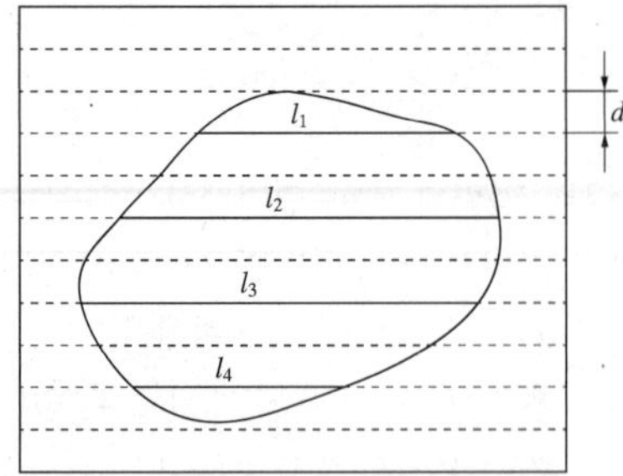

- 전체 면적은 l_1, l_2 ⋯, l_n을 중앙선으로 하는 소면적 A_1, A_2 ⋯, A_n의 합이 되며, 다음 식을 이용하여 구한다.

$$A = A_1 + A_2 + \cdots + A_n$$
$$= (l_1 \times 2d) + (l_2 \times 2d) + \cdots + (l_n \times 2d)$$
$$= 2d(l_1 + l_2 + \cdots + l_n) = 2d\sum l$$

- 구적기에 의한 면적계산
  - 구적기(Planimeter)는 경계선이 복잡한 도형의 면적을 측정하는 기구로서, 일반적으로 극식을 주로 사용하며, 최근에는 분해능력이 0.01mm인 디지털 구적기도 많이 사용하고 있다.
  - 극식의 최소눈금은 도상에서 $5 \sim 10\text{mm}^2$ 정도이며, 특정한 축척에 한하여 사용하는 단식과 측간상의 축척과 골주관의 지표를 일치시켜 관측하는 복식으로 나뉜다.

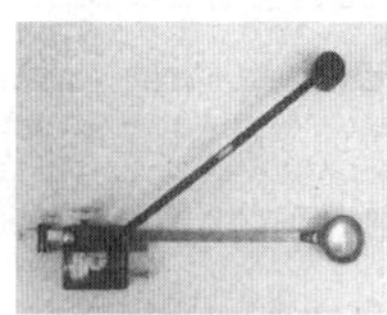

[극식 구적기와 디지털 구적기]

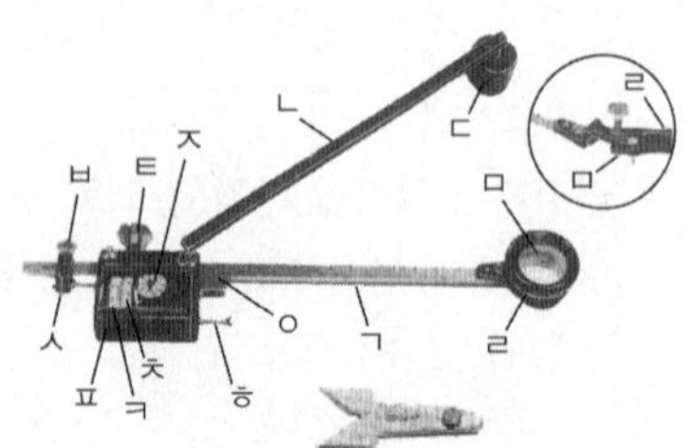

[극식 구적기의 세부명칭]

ㄱ. 측간(Tracer Arm)
ㄴ. 극간(Pole Arm)
ㄷ. 극침(Pole Weight)
ㄹ. 손잡이(Hand Grip)
ㅁ. 추적확대경 또는 추적침
(Tracing Magnifier or Tracking Pin)
ㅂ. 고정나사(Clamp Screw)
ㅅ. 미동나사(Fine Movement Screw)
ㅇ. 측간버니어(Tracer Arm Vernier)
ㅈ. 회전반(Revolution Recording Dial)
ㅊ. 측륜(Measuring Wheel)
ㅋ. 측륜버니어(Measuring Wheel Vernier)
ㅌ. 경첩(Idler Wheel)
ㅍ. 활주간(Carriage)
ㅎ. 영점 장치(Zero Setting Bar)

- 도면의 축척과 구적기의 축척이 같은 경우

$$A = C \cdot n = C(a_1 - a_2)$$

여기서, C : 구적기의 계수
n : 회전 눈금수($a_1 - a_2$)
a_1 : 첫 번째 눈금 읽음값
a_2 : 두 번째 눈금 읽음값

- 도면의 축척과 구적기의 축척이 다른 경우
  ⓐ 도면의 종·횡 축척이 같은 경우

$$A = \left(\frac{M}{m}\right)^2 \cdot C \cdot n$$

  ⓑ 도면의 종·횡 축척이 다른 경우

$$A = \left(\frac{M}{m}\right)^2 \cdot C \cdot n = \left(\frac{M_1 \times M_2}{m^2}\right) \cdot C \cdot n$$

여기서, m : 구적기의 축척분모수
M : 도면의 축척분모수
M_1 : 종축척의 분모수
M_2 : 횡축척의 분모수

(2) 체적측량

① 단면법에 의한 체적계산

㉠ 양단면평균법

- 양단면평균법은 체적을 구하기 위하여 양 끝단 단면적의 평균을 구하여 이용한다.

$$V = \frac{(A_1 + A_2)}{2} l = \frac{l}{2}(A_1 + A_2)$$

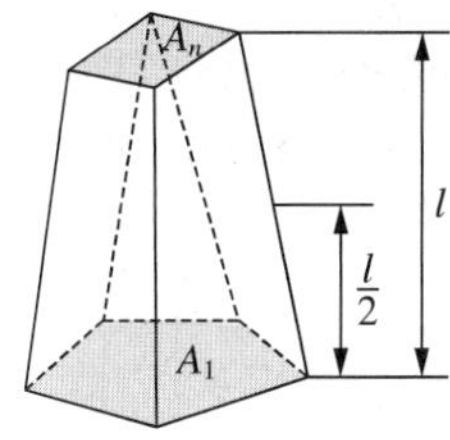

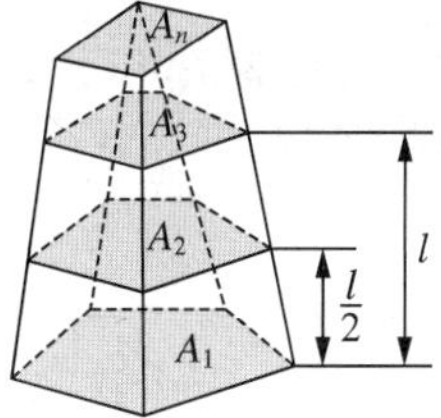

[양단면평균법]

- 규모가 큰 경우 전체 토공량을 구하기 위해서는 일정한 구간으로 나누어 각 구간마다 토량을 구한 후 합산을 하는 것이 좋다.

$$V = \frac{l}{2}(A_1 + A_2) + \frac{l}{2}(A_2 + A_3) + \cdots + \frac{l}{2}(A_{n-1} + A_n)$$

$$= \frac{l}{2}(A_1 + A_n) + \sum_{i=2}^{n-1} A_i l$$

㉡ 중앙단면법

- 중앙단면법은 체적을 구하기 위해 토체의 중앙단면만을 이용한다.

$$V = l \cdot A_m$$

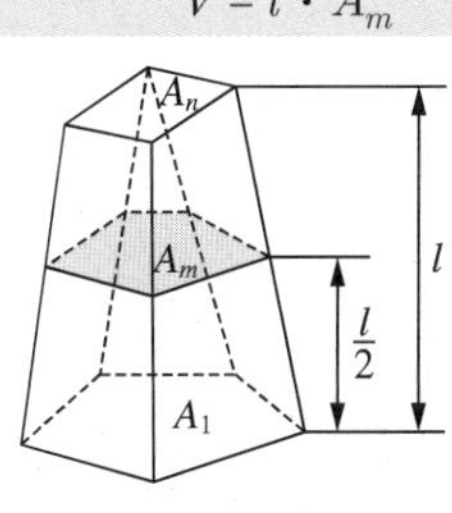

[중앙단면법]

㉢ 각주공식

- 각주공식은 양단면이 평행인 다각형이고, 측면이 모두 평면인 입체에 적용한다.
- 일반적으로 도로, 철도, 제방 등과 같이 좁고 긴 형태의 선형구조물이 여기에 해당된다.

$$V = \frac{l}{6}(A_1 + 4A_m + A_2)$$

$$V = \frac{l}{3}(A_0 + A_n + 4\sum A_{홀수} + 2\sum A_{짝수})$$

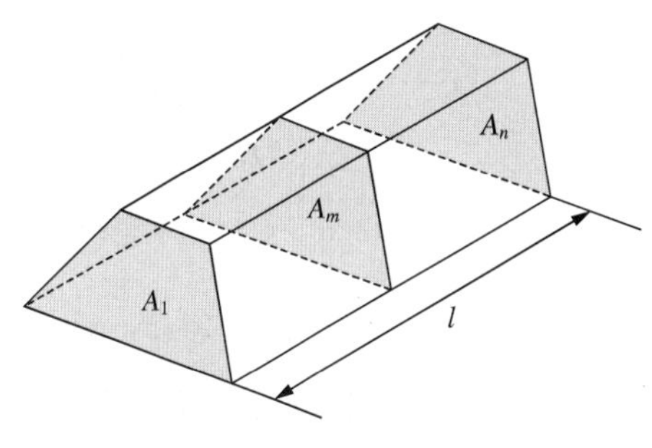

[각주공식]

② 점고법에 의한 체적계산

㉠ 비교적 넓은 지역의 정지작업 또는 매립(埋立) 등의 토공량을 계산하기에 편리한 방법으로서 그 지역 내를 사각형 또는 삼각형으로 구분하고 그 구분점들의 지반고를 측정하여 계획고와 지반고의 차를 구함으로써 토공량을 계산할 수 있다.

㉡ 사각형이나 삼각형으로 구분할 때에는 거의 하나의 평면으로 생각할 수 있을 정도의 크기로 일정하게 구분한다. 따라서 지형의 기복(起伏)이 작은 지역은 구분을 크게 할 수 있고 기복이 큰 경우는 작게 구분한다.

㉢ 일반적으로 양단면이 평면이면, 어떠한 형태의 각주체(角柱體)라 하더라도 체적은 양단면의 중심 간의 수직거리에 수평면적을 곱한 것과 같다.

㉣ 사각형으로 구분한 경우와 삼각형으로 구분한 경우의 체적계산방법은 다음과 같다.

- 사각형으로 구분한 경우의 체적계산

$$V = \frac{A}{4}(\Sigma h_1 + 2\Sigma h_2 + 3\Sigma h_3 + 4\Sigma h_4)$$

여기서, A : 사각형의 면적

- 1 구분만이 관계되는 점의 높이는 1배하고, 2 구분이 관계있는 점의 높이는 2배로 한다. 또한 3 구분에 관계된 점의 높이는 3배, 4 구분에 관계된 점의 높이는 4배로 한다.

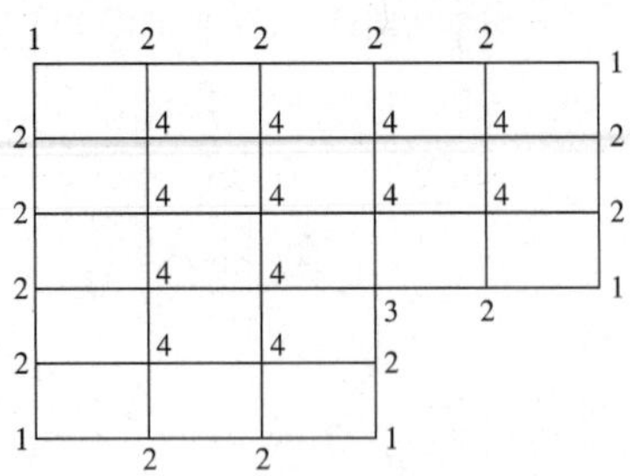

[사각형법]

- 삼각형으로 구분한 경우의 체적계산

$$V = \frac{A}{6}(\Sigma h_1 + 2\Sigma h_2 + \cdots + 8\Sigma h_8)$$

여기서, A : 사각형의 면적

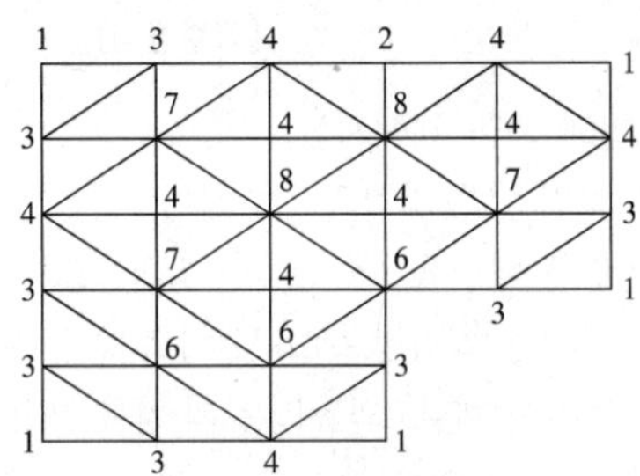

[삼각형법]

③ 등고선법에 의한 체적계산

㉠ 등고선 지도로부터 각 등고선 내의 면적을 구적기(Planimeter)로 측정하여 계산한다.

㉡ 보통 불규칙한 지역의 체적 또는 저수지용량, 넓은 택지의 토량을 계산할 때 용이하다.

$$V = \frac{L}{3}\{A_1 + A_n + 2(A_3 + A_5 + \cdots + A_{n-2}) + 4(A_2 + A_4 + \cdots + A_{n-1})\}$$

여기서, n : 홀수, L : 등고선 간격

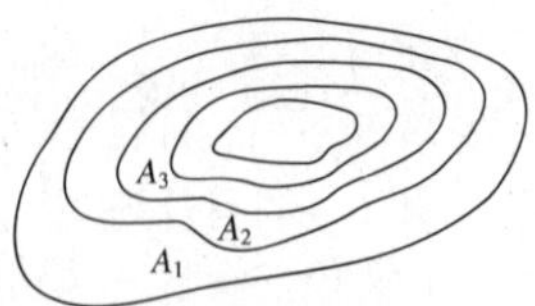

[등고선법]

핵심예제

1-1. 어느 토지의 3변의 길이가 40.54m, 68.75m, 92.43m인 삼각형 토지의 면적은?

① 1,783.3m^2
② 1,583.3m^2
③ 1,383.3m^2
④ 1,283.3m^2

정답 ④

1-2. 그림과 같이 곡선으로 둘러싸인 지역의 심프슨(Simpson) 제1법칙에 의한 면적은?(단, 단위는 m이다)

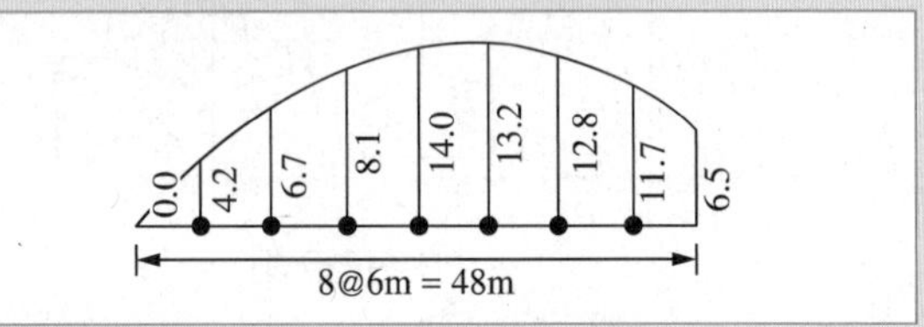

① 222.3m^2
② 444.6m^2
③ 666.3m^2
④ 888.2m^2

정답 ②

1-3. 그림과 같이 계곡에 댐을 만들어 저수하고자 한다. 댐의 저수위를 170m로 할 때의 저수량은?(단, 바닥은 편평한 것으로 가정한다)

구 분	x
130m	500m^2
140m	600m^2
150m	700m^2
160m	900m^2
170m	1,100m^2

170m
160m
150m
140m
130m

① 20,600m^3
② 30,000m^3
③ 30,600m^3
④ 35,500m^3

정답 ②

핵심예제

1-4. 그림은 도로의 횡단면도를 나타낸 것이다. 이 횡단면의 면적은?(단, 단위는 m이다)

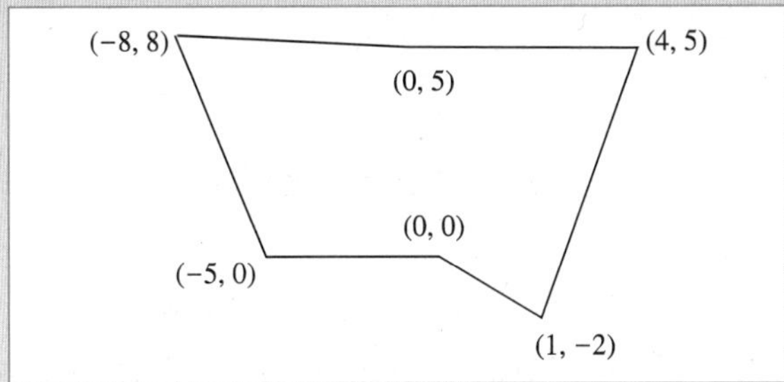

① $103.0m^2$
② $51.5m^2$
③ $43.5m^2$
④ $26.5m^2$

정답 ②

1-5. 노선의 중심말뚝(간격 20m)에 대해서 횡단측량 결과 단면 1의 면적이 $208m^2$, 단면 2의 면적은 $1,326m^2$일 때 두 단면 간의 토량은?

① $2,758,080m^3$
② $30,680m^3$
③ $15,340m^3$
④ $11,180m^3$

정답 ③

1-6. 그림과 같은 지역의 측량결과에 의한 전체 토공량은?(단, 각 구역의 크기는 동일하다)

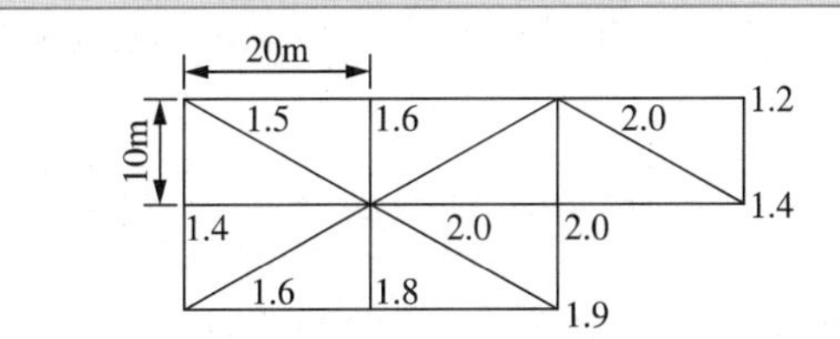

① $1,760.0m^3$
② $1,779.5m^3$
③ $1,786.7m^3$
④ $3,573.3m^3$

정답 ③

해설

1-1

삼변법을 적용하면

$S = \frac{1}{2}(a+b+c) = \frac{1}{2}(40.54+68.75+92.43) = 100.86m$

$A = \sqrt{S(S-a)(S-b)(S-c)}$

$= \sqrt{100.86\times(100.86-40.54)\times(100.86-68.75)\times(100.86-92.43)}$

$= 1,283.3m^2$

1-2

$A = \frac{d}{3}\{y_0 + y_s + 4(y_1+y_3+y_5+y_7) + 2(y_2+y_4+y_6)\}$

$= \frac{6}{3}\times\{0.0 + 6.5 + 4(4.2 + 8.1 + 13.2 + 11.7) + 2(6.7 + 14.0 + 12.8)\}$

$= 444.6m^2$

1-3

각주의 공식

$V = \frac{h}{3}(A_1 + A_n + 4A_{홀수} + 2A_{짝수})$을 이용하면

$V = \frac{10}{3}\{500 + 1,100 + 4(600 + 900) + 2(700)\}$

$= 30,000m^3$

1-4

좌표법을 적용하면

x	y	y_{n+1}	y_{n-1}	Δy	$x \cdot \Delta y$
1	-2	0	5	-5	-5
0	0	0	-2	-2	0
-5	0	6	0	6	-30
-8	6	5	0	5	-40
0	5	5	6	-1	0
4	5	-2	5	-7	-28
계					103

배면적$(2A) = 103m^2$

$\therefore$ 면적$(A) = \frac{1}{2}\times$ 배면적 $= \frac{1}{2}\times 103 = 51.5m^2$

1-5

양단면평균법

토량$(V) = \frac{\text{단면 1의 면적} + \text{단면 2의 면적}}{2}\times$ 거리

$= \frac{208+1,326}{2}\times 20$

$= 15,340m^3$

1-6

토공량(V)

$V = \frac{A}{3}(\Sigma h_1 + 2\Sigma h_2 + 3\Sigma h_3 + \cdots + 8\Sigma h_8)$

$= \frac{200}{6}\times\{1.2+(2\times 11.2)+(3\times 2)+(4\times 2)+(8\times 2)\}$

$≒ 1,786.7m^3$

핵심이론 02 면적분할법

(1) 면적분할법

① 삼각형의 분할

㉠ 1변에 평행한 직선에 의한 분할

△ABC를 △ADE : □BCED = m : n으로 분할할 때에는 다음 식으로 $\overline{AD}$, $\overline{AE}$를 구하여 점 D와 E를 연결한다.

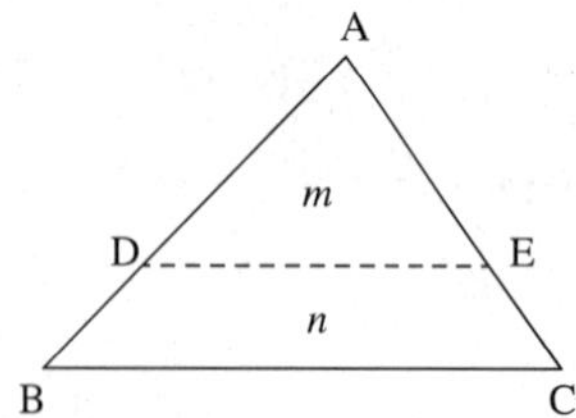

[변에 평행한 직선에 의한 분할]

- $\overline{AD} = \overline{AB} \cdot \sqrt{\dfrac{m}{m+n}}$
- $\overline{AE} = \overline{AC} \cdot \sqrt{\dfrac{m}{m+n}}$

㉡ 변상(邊上)의 고정점을 통과하는 직선에 의한 분할

△ABC의 변 BC의 고정점 P를 통과하는 직선으로 △BPQ : □AQPC = m : n으로 분할하기 위해서는 다음 식으로써 Q를 산출한다.

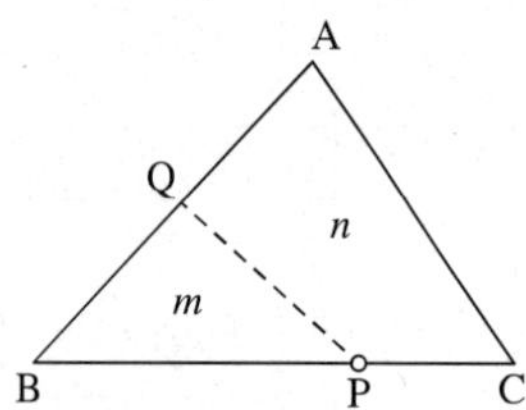

[변상의 고정점을 통과하는 직선에 의한 분할]

$$\overline{BQ} = \frac{\overline{AB} \cdot \overline{BC}}{\overline{BP}} \cdot \frac{m}{m+n}$$

㉢ 정점(頂點)을 통과하는 직선에 의한 분할

△ABC를 l : m : n으로 분할하려고 할 때에는

- $\overline{BP} = \overline{BC} \cdot \dfrac{l}{l+m+n}$
- $\overline{PQ} = \overline{BC} \cdot \dfrac{m}{l+m+n}$
- $\overline{QC} = \overline{BC} \cdot \dfrac{n}{l+m+n}$

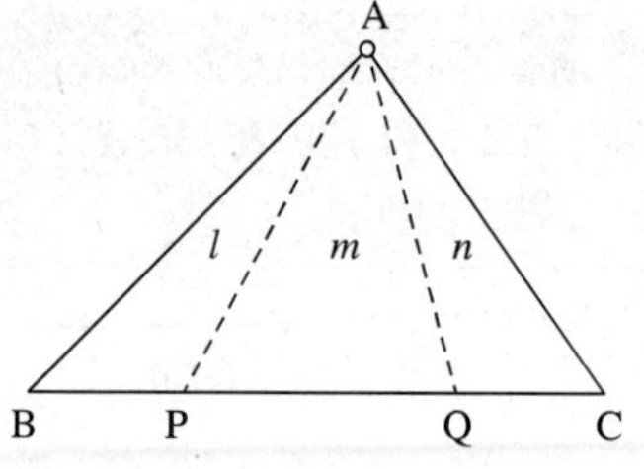

[정점을 통과하는 직선에 의한 분할]

② 사변형의 분할

㉠ 사다리꼴의 저변(底邊)에 평행한 직선에 의한 분할

사다리꼴 ABCD를 사다리꼴 APQD : 사다리꼴 BCQP = m : n으로 분할하려면 다음 식으로부터 $\overline{AP}$, $\overline{DQ}$를 구하면 된다.

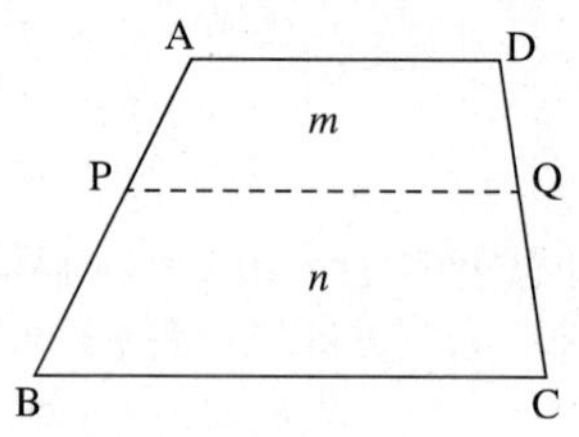

[저변에 평행한 직선에 의한 분할]

$$\overline{AP} = \overline{AB} \cdot \frac{\overline{PQ} - \overline{AD}}{\overline{BC} - \overline{AD}},\quad \overline{DQ} = \overline{CD} \cdot \frac{\overline{PQ} - \overline{AD}}{\overline{BC} - \overline{AD}}$$

여기서, $\overline{PQ} = \sqrt{\dfrac{m\overline{BC}^2 + n\overline{AD}^2}{m+n}}$

㉡ 사변형의 1정점을 통과하는 직선에 의한 분할

사변형 ABCD를 □ABCP : △APD = m : n으로 분할하려면

$$\overline{PD} = 2\frac{\triangle APD}{\overline{AH}} = \frac{2n}{m+n} \cdot \frac{F}{\overline{AH}}$$

여기서, F : 사변형 ABCD의 면적

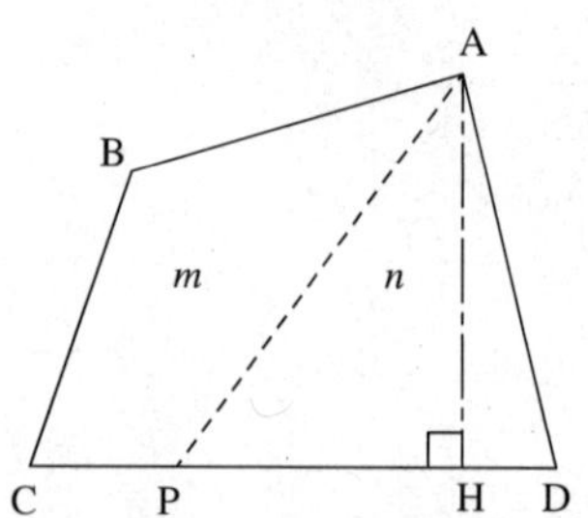

[정점을 통과하는 직선에 의한 분할]

㉢ 다각형의 분할

다각형의 전면적 F를 F/k로 분할하는 경우

- 기준선 $\overline{AO}$에 대하여 각 정점으로부터 지거를 내려 각 구분면적을 계산하여 $\triangle AB'B = F_1$, 사다리꼴 $BB'C'C = F_2$, 사다리꼴 $CC'D'D = F_3$ …을 얻었을 때

$F_1 + F_2 < F/k < F_1 + F_2 + F_3$,

$F_1 + F_2 + F_3 < 2F/k < F_1 + F_2 + F_3 + F_4 + \cdots$,

라고 하면

$$\frac{F}{k} = F_1 + F_2 + F_3 \frac{m}{m+n}$$

$$= F_3 \frac{n}{m+n} + F_4 \frac{m'}{m'+n'} + \cdots$$

- 위 식을 만족하는 $(m,\ n)$, $(m',\ n')$을 결정하면 된다.

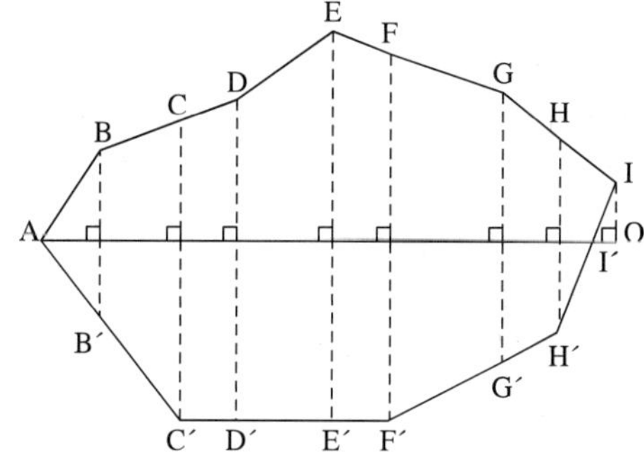

[다각형의 평행분할]

(2) 면적분할의 활용

동면적을 유지하면서 경계선을 정정하는 구획정리사업에 있어서 흔히 사용하는 방법이다.

① 경계선의 정정(등면적조건, 等面積條件)

㉠ 일반 사변형을 사다리꼴로 만드는 경우

- 사변형 ABCD의 1변 AD를 대변(對邊) BC에 평행한 선 $\overline{PQ}$로 만들기 위해서는 $\overline{AB}$, $\overline{CD}$의 연장선의 교점 E로부터의 $\overline{PQ}$까지의 거리 $\overline{EH}$를 다음 식으로 구한다.

$$\overline{EH} = \sqrt{\frac{\overline{AD} \cdot \overline{EK} \cdot \overline{EJ}}{\overline{BC}}}$$

여기서, $\overline{EK} \perp \overline{AD}$, $\overline{EJ} \perp \overline{BC}$

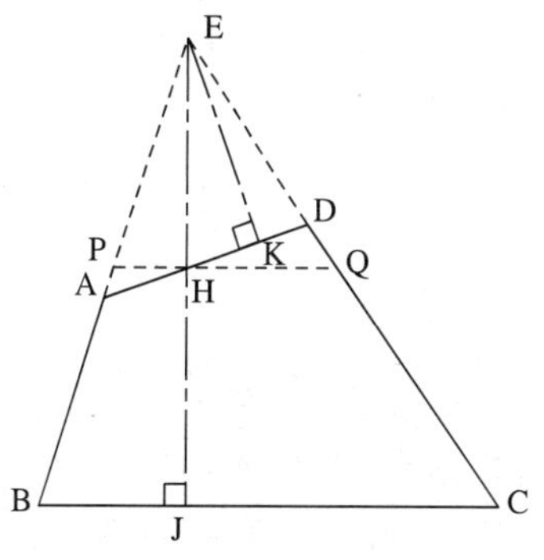

[사변형을 사다리꼴로 정정]

㉡ 다각형의 변수감소(邊數減少)

- 다각형의 정점 B, C를 없애고 다른 1개의 정점 P를 만들기 위해서는 B점으로부터 $\overline{BP} /\!/ \overline{AC}$로 되는 직선과 $\overline{DC}$의 연장선과의 교점 P를 구하면 된다.

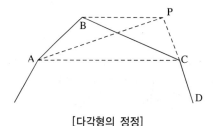

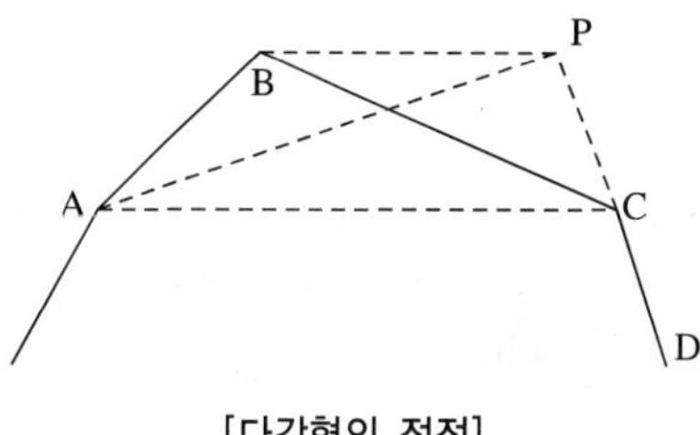

[다각형의 정점]

㉢ 굴절이 많은 선을 직선으로 정정(整正)

- A, B, C…, K의 경계선을 어떤 방향의 1개의 직선으로 정정하기 위해서는 소정의 방향을 갖는 가정선(假定線) $\overline{PQ}$를 그어서 凸부 凹부의 각 면적을 구하여 $F = a + b + \cdots$, $F' = a' + b' + \cdots$ 를 계산한다.

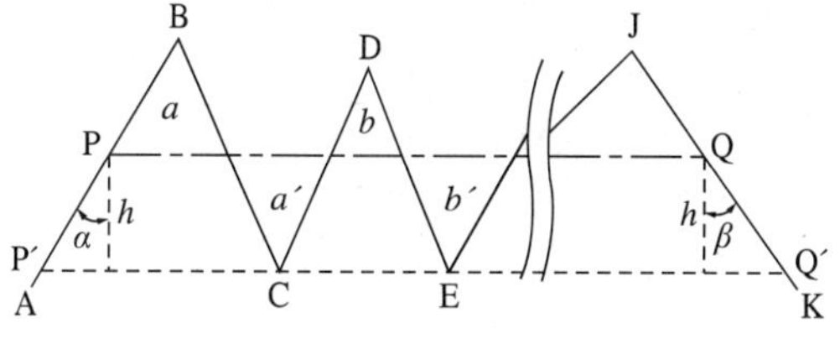

[굴절이 많은 경계선의 정정]

- $\overline{PQ}$에 평행한 h만큼의 간격으로 $\overline{P'Q'}$를 그으면 증가면적 ΔA는 다음과 같다.

$$\Delta A = h \cdot \overline{PQ} + \left(\frac{h^2}{2}\right)(\tan\alpha + \tan\beta)$$

- 전체면적 A는 다음과 같다.

$$A = F - F' + \Delta A$$
$$= F - F' + h \cdot \overline{PQ} + \frac{h^2}{2}(\tan\alpha + \tan\beta)$$

- $\overline{PP'} = h \cdot \sec\alpha$, $\overline{QQ'} = h \cdot \sec\beta$

핵심예제

2-1. 그림과 같은 토지의 1변 $\overline{BC}$에 평행한 선으로 면적을 $m:n=1:4$의 비율로 분할하고자 할 경우 $\overline{AB}$의 길이가 120m라면 $\overline{AX}$의 길이는?

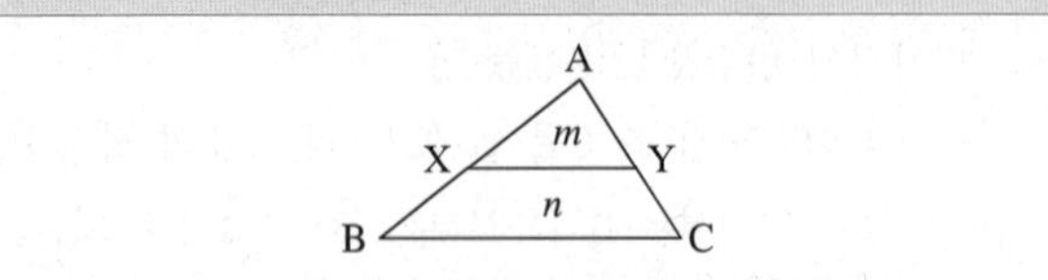

① 32.5m ② 38.7m
③ 45.6m ④ 53.7m

정답 ④

2-2. 그림과 같은 삼각형의 꼭짓점 A로부터 밑변을 향해서 직선으로 $a:b:c=5:3:2$의 비율로 면적을 분할하기 위한 $\overline{BP}$, $\overline{PQ}$의 거리는?(단, $\overline{BC}=150$m)

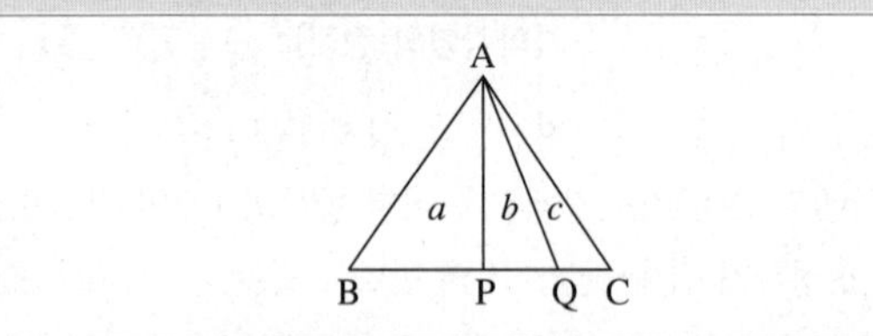

① $\overline{BP}$ = 75m, $\overline{PQ}$ = 45m
② $\overline{BP}$ = 75m, $\overline{PQ}$ = 50m
③ $\overline{BP}$ = 85m, $\overline{PQ}$ = 45m
④ $\overline{BP}$ = 85m, $\overline{PQ}$ = 50m

정답 ①

해설

2-1

$$\overline{AX} = \overline{AB} \cdot \sqrt{\frac{m}{m+n}} = 120\sqrt{\frac{1}{1+4}} \fallingdotseq 53.7\text{m}$$

2-2

- $\overline{BP} = \overline{BC} \cdot \dfrac{a}{a+b+c} = 150 \times \dfrac{5}{5+3+2} = 75\text{m}$
- $\overline{PQ} = \overline{BC} \cdot \dfrac{b}{a+b+c} = 150 \times \dfrac{3}{5+3+2} = 45\text{m}$

제2절 노선측량

핵심이론 01 노선측량의 개요

(1) 노선측량의 목적

노선예정지 부근 일대의 지형도를 제작하여 그 지형 위에 몇 개의 예정 노선을 긋고 각 예정 노선의 평면도, 종단면도, 횡단면도 등을 작성하여 이들 도면으로부터 공사량을 산출하고 아울러 관련된 자료 등을 검토하여 종합적인 판단을 거쳐 최적노선을 선정, 확정한다.

(2) 곡선의 종류

① 수평곡선
  ㉠ 원곡선
    - 단곡선
    - 복심곡선
    - 반향곡선
    - 배향곡선
  ㉡ 완화곡선
    - 클로소이드곡선
    - 3차포물선
    - 렘니스케이트곡선

② 수직곡선
  ㉠ 종곡선
    - 원곡선
    - 2차포물선
  ㉡ 횡단곡선

(3) 노선측량의 응용

① 도로, 철도, 운하 등의 교통로의 측량
② 수력발전의 도수로 측량
③ 상하수도 도수관의 부설에 따른 측량 등
④ 어느 정도 폭이 좁고 길이가 긴 구역의 측량

핵심이론 02 중심선 및 종횡단 측량

(1) 중심선 계산 및 설치

① 주요점의 설치

교점(I.P)은 설계도 및 현지의 상황 등을 검토하여 그 위치를 현지에 선정하고 나무말뚝을 설치하거나 영구표지를 매설하여 인조점을 설치한다.

② 중심말뚝의 설치

㉠ 중심선의 측점말뚝 간격은 도로의 계획조사 또는 이에 준하는 것으로 100m(또는 50m), 도로의 실시설계 또는 이에 준하는 것은 20m가 보통이며, 도로의 기점에서부터의 번호를 기입해 놓는다.

㉡ 이 기점으로부터의 말뚝점까지의 거리를 추가거리(Through Chainage)라고 부른다.

㉢ 중심말뚝은 측점말뚝 외에 플러스(Plus)말뚝으로서 터널, 교량의 시종점, 지형의 변화점(종횡단방향 등)을 설치하고 No. □□ + □□m 라고 기입해 놓는다.

㉣ 중심말뚝이 장애물의 지형, 상황에 의해 박을 수 없을 때는 임시말뚝을 설치해서 그 위치가 표시되도록 해 놓을 필요가 있다.

③ 종단측량

㉠ 종단측량이란 중심선에 설치된 측점 및 변화점에 박은 중심말뚝, 추가말뚝 및 보조말뚝을 기준으로 하여 중심선의 지반고를 측량하고 연직으로 토지를 절단하여 종단면도를 만드는 측량이다.

㉡ 중심말뚝을 설치할 경우 거리는 관측되어 있으므로 말뚝머리의 지반고만을 관측하지만, 중심말뚝의 사이에 있어서도 지반고가 변화하는 곳은 중심말뚝에서의 거리를 관측하여 지반고를 구한다.

㉢ 외업이 끝나면 종단면도를 작성하게 된다.

- 종단면도를 만들려면 먼저 수평한 직선을 그리고 그 것을 기준으로 하여 그 기선상에 기점에서 순차로 수평거리를 재서 표고를 기입한다.
- 수직축척은 일반적으로 수평축척보다 크게 잡으며 고저차를 명확히 알아볼 수 있도록 한다.
- 종단면도에는
  - 측점위치
  - 측점 간의 수평거리
  - 각 측점의 기점에서의 누가거리
  - 각 측점의 지반고 및 수준점(B.M.)의 높이
  - 측점에서의 계획고
  - 지반고와 계획고의 차(성토, 절토별)
  - 계획선의 경사
  - 기타란 밖 하부의 중심선에 있어 곡선·직선의 구별, 곡선의 방향, 변경, Clothoid의 매개변수 등을 기입하여 둔다.

④ 횡단측량

㉠ 중심말뚝을 기준으로 하여 좌우의 지반고가 변화하고 있는 점의 고저 및 중심말뚝에서의 거리를 관측하는 측량이 횡단측량이다.

㉡ 횡단측량에서는 중심말뚝이 설치되어 있는 지점에서 중심선의 접선에 대하여 직각방향(법선방향)으로 지표면을 절단할 면을 얻어야 한다.

㉢ 중심말뚝을 설치할 경우 종단방향의 변화점 이외에 횡단방향으로 변화가 있는 지점에도 추가말뚝을 박고 횡단측량을 한다.

㉣ 횡단측량의 순서

- 횡단방향의 설치
- 횡단방향선에 따른 지반고 및 중심말뚝에서의 거리측량
- 제도, 조사

㉤ 횡단면도의 작성

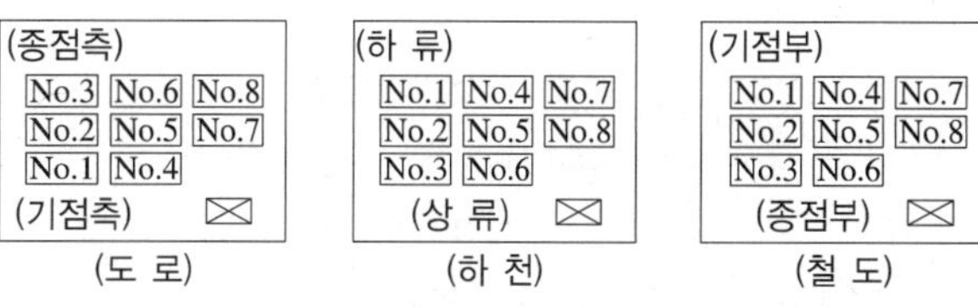

핵심예제

도로의 노선측량에서 종단면도에 기재되지 않는 사항은?

① 용지의 경계
② 절토 및 성토고
③ 계획고
④ 곡선 및 경사

정답 ①

해설

측점위치, 측점 간의 수평거리, 각 측점의 기점에서의 추가거리, 각 측점의 지반고 및 고저기준점(B.M)의 높이, 측점에서의 계획고, 지반고와 계획고의 차(성토, 절토), 계획선의 경사 등이 기재된다.

핵심이론 03 단곡선 설치와 계산 및 이용방법

(1) 단곡선 설치

① 단곡선 설치 용어

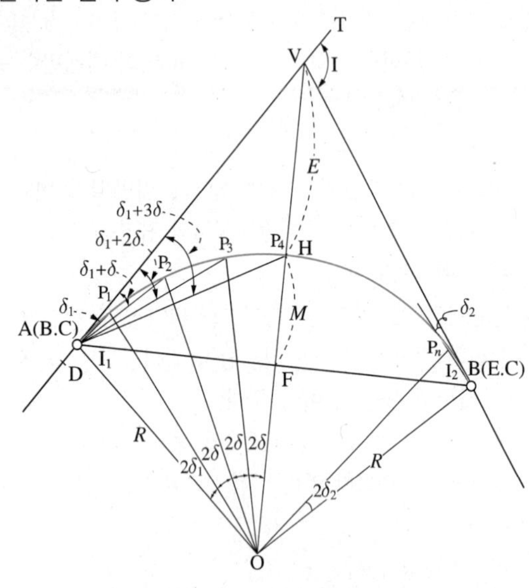

[단곡선]

- A : 곡선시점(Beginning of Curve : B.C)
- B : 곡선종점(End of Curve : E.C)
- H : 곡선중점(Secant Point : S.P)
- V : 교점(Intersection Point : I.P)
- F : 현의 중점
- $\overline{OA} = \overline{OB}$: 반지름(Radius : R)
- ∠TVB : 교각(Intersection Angle : I.A, I)
- $\overline{DA} = \overline{DB}$: 접선장(Tangent Length : T.L)
- ∠AOB : 중심각(Central Angle : I)
- $\overline{VH}$: 외선장(External Secant : E)
- $\overline{HF}$: 중앙종거(Middle ordinate : M)
- $\overline{AB}$: 장현(Long Chord : C)
- $\widehat{AHB}$: 곡선장(Curve Length : C.L)
- ∠DAP : 편각(Deflection Angle : δ)
- $\overline{AP}$: 편각 δ가 만드는 현장 : ℓ

② 편각설치

㉠ 곡선시점(B.C) A에 있어서의 곡선상의 1점 P_1의 편기각이라 함은 절선 DA로부터 A와 P_1을 연결하는 현에 이르는 각∠DAP1 = δ_1을 말하며, P_2, P_3 … 의 편기각은 각각 δ_2, δ_3 … 이다.

㉡ δ_1은 호상 $\widehat{AP_1}$상에서는 중심각 ∠AOP_1의 1/2이므로

- $\delta_1 = \dfrac{1}{2} \times \dfrac{\widehat{AP_1}}{R}$ (radian)
- $\delta_1 = 1,718.87' \times \dfrac{\widehat{AP_1}}{R}$ (min)
- $\delta_2 = 1,718.87' \times \dfrac{\widehat{AP_2}}{R}$ (min)
- $\delta_3 = 1,718.87' \times \dfrac{\widehat{AP_3}}{R}$ (min)

㉢ $\widehat{AP} = \widehat{P_1P_2} = \widehat{P_2P_3} = I$ 일 때에는 $\delta_2 = 2\delta_1$, $\delta_3 = 3\delta_1$ … 이 된다.

③ 중앙종거법에 의한 설치법

㉠ A점을 B.C, B점을 E.C, 곡률반경을 R로 하고 현 $\overline{AB}$, $\overline{AC}$, $\overline{AE'}$, $\overline{E'C}$의 중점과 각각의 원호의 중점을 연결한 선분을 중앙종거(Middle Ordinate)라고 한다.

㉡ 종거는 다음 식에 의하여 산출할 수 있다.

- $\overline{HF} = R\left(1-\cos\dfrac{I}{2}\right) = R - \sqrt{R^2-\left(\dfrac{L}{2}\right)^2}$
- $\overline{J'J} = R\left(1-\cos\dfrac{I}{4}\right) = R - \sqrt{R^2-\left(\dfrac{L'}{2}\right)^2}$
- $\overline{G'G} = R\left(1-\cos\dfrac{I}{8}\right)$
  $= R - \sqrt{R^2-\left(\dfrac{L''}{2}\right)^2}$

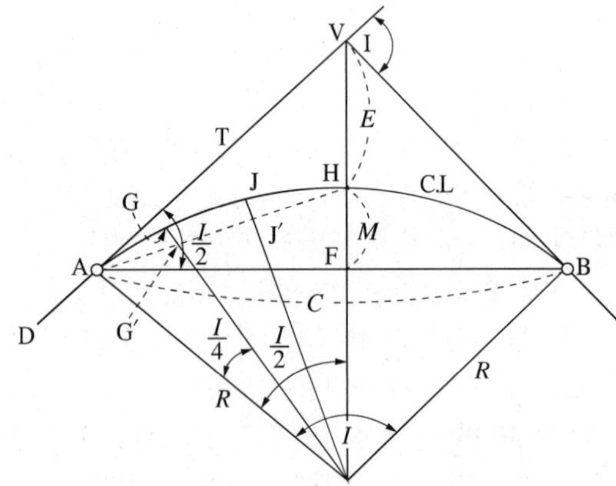

[중앙종거]

④ 장애물이 있는 경우의 곡선설치법

㉠ 교점(I.P), 곡선의 시점(B.C), 종점(E.C)이 지형 또는 지상의 구축물 등에 의하여 설치 또는 시준에 장애를 받는 경우 기하학적 관계를 이용하여 곡선을 설치한다.

㉡ 교점 D가 하천, 산림 또는 산악지 등에 위치할 때에 D점의 설치가 불가능한 경우에는 접선 $\overline{AD}$, $\overline{BD}$상에 A′, B′점을 선정하여 $\overline{A'B'}$, $\angle DA'B' = \alpha$, $\angle DB'A' = \beta$를 측정하여 A점(B.C), B점(E.C)를 구할 수가 있다.

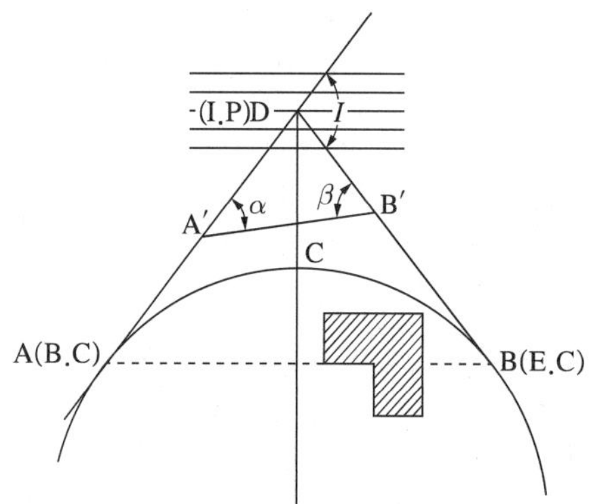

[장애물 시 곡선설치]

- $I = \alpha + \beta$
- $\overline{A'D} = \overline{A'B'} \cdot \dfrac{\sin\beta}{(180° - I)}$
- $\overline{B'D} = \overline{A'B'} \cdot \dfrac{\sin\alpha}{(180° - I)}$

그러므로, $T.L = R \cdot \tan\dfrac{I}{2}$

- $\overline{AA'} = T.L - \overline{A'D}$
- $\overline{BB'} = T.L - \overline{B'D}$

㉢ B.C, E.C가 결정되면 원곡선의 설치는 가능해진다.

(2) 단곡선 계산 및 이용

① 단곡선의 계산

㉠ 접선장(T.L) $= R \cdot \tan\dfrac{I}{2}$

㉡ 곡선장(C.L) $= 0.0174533R \cdot I°$

㉢ 외선장(S.L) $= R \cdot \sec\dfrac{I}{2} - R = R\left(\sec\dfrac{I}{2} - 1\right)$

㉣ 장현(C) $= 2R \cdot \sin\dfrac{I}{2}$

㉤ 중앙종거(M) $= R\left(1 - \cos\dfrac{I}{2}\right)$

② 단곡선의 이용

㉠ 곡선 구간에서의 원활한 주행을 위한 곡선의 설치 시

㉡ 지형 등의 관계로 단곡선을 설치할 수 없을 때, 특수한 경우에 사용되는 경우, 복곡선 설치 시

㉢ S커브와 같이 복곡선의 접속점에서 한 방향 원곡선이 공통접선을 접해 반대 방향에 있다고 생각할 때, 반향곡선의 설치 시

핵심예제

3-1. 단곡선 설치에 관한 설명으로 틀린 것은?

① 교각이 일정할 때 접선장은 곡선반지름에 비례한다.
② 교각과 곡선반지름이 주어지면 단곡선을 설치할 수 있는 기본적인 요소를 계산할 수 있다.
③ 편각법에 의한 단곡선 설치 시 호 길이(l)에 대한 편각(δ)을 구하는 식은 곡선반지름을 R이라 할 때 $\delta = \dfrac{1}{R}$(radian)이다.
④ 중앙종거법은 단곡선의 두 점을 연결하는 현의 중심으로부터 현에 수직으로 종거를 내려 곡선을 설치하는 방법이다.

정답 ③

3-2. 교각 $I = 60°$, 곡선 반지름 $R = 150$m, 노선의 기점에서 교점까지의 추가거리가 221.60m일 때 시단현의 편각은?(단, 중심말뚝 간격은 20m)

① 0°57′18″
② 2°51′53″
③ 3°26′35″
④ 4°41′17″

정답 ①

3-3. 노선측량에서 단곡선의 곡선반지름 $R = 100$m, 교각 $I = 60°$라면 옳지 않은 것은?

① 장현(L) = 120m
② 외할(E) = 15.5m
③ 중앙종거(M) = 13.4m
④ 접선장(T.L) = 57.7m

정답 ①

3-4. 곡선반지름 300m, 교각 45°인 원곡선의 곡선길이는?

① 235.62m
② 249.32m
③ 270.66m
④ 290.34m

정답 ①

해설

3-1

편각법에 의한 단곡선 설치 시 호 길이(l)에 대한 편각(δ)을 구하는 식은 곡선반지름을 R이라 할 때 $\delta = \frac{l}{2R}$(radian)이다.

3-2

- 접선장(T.L) $= R \cdot \tan\frac{I}{2} = 150 \times \tan\frac{60°}{2} = 86.60$m
- 곡선시점(B.C) = 총거리 − T.L = 221.60 − 86.60 = 135.00m
- 시단현 길이(l_1) = 20m = B.C 추가 거리 = 20 − 15.00 = 5.00m

∴ 시단현 편각(δ_1) $= 1{,}718.87' \times \frac{l_1}{R} = 1{,}718.87' \times \frac{5}{150} = 0°57'18''$

3-3

장현(L) $= 2R \cdot \sin\frac{I}{2} = 2 \times 100 \times \sin\frac{60°}{2} = 100$m

3-4

곡선길이(C.L) $= 0.0174533 \cdot R \cdot I°$
$= 0.0174533 \times 300 \times 45°$
$= 235.62$m

핵심이론 04 완화곡선의 종류별 설치와 계산 및 이용방법

(1) 완화곡선의 종류 및 설치

① 완화곡선의 종류

㉠ 차량이 직선부에서 곡선부로 진입할 경우 도로의 곡률이 0에서 어떤 값으로 급격히 변화하기 때문에 원심력에 의하여 횡방향의 힘을 줄이기 위해서 곡률이 0에서 조금씩 증가하기 위한 직선부와 곡선부 사이에 매끄러운 곡선을 넣는 것을 완화곡선이라 한다.

㉡ 클로소이드, 3차포물선, 렘니스케이트 곡선 등이 있다.

② 완화곡선의 설치

㉠ 클로소이드 곡선의 설치

- 곡선의 시점, 종점, 교차점을 설치하고 구간거리 및 교각 I의 측정이 이루어져야 한다.
- 곡선장 L과 파라미터 A를 결정하고 이를 사용하여 클로소이드의 다른 요소들을 계산한다.

(2) 완화곡선의 계산 및 이용

① 완화곡선의 계산

㉠ 클로소이드 곡선의 계산

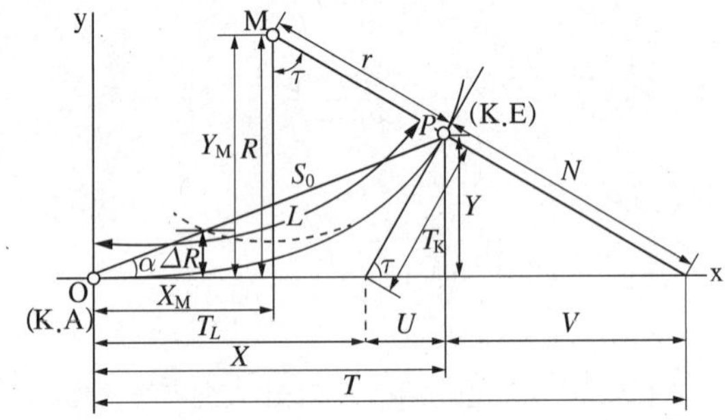

[클로소이드 곡선요소]

- O : 원점
- M : K.E점 곡률중심
- XY : K.E점 x, y 좌표
- L : 클로소이드 곡선장
- R : 곡률반경
- ΔR : 이정량
- X_M : M점 x좌표
- N : 범선길이
- T : 시점과 범선 교착길이
- S : 동경
- α : K.E점 극각
- τ : K.E점 점선각(다선각)

- 곡률반경$(R) = \dfrac{A^2}{L} = \dfrac{A}{I} = \dfrac{L}{2\tau} = \dfrac{A}{\sqrt{2\tau}}$
- 곡선장(C.L) $= \dfrac{A^2}{R} = \dfrac{A}{\tau} = 2ZR = \sqrt[4]{2\tau}$
- 접선각$(\tau) = \dfrac{L}{2R} = \dfrac{L^2}{2A^2} = \dfrac{A^2}{2R^2}$
- 매개변수$(A) = \sqrt{RL} = I \cdot R = L \cdot \gamma = \dfrac{L}{\sqrt{2\tau}}$

  $= \sqrt{2\tau}R$
- 파라미터$(A^2) = R \cdot L = \dfrac{L^2}{2\tau} = 2\tau R^2$

㉡ 3차포물선

- 교각 I로서 교차하는 2직선 $\overline{AV}$, $\overline{A'V}$ 사이에 3차포물선 AG, G′A′와 반지름이 R인 원곡선 GG′를 설정하는 문제이다.
- 직각좌표축을 x, y로 하면 완화곡선인 3차포물선의 식은 $y = \dfrac{x^3}{RX}$로 된다.
- 임의의 x에 대한 곡선상의 P점의 편각 δ는

  $\tan\delta = \dfrac{y}{x} = \dfrac{x^2}{6RL}$ 이다.
- x축으로 부터 수선과 편각 δ의 시준선과의 교점으로서 P점이 결정되어 곡선이 계산된다.

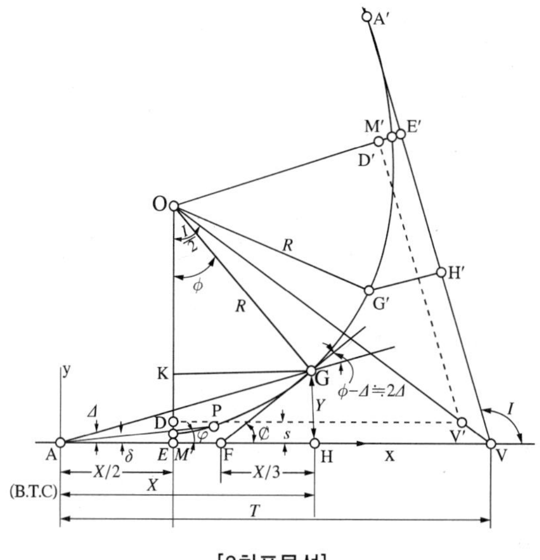

[3차포물선]

㉢ 렘니스케이트 곡선

- 렘니스케이트의 곡선장(L)

  $= \dfrac{C}{\sqrt{2}}\left(2\sqrt{\tan\alpha} - \dfrac{1}{5}\sqrt{\tan^5\alpha} + \dfrac{1}{12}\sqrt{\tan^9\alpha} + \cdots\right)$
- $\overline{AS}$와 S에서의 접선이 이루는 각을 ϕ_0라고 하면 $\phi_0 = 2\alpha_0$가 된다.

  $\alpha_0 + \phi_0 = \dfrac{I}{2}$

  $\therefore\ \alpha_0 = \dfrac{I}{6}$
- S에서의 곡률반경을 R_0라고 하면

  $R_0 = \dfrac{C}{3\sqrt{\sin 2\alpha_0}} = \dfrac{C}{3\sqrt{\sin\dfrac{I}{3}}}$

  $\therefore\ C = 3R_0\sqrt{\sin\dfrac{I}{3}}$, $r = C\sqrt{\sin 2\alpha}$,

  $r_0 = 3R_0 \sin\dfrac{I}{3}$

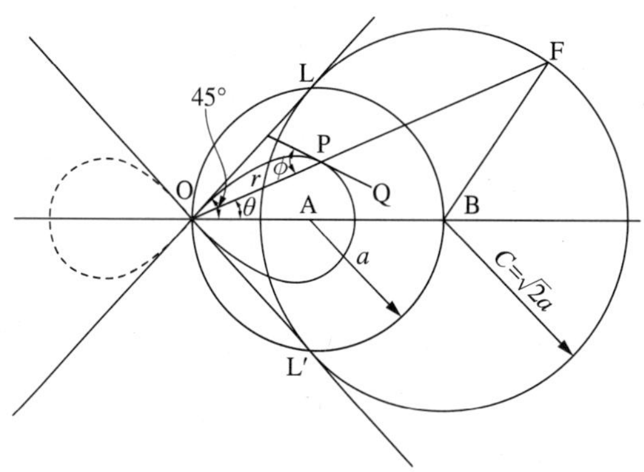

[렘니스케이트 곡선]

- △ADS에서 사인법칙에 의하여

  – $T = \overline{AD} = r_0\dfrac{\sin\left(90° + \dfrac{I}{3}\right)}{\sin\left(90° - \dfrac{I}{2}\right)} = r_0\dfrac{\cos\dfrac{I}{3}}{\cos\dfrac{I}{2}}$

  – $\overline{DS} = r_0\dfrac{\sin\dfrac{I}{6}}{\sin\dfrac{I}{2}}$

• 임의의 각 r에 대한 편각 α는 C값을 대입하여

$$2\alpha = \sin^{-1}\frac{r^2}{9R_0^2\sin\frac{I}{3}}$$

② 완화곡선의 이용

㉠ 클로소이드곡선은 고속도로 등 자동차도로에서 사용하는 곡선으로 곡률반경이 곡선의 길이에 반비례하는 곡선이다.

㉡ 3차포물선은 곡률반경이 경거에 반비례하는 곡선으로서 주로 철도에서 사용된다.

㉢ 렘니스케이트곡선은 곡률반경이 현의 길이에 반비례하는 곡선으로 시가지 철도 및 지하철 등에 주로 사용한다.

(3) 편경사(캔트) 및 확폭(슬랙)

① 편경사(캔트)

㉠ 차량이 곡선부를 주행할 때 차의 원심력의 작용에 의해 횡활(Skidding), 또는 전복(Over Turning)를 방지하기 위해 그림과 같이 바깥쪽을 높게 하여 자중 W와 원심력 P의 합력 R의 작용선이 양쪽 차바퀴의 중앙부근을 지나면서 노면에 수직하게 되도록 하는 것이 바람직하다.

㉡ 도로에서는 곡선부의 바깥쪽을 높게 한 직선상의 횡단면을 채택하여 이 경사를 편경사(Super−elevation)이라 하고 i라 표시한다.

㉢ 합력 R이 노면에 수직이라고 하면 노면의 경사

$$i = \tan\theta = \frac{P}{W} = \frac{mv^2/R}{m \cdot g} = \frac{v^2}{g \cdot R} \fallingdotseq \frac{C}{b}$$

㉣ 속도(v) = km/hr, g = 9.80m/sec로 하고 C, b, R을 m 단위로 하면, $i = \frac{v^2}{127R}$이므로, $\frac{C}{b} = \frac{v^2}{127R}$이다.

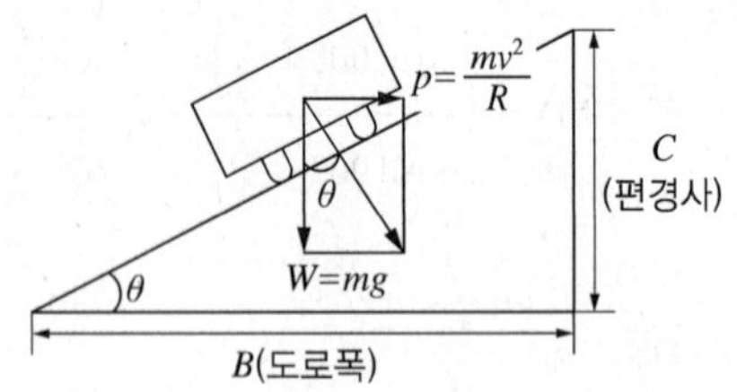

② 확 폭

㉠ 도로에서 원심력에 저항할 수 있는 여유를 잡아 직선부보다 약간 넓히는 것을 말한다.

㉡ 곡선부를 운행하는 차량의 뒷바퀴는 앞바퀴보다 안쪽으로 주행하게 되므로 곡선의 안쪽에서는 그 폭을 조금 늘려야 한다.

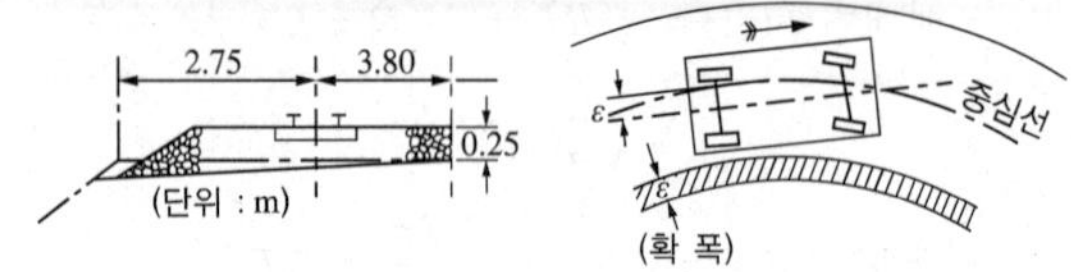

㉢ 확폭의 계산

• $\varepsilon_0 = R - \sqrt{R^2 - L^2}$ 에서 이항해서 제곱하고 ε_0^2항을 생략하면 $L^2 \cong 2R \times \varepsilon_0$

$$\therefore\ \varepsilon_0 = \frac{L^2}{2R}$$

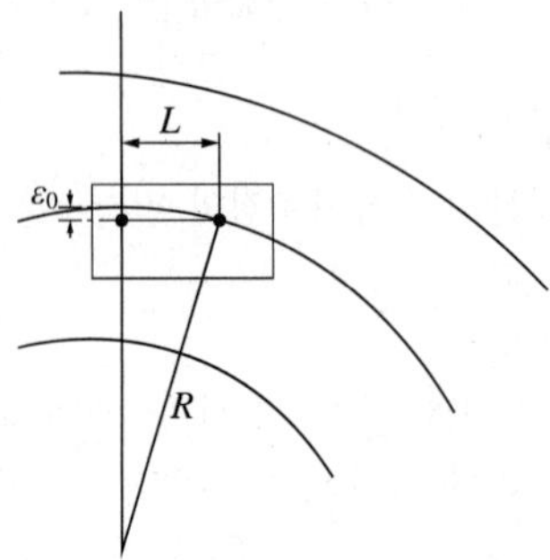

③ 확도(Slack)

㉠ 철도에서는 차륜축이 두 개 또는 그 이상이 강재연결(鋼材連結)되어 각각 개별적으로 자유롭게 움직일 수 없다.

㉡ 차량이 반경이 작은 곡선부를 통과할 때는 차량의 내・외측이 궤도에 꼭 끼이게 되어 손상을 입게 될 뿐만 아니라 탈선할 우려가 있다.

㉢ 탈선을 방지하기 위하여 바깥쪽의 궤도는 그대로 두고 안쪽의 궤도를 이동시켜 곡선부에서의 궤도 간격을 넓히는데 이렇게 넓힌 폭을 확도(擴度, Slack)라 한다.

핵심예제

일반철도에서 직선과 곡선 사이에 삽입되는 완화곡선의 식으로 가장 적합한 것은?

① $\frac{1}{R}$ = C.L

② $y = \frac{x^3}{6RX}$

③ $\rho^2 = a^2\sin^2\delta$

④ $y = \frac{x^2}{2R}$

정답 ②

해설

철도에 주로 이용되는 완화곡선은 3차포물선이다.

※ 3차포물선의 일반식 $y = \frac{x^3}{6RX}$

핵심이론 05 종곡선의 설치와 계산 및 이용방법

(1) 종곡선 설치

① 접선의 기울기와 위치가 먼저 결정되고 접선의 교점 V가 정해진다.

② 두 접선을 연결하는 종단곡선이 정해진다.

③ 종단곡선의 설계에서는 곡선의 길이 L을 먼저 선택하고 꼭짓점 V로부터 수평거리 $\frac{L}{2}$ 되는 지점을 곡선의 시점으로 하고 곡선의 종점은 곡선의 시점에 L을 더하여 결정한다.

④ 중심말뚝은 보통 40m 간격으로 설치한다.

(2) 종곡선 계산 및 이용

① 원곡선에 의한 종단곡선 계산

㉠ 철도에 적용 시

- 접선길이(l) = $\frac{R}{2}(m-n)$
- 종거(y) = $\frac{x^2}{2R}$
- m과 n은 종단경사(‰)로서 상향경사는 (+), 하향경사는 (−)이다.

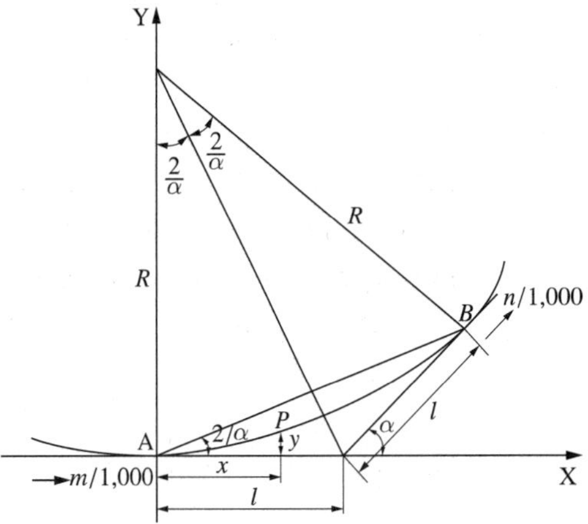

㉡ 도로에 적용 시

- 종곡선길이$(L) = \frac{m-n}{3.6}V^2$
- 종거$(y) = \frac{(m-n)}{2L}x^2$
- 계획고$(H) = H' - y$, $H' = H_0 + mx$

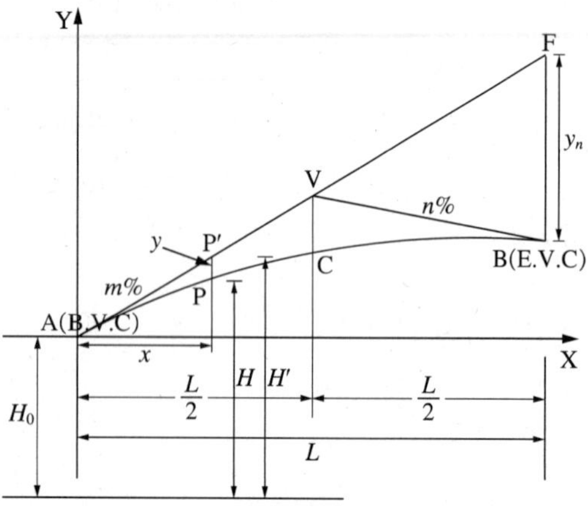

② 종곡선 이용

㉠ 노선의 경사가 변화하는 경우에 급격한 경사변화를 완화하기 위해서 적당한 곡선을 연결하여 붙일 필요성 있다.

㉡ 종곡선을 설치함으로써 지형의 정부(頂部)를 깎아서 시야를 증대시켜 교통안전도를 높인다.

㉢ 일반적으로 2차포물선과 원곡선 형태의 종곡선을 사용한다.

- 2차포물선
  - 계산 및 설치법이 비교적 용이하다.
  - 일정한 거리에서의 경사변화율이 일정하여 종곡선으로는 가장 적합하다.
- 원곡선
  - 철도에서 사용한다.
  - 반지름이 큰 원호(圓弧)는 포물선과 거의 동일하다.

핵심예제

5-1. 노선의 종단경사가 급격히 변하는 곳에서 차량의 충격을 제거하고 시야를 확보하기 위하여 설치하는 것은?

① 수평곡선
② 캔 트
③ 종단곡선
④ 슬 랙

정답 ③

5-2. 그림과 같이 상향 기울기 5/1,000, 하향 기울기 35/1,000이고 반지름 3,000m인 종단곡선 중에서 만날 경우 곡선시점(A)에서 40m 떨어져 있는 점의 종거 y_2는?

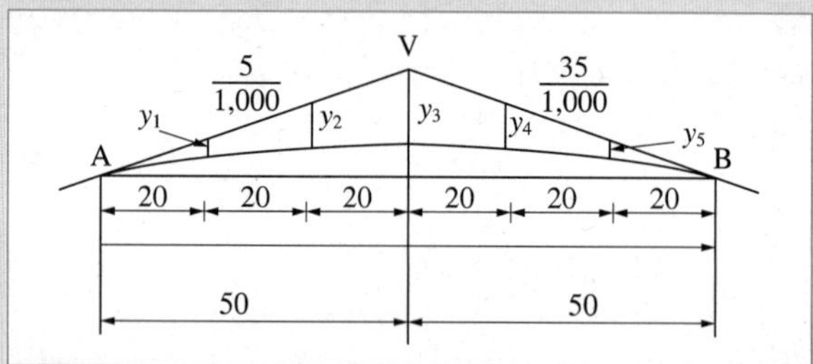

① 167mm
② 267mm
③ 367mm
④ 467mm

정답 ②

해설

5-1

종단곡선은 노선의 경사가 변하는 곳에서 차량이 원활하게 달릴 수 있고 운전자의 시야를 넓히기 위하여 종곡선을 설치하며, 일반적으로 원곡선 또는 2차 포물선이 이용된다.

5-2

원곡선에 의한 설치방법에 의하여 종거(y_2)를 구하면(반경이 주어졌으므로), $y_2 = \frac{x^2}{2 \times R} = \frac{40^2}{2 \times 3{,}000} \fallingdotseq 0.267\text{m} = 267\text{mm}$

제3절 하천측량

핵심이론 01 하천의 수준기표 및 종횡단 측량

(1) 수준기표 측량

① 지반이 침하하지 않는 견고한 장소를 택하여 하천의 양안에 약 5km 간격으로 설치하며 그들의 표고는 국가수준점으로부터 정확히 측정하여 결정하여야 한다.
② 수준기표는 15cm×15cm×1.2m 크기의 사각형주를 사용하여 지상에 견고하게 매설하여야 한다.
③ 주변에 견고한 암석이 있으면 이것을 이용하여도 좋다.

(2) 거리표 측량(종단)

① 종단측량에서 종단점의 평면위치를 결정하기 위한 거리측량의 기준이 되는 것으로 하구 또는 하천의 합류점을 기점으로 하여 하천의 좌우 양안에 설치한다.
② 좌우 양안에 설치된 거리표를 연장한 선이 하신, 즉 하천의 유심선에 직각인 방향으로 설치되어야 한다.
③ 현장에서 거리표를 설치할 때에는 직접 그 거리를 측정하여 설치하는 것이 좋으나 적정한 평면도가 있을 경우에는 먼저 평면도에서 기점과 거리표의 위치를 정하고 이들을 현장에 이설하는 방법을 사용하기도 한다.
④ 거리표의 기점은 간천에서는 하구에, 지하천에서는 간천과의 합류점에 설치하며 200m 간격으로 하신을 따라 상류를 향하여 순차적으로 설치한다.
⑤ 하천이 큰 경우에는 500m 간격으로 설치하기도 한다.
⑥ 거리표는 하상의 변화를 조사하거나 하천계획에 필요한 각종 자료의 기본이 되는 횡단면도를 작성할 때의 기준이 되는 점으로 영구히 변하지 않는 곳을 택하여 설치하여야 한다.
⑦ 공공측량 작업규정에 따라 그 평면좌표와 표고좌표가 결정되어야 한다.
⑧ 항공사진측량의 경우에는 항공사진 촬영 전에 거리표의 위치에 대공표지를 한 후 촬영하고 그 후에 도화기에 의하여 그 좌표를 읽어도 되나 전자파 거리측정기에 의하여 거리표 간의 거리를 측정하여 두는 것이 좋다.
⑨ 거리표의 형태는 길이 약 1.2m, 머리 부분은 12cm×12cm의 사각형 형태로 보통 철근 콘크리트 또는 석재를 사용하여 제작한다.
⑩ 거리표의 표고는 꼭짓점의 표고를 표시하며 측면에 명칭 등을 표시한다.

(3) 대횡단 측량

① 횡단측량의 범위는 평면측량의 범위에 준하여 실시하나 단면이 급변하는 장소에서는 말뚝을 다시 설치하고 그 거리는 적당히 단축한다.
② 측정구역은 평면도를 제작할 구역을 고려하여 유제부에서의 제외지는 전부, 제내지는 300m 이내로 한다.
③ 제방 이전계획에 있어서는 그의 예정 장소까지 측정한다.
④ 홍수량을 조사할 때에는 홍수가 도달하는 구역까지 측량하는 것으로 한다.
⑤ 육상의 횡단과 하천 본체의 횡단으로 나눌 수 있다.
⑥ 육상에서는 지반의 고저와 횡단거리, 하천에서는 하안의 고저와 횡단거리 또는 최대 홍수위 등 횡단면도 작성에 필요한 여러 가지 사항을 조사, 측량한다.
⑦ 횡단선에 따라 수륙 모두 10~20m마다 측정한다.
⑧ 수력발전을 목적으로 유량조사를 할 경우 수심측량의 수평거리는 하폭의 대소에 따라 1~2m로 하고 하저가 균일한 장소에 있어서는 보통 측정방법으로 한다.
⑨ 요철이 심한 장소에서는 정밀히 측정한다.
⑩ 양수표, 언제, 교량, 갑문 등 구조물이 있는 장소에서는 특별한 측량을 실시한다.
⑪ 축척은 보통 높이는 1/100, 거리는 하천의 폭에 따라 1/1,000~ 1/500을 기준으로 한다.
⑫ 횡단면도에는 좌우 양안에 설치된 거리표의 위치 및 높이를 기록하여야 한다.

핵심예제

1-1. 하천의 종단측량을 위한 높이 관측에 일반적으로 사용되는 측량 방법은?

① 직접 수준 측량
② 교호 수준 측량
③ 항공 사진 측량
④ 삼각 수준 측량

정답 ①

1-2. 하천측량에서 거리표 설치와 고저측량에 관한 설명으로 틀린 것은?

① 제방이 있는 경우 거리표는 하천의 중심에 직각방향으로 양안에 설치한다.
② 거리표는 반드시 기점으로부터 하천의 우안을 따라 500m 간격으로 설치한다.
③ 횡단측량은 양안의 거리표를 기준으로 그 선상의 고저를 측량한다.
④ 하천측량에서의 고저측량 작업은 거리표 설치, 종단 및 횡단측량, 심천측량 등을 포함한다.

정답 ②

해설

1-1
하천의 종단측량은 좌우에 설치한 거리표, 양수표, 수문, 기타 중요한 장소의 높이를 측정하는 것으로서 일반적으로 직접수준 측량이 사용된다.

1-2
거리표는 반드시 기점으로부터 하천의 우안을 따라 200m 간격으로 설치한다.

핵심이론 02 하천의 수위관측 및 이용방법

(1) 하천수위관측

① 보통 12시간 또는 6시간 간격으로 관측하며(특히 홍수 때는 1시간 또는 30분 간격으로 관측), 관측의 정밀도는 cm 단위까지 한다.

② 자독식양수표 또는 자기 양수표에 의하여 이루어진다.

㉠ 양수표는 교각과 같이 견고한 곳에 수면에 직각으로 설치하며 관측자가 직접 수위를 읽을 수 있도록 눈금이 그려져 있으며 일반적으로 가장 많이 사용한다.

㉡ 하구 또는 치수 및 이수에 필요한 중요한 지점 또는 관측에 어려움이 있는 장소에서는 자기양수표를 설치하여 수위를 관측한다.

㉢ 양수표를 설치하는 경우 최적지 선정방법
- 양수표의 위치뿐만 아니라 상류, 하류의 상당한 범위에서 하상과 하안이 안전하고 세굴이나 퇴적이 생기지 않는 장소를 택한다.
- 상·하류 약 100m 정도의 직선 장소일 것
- 수위가 교각이나 기타 구조물에 의한 영향을 받지 않는 장소일 것
- 홍수 시에 유실이나 이동 또는 파손이 되지 않는 장소일 것
- 평상시는 물론 홍수 시에도 용이하게 양수표를 볼 수 있는 장소일 것
- 지천의 합류점에서는 불규칙한 수위의 변화가 없는 곳으로, 지천에서는 합류점으로부터 상당한 상류로 올라가서 정하고 본류에서는 상·하류로 떨어진 곳에 설치한다.

㉣ 양수표의 영점위치에 대한 주의사항
- 양수표의 영점위치는 최저수위의 밑에 있고 양수표 눈금의 최고위는 최대 홍수위보다 높아야 한다.
- 양수표는 평균해수면의 표고를 측정해 둔다.
- 홍수 후에는 꼭 부근의 수준점과 연결하여 그의 표고를 확인하고 수준점이 원거리에 있을 때는 안전한 곳에 별도로 수준점을 설치한다.

③ 하천수위

㉠ 최저수위와 최고수위

- 어떤 특정기간에 있어서의 최저 또는 최고수위를 말한다.
- 연 최저 또는 최고수위 또는 월 최저 또는 최고수위 등과 같이 구별할 수 있다.

㉡ 평균최저수위

어떤 기간 내에 있어서 연, 월의 최저 또는 최고수위의 평균이며, 전자는 선박의 운항, 수력발전, 관개 등 하천의 이수목적에 이용되는 것이고, 후자는 제방, 교량, 배수 등의 치수 목적에 이용된다.

㉢ 평균수위

어떤 기간에 관측수위의 합계를 그의 관측횟수로 나눈 값이다.

㉣ 평균저수위

- 어떤 기간에 있어서의 평균수위 이하의 수위를 평균한 값이다.
- 평균최고수위 역시 평균수위 이상의 수위를 평균한 값이다.

㉤ 평수위

어떤 기간 내에 있어서의 관측수위 중 그 값의 상하에 관측횟수와 같은 값이 된 수위를 말한다.

㉥ 최다수위

어떤 기간에 있어서 수위가 가장 많이 증가하고 빈도곡선을 그리면 그 정점에 해당하는 수위를 말한다.

(2) 이용방법

① 저수지나 호수의 저수량을 측정하거나 하구의 조석 및 하상의 변화를 조사하기 위하여 측정하는 경우

② 유량을 측정하기 위한 경우

핵심예제

2-1. 하천측량에 대한 설명으로 옳지 않은 것은?

① 평균수위는 어떤 기간의 관측수위를 합하여 관측횟수로 나누어 평균한 수위이다.

② 하천 횡단면 직선 내 평균유속을 구하는데 2점법을 사용하는 경우 수면으로부터 수심의 2/10, 8/10 지점의 유속을 관측하여 평균한다.

③ 하천측량에 수준측량을 할 때의 거리표는 하천의 중심에 직각의 방향으로 설치하는 것을 원칙으로 한다.

④ 수위관측소의 위치는 지천의 합류점 및 분류점으로 수위의 변화가 활발한 곳이 적당하다.

정답 ④

2-2. 하천측량의 수위관측에서 양수표에 대한 설명으로 옳지 않은 것은?

① 영(0) 눈금은 최저수위보다 높다.

② 양수표의 최고수위는 최대 홍수위보다 높다.

③ 검조장의 평균해면 표고로 측정한다.

④ 홍수 뒤에는 부근 수준점과 연결하여 표고를 확인한다.

정답 ①

해설

2-1

수위관측소의 위치는 지천의 합류점 및 분류점으로 수위의 변화가 없는 곳에 설치한다.

2-2

양수표의 영위는 최저수위보다 하위에 있어야 하며, 양수표 눈금의 최고위는 최대 홍수위보다 높게 하여야 한다.

핵심이론 03 하천의 유속, 유량의 측정 및 계산방법

(1) 유속 측정 및 계산

① 부자에 의한 유속 측정법

㉠ 부자를 하천에 띄워 흐르게 한 다음 흘러간 거리와 시간을 측정하여 유속을 결정하는 방법이다.

㉡ 부자에 의하여 유속을 측정하기 위해서는 먼저 100 ~ 200m(소하천에서는 20 ~ 50m)의 간격으로 두 단면을 결정하고 유심에 직각으로 시통선을 정한다.

㉢ 부자를 제1의 단면 상류에서 약 30초 정도로서 도달할 수 있는 곳에서 투하하고 측정하려는 구간을 일정한 속도로 흐르게 한다.

㉣ 부자를 투하 유출시키는 간격은 하천의 폭에 따라 다르나 불규칙한 장소에서는 중앙부는 적당히 하고 양안에 향하여서는 간격을 좁게 한다.

㉤ 부자를 유하시킬 때 거리가 매우 짧거나 길면 측정오차가 많이 생긴다.

㉥ 부자의 조류에는 표면부자, 이중부자, 봉부자 등이 있다.

- 표면부자에 의한 유속측정
  - 나무나 코르크 등 가벼운 것으로 부자를 만들어 유하시켜 표면의 유속을 측정하는 방법이다.
  - 답사나 홍수 등 급히 유속을 측정할 때 편리한 방법이다.
- 이중부자에 의한 유속측정
  - 표면부자에 수중부자를 연결한 것이다.
  - 수중부자는 물보다 다소 비중을 크게 하고 표면부자를 끈으로 연결하여 수중부자를 지지하여 흐를 때 부자의 위치를 일정하게 하는 것이다.
  - 수중부자는 대략 평균유속을 가지는 깊이(수면으로부터 수심의 4할되는 곳)에 위치하도록 한다.
- 봉부자에 의한 유속측정
  - 가벼운 대나무나 나뭇조각을 이용하는데 대나무나 나뭇조각이 수면으로부터 하상에 닿지 않을 정도의 길이로 한다.

② 유속계에 의한 유속 측정법

㉠ 유심에 직각방향으로 횡단면을 설치하고 이 단면을 약 5.0m 간격의 소단면으로 나누어 각 구간에 대한 평균유속을 구한다.

㉡ 유속 측정방법 및 순서

- 유속계를 각 측선에 따라 정해진 수중의 위치에 정확히 위치하도록 하고 하저로부터 20cm ~ 50cm 간격으로 상향 측정한다.
- 유속계가 정해진 위치에서 회전을 시작한 후 약 30초가량 경과 후 스톱워치를 사용하여 시간 측정을 시작한다.
- 초의 읽음은 1/10초 단위로 한다.
- 측정음의 수는 접점수의 배수로 한다.
- 유속측정의 시작과 종료 때 관측소의 시간과 수위를 측정한다.
- 1회 측정시간은 20초 이상으로 한다.
- 동일 측점에서 연속 2회 측정하고 그 평균값을 사용한다.

㉢ 유속은 횡단면에 수직인 방향으로 측정한다.

㉣ 수심이 얕아 하천을 걸어서 다닐 수 있는 경우에는 횡단선을 따라 줄자 또는 철선에 눈금을 표시한 것을 양안에 설치한 말뚝에 연결하고 정해진 장소마다 유속을 측정한다.

③ 초음파에 의한 유속 측정

㉠ 하천의 양안에 초음파 송수신기를 설치하고 흐르는 수중에 초음파를 발사한 후 되돌아 올 때까지의 시간을 측정하여 유속을 정하는 방법이다.

- 초음파가 흐르는 물에 도달할 때의 시간(흐름과 같은 방향)

$$t_1 = \frac{L}{C+V}$$

- 흐름의 반대 방향으로 도달할 때의 시간

$$t_2 = \frac{L}{C-V}$$

④ 평균유속의 계산

㉠ 1점법

- $V_m = v_{0.6}$
- 수면으로부터 수심의 6/10 되는 곳의 유속을 측정하고, 이것을 평균유속으로 한다.
- 약 5%의 차이가 있다.

㉡ 2점법

- $V_m = \frac{1}{2}(v_{0.2}+v_{0.8})$
- 수면으로부터 수심이 2/10와 8/10 되는 곳의 유속을 측정하여 구하는 방법이다.

- 약 2%의 차이가 있다.

㉢ 3점법

- $V_m = \frac{1}{4}(v_{0.2} + 2v_{0.6} + v_{0.8})$
- 수면으로부터 수심이 2/10, 6/10, 8/10 되는 곳의 유속을 측정하여 구하는 방법이다.

㉣ 4점법

- $V_m = \frac{1}{5}\left\{v_{0.2} + v_{0.4} + v_{0.6} + v_{0.8} + \frac{1}{2}\left(v_{0.2} + \frac{v_{0.89}}{2}\right)\right\}$
- 수면으로부터 수심이 2/10, 4/10, 6/10, 8/10 되는 곳의 유속을 측정하여 이들로부터 평균유속을 구하는 방법이다.

(2) 유량 계산

① 하천과 기타 수로의 각종 수위에 대하여 유속을 측정하고 이들 각 수위에 대한 유량을 계산하여 수위와 유량의 관계를 명확히 하며 하천, 댐, 기타 그와 관련된 각종 계획 등에 기초 자료를 제공하는 데 목적이 있다.

② **유량을 측정하는 장소 선정 시 유의사항**

㉠ 측정 작업이 쉽고 출수 또는 다른 원인에 의하여 하저의 변화가 없는 장소

㉡ 비교적 유신이 직선이고 갈수류가 없으며 상·하류의 수면구배가 일정한 장소

㉢ 잠류와 역류가 없고 지천에 의하여 불규칙한 수위 변화가 없는 장소

㉣ 부근에 급단, 급류가 없고 지천에 의하여 불규칙한 수위 변화가 없는 곳

㉤ 윤변의 성질이 균일하고 상·하류를 통하여 횡단면의 형상이 급변하지 않는 곳

㉥ 가능한 한 폭이 좁고 충분한 수심과 적당한 유속을 가지며 만일 유속계를 사용하여 유량을 측정하는 경우에는 유속이 0.3~2.0m/sec가 되는 곳이 좋다.

③ **유량 측정방법**

㉠ 부자에 의한 유량 측정

- 횡단 측량과 평균 단면
  - 하천의 횡단면의 면적에 그 곳을 통과하는 평균유속을 곱하여 구하여지므로 유량 측정을 위해서는 횡단면의 결정이 매우 중요하다.
  - 유량 계산에 사용하는 단면적은 제1단면과 제2단면의 평균값을 사용한다.
  - 평균 저수위와 수로폭의 중심선을 중첩시켜 방안지 위에 그리고 그 두 개의 단면선의 중앙점을 연결하여 선을 그리면 평균 단면이 그려진다.
- 평균 수위

$$H_m = \frac{\sum(q \cdot h)}{\sum q}$$

- 부자의 평균위치

$$x = \frac{1}{2}(x_1 + x_2)$$

㉡ 유속계에 의한 유량측정

- 유속계에서 측정한 소리의 수에서 유속계의 회전수를 구하고 이것을 회전에 소요된 시간으로 나누면 매초당 회전수가 구하여진다.
- 초당 회전수를 검정식에 넣어 계산하면 유속이 구하여진다.
  - 각 유속 측정선에 대하여 각각 양쪽의 유속 측정선의 중앙에서 정한 면적을 태형으로 하고 이것에 각각의 유속 측정선의 평균유속으로 곱하여 모두 합하는 방법

$$Q_1 = \sum_{i=1}^{n} q_{1i} = \frac{1}{4}\sum_{i=1}^{n} b_i\left\{v_{i-1}\left(h_{i-1} + \frac{h_{i-1}+h_i}{2}\right) + v_i\left(h_i + \frac{h_{i-1}+h_i}{2}\right)\right\}$$

  - 각 유속 측정선 사이를 태형으로 하여 구한 단면적에 양쪽의 유속 측정선의 평균유속의 평균값을 곱하여 모두 합하는 방법

$$Q_2 = \sum_{i=1}^{n} q_{2i} = \frac{1}{4}\sum_{i=1}^{n} b_i(v_{i-1} + v_i)(h_{i-1} + h_i)$$

  - 각 유속 측정선의 평균유속에 각각 양쪽의 유속 측정선과의 중앙에서 정한 폭과 그 유속 측정선의 수심과의 합을 단면적으로 곱하여 모두 합하는 방법

$$Q_3 = \sum_{i=1}^{n} q_{3i} = \frac{1}{2}\sum_{i=1}^{n} b_i(h_{i-1}v_{i-1} + h_i v_i)$$

㉢ 초음파에 의한 유량 측정

$Q = a_1 v_1 + a_2 v_2 + a_3(H) v_3$

㉣ 수위-유량 곡선에 의한 유량 측정

$Q = a(H+b)^n + c$

㉤ 웨어에 의한 유량 측정

- 웨어는 물이 흐르는 방향에 직각을 막아 물이 넘치도록 인공적으로 만든 작은 둑을 말한다.
- 정밀을 필요로 하는 인공수로나 작은 하천의 경우에 가장 적절하며 터널 또는 굴착 중의 용수량, 착공 전의 물의 조사를 하고자 할 경우에도 많이 이용된다.

$$Q = m\sqrt{2g}\int_0^{h_0} b\sqrt{h}\,dh = C_0\int_0^{h_0} b\sqrt{h}\,dh$$

– 사각형 웨어의 경우

$$Q = C_1 b h_0^{\frac{3}{2}}$$

– 삼각형 웨어의 경우

$$Q = C_2 h_0^{\frac{5}{2}}$$

– 유량계수

$$C_1 = 1.785 + \left[\frac{0.00295}{h_0} + 0.237\frac{h_0}{h_d}\right](H_\varepsilon)$$

(3) 유량곡선

① 종축에 수위, 횡축에 유량을 표시하고 유량 관측의 결과를 자유곡선으로 연결할 수 있을 때 이 곡선을 수위-유량곡선이라고 한다.

② 2차 곡선을 기본식으로 사용하고 있다.

$\sqrt{Q} = aH + b$

핵심예제

3-1. 각 구간의 평균유속이 표와 같은 때, 그림과 같은 단면을 갖는 하천의 유량은?

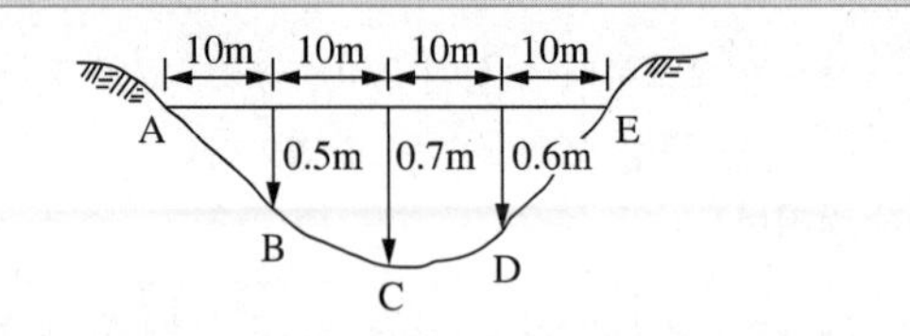

단 면	A – B	B – C	C – D	D – E
평균유속(m/s)	0.05	0.3	0.35	0.06

① $4.38\text{m}^3/\text{s}$　　② $4.83\text{m}^3/\text{s}$

③ $5.38\text{m}^3/\text{s}$　　④ $5.83\text{m}^3/\text{s}$

정답 ①

3-2. 하천의 유속 측정에서 수면으로부터 $0.2h$, $0.6h$, $0.8h$ 깊이의 유속(m/s)이 각각 0.562, 0.497, 0.364이었다. 계산된 평균유속이 0.463m/s이었다면 계산방법은?(단, h : 하천의 수심)

① 1점법　　② 2점법

③ 3점법　　④ 4점법

정답 ②

3-3. 수심이 H인 어느 하천의 유량 측정을 위하여 수심과 유속을 관측한 결과가 표와 같다. 2구간(좌안으로부터의 거리 10 ~ 20m 구간)의 유량은?

[수심 관측표] (단위 : m)

좌안으로부터의 거리	0	10	20	30
수 심	0	2.4	3.0	0

[유속 관측표] (단위 : m/s)

구 간 \ 관측 수심	$0.2H$	$0.6H$	$0.8H$
2구간(10 ~ 20m)	2.0	1.4	0.6

① $34.45\text{m}^3/\text{s}$　　② $36.45\text{m}^3/\text{s}$

③ $38.45\text{m}^3/\text{s}$　　④ $40.45\text{m}^3/\text{s}$

정답 ②

해설

3-1

$Q = A \cdot V_m$

$= (2.5 \times 0.05) + (6.0 \times 0.3) + (6.5 \times 0.35) + (3.0 \times 0.06)$

$= 4.38\text{m}^3/\text{sec}$

※ 각 구간의 단면적(A)은 사다리꼴 공식으로 구한다.

3-2

2점법 : 수심 $0.2H$, $0.8H$ 되는 곳의 평균유속을 구하는 방법이다.

$V_m = \frac{1}{2}(V_{0.2} + V_{0.8}) = \frac{1}{2}(0.562 + 0.364) = 0.463\text{m/s}$

3-3

- 2구간의 평균유속(V_m)

$V_m = \frac{1}{4}(V_{0.2} + 2V_{0.6} + V_{0.8}) = \frac{1}{4}\{2.0 + (2 \times 1.4) + 0.6\}$

$= 1.35\text{m/sec}$

- 2구간의 단면적(A)

$A = \frac{2.4 + 3.0}{2} \times 10 = 27\text{m}^2$

$\therefore$ 2구간의 유량(Q) $= A \cdot V_m = 27 \times 1.35 = 36.45\text{m}^3/\text{sec}$

제4절 수로측량

핵심이론 01 연안조사 및 해안선 측량

(1) 자료조사

① 항만공사

해당 공사구역에서의 해안선의 측량, 해저지형 및 수심의 측량, 해저지질의 조사

② 항로준설, 해저에서의 흙, 모래, 광물 등의 채취

해당 공사구역에서의 해저지형 및 수심의 측량, 해저지질의 조사

③ 매립, 방파제, 인공암벽의 설치나 철거 등

해당 공사구역에서의 해안선의 측량, 해저지형 및 수심의 측량

④ 인공어초 등 구조물의 설치 또는 철거 등

해당 공사구역에서의 해저지형 및 수심의 측량

⑤ 교량의 설치 또는 변경

해당 교량의 교각 위치의 조사(교각을 철거하는 공사인 경우에는 철거 후 수심의 측량), 해당 공중전선 밑을 선박이 안전하게 통과할 수 있는 최저 높이 조사

(2) 연안조사

① 연안의 범위

㉠ 연안해역

- 바닷가 : 해안선으로부터 지적공부에 등록된 지역까지의 사이
- 바다 : 해안선으로부터 영해의 외측 한계까지의 사이

㉡ 연안육역

- 무인도서
- 연안해역의 육지 쪽 경계선으로부터 500m ~ 1km(항만, 국가어항, 산업단지) 이내의 육지지역으로 연안통합관리계획에서 정한 지역

② 연안기본조사의 내용 등(연안관리법 시행령 제2조)

㉠ 해안선, 지형, 수심, 기온, 조석, 조류, 수온, 퇴적물, 생태계 등 자연환경 실태

㉡ 인구, 고용, 지역경제 등 사회·경제적 실태

㉢ 항만, 수산자원, 관광자원, 광물자원 및 간척·매립 등 자원 이용 실태

㉣ 연안수질오염, 해양퇴적물 오염 등 해양환경 오염실태
㉤ 연안보전시설, 친수시설 등 시설물 실태
㉥ 연안침수, 재해취약성 등 연안재해 위험 및 피해 실태

③ 연안기본조사체계
㉠ 연안의 모습 : 해안선 및 도서, 바닷가, 연안습지 해안사구, 연안육역 경사 및 재질
㉡ 연안 이용·개발 : 연안해역 이용, 연안토지이용, 연안개발수요
㉢ 연안재해 : 연안재해발생, 연안재해피해, 연안재해대응
㉣ 연안생태 : 연안·해양생물, 연안생태관리
㉤ 연안환경 : 해수상태, 연안오염원, 연안환경관리
㉥ 연안 사회·경제 : 연안인구, 연안산업 및 경제, 연안친수 및 여가, 어촌정주여건
㉦ 연안통합관리정책 이행 : 추진전략별 과제이행, 연안관리 인프라

(3) 해안선측량

① 기준점측량, 수준측량, 지형현황측량, 수심측량, 지질조사, 조석관측, 지리조사 및 측량 원도 제작 등을 시행한다.
㉠ 기준점측량 : 대삼각점 및 기준점측량 계산
㉡ 수준측량 : 직접수준측량
㉢ 지형현황측량 : 지형지물 및 인공구조물측량
㉣ 수심측량 : 음향측심기에 의한 측량
㉤ 지질조사 : 입도분석
㉥ 조석관측 : 검조의 설치, 표척관측, 조석 조화분해
㉦ 연안생태계 정보 : 갯벌 및 습지 조사
㉧ 어업현황정보 : 육지양식장 조사
㉨ 관광정보 : 관광지 및 해수욕장 조사
㉩ 환경오염정보 : 오폐수 유출구, 폐기물 투기장
㉪ 재해 및 방제정보 : 붕괴가능지역, 해안선 변화조사
㉫ 해양지명조사 : 육도와 해도의 현지 명칭이 다른 곳 조사

핵심이론 02 조석관측

(1) 조위표 설치

① 기둥을 세우고 기둥에 눈금판을 부착하여 고정하거나, 교량의 교각 또는 교대 등에 눈금판을 색인한다.

② 기둥은 콘크리트 말뚝 또는 철강재 말뚝을 사용해서 견고하게 고정하며, 너무 길지 않은 것이 좋다.

③ 눈금판의 눈금단위는 1cm로 하지만, 야간이나 홍수 시에는 10cm 또는 1m의 단위도 명확하게 보이지 않기 때문에 눈금을 명확하게 읽을 수 있도록 설치한다.

④ 자기수위계
㉠ 자기수위계 종류
• 부자(浮子)식, 레이더식, 공기방울(Bubble)식, 압력식, 전기식, 초음파식, 영상식
• 유지관리와 계기의 조달 등을 감안하여 적절한 기종을 선정해야 한다.
㉡ 수위계를 설치할 기초는 견고하게 고정해야 한다.
㉢ 홍수 시에도 충분히 관측할 수 있으며 침수되지 않는 높이에 설치해야 한다.

⑤ 보조수위표
㉠ 홍수 시 홍수 예보업무를 돕고 수문자료를 보충하기 위하여 이미 설치되어 있는 수위표 지점 사이의 중요 지점 또는 지류의 중요 지점에 보조수위표를 설치한다.
㉡ 유량측정을 실시하는 수위표 지점에서는 수면경사에 대한 현지 여건을 고려하여 상·하류 지점 간의 수위차가 30 ~ 50cm 정도가 되도록 기설 수위표지점 상·하류 약 1km 내외지점에 보조수위표를 설치한다.

⑥ 수위표 영점표고
㉠ 수위표 영점표고는 수위가 기준 수위 이하(마이너스 수위)로 표시되는 것을 피하기 위해서 예상 최대 수위 이하로 잡는다.
㉡ 영점을 변경 할 경우에는 나중에도 확실히 알 수 있도록 변경깊이, 변경 연월일, 변경사유, 변경내역 등을 관측소 대장에 정확히 기입해 두어야 한다.
㉢ 일관성 있고 원활한 수위 자료관측과 수문분석을 위하여 특별한 사유가 없는 한 수위관측소의 영점표고는 변경하지 않는 것으로 한다.

⑦ 수위표 영점표고의 측정
㉠ 수위표를 설치할 경우에는 이에 근접한 높은 위치에 수준점을 설치하고, 그 표고를 기초로 해서 수준기를 사용하여 수위표의 영점표고를 측량하여야 한다.
㉡ 수준기의 눈금 단위는 1mm로 한다.
㉢ 수준점의 표고는 기설 1등 수준점(단, 불가피한 경우에는 2등 수준점)을 기점으로 수준

⑧ 표 지
㉠ 수위관측소 부근에는 관측소명, 수계·하천명, 설치자명, 설치 연월일, 관측소 소재지 표고(수위표의 영점표고), 합류점에서의 거리, 주의보수위, 경보수위, 그리고 관측소 번호 등을 기입한 표지를 세우고 필요한 경우에는 주위에 울타리를 설치하여야 한다.

⑨ 조석표
㉠ 각 지역에 대해 날짜별 고조(만조)와 저조(간조)의 시간 및 조위를 미리 예측하여 나타낸다.

(2) 조석관측

① 해수면의 주기적 승강의 정확한 양상을 파악하기 위한 관측을 말하며, 연안선박 통행, 수심관측의 기준면 결정, 항만공사 등 해양공사의 기준면 설정, 유량수준측량의 기준면 설정, 항만공사에 사용한다.

② 조석관측의 순서
㉠ 기본 수준점표를 설치하고 수준측량을 한 후 표척관측을 한다.
㉡ 관측한 수위를 표척상 수위로 변환한다.
㉢ 표척상 수위값의 조화분해를 실시하고 단기 조화분해의 조화상수를 보정한다.
㉣ 기준점을 결정한다.

③ 조석관측방법
㉠ 검조주
- 눈금판을 붙인 기둥을 바닷속에 설치하고 10분마다 수위를 읽는다.
- 검조주를 설치할 때는 반드시 부근의 암석 등에 목표를 설정하고 관측 도중 수시로 그 상대 위치의 변화가 없는지 관찰하여야 한다.

㉡ 수압식 자동기록검조의 : 수압감지기를 바닷속에 설치하여 해수의 승강에 따라 생기는 수압 변화를 해수면 승강으로 환산하여 기록지에 자동 기록하는 방식이다.
㉢ 부표식 자동기록 검조의 : 해안에 우물을 파고 해수를 도수관으로 우물에 끌어들여 우물에 띄운 부표의 승강을 기록지에 기록하는 방식이다.
㉣ 해저검조의 : 해안에서 상당히 멀리 떨어진 곳의 조석관측에 사용하며 수면에 직접 부표를 띄우고 부표의 승강을 해저에 설치한 기록기에서 자동 기록한다.

핵심예제

2-1. 달, 태양 등의 기조력과 기압, 바람 등에 의해서 일어나는 해수면의 주기적 승강현상을 연속 관측하는 것은?

① 조석관측
② 조류관측
③ 대기관측
④ 해양관측

정답 ①

2-2. 어떤 지점에서 조석관측을 수행하였을 경우 연이은 두 고조 또는 두 저조의 높이가 다르게 나타나게 되는데 이런 현상을 무엇이라고 하는가?

① 평균고조간격
② 평균저조간격
③ 반일주조
④ 일조부등

정답 ④

해설

2-1
조석관측은 해수면의 주기적 승강을 관측하는 것이며, 어느 지점의 조석 양상을 제대로 파악하기 위해서는 적어도 1년 이상 연속적으로 관측하여야 한다.

2-2
일조부등
반일주조에서 연달은 2개의 고조 및 2개의 저조가 같은 날일지라도 조위가 다른 것을 말한다.

핵심이론 03 수심측량

① 수심측량

㉠ 수면으로부터 하상 또는 해저까지의 연직거리를 측정하여 수심을 구하는 것이다.

㉡ 하천 폭과 수심이 얕은 소규모 하천에서는 측간과 측추를 사용하여 직접 측정한다.

- 측간은 직경 약 4cm, 길이 약 5m 정도의 나무 막대기로서 매 10cm마다 표시한 것으로 유수의 압력이나 저항을 작게 받도록 제작하였으며 밑면에는 금속편을 붙여 부력을 방지하고 모래나 수렁과 같은 지형에 빠지지 않도록 만들었다.
- 측추는 줄에 추를 매달아 수심을 측정하는 것으로 수심이 5 ~ 30m되고 유속이 비교적 크지 않은 곳에서 사용한다.
- 추의 중량은 3.2 ~ 12.7kg을 사용한다.

㉢ 하천의 폭이 넓고 깊이가 깊거나 연안해역, 하천의 하류 또는 하구, 대하천 또는 저수지 등과 같이 수심과 유속이 깊고 빠르거나 측량지역이 큰 곳에서는 음향측심기를 사용한다.

- 음향측심기는 수면에서 발사한 초음파가 하저 또는 해저에 도달한 후 반사되어 다시 수면까지 도달하는 시간을 측정하여 수심으로 환산하는 원리를 이용한다.
- 단일빔 음향측심기
  - 조사선의 수직하부 한곳의 수심만 측정이 가능하다.
  - 10 ~ 200MHz 정도의 주파수를 사용하는데 주파수가 낮으면 깊은 곳까지 측정할 수 있으나 정밀도가 떨어지는 대신에 주파수가 높으면 정밀도는 향상되지만 깊은 곳까지는 측정이 어려운 단점이 있다.
- 다중빔 음향측심기
  - 배가 이동하면서 음향신호를 발사하고 이를 다시 수신함으로써 수심과 해저지형을 동시에 기록할 수 있다.
  - 초음파 신호를 생성하는 변환기는 횡방향으로 퍼지는 광각 변환기로 다중의 초음파 빔들이 스캔하듯이 횡방향으로 해저에 발사되고 해저에서 반사되어 되돌아오는 다중의 초음파 신호들을 수신한다.
  - 송·수파 범위 안에서 하저 또는 해저 횡단면 전체를 측심할 수 있을 뿐 아니라 정밀도에서도 단일빔 음향측심기 보다 우수하기 때문에 해저지형도를 만드는 것과 같은 작업에 매우 적합하다.
  - 스캔폭은 일반적으로 수심의 3 ~ 7배 정도이다.

㉣ 라이다에 의한 수심측량

- Airborne Laser Bathymetry는 레이저 펄스를 목표물에 발사하고 목표물에서 반사된 레이저 펄스가 수신장치까지 도달하는 시간을 이용하여 목표물까지의 거리를 측정하는 원리이다.
- 라이다수심측량에서는 해수면에서 반사하는 근적외선레이저(NIR, λ = 1,064nm)와 일정한 깊이의 해수면 아래까지 침투할 수 있는 녹색레이저(Green Laser, λ = 532nm)를 함께 사용한다.
- 연안해역과 같은 작업 지역이 넓은 지역에서는 매우 효과적인 방법이다.

㉤ 측량선의 평면위치 결정

- 기선과 유도측선에 의한 방법
  - 하천의 폭이 좁은 경우에는 눈금이 표시된 줄을 횡단면에 설치하고 줄을 기준으로 하여 수심 측량위치의 평면위치를 결정할 수 있으나 하천의 폭이 넓거나 수심이 깊을 때에는 하천의 육지부분에 유도측선을 설치하고 유도측선을 연장한 시준선 위에 측량선을 고정한다.
  - 시준선과의 직각방향으로 ⊥기선을 설치하고 기선의 한 끝에 데오드라이트를 설치한 후 기선으로부터 하천에 있는 측량선의 위치, 즉 방향각을 측정한다.
  - 방향각이 측정되면 측량선의 위치가 결정되고 동시에 수심측정 위치가 된다.

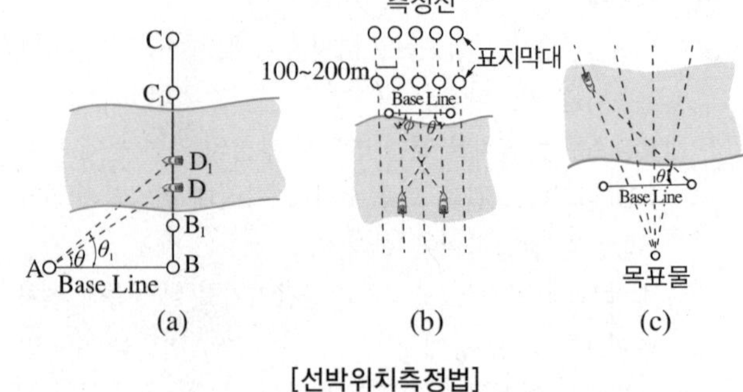

[선박위치측정법]

- 육분의에 의한 3점 고정법
  - 측량선에서 육분의를 사용하여 지상에 설치된 3개의 기준점을 도시해 관측하고 그 낀각을 측정하여 그들의 교점으로 측량선의 위치를 결정하는 방법이다.
  - 하구 또는 5km 미만의 연안해역의 수심측량에 많이 사용하는 방법으로 기준점으로부터 1km당 1m의 정밀도를 얻을 수 있다.
- 전자파 또는 GPS에 의한 방법
  - 측량선에 장치된 기지국과 연안해역에 설치된 두 개의 종국까지의 거리를 측정하여 기지국의 위치를 결정하는 방법이다.
  - 기지국과 종국의 거리측정은 전자파의 위상차에 의한다.
  - 연안해역 또는 근거리 해역 등 비교적 측정범위가 넓은 지력의 수심측량에 사용하며 마이크로파를 이용한 장비를 사용하면 약 100km 정도까지 측정이 가능하다.

② 도면작성
㉠ 하천의 단면도를 측정하기 위한 것
㉡ 넓은 하천이나 연안해역과 같이 넓은 지역에서의 수심측량은 해저지형을 알고자 수심측량을 한다.

핵심예제

3-1. 우리나라에서 바다의 수심을 결정하기 위해 사용되는 기준면은?

① 평균해면　② 기본수준면
③ 약최고고조면　④ 평균저조면

정답 ②

3-2. 선박에서 음향 측심기로 음파를 발신하여 수신할 때까지 걸린 시간이 0.1초이었다면 수심은?(단, 해수 중의 음파속도는 약 1,500m/s이며, 수면에서 송·수파기까지의 길이는 3m이다)

① 75m　② 78m
③ 150m　④ 153m

정답 ②

3-3. 어떤 하천에서 $\overline{BC}$를 따라 그림과 같이 심천측량을 실시할 때 P점에서 ∠APB를 관측하여 39°20′을 얻었다면 $\overline{BP}$의 거리는?(단, $\overline{AB}$ = 73m)

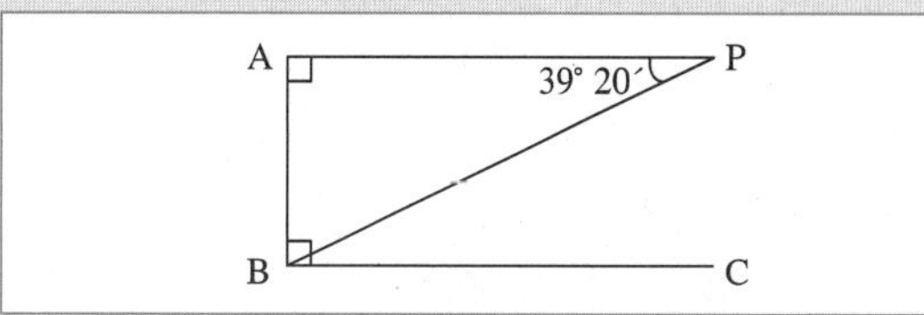

① 96.30m　② 115.17m
③ 125.13m　④ 155.80m

정답 ②

해설

3-1
수로측량 업무규정 제5조에 의해 수심은 기본수준면으로부터의 깊이를 표시한다.

3-2
음향측심기까지의 수심$(H') = \frac{1}{2} \cdot V \cdot t = \frac{1}{2} \times 1{,}500 \times 0.1 = 75\text{m}$
수면에서 음향측심기까지의 길이는 3m이므로
∴ 수심$(H) = H' + 3 = 75 + 3 = 78\text{m}$

3-3
$$\frac{\overline{BP}}{\sin\angle A} = \frac{\overline{AB}}{\sin\angle P}$$
$$\overline{BP} = \frac{\sin\angle A}{\sin\angle P} \times \overline{AB} = \frac{\sin 90°}{\sin 39°20'} \times 73 \fallingdotseq 115.17$$

제5절 터널측량

핵심이론 01 터널측량의 방법 및 단면측량

(1) 터널 내 측량

① 터널의 굴착이 진행됨에 따라 갱구에 설치한 기준점을 기초로 하여 갱내의 중심선측량 및 고저측량을 실시하여 가는 것이지만 갱내가 어둡고 좁은 한편, 설 자리가 불편한 것 이외에는 지상측량과 다를 바 없다.

② 갱내가 길어지면 갱내에 설치한 기준점만을 사용하여 측량할 수밖에 없는데, 이것은 오차가 누적되는 위험이 있어 갱내가 어느 길이로 된 후 터널 작업을 중지하고 갱구로부터 바꾸어 측량을 하여 고쳐야 한다.

㉠ 개측 시마다 고저의 변동, 중심선의 이동을 기록하여 두고 몇 회 개측하여도 틀릴 경우에는 다음 몇 가지 원인을 조사하여 둘 필요가 있다.

- 갱구 부근에 설치한 갱외의 기준점이 움직였나의 여부
- 갱내의 도벨(Dowel)이 나쁜가의 여부
- 측량기계가 나쁜가의 여부
- 지산이 움직이고 있는가의 여부

③ 갱내 중심선측량

㉠ 도벨(Dowel)의 설치

- 갱내에서의 중심말뚝은 차량 등에 의하여 파괴되지 않도록 견고하게 만들어야 한다.
- 보통은 도벨(Dowel)이라 하는 기준점을 설치한다.
  - 노반을 사방 30cm, 깊이 30 ~ 40cm 정도 파내어 그 안에 콘크리트를 넣고 다음 그림과 같이 목괴를 묻어서 만든다.
  - 가는 정을 연직으로 깊게 박든가 경우에 따라 정두를 남겨 놓을 때도 있다.
- 설치장소는 불필요물이나 재료의 반·출입에 지장이 없거나 측량기계를 설치하는데 용이한 곳을 중심선상으로 택한다.

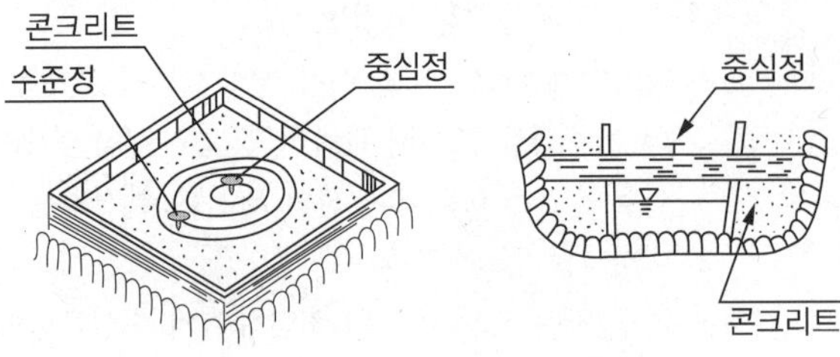

- 도갱을 굴삭하는 경우 적당한 장소를 찾지 못할 때 지보공의 천단에 중심점을 만든다.
- 무지보 또는 지보공이 있어도 괘시판에 간격이 있을 때는 천단의 암반에 구멍을 뚫고 목편을 끼워 그것에 중심정을 박는 것도 있다.
- 터널 내의 측량에는 특별한 조명을 사용할 필요가 있는데 간단한 경우에는 핀(Pin) 뒤에 백지(白紙)를 세워 그 뒤로부터 회중전등이나 홍광램프로 비추는 방법을 취한다.

㉡ 갱내 곡선설치

- 터널이 직선인 경우는 트랜싯을 사용하여 중심선을 연장하는 것만으로 되지만 곡선인 경우는 갱내에는 정확한 곡선설치를 행하여야 한다.
  - 작업 중 절우의 중심을 찾는 데는 현길이를 허용하는 범위에서 되도록 길게 잡아 현편거(弦偏距), 접선편거를 산출하고 이것을 사용하여 현편거법, 접선편거법을 적용한다.
  - 일반적으로 현편거법, 그것도 다음 그림과 같이 지거를 내리는 간략법을 사용한다.
  - 이 경우 $R \geq 300$m라면 $l = 20$m에 대한 실제상의 오차는 없다.

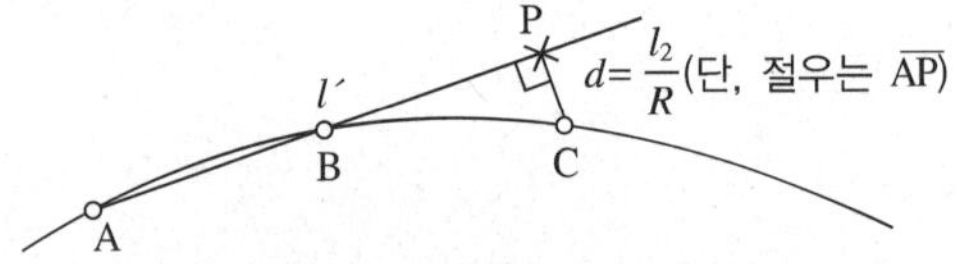

  - 위의 방법은 오차가 누적될 위험이 있으므로 어느 정도 길어지면 다각형을 짜서 거리와 내각을 관측하고 정확한 위치를 구해야 한다.

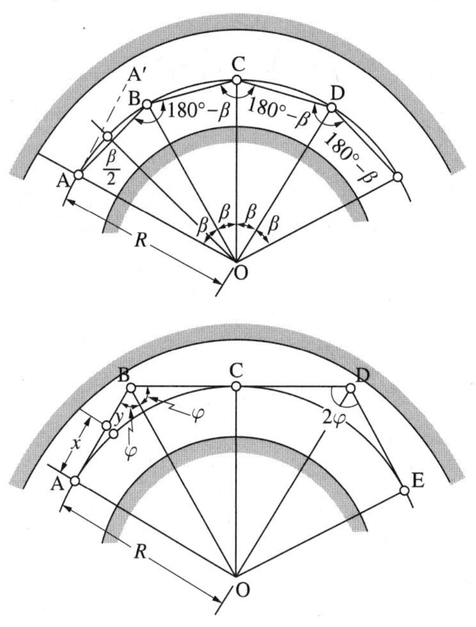

- 갱구 부근에서만 곡선으로 되어 있는 터널은 다음 그림과 같이 터널의 직선 부분을 연장한 방향으로 특별한 도갱을 파서 이것을 통하여 중심선측량을 하는 경우가 있다.
- 측량도갱이라 부르며 보통 배수 또는 불필요물을 반출하는 데도 많이 이용한다.

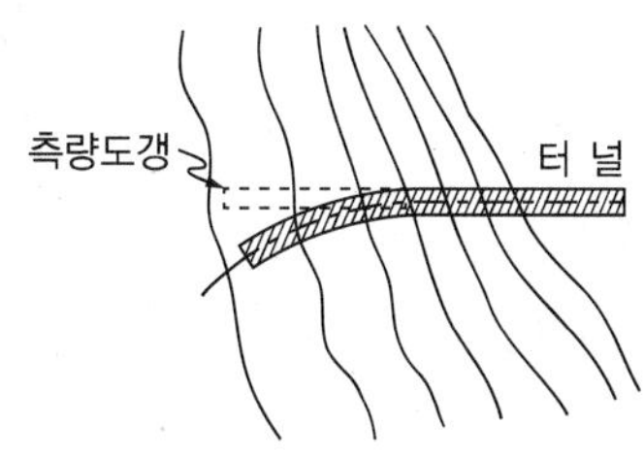

㉢ 갱내 고저측량

- 터널의 굴삭이 진행됨에 따라 갱구 부근에 이미 설치된 고저기준점(B.M)으로부터 갱내의 B.M에 고저측량으로 연결하여 갱내의 고저를 관측한다.
- 갱내 B.M은 갱내 작업에 의하여 파손되지 않는 곳에 설치가 쉽고 측량에 편리한 장소를 택하면 된다.
- 갱내의 고저측량에 표척과 레벨(Level)을 조명할 필요가 있으며 때로는 조명이 달린 표척을 사용한다.
- 갱내는 좁으므로 표척은 3m 또는 그 이하의 짧은 것과 천단에 B.M을 설치할 경우를 위하여 5m의 것을 사용하면 된다.
- 갱내에서 천정에 B.M을 만든 경우는 표척을 반대로 사용하며, 이것을 '역 Rod'라 한다.
- 표고 = 후시 + 전시 + 후시점의 표고

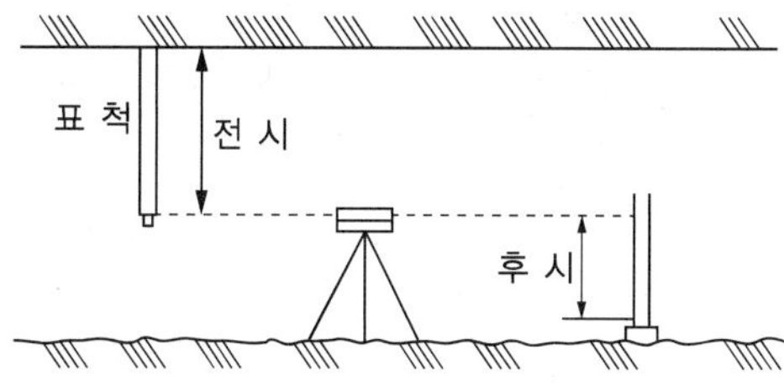

(2) 터널 외 측량

① 갱외 기준점

㉠ 터널 입구 부근은 대개 지형도 나쁘고 좁은 장소가 많으므로 반드시 인조점(引照點)을 설치한다.

㉡ 기준점은 인조점을 기초로 하여 터널작업을 진행하여 가므로 측량정확도를 높이기 위하여서는 후시를 될 수 있는 한 길게 잡고 고저측량용 기준점은 갱구 부근과 떨어진 곳에 2개소 이상 설치하는 것이 좋다.

㉢ 기준점을 서로 관련시키기 위하여서는 기설삼각점을 주어진 점으로 하여 기준점이 시통되는 곳에 보조삼각점을 설치하여 기준점의 위치를 정하고 양기준점 간의 중심선의 방향을 연결하여 두어야 한다.

② 중심선측량

㉠ 지형이 완만한 경우

- 산을 넘기 쉬운 경우와 터널 연장이 짧은 경우는 물론, 매우 긴 경우에서도 일반의 노선측량과 같이 산상에 중심선을 설정하고, 일단으로부터 전환점(T.P)을 설치해 거리를 관측한다.

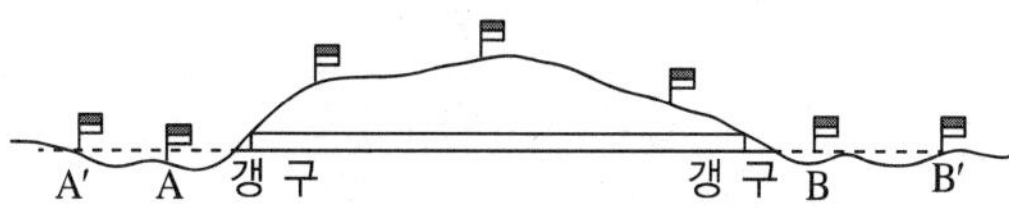

㉡ 지형이 약간 복잡·급준한 경우

- 산상에 중심선을 설정할 수 있어도 직접 관측하기 곤란한 경우는 삼각측량 또는 다각측량을 병용하여 거리를 산출한다.
- 중심선의 설정은 산정 부근에서 양갱구가 보이는 경우는 산상의 중심선상에 중간점을 설치하여 트랜싯을 장치하고 양갱구를 시준하여 위치를 수정하며 거의 중심선상에 왔을 때 $\overline{AP}$ 또는 $\overline{BP}$의 방향을 터널의 방향으로 한다.

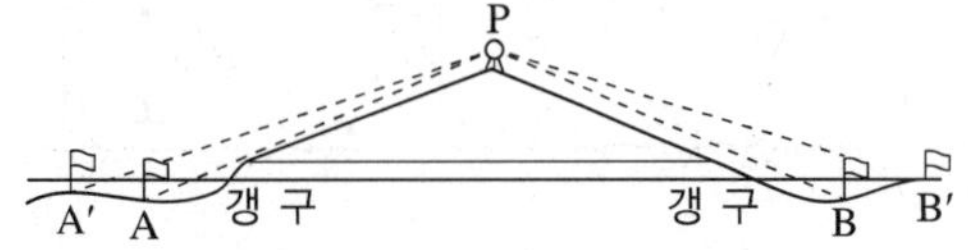

- 다음 그림과 같은 경우에는 다음과 같이 수행한다.

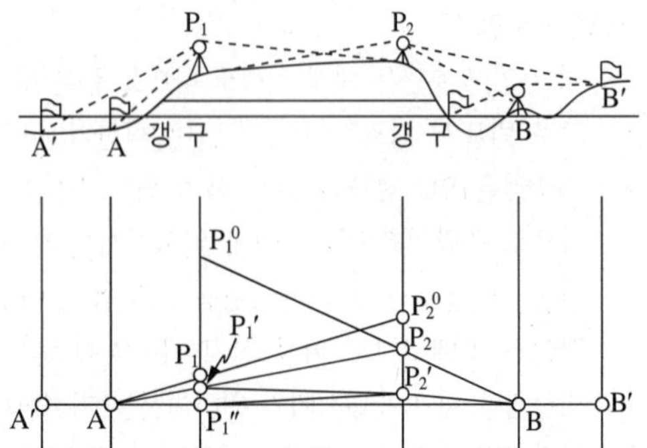

- 지형도에서 $\overline{AB}$상에 가까운 점 P_1, P_2를 선정하고 현지에 점을 정한다.
- 점 P_1으로부터 점 A를 시준하고 망원경을 반전하면 점 P_2가 아닌 점 P_2^0가 보인다.
- $\overline{AP_1}$, $\overline{P_1P_2}$, $\overline{P_2B}$의 개략적인 거리를 지형도상에서 구하고, $\overline{P_2P_2^0}$를 실측하여,

  $\overline{P_1P_1'} = \overline{P_2P_2^0} \times \dfrac{\overline{AP_1}}{\overline{AP_2}}$ 만큼 점 P_1을 이동하면 점 P_1'는 거의 $\overline{AP_2}$상에 있다.
- 점 P_2에서 점 B를 시준하고 망원경을 반전하면 점 P_1^0가 보인다.
- 위의 순서를 반복하여 마지막으로 오차가 작은 곳에서 $\overline{P_1^{(n)}P_2^{(n)}}$ 또는 $\overline{P_1^{(n)}P_2^{(n-1)}}$의 방향을 터널 중심선방향으로 하고 반대로 점 A, B의 위치를 변경한다.
- 점 P_1과 점 P_2가 $\overline{AB}$의 양측에 있는 경우, 제1회차의 점의 이설(移設)로써 $\overline{AB}$와 같은 쪽에 2점이 있게 되므로 이하는 같은 순서로 하면 된다.

㉢ 지형이 복잡 급준하며 터널 연장이 긴 경우

- 이 경우는 전면적으로 간접측량에 의존하지만 직접 삼각망을 짜든가 국토지리정보원에서 설치한 기본삼각점을 이용하여 소삼각망을 짜 기준점의 좌표를 구하여 방향과 변 길이를 계산한다.
- 지형의 상황이 나쁘고 터널 연장이 긴 경우에도 되도록이면 중심선의 방향만은 정하여 두는 것이 바람직하며 다음과 같은 방법을 취한다.
  - 국토지리정보원의 기본삼각점 등의 기지점을 이용하여 소삼각측량을 행하고 기준점의 위치를 구한다.
  - 도상에서 선점을 하고 중심선상에 시통이 좋은 2점을 고른다.
  - 예비측량을 하여 현지에 T.P를 2점 설치한다. 이 경우 2점 이상에서 전방교선법으로 임시 말뚝을 설치하고 다시 정밀하게 각을 관측하여 위치를 수정한다.
  - 이 두 점의 방향을 연장하여 양갱구 및 필요한 기준점을 만든다.
  - 이들 기준점을 새로운 삼각점으로 하여 도상에서 전선(全線)에 걸친 망을 짜 정밀한 삼각측량을 한다.

㉣ 거리관측

- 터널의 거리관측은 이제까지 삼각측량 이외에는 대자 또는 쇠줄자를 수평으로 잡아당겨 계단식으로 직접 측량을 하였다.
- 다각측량에 의한 경우는 다음 그림과 같이 두 상태의 다각형을 조합하고 경위거법에 의하여 중심선의 길이 $\overline{AB}$와 기준선 $\overline{AN}$에 대한 $\overline{AB}$의 방위각 α를 계산한다.

  즉, 제1다각형에서

  $\overline{AB} = \sqrt{(\sum 종거)^2 + (\sum 횡거)^2}$

  $\alpha = \tan^{-1}\dfrac{(\sum 횡거)}{(\sum 종거)}$

㉤ 고저측량

- 지형이 완만하다면 일반적인 노선측량과 같이 설정된 중심선을 따라 레벨(Level)로 수준측량을 하지만, 지형이 급준해지면 측량이 용이한 길로 우회하든가 가

까이 있는 국토지리정보원의 기본 고저기준점(또는 수준점)을 사용하여 각 갱구별로 표고를 구한다.

- 일반적으로 터널의 양갱구 간에는 고저차가 있어서 시공상은 이 상대적인 고저차를 알면 지장은 없으므로 될 수 있는 한 양갱구를 직접 연결하는 고저측량을 행하여 가는 편이 안전하다.

(3) 터널 내외 연결측량

① 1개의 수직갱에 의한 연결방법

㉠ 1개의 수직갱으로 연결할 경우에는 수직갱에 2개의 추를 매달아서 이것에 의해 연직면을 정하고, 그 방위각을 지상에서 관측하여 지하의 측량으로 연결한다.

㉡ 추를 드리울 때는 얕은 수직갱에서는 보통 철선, 강선, 황동선 등이 사용되며, 깊은 수직갱에서는 피아노선이 이용된다.

㉢ 추의 중량은 얕은 수직갱에서는 5kg 이하, 깊은 수직갱에서는 50 ~ 60kg에 이른다.

㉣ 수직갱의 바닥(底)에는 물 또는 기름을 넣은 탱크를 설치하고, 그 속에 추를 넣어 진동하는 것을 방지한다.

㉤ 정렬식

- 갱내의 2개의 수선을 연결한 직선상에 가능한 한 수선에 가깝게 트랜싯을 고정시킨다.
- 수선을 연결한 선의 방위각은 미리 지상에서 관측하여 둔다.
- 이 방향을 기준으로 하여 적당한 각을 재어 그 시준선상에 2점을 정하고, 이 직선을 기준으로 하여 지하측량을 한다.
- 2개의 수선을 연결한 직선상에 트랜싯을 세울 경우, 트랜싯은 가능한 한 수선에 가깝도록 설치하여야 한다.

㉥ 삼각법

- A, B점은 모두 수선점(垂線點), P, C점은 지상의 측점, 1, 2는 갱내의 측점이다.
- 지상의 C점에 트랜싯을 세우고 ∠PCB, ∠PCA를 정밀하게 관측한다.
- 삼각형 ABC의 세변의 길이 S_1, S_2를 쇠줄자로 잰다.
- 트랜싯을 갱내의 측점 1로 이동하고, 지상과 같이 ∠A12, ∠B12를 관측한다.
- 삼각형 AB1의 세 변의 길이 S_1, S_4, S_5를 잰다.

 - $\sin\beta_2 = \dfrac{S_2}{S_1}\sin\beta_1$

 - $\sin\beta_4 = \dfrac{S_4}{S_1}\sin\beta_3$

 여기서, β_1 = ∠PCA − ∠PCB, β_2 = ∠B12 − ∠A12

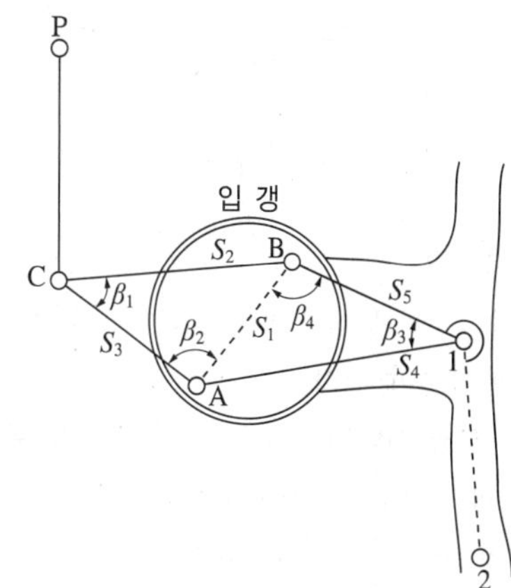

- 측선 $\overline{AB}$는 측선 $\overline{AC}$와 β_2, 측선 $\overline{B1}$은 측선 $\overline{AB}$와 $(360° - \beta_1)$, 측선 12는 측선 $\overline{B1}$과 (360° − ∠B21)에서 얻어진다.

㉦ 2개의 수직갱에 의한 연결방법
- 2개의 수직갱에, 각각 1개씩 수선 A, E를 정한다.
- 이 A, E를 기점 및 폐합점으로 하고, 지상에서는 A678E, 갱내에서는 A1234E의 다각측량을 실시한다.
- 다음과 같이 지상측량과 갱내측량을 연결한다.
  - 지상측량에 의해서 A점을 원점으로 하고, 자오선을 기준축으로 한 좌표계에 의하여 E점의 위치를 결정하면 직선 $\overline{AE}$의 방위각 α와 수평거리 S가 얻어진다.
  - 갱내측량에 의하여 A점을 원점으로 하고, A1(제1측선)을 기준축으로 한 좌표계에 있어서, E점의 위치를 결정하고 직선 $\overline{AE}$의 $\overline{A1}$과 이루는 각 α'과 수평거리 S'를 구한다.
  - 지상과 갱내의 측량결과는 일치해야 하므로 허용범위 내에서 일치하지 않을 경우에는 측량을 다시 해야 한다.
  - AE의 방위각 α와, $\overline{A1}$과 $\overline{AE}$가 이루는 각 α'와의 관계로부터 $\overline{A1}$의 방위각이 계산된다.

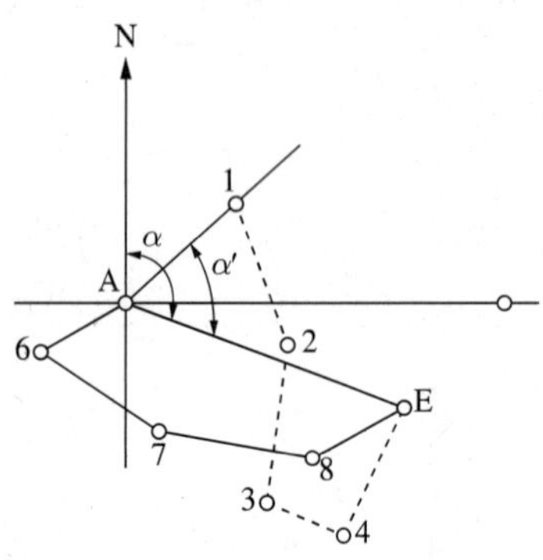

(4) 터널단면측량

① 터널의 중심선과 높이가 정해지면 그것에 대응하는 단면을 정하여 굴삭해야 한다.

② 단면형은 보통 절단의 중심으로부터 지거를 관측하여 만드는 것이 대부분이지만 이것을 정확히 하지 않으면 여굴삭의 증가를 초래하고, 굴삭수량의 증가, 콘크리트의 되비비기 증가 등을 초래하여 큰 손실이 된다.

③ 굴삭을 마치면 단면측량기로 갱구 단면의 형태를 관측하고, 여굴삭의 상태를 파악한다.

핵심예제

1-1. 터널측량에 대한 설명으로 옳지 않은 것은?

① 터널 외 측량, 터널 내 측량, 터널 내외 연결측량으로 구분할 수 있다.
② 터널 내 측량 시 조명이 달린 표척과 레벨이 필요하다.
③ 터널 내 중심선 측량 시 다보(Dowel)라는 기준점을 설치한다.
④ 터널 내의 곡선설치 시 주로 편각현장법을 사용한다.

정답 ④

1-2. 터널측량의 순서 중 중심선을 현지의 지표에 정확히 설치하고 터널 입구의 위치를 결정하는 단계는?

① 답 사
② 예 측
③ 지표설치
④ 지하설치

정답 ③

해설

1-1
터널 내의 곡선 설치는 지거법에 의한 곡선 설치와 접선편거와 현편거에 의한 방법을 이용하여 설치한다.

1-2
지표설치
예측 결과로 정한 중심선을 현지의 지표에 정확히 설치하고, 터널 입구의 위치를 결정하며 터널의 연장도 정밀히 관측하는 단계이다.

제6절 시설물 측량

핵심이론 01 도로시설물 측량

(1) 자료조사

① 설계도서 검토

㉠ 설계도서의 확인

- 도로의 평면 및 종단선형 데이터가 맞게 산출되어 있는지 종·평면선형을 해석하여 계산, 확인한다.
- 설계도서에 표기된 측점과 Elevation이 일치하는지 확인한다.
- 도로의 폭원이 횡단면도와 일치여부를 확인한다.

㉡ 설계도서 검토

- 설계도면, 시방서, 구조계산서, 산출내역서, 공사계약서 등의 계약내용과 해당 공사의 조사 설계보고서 등의 내용을 완전히 숙지하여 새로운 방향의 공법 개선 및 예산절감을 기하도록 노력하여야 한다.
- 설계서 등의 공사계약문서 상호 간의 모순되는 사항, 현장실정과의 부합여부 등 현장시공을 주안으로 하여 해당 공사 시행 전에 검토하여야 하며, 검토내용에는 다음 사항이 포함되어야 한다.
  - 현장조건에 부합여부
  - 시공의 실제 가능여부
  - 타 사업 또는 타 공정과의 상호 부합여부
  - 설계도면, 시방서, 구조계산서, 산출내역서 등의 내용에 대한 상호일치 여부
  - 설계서에 누락, 오류 등 불명확한 부분의 존재 여부
  - 발주기관에서 제공한 공종별 목적물의 물량내역서와 시공사가 제출한 산출내역서 수량과의 일치여부
  - 시공 예상 문제점

(2) 대장 및 도서작성

① 측량제원산출

㉠ 설계도서에 나와 있는 측량제원을 검토·확인하고 산출하여 설계도서와 상이한 부분이 있는지 충분히 검토·확인절차를 거쳐서 오류가 발견될 경우에는 즉시 설계자와 상의·검토한다.

㉡ 평면기준점과 수준점은 정확하여야 하며 도로노선 선형 데이터가 바르게 산출되었는지 확인하고 구조물의 위치 및 높이가 정확하게 설계되어 있는가를 확인 후 시공측량을 한다.

② 도로의 선형도서작성

㉠ 평면선형을 기준하여 선형계산서, 성토, 절토, 배수, 옹벽, 구조물, 포장, 교량, 터널 등의 도로의 구성요소의 측량도서를 작성한다.

(3) 도로시설물 측량

① 노선측량

㉠ 국토지리정보원 발행의 1/50,000지형도를 사용하여 구상 중인 노선 전부를 선정하여 지형도로부터 각 노선의 종단면도를 작성하고 현지답사를 통해 좋은 노선을 선정한다.

㉡ 계획중심선에 대해 폭이 약 300 ~ 500m되는 지형을 항공사진에 의한 지형도(1/10,000 또는 1/5,000)를 작성하고 종단면노와 횡난년노를 얻어 현시답사에 의해 개략의 노선을 결정한다.

㉢ 계획중심선에 대해 폭이 약 100m인 지형을 축척 1/1,000로 도화하여 지형도를 작성한다.

- 다각형의 관측점위치를 결정하여 교각을 관측하고, 곡선표, 클로소이드표 등을 이용하여 중심선을 정한다.
- 보조말뚝 및 20m마다 중심말뚝 위치를 지형도에 기입한다.
- 현지에 중심말뚝을 설치하고 고저측량을 실시하여 종단면도와 횡단면도를 작성한다.

㉣ 시설물의 장소에 대하서 지형도(축척 종 1/500~1/100)와 종단면도(축척 종 1/100, 횡 1/500~1/100)를 작성한다.

㉤ 횡단면도에 계획단면을 기입하여 용지폭을 정하고 축척 1/500 또는 1/600로 용지지도를 작성한다.

㉥ 중심말뚝이나 T.B.M의 검측을 실시하며, 중요한 보조말뚝의 외측에 인조점을 설치하고 토공의 기준틀, 콘크리트구조물의 형간위치측량 등을 실시한다.

② 교량측량

㉠ 교량은 하천, 계곡, 호수, 해협 등을 횡단하는 시설물로서 상부구조와 하부구조로 나누어 레벨, 토털 스테이션, GPS 등으로 정밀측량을 하여야 한다.

㉡ 교대·교각 위치의 결정, 지간측량, 고저측량 등을 실시한다.

- 상부구조물 측량
  - 규격검사 및 가조립검사
  - 쇠줄자의 검사
  - 원치수검사
  - 가조립검사
- 하부구조물 측량
  - 말뚝설치측량
  - 우물통의 설치측량
  - 형틀설치측량
  - 받침대위치의 측량
- 가설 중 측량
- 가설 후 측량

③ 터널측량

㉠ 갱외측량
- 갱외 기준점측량
- 거리관측
- 고저측량

㉡ 갱내측량

㉢ 갱내외 연결측량

㉣ 갱내 곡선설치

핵심이론 02 지하시설물 측량

(1) 자료조사

① 계획 준비

㉠ 기본도 준비(수치 지도 출력 포함)
- 도로폭 확인
- 시설물 자료의 누락 및 정확성

㉡ 기 타
- 참조할 자료의 파악 정리
- 착수 우선순위 결정
- 조사 시의 문제점 검토

② 자료 수집 및 편집

㉠ 자료 수집
- 지하시설물 조사 및 탐사와 작업조서 작성에 필요한 지하시설물의 위치에 관한 정보, 지하시설물에 관한 각종 도면, 지하시설물 관리 대장 자료의 종류 및 수량과 관리기관을 파악한 후 수집
- 사업발주기관의 주도하에 해당 부서 및 기관의 적극적인 협조가 있어야 적절한 자료의 수집이 가능하다.

㉡ 자료 편집
- 유관기관으로부터 수집된 자료를 현장조사 시 활용될 수 있도록 지역별, 시설물별로 정리하여 가편집
- 수집된 자료는 여러 종류로 되어 있으며 또한 다양한 축척의 지도 및 도면으로 기록되어 있으므로 편집도 축척과 같게 편집하여 사용한다.

③ 지상시설물 조사

㉠ 조사준비
- 조사 시 필요한 제반안전사항 확인
- 축척 1 : 500의 가편집도 준비
- 작업지역에 대한 사전조사

㉡ 노출된 지하시설물에 대한 조사
- 기 인수한 도면 현장 확인
- 노출된 지하시설물에 대한 현지조사
- 탐지기에 의한 매몰 변실 확인(탐지기에 의해 확인 가능한 것)
- 지형지물에 대한 현지 보완 측량
- 보안측량성과 등 상기사항의 결과를 기도(基圖)에 정리

㉢ 맨홀 개방
- 맨홀뚜껑을 개방한다.
- 맨홀 내부의 유해가스 산소농도의 측정(산소 10% 이상, 가연성가스 3% 이하, 일산화탄소 50ppm 이하, 유하수소 10ppm 이하)
- 지상에 송풍기를 설치하여 맨홀 내부 환기
- 물이 차 있는 맨홀은 수중펌프를 이용하여 배수

㉣ 맨홀 및 변실조사
- 각종 맨홀 및 변실 내부조사
- 하수 맨홀은 관저, 구경, 재질, 유수방향 조사

④ 지하시설물에 대한 탐사

㉠ 현장 현황 조사
- 각종 맨홀, 소화전, 전주, 케이블 등의 위치
- 접지 설치 예정지
- 도로의 교통상황
- 주차상황
- 도로포장 및 보수상황
- 탐사에 영향을 수는 상애물의 확인(철제울타리, 가드레일 등)

㉡ 관련기관과의 협의
- 업무 수행상 공동구 및 맨홀 등에 출입할 경우 미리 해당 시설물의 관리기관과 협의
- 지하시설물 시공기관이나 관리기관에 지하시설물 조사 시 협조(입회)를 요청
- 도로 및 건물출입 허가신청
- 관할기관에 도로 및 건물출입을 위한 신분증 발급과 협조를 의뢰
- 도로의 교통상황

㉢ 현장안전대책
- 작업자들에 대한 안전대책(작업 전 점검실시, 안전보호구 착용철저, 안전수칙준수 생활화)
- 안전 장비 점검 및 취급방법 숙지
- 작업순서 설명
- 정리정돈 등 청결유지
- 사고 시의 응급처리와 대응방법

㉣ 작업안전시설 설치
- 도로교통 통제를 위한 안전 칸막이 등 설치
- 교통 흐름을 위한 시설물 설치

(2) 지하시설물 측량

① 지하에 설치·매설된 시설물을 효율적이고 체계적으로 유지관리하기 위하여 7대 지하 시설물인 상수도, 하수도, 전기, 가스, 통신, 난방, 송유시설 등에 대한 조사·탐사 및 위치측량을 하는 것이다.

② 지하시설물 측량의 범위

㉠ 지하 및 지상의 가공시설물에 대한 탐사측량과 도면제작 및 그에 따른 Database 구축

③ 지하시설물 관리의 필요성

㉠ 사회기반시설 - 지하시설물의 가장 큰 중요성

㉡ 최근 각종 도시가스 폭발사건과 여러 공사 현장에서의 지하시설물 절단사고로 인하여 지하시설물에 대한 정보가 절실히 필요하게 되었다.

㉢ 보유 도면상의 매설물 위치 및 심도 부정확

㉣ 효과적인 시설물 유지관리
- 노후 시설물 교체(상수도 누수율 20 ~ 50%)
- 시설물의 양적 증가로 인한 관리의 어려움이 있다.
- 지하시설물을 효율적으로 취득·관리·활용함으로써 담당업무에 적용
- 신속성과 경제성을 극대화할 수 있다.
- 지하시설물도 D/B 구축 목적
- 지하시설물도 D/B 구축 전산화 사업은 복잡한 각종 지하시설물의 관리를 체계화 할 수 있다.
- 도시기반 지하시설물을 체계적이고 효율적으로 관리하기 위함이다.

㉤ 관리주체가 다른 지하시설물의 위치 및 속성정보를 상호 호환함으로써 사고예방 및 사고발생 시 신속한 대응체계를 확립하기 위함이다.

④ 지하시설물 측량 세부공정

㉠ 계획 준비

㉡ 자료 수집 및 편집

㉢ 지상시설물 조사

㉣ 지하 시설물에 대한 탐사

㉤ 지하시설물 원도 작성

㉥ 대장조서 및 작업조서의 작성

㉦ 정리 점검

⑤ 지하시설물 관로탐사
㉠ 지하시설물 종류별로 구분하여 평면 위치 및 심도탐사
㉡ 재질에 따른 적정 탐사 방법 선택
㉢ 평면위치 및 심도는 노면에 표기
㉣ 평면위치는 관로중심이며 심도는 관로의 상단을 탐사한다. 단, 하수관로는 발주처 요구 시 하단을 표시
㉤ 탐사는 직선부 20m 이하로 한다.
㉥ 탐사구역에 대한 시설물의 속성자료 확인을 위하여 발주처 제공 자료인 관로의 재질, 관경 및 설치연도 등을 조사

⑥ 위치측량
㉠ 맨홀 및 변실 등의 위치측량
㉡ 관로에 대한 위치측량
㉢ 토털 스테이션 등을 이용한다.

(3) 대장 및 도서작성

① 조사 및 탐사결과를 색상별로 구분하여 표기
② 시공연도, 관경, 재질은 조사자료에 의해 표기
③ 시설물관리번호 설정 및 기입
④ 정리 및 편집은 판독이 용이하도록 한다.
⑤ 대장조서 및 작업조서의 작성
㉠ 탐사가 완료되면 각 시설물 별로 속성물 연결, 시설물대장 및 작업조서를 작성
- 작업조서
  - 작업일자
  - 작업내용
  - 사용장비
  - 작업방법
  - 작업자의 인적사항
  - 탐지기의 탐사능력의 범위를 초과하는 등 지하시설물을 탐사하는 것이 기술적으로 곤란한 경우에는 그 지역의 위치와 불탐 사유를 작업조서에 명시한다.

⑥ 정리점검
㉠ 조사된 내용 현장 확인
㉡ 자체 및 발주기관에 의한 검수 및 조서작성(도면 정리 시 누락사항 점검 및 도면확인)

⑦ 정위치편집
㉠ 작업지침서 숙지
㉡ 지하시설물 원도인수 시 원도검토
㉢ 작업지침서에 의해 입력 후 도면 중첩 및 인접, 레이어 등을 검수

⑧ 구조화편집
㉠ 속성자료 연결 후 시설물의 누락(데이터변환 과정에서 발생) 및 시설물속성을 지하시설물원도, 대장자료와 비교 검수

핵심예제

지하시설물 측량의 일반적인 절차로 옳은 것은?

① 작업계획 및 준비 → 시설물의 위치측량 → 조사 → 탐사 → 지하시설물 원도 작성
② 작업계획 및 준비 → 조사 → 탐사 → 시설물의 위치측량 → 지하시설물 원도 작성
③ 조사 → 작업계획 및 준비 → 탐사 → 시설물의 위치측량 → 지하시설물 원도 작성
④ 조사 → 탐사 → 작업계획 및 준비 → 시설물의 위치측량 → 지하시설물 원도 작성

정답 ②

해설

지하시설물 측량의 일반적인 절차
작업계획 → 자료의 수집 및 작업준비 → 지하시설물 조사 및 탐사 → 지하시설물의 위치측량 → 지하시설물 원도작성

핵심이론 03 기타 시설물 측량

(1) 자료조사

① 각종 시설물의 설계도서의 검토
② 내용 연수 및 주요부위에 대한 파악 등

(2) 위치 및 변위 측량

① 시설물의 개별 부재의 변형 및 변위
② 시설물의 전역적인 변위 및 변형
③ 국부적 관측과 시설물 전체에 대한 전역적 변위 및 변형의 관측

(3) 대장 및 도서작성

① 시설물의 크랙의 위치, 굵기, 크기 등의 도면 작성
② 시설물의 변위량, 변형량 등의 계산서 작성
③ 시설물의 점검 및 진단보고서의 작성

CHAPTER

02 사진측량 및 원격탐사

제1절 사진측량

핵심이론 01 사진측량의 개요

(1) 사진측량의 정의 및 분류

① 사진측량의 정의

㉠ 사진측량은 정량적 사진측량(Metric Photogrammetry)과 정성적(해석적) 사진측량(Interpretative Photogrammetry)으로 구분한다.

- 정량적 사진측량 : 지표면 대상물의 위치결정(거리, 높이차, 면적, 체적 계산), 지형도, 정사사진지도의 제작(수치고도 모델과 같은 수치자료 제작)
- 정성적 사진측량 : 대상물을 분석, 판단하고 중요성을 평가(생태분석, 환경분석, 임학, 지질학, 적지선정, 자원조사 등에 사용)

② 분 류

㉠ 사용목적에 의한 분류

- 사진측량(Photographic Surveying) : 정량적 의미
- 사진판독(Photographic Interpretation) : 정성적 의미
- 응용사진측량(Applied Photogrammetry) : 토지, 지형 등 일반적인 대상물이 아닌 피사체 측정
- 근접사진측량(Close-range Photogrammetry) : 대상물에 매우 근접시켜 촬영한 사진 : 응용사진측량의 일부분이기도 하다.

㉡ 촬영위치에 의한 분류

- 지상사진(Terrestrial Photos) : 카메라축이 수평면에 평행하고, 화면이 연직 되게 촬영
- 항공사진(Aerial Photos) : 상공에서 지면을 향하여 화면이 수평하게 촬영한 사진

㉢ 촬영방향에 따른 분류

- 연직사진(Vertical Photos) : 광축이 연직선과 일치하도록 공중에서 촬영한 사진
- 준연직사진(Tilted Photos) : 연직사진을 의도하였으나(실제 촬영에서는 연직을 성취할 수 없으므로) 미세한 경사가 도입된 사진(경사각 3° 이내, 회전각 5° 이내)
- 경사사진(Oblique Photos) : 경사를 의도한 사진(경사각 3° 이상, 회전각 5° 이상)
- 수평사진(Horizontal Photos) : 광축이 수평선과 일치되도록 지상에서 촬영한 사진

㉣ 측량방법에 의한 분류

- 항공사진측량 : 항공기에 탑재된 카메라로 연속 중복하여 촬영한 사진을 이용하여 대상물에 대하여 정량적 또는 정성적 정보를 얻는 측량기법
- 지상사진측량 : 지상에 카메라를 고정시켜 촬영한 사진으로 공중에서는 보이지 않는 지형, 구조물 변형, 문화재 조사, 교통문제 해석을 위한 관측에 사용하는 측량기법
- 수중사진측량(해저사진측량) : 수중카메라로 얻어진 영상을 이용하며 해저지형, 수중자원, 환경, 플랑크톤 및 해저식물 조사를 하는 측량기법
- 특수사진측량 : 레이저 영상, 레이더사진, X선 사진, 위색사진, 적외선사진, 다중파장대 사진을 이용하는 측량기법. 지도작성, 식생환경, 도시환경, 농산물 작황현황 조사, 지질조사, 자원조사, 군사적 위험, 재해조사 등에 사용되는 측량기법

㉤ 사진필름에 의한 사진 또는 프레임 카메라에 의한 수치사진을 제외한 기타 센서에 의한 영상 획득은 대체로 '원격탐사'의 영역으로 분류한다.

(2) 사진측량의 특징

① 사진측량의 장점

㉠ 짧은 시간에 넓은 면적을 촬영 : 접근하기 어려운 곳의 측량이 가능 → 경제성

㉡ 점의 측정이 아닌 전체의 측정이 가능(정량 + 정성) → 정확성, 정확도 균일성

㉢ 기록을 보관하였다가 차후에 다른 부분을 다른 목적으로 사용 가능 → 다양한 활용성
㉣ 동적 대상물의 순간 포착이 가능(4차원 측량이 가능) → 순간성

② 단 점
㉠ 기상의 영향을 많이 받는다.
㉡ 소지역 대축척의 경우 비경제적이다.
㉢ 지상측량이 필요하다.

(3) 사진측량 장비

① 사진측량용 카메라(Metric Camera)
㉠ 완벽한 중심투영에 근접
㉡ 내부 기하가 매우 안정
㉢ 내부 기하를 복원하기 위해 사진지표(Fiducial Marks)나 Reseau Grid 사용
㉣ 검정된 화면거리(Image Plane Distance = 주점거리 : Principal Distance)
㉤ 고가, 정확

② 준사진측량용 카메라(Semi-metric Camera)
㉠ 렌즈 왜곡이 크다. 영상이 편평하지 않다.
㉡ 내부 기하가 안정적이지 않을 수 있다.
㉢ 내부 기하를 복원하기 위해 사진지표나 Reseau Grid 사용 가능

③ 비사진측량용 카메라(Non-metric Camera : 여행용 카메라)
㉠ 렌즈 왜곡이 아주 크고, 내부 기하가 검정되지 않음
㉡ 사진지표나 Reseau Grid가 없다.
㉢ 저가, 부정확

④ CCD(Charge Coupled Device) or Video
㉠ 큰 렌즈 왜곡을 가질 수 있다.
㉡ 준비(Warm Up)된 후에는 내부 기하가 안정적이다.
㉢ 중급의 해상도, 정확도

(4) 사진측량정확도

① 디지타이저(Tablet Digitizer)를 사용한 사진좌표 관측
㉠ 바둑판 모양의 정밀한 등간격으로 배치한 전선 Grid를 바탕판으로 하고, 커서에서 발생한 전기신호를 감지한 전선의 x, y 위치를 나타나게 한 좌표 관측 장비
㉡ 일반적으로 0.0025 ~ 0.025mm의 정밀도(반복성)
㉢ 정확도는 약 0.05 ~ 0.1mm(50 ~ 100micron)

② 사진좌표독취기(Mono-comparator)를 이용한 사진좌표 관측
㉠ 사진좌표독취기(Comparator) : 사진좌표 관측 장비로서 최고의 정밀도를 가지는 장비
㉡ Comparator의 두 가지 형태 : Mono-comparator와 Stereo-comparator
- Mono : 한 번에 한 장의 사진좌표 독취
- Stereo : 입체쌍의 사진을 입체로 보면서, 한 번에 2장의 사진좌표 독취
  → 해석도화기(Analytical Stereo Plotter)는 Stereo-comparator에 연산을 위한 컴퓨터가 통합된 시스템이다.

㉢ 독취 정확도는 약 2 ~ 3micron

③ 항공사진용 스캐너(Photogrammetric Scanners)
㉠ 사진영상을 Analog 형태(연속 Tone의 영상)에서 디지털 형태로 변환하는 장비
㉡ 디지털영상의 좌표관측은 컴퓨터 모니터상에서의 Pointing 또는 자동영상처리로 행해진다.
㉢ 항공사진용 스캐너
- 공간해상도 : 5 ~ 15micron
- 방사해상도 : 256(8bit) or 1,024(10bit)
- 위치정확도 : 2 ~ 3micron

④ 관측된 영상좌표의 보정(Refinement of Measured Image Coordinates)
㉠ 관측된 사진좌표의 오차원(정오차)
- 필름 신축 왜곡(Shrinkage or Expansion of Film)
- PP와 IPP의 불일치 왜곡
- 렌즈 왜곡
- 대기굴절 왜곡(Atmospheric Refraction Distortion)
- 지구곡률 왜곡(Earth Curvature Distortion)

⑤ 사진필름과 인화지의 신축
㉠ 사진측량용 필름의 신축은 최대 약 0.2%
㉡ 유리 투명양화의 신축은 없는 것으로 간주한다.
㉢ 종이인화지의 신축은 1%에서 많게는 2 ~ 3% : x, y 방향으로 신축량이 현저히 다를 수 있다.
㉣ 사진측량에서 정밀좌표 계산을 위해서는 종이인화지를 사용하지 않는다.

핵심예제

사진측량의 특징에 대한 설명으로 틀린 것은?

① 지상측량보다 정확도가 월등히 높다.
② 정량적 및 정성적 측정이 가능하다.
③ 축척이 작을수록 경제적이다.
④ 분업화에 따라 능률적이다.

정답 ①

해설

항공사진측량은 수평위치(X, Y)의 정확도가 좋고, 지상측량은 수직위치(H)의 정확도가 좋으므로 지상측량보다 정확도가 월등히 높다고 말하기는 어렵다.

핵심이론 02 입체시 특성

(1) 원리 및 방법

① 입체시(Stereoscopic Viewing)는 동일한 대상을 찍은 두 장의 사진을 왼쪽 눈은 왼쪽 영상을 보게 되고, 오른쪽 눈은 오른쪽 영상을 동시에 볼 때 3차원 '모델'이 만들어지는 현상을 지칭한다.

② 동일 대상지역을 서로 다른 위치에서 촬영한 한 쌍의 입체사진을 '입체쌍(Stereopair)'이라고 하고 입체쌍의 영상을 입체시하여 보이는 미니 모델을 '입체모델(Stereomodel)'이라고 한다.

③ 입체사진을 이용하여 입체감을 얻기 위해서(입체모델이 생성되기 위해서), 입체쌍 사진이 만족해야 할 조건은 다음과 같다.

㉠ 한 쌍의 사진을 촬영한 사진기의 광축이 거의 동일평면상에 있어야 한다.
㉡ 기선고도비(B/H)가 약 1/4 정도이어야 한다.
㉢ '기선고도비'란 촬영거리에 대한 촬영기선의 비율이다.
㉣ 입체쌍 사진의 사진축척은 거의 같아야 한다.

④ 입체고도비

동일 대상물의 좌우 영상 간의 간격이 넓으면 낮게(멀리) 보이고, 간격이 좁으면 높게(가깝게) 보인다.

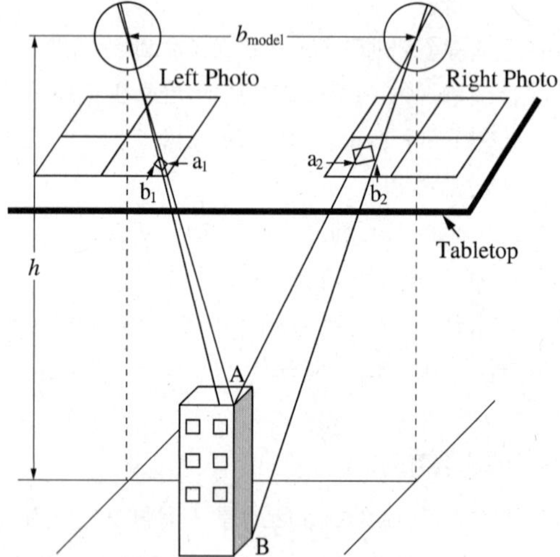

(2) 시차 및 시차차

① 시차(視差, Parallax)란 어떤 대상물이 관측 시점(視點, Point of Observation)이 달라짐에 따라 배경면(Reference Frame)에서의 위치가 다르게 보이는 현상을 말한다.

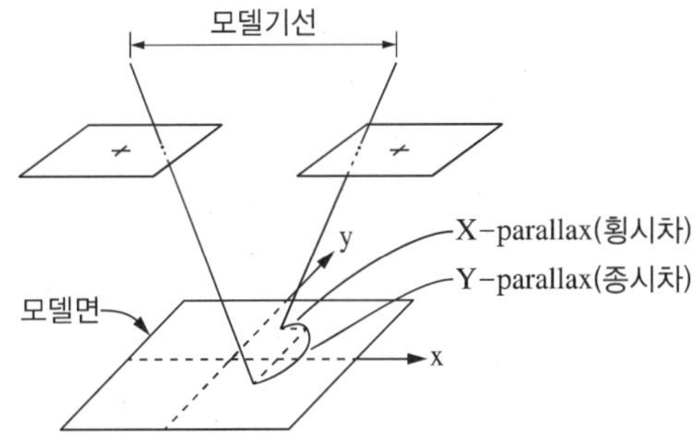

[X시차와 Y시차]

㉠ X 방향으로 발생하는 시차를 횡시차, Y 방향으로 발생하는 시차를 종시차라 한다.

㉡ X 방향 시차는 대상물의 원근에 따라 발생하는 것이며, Y 방향 시차는 제거되어야 하는 것으로, Y 방향 시차가 없을 때 입체모델이 인식되기 시작한다.

㉢ Y시차의 원인

- 오른쪽 사진의 자세 오류(Improper Orientation of Right Photo)

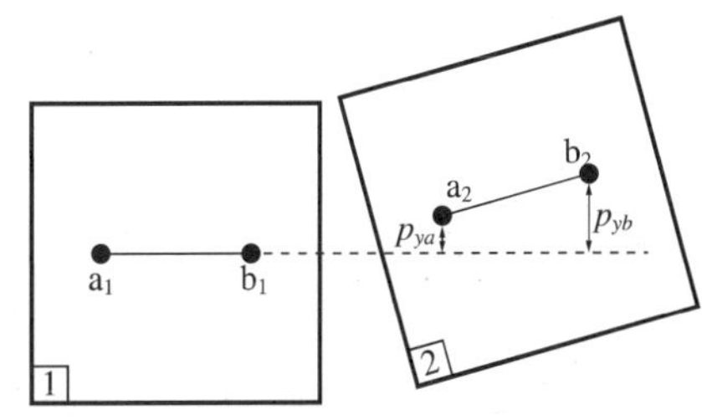

[오른쪽 사진의 자세 오류]

- 왼쪽 사진과 오른쪽 사진의 촬영거리 불일치 오류(Variation in Flying Heights)

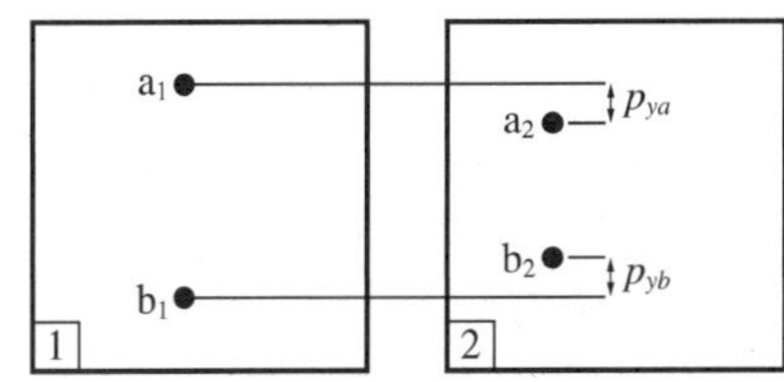

[촬영거리 불일치 오류]

- 왼쪽 사진과 오른쪽 사진의 경사 불일치 오류(Tilt of Photos)

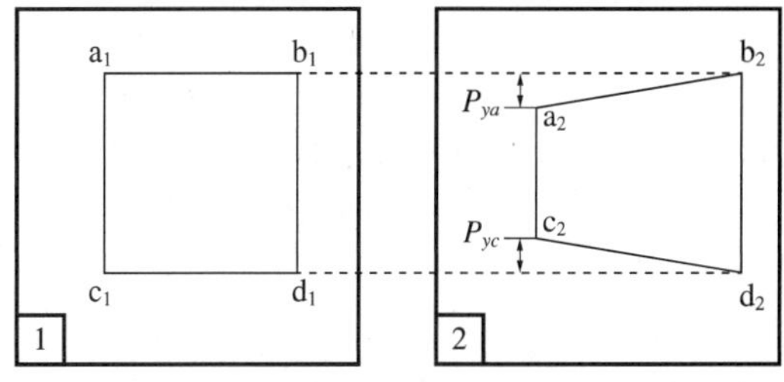

[경사 불일치 오류]

㉣ X-시차는 대상물의 높이에 따라 배경면(모델면 또는 도화면)에서 시차가 달라지는 것으로서, X-시차가 있으므로 대상물의 높이를 알 수 있고, 궁극적으로 사진으로 3차원 매핑이 되는 것이다.

㉤ 모델면을 상하로 움직여서 X-시차를 0으로 하였을 때의 모델면의 높이를 그 대상물의 실세계 높이로 환산한다.

② 시차차

㉠ 기준면의 시차에서 관측하려는 대상물의 시차를 시차차라 한다.

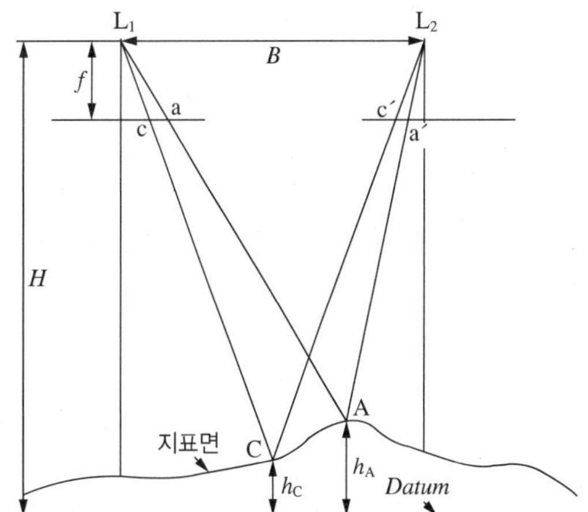

- $P_a = \dfrac{f \cdot B}{H - h_A}$
- $P_c = \dfrac{f \cdot B}{H - h_C}$
- A점과 C점의 시차의 차, 즉 시차차는 $P_a - P_c$로서

$$P_a - P_c = \Delta P = f \cdot B\left(\frac{1}{H-h_A} - \frac{1}{H-h_C}\right)$$

$$= f \cdot B\left\{\frac{h_A - h_C}{(H-h_A)(H-h_C)}\right\}$$

핵심예제

2-1. 시차에 대한 설명으로 옳지 않은 것은?

① 입체모델에서 표고가 높은 곳이 낮은 곳보다 시차가 더 크다.
② 시차는 촬영기선을 기준으로 비행방향 성분을 횡시차, 비행방향에 직각인 성분을 종시차라 한다.
③ 종시차가 존재하는 대상물은 입체시가 되지 않는다.
④ 횡시차는 대상물 간 수평위치 차이를 반영한다.

정답 ④

2-2. 입체시 된 항공사진상에서의 과고감에 대한 설명으로 옳은 것은?

① 실제지형의 기복과 동일하게 나타난다.
② 촬영 위도에 따라 실제지형의 기복보다 과소할 수도 과대할 수도 있다.
③ 실제지형의 기복보다 과소하게 나타난다.
④ 실제지형의 기복보다 과대하게 나타난다.

정답 ④

2-3. 입체도화기에 의해 등고선을 그릴 때 등고선 높이의 오차를 등고선 간격(등거리)의 1/2 이하로 하기 위한 측정 시차차의 최대 오차는?(단, 사진축척 1/35,000, 카메라의 초점거리 15cm, 사진크기 23cm × 23cm, 중복도 60%, 등고선 간격 5m이다)

① 0.15mm　② 0.06mm
③ 0.02mm　④ 0.04mm

정답 ④

해설

2-1
시차의 특징
- 입체모델에서 비행고도의 차이 및 경사사진의 영향으로 나타난다.
- 입체모델에서 표고가 높은 곳이 낮은 곳보다 시차가 크다.
- 시차는 촬영기선을 기준으로 비행 방향 성분을 횡시차, 비행 방향에 직각인 성분을 종시차라 한다.
- 종시차는 대상물 간 수평위치 차이를 반영하며, 종시차가 커지면 입체시를 방해하게 된다.

2-2
과고감
입체사진에서 수직축척이 수평축척보다 크게 나타나는 정도로서, 산의 높이 등이 실제보다 과장되어 보이는 현상을 말한다.

2-3
비행고도$(H) = m \cdot f = 35,000 \times 0.15 = 5,250\text{m}$

$$b_0 = a\left(1 - \frac{p}{100}\right) = 0.23 \times (1 - 0.6) = 0.092\text{m}$$

$$h = \frac{H}{b_0} \cdot \Delta p \rightarrow \Delta p = \frac{b_0 \cdot h}{H}$$

$$\rightarrow \Delta p_h = \frac{b_0 \cdot \Delta h}{H} = \frac{0.092 \times 2.5}{5,250} = 0.00004\text{m} = 0.04\text{mm}$$

핵심이론 03 사진촬영

(1) 계획 및 준비

① 촬영계획(Flight Planning)의 중요성
㉠ 촬영계획은 비행지도(Flight Map)와 촬영시방서(Specifications)로 나눌 수 있다.
- 비행지도 : 언제, 어떤 경로로 어디에서 노출을 할 것인가의 계획
- 촬영시방서 : 카메라와 필름 조건, 축척, 촬영고도, 중복도, 경사 및 편류각의 허용 한계

㉡ 촬영계획은 전체 작업의 공기와 지연에 따른 비용과 맞물려 있으므로, 항공사진측량에서 가장 중요한 부분이다.

② 중복도(종중복과 횡중복 : Endlap and Sidelap)
㉠ 지도제작을 위한 측량용 사진은 반드시 입체쌍 사진이어야 하므로 이때 사진의 중복도는 촬영진행방향으로 60%, 인접코스 간 30%를 표준으로 한다. 단, 필요한 경우 진행방향으로 80%, 인접코스 간 65%까지 중복시킬 수 있다.

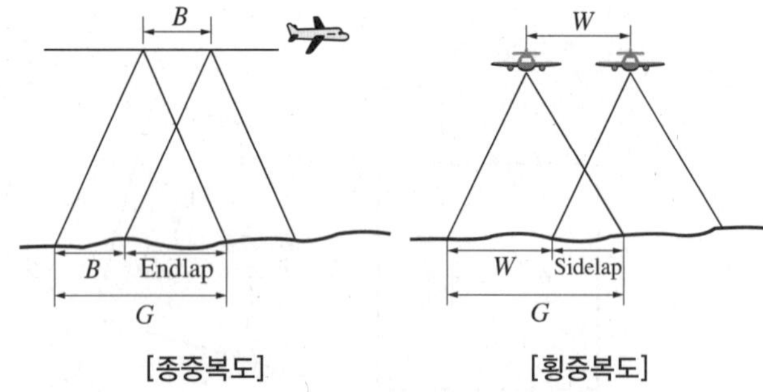

[종중복도]　[횡중복도]

③ 축척(Scale)
㉠ 촬영의 목적에 따라 축척을 정한다.

$$M = \frac{1}{m} = \frac{f}{H} = \frac{l}{S} = \frac{f}{H \pm h}$$

($+h$인 경우는 평균표고 아래 비고가 있을 때)

㉡ 지형도 제작의 경우는 제작하고자 하는 지도의 축척에 따라야 하며, 사진 판독의 경우는 판독하고자 하는 최소 크기의 지형지물이 사진에 보일 수 있도록 한다.
㉢ 해석식 또는 수치도화기는 확대비율에 제한이 없으나, 확대할 경우 사진에서의 오차도 동일한 비율로 확대되는 것에 유의하여야 하며, 대체로 5 ~ 6배 이상은 확대하지 않는다.

㉣ 지도제작을 위한 선의 수평위치 도화 정확도가 우리나라의 경우는 0.2mm인데, 만일 지적도의 필지경계 요구 정확도가 지상거리로 300mm라면 지도는 1/1,500의 축척으로 제작되어야 하며, 따라서 사진의 축척은 1/7,500으로 촬영되어야 한다(5배 확대 가정).

㉤ 수직위치 정확도의 경우, 도화 정확도가 등고선 간격의 1/2인데, 고속도로 공사에 1/2m의 수직 정확도가 필요하다면, 지도에는 1m 등고선 간격이 필요하게 된다.

㉥ 지도축척별 수평위치 정확도와 등고선 간격

축 척	수평위치 정확도(지상거리)	등고선 간격
1/1,000	0.2m	1m
1/5,000	1.0m	5m

㉦ 항공사진축척과 도화축척과의 확대비율

도화축척	사진축척	도화비율
1/500 ~ 1/600/600	1/3,000 ~ 1/4,000	1 : 5 ~ 1 : 8
1/1,000 ~ 1/1,200	1/5,000 ~ 1/8,000	1 : 4 ~ 1 : 7
1/2,500 ~ 1/3,000	1/10,000 ~ 1/15,000	1 : 3 ~ 1 : 5
1/5,000	1/18,000 ~ 1/20,000	1 : 3 ~ 1 : 4
1/10,000	1/25,000 ~ 1/30,000	1 : 2.5 ~ 1 : 3
1/25,000	1/37,000	1 : 1.5

④ 촬영고도 및 C-계수

㉠ 촬영기준면을 기준으로 설정하고 일반적으로 저지대 기준으로 한다.

㉡ 비고가 클 때에는 평균고도 결정 후 촬영고도를 결정한다.

㉢ 20% 이상 비고차가 있을 시에는 2단 촬영(코스단위로 촬영고도를 다르게, 코스 단위로 촬영축척에 맞게 도화 가능 범위)한다.

㉣ C계수(C-factor) : 어떤 촬영거리에서 촬영된 사진으로 제작이 가능한 수직 정확도를 표현하는 계수로 도화기의 능력을 나타내는 계수(일반적으로 1,200 ~ 1,500)

$$\text{C-factor} = \frac{H'}{CI} \quad : \ CI(\text{등고선 간격})$$

⑤ 촬영기선길이

㉠ 촬영경로의 촬영 중에 임의의 촬영점으로부터 다음 촬영점까지의 실제거리를 촬영기선거리 또는 촬영종기선거리라 한다.

$$B = \text{사진 크기의 실거리} \times \left(1 - \frac{p}{100}\right)$$

㉡ 촬영경로 사이의 간격 C_0는 촬영횡기선길이라 한다.

$$C_0 = \text{사진면 크기의 실거리} \times \left(1 - \frac{q}{100}\right)$$

⑥ 촬영코스

㉠ 촬영지역을 완전히 덮고 코스 사이의 중복도를 고려하여 결정한다.

㉡ 도로나 철도와 같이 선형물인 경우 직선촬영경로를 조합하여 촬영한다.

㉢ 일반적으로 넓은 지역은 동서방향(역광방지)으로 직선 촬영경로를 취하여 계획한다.

㉣ 일반적인 코스 길이는 30km로 한다.

⑦ 중복도

㉠ 종복도는 동일코스 내의 중복(Endlap)으로 60%(최소 50% 이상)로 한다.

㉡ 횡중복도는 인접코스 사이의 중복(Sidelap)으로 30%(최소 5% 이상)로 한다.

㉢ 산악지역(한 모델, 한 사진의 고저차가 촬영고도의 10% 이상 지역)이거나 고층건물이 밀집된 시가지의 경우 20% 또는 10% 이상 중복도를 증가하여 촬영한다.

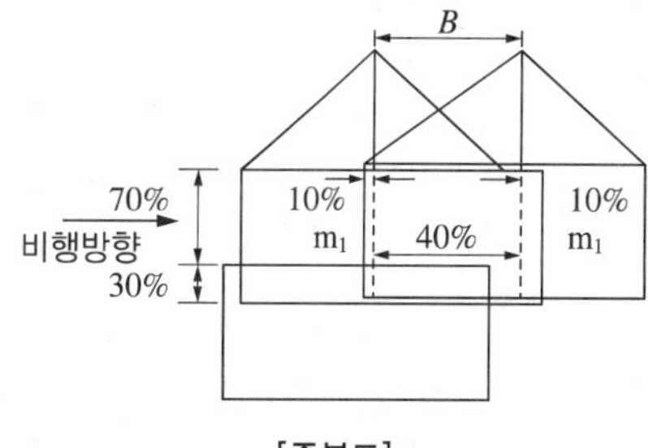

[중복도]

⑧ 표정점배치

㉠ 절대표정에 필요로 하는 최소 표정점은 수평위치기준점으로 2점, 수직위치기준점 3점이다.

㉡ 기존삼각점이나 수준점을 이용하는 것이 좋으나, 필요시 대공표식를 설치하여 사용한다.

㉢ 스트립 항공삼각측량의 경우 각 코스의 최초모델에 4점(최소 3점), 최후모델 2점, 중간 4 ~ 5모델마다 1점씩 설치한다.

⑨ 촬영일시

㉠ 구름이 없는 쾌청일의 오전 10시에서 오후 2시 사이(태양각 45° 이상)가 최적이나 대축척의 사진측량에서는 어느 정도 구름이 있거나 태양각이 30° 이상인 경우도 촬영이 가능하다.

㉡ 우리나라의 연평균 쾌청일수는 80일이다.

⑩ 촬영사진기의 선정

㉠ 소요목적과 경제성 고려, 협각, 보통각, 광각, 초광각 중에서 적당한 것을 선택한다.

㉡ 고층빌딩이 밀집된 도시지역을 해석할 경우에는 보통각, 지형도를 작성하는 경우에는 광각, 편탄하고 넓은 지역의 사진판독에는 초광각을 이용하여 촬영한다.

⑪ 촬영계획도 작성

㉠ 기존의 소축척지도(일반적으로 1/50,000지형도)상에 촬영경로 간격을 표시한 촬영계획도를 만든다.

㉡ 촬영계획도의 축척은 촬영축적의 1/2 정도의 지형도를 택하는 것이 적당하다.

⑫ 사진 및 모형의 수, 기준점측량 작업량

㉠ 유효면적의 계산

- 사진 한 매의 경우

$$A_0 = (a \cdot m)(a \cdot m) = a^2 \cdot m^2 = \frac{a^2 H^2}{f^2}$$

여기서, a는 사진 한 변의 길이, m은 사진축척 분모수

- 단코스 촬영경로의 경우

$$A_1 = (a \cdot m)(a \cdot m)\left(1 - \frac{p}{100}\right) = a^2 \cdot m^2\left(1 - \frac{p}{100}\right)$$

- 복코스 촬영경로의 경우

$$A_2 = (a \cdot m)(a \cdot m)\left(1 - \frac{p}{100}\right)\left(1 - \frac{q}{100}\right) = a^2 \cdot m^2\left(1 - \frac{p}{100}\right)\left(1 - \frac{q}{100}\right)$$

㉡ 모델수

- 안전율을 고려한 경우

$M_n = \frac{F}{A} \times (1 + 안전율)$

- 안전율을 고려하지 않았을 경우
  - D = (촬영경로의 종방향길이 ÷ B)
    → 한 촬영경로의 모형수
  - D' = (촬영경로의 횡방전체길이 ÷ C_0)
    → 경로수
  - 단촬영경로의 모형수(M_{na}) = D,
    사진매수 = $D + 1$
  - 복촬영경로의 모형수(M_{nb}) = $D \times D'$,
    사진매수 = $(D + 1) \times D'$
    여기서, B : 촬영종기선 길이, D : 모형수,
    D' : 경로수, C_0 : 촬영횡기선 길이

㉢ 지상기준점 측량의 작업량

- 작업량은 수평위치 기준점의 수와 수직위치 측량에 대한 거리를 산출하면 된다.
- 수평위치기준점의 수 = 모형의 수 × 2
- 수직위치 기준점량
  = [촬영경로의 종방향길이 × (2 × 경로의 수 + 1) + 촬영경로의 횡방향길이 × 2]km

(2) 촬영 조건

① 구름 및 구름의 그림자가 사진에 나타나지 않도록 맑은 날씨여야 한다.

② 태양고도가 산지에서는 30°, 평지에서는 25° 이상이어야 하며 기복이 많은 산악지형에서는 음영부에 관계없이 영상이 잘 나타나는 태양고도의 시간에 촬영한다.

③ 예정 촬영고도에서 동일 고도이면 비행경로는 직선이 되도록 한다.

④ 소요목적과 경제성을 고려하여 촬영카메라를 선정한다.

⑤ 촬영계절, 촬영시간대, 기상, 대지속도, 카메라의 진동, 사진필름의 감도 등을 고려하여 노출 시간을 정한다.

⑥ 카메라는 연직방향으로 향하며 사진화면의 수평면에 대한 경사각은 3°(또는 5grade) 이내로 한다.

⑦ 촬영 진행방향에 대한 편류각은 5°(또는 10grade) 이내로 한다.

⑧ 매 코스 끝단에서 2매 이상의 촬영지역 밖을 잉여 촬영한다.

⑨ 재촬영요인의 판정기준

㉠ 촬영코스의 이탈이 계획 촬영고도의 15% 이상일 때

㉡ 중복도가 53% 미만 또는 68 ~ 77%가 되는 모델이 전 코스의 사진매수의 1/4 이상일 때

㉢ 인접한 사진의 축척이 현저한 차이가 날 때

㉣ 인접코스 간의 중복도가 표고의 최고점에서 5% 미만일 때

㉤ 구름이 사진에 나타날 때

㉥ 도화가 불가능하다고 판정될 때

㉦ 필름의 불규칙한 신축 또는 노출불량으로 실체시에 지장이 있을 때

ⓞ 노출의 과소, 연기 및 안개, 스모그, 현상처리의 부적당 등으로 영상이 선명하지 못할 때

ⓙ 보조자료 및 사진지표가 사진상에 분명하지 못할 때

ⓒ 후속되는 작업 및 정확도에 지장이 있다고 인정될 때

핵심예제

3-1. 평탄한 지면을 초점거리 150mm, 사진크기 23cm × 23cm로 촬영한 연직항공사진이 있다. 촬영고도 1,800m, 종중복도 60%로 촬영한 경우, 연속된 10매의 사진에서 입체시 가능한 부분의 실제면적은?

① 27.5km^2　　② 28.9km^2

③ 30.5km^2　　④ 45.7km^2

정답 ①

3-2. 동서 30km, 남북 20km인 대상지역을 초점거리 150mm인 항공측량카메라를 이용하여 비행고도 5,000m에서 촬영하였을 때, 입체모델수는?(단, 사진크기는 23cm × 23cm, 종중복도 60%, 횡중복도 30%, 촬영은 동서방향으로 한다)

① 24　　② 30

③ 36　　④ 42

정답 ③

해설

3-1

1 모델의 유효면적(A_0)

$$A_0 = (ma)^2 \cdot \left(1-\frac{p}{100}\right) = \left(\frac{H}{f}\cdot a\right)^2 \cdot \left(1-\frac{p}{100}\right)$$

$$= \left(\frac{1,800}{0.15}\times 0.23\right)^2 \times (1-0.6) = 3,047,040\text{m}^2$$

$$\fallingdotseq 3.047\text{km}^2$$

연속된 10매의 입체면적(A) = $3.047 \times (10-1) \fallingdotseq 27.5\text{km}^2$

※ 스트립 구성에 있어서 면적 산정은 사진매수에서 한 장을 뺀 부분의 면적이 입체면적이 된다.

3-2

$$\frac{1}{m} = \frac{f}{H} = \frac{0.15}{5,000} = \frac{1}{33,333} = \frac{1}{34,000}$$

$$\frac{30,000\times 20,000}{0.23^2\times 34,000^2 \times \left(1-\frac{60}{100}\right)\left(1-\frac{30}{100}\right)} \fallingdotseq 35.04\text{매} = 36\text{매}$$

핵심이론 04 사진판독

(1) 판독요소

① 색 조

㉠ 빛의 반사에 의한 것으로 식물의 집단이나 대상물의 판별에 도움이 된다.

㉡ 흑백사진에서는 색과 명암이 백색으로부터 흑색까지의 색조로 나타난다.

㉢ 사진의 색조는 피사체에 대한 태양광선의 반사율 및 위치, 필름의 감광성, 필터의 성질, 인화의 처리법, 인화지의 종류 등에 따라 변한다.

② 형 태

㉠ 사진상의 배열상태로 각 형태의 지역이나 그 범위에서는 지리, 지질, 토양, 산림 및 자원 등의 조사분야에서 효율적인 조사 수단으로 쓰이고 있다.

㉡ 대상물의 공간배치를 참조하고 많은 대상물의 특성, 자연이나 인공적인 일반형에 의한다.

③ 질 감

㉠ 축척이 작아짐에 따라 미세하게 나타나고 대축척일수록 본래의 모양을 갖춘다.

㉡ 색조, 형상, 크기, 음영 등의 여러 요소의 조합으로 구성된 조, 밀, 거칠음, 세밀한 세선, 평활 등으로 표현된다.

㉢ 항공사진을 보면 사진면의 전부 또는 일부로부터 꺼칠꺼칠한 감을 느끼는 경우가 있는데 이의 피사체의 질을 나타내는 질감을 말한다.

③ 크기와 형상

㉠ 사진상의 크기는 육안의 분해능이 0.2mm이므로 크기는 사진상에 0.2mm 이상으로 나타나지 않으면 판독할 수 없다.

㉡ 형상은 개체나 목표물의 윤곽, 구성, 배치 및 일반적인 형태 등을 말하며 사진상은 지표면 바로 위로부터 촬영한 형으로서 보통 접하는 지상에서 옆으로 본 형과는 시각이 다르므로 수직으로 보았을 때의 형상에 습관을 붙일 필요가 있다.

④ 음 영
 ㉠ 높은 탑과 같은 지물의 판독, 주위 색조와 대조가 어려운 지형의 판독에는 음영이 중요한 요소가 된다.
 ㉡ 사진을 판독할 때 광선의 방향과 촬영 시 태양광선의 방향을 일치시키면 음영의 관계로부터 입체감이 얻어지고 반대로 하면 반대의 느낌이 얻어지므로 북반구의 항공사진을 볼 때는 일반지도와는 반대로 남쪽을 위로 보는 편이 좋다.

⑤ 상호위치관계
 ㉠ 사진상의 주위의 사진상과 어떠한 관계가 있는가를 파악하는 것이 중요하다.

⑥ 과고감
 ㉠ 항공사진을 입체시한 경우의 과고감은 촬영에 사용한 렌즈의 초점거리, 사진의 중복 등에 따라 변한다.
 ㉡ 부상도와 관찰자의 경험이나 심리 또는 생리적인 작용 등이 복잡하게 합해서 생기는 것이다.

(2) 판독순서

① 촬영계획
② 촬영과 사진의 작성
③ 판독기준의 작성
④ 판 독
⑤ 지리조사
⑥ 정 리

핵심이론 05 사진기준점 측량

(1) 계획 및 준비

① 지상기준점 선정은 일반적으로 다음 기준에 따른다.
 ㉠ X, Y, Z가 동시에 정확하게 결정될 수 있는 점이 있으면 이상적이다.
 ㉡ 사진상에서 명료한 점을 택해야 한다.
 ㉢ 공중으로부터 보이지 않으면 안 된다.
 ㉣ 시간적으로 변화하는 것들은 안 된다.
 ㉤ 사진의 가장자리에 너무 가까운 점은 렌즈 왜곡 또는 신축에 의해 위치 정확도가 나빠질 위험이 있으므로 가장자리에서 1cm 이상 떨어져서 나타나는 점을 취하는 것이 바람직하다.
 ㉥ 지표면에서 기준이 되는 높이의 점이어야 한다.
 ㉦ 사진의 색조가 전반적으로 흑색이나 회색이 함께 있는 곳보다는 기선에 직각 방향의 일정한 농도로 되어 있는 곳이 바람직하다.
 ㉧ 수직위치기준점의 주위에 적어도 약 10cm 정도는 평탄해야 하며, 급격한 색조의 변화가 없어야 한다.
 ㉨ 모든 지상기준점은 가급적 인접 모델에서 상호 사용할 수 있도록 한다.
 ㉩ 선점의 위치는 반영구 또는 영구적이며 평탄한 지역으로 한다.
 ㉪ 지형지물을 이용한 평면기준점은 선상교차점이 적합하다.

② 지상기준점의 표시
 ㉠ 지상기준점은 언제 누구에게라도 그 위치가 재확인될 수 있도록 해 두어야 한다.
 ㉡ 촬영 후에 선점한 경우에는 사진상에 자침하여 이면에 위치도를 그리고, 촬영 전에 표식을 설치하는 경우에는 위치도를 만들어 두어 현지조사 시에 사진과 대조하고 자침하여 확인해 두어야 한다.
 ㉢ 지상기준점의 위치도는 그 부근 약 20 ~ 30m 정도를 축척 약 1/500로 하고 설명 사항 등을 사진의 이면 또는 별지에 기입하고, 필요하면 단면도나 스케치 등도 첨부한다.
 ㉣ 각 위치도에는 필요한 방위를 기입하여 둔다.

㉤ 지상기준점의 위치도에서 정확도는 사진축척에 따라 변하나 대략 도화축척에서 도상 0.2 ~ 0.3mm이면 충분하다. 예를 들면 도화축척 1/10,000에서 지상기준점은 2~3m의 정확도가 되면 된다.

(2) 기준점 측량

① 지상기준점 측량은 원칙적으로 촬영 전에 행하고 대공표지를 설치함을 원칙으로 하고 있으나 부득이한 경우에는 촬영 후에 행하고 자침에 의하여 사진상에 그 위치를 표시한다.

② 지상기준점의 수평위치 및 수직위치의 정밀도(평균 제곱근 오차)는 지도 축척 1/2,500, 1/5,000의 경우 ±0.2m, 축척 1/1,000의 경우 ±0.1m로 한다.

③ 지상기준점 측량은 기준점 측량과 마찬가지로 삼각망측량, 다각측량, 고저측량 등에 의한다.

㉠ 삼각망측량

- 삼각망의 구성
  - 삼각망은 기지변에서 시작하여 기지변에 폐합시킨다.
  - 교회법에서는 3개 이상의 기지점에 의한 전방교회법 또는 측방교회법, 4개 이상의 기지점에 의하고 측방교회법에 의하여 결정된 기지점은 기지점으로 사용할 수 없다.
  - 모든 삼각형의 내각은 20 ~ 120° 범위이어야 하며 단삼각형은 원칙적으로 사용할 수 없다.
- 기본 삼각점으로부터 구점까지의 분리평균계산은 5차 이내로 한다.
- 수평각관측 : 삼각측량의 수평각관측방법 및 오차의 제한은 다음과 같다.
  - 수평각관측방법 및 오차의 제한

거 리	관측 장비	방향관측법		
		대회수	관측차	배각차
1km 이상	1′독 경위의	2	10′	20′
0.5~1km	〃	2	20′	20′
0.25~0.5km	〃	2	40′	50′
0.25km 미만	〃	2	60′	90′

- 구점의 위치가 건물모서리 등으로 기계를 설치할 수 없거나 시통관계로 삼각망을 형성하지 못할 경우에는 편심요소를 측정하여 좌표를 산출할 수 있으며 그 제한은 다음과 같다(단, 편심거리는 50m를 초과할 수 없다).
  - 편심요소의 제한

편심거리	측정장비		측각 단위	측거 단위	측각 횟수
	수평각	수평거리			
50m 미만	1′독	강권척	1′	1cm	2배각

- 삼각형의 폐합차는 20′ 이내로 하여 각각에 균등 배분한다.
- 보정된 내각을 사용하여 기지점부터 구점의 좌표를 구한다. 구점의 좌표가 2개 이상 구하여질 때 그 교차는 20cm 이내이어야 하며 그 평균치로 결정한다.
- 평면기준점 오차의 한계

도화축척	표준편차
1/500 ~ 1/600	0.1m 이내
1/1,000 ~ 1/1,200	0.1m 이내
1/2,500 ~ 1/3,000	0.2m 이내
1/5,000 ~ 1/6,000	0.2m 이내
1/10,000 이하	0.5m 이내

㉡ 수준측량

- 수준노선은 기본수준점에 폐합시켜야 하며, 개방노선인 경우에는 왕복으로 측량한다.
- 관측은 수준기 감도 20′/mm 이내의 레벨을 사용하여야 하며 측량방법은 다음과 같다.
  - 레벨은 두 지점에 세운 표척의 중앙에 정치함을 원칙으로 한다.
  - 관측거리는 70m를 표준으로 한다.
  - 표척은 2개를 1조로 하고 한 점에는 동일 표척을 사용하여 전시와 후시를 하여야 한다.
  - 표척의 읽음 최소 단위는 mm로 한다.
  - 허용오차는 20mm $\sqrt{S}$ 이내이어야 하며 허용범위를 초과하였을 경우에는 재관측을 하여야 한다(S는 측선의 거리).

- 수준측량의 계산은 고차식을 표준으로 한다.
  - 표고기준점 오차의 한계

도화축척	표준편차
1/500 ~ 1/600	0.05m 이내
1/1,000 ~ 1/1,200	0.10m 이내
1/2,500 ~ 1/3,000	0.15m 이내
1/5,000 ~ 1/6,000	0.2m 이내
1/10,000 이하	0.3m 이내

㉢ 항공사진측량(사진기준점측량)

- 항공사진측량이란 도화기 또는 좌표측정기에 의하여 항공사진상에서 측정된 미지점의 모델좌표 또는 사진좌표를 기지점을 기준으로 지상좌표로 전환시키는 작업을 말한다.
- 연결점(Pass Point)은 다음 요령에 의하여 선점하여야 한다.
  - 부근이 되도록 평탄하고 사진상에서 그 위치를 쉽게 관측할 수 있어야 한다.
  - 연속 2모델이 사진상에서 명확한 실체시가 가능하고 인접모델 간의 중복부분 중간에 위치하여야 한다.
  - 모델중간의 연결점은 주점부근이어야 하며, 모델 양단의 주점기선에 직각방향으로 주점부터 항공사진상의 거리 7cm 이상으로 등거리이어야 한다.
  - 후속작업에 필요한 때에는 항공사진상에서 선명한 위치를 보조점으로 선점한다.
- 연결점의 결합점(Tie Point)으로 사용할 수 없는 경우 다음 요령에 의하여 선점하여야 한다.
  - 결합점은 코스상호 간의 연결이 견고히 되도록 선점하여야 한다.
  - 가급적 인접코스 간의 중복부분 중간에 위치하여야 하며 관계되는 항공사진 전체에서 선명한 점이어야 한다.
  - 결합점은 연결점과 동일점일 수도 있다.
- 선점된 연결점 및 결합점은 항공사진 및 양화필름에 정확히 점각하고 점을 중심으로 직격 5mm의 황색 또는 녹색원으로 표시하여 지정된 기호를 기입하여야 한다.
- 사진기준점측량의 관측
  - 관측장비는 점검을 필한 1급 도화기, 해석도화기 또는 좌표측정기를 사용하여야 한다.
  - 상호표정 후에는 각 인자의 수치를 기록하여야 하며 잔여시차는 0.02mm 이내이어야 한다.
  - 도화기 사용 시 각 모델 내에 포함되는 관측점은 각 2회씩 측정하여 사진좌표를 산출하되 도화기 사용 시는 교차가 평면좌표는 사진상 20μ 이내 표고좌표는 0.1‰Z 이내, 좌표측정기 사용 시는 X, Y의 각 교차가 사진상 10μ 이내이어야 하며 교차가 허용범위 내에 있을 때에는 그 평균치를 사용하고 교차가 허용범위를 초과하였을 때는 재측정하여야 한다.
  - 각 구점의 3차원 직각좌표는 해당 코스 또는 블록에 포함되는 확실한 기준점을 기준으로 모델좌표 또는 사진좌표로부터 환산하여 구한다.
  - 조정계산 후의 기준점 잔차, 연결점 및 결합점의 조정값으로부터의 잔차는 평면위치와 표고 모두 표준편차가 0.2‰Z, 최댓값이 0.4‰Z 이내이어야 한다.

핵심이론 06 세부도화에 관한 사항

(1) 사진표정

① 가상값으로부터 소요로 하는 최확값을 구하는 단계적인 해석 및 작업으로 촬영 시 사진의 기하학적 상태(사진기의 위치와 경사)를 그대로 재현하려면 대응하는 광선에 대한 교점의 집합은 피사체표면과 전부 합동인 모델을 만드는 과정을 말한다.

㉠ 내부표정(Interior Orientation)
- 투명양화(Diapositive) 만들기
- 촬영 당시 카메라 내부에서의 렌즈와 투명양화 위치 및 자세의 상대적 관계가 재현되도록 투명양화를 도화기의 프로젝터(Projector)에 설치하기

㉡ 상호표정(Relative Orientation)
- Projector를 조절하여 왼쪽과 오른쪽 Projector의 위치 및 자세 상관관계가 촬영 당시 카메라 간의 위치 및 자세 상관관계와 동일하도록 Projector 조절하기
- 상호표정을 완료하게 되면, 입체지역에 대해서 3차원 미니모델이 형성됨(즉, Y-parallax가 제거된 상태임)

㉢ 절대표정, 대지표정(Absolute Orientation)
- 상호표정이 완료된 3차원 미니모델에 지상좌표계의 좌푯값 부여하기(Georeferencing)
- 절대표정은 미니모델의 축척조정하기(Scaling)와 경사조정하기(Levelling)로 이루어짐

② 도화기에서 이 3단계의 준비과정이 완료되면 도화를 시작하게 된다(대상물의 3D 좌표를 관측하게 된다).

③ 절대표정이 완료된 3차원 미니모델에 부점(Floating Mark)을 일치시키고, 그 부점의 3차원 좌표를 아날로그 형식(도면) 또는 디지털 형식(좌푯값)으로 기록한다.

(2) 세부도화

① 기계식 도화기를 이용한 도화

㉠ 도 화
- 기계식 도화기에는 도화원도의 축척은 원칙적으로 완성도의 축척과 동일하게 된다.
- 사용하는 도화기는 1급 또는 2급 정밀도화기로 한다.
- 사용하는 도지는 신축도가 일반적으로 0.05% 이하의 것을 사용하고 크기는 110cm×80cm를 표준으로 한다.
- 도곽선, 기준점 등의 전개의 정확도는 도지상에서 0.2mm 이내로 한다.
- 표정은 내부표정, 상호표정, 대지표정으로 나누어 행한다.
- 상호표정 종료 후 6점의 접합점을 사용한다.
- 상호표정 종료 후 6점의 접합점에 놓여 있는 잔존 Y 시차(종시차)는 양화필름상에서 0.02mm 이내, 즉 종시차가 부점크기의 1/2 이하가 되어야 한다.
- 절대표정 종료 후 도지상의 전개점과 모형상의 대응점과의 수평위치의 교차는 도상 0.4mm 이내, 수직위

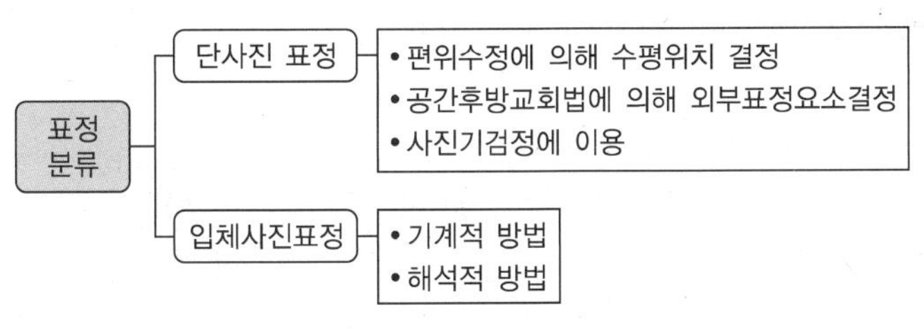

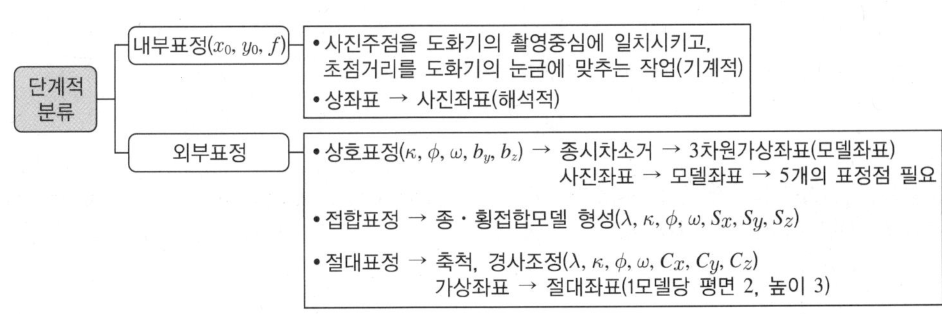

치에 있어서는 축척 1/1,000의 경우는 0.3m, 1/2,500의 경우는 0.5m, 1/5,000의 경우는 1.0m 이내이어야 한다.

- 세부도화는 선상물, 단독물체, 등고선 기타 순서에 의하여 그린다.
- 변형지는 가능한 한 등고선으로 표시하고 그 상황에서 따라 변형지기호로 다시 그린다.
- 세부의 도화에 있어서는 대상물의 종류에 따라 다음과 같이 색채로 분별해서 표시한다.
  - 해안선, 호안선, 하천, 수로 …· 청 색
  - 지류계, 식생계 ……………………… 녹 색
  - 경차도, 도보도 ……………………… 자 색
  - 등고선(시가지도 등) …………… 다갈색
- 수직위치점의 고도관측은 다음과 같이 행한다.
  - 관측단위는 0.1m로 한다.
  - 관측은 독립해서 2회 행하고 그 평균값은 결정값으로 한다.
  - 2회 관측의 교차의 제한
    * 축척 1/1,000에 있어서는 0.3m
    * 축척 1/2,500에 있어서는 0.5mm
    * 축척 1/5,000에 있어서는 1.0m

㉡ 도화작업의 주의사항

- 관측은 입체적인 과고감이 가능한 한 큰 상태에서 행하는 편이 높이의 측정 정밀도가 좋다.
- 등고선을 그리기 위해서 표고눈금을 그 등고선의 표고감에 맞출 때 언제나 표고값이 큰 편으로부터 움직여 맞추도록 한다.
- 등고선을 그릴 때 적당한 속도로 움직이면 부점은 지표면에 대하여 어느 정도 뜬 상태가 된다.
- X, Y 핸들의 회전을 빨리하면 그만큼 부점의 지표면에 대한 떠오름은 크게 된다.
- 실제보다도 정상이 넓고, 골짜기는 좁으며 凹凸이 부족한 등고선으로 되기 쉽다.
- 등고선을 그릴 때 핸들의 회전은 너무 급변하지 않도록 주의한다.

㉢ 현지보측

- 현지조사에서 누락되거나 도화가 불가능한 것을 현지에서 관측하여 도면화 보조자료로 사용한다. C-계수를 고려해서 간곡선, 조곡선의 정확도가 이 규정을 넘을 것으로 예측될 때는 현지에서 고저측량을 행하고 등고선의 위치를 보정한다.
- 현지에 있어서의 보측은 교선법, 방사법 혹은 이들의 병용 등에 의하여 행한다.
- 표현 대상은 영속성이 있고 또한 보측 시에 현존하고 있는 것만의 위치를 관측해서 도화한다.
- 등고선을 보정하는 경우의 고저측량은 다음과 같이 행한다.
  - 등고선의 통과점은 고저측량 노선상의 각 점을 기준으로 하여 관측한 표고점(또는 고도점)을 기준으로 하여 도화기에 의하여 구한다.
  - 표고점의 밀도는 도상 5cm^{2}에 1점 이상으로 한다.
  - 관측결과는 cm 단위로 표시한다.
  - 관측정확도는 ±10cm 이내로 한다.

㉣ 제 도

- 제도는 묘각 또는 트레이싱(Tracing)에 의해서 행한다.
- 사용하는 도지의 규격은 500번 이상의 것으로 통상의 상태에 있어서 신축도 ±0.05% 이하의 것을 표준으로 한다.
- 도화오차는 정해진 길이에 대해서 ±0.2mm를 넘어서는 안 된다.
- 묘각 및 트레이싱한 묘화선의 중심은 도화원도를 이사한 묘화선의 중심에 대해서 오차가 0.1mm를 넘어서는 안 된다. 또 근접도와의 접합관계는 상호의 표현사항이 올바른 위치관계를 보전하도록 제작되어야 한다.

㉤ 도 식

- 도식이란 지형도상에 표현되는 내용 및 그 표시방법 등을 정하고 지형도의 규격 통일을 도모할 목적으로 만들어진 것이다.
- 일반적인 작업규정 중에는 대축척 지형도 도식전용 규정이 수록되어 있다. 이에 따른 표현사항은 같다.

(1) 촌락	(2) 목표물	(3) 장소	(4) 도로
(5) 철도	(6) 경계	(7) 식생	(8) 하천
(9) 호지	(10) 해부	(11) 지형	(12) 주기

- 이 규정에는 도식기호가 부속되어 있으며 이에 따르는 개개의 기호류의 크기, 선의 굵기 등이 극히 엄밀하게 정해져 있다.

[대축척 지형도 도식기호]

선 호	1호	2호	3호	4호	5호	6호
선의 굵기(mm)	0.05	0.10	0.15	0.20	0.25	0.30

② 해석식 도화기를 이용한 세부도화(Digital Mapping)

㉠ 개 요

- 지형측량에서 세부측량에 해당하는 작업을 사진측량에서는 세부도화라 한다.
- 도화방법은 도화기의 좌우 2개의 투영기(프로젝터)에 한 모델을 이루는 좌우 사진의 투명양화를 장착하고 빛을 비추면 그 광속의 교점들은 실제지형과 동일한 입체모델을 재현시키게 되고, 그 다음에 표정 점들을 찾아 그 절대좌표를 도화기상에 입력하고, 부점(Floating Mark)으로 원하는 지형, 지물을 추적하면 그에 따라 지형도상에 기입될 세부지형이 도화된다.

㉡ 작업의 흐름

[세부도화작업 흐름도]

㉢ 계획 준비

- 지상기준점 측량에서 작업한 점이 표시된 밀착사진, 점이 표시된 양화필름, 현지조사에서 계획 준비한 작업 영역이 표시된 지형도와 도곽이 설정된 Index, 항공삼각측량 성과를 인수한 다음, 소요 재료(Micro Trace)를 준비한다.
- Index 조정
  - 지형도에 비행선 표시, 사진 주점을 표시하여 밀착사진에 정확한 작업구역을 표시
  - Index상에 데이터베이스 고유 명칭 및 작업일시, 작업자 등 기타 필요한 사항을 표시
- 심벌제작(기호제작)
  - 심벌제작(기호제작)은 국립지리정보원의 도식규정에 의거하여 사용할 심벌의 모양, 크기, 색을 결정하여 입력시키고, 각 심벌에 대한 Object 코드 및 Graphic 코드를 만들어 사용한다.
- 각 모델 데이터베이스 결정
  - 각 모델별 데이터베이스 결정은 편집과정이나 데이터 변환과정에서 맞게 적당한 크기로 만들어 준다.
  - 데이터베이스 내에는 과업명, 작업일자, 사진코스 및 번호, 작업구역의 좌표 등을 입력한다.
- 촬영 카메라의 검교정 자료 입력
  - 촬영 카메라의 검교정 자료 입력은 해석도화기에 촬영카메라에 대한 제원을 넣어주는 과정이다.
  - 카메라의 초점거리, 사진 4코너의 기준점 조정 결과(Fiducial Mark), 사진주점 조정 결과치, 렌즈의 왜곡거리값을 해석도화기에 부착된 컴퓨터에 입력한다.

㉣ 표 정

- 사진의 영상이 정확한 입체 모델을 구성하기 위해서는 내부표정, 상호표정, 절대표정, 접합표정을 거쳐야 한다.
- 내부표정(Inner Orientation)은 투영기에 촬영 당시와 동일하게 투명양화필름을 장착하는 과정으로 초점거리 조정, 사진주점의 표정, 건판신축, 대기 굴절 및 지구곡률 보정 등으로 이루어진다.
- 상호표정(Relatve Orientation)은 좌우 투영기에 상대 위치를 촬영 당시의 인접노출점에서의 사진기의 상대 위치와 동일한 상태로 조정하여 광학적으로 입체 모델이 구성 되도록 하는 과정이며, 이때 생긴 모델은 아직 실제 지형과 상사조건(Conformal)을 이루지 못한 상태이다.
- 절대표정(Absolute Orientation)은 상호표정에 의하여 구성된 입체모델을 실제 지형과 정확히 상사조건이 되도록 하는 과정이며, 모델 축적의 결정, 수준면의 결정, 절대 위치의 결정으로 이루어진다.
- 접합표정(Successive Orientation)은 한 모델을 기준으로 그 다음 모델을 몇 개의 표정점을 이용하여 접합시키는 과정을 말한다.

• 여러 개의 모델이 촬영코스 방향으로 이어진 띠 모양을 스트립(Strip)이라고 부르며, 여러 개의 스트립이 촬영코스 수직각 방향으로 이어진 모양을 블록(Block)이라 한다.
• 표정이 완료되면 도화기상에서는 피사체 지형과 정확하게 상사가 된 광학적 입체 모델이 형성되어 있다. 이 모델을 부점으로 추적하여 지형지물을 묘사한다.
  – 상호표정은 6점의 Pass Point 부근에서 행하며, 이때 6점의 차는 양화필름상에 0.2mm 이내로 한다.
  – 대지표정은 모든 Pass Point와 모든 기준점을 사용하였으며, 수평오차는 완성도상의 0.3mm 이내로 한다. 그리고 묘사오차의 허용범위는 아래 표와 같다.

[묘사오차의 허용범위]

도화축척	표준편차			최대오차		
	평면오차	등고선	표고점	평면위치	등고선	표고점
1/1,000	0.2m	0.3m	0.15m	0.4m	0.6m	0.3m

㉤ 세부도화
• 내부표정, 상호표정, 절대표정이 완료되면 국립지리정보원 항공사진측량 작업내규에 의하여 세부도화는 항공사진상에 나타난 자연지표물(단, 등고선은 제외), 인공지표물 등을 수치데이터로 측정하여 레이어별로 분류한 표준코드와 도형의 형태, 크기, 구조 및 방향을 규정한 표준도식에 의하여 작업한다.
• 도화는 원칙적으로 도로, 하천, 건물, 지류, 등고선의 순으로 작업하고, 정확도를 확보할 수 있도록 지형지물의 특성에 알맞은 시간 간격 또는 거리 간격으로 좌표를 취득한다. 그리고 기호는 도화작업 시 또는 정위치편집 시 부가하고, 규정된 표준 레이어 코드에 따라 작업하여야 한다.
• 표고점의 선정
  – 세부도화작업에 있어서 표고점의 위치는 지형을 고려하여 등밀도의 분포가 되어야 한다.
  – 산 정
    ⓐ 도로의 중요 분기점과 도면상 4cm(1/500 기준) 간격 및 기타 주요한 부분
    ⓑ 계곡의 입구, 하천의 합류점 또는 하천 부지
    ⓒ 중요한 경사 변환점
    ⓓ 부근을 대표하는 지점
    ⓔ 오목지의 최저부
    ⓕ 기타 지형을 명확하게 하기 위해 필요한 지점
• 접 합
  – 모델 간의 접합 및 도엽 간의 접합은 후속 작업에 지장이 없도록 완전히 처리한다.
  – 인접 부분은 그래픽 워크스테이션으로 모니터에 출력하여 접합을 하면서 데이터를 취득하였고, 이것이 불가능한 때에는 편집기로 접합한다.
  – 모델 간의 인접오차가 도상 0.7mm 이상일 때에는 재도화하여야 한다.

㉥ 해석식 도화기가 가지고 있는 특징
• 도화축척에 따른 정확도를 유지한다.
• 코드의 입력과 기호의 생성이 가능하다.
• X, Y, Z 좌표가 수치형식으로 자동 기록된다.
• 시간간격 또는 거리간격으로 연속측정이 가능하다.

㉦ 해석식 도화기가 가지고 있는 편집기능
• 최종점의 데이터 소거
• 최후 대상물의 데이터 소거
• 대상물의 코드 확인
• 대상물의 일시 소거
• 대상물의 이동
• Parameter 변경
• 선종의 변경

㉧ 도화원도 출력
• 해석도화가 완료된 후 자료 파일을 DWG 형식으로 변환한다. 변환한 자료 파일을 출력을 위한 plot 파일로 작성하고 자동제도장치인 도면 출력기로 도화원도를 출력한다.

㉨ 도화원도 점검
• 도화원도의 점검은 항공사진을 이용하여 다음과 같은 사항을 점검한다.
  – 기준점 전개의 적정 여부 확인
  – 기준점, Pass Point 등의 수평위치 및 표고의 정확도 확인
  – 도화작업기 누락 수평위치 또는 표고의 적정여부 확인
  – 화선의 훼손여부 확인
  – 접합의 적정 여부 확인

- 표고점
  - 표고점의 위치, 밀도, 측정치의 정확도 확인
  - 등고선과 관계의 적정여부 확인

ⓩ 자료 백업

- 자료 파일의 망실에 대비하여 항상 백업 파일을 유지하여야 한다.
- 백업의 빈도 : 자료가 손상된 경우 백업이 하루마다 실시되었다면 하루분의 데이터 재입력이 필요하고, 일주일마다 실시되었다면 1주일분의 재입력이 필요하다. 백업의 빈도는 파일의 중요성과 자료의 수정 빈도를 고려하여 적절히 결정한다.
- 백업의 시기 : 백업 작업 중에는 타 작업의 시스템 이용이 불가능하므로 백업 시간을 별도로 정하여 작업한다.
- 백업의 매체관리와 보관 : 어느 시점에 작성한 백업 자료인가를 명확히 표시하여 보관한다. 파일의 중요성 등을 고려하여 적절히 관리한다.

[파일 백업의 작업 예]

파일 종별	백업 빈도		보관세대 (기간단위)
각종 데이터베이스	정 기	1일 마다～1주일 마다	2세대 전까지
각종 프로그램	수 시	변경할 때마다	2세대 전까지

ⓚ 정리점검

- 해석도화를 완료 후 정리점검
  - 표정기록부
  - 해석도화 원도
  - 해석도화 자료
  - 수치지도 관리 및 성과점검 파일

핵심예제

6-1. 사진의 표정과정에 대한 설명 중 옳지 않은 것은?

① 내부표정은 공선조건식을 이용하여 수립한다.
② 상호표정은 중복사진의 각각의 사진좌표계 사이의 3차원적인 기하학적 관계를 수립한다.
③ 절대표정은 상호표정으로 생성된 3차원 모델과 지상좌표계 사이의 기하학적 관계를 수립한다.
④ 내부표정은 기계좌표계와 사진좌표계 사이의 2차원적인 기하학적 관계를 수립한다.

정답 ①

6-2. 상호표정 요소를 해석적인 방법으로 구할 때 종시차 방정식의 관측값으로 필요한 자료는?

① 공액점의 y좌표
② 공액점의 x좌표
③ 연직점의 z좌표
④ 연직점의 x좌표

정답 ①

6-3. 항공사진 도화작업에서 표정(Orientation)에 관한 설명으로 틀린 것은?

① 내부표정 - 초점거리의 조정 및 주점의 일치
② 상호표정 - 7개의 표정인자(λ, ϕ, Ω, K, C_X, C_Y, C_Z)
③ 절대표정 - 축척, 경사의 조정 및 위치의 결정
④ 접합표정 - 모델 간, Strip 간의 접합요소

정답 ②

해설

6-1
내부표정은 기계좌표에서 사진좌표를 얻는 과정으로 좌표변환에는 등각사상변환, 부등각사상변환 등이 이용된다.

6-2
상호표정은 내부표정을 거친 후 상호표정인자(κ, ϕ, ω, b_y, b_z)에 의하여 종시차(y시차)를 소거한 입체시를 통하여 3차원 가상좌표인 모델좌표를 구하는 작업을 말한다.

6-3
상호표정인자는 κ, ϕ, ω, b_y, b_z이다.

핵심이론 07 공간영상지도제작

(1) 정사보정

① 비교적 넓은 범위를 대상으로 하는 공간영상의 경우 영상의 중심부분에서 외곽으로 갈수록 지구곡률로 인해 왜곡되어 투영되게 되며 이런 현상을 중심투영이라 한다.

② 우리가 실제 사용하는 모든 지도는 정사투영된 형태이므로 중심투영된 위성영상을 정사투영으로 변환해 주어야 하며 이 과정을 정사보정이라 한다.

(2) 모자이크 및 영상처리

① 모자이크

㉠ 약 60%씩 중복되게 촬영한 입체 사진을 지도상에서 서로 맞추어서 만든 사진 지도로서, 이것을 만드는 방법에 따라서 약집성 사진과 엄밀집성 사진으로 구별된다.

㉡ 약집성 사진은 사진에 아무런 수정도 가하지 않고 그대로 합쳐서 만든 것이고, 엄밀집성 사진은 사진기의 경사나 촬영 고도의 변동 등에 의한 어긋난 것을 수정하고 각 주점이나 표정점의 관계 위치가 바르게 되도록 맞춘 것을 말한다.

② 영상처리

㉠ 영상처리(Image Processing) 또는 화상처리는 넓게는 입출력이 영상인 모든 형태의 정보 처리를 가리키며, 사진이나 동영상을 처리하는 것이 대표적인 예이다.

㉡ 대부분의 영상처리기법은 화상을 2차원 신호로 보고 여기에 표준적인 신호처리기법을 적용하는 방법을 쓴다.

㉢ 20세기 중반까지 영상처리는 아날로그로 이루어졌으며, 대부분 광학과 연관된 방법이었다.

㉣ 이런 영상처리는 현재까지도 홀로그래피 등에 사용되지만, 컴퓨터 처리 속도의 향상으로 인해 이런 기법들은 디지털 영상처리기법으로 많이 대체되었다.

㉤ 일반적으로 디지털 영상처리는 다양한 방법으로 쓰일 수 있으며 정확하다는 장점이 있고, 아날로그보다 구현하기 쉽기도 하다.

㉥ 더 빠른 처리를 위해서 파이프라인과 같은 컴퓨터 기술들이 쓰이기도 한다.

㉦ 처리기법

- 영상처리기법 중 널리 쓰이는 방법으로는 확대·축소·회전 등과 같은 유클리드 기하학적 변환
- 명도·대비 등의 색 보정과 색 사상, 색 조화, 양자화 혹은 다른 색 공간으로의 색 변환
- 디지털 합성 혹은 광학 합성(둘 이상의 영상을 결합하는 것). 필름에서 쓰이는 '매트 바인드'
- 내삽, 모자이크 벗기기, 베이어 필터를 이용한 Raw 이미지 형식 복구
- 영상 정합(둘 이상의 영상을 맞추는 것)
- 영상 변형
- 영상 인식(글자 인식, 얼굴 인식 등)
- 영상 분할
- 다수의 영상을 합쳐 HDR(High Dynamic Range) 영상 만들기
- 기하학적 해싱을 이용한 2차원 물체 인식

(3) 수치지형모형

① 적당한 밀도로 분포하는 지점들의 위치 및 표고의 값을 수치화한 후 그 수치값을 이용하여 지형을 수치적으로 근사하게 표현하는 모형. 수치지형모형에서 '지형'이라는 용어가 단순히 지표면의 고도를 나타낸다기보다는 지형의 속성을 암시하고 있기 때문에 지형의 기복만을 나타낸 경우에는 '수치지형모형'이라는 용어 대신 '수치표고모형'이라는 용어를 사용한다.

② 수치표고모형(DEM ; Digital Elevation Model)은 실세계 지형 정보 중 건물, 수목, 인공 구조물 등을 제외한 지형(Bare Earth) 부분을 표현하는 수치 모형이고, 수치표면모형(DSM ; Digital Surface Model)은 실세계의 모든 정보, 즉 지형, 수목, 건물, 인공 구조물 등을 표현한 모형이다.

③ 수치지형모형(DTM ; Digital Terrain Model)은 DEM과 동일한 의미로 사용한다.

④ 수치표고 자료는 불규칙한 지형 기복을 3차원 좌표 형태로 구축함으로써 국가지리정보체계 구축 사업 지원과 국토 개발을 위한 도시 계획, 입지 선정, 토목, 환경 분야 등에 활용된다.

⑤ 활용 분야

㉠ 지도제작 시 건물 외곽선 추출, 등고선 자동 제작 등을 들 수 있고, 시설물 건설 및 유지관리 분야에서는 대형 구조물 설계 및 유지관리를 위한 자료 구축과 환경 영향 평가, 경관 분석, 토지 보상 등에 이용된다.

㉡ 설계 및 엔지니어링 분야에서는 토공량 산정 및 도로 설계, 전력선 경과지 선정 및 측량에, 재해 분야에서는 홍수 피해 예측, 산사태, 해일 등의 대비 계획 수립 및 현황 분석에 이용되며, 실세계 재현 분야에서는 U-Eco City, 위치 기반 서비스(LBS), 텔레매틱스(Telematics), 게임 등 차세대 신성장 산업의 부가 가치 창출에 이용된다.

제2절 원격탐사

핵심이론 01 정의 및 특성

(1) 정의 및 특성

① 정 의

㉠ 위성영상은 항공기 또는 인공위성과 같은 운반체에 탑재된 카메라, 스캐너, 레이저, 선형 및 면형센서 같은 장비를 이용하여 자외선, 가시광, 적외선, 그리고 마이크로파 영역의 에너지를 탐지 또는 기록하여 얻어진 영상을 말한다.

㉡ 지표면에 반사되어 센서에 입사하는 태양광선은 지표면의 특징과 대기의 상태에 의해 반사, 흡수, 산란되어지는데, 이렇게 전달되는 에너지의 양은 빛의 파장, 지표면의 형태, 관측 각도 등에 의해 좌우된다.

㉢ 영상 자료에 나타나는 어떤 대상물의 밝기나 색은 그것이 반사하는 파장에 따라 독특한 특성을 나타내게 되며, 이를 분석하고 정리함으로써 그 대상물을 알아내고자 하는 것이 바로 '원격탐사'라고 할 수 있다.

㉣ 이처럼 자연상에 존재하는 모든 물질은 그들 자신만의 고유한 파장을 가지고 있기 때문에 서로 다른 것과의 구별이 가능하고, 모양, 크기 등과 같은 물리적, 화학적 성질에 대한 정보를 얻어낼 수 있다.

㉤ 사진측량에 대비하여 더욱 넓은 영역을 대상으로 하고, 분석을 위주로 하며 경제적인 관측기법이 원격탐사이다.

② 원격탐사의 특성

㉠ 포괄영역이 범지구적이다.

㉡ 현재의 정보뿐만 아니라 과거의 정보를 추출해 볼 수 있고 미래의 예측도 가능하다(Historical Archive).

㉢ 다목적 이용이 가능하다.

㉣ 같은 면적의 지상측량 또는 사진측량에 비하여 자료취득 비용이 저렴하다.

㉤ 자료 취득 시 기상의 영향을 받지 않는다(위성영상의 경우).

㉥ 광범위한 영역의 동시적인 자료 취득이 가능

㉦ 실시간에 가까운 대상물의 분석 및 감시가 가능

㉧ 실제로 사람이 갈 수 없는 곳의 자료를 원격적으로 취득 가능

(2) 플랫폼 및 센서종류

① **플랫폼** : 리모트 센서를 탑재하는 이동체를 말한다.
② **센서 종류** : 카메라, 다중분광카메라, 적외선 센서, 레이저, 레이더 센서 등이 있다.

(3) 원격탐사 응용

① **토목공학** : 소축척 지형도 제작, 측량, 토지이용 조사, 적지 선정, 토질 조사
② **도시공학** : 인구조사, 교통계획, 지역계획, 도시환경
③ **해양학** : 수자원, 해양기초과학, 수산, 빙산, 해양자원 조사
④ **지질학** : 지질구조, 지열, 지하자원
⑤ **천문학** : 행성, 은하 분석
⑥ **기상학** : 기상분석
⑦ **농·임학** : 작황 분석, 병충해 분석, 재배 면적분포, 임상 분류, 농업적지 분석
⑧ **환경** : 도시환경, 대기, 수질, 적조, 퇴적물, 기름유출 분석
⑨ **국방** : 고정밀 DTM, 유도탄 제어, 적정 탐지, 은폐지역탐지

핵심예제

원격탐사(Remote Sensing)에 대한 설명으로 틀린 것은?

① 원격탐사는 주로 좁은 지역의 정밀 관측에 활용하고 있다.
② 넓은 의미의 원격탐사에는 중력과 자력도 데이터로 취득되고 있다.
③ 탐사 개체에 직접적인 접촉 없이 대상물의 정보를 측정하거나 수집한다.
④ 탐사하고자 하는 목표물에서 반사 또는 복사되어 나오는 전자파를 감지하여 물리적 성질을 측정한다.

정답 ①

해설

원격탐사의 특징
- 짧은 시간에 넓은 지역 동시 관측
- 반복측정이 가능하고 비교가 용이
- 비접근(난접근) 지역의 조사가 가능
- 자료 취득이 경제적이고 동일한 정확도 확보
- 탐사된 자료의 즉각적인 활용
- 각종 주제도, 재해, 환경문제 해결
- 다양한 활용성

핵심이론 02 자료처리 및 분석

(1) 영상수집

① 원격탐사 자료의 획득은 전적으로 관측 센서에 입사하는 전자기파의 세기에 의존한다. 지구 관측을 위한 인공위성은 그 내부에 센서라고 불리우는 일종의 CCD 카메라를 가지고 있으며, 이 센서에 지표면의 물체에 반사된 태양 광선이 입사함으로서 그 빛의 세기가 영상 자료의 형태로 저장이 되어 진다. 물론 레이더나 레이저를 이용하여 관측하는 능동적 센서(Active Sensor)의 경우에는 CCD 카메라 대신 안테나를 탑재하고 있는 경우도 있다.
  ㉠ 자료 획득 → 자료 분석 → 자료 이용
  ㉡ 원격탐사 자료획득 시스템의 구성
   - 전자기복사에너지(빛), 중력파, 지진파, 음파
   - 목표물(Location, Theme)
   - Sensor(사진, 전자광학, 마이크로웨이브)
   - Atmosphere

(2) 영상보정

① 방사보정이 필요하다.
  ㉠ 영상개선
   - 농도분할, 등농도도 작성, 대비강화, 가감산, 평활화 필터, 비분 등을 행한다.
  ㉡ 영상자료의 보정
   - 영상면의 위치에 관계없이 영상 전체에 걸쳐 보정이 필요한 것과 점의 위치에 의하여 하나하나 영상자료를 보정해야 하는 것이 있다.
   - 점의 위치 조정, 태양광 입사각, 시야각 등 정성적 또는 정량적으로 보정이 가능한 것과 정확도 변조, 구름의 그림자 변형, 기복 등으로 보정이 곤란한 것도 있다.
  ㉢ 검 정
   - 센서의 일시, 영상의 자료를 참조물이나 기준에 맞추어 보정할 필요가 있다.

② 기하보정

㉠ 영상자료의 기하보정을 필요로 하는 경우
- 지리적인 위치를 정확히 구하고자 할 때
- 다른 파장대의 영상을 중첩하고자 할 때
- 다른 일시 또는 센서로 취한 같은 장소의 영상을 중첩하고자 할 때

㉡ 기하학적인 오차나 왜곡의 원인
- 센서의 기하학적 특성에 기인한 왜곡
- 탐측대의 위치에 기인한 왜곡
- 지표의 기복에 기인한 왜곡

(3) 영상처리

① 단일영상처리의 기법

㉠ 템플릿 매칭, 기하학적 특징점, 체인부호화, 투영 히스토그램법, 연결방향의 화소 유무, 반사법, 홀수와 오일러수, 셋방비, 원형도, 복잡도, Hough 변환

㉡ 화소 데이터의 클러스터링 기법, 이차원 디지털 영상신호의 표현과 변환

㉢ 일차원 푸리에 변환, 이차원 푸리에 변환, 영상의 푸리에 변환, 영상변환의 이론, 일반 이산변환, 이산적 푸리에 변환, Wavelet 변환

② 다파장대 영상처리 기법

㉠ 차원을 저하시켜 고속화하는 방법으로 선형화하는 방법, K-L전개법, 방사법, 4축법, 자기조직화 맵, 주성분 분석, 중회귀 분석

㉡ 스테레오 매칭 기법으로 영상의 재생 메커니즘, 깊이 정보추출, 정지체의 계측, 이동체의 계측

㉢ 트리플릿법, 멀티플릿법, 삼차원 물체 계측방법, 거리영상의 계측방법

(4) 영상분석

① 해면 온도의 광역추출, 컬러 합성도의 작성, 토지 피복 분류, 식생구분, 삼림 자원량의 산출, 증발산량의 산정

② SIR-C의 폴러리매트릭 해석법으로 편파 시그니처 도면의 작성, 텍스처 특징량, Texture 특징량과 편파 Signature의 관계

③ 인터페로매트리에 의해 표고추출, INSAR의 응용

(5) 영상편집

① 단일영상에 의한 히스토그램 조정, 필터링, 영상산술, 프리에 변환, 웨이브렛 변환 등이 있으며, 다중파장영상에 대한 변환, 영상융합이 있다.

② 히스토그램 기반 영상강조

㉠ 히스토그램 평활화

㉡ 히스토그램 스트래칭

③ 마스크기반 영상개선

㉠ 저주파 패스 공간필터

㉡ 고주파 패스 공간필터

㉢ 중앙값필터

㉣ 라플라시안 필터

㉤ 소벨필터

핵심예제

2-1. 원격탐사 영향을 이용한 분류에서 비교적 성질이 유사한 특징을 가진 자료를 그룹화하는 방법은?

① 영상융합(Image Fusion)
② 자료변환(Data Handling)
③ 클러스터링(Clustering)
④ 자료필터링(Data Filtering)

정답 ③

2-2. 다음 중 원격탐사 영상을 이용하여 토지피복도를 제작 할 때 가장 활용도가 높은 영상은?

① 적외선 영상(Infrared Image)
② 초미세분광 영상(Hyper-Spectral Image)
③ 열적외선 영상(Thermal Infrared Image)
④ 레이더 영상(Radar Image)

정답 ②

해설

2-1
클러스터링(Clustering)은 유사한 특징을 가진 자료를 그룹화하는 방법으로 무감독 추정, 분류에 이용된다.

2-2
초미세분광영상(Hyper-Spectral Image)은 많은 분광대를 가지고 있어 물체 특유의 반사특성을 잘 반영하여 물체를 식별하거나 구분하는 데 용이하며 토지피복도 제작 및 다양한 분야에 가장 활용도가 높다.

03 지리정보시스템(GIS) 및 위성측위시스템(GNSS)

제1절 지리정보시스템(GIS)

핵심이론 01 GIS의 개요

(1) 정의 및 유형

① **넓은 의미의 GIS** : 인간의 의사결정능력의 지원에 필요한 지리정보의 관측과 수집에서부터 보존과 분석, 출력에 이르기까지 일련의 조작을 위한 정보시스템을 의미한다.

② **좁은 의미의 GIS** : 지표면과 지하 및 지상공간에 존재하고 있는 각종 자연물(산, 강, 토지 등)과 인공물(건물, 도로, 철도 등)에 대한 위치정보와 속성정보를 컴퓨터에 입력 후 이를 연계시켜 각종 계획수립과 의사결정 및 산업활동을 효율적으로 지원할 수 있도록 만든 첨단 정보시스템을 말한다.

(2) 주요기능 및 특성

① 주요기능

㉠ 종이지도에 공간상 제약에 따른 정보한계

- GIS에서는 모든 정보가 수치의 형태를 가지고 표현되므로 사용자가 원하는 임의의 축척으로 필요한 정보만을 다양하게 출력할 수 있다(3차원 가능).
- 공간분석 가능(다양한 계획이나 정책수립을 위한 시나리오 분석, 의사결정 모형의 운영, 변화의 탐지 및 분석기능 등이 제공)

② 특 성

㉠ 조직 내의 연계운영 : GIS는 독립적인 운용보다는 특정 조직 내에서 일정한 구조를 가지고 부서 간이나 기관 간의 연계를 전제로 장기적인 안목에서 운용됨이 바람직하다.

㉡ 학제 간의 연계 : 원활한 사용을 위해서는 다양한 학문 분야의 이해가 선행되는 학제(Multi-disciplinary) 간의 연계가 이루어져야 한다.

핵심이론 02 GIS의 구성요소

(1) 하드웨어, 소프트웨어

① 하드웨어는 중앙처리장치, 기억장치, 입출력장치 등을 포함한다.

② 지리정보의 입력, 편집, 검색, 추출, 분석 등을 위한 컴퓨터 프로그램의 집합체이다.

③ GIS를 위한 소프트웨어의 주요 구성은 자료의 입력과 검색, 자료의 저장과 데이터베이스 관리, 자료의 출력과 도식, 자료의 변환, 사용자 연계 등으로 나뉠 수 있다.

(2) 데이터베이스

① 수치지도의 형태로 공간데이터베이스에 저장된 각종 공간정보는 정보의 검색과 수정, 분석이 용이하도록 도형정보과 속성정보가 상호 효율적으로 연결되어야 한다.

② 광범위한 공간정보를 저장하는 공간데이터베이스이지만 항상 빠르고 손쉬운 정보의 검색이 가능하도록 사용자에게 편리함을 제공하여야 한다.

③ 공간데이터베이스 내의 도형정보는 세부적으로 위치와 위상, 속성과 관련된 정보를 갖는다.

핵심예제

지리정보시스템(GIS)의 주요 구성요소와 거리가 먼 것은?

① 자료(Data)
② 인력(Human)
③ 공공 기관(Public Institution)
④ 기술(Software와 Hardware)

정답 ③

해설

GIS의 구성요소
- 하드웨어
- 소프트웨어
- 데이터베이스
- 조직 및 인력

핵심이론 03 공간정보 구축

(1) 지도, 수치지도 및 기본지리정보

① 지 도

㉠ 지도의 정의

- 지표면에 존재하거나 관계있는 사물의 특징을 추출하여 평면상에 일정축척에 맞추어 묘사한 것이다.
- 현실세계에서 존재하는 많은 정보 중 필요한 것들을 선택하여 특성에 따라 분류하고 시각적 이해를 돕기 위하여 단순화시킨다.
- 실물의 크기가 작아 지도상에 나타낼 수 없는 요소들에 한하여 특징별로 나누어 강조하고 필요에 따라 상징화시킨다.

㉡ 지도의 종류

- 기본도(Base Map) : 일상생활에 기본적으로 가장 많이 사용되는 정보를 나타내는 지도
- 지형도(Topographic Map) : 지표면의 자연 및 인공적인 지형지물, 도로 등을 수평 또는 수직적으로 관측하여 일정 축척과 도식으로 나타낸다.
- 지적도(Cadastral Map) : 토지의 소유권과 필지의 경계 및 관련 각종 정보를 나타낸다.
- 해도(Nautical Map) : 해상에서의 각종 지형지물과 배의 항로를 나타낸다.
- 주제도(Thematic Map) : 특정 주제에 관한 사항을 강조(예 도시계획도, 임야도)

② 수치지도 및 기본지리정보

㉠ Digital Map, Layer, Digital Layer 좀 더 명확한 의미에서는 도형자료만을 수치로 나타낸 것을 레이어라 하고 도형자료와 관련 속성을 함께 지닌 수치지도를 커버리지(Coverage)라 한다.

(2) 좌표변환

① 서로 다른 좌표계를 가진 두 개의 레이어가 동일 좌표계를 갖도록 변환하는 과정이다.

② 좌표변환에 사용되는 알고리즘으로는 1차원 변환방정식인 Affine Transformation과 2차원 변환방정식인 Donformal Transformation이 있으며 일반적으로 1차원 변환식이 많이 사용된다.

③ 좌표변환방식

㉠ 상대좌표변환은 변환대상 레이어를 기준이 되는 레이어에 등록하는 방식이다.

㉡ 절대좌표변환은 절대좌표를 이용하여 두 개의 레이어 모두 좌표변환하는 방식이다.

(3) 디지타이징 및 스캐닝

① 디지타이징(Digitizing)

㉠ 디지타이저를 이용한다.

㉡ 작업자의 숙련도와 사용되는 소프트웨어의 성능이 중요하다.

㉢ 입력시간이 많이 걸리는 반면 작업자의 판단에 따른 낡은 도면도 입력이 가능하며 지적도 등의 대축척 지도 입력에 유용하다.

② 스캐닝(Scanning)

㉠ 평판스캐너 또는 원통형스캐너를 이용한다.

㉡ 스캐닝 테이블에 종이지도를 부착시키면 지도상의 모든 자료를 스캐너가 자동으로 읽어 밝기값의 수치로 저장한다.

③ 디지타이징과 스캐닝의 비교

㉠ 스캐닝은 디지타이징과 비교하여 5～10배 빠른 작업속도, 스캐닝에 가장 적합한 지도는 깨끗하고 단순하며 문자나 그래픽 심벌과 같은 부수적 정보를 많이 포함하지 않은 지도의 입력에 용이하며, 다량의 지도입력에도 유리하다.

㉡ 디지타이징은 입력될 지도의 양이 적고 스캐닝이 용이하지 않은 지도의 입력에 유리하다.

④ 입력오차의 유형

㉠ 디지타이징 오차

- 위치오차 : 종이의 변형 등, Overshooting, Spike, Undershooting

㉡ 스캐닝오차

- 스캐너의 성능, 지도의 보관상태, 지도에 나타난 객체의 형태, 사용된 심벌의 유형 및 사용량 등에 따라 발생되는 오차

⑤ 축척별 위치의 정확도는 소축척일수록 오차는 증가, 디지타이징이나 스캐닝의 경우 오차는 가산된다.

(4) 3차원 공간정보

① 정 의

2차원의 위치정보(X, Y)와 이에 따른 높이나 심도(Z)로 표현되는 기하학적인 정보와 재질, 색상, 질감 등의 속성정보를 포함하며 이러한 정보를 이용해 현실세계를 실사와 유사하게 표현하고 다양한 용도로 분석할 수 있는 공간정보를 말한다.

② 3차원 공간정보의 표현수준

㉠ 위치・기하정보와 텍스처에 대한 표현의 수준에 따라 세밀도(LOD ; Level Of Detail)로 구분된다.

- LOD 1 : 실세계에 대한 래스터 영상이 포함되지 않은 단순한 형태의 심볼화된 모델(단순블록 형태)
- LOD 2 : 3D Soild Model을 결합하여 좀 더 현실적인 표현을 가능하게 한다(층 구분, 기본컬러표현).
- LOD 3 : 가상의 텍스처를 포함하여 세밀도를 향상시킨 것(지붕, 창문, 출입문 세부표현)
- LOD 4 : 3차원 공간정보모델의 최상위 수준의 세밀도로써 실사 텍스처를 통하여 제작한 것(건물재질까지 정교한 표현)

③ 3차원 공간정보 구축방법

㉠ 항공사진촬영 : 실감정사영상 제작 및 3차원 가시화모델을 제작하기 위해 일정한 중복도로 동서남북을 교차해 촬영

㉡ 항공레이저 측량 : 지표면의 높잇값을 정밀 추출하기 위해 항공기에 라이다를 부착하여 지형을 스캔, 3차원 지형데이터 정보를 취득

㉢ 3차원 가시화모델 : 항공사진 및 수치표고모형성과에서 건물 등의 구조물에 대해 실제 형상과 같은 3차원 가시화모델을 제작

㉣ 실감정사영상 : 수치표고모형과 3차원 가시화 모델을 이용하여 지형 및 건물 구조물의 오류를 모두 제거한 고정밀 영상지도 제작

㉤ 3차원 공간정보 구축 : 자동영상매칭 S/W를 활용하여 자동으로 실감정사영상, 수치표면모형 및 3차원 가시화모델 제작

④ 활용분야

㉠ 건축 관련 입면도, 차폐율, 용적률에 따른 입지분석

㉡ 스카이라인, 경관 및 조망권 분석

㉢ 대형 건축물 입주 시 주변지역 일조권 시뮬레이션

㉣ 항공레이저측량 성과에 의한 각종 단면도 제작 및 용적계산

㉤ 고밀도 수치표고모델을 활용한 침수 시뮬레이션 제작

㉥ 도시계획상 지구단위계획에 의한 주요 건축물 및 시설물 사전배치 등

(5) 지하공간정보

① 정 의

지하시설물, 지하구조물, 지반 등 관련 기관마다 보유하고 있는 총 15개의 지하정보를 3D 기반으로 통합하는 것

지하공간정보	종 류
지하시설물	상수도, 하수도, 통신, 전력, 가스, 난방
지하구조물	공동구, 지하철, 지하보도, 차도, 상가, 주차
지 반	시추, 관정, 지질

② 지하시설물측량

전자유도탐사법, GPR(Ground Penetrating Radar)탐사법, 음파탐사법 등이 있다.

③ 지하구조물측량

지하에 설치한 시설물과 이에 관련된 모든 설비의 수평위치와 수직위치를 관측하여 이를 도면으로 제작하는 것이다.

④ 지반 조사

㉠ 지질구조와 지형 구조를 파악하기 위해 실시하는 조사

㉡ 지반의 층서를 파악하기 위한 조사

- 지반의 구성, 암반층 깊이, 지하수 깊이 등을 알아내는 단계
- 시추(Boring), 사운딩(Sounding), 보아홀(Borehole), 기타 물리탐사법이 이용

㉢ 흙의 기본 물성(비중, 입도 분포, 연경도, 함수비)을 알아내는 시험

㉣ 흙의 역학적 특성을 알아내는 시험

핵심이론 04 GIS 데이터베이스

(1) 자료(공간, 속성)구조

① 벡터구조

㉠ 점(Point), 선(Line, Arc), 면(Polygon, Area)이 공간상에 존재하는 불규칙한 형상의 객체를 나타낸다.

㉡ 벡터구조는 객체의 위치를 공간상에서 방향성과 크기를 가지고 나타낸다.

㉢ 자료의 저장

- 스파게티(Spaghetti)모형
- 위상(Topology) 모형
  - 형상 : 폴리곤이 지닌 독특한 형태를 의미하며 주어진 형상에서 폴리곤의 면적과 주변길이를 계산할 수 있다.
  - 인접성 : 서로 이웃하여 있는 폴리곤 간의 관계를 의미한다.
  - 계급성 : 폴리곤 간의 포함관계(예 호수 안의 작은 섬들)

㉣ 벡터구조에 있어서 폴리곤은 각 폴리곤의 형상, 인접성, 계급성을 충분히 묘사할 수 있는 정보를 제공하여야 하며 이러한 정보를 제공하는 것을 통칭하여 위상의 정립이라 한다.

② 격자구조

㉠ 공간은 일정한 크기의 격자(셀, Cell, Pixel)로써 나누어진다.

㉡ 격자의 크기보다 작은 객체의 표현은 불가능하다.

㉢ 격자의 크기가 작을수록 나타낼 수 있는 객체의 형태가 많아지고 표현되는 자료는 상세하지만 자료의 양이 급격히 늘어남에 따라 자료의 처리와 분석에 시간이 많이 걸리는 단점이 있다.

㉣ 일반적으로 여러 개의 레이어에서 동일한 위치의 속성값을 가져와 해당 격자의 속성을 파악한다.

㉤ 자료압축저장기법

- Run-length Code 기법
- Quadtree 기법
- Block Code 기법
- Chain Code 기법

③ 자료구조의 변환

㉠ 격자에서 벡터구조로의 변환을 벡터화(Vectorization)

㉡ 벡터구조에서 격자구조로의 변환을 격자화(Rasterization)

④ 벡터와 격자의 비교

㉠ 벡터구조의 장점

- 복잡한 현실세계의 묘사가 가능하다.
- 보다 압축된 자료구조를 제공하며 따라서 데이터 용량의 축소가 용이하다.
- 위상에 관한 정보가 제공되므로 관망분석과 같은 다양한 공간분석이 가능하다.
- 그래픽의 정확도가 높다.
- 그래픽과 관련된 속성정보의 추출 및 일반화, 갱신 등이 용이하다.

㉡ 벡터구조의 단점

- 자료구조가 복잡하다.
- 여러 레이어의 중첩이나 분석에 기술적으로 어려움이 수반된다.
- 각각의 그래픽 구성요소는 각기 다른 위상구조를 가지므로 분석에 어려움이 크다.
- 그래픽의 정확도가 높은 관계로 도식과 출력에 비싼 장비가 요구된다.
- 일반적으로 값비싼 하드웨어와 소프트웨어가 요구되므로 초기 비용이 많이 든다.

㉢ 격자구조의 장점

- 자료구조가 단순하다.
- 원격탐사 자료와의 연계처리가 용이하다.
- 여러 레이어의 중첩이나 분석이 용이하다.
- 격자의 크기와 형태가 동일한 까닭에 시뮬레이션이 용이하다.

㉣ 격자구조의 단점

- 압축된 자료구조를 제공하지 못하여 그래픽 자료의 양이 방대하다.
- 격자의 크기를 늘이면 자료의 양은 줄일 수 있으나 상대적으로 정보의 손실을 초래한다.
- 격자구조인 만큼 시각적인 효과가 떨어지며 이를 개선하기 위하여 작은 격자를 사용할 때에는 자료의 양이 급격히 늘어나므로 효율적이지 못하다.
- 위상정보의 제공이 불가능하므로 관망해석과 같은 분석기능이 이루어질 수 없다.
- 좌표변환을 위한 시간이 많이 소요된다.

(2) 자료관리

① 데이터베이스방식

㉠ 계층형(Hierarchical)
- 트리구조를 갖는다.
- 단점으로는 질의 유형은 데이터의 구축과정에서 미리 반영되어야 한다.

㉡ 망형(Network)
- 망형태의 구조
- 자료저장의 중복성은 적은 편이나 연결성에 관한 정보를 위한 별도의 노력이 필요하다.

㉢ 관계형(Relation)
- 각각의 레코드는 공통되는 사실을 중심으로 이차원의 테이블을 구성
- 다양한 질의가 가능, 모형의 구성이 단순하고 이해하기 쉽지만 각각의 객체 간의 연결을 위한 포인터가 존재하지 않으므로 전반적인 시스템의 처리속도는 늦는 편이다.

② 도형자료의 관리를 위한 DBMS

㉠ 벡터구조의 분산저장방식

㉡ Quadtree 방식을 이용한 격자구조의 저장방식

㉢ 개방형 GIS(Open GIS)

핵심예제

4-1. 공간정보의 표현기법 중 래스터데이터(Raster Data)의 특징이 아닌 것은?

① 격자형의 영역에서 x, y축을 따라 일련의 셀들이 존재한다.
② 각 셀들이 속성값을 가지므로 이들 값에 따라 셀들을 분류하거나 다양하게 표현한다.
③ 인공위성에 의한 이미지, 항공영상에 의한 이미지, 스캐닝을 통해 얻어진 이미지 데이터들이다.
④ 3차원과 같은 입체적인 지도 디스플레이 표현은 불가능하다.

정답 ④

4-2. 관계형 DBMS와 비교할 때, 객체지향형 DBMS의 장점으로 옳지 않은 것은?

① 자료의 갱신이 용이
② 자료처리 속도의 현저한 향상
③ 동질성을 가지고 구성된 실세계의 객체들을 비교적 정확히 묘사
④ 강력한 자료 모델링 기능 부여

정답 ②

4-3. 기존의 도면을 스캐닝하여 얻어진 격자형태의 자료에 대하여 적당한 소프트웨어를 사용하여 입력된 도면의 선을 수동, 반자동 또는 자동방식으로 추적하여 벡터자료를 획득하는 방법은?

① 래스터라이징
② 벡터라이징
③ 디지타이징
④ 커스터마이징

정답 ②

해설

4-1

격자(Raster)형 자료구조의 특징
- 각 셀들의 크기에 따라 데이터의 해상도와 저장크기가 다르다.
- 셀 크기가 작으면 작을수록 보다 정밀한 공간현상을 잘 표현할 수 있다.
- 각 셀들이 속성값을 가지므로 이들 값에 따라 셀들을 분류하거나 다양하게 표현한다.
- 인공위성에 의한 이미지, 항공사진에 의한 이미지, 스캐닝을 통해 얻어진 이미지 데이터들
- 3차원 등과 같은 입체적인 지도 디스플레이 가능

4-2

객체지향형 DBMS는 질의 처리 성능이 관계형 DBMS에 비해 떨어진다.

4-3

벡터라이징(Vectorizing)

격자형식의 자료를 벡터 형식의 자료로 변환하는 작업을 말하며, 지정된 좌표계로 변환된 격자자료를 벡터라이징 소프트웨어를 이용하여 반자동 및 자동방법으로 벡터라이징한다.

핵심이론 05 GIS 표준화

(1) 데이터모델

① 공간자료의 구성
공간자료의 정의를 위하여 개념적인 모델, 공간자료의 품질, 전환과 관련한 레코드와 필드수준의 내용 등을 규정할 필요가 있다.

② 현상(Phenomenon), 분류(Classification), 일반화(Generalization), 집합(Aggregation), 연관(Association) 등이다.

③ 공간데이터에 관한 부분은 개념적 모델, 객체의 분류와 사용, 공간객체의 정의 등을 포함한다.

(2) 데이터포맷

① 초기의 교환포맷

㉠ 미국의 SDTS가 나오기 이전에 주로 사용된 포맷은 다음과 같다.

- 미국의 국립지질조사원(USGS ; United States Geological Survey)
  - USGS DEM(Digital Elevation Model) : 1980년대 초기 격자고도데이터 작성을 위하여 만들어졌으며, 격자당 한 가지의 속성자료를 갖도록 구성되었다.
  - USGS DLG(Digital Line Graph) : 모든 수치지도(Quadrangle Map)가 지원하며 자료의 교환에 가장 많이 쓰이고 있으며 주로 좌표체계를 바탕으로 한 정보전달에 많이 이용되고 있다.
  - GBF/DIME : 1970년대 미국 통계청에서 인구조사 작업을 위하여 만들어진 포맷으로 좌표에 관한 정보와 관련 속성자료를 저장한다.
  - TIGER : DBF/DIME 이 변화되어 만들어진 센서스 데이터포맷이다.
  - IGES(Initial Graphic Exchange Specification) : CAD/CAM 데이터의 교환을 위하여 만들어진 포맷으로 각각의 형상(Feature)에 대하여 하나의 속성만이 저장된다.
  - SDDEF(Standard Digital Data Exchange Format) : NOAA(National Oceanic Atmospheric Administration)에서 FAA(Federal Aviation Administration), DMA(Defense Mapping Agency) 와의 데이터 교환을 위하여 만든 포맷으로 점 데이터만을 지원한다.
  - SIF(Standard Interchange Format) : Intergraph 사에서 다른 회사의 소프트웨어와 데이터교환을 위하여 개발한 것으로 GIS소프트웨어 간에 널리 사용되고 있다.
  - MOSS(Map Overlay and Statistical System) : US Fish and Wildlife에서 만들어진 MOSS GIS의 한 부분으로 개발되어 원래는 다양한 공간정보와의 교환을 위하여 만들어졌으나 현재는 연방정부와 지방자치단체에 의하여 많이 사용되고 있다.
  - DXF : Autodesk사에서 AutoCAD 자료의 호환을 위하여 개발하였으며 SIF와 같이 많은 GIS 소프트웨어 간의 데이터교환, 특히 도형정보의 교환을 위하여 널리 사용되고 있다.

㉡ 미국의 SDTS

(3) 메타데이터

① '속성정보'라고도 불리는 메타데이터는 '데이터에 관한 구조화된 데이터', '다른 데이터를 설명해 주는 데이터'이다.

② 대량의 정보 가운데에서 찾고 있는 정보를 효율적으로 찾아내서 이용하기 위해 일정한 규칙에 따라 콘텐츠에 대하여 부여되는 데이터이다.

③ 콘텐츠의 위치와 내용, 작성자에 관한 정보, 권리 조건, 이용 조건, 이용 내력 등이 기록된다.

④ 목 적

㉠ 데이터를 표현하기 위한 목적

㉡ 데이터를 빨리 찾기 위한 목적(정보의 인덱스 역할)

⑤ 데이터에 관한 구조화라는 것은 HTML 태그 안에 Head나 Body가 있으며, Body 안에는 Table이 올 수 있고, Table 안에는 tr이, tr 안에는 td가 올 수 있는 것처럼 데이터가 상위에서 하위로 나무(Tree) 형태의 구조를 이루고 있다는 의미이다.

⑥ 사용자는 메타데이터를 이용하여 자기가 원하는 특정 데이터(정보)를 검색엔진 등으로 쉽게 찾아낼 수 있다.

⑦ 메타데이터는 데이터를 사용하는 사람에게는 보이지 않으나, 기계(컴퓨터)는 메타데이터의 내용을 이해하고 이를 이용한다.

⑧ 메타데이터 분류

㉠ FRBR : Find(검색기능), Identify(식별기능), Select(선택기능), Obtain(획득기능)

㉡ NISO : Resource Discovery(분류-탐색), Organizing Electronic Resources(카테고리-정보자원 연결 및 조직), Interoperability(통합적 검색용이성), Digital Identification(메타데이터 구별 언어 존재), Archiving and Preservation(손상가능성 높음 → 다양한 기법을 통해 지속적 사용)

㉢ FRBR과 NISO는 원론적으로 같은 의미이나 NISO의 경우 Archiving and Preservation이 추가되어 메타데이터를 하나의 정보자원으로 여겨 분석을 통한 장기적인 보존이 필요함을 강조, 더욱 포괄적인 의미의 메타데이터 기능을 설명한다.

⑨ 메타데이터 주사용 언어

㉠ HTML : 계층적 구조이나 새로운 태그 사용 불가능, 문서양식에 사용되는 속성 표현 어려움, 문서 재사용 불가능

㉡ XML : HTML 단점 보완, 대용량의 복잡한 구조 문서 작성에 용이하지만 문서작성이 복잡해진다.

㉢ 출력형식의 언어 : HTML → CSS // XML → CSS/XSL

⑩ 메타파일 형식

㉠ RDF(Resource Description Framework)

- 웹에 있는 자원에 관한 메타정보를 표현하기 위한 언어
- W3C의 가장 기본적 시맨틱 웹 언어로서 웹 자원을 표현하는데 기본이 되는 제목, 저자, 최종 수정일, 저작권과 같은 웹 문서에 관한 메타 데이터를 XML을 기반으로 매우 간단하게 표현한다.
- 기본적으로 주어, 동사, 목적어에 해당하는 것을 URI를 써서 대상들을 문장으로 구성하거나 노드와 화살표를 써서 도식적으로 표현하기도 한다.

핵심예제

메타데이터(Metadata)에 속하는 항목들로 이루어진 것은?

① 도로명, 건물명
② 데이터 품질정보, 데이터 연혁정보
③ 레이어코드, 지형코드
④ 지물(地物)의 X, Y 좌표

정답 ②

해설

메타데이터의 기본요소

- 개요 및 자료소개
- 자료의 품질
- 자료의 구성
- 공간창조를 위한 정보
- 형상 및 속성정보
- 정보획득방법
- 참조정보

핵심이론 06 데이터처리 및 공간분석

(1) 데이터 처리

① GIS에서 구축된 각종 공간자료는 편리하고 효율적으로 사용될 수 있도록 수치지도의 형태로 구성된다.

② 각각의 주제도는 수치지도의 형태로 컴퓨터를 이용하여 분석되거나 혹은 별도로 인쇄되어 사용도 가능하다.

③ 자료의 저장과 표현이 별개로 취급되므로 데이터의 저장 용량은 단지 하드웨어와 소프트웨어에 의하여 제한을 받는다.

④ 넓은 지역의 효율적인 정보의 저장을 위하여 전체지역을 단위지역으로 나누어 각각의 단위지역은 별도의 데이터 파일로서 관리된다.

(2) 공간분석

① 도형자료의 분석

㉠ 포맷변환

- 속성자료는 ASCII코드와 같이 단순포맷을 이용한 상호호환이 가능하므로 문제가 되지 않는다.
- 그러나 도형자료의 경우에는 위상정보 등을 포함하는 대단히 복잡한 구조를 가진 관계로 서로 다른 GIS소프트웨어 간의 도형자료의 공유는 아직까지는 대단히 제한적이다.
- CAD분야의 데이터호환을 위한 DXF(Digital Exchange Format)형태로 도형자료만의 교환은 가능하지만 속성자료와 위상정보의 교환이 매우 어렵다는 문제점이 있다.

㉡ 동형화(Conflation)

- 서로 다른 레이어 간에 존재하는 동일한 객체의 크기와 형태가 동일하게 되도록 보정하는 방식이다.
- 예로 저수지의 형태는 계절별 강우량에 따라 형태가 변할 수 있으므로 일정한 크기와 형태를 고정시켜서 오차의 발생을 최소화할 수 있다.
- 하나의 레이어에서 객체가 지닌 경계를 표준형태(Template)로 하여 또 다른 레이어의 객체를 수정·보완하는 것이다(템플리트 방식)

㉢ 경계의 부합(Edge Matching)

- 지도 한 장의 경계를 넘어서 다른 지도로 연장되는 객체의 형태를 정확히 나타내기 위하여 사용된다.

㉣ 면적의 분할(Tiling)

- 넓은 지역에 해당하는 자료를 컴퓨터에 입력하여 관리할 때 관리목적상 작은 단위 면적으로 나누어 관리하는 것이 여러모로 편리하다.
- 전체 대상지역을 작은 단위 면적으로 분할하여 관리할 때 각각의 작은 면적을 나타내는 지도를 타일(Tile)이라 하며 타일을 만드는 과정을 타일링(Tiling)이라 한다.

㉤ 좌표삭감(Line Coordinate Thinning)

- 벡터라이징 과정 등을 통하여 일반적으로 필요한 좌표보다도 많은 수의 좌표가 저장되는데 GIS자료 중 도형자료의 양이 일반적으로 대단히 크기 때문에 데이터 양의 삭감이 필요하다.
- 객체의 원형에 변화가 발생하지 않도록 주의해야 한다.

② 속성자료의 분석

㉠ 편집기능, 질의기능, 분류(Classification)와 일반화(Generalization)

③ 도형자료와 속성자료의 통합분석

㉠ 중첩(Overlay Operation)

- 정보의 합성 : 여러 개의 레이어를 중첩하여 Boolean Logic 적용
- 변환기능 : 중첩에 의하여 생성되는 새로운 속성값
  - 점 데이터에 적용 : 연도별 강우량을 통한 연평균 강우량을 계산
  - 일정 면적의 폴리곤 대상 : 행정구역의 인구수를 나타내는 레이어와 학교의 위치를 나타내는 레이어를 중첩하여 각 학교의 평균인구수를 계산
  - 일정위치를 중심으로 주변의 속성값을 이용 : 일정 지역의 수치지형값을 가진 레이어와 특정 위치만을 점으로 나타내는 레이어를 중첩시킬 경우 특정 위치 주변의 표고값을 평균하여 특정 위치들에 대한 평균 표고값을 계산할 수 있다.
  - 시간에 따른 공간상의 변이에 관한 정보의 분석
- 모델링을 위한 중첩 : 수학적 중첩은 레이어에 존재하는 수치값에 다른 레이어에서 상응하는 지역의 값을 대상으로 일정한 연산을 부여하여 새로운 수치값을 얻는 것을 말한다.

- 벡터와 격자의 비교
  - 격자모형에서의 중첩은 격자 자체의 구조상의 이점으로 인하여 벡터방식과 비교하여 훨씬 용이하게 중첩이 가능하다.
  - 중첩이 아닌 다른 공간 분석 기능을 적용하기 위해서는 매우 어렵거나 불가능할 수도 있다.
  - 벡터구조는 기본적으로 객체의 형상을 점, 선, 면으로 표현하므로 중첩에 있어서도 격자구조보다는 훨씬 다양한 중첩과정을 고려할 수 있다.
  - 많은 수의 불규칙한 형상을 지닌 폴리곤이 중첩에 관계되었을 때 대단히 많은 처리시간을 필요로 한다.
- 벡터구조의 중첩 알고리즘 : 선의 중첩, 폴리곤의 면적계산, 점과 폴리곤의 포함관계
- 중첩에 의한 객체의 변형 : 폴리곤의 중첩은 경계면에서 작은 불필요한 폴리곤을 생성하게 되는데 이를 Sliver라 한다.

③ 공간추정

㉠ 공간상에 존재하는 각종 자료를 활용하여 새로운 정보를 생성하는 것

- 내삽법(Interpolation) : 알려지지 않은 지점에 대한 속성값을 추정하기 위하여 주위를 에워싸고 있는 이미 알려진 속성값을 알고 있는 지역의 예측함
- 외삽법(Extrapolation) : 이미 속성값을 알고 있는 지역의 외부에 존재하는 지점에 대한 속성값을 추정하는 것

④ 지형분석

㉠ 수치에 의하여 지형의 상태를 나타낸 자료를 통칭하여 수치표고자료라 한다.

㉡ 지형을 일정크기의 격자로 나누어 높이값을 기록한 DEM(Digital Elevation Model)이 가장 많이 알려져 있고, DTD(Digital Terrain Data), DTM(Digital Terrain Model), DTED(Digital Terrain Elevation Data) 등이 있다.

⑤ 연결성 분석(Connectivity Analysis)

㉠ 연속성(Contiguity)

- 공간상의 객체가 서로 끊김 없이 계속적으로 연결된 것을 의미한다.
- 연속성은 하나 혹은 다수의 공간상의 특징을 가지고 구성된 공간객체들의 집합이다. 이러한 연속성의 기능은 현실적으로 유용하게 사용된다.
- 공원의 조성과 비행장의 건설과 같은 특정 주요 시설물의 입지분석의 경우 이러한 시설물의 건설을 위한 기본적인 요건을 만족시킬 수 있는 연속성을 가진 지형이 구비되어야 한다.
- 공원의 조성과 같은 경우에는 일정 폭으로 일정 길이 이상의 공간이 일정비율의 녹지대를 포함하여야 한다는 기본적인 조건을 만족하여야 한다.
- 지형상에서 연속적인 녹지대의 면적이나 일정 지역을 가로지르는 최장선과 최단선을 구하여 이러한 조건의 유무를 판단할 수 있다.

㉡ 근접성(Proximity)

- 공간상의 객체가 상호 얼마나 가깝게 존재하는가를 나타내는데 사용된다.
- 근접성은 보편적으로 거리의 단위로써 측정되나 여행에 소요되는 시간이나 소음의 정도와 같이 다른 기준에 의하여 측정될 수도 있다.
- 명시되어야 할 네 가지 사항은 공원이나 병원, 도로 같은 공간상의 목표물의 위치, 미터나 여행 시간과 같은 측정단위, 객체 간의 거리측정을 위하여 사용되는 기능, 그리고 분석대상 지역이다.

㉢ 관망(Network)

- 상호 연결된 선형의 객체가 형성하는 일정 패턴이나 프레임을 의미한다.
- 하나의 지점에서 다른 지점으로의 자원이 이동하는 경우에 사용되는 경로를 정의하는 것으로, 예를 들면 도시의 도로망이나 항공노선, 하천의 흐름 등이 있다.

㉣ 지역분석(Neighborhood Analysis)

- 지역분석이란 특정 위치를 에워싸고 있는 주변지역의 특성을 추출하는 것을 의미한다.

핵심예제

6-1. 지리정보시스템(GIS)를 이용한 공간분석에서 공간 분포 패턴을 파악하고자 입력 데이터셋의 특정 필드값에 따라 그룹을 나누고 새로운 속성값을 입력하는 방법으로써 토지 이용도, 토지 피복도 등을 제작하는데 많이 이용되는 방법은?

① 삽입(Insert)
② 병합(Merge)
③ 분류(Classification)
④ 중첩(Overlay)

정답 ③

핵심예제

6-2. 공간데이터의 위상모델(Topology)을 이용한 공간분석이 아닌 것은?

① 경사분석(Slope Analysis)
② 중첩분석(Overlay Analysis)
③ 인접성분석(Contiguity Analysis)
④ 연결성분석(Connectivity Analysis)

정답 ①

6-3. 지리정보시스템(GIS)의 공간분석기능에 대한 설명 중 관계가 옳은 것은?

① 버퍼분석(Buffering Analysis) - 가시권분석, 표면 모델링, 3차원 가시화, 경사/향 분석
② 기하학적 분석(Geometrical Analysis) - 영향권 분석
③ 망분석(Network Analysis) - 연결성, 방향성, 최단경로, 최적경로의 분석
④ 중첩분석(Overlay Analysis) - 거리, 면적, 둘레, 길이, 무게중심 등의 정량적 분석

정답 ③

해설

6-1

분류(Classification)

지형요소와 관련되는 속성에 관한 자료를 유형별로 분류하여 집합체를 만드는 과정을 의미한다.

6-2

위상관계(Topology)

공간관계를 정의하는 데 쓰이는 수학적 방법으로서 입력된 자료의 위치를 좌푯값으로 인식하고 각각의 자료 간의 정보를 상대적 위치로 저장하며 선의 방향, 특성들 간의 관계, 연결성, 인접성, 영역 등을 정의함으로써 공간분석을 가능하게 한다.

6-3

- 버퍼분석 : GIS 연산에 의해 점·선 또는 면에서 일정거리 안의 지역을 둘러싸는 폴리곤 구역을 생성해 주는 기법
- 중첩분석 : 동일한 지역에 대한 서로 다른 두 개 또는 다수의 레이어에서 필요한 도형자료나 속성자료를 추출하기 위한 기법
- 망분석 : 상호 연결된 선형의 객체가 형성하는 일정 패턴이나 프레임상의 위치 간 관련성을 고려하는 분석으로 최적 경로계산, 자원할당 분석 등이 있다.
- 기하학적 분석 : 객체에 대한 거리, 면적, 둘레, 길이, 무게중심 등의 정량적 분석

핵심이론 07 GIS응용

(1) GIS응용분야

① 효율적이고 안전한 시설물의 관리를 위한 시설물관리시스템(FM)
② 토지정보의 관리를 위한 토지정보시스템
③ 도시지역 주민의 복지를 증진하기 위하여 도시전반적인 관리를 위한 도시정보시스템
④ 환경관리와 개선을 위한 환경정보시스템
⑤ 방재지리정보시스템
⑥ 해양지리정보시스템
⑦ 자원정보시스템 등

제2절 위성측위시스템

핵심이론 01 위성측위 일반사항

(1) 위성측위 일반

① 위성측위의 특징

㉠ 측위기법에 따라 다양한 정확도 분포(mm ~ 100m)
㉡ 기선길이에 비해 높은 정확도를 지닌다(1~0.1ppm 이상).
㉢ 위치결정과 동등한 정확도로 속도와 시간 결정
㉣ 지구상 어느 곳에나 이용 가능(육・해・공)
㉤ 날씨, 기상 및 시간에 관계없이 위치결정 가능
㉥ 3차원 정보를 제공
㉦ 기선결정의 경우, 두 측점 간 시통에 무관
㉧ 세계측지기준계(WGS84)를 사용하므로 지역기준계를 사용하는 사용자에게는 다소 번거롭다.
㉨ 사용자에게 신호사용에 따른 부담이 없다.
㉩ 다목적 사용을 전제로 승인
㉪ 무제한 사용이 가능하기 때문에 새로운 유틸리티 개발 가능성

② 위성측위(GNSS) 개발 및 운용국

㉠ 미국의 위성(GPS)
㉡ 러시아 위성(GRONASS)
㉢ 유럽연합 위성(GALLILEO)
㉣ 중국 위성(Beidou, 북두)

(2) 위성측위시스템(미국의 GPS)의 제원

① 우주부문

㉠ 위치계산을 위해 필요한 항법 메시지를 사용자에게 반송파를 통하여 연속적으로 전송하는 GPS 위성으로 구성되어 있다.
㉡ 반송파는 L대역의 주파수 L1(1575.42MHz), L2(1227.6 MHz), L5(1176.45MHz)로 정확히 조정되어 사용자에게 전송된다.
㉢ 위성의 고도는 20,183km이며 트랜싯 위성보다 고도가 높기 때문에 중력이상이 궤도에 미치는 영향이 작아 좀 더 정밀한 궤도 계산이 가능하다.
㉣ 궤도면은 6개로 적경에서 적도로부터의 경사각 55°로 균등하게 분포되어 있다.
㉤ 단반경 약 26,600km의 원형궤도로서 궤도마다 각각 4개의 위성이 배치되었으나 지상관측을 위하여 배치간격은 균등하지 않다.
㉥ 궤도에서의 위성주기는 11시간 58분이다.
㉦ 지구상에서 지평선 10 ~ 15°의 고도각 안에서 관측한다.
㉧ 저고도각에서는 전리층이 위성신호에 미치는 영향이 심각하게 작용한다.
㉨ 위성에서 지구의 가장자리까지 보이는 각은 약 27° 정도이다.

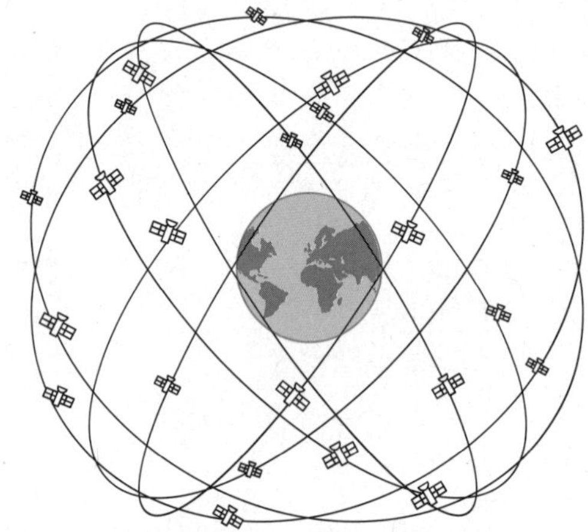

[위성의 배치도]

② 제어부문

㉠ 지상에 설치된 시설물로 우주부문의 위성들을 관리하기 위한 지휘 통제소역할을 담당하며, 5개의 감시소와 3개의 지상관제소에서 추적되며 관제된다.
㉡ 주제어국
- 미국의 Colorado Springs에 있는 Falcon공군기지에 위치하고 있으며 모든 위성을 관리하고 통제한다.
- 추적국으로부터 GPS 위성신호 수집
  - 위성위치와 Clock Drift보정값 산출 및 추정
  - 보정된 위성위치와 시각데이터를 지상국에 전송

㉢ 추적국
- 모든 GPS 위성을 추적하여 신호수신
- DSCS를 이용하여 주제어국에 신호 전달
- 미국의 Hawaii, Colorado Springs, 남태평양에 있는 Ascension섬, 인도양에 위치한 Diewgo Garcia, 북태평양에 있는 Kwajalein에 있다.

㉣ 지상국
- 주제어국으로부터 전송받은 자료를 위성에 송신하기 위한 통신연결망이며 주로 지상안테나들로 구성
- Ascension, Diego Garcia, Kwajalein의 3개소에 있다.

③ 사용자부문

㉠ 사용자에게 위치, 속도 및 시간을 제공하기 위한 응용장비들과 계산기법 등이 있다.

㉡ 하드웨어로 위성신호 추적 및 신호관측을 할 수 있는 장치이다.

㉢ 위치결정 알고리즘과 사용자 인터페이스기능을 가진 소프트웨어로 구성되어 있다.

핵심예제

1-1. 위성측위시스템이 아닌 것은?

① GPS
② GLONASS
③ EDM
④ Galileo

정답 ③

1-2. GPS 위성측량에 관한 설명으로 틀린 것은?

① SA(선택적 부가오차)의 해제로 절대측위의 정확도가 향상되었다.
② 수신기 시계의 오차가 없다면 3대의 위성신호를 사용하여도 위치결정이 가능하다.
③ GPS 위성은 위성마다 각각 자기의 코드신호를 전송한다.
④ 위성과 수신기 간의 거리측정의 정확도는 C/A 코드를 사용하거나 L1 반송파를 사용하거나 차이가 없다.

정답 ④

1-3. VRS(Virtual Reference Station)를 활용한 GNSS 측량에 대한 설명으로 틀린 것은?

① 코드데이터 기반으로 측량을 수행한다.
② 중앙국과의 무선통신이 가능해야 한다.
③ 중앙국에서 계산된 오차를 이용하여 위치를 결정하는 기법이다.
④ 실시간 측위가 가능하다.

정답 ①

핵심예제

1-4. GNSS 시스템 및 좌표계에 대한 설명으로 옳지 않은 것은?

① GNSS 시스템은 우주부문, 제어부문 및 사용자부문으로 구성된다.
② WGS84 타원체의 요소와 GRS80 타원체의 요소는 완전히 일치한다.
③ WGS84 기준계는 지구질량 중심을 원점으로 한다.
④ GPS 제어국(Control Station)은 주제어국(Master Control Station)과 감시국(Monitor Station)으로 구성되어 있다.

정답 ②

해설

1-1

전자기파 거리측량기(EDM ; Electromagnetic Distance Measurement)
가시광선, 적외선, 레이저 광선 및 극초단파(Microwave) 등의 전자기파를 이용하여 거리를 관측하는 기기를 말한다.

1-2

위성과 수신기 간 거리측정의 정확도에서 코드방식은 신속하지만 정확도가 낮고, 반송파 방식은 측정시간은 길지만 정확도가 높으므로 차이가 있다.

1-3

VRS(Virtual Reference Station) 방식
가상기준점방식의 새로운 실시간 GNSS 측량방법으로서 기지국 GNSS를 설치하지 않고 이동국 GNSS만을 이용하여 VRS서비스 센터에서 제공하는 위치보정 데이터를 휴대전화로 수신함으로써 RTK 또는 DGNSS측량을 수행할 수 있는 기법이다. VRS 측량은 실시간 정밀측량 방식으로 반송파를 기반으로 측량을 수행한다.

1-4

WGS84 타원체의 요소와 GRS80 타원체의 요소는 거의 일치한다.

핵심이론 02 위성측위의 원리

(1) 위성측위의 원리

① 인공위성으로부터 수신기까지의 거리는 각 위성에서 발생시키는 부호 신호의 발생 시점과 수신 시점의 시간 차이를 측정한 다음 여기에 빛의 속도를 곱하여 계산한다.
※ 거리 = 빛의 속도 × 경과시간

② 실제로 위성의 위치를 기준으로 수신기의 위치를 결정하기 위해서는 이 거리 자료 이외에도 위성의 정확한 위치를 알아야 한다.

③ 위성의 위치를 계산하는 데 GPS 위성으로부터 전송되는 궤도력을 사용한다.

④ 각 위성은 두 가지의 다른 주파수 신호를 동시에 발생시키는데 L1 반송파라고 알려진 1.57542GHz 주파수와 L2 반송파라고 불리는 1.2276GHz 주파수의 신호로 구성되어 있다.

⑤ 반송파에 중첩되는 정보는 PRN(Pseudo-Random Noise) 부호와 항법메시지(Navigation Message)로 이루어진다.

C/A Code(Psuedo Random Code)

Carrier

The Trick is to Find One Particular Carrier Cycle and use it for Timing.

[코드와 주파수 형태]

⑥ PRN 부호는 각 위성마다 유일하고 서로 다르며 이진 부호로 구성되는데 매우 길고 복잡하기 때문에 신호 자체만 보았을 때는 의미를 파악할 수 없다.

⑦ PRN 부호는 어떠한 정보를 담고 있는 것이 아니라 어떠한 규칙에 의해 만들어지는 불규칙한 이진수열로써 위성까지를 거리를 측정하는 데 사용되어지기 위한 것이다.

⑧ PRN 부호는 다시 두 종류의 부호로 나누어지는데 Coarse Acquisition이라고 불리는 C/A 부호는 민간신호라고도 하며, 특별히 허락받지 않은 개인이나 단체도 이용할 수 있으나 P 부호(Precise Code)는 신호의 암호화가 이루어지므로 이용하기 위해서는 허가가 필요하다.

⑨ GPS 위성에서 신호를 보낼 때는 L1, L2 두 Microwave 반송파에 신호를 실어 보내게 되는데, 어느 반송파에 실리느냐에 따라 PPS, SPS의 특성이 결정된다.

⑩ L1(1575.42MHz)반송파는 Navigation Message와 SA를 적용하는 C/A Code Signal을 싣고, L2(1227.60 MHz)의 반송파는 전리층에서 생기는 Delay를 측정하는데 쓰인다.

⑪ 두 반송파에 담겨져서 보내지는 정보는 C/A Code, P-Code, Navigation Message 등으로 나타내어진다.

(2) 위성측위 위성신호

① C/A Code
 ㉠ C/A Code는 L1 반송파에 담겨지는 Data이다.
 ㉡ C/A Code는 대역폭이 1MHz인 Pseudo Random Noise (PRN)를 반복하게 되는데, PRN은 Noise 같이 보이지만, 실제로는 사람이 만들어낸 일정한 규칙성을 나타내는 Signal로서 1MHz의 대역폭 내에 분포하고 있다.
 ㉢ 이 PRN은 각 위성마다 달라서 각각의 위성 고유의 Code Number로서 위성을 식별할 수 있는 지표가 된다.

② P-Code
 ㉠ P-Code(Precise Code)는 L1과 L2에 모두 변조되는 주기가 매우 긴(7일) 10MHz PRN Code이다.
 ㉡ 이 Code는 PPS에서 사용된다.

(3) 위성신호의 전달

① C/A Code는 L1 반송파에 변조되어 일반 SPS에게 제공된다.

② P-Code는 특정한 사람에게만 쓰일 수 있게 Anti-Spoofing (AS) Mode로 동작하기 위해서 Y-Code로 Encode되어 보내진다.

③ Encode된 Y-Code는 사용자의 Receiver Channel에서 AS Module을 분류하여 암호해독이 된다.

④ Navigation Message
 ㉠ Navigation Message는 C/A Code와 함께 L1에 변조된다.
 ㉡ 이 Message는 50Hz의 신호로서 총 1,500bit로 300 bits(10words) 단위로 5개의 Subframe을 구성하고 있다.

㉢ 각 Subframe의 2words(60bit)에는 Telemetry Word(머리말, 승인된 사용자를 위한 정보포함)와 Hand-over Word(GPS Time 포함)로 구성되고 있다.

㉣ 나머지 bits에는 모든 위성들의 Almanac Data를 포함하고 있으며, 위성궤도력, 위성시계편차 모델의 계수, GPS 위성의 상태정보 및 전리층 굴절의 보정모델을 포함하고 있다.

BIT No	0	30	300
Subframe 1	Telemetry Word	Handover Word	Clock Correction 6sec
	300	330	600
Subframe 2	Telemetry Word	Handover Word	Ephemeris of Transmitting Satellite 12sec
	600	630	900
Subframe 3	Telemetry Word	Handover Word	Ephemeris of Transmitting Satellite 18sec
	900	930	1200
Subframe 4	Telemetry Word	Handover Word	25pages Messages, Lonosphere, UTC, etc 24sec
	1200	1230	1500
Subframe 5	Telemetry Word	Handover Word	25pages Almanac, Health Status, etc 30sec

[항법메시지의 구성]

핵심예제

다음 중 GPS 신호가 아닌 것은?

① L1 반송파
② P 코드
③ C/A 코드
④ K 반송파

정답 ④

해설

GPS 신호체계

- 반송파 : L1, L2
- 코드 : P, C/A

핵심이론 03 위성측위

(1) 위성측위의 항법

① GPS는 위성이 기준점에 해당된다.
위성은 일정주기로 지구 주위를 돌고 있기 때문에 위성의 좌표는 계속 바뀌게 되며, 지상 제어국에서는 위성의 움직임에 대한 궤도력을 산출하여 유저에게 제공한다.

② 정밀궤도력
이미 위성의 지나간 위치를 계산하기 때문에 후처리에만 사용가능하고, 다소의 시일이 경과한 후 획득 가능하다.

③ 방송궤도력
GPS 위성들의 지나갈 위치를 예측하는 것이며 실시간 위성의 위치계산이 가능하고, 케플러방정식을 이용한다.

④ 위성신호의 주파수는 루비듐, 세슘 원자시계에 의하여 통제되며, 반송파는 두 개의 PRN코드로 변조되며 변조된 PRN코드는 위성시간과 위성궤도에 관한 정보를 포함하고 있으며 반송파 L1, L2에 함께 실려 수신기에 전달한다.
㉠ 신호의 전파시간을 측정함으로서 위성으로부터 지상의 수신기까지의 거리를 관측할 수 있다.
㉡ 위성으로부터 송신되는 신호가 어느 위성의 것인가를 식별한다.

⑤ 모든 위성은 각각 다른 C/A코드를 전송하므로 여러 개의 위성으로부터 동시에 신호가 들어올 때 어느 위성으로부터의 신호인지 쉽게 구분할 수 있다.

⑥ GPS 위성신호로부터 위성과 수신기 간 거리를 산출하기 위한 측정방법은 두 가지 형태가 있다.
㉠ Pseudo-ranges(의사거리, 유사거리) 측정값
㉡ Carrier Phase(반송파위상) 측정값

⑦ GPS 수신기는 위성신호를 추적하고 이를 획득함으로써 이상과 같은 두 가지 형태의 측정값을 산출한다.

⑧ 두 종류의 측정값은 GPS 항법(위치, 속도 및 시간결정)을 위해 사용되며, 후처리 기법을 이용한 자료처리를 통해 GPS 측량에 사용된다.

(2) 단독측위 원리

① 여러 개(4개 이상)의 위성으로부터 한 개의 수신기까지의 거리를 측정하고 이들을 사용하여 후방교회법의 원리에 따라 수신기의 3차원 위치를 결정하는 방법이다.

② 절대측위법이라고도 한다.

③ 의사거리를 사용한다.

㉠ 시간오차 등 각종 오차(대기조건에 의한 오차, 다중전파 경로에 의한 오차, 수신기 오차 등)가 포함된 것을 근거로 하여 계산된 거리를 의사거리라고 한다.

㉡ 위성에서 송신되는 순간의 시간과 수신기에서의 수신되는 순간의 시간과의 시간차와 진공 속에서 빛의 속도를 곱한 것과 같다.

- 의사거리 = (수신기에서 수신된 순간의 시간 − 위성에서 송신되는 순간의 시간) × 빛의 속도

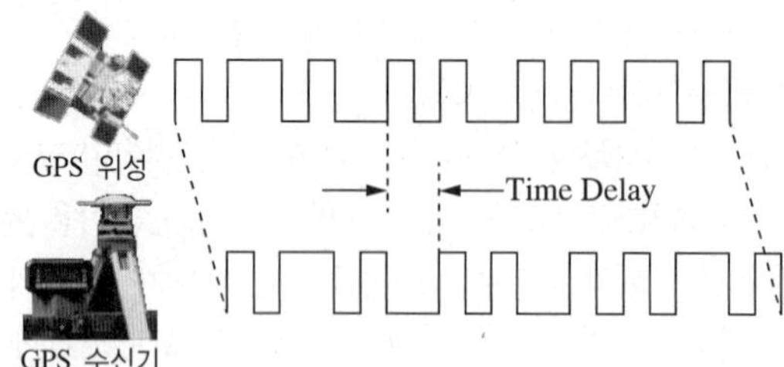

- 기지점과 무관하게 독립적으로 자신의 위치를 구하는 것으로 정밀도는 낮지만 신속한 위치결정 가능

$$P_A^j + C_A + E_A^j = R_A^j$$

여기서, P_A^j : 측점 A에서 관측된 코드 의사거리

C_A : 측점 A의 GPS 수신기 시계 오차

E_A^j : 여러 개의 오차들의 합

R_A^j : 측점 A와 위성 j 간의 실제거리

$R_A^j = \sqrt{(X_A - X_j)^2 + (Y_A - Y_j)^2 + (Z_A - Z_j)^2}$

- PRN코드로부터 계산된 의사거리의 정밀도는 보통 코드 길이의 1% 정도(C/A코드의 경우 약 3m, P코드의 경우 약 0.3m)가 얻어진다.

(3) DGPS 원리

① 두 개 또는 그 이상의 코드형 수신기를 사용하는 상대측위법의 하나로서 하나의 수신기를 기지점(기준국)에 설치하여 의사거리에 포함된 각종 오차에 대한 보정자료를 생성하고 동시에 미지점(이동국)에 또 다른 수신기를 설치하여 기지점에서 생성된 오차 보정자료를 이용하여 미지점의 자료를 보정함으로써 높은 정밀도를 구하는 측위법이다.

② 기준국과 이동국이 상대적으로 가까운 위치에 있으므로 기준국이나 이동국 모두에서 의사거리에 대한 오차의 크기가 거의 동일하다.

③ 기준국과 이동국에 있는 송수신기를 사용하여 거의 실시간에서 이루어질 수 있다.

㉠ 실시간 DGPS라고 한다.

㉡ 이동국으로의 무선송신은 특정한 시기(관측순간)에 대한 의사거리 수정량과 그의 변화율이 포함된다.

㉢ 의사거리 수정량이란 위성과 기지점의 좌표를 사용하여 계산한 거리와 측정한 거리와의 차를 말한다.

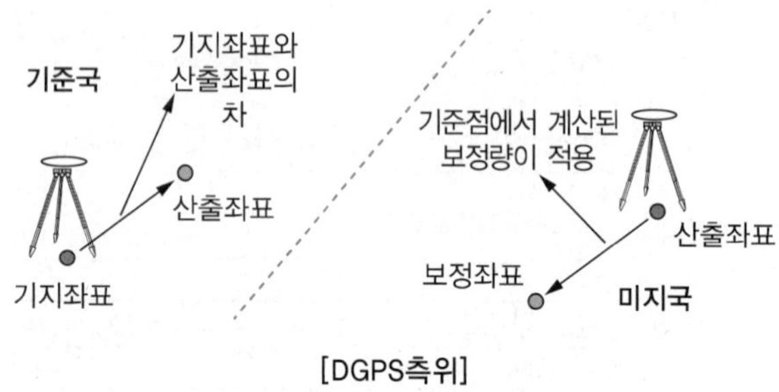

[DGPS측위]

④ DGPS의 선형모형

$$P_{Aj} + C_A + E_{Aj} = R_{Aj}$$
$$P_{Bj} + C_B + E_{Bj} = R_{Bj}$$

여기서, P_{Aj}, R_{Bj} : 측점 A, B에서 관측된 코드 의사거리

C_A, C_B : 측점 A, B의 GPS 수신기 시계오차

E_{Aj}, E_{Bj} : 여러 개의 오차들의 합

R_{Aj}, R_{Bj} : 측점 A, B와 위성 j 간의 실제거리

$R_{Bj} = \sqrt{(X_B - X_j)^2 + (Y_B - Y_j)^2 + (Z_B - Z_j)^2}$

$R_{Aj} = \sqrt{(X_A - X_j)^2 + (Y_A - Y_j)^2 + (Z_A - Z_j)^2}$

⑤ RTK GPS방법

㉠ 의사거리 대신에 실시간에서 보정된 반송파의 위상차를 사용하여 DGPS와 유사한 방법으로 오차를 제거하는 방법을 실시간 GPS측량이라 한다.

㉡ 관측하는 전 과정동안 모든 수신기에서 적어도 4개 이상의 위성들로부터 송신되는 위성신호를 모두 동시에 수신하여야 한다.

㉢ 좌표가 알려진 기준국으로부터 미지점인 이동국의 모든 관측결과가 송신되며, 이동국의 위치는 상대측위방법으로 계산된다.

㉣ 의사거리 수정량을 계산할 수 있으며, 기준국에서 의사거리 수정량이 계산되면 이들을 모든 이동국에서 의사거리를 수정하는데 사용한다.

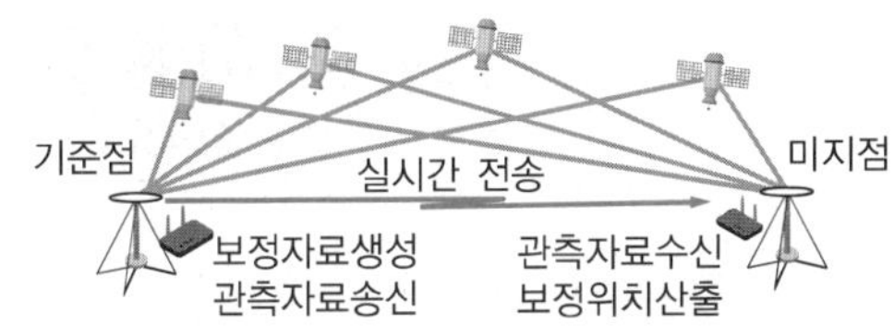

[RTK GPS]

(4) 오차의 종류

① 시스템 오차

㉠ DGPS, 상대측위로 보정 가능

㉡ 위성시계오차, 위성궤도오차

- 위성의 궤도력에 포함된 오차로 인해 야기된다.

㉢ 전리층 굴절오차

- 위성신호가 전리층을 통과하면서 굴절되어 야기된다.
- 방송궤도력에 포함된 정보를 이용하여 대략적인 보정 가능(약 50%)
- L1 신호와 L2 신호가 전리층에서 굴절되는 비율이 서로 디르기 때문에 L1/L2 선형조합을 통해 전리층 굴절 보정가능

㉣ 대류권 굴절오차

- 중성자로 구성된 대기의 영향에 따라 위성신호가 굴절하여 야기된다.
- 중성자는 15GHz 이하의 주파수를 갖는 라디오파에 대해 비확산 매개물로 존재하므로 대기권에 대한 전자파의 전달은 주파수에 무관하게 되며, 이주파 수신기를 이용해도 소거 불가능
- 대류권 모델
  - Saastamoinen, Modified Hopfield, Hopfield
  - 10 ~ 20cm의 정확도로 대류권 지연량 결정

㉤ SA(Selective Availability)에 의한 오차

- 적대국의 GPS 사용을 제한하기 위해 C/A 코드에 인위적으로 궤도오차 및 시계오차를 첨가
- 2000년 5월 2일 SA 해제

② 수신기 오차

㉠ DGSP, 상대측위로 보정 불가

- 수신기 Channel Noise
  - 수신기 자체가 갖는 전기적 잡음
  - Calibration 과정을 통해 Channel Biases 결정하고 모든 연속적 측정값에 이를 적용
- 다중경로(Multi-path)
  - 측지용수신기는 안테나에 Ground-Plane을 장착하고 있어 이러한 영향을 최소화한다.
  - 가장 이상적인 방법은 다중경로의 원인이 되는 장애물에서 멀리 떨어져 관측

③ DOP(Dilution of Precision)

㉠ 수신기와 위성들 간의 상대적인 위치관계를 계산

㉡ GPS 수신기가 계산하는 측위결과의 정도(Quality)를 가늠케 하는 지수

㉢ 다른 차원(Dimensions)으로도 표시 가능

예 GDOP, PDOP, HDOP, VDOP, TDOP

㉣ 추적위성수(Satellite Visibility)와 DOP의 관계를 이용해 GPS 관측이 양호한 시간대 계산 가능

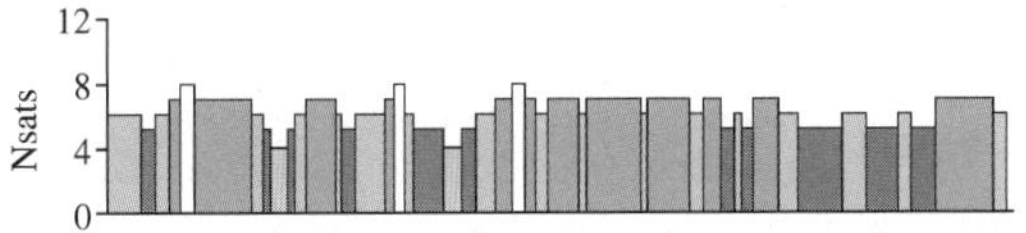

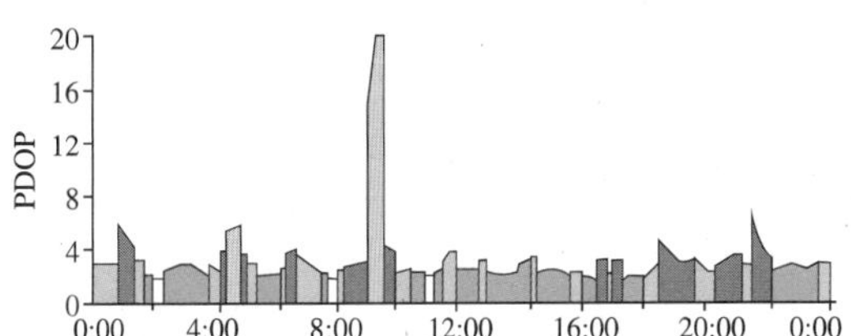

Time : Major Tick Marks – 4Hours(Sampling 10Minutes)

(3) 방송력과 정밀력

① 정밀궤도력

㉠ 이미 위성의 지나간 위치를 계산하기 때문에 후처리에만 사용가능

㉡ 다소의 시일이 경과한 후 획득 가능

㉢ 전 세계 탐지국들이 연결되어 하나의 탐지망을 형성하고, 여기서 얻은 GPS 관측데이터와 탐지국들의 좌표값들로부터 여러 관련 기관에 의해 계산되며 인터넷을 통해 사용자에게 전달된다.

㉣ 15분 간격으로 위성의 위치와 속도 산출

㉤ NGS 정밀궤도력

- CIGNET(Cooperative International GPS Network)

㉥ IGS 정밀궤도력

- IGS 네트워크 데이터 이용

② 방송궤도력

㉠ GPS 위성들의 지나갈 위치를 예측하는 것이며 실시간 위성의 위치계산이 가능

㉡ 케플러방정식 이용

㉢ 방송궤도력의 산출과정

- 5개의 추적국에서 일주일간 추적된 자료를 토대로 위성의 궤적을 계산하여 각 위성에 대한 Reference Orbit 결정
- Updating of Reference Orbit(궤도예보를 위해 사용될 Reference Orbit의 평가)
- 외삽법에 의한 궤도력 산출
  - 외삽법에 의해 산출된 궤도력에서 4 ~ 6시간 부분의 Curve Fitting을 통해 시간에 대한 궤도변수를 결정

핵심예제

3-1. 다음 중 위성의 케플러 궤도요소가 아닌 것은?

① 궤도의 장반경

② 이심률

③ 위성의 질량

④ 궤도 경사각

정답 ③

3-2. GPS 신호에서 C/A 코드는 1.023Mbps로 이루어져 있다. GPS 신호의 전파 속도를 200,000km/s로 가정했을 때 코드 1bit 사이의 간격은 약 몇 m인가?

① 약 1.96m

② 약 19.6m

③ 약 196m

④ 약 1,960m

정답 ③

3-3. GNSS의 오차요인 중에서 DGPS기법으로 상쇄되는 오차가 아닌 것은?

① 위성의 궤도정보 오차

② 전리층에 의한 신호지연

③ 대류권에 의한 신호지연

④ 전파의 간섭

정답 ④

3-4. GPS 측위의 계통적 오차(정오차) 요인이 아닌 것은?

① 위성의 시계오차

② 위성의 궤도오차

③ 전리층 지연오차

④ 관측 잡음오차

정답 ④

3-5. GPS의 오차요인 중에서 DGPS기법으로 상쇄되는 오차가 아닌 것은?

① 위성의 궤도정보 오차

② 전리층에 의한 신호지연

③ 대류권에 의한 신호지연

④ 전파의 혼선

정답 ④

해설

3-1

인공위성의 궤도 요소

- 궤도면의 공간위치 결정에 이용되는 요소 : 승교점의 적경, 궤도경사각, 근지점의 독립변수
- 궤도의 크기와 형의 결정에 이용되는 요소 : 궤도의 장반경, 이심률, 궤도 주기

3-2

$$\lambda = \frac{v}{f} = \frac{20,000}{1,023\times10^6} \fallingdotseq 0.000196\text{km} = 0.000196\times10,000 = 196\text{m}$$

3-3

위성의 궤도 정보 오차, 전리층에 의한 신호지연, 대류권에 의한 신호지연 오차 등이 소거된다.

3-4

관측 잡음오차는 일정한 방향 또는 일정한 크기로 나타나지 않으므로 정오차 요인이 아니다.

3-5

전파의 혼선은 필터기법의 적용 여부나 안테나의 성능에 따라 다소 증상개선의 효과가 있으나 DGPS 기법으로는 상쇄되지 않는다.

핵심이론 04 위성측위의 응용

(1) 공공분야

① 지상부문에서의 활용
- ㉠ 측량 및 지도제작 : 지적 경계, 기준점 측량
- ㉡ 측지학 : 국가 측지망 설계, 지오이드 및 표고 결정
- ㉢ 지구역학 : 지각 변동 관측, 자전속도, 극운동 변화량
- ㉣ 교통 : 지능형 교통 서비스(ITS)
- ㉤ 통신 : 지상, 해상, 공중의 항법을 위한 기준국 역할 수행, 시각 동기화

② 공중부문에서의 활용
- ㉠ 항공기 이착륙을 위한 자세 제어
- ㉡ 항공기의 항법을 위한 정보 제공
- ㉢ 조난 구조를 위한 탐색과 항공기 간의 충돌 방지를 위한 유도 기능

③ 해상부문에서의 활용
- ㉠ 선박 모니터링 시스템
- ㉡ 근해의 지구 물리학측량(중력, 지진, 해수면 감시 등)
- ㉢ 해양탐사와 준설
- ㉣ 수심측량

④ 우주부문에서의 활용
- ㉠ 우주선의 이착륙 제어
- ㉡ 지구궤도와 행성 간의 항법을 위한 위치정보 제공
- ㉢ 원격탐사에 의한 지구 자원 관측 시의 위치정보 결정
- ㉣ 위성의 궤도 결정
- ㉤ 인공위성의 자세 제어(위치 데이터, 중력 결과 이용)
- ㉥ GPS Meteorology 및 전리층 연구

⑤ 군사부문에서의 활용
- ㉠ 전략·전술 수행을 위한 저공비행 침투 시 위치정보 제공
- ㉡ 군사 요충지 위치 정보 확보를 위한 타깃 수집
- ㉢ 적군의 위치 파악을 위한 수색(정찰) 및 정보 수집 시 현 위치 제공
- ㉣ 크루즈 미사일이나 스마트폭탄 같은 원격 공격 무기의 유도와 조종
- ㉤ 전자전에서의 위치 제어

(2) 민간분야

① 지상부문에서의 활용
- ㉠ 측량 및 지도제작 : 지적 경계, GIS 데이터 수집, 공사 측량
- ㉡ 교통 : Car Navigation System, 배송 서비스(위치 추적 서비스)
- ㉢ 레저활동 : 골프, 스키, 등산, 하이킹 등

② 공중부문에서의 활용
- ㉠ 항공사진 촬영을 위한 항공기의 자세 제어
- ㉡ 공중 레저활동 : 글라이더, 낙하산, 소형 비행기

③ 해상부문에서의 활용
- ㉠ 선박의 항법 및 전자 해도상의 위치 표시
- ㉡ 해안구조물측설(교량 트러스, 시추공, 수송 파이프, 해저터널 등)
- ㉢ 해양 레저활동 : 낚시, 스노쿨링, 요트 등

(3) 기타 활용분야

① GIS 데이터와 연계 활용(GPS-VAN)

② 시각동기(세계시)
- ㉠ 통신망의 표준시각 및 관리, 전화, 무선전화
- ㉡ 전력공급
- ㉢ 금융거래
- ㉣ 전자상거래

③ 기상예보시스템 등

04 측량학

제1절 측량학에 대한 전문적인 지식이 요구되는 사항

핵심이론 01 지구의 크기와 형상, 운동

(1) 지구타원체

① 지구타원체의 개요

㉠ 한 타원의 주축을 중심으로 회전하여 생기는 입체를 회전타원체라 하며, 지구는 단축 주위로 회전하는 타원체에 가까운 모양

㉡ 부피와 모양이 실제 지구와 가장 가까운 회전타원체를 지구의 형으로 규정할 수 있는데, 이때의 회전타원체를 지구타원체라 한다.

㉢ 기하학적 타원체이므로 굴곡이 없는 매끈한 면

㉣ 지구의 부피, 표면적, 반경, 표준중력, 삼각측량, 경위도 결정, 지도제작 등은 지구타원체를 기준으로 한다.

㉤ 지구타원체의 크기는 삼각측량 등의 실측을 바탕으로 하여 결정하거나 중력측량값을 Clairaut의 정의에 따라 해석하거나 결정

㉥ 국제지구타원체

- 국제적인 측량 및 측지 작업에 통일된 지구타원체값을 사용하도록 결의(1924년 국제측지학 및 지구물리학연합 총회)
- 미국 국방성에서의 통일된 좌표체계사용을 위한 WGS1960 지심좌표체계 구성
- 1966년1월 WGS 개발위원회는 확장된 삼각망과 삼변망, 도플러 및 광학위성자료들을 적용하여 더욱 개선된 WGS1966 구성
- 도플러 및 광학위성 자료, 표면중력측량, 삼각 및 삼변측량, 고정밀 트래버스와 천문측량으로부터 얻은 새로운 자료와 개선된 전산기 및 정보처리기법을 이용하여 WGS1972 개발
- WGS1972를 대체할 수 있는 WGS1984 개발

㉦ 측량의 결과를 이용하여 넓은 지역의 지도를 제작할 경우에 얻어진 결과를 기준이 되는 지구타원체에 투영하여 지도를 만들 때 지오이드에 가장 가까운 지구타원체를 선정하여야 하며, 이렇게 얻은 지역의 대지측량계의 기준이 되는 지구타원체를 기준타원체라 한다.

② 2축타원체

㉠ 보다 정확한 지구형상에 가까운 입체로서 극축반경 c, 적도반경 a, b를 갖는 2축부등타원체나 서양배형 입체가 표현되나, 수학적 접근이 매우 복잡하기 때문에 2축타원체, 즉 회전타원체가 지구형상의 기준으로 사용

㉡ 3축부등타원체에 비하여 지오이드 기복이 더 크게 나타나지만 수학적 접근이 간편하여 장반경 a와 편평률 f의 두 변수로 정의한다.

③ 3축타원체

㉠ 지오이드에 가장 가까운 수학적 표현이 가능한 입체는 3축타원체이다.

㉡ 자오선뿐만 아니라 적도면도 타원을 이루며 서로 직교하는 세 주축을 갖는데, 장축과 중축은 적도면상에 있고 단축은 주관성축과 일치한다.

㉢ 3축타원체는 장축길이($2a$), 중축길이($2c$), 단축길이($2b$)와 적도면상 장축의 위치에 의하여 정의되며, 다음 변수로 나타난다.

- 장축반경 : a
- 극편평률 : $f = \dfrac{a-b}{a}$
- 적도편평률 : $f_e = \dfrac{a-c}{a}$
- 장축의 위도 : λ_0

㉣ 주요 3축타원체

인 명	연 대	a(m)	$1/f$	$1/f_e$	$a-c$ (m)	λ_0
Clarke	1,878	6,378,206	293.2	13,720	465	8°W
Heiskanen	1,938	6,378,388	297.8	18,120	352	23°W
Krasovsky	1,940	6,378,245	298.3	29,945	213	15°E
Burse	1,971	6,378,173	297.8	92,800	681	14.8°W

④ 회전타원체

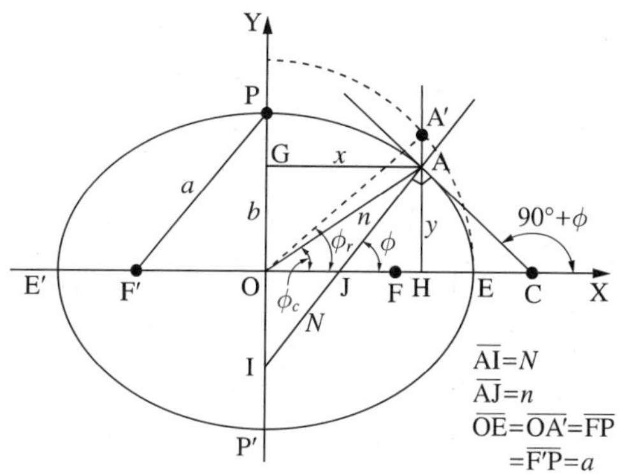

- $\overline{EE'}$는 적도반경
- O는 타원의 중심
- F와 F′는 타원의 초점
- $\overline{POP'}$을 Y축, 적도반경 $\overline{EOE'}$을 X축
- 타원상의 한점 A에 대한 법선이 X축, Y축과 만나는 점을 J 및 I
- 점 A에 대한 타원의 접선이 X축과 만나는 점을 C
- 다원체 표면부의 적도면까지의 법선길이 $\overline{AJ}=n$
- 타원체 표면부터 극축까지의 법선길이 $\overline{AI}=N$
- $\angle AJE=\phi$는 측지위도
- $\angle AJH=\phi_g$는 천문위도
- $\angle AOE=\phi_c$는 지심위도
- $\angle A'OE=\phi_r$은 화성위도(이심각)

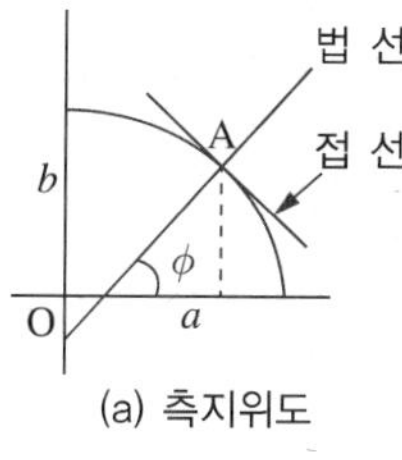

(a) 측지위도

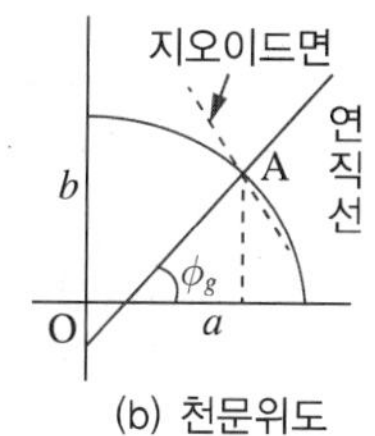

(b) 천문위도

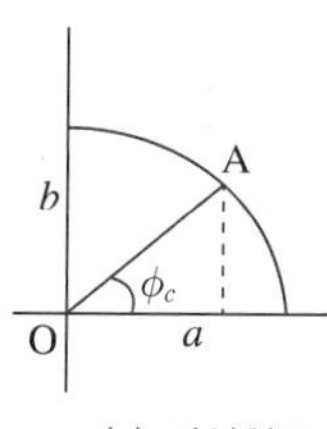

(c) 지심위도

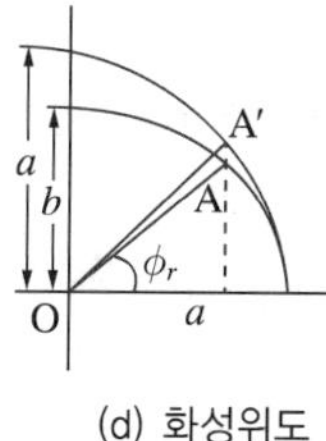

(d) 화성위도

㉠ 타원의 이심률 : $e^2=\dfrac{a^2-b^2}{a^2}$ 또는 $\dfrac{b^2}{a^2}=1-e^2$

㉡ 편평률 : $f=\dfrac{a-b}{a}$

㉢ $x=\dfrac{a\cos\phi}{\sqrt{1-e^2\sin^2\phi}}$, $y=\dfrac{a(1-e^2)\sin\phi}{\sqrt{1-e^2\sin^2\phi}}$

㉣ $\sqrt{1-e^2\sin^2\phi}=W$일 때

$x=\dfrac{a\cos\phi}{W}$, $y=\dfrac{a(1-e^2)\sin\phi}{W}$

㉤ $\dfrac{a^2}{b}=c$(자오타원의 극곡률반경), $V=\sqrt{1+e^2\cos^2\phi}$ 일 때

$x=\dfrac{c\cos\phi}{V}$, $y=\dfrac{c\sin\phi}{\sqrt{1+e'^2}}$

㉥ 자오선곡률반경(R_m)

$$R_m=-\frac{a(1-e^2)}{(1-e^2\sin^2\phi)^{3/2}}$$

※ (−)부호는 휨의 방향, R_m을 정으로 간주하여

$W=\sqrt{1-e^2\sin^2\phi}$, $V=\sqrt{1+e'^2\cos^2\phi}$를 적용

$$R_m=\frac{a(1-e^2)}{(1-e^2\sin^2\phi)^2}=\frac{a(1-e^2)}{W^2}=\frac{c}{V^2}$$

㉦ 자오선 호장

- 위도차 $d\phi$에 대한 자오선 호장

$ds=R_m\cdot d\phi$

- 호장은 매우 크고 위도차가 작게 표시되는 경우

$ds=R_m\cdot d\phi''\,\mathrm{arc}1''$

㉧ 평행권

- 평행권 곡률반경(R_p) $=x=\dfrac{a\cdot\cos\phi}{\sqrt{1-e^2\sin^2\phi}}$

$=N\cdot\cos\phi$

- 평행권 호장(L) $=x\cdot\dfrac{\lambda}{\rho}=N\cdot\cos\phi\cdot\dfrac{\lambda}{\rho''}$

$=\dfrac{\lambda}{(\rho''/N)}\cos\phi$

㉨ 묘유선

- 타원체상 한 점 A의 법선 $\overline{AI}$를 포함하여 자오면과 직교하는 평면과 타원체면과의 교선
- 묘유선의 곡률반경은 선분 $\overline{AI}$의 길이 N과 같다.

$$N=\rho_N=\frac{R_p}{\cos\phi}=\frac{a}{\sqrt{1-e^2\sin^2\phi}}$$

- 묘유선곡률반경(N)과 자오선곡률반경(R_m)의 차이는 적도에서 최대이고, 극에서는 0이다.

- 적도면까지의 법선길이

$$n = \frac{y}{\sin\phi} = \frac{a(1-e^2)}{\sqrt{1-e^2\sin^2\phi}} = N(1-e^2)$$

(2) 구면삼각형

① 구면삼각형의 개요

㉠ 3개의 대원의 호로 둘러싸인 구면상 도형을 구면삼각형이라 한다.

- 구면삼각형의 내각의 합은(180° + 구과량)으로 180°보다 크다.
- 점 A로부터 점 B를 본 방위각 t_1과 점 B에서 점 A를 본 방위각 t_2의 차이는 180°보다 크다.

※ $t_2 - t_1 > 180°$

- 2점 간의 거리가 구면상에서는 대원의 호 길이가 된다.

㉡ 위와 같은 성질을 보정함으로써 정확한 삼각측량을 할 수 있다.

㉢ $t_2 - t_1 = 180° - \gamma$라 하면, 이때 γ는 두 지점 간의 자오선 편차와 같다.

② 구과량

㉠ 구면삼각형의 내각의 합은 180°보다 크며 이 차이를 구과량이라 한다.

㉡ 구면삼각형 ABC에 있어서 3개의 내각을 각각 A, B, C라 하면

- $180° < (A+B+C) < 540°$

㉢ 구과량을 ε라 하면

- $\varepsilon = A + B + C - 180°$
- 이 양은 구면삼각형의 면적에 비례한다.

㉣ 구면삼각형의 면적을 F, 구의 반경을 r라 하면

- $\varepsilon = \frac{F}{r^2}\rho''$

㉤ 일반 삼각측량에서 구과량(ε)은 미소하므로 구면삼각형의 면적 F 대신 평면삼각형면적(Δ)을 사용해도 큰 지장이 없다.

㉥ 삼각형의 세 변 길이를 a, b, c라 할 때

- $\Delta = \frac{1}{2}ab\sin C$를 적용하면 $\varepsilon = \left(\frac{\rho''}{2r^2}\right)ab\sin C$

③ 구면삼각법

㉠ 구면삼각형 ABC에서 각 원점의 각을 A, B, C, 각 변 길이를 a, b, c, 각 변에 대한 중심각을 α, β, γ, 구의 반경을 r라 하면(여기서, α, β, γ는 라디안이다)

- $\alpha = a/r$, $\beta = b/r$, $\gamma = c/r$

㉡ 반경 $r = 1$일 경우에는 $\alpha = a$, $\beta = b$, $\gamma = c$가 되어 a, b, c는 각각 구면삼각형의 세 변을 나타내는 동시에 세 변에 대한 중심각의 호도를 나타낸다.

㉢ 구면삼각형에 관한 삼각법을 구면삼각법이라 한다.

㉣ 구면삼각형의 계산은 르장드르의 정리가 널리 사용된다.

- 각 변이 그 구면의 반경에 비해서 매우 미소한 구면삼각형은 삼각형의 세 내각에서 각각 구과량의 1/3을 뺀 각을 갖고, 각 변 길이는 구면삼각형과 같은 평면삼각형으로 간주하여 해석할 수 있다.
- 평면삼각형 A′B′C′로 환산할 때 내각을 α', β', γ'라 하면

$$\alpha' = \alpha - \frac{\varepsilon}{3},\ \beta' = \beta - \frac{\varepsilon}{3},\ \gamma' = \gamma - \frac{\varepsilon}{3}$$

구면삼각형	평면삼각형
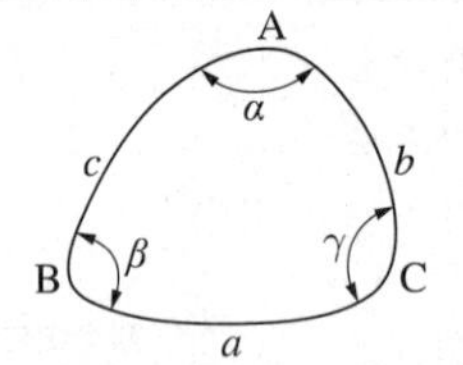 A, B, C, a, b, c, α, β, γ	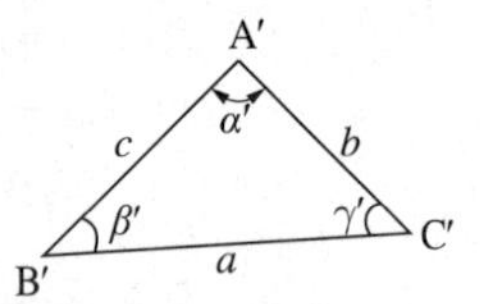 A′, B′, C′, a, b, c, α′, β′, γ′

- 구면삼각형의 계산에는 우선 구과량 ε을 계산하고 르장드르의 정리를 사용하여 α', β', γ'을 구한 다음, 평면삼각형의 정현법칙에 의해 변 길이를 평면삼각형으로써 구할 수 있다.
- $\frac{a}{\sin(\alpha - 3/\varepsilon)} = \frac{b}{\sin(\beta - 3/\varepsilon)} = \frac{c}{\sin(\gamma - 3/\varepsilon)}$

(3) 측지경위도

※ 측지경위도는 삼각측량 등에 의하여 기준타원체면상에서 계산하여 구하는 것이다.

① 위 도

그리니치를 지나는 자오선을 본초자오선으로 하고, 본초자오면과 지표상 한 점을 지나는 자오면이 만드는 적도면상 각거리를 위도라 하며 본초자오선을 기준으로 동・서 각각 180°씩 나누어져 있다.

㉠ 측지위도 λ_g는 적도면에서 잰 보초자오선과 어느 지점의 타원체상 자오선 사이의 각거리이며 지리위도라고도 한다.

㉡ 천문위도 λ_a는 적도면에서 잰 본초자오선과 어느 지점의 천문자오선 사이의 각거리이다.

② 경 도

지표면상 한 점에 세운 버번이 적도면과 이루는 각을 그 지점의 위도라 한다. 위도는 적도를 0°로 하고 남북으로 각각 90°씩 표시된다.

㉠ 측지위도 ϕ_g는 지구상 한 점 A에서 타원체에 대한 법선이 적도면과 이루는 각으로서 지리위도라고도 한다. 지도에 표시되는 일반적인 위도는 이것을 말한다.

㉡ 천문위도 ϕ_a는 지구상 한 점 A에서의 지오이드에 대한 연직선이 적도면과 이루는 각으로 지오이드를 기준으로 한 위도이다.

㉢ 지심위도 ϕ_c는 지구상 한 점 A와 지구중심 O를 맺는 직선이 적도면과 이루는 각이다.

㉣ 화성위도 ϕ_r는 지구중심으로부터 타원체의 장반경 OE를 반경으로 하는 구를 그리고, 타원체상의 A점을 지나는 적도면의 법선이 이 구와 만나는 점 A'와 지구중심 O를 맺는 직선이 적도면과 이루는 각이다.

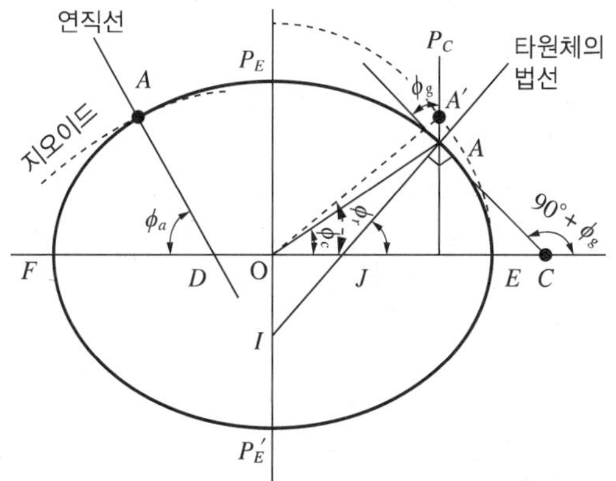

핵심이론 02 좌표계와 위치결정

(1) 극좌표

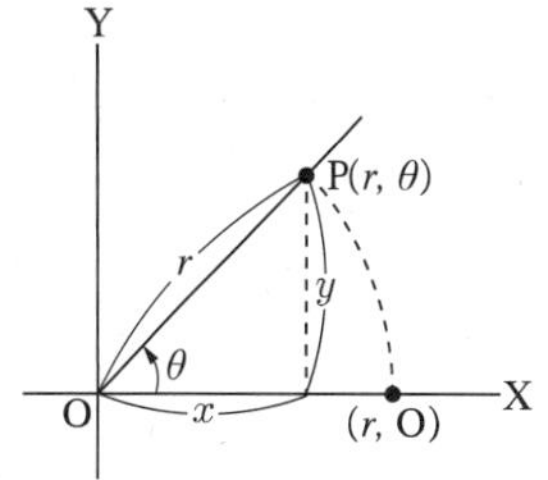

① 2차원 극좌표는 평면상 한 점과 원점을 연결한 선분의 길이와 원점을 지나는 기준선과 그 선분이 이루는 각으로 표현되는 좌표이다.

② r를 동경, θ를 극각, O를 극, $\overline{OX}$를 시선 또는 극좌표축이라 한다.

③ 평면 위의 한 점 P와 두 실수의 순서쌍 (r, θ)와의 관계를 극좌표계라 하고 (r, θ)를 점 P의 극좌표계라 한다.

④ $r = \sqrt{x^2+y^2}$, $\theta = \tan^{-1}\left(\frac{y}{x}\right)$, $x = r\cos\theta$, $y = r\sin\theta$의 관계를 가지고 있다.

(2) 평면직교좌표계

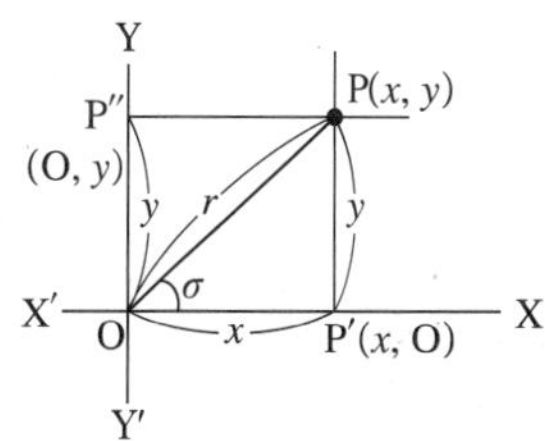

① 평면 위의 한 점 O를 원점으로 정하고, O를 지나고 서로 직교하는 두 수직직선 $\overline{XX'}$, $\overline{YY'}$를 좌표축으로 한다.

② 평면상의 한 점 P위의 위치는 P를 지나며 X, Y축에 평행한 두 직선이 X, Y축과 만나는 P′ 및 P″의 좌표축상 $\overline{OP'} = x$, $\overline{OP} = y$로 된다.

③ 평면상 한 점 P의 위치는 두 개의 실수의 순서쌍(x, y)에 대응하며, 반대로 순서쌍(x, y)가 주어지면 두 좌표축으로부터 P의 위치가 평면상에 결정된다.

(3) UTM 좌표계

① UTM 투영법에 의하여 표현되는 좌표계로서 적도를 횡축, 자오선을 종축으로 한다.

② 지구를 회전타원체로 보고 지구 전체를 경도 6°씩 60개의 구역으로 나누고 그 각 종대의 중앙자오선과 적도의 교점을 원점으로 하여 원통도법인 횡메르카토르(TM) 투영법으로 등각투영한다.

③ 각 종대에는 180°W자오선에서 동쪽으로 6° 간격으로 1부터 60까지 번호를 붙인다.

④ 종대에서 위도는 남북에 80°까지만 포함시키며, 다시 8° 간격으로 20구역으로 나누어 C(80°S ~ 72°S)에서 X(72°N~80°N)까지 20개의 알파벳 문자로 표시한다.

⑤ 종대 및 횡대는 경도 6° × 위도 8°의 거형구역으로 구분된다.

⑥ UTM 좌표에서 거리좌표는 m 단위로 표시하며, 종좌표에서는 N을, 횡좌표에는 E를 붙인다.

⑦ 좌표원점의 값을 북반구에서 횡좌표 500,000mE, 종좌표 0mN(남반구에서는 10,000,000mN)으로 주며 북반구에서는 종좌표는 적도에서 0mN, 80°N에서 10,000,000mN이고, 남반구에서는 80°S에서 0mN, 적도에서 10,000,000mN이다.

⑧ 80°N과 80°S 간 전 지역의 지도는 UTM 좌표로 표시하며, 80°N 이북과 80°S 이남의 양극지역의 지도는 국제극심입체좌표(UPS)로 표시한다.

⑨ UTM 좌표구역에서 우리나라는 51, 52종대 및 S, T횡대에 속한다.

(4) 우리나라 측량의 원점

① **평면직각좌표원점**

㉠ 각 좌표계의 경계는 경도를 기준으로 하여 구분되며 경도 124 ~ 126° 구간을 서부좌표계, 경도 126 ~ 128° 구간을 중부좌표계, 경도 128 ~ 130° 구간을 동부좌표계, 경도 130 ~ 132° 구간을 동해좌표계로 한다.

㉡ 각 좌표계에서 위도 38°선과 각 좌표계의 중앙자오선을 각각 횡좌표와 종좌표의 기준으로 한다.

㉢ 각 좌표의 원점은 위도 38°선과 경도 125°, 127°, 129° 및 131°선과의 교점이 되며, 이들을 각각 서부원점, 중부원점, 동부원점, 동해원점이라 한다.

㉣ 평면직각좌표는 지구타원체에 상응하는 상사형 구체에 투영하고 이를 다시 투영면에 재투영하는 가우스의 상사 2중투영법의 원리에 의해 설정된다.

㉤ UTM 좌표에서와 같이 좌표의 음수 표기를 방지하기 위하여 횡좌표(Y)에 200,000m, 종좌표(X)에 500,000m(제주도 지역은 550,000m)를 가산한 가좌표를 사용한다.

② **국가 측지원점**

㉠ 일본의 경위도원점(동경 139°44′40.5020″, 북위 35°39′17.5148″)에서 일본의 구주와 대마도의 삼각점을 거쳐 우리나라 절영도(목도산)와 거제도(옥려봉)의 삼각점에 연결하였고, 이 두 삼각점을 본점으로 하여 소정의 측정법과 계산법에 의해 결정된다.

㉡ 1985년 12월 27일 국토지리정보원 고시 제57호로 우리나라의 경위도원점이 고시된다.

㉢ 우리나라 경위도원점은 1981 ~ 1985년 사이 정밀천문측량에 의해 결정

㉣ 2002년 2월 4일 지리학적 경위도를 세계측지계에 따라 측정하도록 관련법 개정에 따라 VLBI 관측점의 ITRF2000 성과를 기준하여 산출한다.

㉤ 국토지리정보원 구내의 VLBI 점과 경위도원점 등을 망으로 구성하고 GPS 측량을 통해 경위도원점의 좌표를 결정한다.

㉥ 원방위각은 GPS 측량으로 원점과 원방위점의 절대좌표를 산출한 후 정밀 방위각 계산식을 적용하여 원방위각을 산출한다.

㉦ Epoch 2002.0(기준시점은 2002년 1월 1일)의 ITRF 2000 성과가 적용된 것이며, 기준타원체는 GRS80 타원체를 채용한다.

㉧ 대한민국 경위도원점의 위치와 수치

- 위치 : 경기도 수원시 팔달구 원천동 111(국토지리정보원내 대한민국 경위도원점 금속표의 십자선 교점)
- 경도 : 동경 127°03′14.8913″
- 위도 : 북위 37°16′33.3659″
- 원방위각 : 3°17′32.195″(원점으로부터 진북을 기준하여 오른쪽 방향으로 측정한 서울과학기술대학교에 있는 위성측지기준점 그 목표 십자선 교점)

③ **표고의 기준**

㉠ 수준측량에서는 평균해면에 일치하는 등중력 퍼텐셜면인 "지오이드면"을 표고의 기준면으로 하고 있으나, 평균해면은 조석의 간만과 같은 해수의 지리적 영향 때문에 결정하기 어렵다.

㉡ 장기간에 걸쳐 측정된 조위의 평균값을 평균해면(M.S.L)으로 하고 이를 표고의 기준면으로 한다.

㉢ 1911년 7월부터 1916년 6월까지 5년간에 걸쳐 청진, 원산, 목포, 진남포, 인천의 5개소에 검조장을 두어 자동조위기록기를 설치하고 검조장별로 평균해면을 결정하였으며, 각 검조장 부근에 수준기점을 설치하고 평균해면의 높이로 환산하여 전국의 수준망과 연결되도록 한다.

㉣ 수준망은 전국을 남북 2개의 망으로 구성하고 5개의 검조장에서 결정된 평균해면을 영으로 하여 망 평균계산이 이루어진다.

㉤ 수준기점

소재지	표 고	설치 연월일
인 천	5.447m	1913.12 ~ 1916.06
진남포	6.140m	1912.11 ~ 1916.05
청 진	2.636m	1911.08 ~ 1915.05
목 포	2.155m	1912.06 ~ 1916.06
원 산	1.931m	1911.09 ~ 1916.03
인천원점	26.6871m	1963.12

㉥ 수준원점

- 위치 : 인천광역시 남구 용현동 253번지(인하공업전문대학 내 원점표석 수정판의 영눈금선 중앙점)
- 표고 : 인천만의 평균해면상의 높이로부터 26.6871m

(5) 투영법

① 투 영

㉠ 지구타원체를 평면으로 표시하고자 할 때 지구의 곡률을 고려하여야 하는 넓은 지역의 경우 지형의 비틀림 현상을 최소화하여 곡면을 평면으로 변환하는 방법

㉡ 지구곡면을 평면으로 변환하는 투영의 기본과정

- 실제 지구크기의 지구를 투영에 알맞은 크기로 축소시키는 투영모델(구체 또는 회전타원체)의 결정
- 곡면을 평면으로 변환시킬 때 발생하는 비틀림 현상을 어떤 형태로든지 규칙적으로 변환시키는 작업과정

② 등적투영과 등각투영

㉠ 등적투영

- 면적의 비가 전 투영과정을 통해 항상 일정하게 투영
- 두 개의 평행한 위도선과 등간격의 자오선들로 형성되는 각각 다른 사각형의 단면들이 지구상에서의 면적이 같다면 투영된 지도상에서도 같다.
- 면적은 일정하나 모양은 축척이 일정하지 못하여 두 선분이 이루는 각들이 투영 후에도 심한 비틀림 현상이 나타난다.

㉡ 등각투영

- 투영 전의 형태와 투영 후의 형태가 완전한 상사형을 이루는 투영으로 상사투영이라고도 한다.
- 각의 비틀림이 전혀 없다 하여도 면적에서 발생되는 비틀림 현상은 있다.
- 지구타원체에 대응하는 가상적 상사형구체로 변환하고 다시 상사변환 된 구체로부터 다른 투영면에 투영하는 상사2중 투영과 회전타원체로부터 직접 투영면으로 투영하는 방법이 있다.
- 자오선과 위도선이 지구타원체 위에서 서로 직각으로 교차하는 것과 같이 투영면 위에서도 서로 직교하여 정사투영이라고도 한다.
- 램버트의 원뿔투영, 머케이터의 원기둥 투영 및 입체투영의 방법이 있다.
- 원뿔투영이 소축척지도에 주로 사용되는 반면에 원기둥 투영은 대축척지도에 사용

㉢ 머케이터 투영

- 지구를 원기둥 표면에 투영한 후 투영된 원기둥을 절개해서 평면으로 사용
- 적도와 원기둥면이 접하게 되어 적도에서의 축척은 1이 되고, 위도가 증가할수록 축척은 점점 커져 위도 60°에 이르러서는 적도에서 보다 2배로 커지기 때문에 위도에 따라 면적의 비틀림이 커 사용되지 않는다.

㉣ TM투영

- 표준형 머케이터 투영에서 지구를 90° 회전시켜 적도 대신에 중앙자오선이 원기둥면에 접하도록 하는 투영으로서 횡원기둥투영 또는 TM투영이라 한다.
- 지구 회전타원체를 상사구체에 투영하고 이를 다시 원기둥 표면에 투영하는 2중 투영이며, 중앙자오선에서의 축척계수는 1.0000이다.
- 동서가 좁고 남북이 긴 지역에 아주 적합하다.

핵심예제

2-1. 천문좌표계에서 어떤 시각의 별의 위치를 적경(α)과 적위(δ)로 나타내는 좌표는?

① 지평좌표
② 황도좌표
③ 적도좌표
④ 시각좌표

정답 ③

2-2. 지구를 회전타원체로 보고 적도를 횡축, 자오선을 종축으로 하며 경도를 6°씩 60개의 종대로 나누고, 위도는 8°씩 20개의 횡대로 나누어 표시하는 좌표계는?

① 물리적 지표 좌표계
② 국제횡메르카토르 좌표계
③ 평면직교 좌표계
④ 횡메르카토르 좌표계

정답 ②

2-3. 측지학에서 사용하는 투영에 대한 설명으로 옳은 것은?

① 동서보다 남북이 긴 지역에는 원뿔투영을 사용한다.
② 대축척 지형도 제작에는 주로 등각투영을 사용한다.
③ 투영에 의해 표현된 평면은 구면의 왜곡이 완전히 소거되어 나타낸 것이다.
④ 투영면상의 거리는 실제 거리와 일치한다.

정답 ②

2-4. 우리나라에 설치된 수준점에 대한 설명으로 옳은 것은?

① 평균해수면으로부터의 높이를 나타낸다.
② 도로의 시점을 기준으로 나타낸다.
③ 만조면으로부터의 높이를 나타낸다.
④ 삼각점으로부터의 높이를 나타낸다.

정답 ①

2-5. 우리나라 평면 직각좌표의 원점은 어떻게 구성되어 있는가?

① 서해, 내륙, 중부, 동해 원점
② 동부, 서부, 내부, 중부 원점
③ 동부, 서부, 중부, 동해 원점
④ 동해, 남부, 북부, 중부 원점

정답 ③

해설

2-1

- 지평좌표계 : 관측자를 중심으로 천체의 위치를 표시
- 적도좌표계 : 천구상 위치를 적도면을 기준으로 해서 적경과 적위 또는 시간각과 적위로 나타내는 좌표계
- 황도좌표계 : 태양계 내의 천체(천문학과 천문측량에서 관측의 대상이 되는 것)의 운동을 설명하는 좌표계
- 은하좌표계 : 은하계 내의 천체의 위치나 은하계와 연관 있는 현상을 설명하는 좌표계

2-2

UTM 좌표계

- 좌표계의 간격은 경도 6°마다 60지대로 나누고 각 지대의 중앙자오선에 대하여 횡메르카토르 투영을 적용한다.
- 경도의 원점은 중앙자오선이다.
- 위도의 원점은 적도상에 있다.
- 길이의 단위는 m이다.
- 중앙자오선에서의 축척계수는 0.9996이다.
- 우리나라는 51지대, 52지대에 속한다.
- 종대에서 위도는 남북위 80°까지만 포함시키며 다시 8° 간격을 20구역으로 나눈다.

2-3

등각투영법은 대축척 지형도 제작 및 측량좌표계용 도법 등에 널리 사용된다.

2-4

수준점(Bench Mark)은 기준면(평균해수면)으로부터의 표고를 정확하게 측정해서 표시해둔 점을 수준점이라 하며, 우리나라는 국도 및 주요 도로에 1등 수준점이 4km, 2등 수준점이 2km마다 설치되어 있다.

2-5

우리나라 평면지각좌표 원점

구 분	경 도	위 도
서 부	동경 125°	북위 38°
중 부	동경 127°	북위 38°
동 부	동경 129°	북위 38°
동 해	동경 131°	북위 38°

핵심이론 03 측량기기의 종류 및 조정

(1) 기기 종류

① 수준측량용 기기

㉠ 경독식레벨(Tilting Level)

- 미동레벨이라고도 한다.
- 경독레벨에는 하부구조 내에 부착되어 있는 원형기포관 외에 망원경 내에 부착된 관형기포관을 갖고 있다.
- 망원경 내의 관형기포관은 경독나사(Tilting Screw)에 의하여 연직축과 독립적으로 경사를 조정할 수 있도록 구성되어 있는 수준기이다.

㉡ 자동레벨

- 정준장치를 이용하여 원형기포관 내의 수준기를 중앙에 오도록 하면 자동적으로 수평인 시준선이 얻어지도록 한 것이 자동레벨이다.
- 시준선이 자동적으로 수평이 되는 것은 자동보정장치(Compensator)와 그 흔들림 방지라고 하는 제동장치(Damper)의 구조에 의한 것이다.
- 자동보정의 구성은 필요한 프리즘 또는 렌즈가 2 ~ 3개의 금속제의 선 또는 특수한 금속판으로 내려져서 레벨 본체의 수직축의 기울기가 10′ 정도 이내까지이면, 자동적으로 시준선을 수평으로 보정할 수 있다.

㉢ 디지털레벨

- 레벨에 전자적인 장치를 부착하여 바코드로 되어 있는 표척을 자동으로 읽게 할 뿐만 아니라 0.1mm까지 정확하게 읽을 수 있도록 한 레벨로, 보통 표척까지의 거리도 관측할 수 있다.
- 바코드레벨이라고도 한다.

㉣ 레이저레벨

- 레이저레벨은 레이저 광선을 발사하여 표척에 부착된 코드를 읽고 이것을 이용하여 높이를 결정한다.
- 레이저레벨은 단일 빔 레이저와 회전 빔 레이저로 나눌 수 있다.
- 단일 빔 레이저는 레이저가 하나의 선을 따라 방출되며 방출된 레이저는 목표물 또는 반사경에 반사되어 높이를 관측할 수 있다.
- 회전 빔 레이저는 개방된 지역에 대하여 기준평면을 제시하며, 단일 빔 레이저를 360° 빠르게 또는 천천히 회전하거나 멈출 수 있다.
- 사용거리는 1,000m이며 300m까지는 높은 정밀도를 유지할 수 있다.
- 약 4° 이내의 경사에서는 자동으로 수평을 유지할 수 있으며 회전 속도는 보통 0 ~ 420rpm 정도이다.

② 각측량용 기기

㉠ 트랜싯

- 트랜싯은 사용하는 목적과 제작회사에 따라 형태는 다르나, 주요구조는 상부, 하부 정준나사 등 3부분으로 나눌 수 있다.
- 상부구조에는 망원경, 망원경 기포관, 연직분도원, 상반기포관, 버니어, 수평축 등을 받치고 있는 두 개의 지주로 구성되어 있다.
- 하부구조에는 수평분도원, 상부와 하부의 회전을 제어하는 상부고정나사, 상부미동나사, 하부고정나사, 하부미동나사 등으로 이루어져 있다.
- 정준장치는 4개(또는 3개)의 정준나사와 정준대로 구성되어 있다.

㉡ 데오드라이트

- 트랜싯의 망원경에 비해서 길이가 짧으며, 망원경 기포관이 없고 대신 목표물의 방향을 대략 정하는 시준기가 부착되어 있다.
- 트랜싯과 마찬가지로 수평 및 연직분도원으로 구성되며, 트랜싯 분도원보다 더 정교하게 숫자와 눈금을 새긴 유리분도원으로 되어 있다.
- 트랜싯에서는 외부에서 확대경을 통하여 분도원과 버니어를 읽는 방식이지만, 데오드라이트의 분도원은 기계 내부에 완전히 감추어져 있어서 외부에서 볼 수 없다.
- 분도원의 눈금은 기계 내부의 광학장치에 의해서 측미경을 통해 읽으며, 분도원의 최소눈금 이하의 미세단위는 마이크로미터에 의하여 읽도록 되어 있다.
- 일반적으로 원형기포관과 관형기포관이 각각 부착되어 있다. 원형기포관은 관형기포관에 비해 감도가 낮으며 개략적인 정준작업에 사용되고, 관형기포관은 정밀정준작업에 사용된다.
- 데오드라이트 내부에 컴펜세이터를 장치하여 연직분도원의 눈금을 90° 또는 270°에 맞추면 자동적으로 망원경 시준선을 수평이 되도록 하는 장치이다.

- 개량된 정준장치로 전자파거리측량기의 발전에 따라 데오드라이트는 본체와 정준장치를 분리할 수 있도록 고안되었다.
- 정준대의 장점은 전자파거리측량기, 시준판, 반사프리즘 등 부수장치들을 구심이나 정준작업을 다시 할 필요 없이 동일 지점에서 쉽고 빠르게 교환·설치할 수 있다.

㉢ 전자식 데오드라이트

- 전자식 데오드라이트의 가장 큰 특징이자 장점은 수평각(H)과 연직각(V)을 액정화면 한 곳에 수치로 직접 나타내는 데 있다.
- 기준방향에서 시계방향으로 관측하는 우회각과 기준방향에서 반시계방향으로 관측하는 좌회각을 쉽게 변경할 수 있고, 망원경으로 첫 번째 측점을 시준하고 상부고정나사를 잠근 상태에서 0-set도 버튼을 누르기만 하면 손쉽게 0-set이 이루어진다.
- 배각법으로 각관측을 하기 위해 상·하부고정나사를 잠그는 불편 없이 간단히 Hold 버튼을 눌러 배각법으로 각관측의 정확도를 높일 수 있다.

③ Total Station

㉠ 디지털 데오드라이트가 갖고 있는 측각기능과 EDM이 갖고 있는 거리측정기능을 동시에 가지고 있는 특징이 있다.

㉡ 컴퓨터시스템과 간단한 소프트웨어가 내장되어 있어 각과 거리가 관측되는 즉시 측점에 대한 좌표계산 등 필요한 사항이 계산되어 화면에 표시되고 또한 입력자료를 포함한 모든 자료가 별도의 저장장치에 저장되어 주 컴퓨터에 의한 추가적인 계산에 활용할 수 있는 특징이 있다.

(2) 기기별 조정

① 수준측량용기기의 조정

㉠ 시준선의 조정

- 시준선오차는 수준측량에서 전시와 후시의 길이를 같게 하면 자연적으로 상쇄된다.
- 항정법에 의한 시준선의 조정

$$e = \frac{r_{1B} - r_{1A} - r_{2B} + r_{2A}}{2}$$

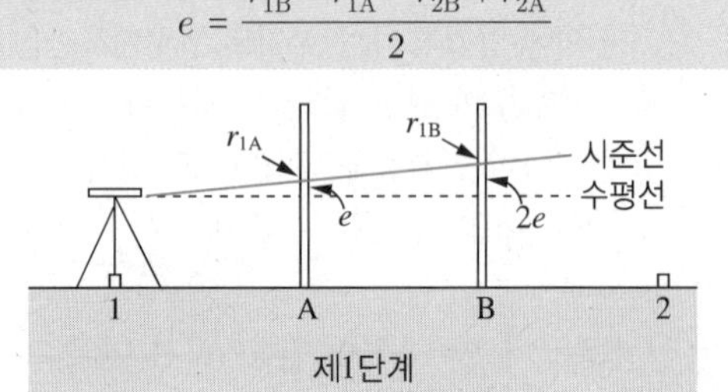

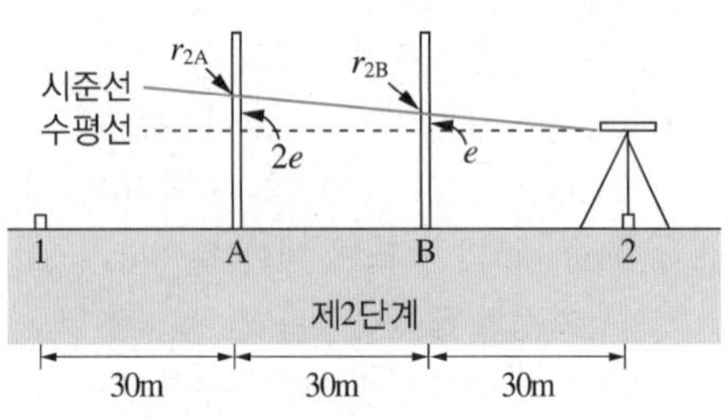

[시준선의 조정]

② 트랜싯과 데오드라이트의 조정

㉠ 트랜싯 또는 데오드라이트가 완전히 조정된 이상적 상태를 유지하기 위해서는 다음 6가지의 조건을 만족해야 한다.

1. 평반기포관의 조정(평반기포관축⊥연직축)
   - 이 단계는 연직축오차가 발생할 수 있으며, 그 오차는 소거 불가능하다.
2. 십자종선의 조정(십자종선⊥수평축)
3. 수평축의 조정(수평축⊥연직축)
   - 이 단계는 수평축오차가 발생할 수 있으며, 정위와 반위를 평균하여 오차를 소거한다.

   ※ 1. ~ 3. 조정까지를 일반적으로 수평각 측정이라고도 한다.
4. 십자횡선의 조정(십자횡선 수평축이 평행)
5. 망원경 기포관의 조정(시준선 기포관축이 평행)
6. 연직 분도원의 버니어 조정(기포가 중앙에 있을 때 연직분도원 0눈금과 연직 버니어 0은 일치할 것)

   ※ 4. ~ 6. 조정까지를 연직각 측정이라고도 한다.

핵심예제

3-1. 수평각 관측에서 수평축과 시준축이 직교하지 않음으로써 일어하는 각 오차의 소거방법으로 옳은 것은?

① 정·반위 관측
② 반복법 관측
③ 방향각법 관측
④ 조합각 관측법

정답 ①

3-2. 자동레벨의 조정 조건이 아닌 것은?

① 원형기포관의 접평면이 연직축과 직교하여야 한다.
② 십자횡선이 수평이어야 한다.
③ 시준선이 항상 수평이어야 한다.
④ 망원경 기포관축이 시준선과 수직이어야 한다.

정답 ④

해설

3-1
시준선이 수평축이나 직각이 아니기 때문에 생기는 오차는 망원경을 정·반위로 관측한 값의 평균값을 구하면 소거가 가능하다.
3-2
망원경 기포관축이 시준선과 평행하여야 한다.

핵심이론 04 거리 및 각측량

(1) 거리측량

① 거리측량의 정의

㉠ 거리측량이란 모든 측량의 기본으로 두 점 간의 거리를 간접 또는 직접으로 관측하는 것으로 보통 거리는 기준타원체면상에서 대응 지점들 간의 최단거리로 정의한다.

- 기준타원체면상의 최단거리
- 기준면을 반경 6,370km인 구면상 호의 길이
- 수평으로 측정한 길이

② 직접거리측량

㉠ 보측에 의한 측량

- 1보의 간격을 L로 하고 두 점 간을 n보로 통과하였다고 하면 2지점 간의 거리(D)는
  $D = nL$

㉡ 테이프에 의한 측정

- 헝겊테이프 : 가격이 싸고 가벼우며 취급 간편하나, 신축이 크기 때문에 1/3,000 정확도 정도가 한계
- 유리섬유테이프 : 유리섬유를 테이프의 길이방향으로 깔고, 백색염화비닐로 씌운 것으로 표면에 눈금을 인쇄. 습도차에 따른 신축이 작다.
- 강철테이프 : 폭이 약 10mm, 두께 약 0.4mm의 띠로 된 강철판에 1mm의 눈금을 새긴 것. 열팽창계수가 크나, 습기에 대한 영향이 없고 재질이 안정. 측량에 사용되는 표준장력 10kg, 표준온도 15℃, 열팽창계수 $\alpha = 11.7 \times 10^{-6}/C^{-1}$ 이용
- 인바테이프 : 열팽창계수가 극히 작은 합금(니켈과 구리)으로 구성, 정밀한 기선측정과 댐의 변형측정 및 긴 교량의 건설 등에 사용. 1/500,000 ~ 1/1,000,000의 정밀도가 필요한 지역에 사용
- 폴 : 측점 위에 세워 측점의 방향 결정, 측점의 위치 표시. 직경 3cm, 길이 2m에 20cm마다 백색과 적색을 칠하여 사용

㉢ 전자파 측거기에 의한 측정

- 두 지점 간의 전자파를 왕복시키면 반사되어 온 전자파의 위상에는 반사한 것과 차이가 있게 된다. 이 원리에 의해 개발된 전자파 측거기이다.
  - 광파측거기 : 전파 대신 빛을 사용하는 것으로 강도를 변조한 빛을 측점에 세운 기계로부터 발사하여 이것이 목표점의 반사경에 반사하여 돌아오는 반사파의 위상과 발사파의 위상차로부터 거리를 구하는 장치로 보통 가시광선이나 적외선을 사용(보통 0.9 μm)한다. 이러한 장치로 지오디미터 등이 있다.
  - 전파측거기 : 측점에 세운 주국으로부터 목표점의 종국에 대하여 극초단파를 변조고주파로 하여 발사하고 이것이 종국을 지나 다시 주국으로 돌아오는 반사파의 위상과 발사파의 위상차로부터 거리를 구하는 장치로 3 ~ 35GHz의 진동수를 갖는 파를 사용한다. 이러한 장치로 텔루로미터 등이 있다.
  - 라디오파 측거기는 주로 수로측량에 사용, 수 km 이상의 파장 사용
- 광파거리측정기와 전파거리측정기의 특성비교

구 분	광파거리측정기	전파거리 측정기
반송파	적외선, 레저광선, 가시광선	극초단파
장비구성	기계와 반사경	주국과 종국
관측범위	원거리용 : 약 10m ~ 60km 근거리용 : 약 1m ~ 1km	약 100m ~ 80km
정확도	$(1 \sim 2) \pm 2 \times 10^{-6} D$(cm)	$(3 \sim 5) \pm 4 \times 10^{-6} D$(cm)
기상조건	안개나 눈 등에 의해 시준 불가능	기상조건에 거의 좌우되지 않음
방해물	광선이 방해 받지 않아야 한다.	장애물에 의해 전파가 장애 받음
종 류	지오디미터	텔롤로미터

㉣ 초장기선 간섭계(VLBI) : 지구상에서 1,000 ~ 10,000km 정도 떨어진 1조의 전파간섭계를 설치하여 전파원으로부터 나온 전파를 수신하여 2개의 간섭계에 도달한 전파의 시간차를 관측하여 거리를 측정하는 방법으로 기존의 측량방법과는 비교되지 않을 정도로 높은 정확도를 가지며, 정밀측량, 지각변동의 관측 등을 목적으로 한 장거리 측량에 널리 이용되고 있으며, Plate 운동, 지구회전, 극운동 등 넓은 분야에까지 이용되고 있다.

③ 간접거리측정

㉠ 수평표척에 의한 측정

- 수평표척 : 인바로 된 봉의 양단에 정확한 간격의 시준표를 한 것
- A점에 데오드라이트를 세우고 B점에 시준표의 간격이 b인 수평표척을 세워 수평각 α를 측정하면

$$S = \frac{b}{2}\cot\frac{\alpha}{2}$$

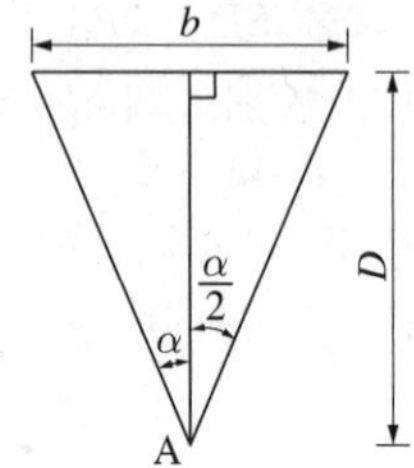

[수평표척에 의한 측정]

㉡ 앨리데이드에 의한 수평거리 측정

$$D = \frac{100}{n_1 - n_2} l = \frac{100}{n} l$$

㉢ 음속법에 의한 측정

- 음의 속도로 거리를 구하는 방법

$$d = \{340 + 0.6(T - 15)\}t$$

④ 거리측정값의 보정

㉠ 거리오차의 원인

- 자연적 원인 : 기후 변화에 의한 것
- 기계적 원인 : 기계의 조정 불완전에 의한 것
- 개인적인 원인 : 개인적 습관이나 착오에 의한 것

㉡ 오차의 종류

- 정오차 : 발생원인이 명확하여 일정한 크기로 한쪽 방향으로만 발생하는 오차로 측정횟수에 비례하며 측량 후 조정이 가능하고 누적오차라고도 한다.
- 정오차의 원인
  - 테이프의 길이가 표준척과 다를 때
  - 측정할 때의 기온이 표준온도와 다를 때
  - 표준장력과 다른 어느 일정한 장력으로 측정했을 때
  - 강철테이프의 자체 중량으로 테이프가 처질 때
  - 경사거리를 측정했을 때
  - 테이프가 바람에 날려서 직선이 안 되었을 때
  - 테이프가 장해물 등에 의하여 직선이 안 되었을 때

• 정오차의 보정

– 표준척보정(특성값 보정)

$$C_0 = \pm \frac{l-l'}{l'} L, \ D = L + C_0$$

여기서, l : 테이프의 실제길이
C_0 : 보정량
l' : 테이프의 표준길이 보정거리
L : 전 측정길이
D : 실제길이

– 온도보정

$$C_t = \alpha(t - t_0)L, \ D = L + C_t$$

여기서, t_0 : 표준온도
t : 관측 시의 온도
α : 강철테이프의 선팽창 계수
L : 측정값
C_t : 온도에 대한 보정량

– 장력보정

$$C_p = \frac{(p - p_0)}{AE} L, \ D = L + C_p$$

여기서, p : 장력
p_0 : 표준장력
C_p : 장력보정량
A : 강철테이프의 단면적
E : 탄성계수

– 처짐보정

$$C_s = -\frac{L}{24}\left(\frac{wl}{P}\right)^2, \ D = L + C_s$$

여기서, w : 줄자의 중량
C_s : 처짐보정량

– 경사보정

$$D = \sqrt{L^2 - H^2} = L\left(1 - \frac{h^2}{L^2}\right)^{\frac{1}{2}} = L\left(1 - \frac{h^2}{2L^2} \cdots\right)$$

$$C_i = -\frac{h^2}{2L}, \ D = L + C_i$$

여기서, h : 표고차
C_i : 경사보정량

– 표고보정

$$\frac{D}{L} = \frac{R}{R+h}, \ D = L\left(\frac{R}{R+h}\right) \fallingdotseq L\left(\frac{1-h}{R}\right)$$

$$C_m = -\frac{h}{R} L, \ D = L + C_m$$

여기서, C_m : 표고에 대한 보정량
R : 지구곡률반경

• 우연오차 : 발생원인이 불명확하거나 원인을 안다고 하여도 오차가 일정하게 누적되지 않는 오차로 측정 횟수의 평방근에 비례하며 오차론에 의한 최소제곱법에 의하여 조정하여야 한다.
  – 테이프의 눈금과 땅 위의 측점이 일치하지 않았을 때 또는 눈금을 정확히 읽지 않았을 때
  – 테이프의 끝자리수를 읽지 못하는 눈금의 테이프이거나 오사오입하였을 때
  – 기온이 측정 중에 때때로 변할 때
  – 측정 중 일정한 장력을 유지하지 못했을 때
  – 진진법에서 계선의 측정이 정확하지 못했을 때
  – 폴의 시준이 정확하지 못하거나 폴을 수직으로 세우지 않았을 때
• 착오 : 관측자의 부주의에 의하여 발생하는 오차로 관측값에 중대한 영향을 미친다.
  – 눈금 또는 숫자의 잘못 읽음
  – 기록 및 계산의 잘못
  – 착오는 이론상의 오차로 취급하지 않는다.
  – 언제나 오차는 생기게 되므로 반드시 같은 측선을 2회 이상 반복하여 평균을 취한다.
  – 관측자를 바꾸어서 측정하여 착오를 방지할 필요가 있다.
  – 착오를 제거한 다음 정오차를 보정하는 것이 일반적이다.

⑤ 측선의 분획 및 관측횟수에 대한 정도와의 관계

㉠ 줄자의 길이와 정도의 관계

• 측선 $\overline{AB}$를 길이 l의 줄자로 n회 나누어 관측한 것으로 줄자 1회의 오차를 m라 하면 전장 L_0에 대한 평균제곱오차(중등오차) m_0은 오차전파법칙에서

$$m_0 = \pm\sqrt{\frac{L}{l} m^2} = \pm\sqrt{nm^2} = \pm m\sqrt{n}$$

㉡ 측선의 분획 및 관측의 오차

• 기선측량을 할 때 전장 L을 n구간으로 나누어 각 구간의 최확값 및 평균제곱오차를 각각 l_1, l_2, l_3 ⋯, l_n 및 m_1, m_2, m_n이라 하면

$\therefore\ L_0 = l_1 + l_2 + l_3 \pm \cdots\ l_n$

• $m_1 \neq m_2 \neq m_3 \cdots \neq m_n$일 때는 오차전파의 법칙에 의하여

$\therefore\ M_0 = \pm\sqrt{m_1^2 + m_2^2 + m_3^2 \pm \cdots\ m_n^2}$

• $m_1 = m_2 = m_3 \cdots = m_n$일 때는 오차전파의 법칙에 의하여

$\therefore\ M_0 \pm m\sqrt{n}$

㉢ 관측값의 처리방법

• n회 관측에 대한 누적오차 및 우연오차

– 누적오차 = $n\delta$, 우연오차 = $\pm\delta\sqrt{n}$

– $S_0 = S \pm$ 누적오차 $\pm$ 우연오차

• 어떤 측선을 동일 경중률로 n회 측정했을 경우 그 최확값과 평균제곱오차 및 확률오차는

– $L_0 = \dfrac{[l]}{n}$

– $M_0 = \pm\sqrt{\dfrac{[vv]}{n(n-1)}}$

– $\gamma_0 = \pm 0.6745\sqrt{\dfrac{[vv]}{n(n-1)}}$

– 정도 = $\dfrac{\gamma_0}{L_0}$

• 어떤 측선을 경중률이 다르게 n회 관측했을 경우

– $L_0 = \dfrac{P_1 l_1 + P_2 l_2 + P_3 l_3 \cdots \mp P_n l_n}{P_1 + P_2 + P_3 \cdots \mp P_n}$

– $M_0 = \pm\sqrt{\dfrac{[Pvv]}{[P](n-1)}}$

– $\gamma_0 = \pm 0.6745\sqrt{\dfrac{[Pvv]}{[P](n-1)}}$

(2) 각측량

① 각의 정의

㉠ 각은 선분이 투영되는 기준면이 수평면이면 수평각이라 하고, 수직면이면 수직각 또는 연직각이라 한다.

㉡ 수평면에 있어서 임의의 기준선으로부터 시계방향으로 관측한 각(α_1)을 방향각이라 하고, 특히 북(자오선방향)을 기준으로 시계방향으로 관측한 각을 방위각이라고 한다.

㉢ 수직각은 수평면을 기준으로 위 방향으로 관측한 경우 양각(+), 아래 방향으로 관측한 경우 부각(–)이라 부른다. 수직각의 측정기준이 수평면이 아닌 천정을 기준으로 측정한 경우에는 천정각이라고 한다.

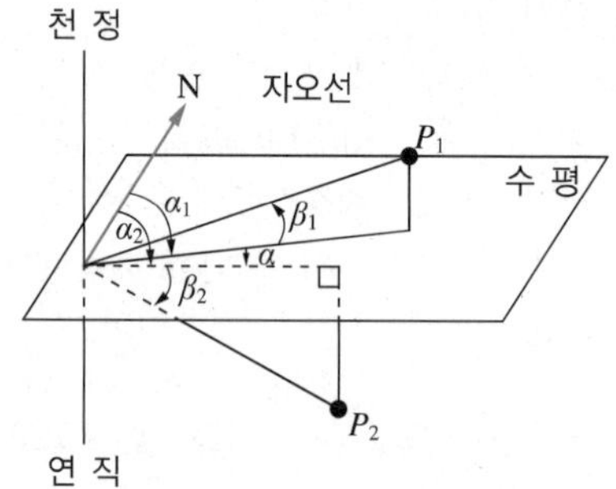

② 각의 단위

㉠ 도(Degree)

• 원주를 360등분하여 호에 대한 중심각을 1도(°), 1도를 60등분하여 1분(′), 1분을 다시 60등분하여 1초(″)라 한다. 대부분의 측량현장에서 사용된다.

㉡ 그레이드(Grade)

• 100진법을 사용하는 것으로 원주를 400등분하여 호에 대한 중심각을 1그레이드라 하고, 1그레이드를 100등분하여 1센티그레이드(cg), 또 이것을 100등분하여 1센티센티그레이드(ccg)라 한다. 이 단위는 사진측량에서 경사단위로 사용되기도 한다.

㉢ 밀

• 군사적 목적 특히 포병에서 많이 사용되는 단위로, 원의 둘레를 6,400개의 눈금으로 등분하여 한 눈금의 간격이 만드는 각을 1밀(mill)이라 한다.

㉣ 라디안(Radian)

• 원의 반지름과 똑같은 호에 대한 1라디안이므로 원주는 2π라디안이 된다. 호도를 사용하면 수학적인 취급이 편리하기 때문에 도나 그레이드로 나타낸 수치를 호도로 환산할 필요가 있다.

㉤ 스테라디안

- 구의 중심을 정점으로 하여 구의 표면에서 r의 반경(r)을 한 변으로 하는 정사각형의 면적(r^2)과 같은 면적의 원과 구의 중심이 이루는 입체각을 1sr(steradian)로 한다.

③ 각의 측정법

㉠ 단측법

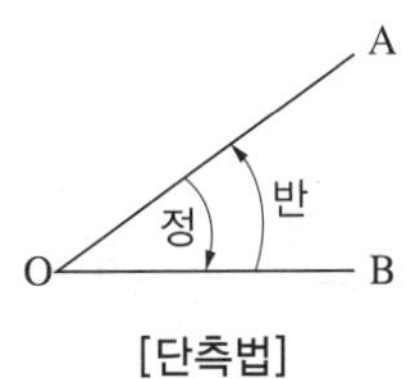

[단측법]

- 한 개의 각을 1회 관측으로 얻는 방법
- 각 관측정도
  - 1방향에 생기는 오차
    $m_1 = \pm\sqrt{\alpha^2+\beta^2}$
  - 각 관측(두 방향의 오차)의 오차
    $m_2 = \pm\sqrt{2(\alpha^2+\beta^2)}$
  - n회 관측한 평균값에 있어서의 오차
    $M = \pm\sqrt{\dfrac{2}{n}(\alpha^2+\beta^2)}$

㉡ 배각법(반복법)

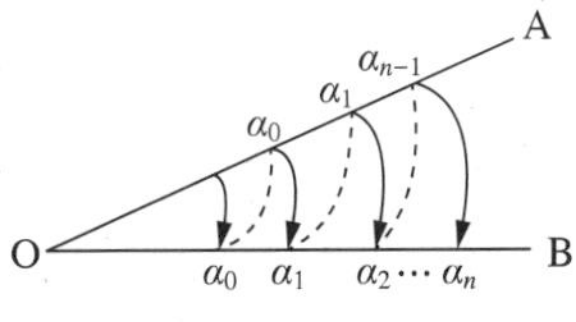

[배각법]

- 한 각을 2회 이상 측정하여 그 평균치를 얻는 방법
- 각 관측정도
  - 1각에 포함되는 시준오차
    $m_1 = \sqrt{\dfrac{2\alpha^2}{n}}$
  - 1각에 포함되는 읽기오차
    $m_2 = \pm\dfrac{\sqrt{2\beta^2}}{n}$
  - 1각에 생기는 배각관측오차
    $M = \pm\sqrt{\dfrac{2}{n}\left(\alpha^2+\dfrac{\beta^2}{n}\right)}$

㉢ 방향관측법

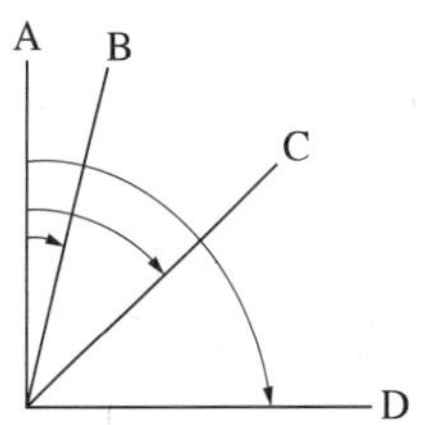

[방향각법]

- 한 점 주위에 여러 개의 각이 있을 때 이용
- 각 관측정도는 단측법과 동일

㉣ 조합관측법

- 조합관측법은 수평각 관측법 중에서 가장 정밀한 결과를 얻을 수 있어 1등 삼각측량에 이용된다.

④ 각측정 오차 및 보정

㉠ 시준오차

$$\frac{\Delta d}{d} = \frac{\theta''}{\rho''}$$

㉡ 구심오차

- $\Delta\theta'' = \theta_1 - \theta_2 = \alpha'' + \alpha'' = 2\alpha''$

$$\therefore\ \alpha'' = \frac{\Delta\theta''}{2}$$

- $\dfrac{\Delta d}{d} = \dfrac{\alpha''}{\rho''} = \dfrac{\frac{\Delta\theta''}{2}}{\rho''} = \dfrac{\Delta\theta''}{2\rho''}$

$$\therefore\ \frac{\Delta d}{d} = \frac{\theta''}{2\rho''}$$

㉢ 기온의 변화에 의한 오차

- 직사광선에 의해 기계 내부의 온도가 올라가면 외부와의 기압차에 의해 정확한 관측이 어렵다. 따라서 기계가 직사광선을 받지 않도록 해야 한다.

㉣ 대기굴절에 의한 오차

- 한낮의 지표면은 복사열 때문에 지표로부터 일정부분까지는 공기의 밀도가 거의 균일하지만 아침과 저녁에는 공기밀도 차이가 심해져 관측오차가 크게 발생하게 된다.
- 연직각은 정오경에 관측하는 것이 좋고, 수평각은 아침 또는 저녁에 관측하는 것이 바람직하다.

㉤ 수평축오차

- 수평축이 연직축과 직교하지 않아 발생하는 오차로, 망원경을 정·반위로 관측하여 평균하면 제거할 수 있다.

ⓑ 시준축 오차
- 시준축과 수평축이 직교하지 않아 발생하는 오차로, 망원경을 정·반위로 관측하여 평균한다.

ⓢ 연직축 오차
- 연직선이 정확히 연직선에 있지 않아 발생하는 오차로, 정·반위로 관측하더라도 연직축 오차는 제거되지 않는다.

ⓞ 회전축의 편심오차(내심오차)
- 기계제작상의 결함으로 측량기의 회전축과 분도원의 중심이 일치하지 않아 발생하는 오차로 180° 차이가 있는 2개의 버니어를 읽어 평균을 취한다.

ⓙ 시준축의 편심오차(외심오차)
- 기계제작상의 결함으로 망원경의 시준선이 기계의 중심을 통과하지 않아 발생하는 오차로, 정·반위로 제거할 수 있다.

ⓒ 분도원의 눈금오차
- 분도원의 눈금이 부정확하여 발생하는 오차로, 대회관측을 할 경우 예를 들면, 2대회에서는 0°, 90° 그리고 3대회에서는 0°, 60°, 120°를 초독으로 하듯이 눈금의 위치를 180°/n씩 옮겨 가면서 관측하면 분도원의 눈금오차를 제거할 수 있다.

핵심예제

4-1. A점에서 B점까지 일정한 경사의 도로상에서 줄자를 이용하여 거리측량을 하였다. 관측값은 398.855m이고 관측 중의 온도가 26℃였다면 실제 수평거리는?(단, 줄자의 표준온도는 15℃, 줄자의 팽창계수는 +0.000012/℃이다)

① 398.694m
② 398.731m
③ 398.802m
④ 398.908m

정답 ④

4-2. 평균거리 2km에 대한 삼각측량에서 시준점의 편심에 대한 영향이 11″일 경우에 이에 의한 편심거리는?

① 약 0.11m
② 약 0.22m
③ 약 0.42m
④ 약 0.81m

정답 ①

해설

4-1

수평거리(L_0) $= L + \alpha \cdot L(t - t_0)$

$= 398.855 + 0.000012 \times 398.855(26 - 15)$

$≒ 398.908\text{m}$

4-2

$$\theta'' = \frac{\Delta h}{D} \cdot \rho''$$

$$\Delta h = \frac{\theta'' \cdot D}{\rho''} = \frac{11'' \times 2{,}000}{206{,}265''} = 0.11\text{m}$$

핵심이론 05 삼변 및 삼각측량

(1) 특징 및 정확도

① 특 징

㉠ 삼각측량은 위치결정에 있어 기본이 되는 국가기준점인 경위도원점으로부터 전국에 걸쳐 매설되어 있는 1등, 2등, 3등, 4등의 기본삼각점 또는 위치결정의 목적으로 설치되어 있는 측정점에 대해 적절한 크기의 삼각형으로 된 삼각망을 구성 한 후 각 지점에서의 교각과 기준변의 거리 즉, 기선거리를 측정하여 삼각법에 의해 각 지점의 위치를 결정하는 기준점 측량의 방법을 말한다.

(a) 단열삼각망

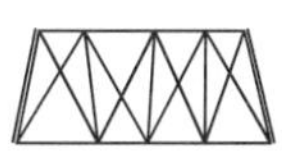

(b) 사변형삼각망
삼각망의 종류

(c) 유심삼각망

[삼각망의 종류]

㉡ 단열삼각망

- 하천, 철도, 도로, 수로 등을 건설하고자 할 경우와 같이 측량할 대상이 비교적 폭이 좁고 길이가 긴 지형에 적합한 형태의 삼각망으로 (a)와 같은 형태의 망을 단열삼각망이라 한다.
- 같은 거리에 대하여 측점수가 가장 적으므로 측량은 간단하여 경제적이나 측정오차에 대한 오차소거 목적으로 구성되는 조건식의 수가 다른 형태의 삼각망에 비해 적어 정밀도가 낮은 단점이 있다.

㉢ 사변형삼각망

- 사변형삼각망은 포함되는 면적이 작고, 다른 형태의 삼각망에 비해 측정값에 따른 조건식의 수가 많아 오차조정이 복잡하고 시간이 많이 소요되는 단점이 있지만 높은 정밀도를 요구하는 지역의 측량이나 기선을 확대하기 위한 기선삼각측량에 사용된다.

㉣ 유심삼각망

- 유심삼각망은 각 삼각형의 측정 중 하나가 어느 한 지점으로 수렴하는 형태로 구성되는 삼각망으로서 동일 측점수에 비해 포함면적이 커서 대규모 농지, 단지 등 방대한 지역의 측량에 적합하며, 정확도는 단열삼각망과 사변형삼각망의 중간에 해당한다.

② 정확도

㉠ 측지학적 삼각측량

- 천제관측에 의하여 삼각점의 위도, 경도 및 높이를 구하여 지구표면의 여러 점 간의 지리적 위치를 결정하는 동시에 나아가서는 지구의 크기 및 형상까지도 결정하려는 것으로서 그 규모도 크고 계산을 할 때 지구의 곡률을 고려하여 정확한 결과를 구하는 것이다.
- 지구의 곡률을 고려한 측지삼각측량은 구과량을 고려하여야 한다.
- 삼각형의 두 변을 a, b, 낀각을 C, 삼각형의 면적을 F, 지구의 평균곡률반경을 R이라 할 때 구과량(ε)은 $\varepsilon = \dfrac{F}{R^2}\rho''$ 또는 $\varepsilon = \dfrac{ab\sin C}{2R^2}\rho''$ 로 구할 수 있다.

㉡ 평면삼각측량

- 지구의 표면을 평면으로 간주하고 실시하는 측량이며 거리측량의 정밀도를 100만분의 1로 할 때 면적 380km^2 (직경 약 11km) 범위를 평면으로 간주하는 삼각측량이다.

㉢ 등급에 따른 정확도

삼각점 등급	평균변장				
	한 국	미 국	영 국	독 일	일 본
1등 삼각본점	30km	30 ~ 150 km	40 ~ 60 mile	50km	45km
2등 삼각본점	–	–	–	20	25
2등 삼각점	10	10 ~ 60	10 ~ 20	10 ~ 20	8
3등 삼각점	5	1 ~ 15	1 ~ 4	3 ~ 10	4
4등 삼각점	2.5	–	–	1 ~ 3	2

삼각점 등급	표준정확도	
	폐합 오차	확률 오차
1등 삼각본점	1″	1/60,000 ~ 1/200,000
2등 삼각본점	2″	
2등 삼각점	5″	1/20,000 ~ 1/50,000
3등 삼각점	15″	1/5,000 ~ 1/20,000
4등 삼각점	20″	

(2) 작업순서 및 관측

① 작업순서

계획 → 준비 → 답사 → 선점 → 조표 → 기선측량 → 각측량 → 천체관측 → 계산

② 관 측

㉠ 수평각관측

- 수평각관측은 각관측법, 방향관측법, 반복관측법에 의해 수행된다.
- 수평각관측 시 삼각점의 표석중심(C), 측표중심(P) 및 기계의 중심(B)가 연직선으로 일치되어 있는 것이 이상적이나, 현지의 상황에 따라 일치될 수 없는 조건에서 부득이 측량을 하여야 할 때가 생기는 데, 이때 편심시켜서 관측을 하여야 한다.
- 편심이 생기는 관계는 다음과 같다.
  - 표석의 중심이 편심되어 있는 경우[B = P ≠ C : (a)]
  - 측표의 중심이 편심되어 있는 경우[B = C ≠ P : (b)]
  - 기계의 중심이 편심되어 있는 경우[B ≠ C = P : (c)]
  - 서로 다른 위치에 있는 경우[B ≠ C ≠ P : (d)]

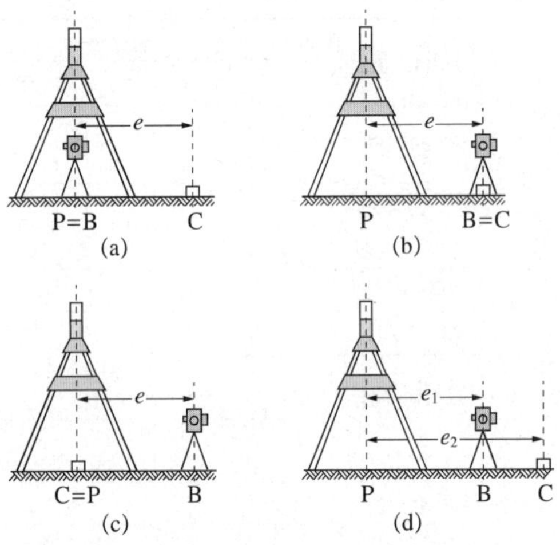

[편심의 경우]

㉡ 편심관측에 따른 보정

- L, M, N은 각 삼각점을 나타내며, M과 N에서 삼각점 L를 관측하기 위하여 편심거리(e) 만큼 떨어진 B지점에 대해 기계를 설치한 상태를 나타낸다.

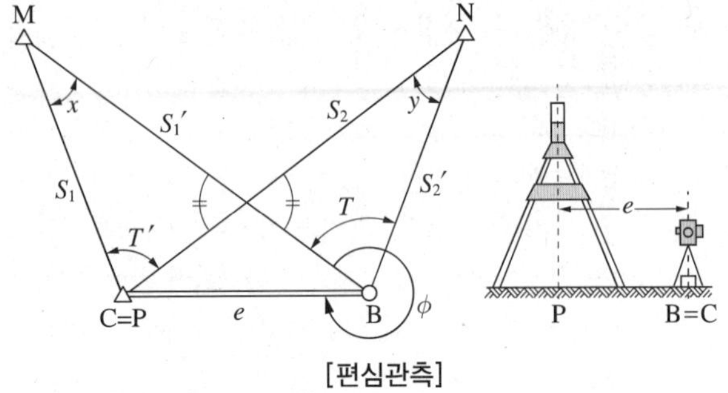

[편심관측]

- 기계점에서 관측한 관측각 T를 삼각점 L의 각 T'로 환산하기 위해서는 B, L, M, N을 동일 평면상에 놓여 있다고 생각하면

$$\therefore\ T = T' + x - y$$

- △LBM에서 정현법칙을 적용하면

$$\therefore\ x = \sin^{-1}\left\{\frac{e}{S_1}\cdot\sin(360-\phi)\right\},$$

$$y = \sin^{-1}\left\{\frac{e}{S_2}\cdot\sin(360-\phi+T)\right\}$$

(3) 조정계산

① 관측값에 대해서는 다음 3조건이 만족되어야 한다.

㉠ 하나의 측점주위에 있는 모든 각의 합은 360°이어야 한다(측점조건식).

㉡ 삼각형의 3내각의 합은 180°이어야 한다(각조건식).

㉢ 삼각망 중에서 임의 1변의 길이는 계산순서에 관계없이 동일해야 한다(변조건식).

② 단열삼각망의 조정

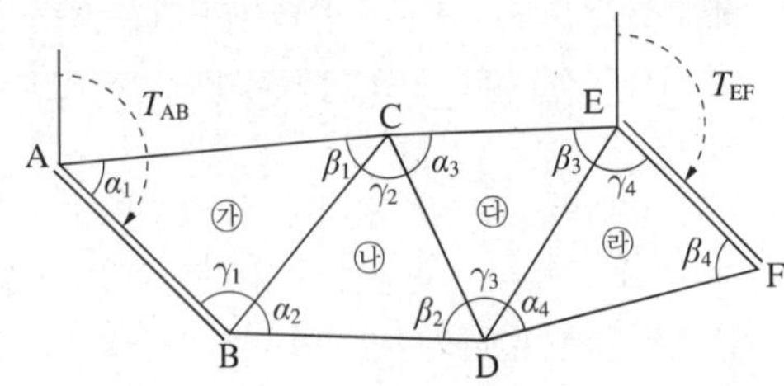

[단열삼각망의 조정]

㉠ 각조건에 의한 조정

- $\alpha_i + \beta_i + \gamma_i - 180 = \pm\varepsilon_i$
- $v_{\alpha_i} = \frac{\varepsilon_i}{3}$, $v_{\beta_i} = \frac{\varepsilon_i}{3}$, $v_{\gamma_i} = \frac{\varepsilon_i}{3}$

따라서, 각각의 삼각형에서 보정된 각은

- $\alpha_i' = \alpha_i \pm v_{\alpha_i} = \alpha_i \pm \frac{\varepsilon_i}{3}$
- $\beta_i' = \beta_i \pm v_{\alpha_i} = \beta_i \pm \frac{\varepsilon_i}{3}$
- $\gamma_i' = \gamma_i \pm v_{\alpha_i} = \gamma_i \pm \frac{\varepsilon_i}{3}$

㉡ 방향각조건에 의한 조정

$\theta_n = \theta_0 + 180 \times n + \Sigma\gamma$진행방향 좌측 $- \Sigma\gamma$진행방향 우측

$\theta_n - \theta_n' = \varepsilon_2$

- 방향각조건에 의해 발생된 오차는 측정각에 있어 γ각만이 관계가 있으므로 조정량 $v_\gamma = \frac{\varepsilon_2}{n}$이다.
- 삼각형의 내각의 합이 180°가 되어야 하는 조건에 따라 α, β각에는 v_γ에 대해 1/2씩을 조정해 주어야 한다.

$v_\gamma = \pm\frac{\varepsilon_2}{n}$, $v_\alpha = \pm\frac{\varepsilon_2}{2n}$, $v_\beta = \pm\frac{\varepsilon_2}{2n}$

㉢ 변조건에 의한 조정

- 임의측선의 길이 L_n에 대한 일반화 식은

$$L_n = L_1\frac{\sin\alpha_1''\sin\alpha_2''\cdots\sin\alpha_n''}{\sin\beta_1''\sin\beta_2''\cdots\sin\beta_n''}$$

- 계산을 편리하게 하기 위해 양변에 log를 취하면 $\log L_n = \log L_1 + \Sigma\log\sin\alpha - \Sigma\log\sin\beta$이다.

$\log L_1 - \log L_n + \Sigma\log\sin\alpha - \Sigma\log\sin\beta \neq 0 = \varepsilon_3$

- 변조건에 의해 발생된 오차량은 측각 오차 중 최소각인 1″차에 대한 변의 길이에 따른 기하학적오차의 관계를 나타내므로 이를 고려한 오차의 조정량을 결정하여야 한다.
- 1″차의 오차인 표차(d)를 각 측각에 대해 계산한다.
- 표차의 총합 $[d]$을 계산하여 오차량을 나눈 것이 조정량이 된다.
- 변조건에 의한 조정은 α, β만의 관계를 가지기 때문에 α, β에 대해서만 오차의 조정을 하면 된다.
- 오차량 ε_3가 ±인 경우 α의 각에 대한 오차량이 많으므로 $-v_\alpha$만큼, β의 각에는 $+v_\beta$만큼 조정한다.

$v_\alpha = -\frac{\varepsilon_3}{[d]}$, $v_\beta = \frac{\varepsilon_3}{[d]}$

③ 유심다각망의 조정

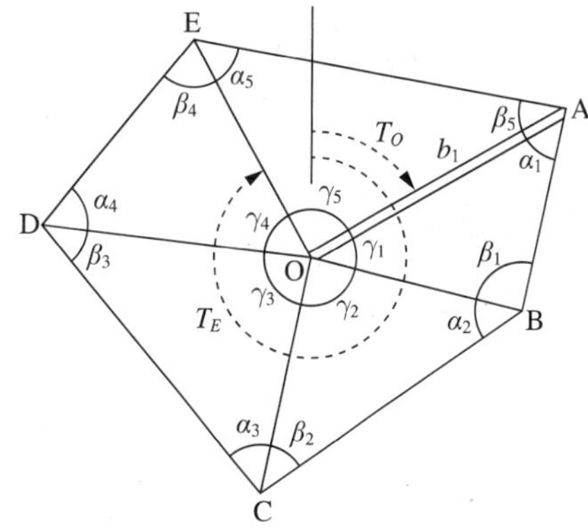

[유심다각망의 조정]

㉠ 각조건에 의한 조정

- $\alpha_i + \beta_i + \gamma_i - 180° = \varepsilon_i$이고, 이때 보정량 v는

$v_{\alpha_i} = \frac{\varepsilon_i}{3}$, $v_{\beta_i} = \frac{\varepsilon_i}{3}$, $v_{\gamma_i} = \frac{\varepsilon_i}{3}$

- 각각의 삼각형에서 보정된 각은

− $\alpha_i' = \alpha_i \pm v_{\alpha_i} = \alpha_i \pm \frac{\varepsilon_i}{3}$

− $\beta_i' = \beta_i \pm v_{\alpha_i} = \beta_i \pm \frac{\varepsilon_i}{3}$

− $\gamma_i' = \gamma_i \pm v_{\alpha_i} = \gamma_i \pm \frac{\varepsilon_i}{3}$

㉡ 방향각조건에 의한 조정

- 단열삼각망의 조정에서와 같이 방향각에 대한 조정을 하면 된다.
- 방향각을 계산하기 쉬운 방법으로 중심점에 대한 방향각을 계산하여 각 측선에 대한 중심점의 방향각을 계산하여 조정한다.

ⓒ 측점조건에 의한 조정

- 측점 O의 주변이 있는 각 γ의 합이 360°가 되어야 한다.

  $\gamma_1 + \gamma_2 + \gamma_3 + \cdots + \gamma_n - 360° \neq 0 = \varepsilon_3$

  $u_\gamma = -\dfrac{\varepsilon_3}{n}$

ⓔ 변조건에 의한 조정

$$\frac{b_n}{b_1} = \frac{\sin\alpha_1'' \sin\alpha_2'' \cdots \sin\alpha_n''}{\sin\beta_1'' \sin\beta_2'' \cdots \sin\beta_n''} = \varepsilon_4$$

- 계산을 편리하게 하기위하여 log대수를 취하여 정리하면

  $\log b_1 + \sum\log\sin\alpha - \log b_n - \sum\log\sin\beta \neq 0 = \pm\varepsilon_4$

- 오차량이 $\pm\varepsilon_4$이므로 α각에 대한 오차가 β각보다 많으므로 $u_\alpha = \pm\dfrac{\varepsilon_3}{[d]}$, $u_\beta = \pm\dfrac{\varepsilon_3}{[d]}$만큼 조정한다.

④ 사변형삼각망의 조정

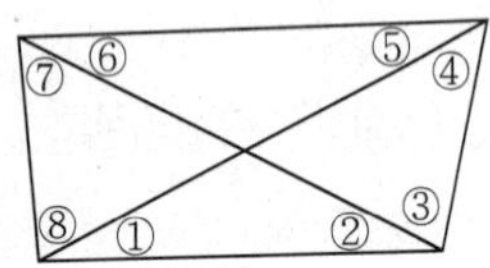

[사변형삼각망의 조정]

㉠ 각조건에 의한 조정

- 각조건식에 의한 조정식은 다음의 3가지이다.

  조건 1 : ①+②=⑤+⑥

  조건 2 : ③+④=⑦+⑧

  조건 3 : ①+②+③+④+⑤+⑥+⑦+⑧=360°

  - 조건 1로부터

    ①+②−{⑤+⑥} = $\pm\varepsilon_1$

  - 조건 2로부터

    ③+④−{⑦+⑧} = $\pm\varepsilon_2$

  - 조건 3으로부터

    ①+②+③+④+⑤+⑥+⑦+⑧−360° = $\pm\varepsilon_3$

    이고, 이로부터 조정량은 다음과 같이 구한다.

    $u_1 = \dfrac{\varepsilon_1}{4}$, $u_2 = \dfrac{\varepsilon_2}{4}$, $u_3 = \pm\dfrac{\varepsilon_3}{8}$

- 따라서

  - ① $\mp\dfrac{\varepsilon_1}{4}$ = ①′, ② $\mp\dfrac{\varepsilon_1}{4}$ = ②′, ⑤ $\pm\dfrac{\varepsilon_1}{4}$ = ⑤′, ⑥ $\pm\dfrac{\varepsilon_1}{4}$ = ⑥′
  - ③ $\pm\dfrac{\varepsilon_2}{4}$ = ③′, ④ $\mp\dfrac{\varepsilon_2}{4}$ = ④′, ⑦ $\pm\dfrac{\varepsilon_2}{4}$ = ⑦′, ⑧ $\pm\dfrac{\varepsilon_2}{4}$ = ⑧′
  - ①′ $\mp\varepsilon_3$ = ①″, ②′ $\mp\varepsilon_3$ = ②″, ③′ $\mp\varepsilon_3$ = ③″, ④′ $\mp\varepsilon_3$ = ④″
  - ⑤′ $\mp\varepsilon_3$ = ⑤″, ⑥′ $\mp\varepsilon_3$ = ⑥″, ⑦′ $\mp\varepsilon_3$ = ⑦″, ⑧′ $\mp\varepsilon_3$ = ⑧″

㉡ 변조건에 의한 조정

$$\frac{b_n}{b_1} = \frac{\sin①''\sin③''\sin⑤''\sin⑦''}{\sin②''\sin④''\sin⑥''\sin⑧''} = 1$$

- 위 식에 log 대수를 취하면

(logsin①″ + logsin③″ + logsin⑤″ + logsin⑦″) − (logsin②″ + logsin④″ + logsin⑥″ + logsin⑧″) = $\mp\varepsilon_4$

- 조정량은 v_4는 홀수각 $\mp\dfrac{\varepsilon_4}{[d]}$만큼 조정하고, 짝수각 $\pm\dfrac{\varepsilon_4}{[d]}$만큼 조정한다.
- 오차량(ε_4)에 있어 홀수각이 짝수각에 비해 크게 발생하였으므로 홀수각에는 홀수각 $\mp\dfrac{\varepsilon_4}{[d]}$만큼 조정하고, 짝수각에는 짝수각 $\pm\dfrac{\varepsilon_4}{[d]}$만큼 조정한다.

(4) 결과정리

① 좌표계

기본삼각점의 위치는 평면 직각좌표가 사용된다.

② 성과표의 내용

㉠ 삼각점의 등급, 좌표번호, 명칭

㉡ 측점 및 시준점

ⓒ 방향각(T)

ⓔ 진북 방향각(자오선 수차, γ)

ⓜ 위도 및 경도(B, L)

㉥ X, Y(평면상의 좌표)
㉦ H(삼각점의 표고)
㉧ 거리의 대수

핵심예제

삼각측량의 단열삼각망의 용도로 가장 적합한 것은?

① 노선, 하천조사 측량을 위한 골조측량
② 복잡한 지형측량을 하기 위한 골조측량
③ 시가지와 같은 정밀을 요하는 골조측량
④ 광대한 지역의 지형도를 작성하기 위한 골조측량

정답 ①

해설

단열삼각망은 폭이 좁고 거리가 먼 지역에 적합하며, 선형지역(하천, 노선 등) 측량의 골조측량에 주로 활용된다.

핵심이론 06 다각측량(트래버스측량)

(1) 특징 및 정확도

① 특 징

㉠ 트래버스는 측량하려는 지역 전반에 걸쳐 몇 개의 측점을 잡아 다각형을 구성하거나, 철도・도로・수로 등의 긴 지역에서는 절선을 만들 것이며, 각 변의 길이와 방위각을 순서 있게 측정하여 이 결과로부터 일정한 계산을 거쳐 각 점의 좌표를 결정하여 기준점의 위치를 정하는 측량방법이다.

㉡ 개방트래버스는 어떤 기지점을 출발해서 출발점과는 전혀 관계가 없는 미지점에서 종료되는 트래버스를 말한다.

㉢ 어느 한 측점에서 측량을 시작하여 각 측점을 차례로 측정하고 최후에 다시 출발점으로 되돌아오는 것을 폐합트래버스라 한다.
측점 1에서 출발하여 1 → 2 → 3 → 4 → 5 → 6 → 1과 같이 출발점 1로 되돌아오는 폐합트래버스의 한 예이다.

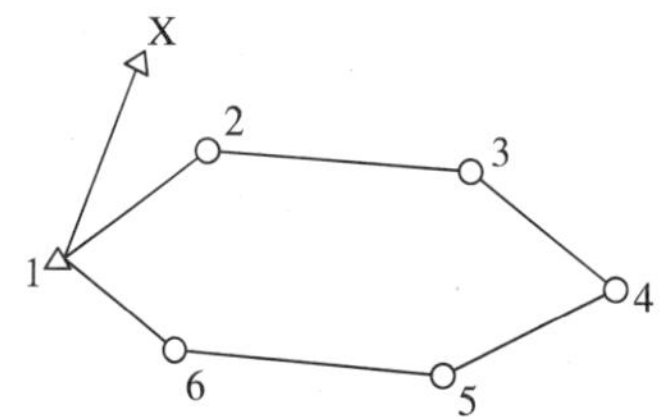

[폐합트래버스]

• 결합트래버스는 좌표를 미리 알고 있는 기지점(또는 기지변)을 출발점으로 하여 또 다른 기지점(또는 기지변)에 결합시키는 트래버스를 말하며, 가장 정밀한 방법이다.

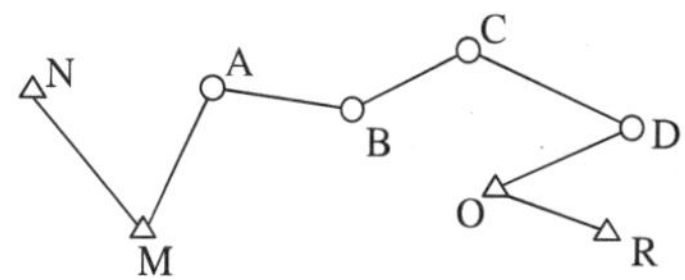

[결합트래버스]

② 정확도

㉠ 트래버스측량에서 수평각 허용오차

$E_a = \pm \varepsilon_a \sqrt{n}$

여기서, ε_a : 한 측점에서 발생하는 오차
n : 전체 각을 관측한 관측 수

㉡ 우리나라에서는 그 허용오차의 범위를 다음과 같이 정하고 있다.

- 시가지의 경우 : $20'' \sqrt{n} \sim 30'' \sqrt{n}$
- 평탄지의 경우 : $30'' \sqrt{n} \sim 60'' \sqrt{n}$
- 산지나 지형이 복잡한 경우 : $90'' \sqrt{n}$
- 폐합비의 허용범위는 소요의 정확도, 측량기술 및 지형의 조건에 따라 다르나 일반적인 허용범위는 다음과 같다.
  - 시가지나 평탄지 : 1/5,000 ~ 1/10,000
  - 낮은 산이나 평야 : 1/1,000 ~ 1/3,000
  - 험준한 산이나 시통이 잘 안 되는 지역 : 1/300 ~ 1/1,000

(2) 작업순서 및 관측

① 답사와 선점

㉠ 답사와 선점은 측정의 정확도, 작업의 능률, 측량의 난이 등에 관계되므로 다음 사항을 충분히 고려해야 한다.

- 트래버스의 노선은 될 수 있는 한 결합트래버스가 되게 해야 한다.
- 결합트래버스의 출발점과 결합점 사이의 거리는 될 수 있는 한 짧게 하여야 한다.
- 트래버스의 노선은 평탄한 경로를 택해야 한다.
- 측점 간의 거리는 될 수 있는 한 등거리로 하며 두 측점 사이에는 큰 고저차가 없도록 하여야 한다. 특히 매우 짧은 노선은 피하여야 한다. 이 조건은 기계오차를 작게 하는 동시에 오차를 합리적으로 배분할 수 있다.
- 측점은 지반이 견고하고 그 표지가 안전하게 보존될 수 있는 곳에 설치되어야 하며 앞으로 실시되는 모든 측량에 편리한 곳이라야 한다.
- 측점은 기계를 세우기가 편리하고 관측이 용이하며 관측 중에 기계의 침하나 동요가 없어야 한다.
- 관측 도중 교통에 의하여 방해를 받거나 또 교통에 방해가 되지 않게 하여야 하며 시준선이 너무 지면에 가까워서 아지랑이 때문에 작업이 곤란하지 않도록 견고한 지반을 택해야 한다.

② 조 표

㉠ 트래버스 점은 측량의 목적에 따라 필요한 기간까지 확실하게 보존할 수 있도록 지상에 표지를 설치해야 한다.

③ 관 측

㉠ 관측에서는 각 측선의 거리와 인접 측선이 서로 이루는 각을 측정한다.

④ 방위각 측정

㉠ 방위각을 측정한다는 것은 트래버스에서 기준이 되는 어느 하나의 측선이 자오선방향(진북방향)과 만드는 각을 시계 방향으로 측정하는 것을 말하며, 일반적으로 관측하기 전후 또는 관측 도중에 실시한다.

⑤ 계 산

㉠ 관측 결과를 계산하고 오차를 조정해서 트래버스 점들의 평면 위치를 결정한다.

(3) 조정계산

① 각측량의 조정

㉠ 폐합다각형의 경우

- 내각 측정 시 $[\alpha] = 180°(n-2)$
- 외각 측정 시 $[\alpha] = 180°(n+2)$

여기서, n은 트래버스의 변의 수를 나타낸다.

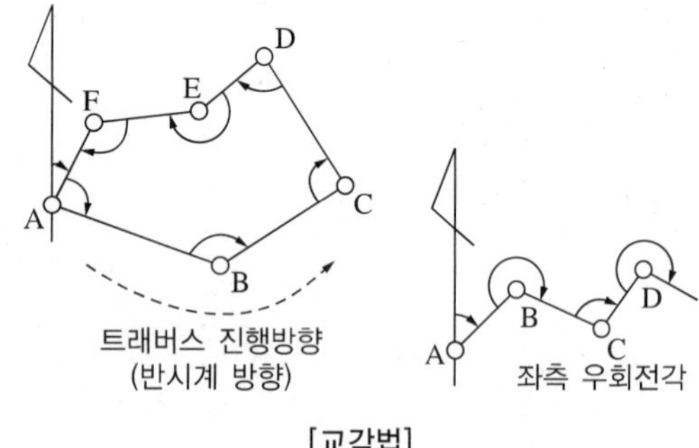

[교각법]

㉡ 편각법

- 각 측선이 전 측선과 이루는 각으로 180° 미만의 협각을 말하며, 주로 도로 및 철도 등의 측량에 사용한다.
- 편각은 좌·우편각이 있으며, 폐합인 경우 편각총합은 ±360°이다.

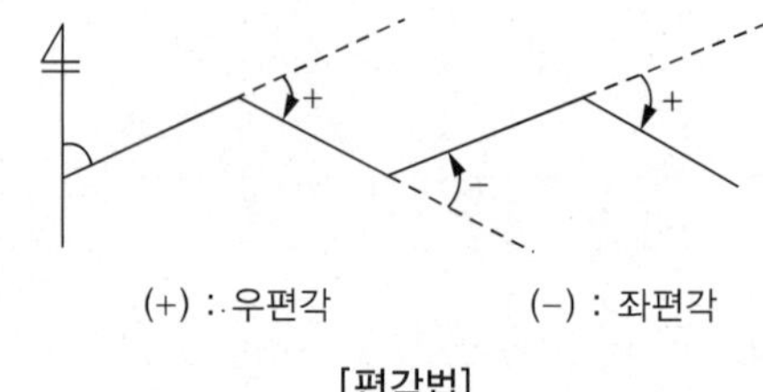

[편각법]

㉢ 방위각법

- 진북선(N)을 중심으로 구하려는 측선과 이루는 우회각을 방위각이라 한다.

② 트래버스측량의 계산 및 조정

㉠ 측각의 오차점검 및 조정

- 폐합트래버스의 경우
  - 내각 측정 $\Delta\alpha = [\alpha] - 180°(n-2)$
  - 외각 측정 $\Delta\alpha = [\alpha] - 180°(n+2)$

  여기서, $\Delta\alpha$는 오차량, n는 변수, $[\alpha]$는 관측값의 총합

- 결합트래버스의 경우

  $\Delta\alpha = W_a - W_b + [\alpha] - 180°(n+1)$ → 그림 (a)

  $\Delta\alpha = W_a - W_b + [\alpha] - 180°(n-1)$ → 그림 (b), (c)

  $\Delta\alpha = W_a - W_b + [\alpha] - 180°(n-3)$ → 그림 (d)

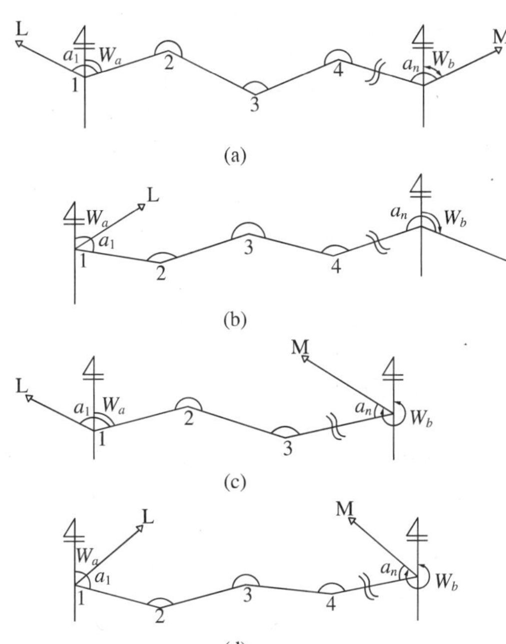

[결합트래버스]

㉡ 오차 처리

- 각 관측의 정도가 같은 경우 오차를 등배분한다.
- 각 관측의 경중률이 다른 경우 오차를 경중률에 비례하여 배분한다.
- 변 길이의 역수에 비례하여 배분한다.

③ 방위각과 방위 계산

㉠ 교각을 관측한 경우

- 어느 측선의 방위각 = 전 측선의 방위각 − 180 ± 교각

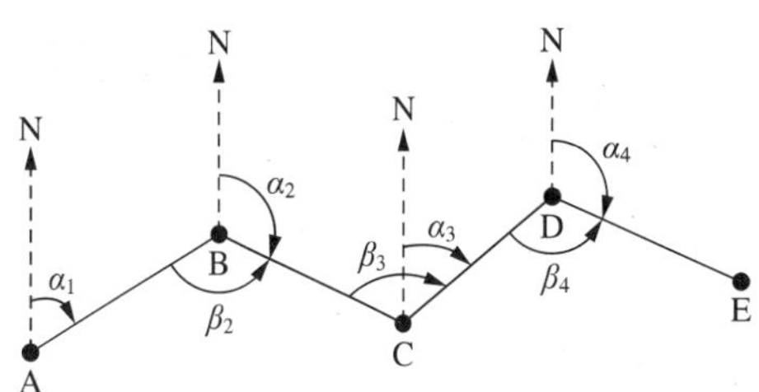

[방위각 계산(교각관측의 경우)]

㉡ 편각을 관측한 경우

- 어떤 측선의 방위각 = 전 측선의 방위각 ± 그 측선의 편각

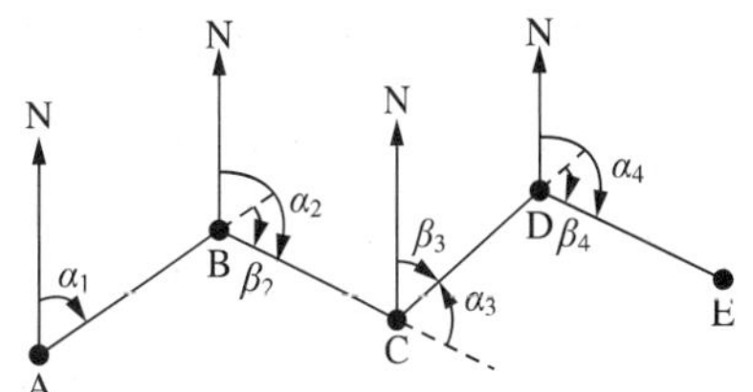

[방위각 계산(편각관측의 경우)]

④ 위거 및 경거 계산

㉠ 위 거

- 위거는 임의의 한 측선을 자오선(X축)상에 투영했을 때의 길이이며, 시점에서 종점 방향이 좌표계의 원점 O를 기준으로 북쪽방향일 때를 (+)로 하고, 남쪽 방향일 때를 (−)로 한다.

$$L = l \times \cos\beta$$

여기서, l는 측점 간 거리, β는 방위를 말한다.

㉡ 경 거

- 경거는 임의의 한 측선을 묘유선(Y축)상에 투영했을 때의 길이이며, 시점에서 종점 방향이 좌표계의 원점 O를 기준으로 동쪽 방향일 때를 (+)로 하고, 서쪽 방향일 때를 (−)로 한다.

$$D = l \times \sin\beta$$

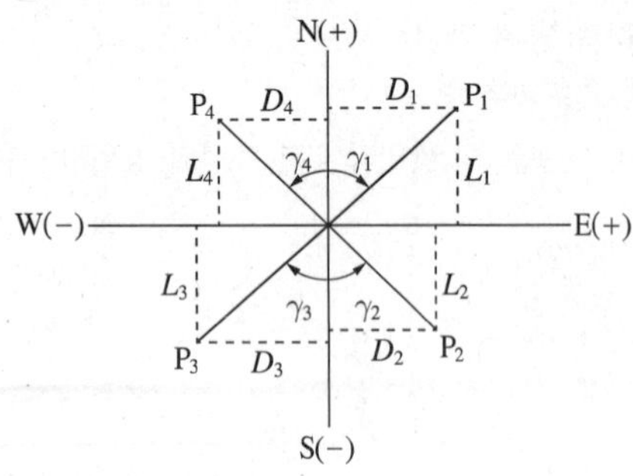

⑤ 폐합오차 및 폐합비

㉠ 폐합오차(E)

• 어떤 다각측량에서 거리와 각을 관측하여 출발점에 다시 돌아왔을 때 거리와 각의 관측오차로 위거의 대수합(ΣL)과 경거의 대수합(ΣD)이 0이 안 된다. 이때 E를 폐합오차(또는 폐차)라 한다.

$$\text{폐합오차}(E) = \sqrt{(\Delta l)^2 + (\Delta d)^2}$$

여기서, Δl는 위거 오차량, Δd는 경거 오차량을 말한다.

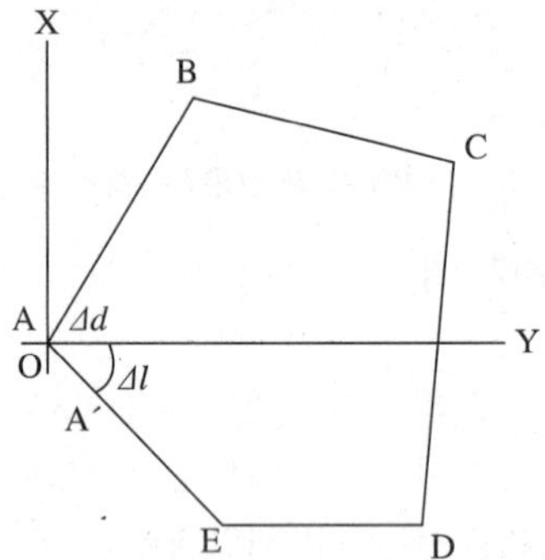

㉡ 폐합오차의 조정

• 컴퍼스 법칙은 측각오차와 측거오차가 같은 정도로 발생하였다고 생각될 때 적합한 조정방법으로 폐합오차를 측선길이에 따라 분배하는 방법으로 계산은 다음과 같다.

$$\text{위거 보정량} : \frac{\Delta l}{\Sigma L} \times l$$

$$\text{경거 보정량} : \frac{\Delta d}{\Sigma L} \times l$$

여기서, Δl은 위거 오차량, Δd는 경거 오차량, l은 해당 측선의 거리를 말한다.

• 트랜싯 법칙은 측거오차가 측각오차보다 크다고 생각될 때 적합한 방법이며 다음 계산법에 따른다.

$$\text{위거 보정량} = \frac{\Delta l}{[L]} \times L$$

$$\text{경거 보정량} = \frac{\Delta d}{[D]} \times D$$

여기서, $[L]$은 위거 절대치의 총합
$[D]$는 경거 절대치의 총합
L은 해당 측선의 위거
D는 해당 측선의 경거를 말한다.

⑥ 합위거 및 합경거 계산

$$x_i = x_1 + \sum_{i=1}^{n} L_{i-1}$$

$$y_i = y_1 + \sum_{i=1}^{n} D_{i-1}$$

⑦ 면적의 계산

㉠ 횡거란 임의 측선의 중점으로부터 자오선에 내린 수선의 길이를 의미하며, 횡거의 길이를 2배한 것이 바로 배횡거이다.

임의 측선의 횡거
$= \text{전측선의 횡거} + \text{전측선 경거의 } \frac{1}{2} + \text{임의 측선 경거의 } \frac{1}{2}$

㉡ 배면적을 계산할 때 횡거를 이용할 경우 계산상의 불편이 많기 때문에 실제로는 횡거의 두 배인 배횡거를 이용한다. 각 측선의 배횡거는 다음과 같다.

임의 측선의 배횡거
= 전측선의 배횡거 + 전측선의 경거
  + 해당 측선의 경거

㉢ 면 적

$\frac{1}{2}\{\Sigma[\text{해당 측선의 위거} \times \text{해당 측선의 배횡거}]\}$

(4) 결과정리

계산된 좌표(X, Y)에 대해 기본설계 및 실시설계 도면 내 표시하여 사용토록 한다.

핵심예제

6-1. 기지점 A, B, C에서 출발하여 교점 P의 좌표를 구하기 위한 다각측량을 하였다. 교점 P의 최확값(x_0, y_0)은?(단, X_P, Y_P는 각 측점으로부터 계산한 P점의 좌표)

측 선	거리[km]	X_P[m]	Y_P[m]
A → P	2.0	+25.39	−51.87
B → P	1.0	+25.35	−51.76
C → P	0.5	+25.28	−51.72

① x_0 = +25.34m, y_0 = −51.78m
② x_0 = +25.35m, y_0 = −51.75m
③ x_0 = +25.32m, y_0 = −51.82m
④ x_0 = +25.32m, y_0 = −51.75m

정답 ④

6-2. 트래버스측량의 결과가 표와 같을 때, 폐합오차는?

측 점	위거(m)		경거(m)	
	N(+)	S(−)	E(+)	W(−)
A	130.25		110.50	
B		75.63	40.30	
C		110.56		100.25
D	55.04			50.00

① 1.05m　② 1.15m
③ 1.75m　④ 1.95m

정답 ①

6-3. 삼각측량에 의한 관측 결과가 그림과 같을 때, C점의 좌표는?(단, $\overline{AB}$의 거리 = 10m, 좌표의 단위 : m)

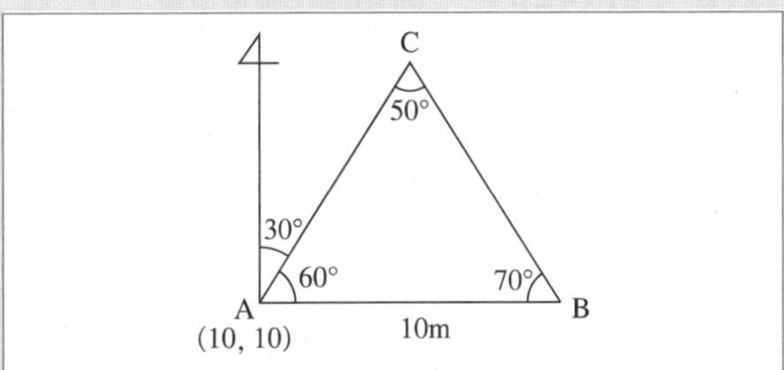

① (6.13, 10.62)
② (10.62, 6.13)
③ (16.13, 20.62)
④ (20.62, 16.13)

정답 ④

해설

6-1
경중률은 노선거리(S)에 반비례하므로 경중률비를 취하면,

$$W_1 : W_2 : W_3 = \frac{1}{S_1} : \frac{1}{S_2} : \frac{1}{S_3} = \frac{1}{2} : \frac{1}{1} : \frac{1}{0.5} = 1:2:4$$

$$x_0 = \frac{X_A W_1 + X_B W_2 + X_C W_3}{W_1 + W_2 + W_3}$$

$$= 25.00 + \frac{(0.39\times1)+(0.35\times2)+(0.28\times4)}{1+2+4}$$

$$= 25.32\text{m}$$

$$y_0 = \frac{Y_A W_1 + Y_B W_2 + Y_C W_3}{W_1 + W_2 + W_3}$$

$$= -51.00 + \frac{(-0.87\times1)+(-0.76\times2)+(-0.72\times4)}{1+2+4}$$

$$= -51.75\text{m}$$

6-2

$$\text{폐합오차} = \sqrt{(\text{위거오차})^2 + (\text{경거오차})^2}$$

$$= \sqrt{(185.29-186.19)^2 + (150.80-150.25)^2} = 1.05\text{m}$$

6-3

$$\frac{\overline{AB}}{\sin\angle C} = \frac{\overline{AC}}{\sin\angle B}$$

$$\therefore\ \overline{AC} = \frac{\sin\angle B}{\sin\angle C} \times \overline{AB} = \frac{\sin70°}{\sin50°} \times 10.00 ≒ 12.27\text{m}$$

- $X_C = X_A + (\overline{AC}\ \text{거리} \times \cos\alpha)$
  $= 10.00 + (12.27 \times \cos30°)$
  $= 20.62\text{m}$
- $Y_C = Y_A + (\overline{AC}\ \text{거리} \times \sin\alpha)$
  $= 10.00 + (12.27 \times \sin30°)$
  $= 16.13\text{m}$

핵심이론 07 수준측량

(1) 정의, 분류, 용어

① 수준측량의 정의

㉠ 수준측량(水準測量, Leveling)은 지구상의 여러 점들 사이의 고저차를 측정하여 그 점들의 표고를 결정하고 표고 기준점을 이용하여 원하는 지점의 표고 성과를 산출하거나 필요한 표고를 현장에 측설하는 것이다.

㉡ 표고는 어떤 기준면으로부터 그 점까지의 연직거리를 의미한다.

㉢ 기준면은 평균해면을 사용하며 그 값을 0.000m로 한다.

㉣ 우리나라의 수준원점 위치는 인천광역시 남구 용현동 253번지이며 인하공업전문대학 내 원점표석 수정판의 영 눈금선을 중앙점으로 한다.

㉤ 우리나라 수준원점의 표고는 26.6871m이다.

㉥ 우리나라에서는 국토지리정보원에서 전국의 국도를 따라 약 4km마다 1등 수준점, 이를 기준으로 다시 2km마다 2등 수준점을 설치하였으며, 수준점들에 대한 성과는 국토지리정보원에서 발행하고 있다.

② 수준측량의 분류

㉠ 직접수준측량(Direct Leveling)

- 레벨을 사용하여 두 점 간에 세운 표척의 눈금의 차를 읽어 계산함으로서 직접 두 점 간의 표고차를 구하는 측량을 말한다.

㉡ 간접수준측량(Indirect Leveling)

- 레벨을 사용하지 않고 기타의 방법으로 고저차를 구하는 방법으로 간편하고 신속하게 표고를 구하려는 경우, 산악 지형이나 시설물의 높이 등 직접수준측량이 불가능할 경우에 하는 측량을 말한다.

㉢ 교호수준측량(Reciprocal Leveling)

- 수준측량 진행방향 중 하천이나 계곡으로 인해 두 점 중간에 기기를 설치할 수 없을 경우 한쪽 기슭에서 양안에 세운 표척을 시준하여 표척의 값을 읽고 반대 기슭에서 같은 방법으로 양 표척을 시준하여 읽은 값을 읽어 두 점 간의 표고차를 계산에 의해서 구하는 것을 말한다.

㉣ 약(略)수준측량(Approximate Leveling)

- 간단한 레벨로서 정밀을 요하지 않는 측점의 고저차를 결정하는 것을 말한다.

㉤ 측량목적에 의한 분류

- 고저차 수준측량(Differential Leveling)
  - 서로 떨어진 두 점 사이의 고저차만을 측정하기 위한 측량을 말한다.
- 종단측량(Profile Leveling)
  - 하천, 도로, 철도 등 일정한 노선상의 지반의 고저 변화를 구하는 측량으로서 계획된 노선의 중심선을 따라 종단면도를 작성하기 위한 측량을 말한다.
- 횡단측량(Cross Sectioning)
  - 하천, 도로, 철도 등 일정한 노선에 직각인 방향의 지반변화를 측정하여 횡단면도를 작성하기 위한 측량이다.

㉥ 측량법에 의한 분류

- 기본수준측량
  - 국가 수준 기준점설치를 위한 측량으로 이 수준기준점을 이용하여 각종 공사의 수준높이를 구한다.
  - 1등 수준측량은 수준 측량의 기준점 측량으로서 공공측량 및 그 외 측량의 기준이 되는 1등 수준점설치를 위한 측량이다. 1등 수준점 간 거리는 평균 4km이다.
  - 2등 수준측량은 1등 수준측량 다음의 정도를 요하는 측량이다. 2등 수준점 간 거리는 평균 2km이다.
  - 공공측량용 수준측량은 각종 공사에 필요한 측량의 기준이 되는 측량으로 국가 기준점인 수준점으로부터 공사에 필요한 점을 이설해 놓은 점이다.

③ 직접수준측량 용어

㉠ 지반고(Ground Height ; G.H)

- 지표면의 표고로서, 평균해수면 등의 기준면으로부터 그 지점까지의 수직거리를 의미한다. 직접수준측량에서는 기계고에서 전시 또는 후시를 뺀 값으로 구한다.

㉡ 기계고(Height of Instrument ; I.H)

- 평균해수면으로부터 레벨이나 데오드라이트 등 측량기계 망원경의 수평시준선까지의 수직거리로 때로는 지상관측점에서 망원경의 수평시준선까지의 수직거리로 나타내기도 한다.
- 망원경 시준선의 표고이며 그 측점의 지반고에 후시를 더하여 구한다.

㉢ 후시(Backsight ; B.S)

- 표고를 알고 있는 기지점에 세운 표척의 눈금을 시준하는 것으로 미지점을 구하는 기준이 된다.

㉣ 전시(Foresight ; F.S)

- 수준측량에서 표고를 구하려는 미지점에 세운 표척의 눈금을 읽은 값을 의미한다.

㉤ 이기점(Turning Point ; T.P)

- 측량에 있어 고저, 거리 등의 시준에 장애물이 있어 시준이 불가능할 때 측량기기를 이동하기 위하여 표척을 세우고, 전시(F.S)와 후시(B.S)를 읽고 수준노선을 연결한 점으로 전환점이라고도 하며 후속측량에 영향을 미치므로 선점과 측량에 주의 하여야 한다.

㉥ 중간점(Intermediate Point ; I.P)

- 그 측점의 표고를 구하기 위하여 전시만을 측량하는 점이다.

㉦ 임시수준점(Temporary Bench Mark ; T.B.M)

- 수준점은 국가가 매설하여 표고를 결정해 놓은 영구적인 점이지만 임시수준섬은 어넌 토목공사나 건축공사를 위하여 반영구적으로 만들어 놓고 그 점의 표고를 정해 놓은 점을 말한다.

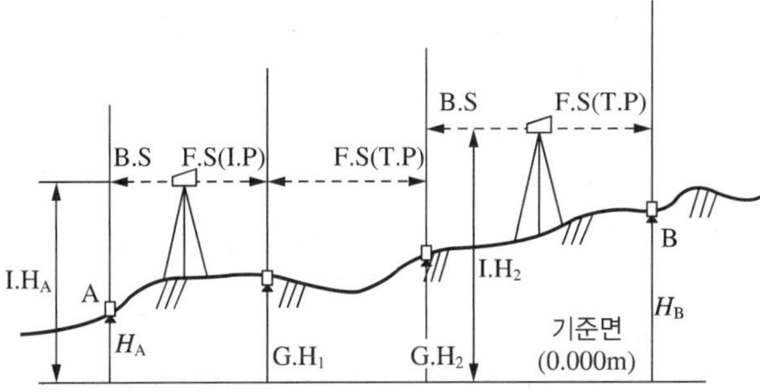

(2) 야장기입법

① 고차식(Two Coulomb System)

㉠ 2점의 높이를 구하는 것이 목적으로 도중에 있는 측점의 지반고를 구할 필요가 없을 때 사용한다.

㉡ 후시와 전시만 필요하므로 2란식이라고도 한다.

㉢ 단점은 오차의 점검이 어렵다.

G.H(미지점) = G.H(기지점) + 후시(B.S) − 전시(F.S)

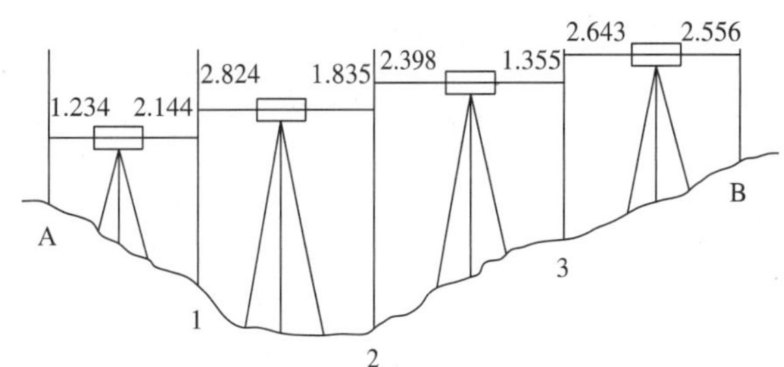

[고차식 측량]

[고차식 야장]

측 점	후시(B.S)	전시(F.S)	지반고(G.H)	비 고
A	1.234		100.000	A.G.H = 100m
1	2.824	2.144		
2	2.398	1.835		
3	2.643	1.355		
B		2.556	101.209	
계	9.099	7.890		

② 기고식(Instrumental Height System)

㉠ 3린식 기입법의 히나로서 고차식보다 정연하고, 또 승강식보다 기입사항이 적기 때문에 속도가 빠르고 중간점이 많은 레벨측량에 적당하다.

㉡ 기본 수준면에서 기계까지의 높이에 의하여 미지점의 표고를 구하는 방법이며, 멀리 보기가 좋은 평탄지에 적합하다.

㉢ 기계고(I.H)는 기본수준면에서의 높이인 표고 H_A와 후시(B.S)를 더한 것이다.

㉣ 구하고 싶은 표고 H_B는 기계고에서 전시(F.S)를 빼서 구해진다.

- G.H(미지점) = G.H(기지점) + B.S − T.P(또는 I.P)
- G.H(미지점) = I.H − T.P(또는 I.P)

단, I.H = G.H(기지점) + B.S이다.

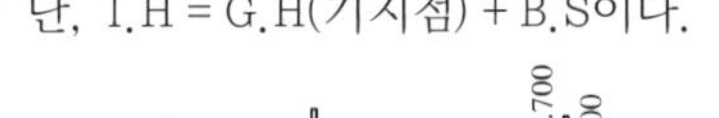

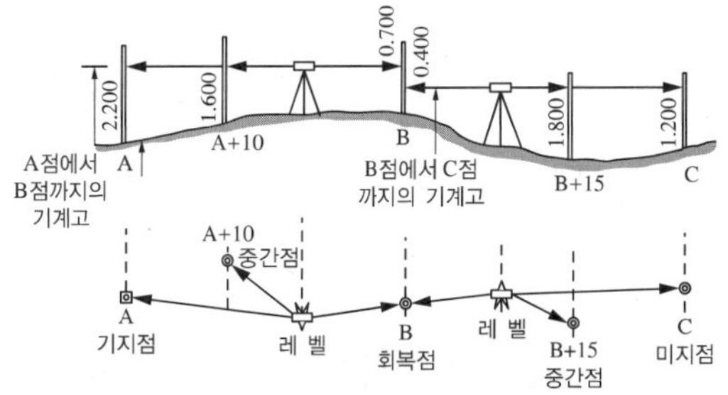

[기고식 측량 작업과정]

[기고식 야장]

측 점	후시 (B.S)	기계고 (I.H)	전시(F.S) 회복점 (T.P)	전시(F.S) 중간점 (I.P)	표 고 (H)	비 고
A	ⓐ 2.200	12.200	(+)		10.000	H_A의 표고는 10.000 m
A+10				ⓑ 1.600	10.600	
B	0.400	11.900	ⓒ 0.700(+)		11.500	
B+15			(−)	1.800	10.100	
C			(−)1.200		10.700	
계	2.600		1.900			

③ 승강식(Rise and Fall System)

㉠ 계산란에 있어서 승(Rise) 및 강(Fall)의 두 난을 만들어 (B.S − F.S) 관계가 (+)이면 승란에 (−)이면 강란에 기장한다(승(+) : 후시 > 전시, 강(−) : 후시 < 전시).

㉡ 계산 검사는 완전하나 중간시가 많을 때는 계산이 복잡하고 시간이 많이 걸린다.

㉢ 표고를 알고 있는 점(기지점)에서의 오르기, 내리기에 의하여, 기복이 심하고 멀리보기가 나쁜 지형에 적합하다.

G.H(미지점) = G.H(기지점) + 승(또는 − 강)

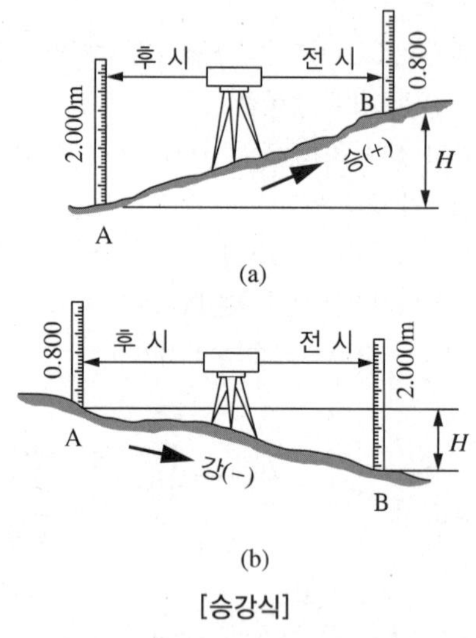

[승강식]

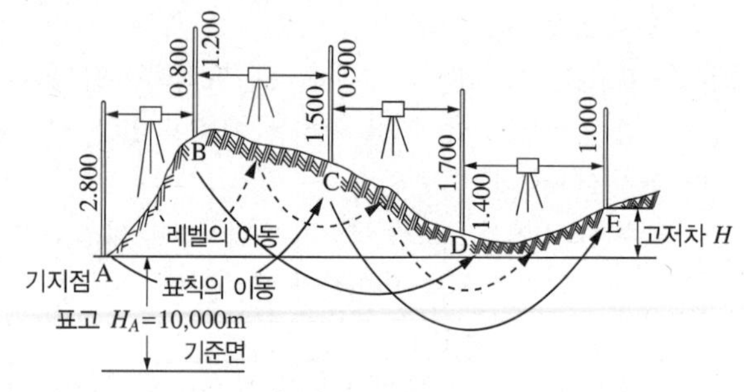

[승강식 작업순서]

[승강식 야장]

측 점	후시 (B.S)	전시(F.S) 회복점 (T.P)	전시(F.S) 중간점 (I.P)	승(+)	강(−)	표고 (H)	비 고
A	ⓐ 2.200					10.000	H_A의 표고는 10.000 m
A+10			ⓑ 1.600	0.6 (ⓐ−ⓑ)		10.600	
B	ⓓ 0.400	ⓒ 0.700		1.5 (ⓐ−ⓒ)		11.500	
B+15			ⓔ 1.800		1.4 (ⓓ−ⓔ)	10.100	
C		1.200				10.700	
계	2.600	1.900					

(3) 수준망조정

① 출발점에서 폐합시키거나 다른 표고기지점에다 결합시키는 경우 오차를 점검하여 그 오차가 허용 오차 범위 내이면 오차는 출발점으로부터 거리에 비례하여 그 조정량을 정한다.

$$e_1 = E\frac{L_1}{L}\ \cdots,\ e_n = E\frac{L_n}{L}$$

여기서, $e_1 \cdots e_n$는 출발점에서 각 점까지 오차 조정량, L는 거리총합을 말한다.

(4) 교호수준측량(Reciprocal Leveling)

① 하천이나 계곡을 횡단하여 고저측량을 하는 경우 레벨을 2측점의 중점에 고정시킬 수가 없기 때문에 측량의 결과가 부정확하게 되기 쉽다.

② 양안에서 교호에 고저차를 재어 그 평균치를 구하는 방법을 말한다.

$$\therefore\ H = \frac{(a_1 - b_1) + (a_2 - b_2)}{2}$$

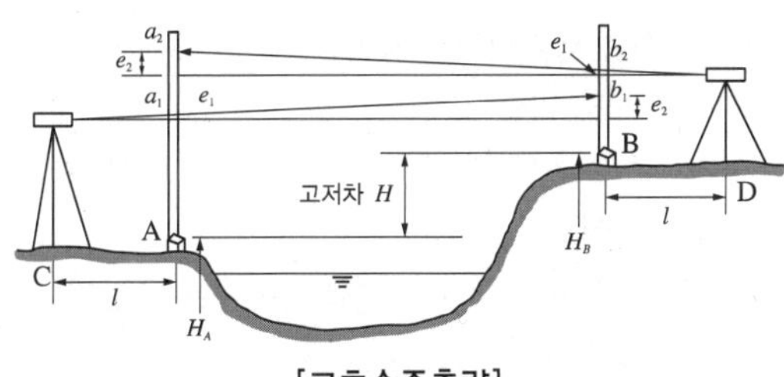

[교호수준측량]

핵심예제

7-1. 다음과 같은 수준측량 성과에서 측점 4의 지반고는?

[단위 : m]

측 점	후 시	전 시		지반고
		T.P	I.P	
1	0.95			10.00
2			1.05	
3	0.35	0.30		
4			0.90	
5		1.00		

① 9.90m ② 10.00m
③ 10.10m ④ 10.65m

정답 ③

7-2. 교호수준측량의 실시 결과 a_1 = 2.657m, a_2 = 0.472m, b_1 = 3.895m, b_2 = 2.106m를 얻었다. A점의 표고가 100m일 때 B점의 표고는?

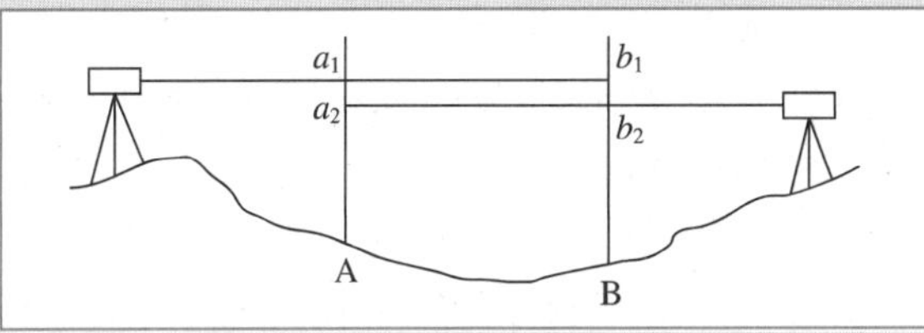

① 97.128m ② 98.564m
③ 101.436m ④ 102.935m

정답 ②

핵심예제

7-3. P점의 표고를 구하기 위해 수준점 A, B, C에서 수준측량을 실시하여 표와 같은 결과를 얻었다. P점의 최확값은?

측 점	표 고	측정방향	고저차	거 리
A	30.265	A → P	+1.675m	1.5km
B	35.126m	B → P	−3.100m	2.0km
C	29.785	C → P	+2.050m	3.0km

① 30.997m ② 31.325m
③ 31.725m ④ 31.945m

정답 ④

해설

7-1

G.H2 = 10 + 0.95 − 0.30 = 10.65m

G.H4 = 10.65 + 0.35 − 0.90 = 10.10m

7-2

$$\Delta H = \frac{(a_1 - b_1) + (a_2 - b_2)}{2}$$

$$= \frac{(2.657 - 3.895) + (0.472 - 2.106)}{2} = -1.436\text{m}$$

$H_B = H_A + \Delta H = 100.000 + (-1.436) = 98.564$m

7-3

경중률은 노선거리에 반비례하므로 경중률비를 취하면

$$W_1 : W_2 : W_3 = \frac{1}{S_1} : \frac{1}{S_2} : \frac{1}{S_3} = \frac{1}{1.5} : \frac{1}{2.0} : \frac{1}{3.0} = 4:3:2$$

$$\text{최확값}(H_p) = \frac{W_1H_1 + W_2H_2 + W_3H_3}{W_1 + W_2 + W_3}$$

$$= \frac{(31.940 \times 4) + (32.026 \times 3) + (31.835 \times 2)}{4+3+2}$$

$= 31.945$m

핵심이론 08 지형측량

(1) 지형도작성

① 지형의 표시법

㉠ 자연적 도법

- 영선법
  - 단선상의 선으로 지표의 기복을 나타내는 방법으로, 단선상의 선의 간격, 굵기, 길이 및 방법 등에 의하여 지표를 표시한다.
  - 급경사는 굵고 짧게, 완경사는 가늘고 길게 표시되는 방법으로, 기복은 잘 판별되나 제도방법이 복잡하고 고저가 숫자로 표시되지 않으므로 특정목적, 다시 말해 토목공사 등에 이용될 수 없다.
- 음영법
  - 명암법이라고도 하며, 태양광선이 수직 또는 서북 경사방향 45°의 각도로 비칠 때 지표의 기복에 대하여 명암을 도상에 2 ~ 3색 이상으로 채색하여 지형을 표현하는 방법이다.

㉡ 부호적 도법

- 단채법
  - 지형의 높낮이에 따른 대상의 부분을 색으로 구분하고 채색하여 높이의 변화를 나타내는 방법으로, 채색의 농도를 변화시켜 지표면의 고저를 나타내는 방법으로 지리정보를 나타내는 지도에 사용된다.
- 점고법
  - 지표면상의 임의점의 표고를 숫자에 의하여 지표의 높이를 도상에 나타내는 방법으로, 해도, 하천, 호안, 항만 등의 수심을 나타내는 경우에 사용된다.
- 등고선법
  - 동일표고의 점을 연결한 수평곡선을 등고선이라 하며, 등고선에 의하여 지표의 높낮이를 표시하는 방법이다.
  - 등고선법은 지표면에 대해 일정한 높이의 수평면으로 자를 때 이 자른 면의 둘레의 선이다.

② 등고선법의 특성

㉠ 동일 등고선상의 모든 점은 같은 높이이다.

㉡ 등고선은 도면 내, 또는 밖에서 폐합하며 도중에 없어지는 일이 없다.

㉢ 등고선은 낭떠러지나 동굴을 제외하고는 서로 합쳐지거나 만나지 않는다.

㉣ 등고선은 급경사지에서는 간격이 좁아지며 완경사지에서는 넓어진다.

㉤ 등고선이 도면 내에서 폐합하는 경우는 산정이나 분지를 나타낸다.

㉥ 산정이나 분지는 대개 호수이나, 물이 없을 경우에는 저지의 방향으로 화살표를 하여 구분한다.

㉦ 등고선은 등경사지에서는 등간격을 나타내며, 평사면에서는 등거리의 평행선이다.

㉧ 등고선 간의 최단거리 방향은 최급 경사방향을 나타내며, 최급경사 방향은 등고선에 수직한 방향(A-B방향)이다.

㉨ 등고선이 계곡을 통과할 때에는 한쪽 비탈을 따라 거슬러 올라가서 계곡선에 직각으로 만난 다음 다른 비탈을 따라 내려간다.

㉩ 등고선이 분수선을 통과할 때는 한쪽 비탈을 따라 거슬러 올라가서 분수선에 직각으로 만난 다음 다른 쪽 비탈을 따라 올라간다.

㉪ 등고선은 그림에서 한 쌍의 철부가 마주보고 있고 그 사이에 다른 한 쌍의 등고선이 바깥쪽을 향하여 내려갈 때 그곳은 고개(안부)를 나타낸다.

③ 등고선의 종류

㉠ 주곡선

- 등고선의 표현은 실선으로 나타내고 있으며 이를 주곡선이라 한다.
- 지형도상에서 최대 경사선 방향에 있어 인접한 경사선의 육안으로 식별할 수 한계는 0.2mm이고 곡선의 굵기는 0.1mm로 표현한다 할 경우 최소 0.3mm가 두 개의 곡선의 중심간격으로 정해지는데, 보다 식별을 잘하기 위해 0.4 ~ 0.5mm를 택하고 있다.
- 지형도상의 주곡선은 축척분모수의 $\frac{1}{2,500} \sim \frac{1}{2,000}$로 정해지고 있으며, 중축척 이상$\left(\frac{1}{10,000}\text{ 이상}\right)$인 경우 축척분모수에 대해 $\frac{1}{2,500}$, 소축척 이하$\left(\frac{1}{10,000}\text{ 이하}\right)$인 경우 축척분모수에 대해 $\frac{1}{2,000}$을 적용한다.

㉡ 간곡선

- 주곡선 간격의 $\frac{1}{2}$ 간격으로 보조곡선을 간곡선(파선으로 표시)으로 하여 표시한다.

㉢ 조곡선

- 주곡선과 간곡선 사이의 $\frac{1}{2}$ 간격으로 보조곡선인 조곡선(점선으로 표시)으로 표시한다.

㉣ 계곡선

- 주곡선을 5개마다 굵은 실선으로 표시하여 나타내는 선을 계곡선(2호 실선으로 표시)이라 한다.

[등고선의 종류별 간격]

축척 \ 등고선 종류 / 표시법		주곡선	계곡선	간곡선	조곡선	2차 조곡선
		세실선	2호 실선	세파선	세점선	
지형도	1/50,000	20	100	10	5	2.5
	1/25,000	10	50	5	2.5	1.25
	1/10,000	5	25	2.5	1.25	0.625
지세도	1/200,000	100	500	50	25	

④ 지형측량의 순서

㉠ 측량계획 작성

- 지형도 작성을 위해서는 지형도제작의 목적에 적합한 측량범위, 축척, 도식, 정확도 등을 검토하여 결정하고 이를 위해 이용 가능한 자료를 수집한다.
- 이를 바탕으로 작업원 편성, 일수, 기기 등을 결정하여야 한다.

㉡ 골조측량

- 지형도를 제작하기 위해서는 기존에 설치되어 있는 기준점만으로는 세부측량을 실시하기 어렵기 때문에 기존 설치되어 있는 기준점을 기준으로 하는 새로운 평면위치 및 높이를 관측하여 도근점을 설치하여야 한다.

㉢ 세부측량

- 도근점을 기준점으로 하여 표현할 지물의 위치, 형상, 지세의 형상을 정해진 도식규정의 규칙에 따라 측량하는 작업을 세부측량이라 하며, 세부측량을 능률적으로 실시하려면 다음 사항에 주의하여야 한다.
  - 작업에 중복이 없도록 면밀한 관측순서계획을 세울 것
  - 기존에 설치되어 있는 기준점은 빠짐없이 사용할 것
  - 다른 측량구역과 접합부에서 어긋나지 않도록 할 것
  - 접합부에서는 인접 구역과 공통된 기준점을 이용하며 또 공통된 측점을 설치할 것
  - 측점수를 적게 하기 위해서는 될 수 있는 한 전망이 트인 장소에 측점을 설치할 것
- 지물측량의 작업방법
  - 선형지물 : 선형물의 중심선을 따라 전진법에 의하여 기준점을 설치하고 이 기준점으로부터 선형물에 접한 부근의 지물을 방사법 등으로 결정한다. 선형물의 주요점은 커브의 변환점, 곡률반경 등이다.
  - 시가지, 촌락 : 시가지나 촌락 등은 구조물이 많아 시야가 가려지는 것이 보통이다. 따라서 먼저 전진법, 교회법 등에 따라 굴뚝, 높은 탑, 고층 건축물의 위치를 결정하면 후속작업이 용이하게 된다.
  - 하천 : 평수 시의 형상을 기본으로 합류점과 만곡점 등 주요점에 대해 교회법에 의해 결정한다. 절벽에 대해서는 해안의 지물, 수애선 등을 정해 놓으면 후속작업과의 연결이 용이하게 된다.
  - 해안 : 해안선을 따라서는 전진법에 의하여 결정된 점을 중심으로 하여 호안의 주요점을 주로 교회법으로 결정한다.
- 지선의 측량
  - 항상 일정한 표현법에 따라 기복상황을 표시하는 것으로 주로 등고선법을 이용하고 있다.
  - 산악지와 같은 복잡한 지형에서는 산악지형 상황의 골격이 되는 지평선을 도시한다.

⑤ 등고선의 관측방법

㉠ 직접측정법

- 지형의 변화가 있는 지점에 대한 현지측량을 통해 측정점에 대한 표고 결과값을 이용하여 등고선을 작성하는 방법이다.
- 고원, 대지, 평야 등의 완경사지와 같은 시통하기 좋은 곳에 적합한 방법으로 시간은 걸리나 정확도를 요구하는 대축척의 지형측량에 이용된다.

㉡ 간접측정법
- 지형상의 계곡, 능선, 경사변환점의 위치를 측정하고 그 점들을 표시한 평면도상에서 인접점들의 표고로부터 보간법에 의해 일정한 간격의 등고선을 계산하여 연결하는 방법이다.
- 이 방법에는 기지점의 표고를 이용한 계산법, 방안법, 종단점법, 횡단점법 등이 있다.

⑥ 등고선 기입방법

㉠ 계산에 의한 방법
- 지형상에서 등고선을 삽입하고자 할 때 먼저 고려해야 할 사항으로 지형도의 축척에 따른 실제거리를 계산하여야 한다.

$$축척 = \frac{도상거리}{지상거리}$$

$$실제거리 = 축척\ 분모수 \times 도상거리$$

㉡ 수치지형데이터를 이용한 불규칙삼각망법
- 3D측량방식(Totalstation, 항공사진 등)에 의해 얻어진 3D좌표로부터 지형을 표시하는 방법인 수치지형모델(DTM ; Digital Terrain Model)이나 수치표고모델(DEM ; Digital Elevation Model)을 이용하여 등고선을 작성하는 방법이 최근 자동화의 방법에 많이 사용되고 있다.
- 격자의 구성에 따라 정규격자망과 불규칙격자망으로 구성하게 되는데, 정규격자망인 경우 인접한 두 격자점의 표고와 거리를 이용하여 비례계산법으로 등고선을 작성하는 방법이며, 불규칙격자망인 경우 지형의 주요점들의 표고, 급격한 경사에 의한 지형의 변화, 볼록지형, 오목지형 등의 특이지형에 대한 표고정보를 이용하여 보간법에 의해 등고선을 작성하는 방법이다.
- 불규칙격자망에 의한 등고선의 작성은 불규칙격자점들의 이웃한 점들을 연결하여 불규칙삼각망(TIN ; Triangulated Irregular Network)을 구성하고 이로부터 등고선을 작성한다.
- 불규칙삼각망에 의한 등고선의 작성 시 삼각형 내의 모든 변은 경사가 일정하며 표면은 평면이라는 가정을 하고 비례계산에 의해 등고선의 위치를 결정한다.
- 좀 더 정밀한 등고선을 작성하기 위해서는 하천, 호수 경계선, 도로, 철도, 능선 등의 정보가 필요하다.

⑦ 지형도의 도식 및 기호

㉠ 도 식
- 측량한 도면을 청사진만 할 때에는 색채가 필요 없지만, 지형도의 내용을 이해가 쉽도록 하기 위해서는 인쇄 시 규정된 색깔을 넣어서 제작한다.
- 선과 색
  - 선호 : 1호(0.05m), 2호(0.075m), 3호(0.1mm), 4호(0.2m), 5호(0.3mm), 6호(0.4mm)
  - 파선 : 장파선, 단파선, 1점쇄선, 3점쇄선, 특수 1점쇄선
  - 색조 : 주기 및 기호(흑), 수부(청), 등고선(갈), 집단도시(적), 산림(녹)
- 지 물
  - 골격 : 선상(철근, 도로, 하천 경계면상(도시, 취락)
  - 기호 : 건물기호(기능 종류 표현을 위한 기호), 소물체기호(용도목표물), 특정지구(특정 장소 표현)
- 지 류
  - 산림 : 산지수림
  - 초지 : 목장
  - 경작지 : 전답, 기타 작물재배지
  - 미경작지 : 습지, 사지, 황무지
- 지 형
  - 골격 등고선 : 주곡선, 계곡선, 간곡선, 조곡선 등이다.
  - 색조 : 음영법, 우모법, 채단식

㉡ 기 호
- 서체 : 수부(고딕 청색), 산지(고딕 흑색)
- 지정구역 : 도・시・군・구(경체, 청색), 면・읍(고딕체), 리・동(고딕), 부락(명조체)
- 물 체
  - 독립물체 : 세부직 근접자격
  - 집단물체 : 집단유형에 따라 배열
- 표 면
  - 보통표면 : 도식규정에 따라 배열
  - 특수표면 : 도관을 참조하여 배열

(2) 오차 및 정확도

① 오 차

㉠ 등고선의 위치오차

- 경사가 심한 산악지역에서는 등고선의 높이 오차가 증가한다.
- 완경사지에서는 등고선의 위치가 쉽게 벗어난다.

$$\delta H = \Delta H + \frac{\Delta V}{\tan\theta} = \Delta H + \Delta V\cot\theta$$

$$\delta V = \Delta V + \Delta H\tan\theta$$

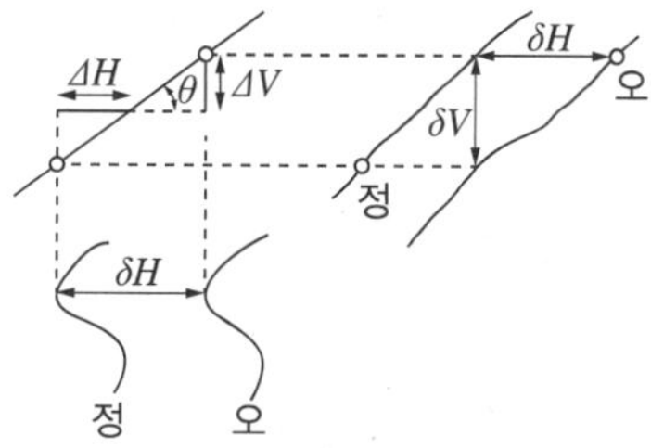

㉡ 오차와 최소 등고선 간격과의 관계

$$H \geq 2(dh + dl\tan\alpha)$$

㉢ 지형도(수치지형도)상에 등고선은 항공사진 측량에 의한 간접측량 방식으로 제작됨에 따라 항공사진 촬영 시기 변경이나 산지개발 등에 따라 지형 변화, 측량기술자(도화사)의 측량 시 개인차 등에 따라 일부 상이할 수 있다.

㉣ 지형도의 제작 오차범위(축척 1 : 5,000 기준)는 평면 3.5m, 높이 2.5m이다.

㉤ 수치지형도 활용 소프트웨어(Ngimap)의 좌표변환 기능은 약 0.22m의 범위에서 오차가 생길 수 있다.

② 정확도

<table>
<tr><th colspan="3" rowspan="2">항 목</th><th colspan="2">축 척</th><th rowspan="2">비 고</th></tr>
<tr><th>1/500 이상</th><th>1/1,000 이하</th></tr>
<tr><td rowspan="3">표준
편차</td><td colspan="2">평면위치</td><td>0.5mm 이내</td><td>0.7mm 이내</td><td>도상거리</td></tr>
<tr><td rowspan="2">표
고</td><td>표고점</td><td>$\Delta h/4$ 이내</td><td>$\Delta h/3$ 이내</td><td rowspan="2">Δh는 주곡선의 간격</td></tr>
<tr><td>등고선</td><td colspan="2">$\Delta h/2$ 이내</td></tr>
</table>

핵심예제

8-1. 등고선의 성질에 대한 설명으로 옳지 않은 것은?

① 등고선 중 조곡선은 가는 점선으로 표시한다.
② 일반적으로 등고선 간격의 기준이 되는 곡선은 계곡선이다.
③ 주곡선 간격은 축척 1 : 50,000 지형도의 경우 20m이다.
④ 등고선은 분수선과 직각으로 만난다.

정답 ②

8-2. A점의 표고가 135m, B점의 표고가 113m일 때, 두 점 사이에 130m 등고선을 삽입한다면 이 등고선과 B점 사이의 수평거리는?(단, $\overline{AB}$의 수평거리 250m이고, 등경사 구간이다)

① 150.4m
② 170.5m
③ 193.2m
④ 203.9m

정답 ③

해설

8-1

일반적으로 등고선 간격의 기준이 되는 곡선은 주곡선이다.

8-2

$250 : 22 = x : 17$

$\therefore\ x = 193.2\text{m}$

핵심이론 09 측량오차론

(1) 오차의 종류

① 원인에 의한 오차

㉠ 기계적 오차 또는 계기오차

㉡ 물리적 오차 또는 자연적 오차

㉢ 개인적 오차

② 성질에 의한 오차

㉠ 정오차

㉡ 과 오

㉢ 우연오차

(2) 조종계산 방법

① 오차의 정의

㉠ 오차(Error)는 측정값(Measured Value, 실험값)이 참값(True Value, 이론값)을 벗어난 정도, 즉 참값이 t인 양을 측정해 x_i라는 측정치를 얻었다면, 이 두 값의 차 ε_i를 측정오차라고 한다.

㉡ 오차ε_i를 참값 t로 나눈 것을 상대오차(Relative Error)라 하고 e_i로 나타내며 다음과 같다.

$$e_i = \frac{\varepsilon_i}{t} = \frac{|x_i - t|}{t}$$

② 오차의 표현

㉠ 산술평균

- n개의 측정값 x_1, x_2, $x_3 \cdots$, x_n이 주어지면, 그 평균 $\bar{x}$는 다음과 같이 이들의 합을 측정횟수 n으로 나눈 값이다.

$$\bar{x} = \frac{1}{n}\sum_{i=1}^{n} x_i = \frac{x_1 + x_2 + x_3 \cdots + x_n}{n}$$

- 측정값 x_i에 대응하는 가중치가 $w_i (i = 1, 2, \cdots, n)$이면, 그 평균 $\bar{x}$는 다음과 같다.

$$\bar{x} = \frac{\sum_{i=1}^{n} w_i x_i}{\sum_{i=1}^{n} w_i} = \frac{w_1 x_1 + w_2 x_2 + w_3 x_3 \cdots + w_n x_n}{w_1 + w_2 \cdots + w_n}$$

㉡ 산 포

- 측정값 전체가 흩어져 있는 정도를 표시하는 값을 산포(Dispersion)라고 한다.
- 이를 정량적으로 표시하는 양으로 범위(Range), 평균편차(Mean Deviation), 표준편차(Standard Deviation), 분산(Variance)이 있고, 주로 평균편차가 많이 이용된다.

㉢ 편 차

- 측정에 있어서 참값을 알 수 없는 경우가 대부분으로, 이러한 경우 참값 대신 평균값을 많이 사용한다.

$$d_i = x_i - \bar{x}$$

㉣ 평균편차

- 편차의 절댓값의 제곱에 대한 평균으로, α로 나타내며 평균으로부터 얼마나 흩어졌는가를 나타낸다.
- 측정값의 개수(측정한 횟수)가 n일 때 평균편차는 다음과 같다.

$$\alpha = \frac{1}{n}\sum_{i=1}^{n}|d_i| = \frac{1}{n}\sum_{i=1}^{n}|x_i - \bar{x}|$$

㉤ 표준편차

- 참값 t가 알려져 있는 경우 표준편차(오차) σ는 다음과 같이 오차의 제곱의 합의 평균에 대한 제곱근으로 정의한다.

$$\alpha = \sqrt{\frac{1}{n}\sum_{i=1}^{n}(x_i - t)^2}$$

- 참값 t가 알려져 있지 않은 경우 참값이나 이론값(기댓값)등을 모르는 일반 실험에 있어서 참값 t 대신 평균값 $\bar{x}$로 대치해 편차의 제곱의 합의 평균에 대한 제곱근으로 정의하고, 이때의 표준편차 σ_0는 다음과 같이 나타낸다.

$$\sigma_0 = \sqrt{\frac{1}{n}\sum_{i=1}^{n} d_i^2} = \sqrt{\frac{1}{n}\sum_{i=1}^{n}(x_i - \bar{x})^2}$$

- n개의 측정값들의 집합에서 평균 $\bar{x}$를 고려하기 때문에 집합의 개수 n은 실질적으로 $n-1$이 되고, 따라서 통계이론에서 오차와 편차 사이에 다음의 등식이 성립한다.

$$\frac{1}{n}\sum_{i=1}^{n}\varepsilon_i^2 = \frac{1}{n-1}\sum_{i=1}^{n} d_i^2$$

- 이 관계로부터 표준편차 σ_t와 평균값의 표준편차 σ_0 사이의 관계는 다음과 같다.

$$\sigma_t = \sqrt{\frac{n}{n-1}}\sigma_0 = \sqrt{\frac{1}{n-1}\sum_{i=1}^{n} d_i^2}$$

- 따라서, 실험에서 사용하는 표준편차 σ와 분산 σ^2는 다음과 같다.

$$\sigma = \sqrt{\frac{1}{n-1}\sum_{i=1}^{n}(x_i - \overline{x})^2}$$

$$\sigma^2 = \frac{1}{n-1}\sum_{i=1}^{n}(x_i - \overline{x})^2$$

ⓑ 확률분포

- 측정량 X를 n번 측정한다고 할 때 측정된 값 중 하나인 x_i에 대한 확률 p_i가 정해져 있다고 하면, 이 측정량 X를 확률변수라 하고, X가 갖는 값 x_i와 이에 따른 확률 p_i와의 관계를 나타낸 것을 X의 확률분포 또는 확률함수라고 한다.

ⓢ 이산확률변수의 평균과 표준편차

- 확률변수 X가 취하는 값이 x_1, x_2, x_3, $\cdots$, x_n이고 X가 이들 값을 취하는 확률이 각각 p_1, p_2, p_3, $\cdots$, p_n일 때, 측정량 X의 평균을 $\overline{x}$, 표준편차를 σ라고 하면 다음이 성립한다.

$$\overline{x} = \sum_{i=1}^{n} x_i p_i$$

$$\sigma = \sqrt{\sum_{i=1}^{n}(x_i - \overline{x})^2 p_i}$$

ⓞ 정규분포

- 자연현상을 기술하는 자료들의 가장 일반적인 분포형태로 대부분의 자료들이 평균의 주변에 분포하며, 평균으로부터 멀어질수록 자료의 수가 급감한다.
- 평균을 기준으로 좌우대칭이며, 여러 번의 측정을 할 때 우연오차만을 고려하면, 측정값들은 참값 또는 평균 근처에서 정규분포를 갖고, 이때 참값 또는 평균(m)으로부터 표준편차만큼의 거리 안에 측정값들의 약 68%가 분포한다.
- 일반적으로 실험에서 주로 사용되는 신뢰계수는 50%와 68%이다.

$P[(m-c\sigma,\ m+c\sigma)]$ $= \int_{m-c\sigma}^{m+c\sigma} \frac{1}{\sqrt{2\pi}} e^{-\frac{(x-m)^2}{2\sigma^2}} dx$ $= \int_{-c}^{c} \frac{1}{\sqrt{2\pi}} e^{-\frac{z^2}{2}} dz$	신뢰계수 (%)
$P[(-0.6745\sigma,\ 0.6745\sigma)] = 0.5000$	50
$P[(-\sigma,\ \sigma)] = 0.6827$	68
$P[(-2\sigma,\ 2\sigma)] = 0.9554$	95
$P[(-3\sigma,\ 3\sigma)] = 0.9974$	99.7(100)

ⓩ 평균의 표준편차

- 표준편차가 σ인 한 물리량을 1회에 n번 반복 측정하면 매회 얻어지는 측정값에 대한 평균과 표준편차는 일반적으로 달라진다. 평균 $\overline{x}$의 표준편차를 σ_m이라고 하면, σ와 σ_m, n 사이의 관계는 다음과 같다.

$$\sigma_m^2 = \frac{\sigma^2}{n}$$

$$\sigma_m = \frac{\sigma}{\sqrt{n}} = \sqrt{\frac{1}{n(n-1)}\sum_{i=1}^{n}(x_i - \overline{x})^2}$$

ⓒ 확률오차

$$\sigma_p = 0.6745\sigma_m \text{(50\%의 신뢰도)}$$

③ 최소제곱법

㉠ 오차를 확률의 이론에 의하여 합리적으로 조정하여 참값에 가장 가까운 값, 즉 최확값을 구하는 방법이다.

㉡ 오차 x_i가 생기는 확률을 y_i라고 하면

$$y_i = ce^{-h^2 x_i^2}$$

동시에 일어나는 확률 P는

$$P = y_i \times y_2 \cdots \times y_n = c^n e^{-h^2(x_1^2 + x_2^2 \cdots + x_n^2)}$$

여기서, c, e, h는 상수이다. 그런데 최확값을 구하기 위해서는 P를 극대로 하여야 한다.

따라서, $x_1^2 + x_2^2 \cdots + x_n^2 = \text{Min}$인 조건을 항상 필요로 한다. 즉, 측정된 양의 최확값은 오차의 자승의 합이 최소가 되는 값이다.

㉢ 정밀도가 다른 경우 P가 최대로 되기 위한 조건은 $P = h_1^2 x_1^2 + h_2^2 x_2^2 \cdots + h_n^2 x_n^2 = \text{Min}$이다.

④ 관측방정식(오차방정식)

㉠ 미지량 X, Y ⋯, T의 근삿값을 각각 x', y', z' ⋯, t'라고 하고, 그 보정량을 x, y, z ⋯, t라 하면

$X = x' + x$

$Y = y' + y$

$Z = z' + z$

⋮

$T = t' + t$

L_1, L_2 ⋯, L_n의 관측값을 l_1, l_2 ⋯, l_n 그 잔차를 δ_1, δ_2 ⋯, δ_n이라고 하면 $L_i = l_i + \delta_i$가 된다.

$$L_i - \delta_i = f_i(x', y', z' \cdots, t') + \frac{\partial f}{\partial x'}x + \frac{\partial f}{\partial y'}y + \frac{\partial f}{\partial z'}z \cdots + \frac{\partial f}{\partial t'}t$$

$L_i = l_i + \delta_i = L_i' + a_i x + b_i y + c_i z \cdots$이다.

따라서, $\delta_i = a_i x + b_i y + c_i z \cdots + w_i$(오차방정식 또는 잔차방정식)

⑤ 정규방정식

$$[\delta\delta] = (a_1x + b_1y + c_1z \cdots + w_1)^2 + (a_2x + b_2y + c_2z \cdots + w_2)^2 \cdots + (a_nx + b_ny + c_nz \cdots + w_n)^2$$

위 식을 최소로 하기 위해서는 다음 조건이 충족되어야 한다.

$\frac{\partial[\delta\delta]}{\partial x} = 0$, $\frac{\partial[\delta\delta]}{\partial y} = 0$, $\frac{\partial[\delta\delta]}{\partial z} = 0$(정규방정식 혹은 표준방정식)

$\delta_i^2 = (a_ix + b_iy + c_iz \cdots + w_i)^2$을 각각의 x, y, z에 대해 편미분하면

$$\frac{\partial[\delta\delta]}{\partial x} = 2(a_1\delta_1 + a_2\delta_2 \cdots + a_n\delta_n) = 0$$

$$\frac{\partial[\delta\delta]}{\partial y} = 2(b_1\delta_1 + b_2\delta_2 \cdots + b_n\delta_n) = 0$$

⋮

을 구하여 각 식에 대해 연립해 풀면 x, y, z ⋯, t의 값을 구한다.

⑥ 소거법

r의 조건방정식으로부터의 임의의 r개의 미지량을 다른 독립된 $(n-r)$개의 미지량으로 표시할 수 있다.

$\delta_r = A_r\delta_{r+1} + B_r\delta_{r+2} + \cdots + H_r\delta_n$

$\delta_{r+1} = \delta_{r+1}$

$\delta_{r+2} = \delta_{r+2}$

⋮

$\delta_n = \delta_n$이다.

⑦ 미정계수법

$q = (x_1, x_2 \cdots, x_n)$을 극대 혹은 극소로 하는 미지량의 값을 구하기 위해서는 미정계수 K_1, K_2 ⋯, K_n을 사용하여 다음의 새로운 관계식

$M = q(x_1, x_2 \cdots, x_n) - K_1f_1(x_1, x_2 \cdots, x_n) - K_2f_2(x_1, x_2 \cdots, x_n) \cdots - K_rf_r(x_1, x_2 \cdots, x_n)$의 극값을 구하면 된다. 따라서, 다음의 n개의 방정식

$\frac{\partial M}{\partial x_1} = 0$, $\frac{\partial M}{\partial x_2} = 0 \cdots$, $\frac{\partial M}{\partial x_n} = 0$과 주어진 r개의 조건식으로부터 r개의 미정계수 K_1, K_2 ⋯, K_n과 n개의 미지량 x_1, x_2, ⋯, x_n이 구해진다(미정계수법).

핵심예제

오차론에 의해 처리되며 확률변수에 대한 수치적 값을 의미하는 오차는?

① 정오차
② 착 오
③ 우연오차
④ 누 차

정답 ③

해설

우연오차

예측할 수 없이 불의로 일어나는 오차이며, 오차제거가 어렵다. 부정오차라고도 하며 통계학으로 추정되고, 최소제곱법으로 오차가 보정된다.

제2절 공간정보의 구축 및 관리 등에 관한 법령

핵심이론 01 총 칙

(1) 목 적

① 이 법은 측량의 기준 및 절차와 지적공부(地籍公簿)·부동산종합공부(不動産綜合公簿)의 작성 및 관리 등에 관한 사항을 규정함으로써 국토의 효율적 관리 및 국민의 소유권 보호에 기여함을 목적으로 한다.

(2) 정 의

① 이 법에서 사용하는 용어의 뜻은 다음과 같다.

㉠ "측량"이란 공간상에 존재하는 일정한 점들의 위치를 측정하고 그 특성을 조사하여 도면 및 수치로 표현하거나 도면상의 위치를 현지(現地)에 재현하는 것을 말하며, 측량용 사진의 촬영, 지도의 제작 및 각종 건설사업에서 요구하는 도면작성 등을 포함한다.

㉡ "기본측량"이란 모든 측량의 기초가 되는 공간정보를 제공하기 위하여 국토교통부장관이 실시하는 측량을 말한다.

㉢ "공공측량"이란 다음 각 목의 측량을 말한다.

- 국가, 지방자치단체, 그 밖에 대통령령으로 정하는 기관이 관계 법령에 따른 사업 등을 시행하기 위하여 기본측량을 기초로 실시하는 측량
- 위 항목 외의 자가 시행하는 측량 중 공공의 이해 또는 안전과 밀접한 관련이 있는 측량으로서 대통령령으로 정하는 측량

㉣ "지적측량"이란 토지를 지적공부에 등록하거나 지적공부에 등록된 경계점을 지상에 복원하기 위하여 제21호에 따른 필지의 경계 또는 좌표와 면적을 정하는 측량을 말하며, 지적확정측량 및 지적재조사측량을 포함한다.

- "지적확정측량"이란 제86조 제1항에 따른 사업이 끝나 토지의 표시를 새로 정하기 위하여 실시하는 지적측량을 말한다.
- "지적재조사측량"이란 지적재조사에 관한 특별법에 따른 지적재조사사업에 따라 토지의 표시를 새로 정하기 위하여 실시하는 지적측량을 말한다.

㉤ "일반측량"이란 기본측량, 공공측량 및 지적측량 외의 측량을 말한다.

㉥ "측량기준점"이란 측량의 정확도를 확보하고 효율성을 높이기 위하여 특정 지점을 제6조에 따른 측량기준에 따라 측정하고 좌표 등으로 표시하여 측량 시에 기준으로 사용되는 점을 말한다.

㉦ "측량성과"란 측량을 통하여 얻은 최종 결과를 말한다.

㉧ "측량기록"이란 측량성과를 얻을 때까지의 측량에 관한 작업의 기록을 말한다.

㉨ "지도"란 측량 결과에 따라 공간상의 위치와 지형 및 지명 등 여러 공간정보를 일정한 축척에 따라 기호나 문자 등으로 표시한 것을 말하며, 정보처리시스템을 이용하여 분석, 편집 및 입력·출력할 수 있도록 제작된 수치지형도[항공기나 인공위성 등을 통하여 얻은 영상정보를 이용하여 제작하는 정사영상지도(正射映像地圖)를 포함한다]와 이를 이용하여 특정한 주제에 관하여 제작된 지하시설물도·토지이용현황도 등 대통령령으로 정하는 수치주제도(數値主題圖)를 포함한다.

㉩ "지적소관청"이란 지적공부를 관리하는 특별자치시장, 시장(제주특별자치도 설치 및 국제자유도시 조성을 위한 특별법 제10조 제2항에 따른 행정시의 시장을 포함하며, 지방자치법 제3조 제3항에 따라 자치구가 아닌 구를 두는 시의 시장은 제외한다)·군수 또는 구청장(자치구가 아닌 구의 구청장을 포함한다)을 말한다.

㉪ "지적공부"란 토지대장, 임야대장, 공유지연명부, 대지권등록부, 지적도, 임야도 및 경계점좌표등록부 등 지적측량 등을 통하여 조사된 토지의 표시와 해당 토지의 소유자 등을 기록한 대장 및 도면(정보처리시스템을 통하여 기록·저장된 것을 포함한다)을 말한다.

- "연속지적도"란 지적측량을 하지 아니하고 전산화된 지적도 및 임야도 파일을 이용하여, 도면상 경계점들을 연결하여 작성한 도면으로서 측량에 활용할 수 없는 도면을 말한다.
- "부동산종합공부"란 토지의 표시와 소유자에 관한 사항, 건축물의 표시와 소유자에 관한 사항, 토지의 이용 및 규제에 관한 사항, 부동산의 가격에 관한 사항 등 부동산에 관한 종합정보를 정보관리체계를 통하여 기록·저장한 것을 말한다.

ⓔ "토지의 표시"란 지적공부에 토지의 소재·지번(地番)·지목(地目)·면적·경계 또는 좌표를 등록한 것을 말한다.
ⓟ "필지"란 대통령령으로 정하는 바에 따라 구획되는 토지의 등록단위를 말한다.
ⓗ "지번"이란 필지에 부여하여 지적공부에 등록한 번호를 말한다.
㉮ "지번부여지역"이란 지번을 부여하는 단위지역으로서 동·리 또는 이에 준하는 지역을 말한다.
㉯ "지목"이란 토지의 주된 용도에 따라 토지의 종류를 구분하여 지적공부에 등록한 것을 말한다.
㉰ "경계점"이란 필지를 구획하는 선의 굴곡점으로서 지적도나 임야도에 도해(圖解) 형태로 등록하거나 경계점좌표등록부에 좌표 형태로 등록하는 점을 말한다.
㉱ "경계"란 필지별로 경계점들을 직선으로 연결하여 지적공부에 등록한 선을 말한다.
㉲ "면적"이란 지적공부에 등록한 필지의 수평면상 넓이를 말한다.
㉳ "토지의 이동(異動)"이란 토지의 표시를 새로 정하거나 변경 또는 말소하는 것을 말한다.
㉴ "신규등록"이란 새로 조성된 토지와 지적공부에 등록되어 있지 아니한 토지를 지적공부에 등록하는 것을 말한다.
㉵ "등록전환"이란 임야대장 및 임야도에 등록된 토지를 토지대장 및 지적도에 옮겨 등록하는 것을 말한다.
㉶ "분할"이란 지적공부에 등록된 1필지를 2필지 이상으로 나누어 등록하는 것을 말한다.
㉷ "합병"이란 지적공부에 등록된 2필지 이상을 1필지로 합하여 등록하는 것을 말한다.
㉸ "지목변경"이란 지적공부에 등록된 지목을 다른 지목으로 바꾸어 등록하는 것을 말한다.
㉹ "축척변경"이란 지적도에 등록된 경계점의 정밀도를 높이기 위하여 작은 축척을 큰 축척으로 변경하여 등록하는 것을 말한다.

핵심예제

공간정보의 구축 및 관리 등에 관한 법률에서 정의하고 있는 용어에 대한 설명으로 옳지 않은 것은?

① "기본측량"이란 모든 측량의 기초가 되는 공간정보를 제공하기 위하여 국토교통부장관이 실시하는 측량을 말한다.
② 국가, 지방자치단체, 그 밖에 대통령령으로 정하는 기관이 관계 법령에 따른 사업 등을 시행하기 위하여 기본측량을 기초로 실시하는 측량은 "공공측량"이다.
③ 측량기록이란 측량을 통하여 얻은 최종 결과를 말한다.
④ "일반측량"이란 기본측량, 공공측량, 지지측량 외의 측량을 말한다.

정답 ③

해설

정의(공간정보의 구축 및 관리 등에 관한 법률 제2조)
- 측량기록이란 측량성과를 얻을 때까지의 측량에 관한 작업의 기록을 말한다.
- 측량성과란 측량을 통하여 얻은 최종 결과를 말한다.

핵심이론 02 측량통칙

(1) 측량의 계획

① 국토교통부장관은 다음 각 호의 사항이 포함된 측량기본계획을 5년마다 수립하여야 한다.
   ㉠ 측량에 관한 기본 구상 및 추진 전략
   ㉡ 측량의 국내외 환경 분석 및 기술연구
   ㉢ 측량산업 및 기술인력 육성 방안
   ㉣ 그 밖에 측량 발전을 위하여 필요한 사항

② 국토교통부장관은 제①항에 따른 측량기본계획에 따라 연도별 시행계획을 수립・시행하고, 그 추진실적을 평가하여야 한다.

③ 국토교통부장관은 제①항에 따른 측량기본계획과 제②항에 따른 연도별 시행계획을 수립하려는 경우 제②항에 따른 평가 결과를 반영하여야 한다.

④ 제②항에 따른 연도별 추진실적 평가의 기준・방법・절차에 관한 사항은 국토교통부령으로 정한다.

(2) 측량의 기준

① 측량의 기준은 다음 각 호와 같다.
   ㉠ 위치는 세계측지계(世界測地系)에 따라 측정한 지리학적 경위도와 높이(평균해수면으로부터의 높이를 말한다. 이하 이 항에서 같다)로 표시한다. 다만, 지도제작 등을 위하여 필요한 경우에는 직각좌표와 높이, 극좌표와 높이, 지구중심 직교좌표 및 그 밖의 다른 좌표로 표시할 수 있다.
   ㉡ 측량의 원점은 대한민국 경위도원점(經緯度原點) 및 수준원점(水準原點)으로 한다. 다만, 섬 등 대통령령으로 정하는 지역에 대하여는 국토교통부장관이 따로 정하여 고시하는 원점을 사용할 수 있다.

② 제①항에 따른 세계측지계, 측량의 원점 값의 결정 및 직각좌표의 기준 등에 필요한 사항은 대통령령으로 정한다.

핵심이론 03 기본측량

(1) 실 시

① 국토교통부장관은 기본측량을 하려면 미리 측량지역, 측량기간, 그 밖에 필요한 사항을 시・도지사에게 통지하여야 한다. 그 기본측량을 끝낸 경우에도 같다.

② 시도지사는 제①항에 따른 통지를 받았으면 지체 없이 시장・군수 또는 구청장에게 그 사실을 통지(특별자치시장 및 특별자치도지사의 경우는 제외한다)하고 대통령령으로 정하는 바에 따라 공고하여야 한다.

③ 기본측량의 방법 및 절차 등에 필요한 사항은 국토교통부령으로 정한다.

(2) 측량성과

① 국토교통부장관은 기본측량을 끝냈으면 대통령령으로 정하는 바에 따라 기본측량성과를 고시하여야 한다.

② 국토교통부장관은 대통령령으로 정하는 측량 관련 전문기관으로 하여금 기본측량성과의 정확도를 검증하도록 할 수 있다.

③ 국토교통부장관은 기본측량성과를 고시한 후 지형・지물의 변동 등이 발생한 경우에는 그 변동 내용에 따라 기본측량성과를 수정하여야 한다.

④ 제①항에 따라 고시된 측량성과에 어긋나는 측량성과를 사용하여서는 아니 된다.

(3) 측량성과의 심사(시행령 제14조 기본측량성과 검증기관의 지정)

① 법 제13조 제2항에서 “대통령령으로 정하는 측량 관련 전문기관”이란 다음 각 호의 기관 중 별표 4의 기준을 갖춘 기관으로서 측량 관련 인력과 장비 보유 현황 등을 종합적으로 검토하여 국토교통부장관이 지정하는 기관(이하 “기본측량성과 검증기관”이라 한다)을 말한다.
   ㉠ 정부출연연구기관 등의 설립・운영 및 육성에 관한 법률 및 과학기술분야 정부출연연구기관 등의 설립・운영 및 육성에 관한 법률에 따른 정부출연연구기관
   ㉡ 민법 제32조에 따라 국토교통부장관의 허가를 받아 설립된 측량 관련 비영리법인
   ㉢ 고등교육법 제2조에 따라 설립된 학교의 부설연구소

㉣ 법 제105조 제2항 제3호에 따라 공공측량성과의 심사에 관한 업무를 위탁받은 기관

㉤ 공간정보산업 진흥법 제23조에 따라 설립된 공간정보산업진흥원(이하 "공간정보산업진흥원"이라 한다)

② 제①항에 따른 기본측량성과 검증기관으로 지정받으려는 자는 국토교통부령으로 정하는 서류를 갖추어 국토교통부장관에게 신청하여야 한다.

③ 국토교통부장관은 제①항에 따라 기본측량성과 검증기관을 지정한 경우 이를 신청인에게 서면으로 통지하고 지체없이 공고하여야 한다.

④ 기본측량성과 검증기관의 지정절차 및 정확도 검증 등에 필요한 사항은 국토교통부령으로 정한다.

※ 기본측량성과의 검증(시행규칙 제11조)

1. 법 제13조 제2항에 따라 국토지리정보원장이 기본측량성과 검증기관에 기본측량성과의 검증을 의뢰하는 경우에는 검증에 필요한 관련 자료를 제공하여야 한다.
2. 제1항에 따라 검증을 의뢰받은 기본측량성과 검증기관은 30일 이내에 검증 결과를 국토지리정보원장에게 제출하여야 한다.
3. 기본측량성과의 검증절차, 검증방법 및 검증비용 등에 관한 사항은 국토지리정보원장이 정하여 고시한다.

핵심이론 04 공공측량 및 일반측량

(1) 실 시

① 공공측량의 실시

㉠ 공공측량은 기본측량성과나 다른 공공측량성과를 기초로 실시하여야 한다.

㉡ 공공측량의 시행을 하는 자(이하 "공공측량시행자"라 한다)가 공공측량을 하려면 국토교통부령으로 정하는 바에 따라 미리 공공측량 작업계획서를 국토교통부장관에게 제출하여야 한다. 제출한 공공측량 작업계획서를 변경한 경우에는 변경한 작업계획서를 제출하여야 한다.

㉢ 국토교통부장관은 공공측량의 정확도를 높이거나 측량의 중복을 피하기 위하여 필요하다고 인정하면 공공측량시행자에게 공공측량에 관한 장기 계획서 또는 연간 계획서의 제출을 요구할 수 있다.

㉣ 국토교통부장관은 제㉡항 또는 제㉢항에 따라 제출된 계획서의 타당성을 검토하여 그 결과를 공공측량시행자에게 통지하여야 한다. 이 경우 공공측량시행자는 특별한 사유가 없으면 그 결과에 따라야 한다.

㉤ 공공측량시행자는 공공측량을 하려면 미리 측량지역, 측량기간, 그 밖에 필요한 사항을 시・도지사에게 통지하여야 한다. 그 공공측량을 끝낸 경우에도 또한 같다.

㉥ 시도지사는 공공측량을 하거나 제㉤항에 따른 통지를 받았으면 지체 없이 시장・군수 또는 구청장에게 그 사실을 통지하고(특별자치시장 및 특별자치도지사의 경우는 제외한다) 대통령령으로 정하는 바에 따라 공고하여야 한다.

② 일반측량의 실시

㉠ 일반측량은 기본측량성과 및 그 측량기록, 공공측량성과 및 그 측량기록을 기초로 실시하여야 한다.

㉡ 국토교통부장관은 다음 각 호의 어느 하나에 해당하는 목적을 위하여 필요하다고 인정되는 경우에는 일반측량을 한 자에게 그 측량성과 및 측량기록의 사본을 제출하게 할 수 있다.

- 측량의 정확도 확보
- 측량의 중복 배제
- 측량에 관한 자료의 수집・분석

㉢ 국토교통부장관은 측량의 정확도 확보 등을 위하여 일반측량에 관한 작업기준을 정할 수 있다.

(2) 측량성과

① 공공측량성과의 보관 및 열람 등

㉠ 국토교통부장관 및 공공측량시행자는 공공측량성과 및 공공측량기록 또는 그 사본을 보관하고 일반인이 열람할 수 있도록 하여야 한다. 다만, 공공측량시행자가 공공측량성과 및 공공측량기록을 보관할 수 없는 경우에는 그 공공측량성과 및 공공측량기록을 국토교통부장관에게 송부하여 보관하게 함으로써 일반인이 열람할 수 있도록 하여야 한다.

㉡ 공공측량성과 또는 공공측량기록을 복제하거나 그 사본을 발급받으려는 자는 국토교통부령으로 정하는 바에 따라 국토교통부장관이나 공공측량시행자에게 그 복제 또는 발급을 신청하여야 한다.

㉢ 국토교통부장관이나 공공측량시행자는 제2항에 따른 신청내용이 제14조 제3항 각 호의 어느 하나에 해당하는 경우에는 공공측량성과나 공공측량기록을 복제하게 하거나 그 사본을 발급할 수 없다.

② 공공측량성과를 사용한 지도 등의 간행

㉠ 공공측량시행자는 대통령령으로 정하는 바에 따라 공공측량성과를 사용하여 지도 등을 간행하여 판매하거나 배포할 수 있다. 이 경우 일반 공개 여부 등을 고려하여 대통령령으로 정하는 지도 등의 경우에는 색맹, 색약 등 색각이상자가 보는 데 지장이 없는 지도 등을 별도로 간행하여야 한다(22.8.11 시행).

㉡ 제㉠항에도 불구하고 국가안보를 해칠 우려가 있는 사항으로서 대통령령으로 정하는 사항은 지도 등에 표시할 수 없다(22.8.11 시행).

③ 공공측량성과의 국외 반출 금지

㉠ 누구든지 국토교통부장관의 허가 없이 공공측량성과 중 지도 등 또는 측량용 사진을 국외로 반출하여서는 아니 된다. 다만, 외국 정부와 공공측량성과를 서로 교환하는 등 대통령령으로 정하는 경우에는 그러하지 아니하다.

㉡ 누구든지 제14조 제3항 각 호의 어느 하나에 해당하는 경우에는 공공측량성과를 국외로 반출하여서는 아니 된다. 다만, 국가안보와 관련된 사항에 대하여 제16조 제2항 단서에 따른 협의체에서 국외로 반출하기로 결정한 경우에는 그러하지 아니하다.

(3) 측량성과의 심사

① 공공측량시행자는 공공측량성과를 얻은 경우에는 지체 없이 그 사본을 국토교통부장관에게 제출하여야 한다.

② 국토교통부장관은 필요하다고 인정하면 공공측량시행자에게 공공측량기록의 사본을 제출하도록 할 수 있다.

③ 국토교통부장관은 제①항에 따라 공공측량성과의 사본을 받았으면 지체 없이 그 내용을 심사하여 그 결과를 해당 공공측량시행자에게 통지하여야 한다.

④ 국토교통부장관은 제③항에 따른 심사 결과 공공측량성과가 적합하다고 인정되면 대통령령으로 정하는 바에 따라 그 측량성과를 고시하여야 한다.

⑤ 공공측량성과의 제출 및 심사에 필요한 사항은 국토교통부령으로 정한다.

핵심이론 05 측량업 및 기술자

(1) 측량업의 등록

① 측량업은 다음 각 호의 업종으로 구분한다.
  ㉠ 측지측량업
  ㉡ 지적측량업
  ㉢ 그 밖에 항공촬영, 지도제작 등 대통령령으로 정하는 업종
② 측량업을 하려는 자는 업종별로 대통령령으로 정하는 기술인력·장비 등의 등록기준을 갖추어 국토교통부장관, 시·도지사 또는 대도시 시장에게 등록하여야 한다. 다만, 한국국토정보공사는 측량업의 등록을 하지 아니하고 제①항 제㉡호의 지적측량업을 할 수 있다.
③ 국토교통부장관, 시·도지사 또는 대도시 시장은 제②항에 따른 측량업의 등록을 한 자(이하 "측량업자"라 한다)에게 측량업등록증 및 측량업등록수첩을 발급하여야 한다.
④ 측량업자는 등록사항이 변경된 경우에는 국토교통부장관, 시·도지사 또는 대도시 시장에게 신고하여야 한다.
⑤ 국토교통부장관, 시·도지사 또는 대도시 시장은 제④항에 따른 신고를 받은 날부터 20일 이내에 신고수리 여부를 신고인에게 통지하여야 한다(22.8.11 시행).
⑥ 국토교통부장관, 시·도지사 또는 대도시 시장이 제⑤항에 따른 기간 내에 신고수리 여부 또는 민원 처리 관련 법령에 따른 처리기간의 연장을 신고인에게 통지하지 아니하면 그 기간(민원 처리 관련 법령에 따라 처리기간이 연장 또는 재연장된 경우에는 해당 처리기간을 말한다)이 끝난 날의 다음 날에 신고를 수리한 것으로 본다(22.8.11 시행).
⑦ 측량업의 등록, 등록사항의 변경신고, 측량업등록증 및 측량업등록수첩의 발급절차 등에 필요한 사항은 대통령령으로 정한다.

(2) 측량기술자

① 이 법에서 정하는 측량은 측량기술자가 아니면 할 수 없다.
② 측량기술자는 다음 각 호의 어느 하나에 해당하는 자로서 대통령령으로 정하는 자격기준에 해당하는 자이어야 하며, 대통령령으로 정하는 바에 따라 그 등급을 나눌 수 있다.
  ㉠ 국가기술자격법에 따른 측량 및 지형공간정보, 지적, 측량, 지도제작, 도화(圖畵) 또는 항공사진 분야의 기술자격 취득자
  ㉡ 측량, 지형공간정보, 지적, 지도제작, 도화 또는 항공사진 분야의 일정한 학력 또는 경력을 가진 자
  ㉢ 측량기술자는 전문분야를 측량분야와 지적분야로 구분한다.
③ 측량기술자의 신고 등
  ㉠ 측량업무에 종사하는 측량기술자(건설기술 진흥법 제2조 제8호에 따른 건설기술인인 측량기술자와 기술사법 제2조에 따른 기술사는 제외한다)는 국토교통부령으로 정하는 바에 따라 근무처·경력·학력 및 자격 등(이하 "근무처 및 경력 등"이라 한다)을 관리하는 데에 필요한 사항을 국토교통부장관에게 신고할 수 있다. 신고사항의 변경이 있는 경우에도 같다.
  ㉡ 국토교통부장관은 제㉠항에 따른 신고를 받았으면 측량기술자의 근무처 및 경력 등에 관한 기록을 유지·관리하여야 한다.
  ㉢ 국토교통부장관은 측량기술자가 신청하면 근무처 및 경력 등에 관한 증명서(이하 "측량기술경력증"이라 한다)를 발급할 수 있다.
  ㉣ 국토교통부장관은 제㉠항에 따라 신고를 받은 내용을 확인하기 위하여 필요한 경우에는 중앙행정기관, 지방자치단체, 초·중등교육법 제2조 및 고등교육법 제2조의 학교, 신고를 한 측량기술자가 소속된 측량 관련 업체 등 관련 기관의 장에게 관련 자료를 제출하도록 요청할 수 있다. 이 경우 그 요청을 받은 기관의 장은 특별한 사유가 없으면 요청에 따라야 한다.
  ㉤ 이 법이나 그 밖의 관계 법률에 따른 인가·허가·등록·면허 등을 하려는 행정기관의 장은 측량기술자의 근무처 및 경력 등을 확인할 필요가 있는 경우에는 국토교통부장관의 확인을 받아야 한다.
  ㉥ 제㉠항에 따른 신고가 신고서의 기재사항 및 구비서류에 흠이 없고, 관계 법령 등에 규정된 형식상의 요건을 충족하는 경우에는 신고서가 접수기관에 도달된 때에 신고된 것으로 본다.
  ㉦ 제㉠항부터 제㉥항까지에서 규정한 사항 외에 측량기술자의 신고, 기록의 유지·관리, 측량기술경력증의 발급 등에 필요한 사항은 국토교통부령으로 정한다.

④ 측량기술자의 의무

㉠ 측량기술자는 신의와 성실로써 공정하게 측량을 하여야 하며, 정당한 사유 없이 측량을 거부하여서는 아니 된다.

㉡ 측량기술자는 정당한 사유 없이 그 업무상 알게 된 비밀을 누설하여서는 아니 된다.

㉢ 측량기술자는 둘 이상의 측량업자에게 소속될 수 없다.

㉣ 측량기술자는 다른 사람에게 측량기술경력증을 빌려 주거나 자기의 성명을 사용하여 측량업무를 수행하게 하여서는 아니 된다.

⑤ 측량기술자의 업무정지 등

㉠ 국토교통부장관은 측량기술자(건설기술 진흥법 제2조 제8호에 따른 건설기술인인 측량기술자는 제외한다)가 다음 각 호의 어느 하나에 해당하는 경우에는 1년(지적기술자의 경우에는 2년) 이내의 기간을 정하여 측량업무의 수행을 정지시킬 수 있다. 이 경우 지적기술자에 대하여는 대통령령으로 정하는 바에 따라 중앙지적위원회의 심의·의결을 거쳐야 한다.

- 근무처 및 경력 등의 신고 또는 변경신고를 거짓으로 한 경우
- 다른 사람에게 측량기술경력증을 빌려 주거나 자기의 성명을 사용하여 측량업무를 수행하게 한 경우
- 지적기술자가 신의와 성실로써 공정하게 지적측량을 하지 아니하거나 고의 또는 중대한 과실로 지적측량을 잘못하여 다른 사람에게 손해를 입힌 경우
- 지적기술자가 정당한 사유 없이 지적측량 신청을 거부한 경우

㉡ 국토교통부장관은 지적기술자가 제㉠항 각 호의 어느 하나에 해당하는 경우 위반행위의 횟수, 정도, 동기 및 결과 등을 고려하여 지적기술자가 소속된 한국국토정보공사 또는 지적측량업자에게 해임 등 적절한 징계를 할 것을 요청할 수 있다.

㉢ 제㉠항에 따른 업무정지의 기준과 그 밖에 필요한 사항은 국토교통부령으로 정한다.

핵심이론 06 지명, 성능검사, 벌칙

(1) 지 명

① 지명의 결정

㉠ 지명의 제정, 변경과 그 밖에 지명에 관한 중요 사항을 심의·의결하기 위하여 국토교통부에 국가지명위원회를 두고, 시·도에 시·도 지명위원회를 두며, 시·군 또는 구(자치구를 말한다)에 시·군·구 지명위원회를 둔다.

㉡ 지명은 지방자치법이나 그 밖의 다른 법령에서 정한 것 외에는 국가지명위원회의 심의·의결로 결정하고 국토교통부장관이 그 결정 내용을 고시하여야 한다.

㉢ 시·군·구의 지명에 관한 사항은 관할 시·군·구 지명위원회가 심의·의결하여 관할 시·도 지명위원회에 보고하고, 관할 시·도 지명위원회는 관할 시·군·구 지명위원회의 보고사항을 심의·의결하여 국가지명위원회에 보고하며, 국가지명위원회는 관할 시·도 지명위원회의 보고사항을 심의·의결하여 결정한다.

㉣ 제㉢항에도 불구하고 둘 이상의 시·군·구에 걸치는 지명에 관한 사항은 관할 시·도 지명위원회가 해당 시장·군수 또는 구청장의 의견을 들은 후 심의·의결하여 국가지명위원회에 보고하고, 국가지명위원회는 관할 시·도 지명위원회의 보고사항을 심의·의결하여 결정하여야 하며, 둘 이상의 시·도에 걸치는 지명에 관한 사항은 국가지명위원회가 해당 시·도지사의 의견을 들은 후 심의·의결하여 결정하여야 한다.

㉤ 국가지명위원회, 시·도 지명위원회 및 시·군·구 지명위원회의 위원 중 공무원이 아닌 위원은 형법 제127조 및 제129조부터 제132조까지의 규정을 적용할 때에는 공무원으로 본다.

㉥ 국가지명위원회의 구성 및 운영 등에 필요한 사항은 대통령령으로 정하고, 시·도 지명위원회와 시·군·구 지명위원회의 구성 및 운영 등에 필요한 사항은 대통령령으로 정하는 기준에 따라 해당 지방자치단체의 조례로 정한다.

(2) 성능검사

① 측량기기의 검사

㉠ 측량업자는 트랜싯, 레벨, 그 밖에 대통령령으로 정하는 측량기기에 대하여 5년의 범위에서 대통령령으로 정하는 기간마다 국토교통부장관이 실시하는 성능검사를 받아야 한다. 다만, 국가표준기본법 제14조에 따라 국가교정업무 전담기관의 교정검사를 받은 측량기기로서 국토교통부장관이 제㉥항에 따른 성능검사 기준에 적합하다고 인정한 경우에는 성능검사를 받은 것으로 본다.

㉡ 한국국토정보공사는 성능검사를 위한 적합한 시설과 장비를 갖추고 자체적으로 검사를 실시하여야 한다.

㉢ 측량기기의 성능검사업무를 대행하는 자로 등록한 자(이하 "성능검사대행자"라 한다)는 제㉠항에 따른 국토교통부장관의 성능검사업무를 대행할 수 있다.

㉣ 한국국토정보공사와 성능검사대행자는 제㉥항에 따른 성능검사의 기준, 방법 및 절차와 다르게 성능검사를 하여서는 아니 된다.

㉤ 국토교통부장관은 한국국토정보공사와 성능검사대행자가 제㉥항에 따른 기준, 방법 및 절차에 따라 성능검사를 정확하게 하는지 실태를 점검하고, 필요한 경우에는 시정을 명할 수 있다.

㉥ 제㉠항 및 제㉡항에 따른 성능검사의 기준, 방법 및 절차와 제㉤항에 따른 실태점검 및 시정명령 등에 필요한 사항은 국토교통부령으로 정한다.

② 성능검사대행자의 등록 등

㉠ 측량기기의 성능검사업무를 대행하려는 자는 측량기기별로 대통령령으로 정하는 기술능력과 시설 등의 등록기준을 갖추어 시·도지사에게 등록하여야 하며, 등록사항을 변경하려는 경우에는 시·도지사에게 신고하여야 한다.

㉡ 시·도지사는 제㉠항에 따라 등록신청을 받은 경우 등록기준에 적합하다고 인정되면 신청인에게 측량기기 성능검사대행자 등록증을 발급한 후 그 발급사실을 공고하고 국토교통부장관에게 통지하여야 한다.

㉢ 시·도지사는 제㉠항에 따른 신고를 받은 날부터 20일 이내에 신고수리 여부를 신고인에게 통지하여야 한다(22.8.11 시행).

㉣ 시·도지사가 제㉢항에 따른 기간 내에 신고수리 여부 또는 민원 처리 관련 법령에 따른 처리기간의 연장을 신고인에게 통지하지 아니하면 그 기간(민원 처리 관련 법령에 따라 처리기간이 연장 또는 재연장된 경우에는 해당 처리기간을 말한다)이 끝난 날의 다음 날에 신고를 수리한 것으로 본다(22.8.11 시행).

㉤ 성능검사대행자가 폐업을 한 경우에는 30일 이내에 국토교통부령으로 정하는 바에 따라 시·도지사에게 폐업사실을 신고하여야 한다.

㉥ 성능검사대행자와 그 검사업무를 담당하는 임직원은 형법 제129조부터 제132조까지의 규정을 적용할 때에는 공무원으로 본다.

㉦ 성능검사대행자의 등록, 등록사항의 변경신고, 측량기기 성능검사대행자 등록증의 발급, 검사 수수료 등에 필요한 사항은 국토교통부령으로 정한다.

③ 성능검사대행자 등록의 결격사유

다음 각 호의 어느 하나에 해당하는 자는 성능검사대행자의 등록을 할 수 없다.

1. 피성년후견인 또는 피한정후견인
2. 이 법을 위반하여 징역의 실형을 선고받고 그 집행이 종료(집행이 종료된 것으로 보는 경우를 포함한다)되거나 집행이 면제된 날부터 2년이 지나지 아니한 자
3. 이 법을 위반하여 징역형의 집행유예를 선고받고 그 유예기간 중에 있는 자
4. 등록이 취소된 후 2년이 지나지 아니한 자
5. 임원 중에 제1호부터 제4호까지의 어느 하나에 해당하는 자가 있는 법인

④ 성능검사대행자 등록증의 대여 금지 등

㉠ 성능검사대행자는 다른 사람에게 자기의 성능검사대행자 등록증을 빌려 주거나 자기의 성명 또는 상호를 사용하여 성능검사대행업무를 수행하게 하여서는 아니 된다.

㉡ 누구든지 다른 사람의 성능검사대행자 등록증을 빌려서 사용하거나 다른 사람의 성명 또는 상호를 사용하여 성능검사대행업무를 수행하여서는 아니 된다.

⑤ 성능검사대행자의 등록취소 등

㉠ 시·도지사는 성능검사대행자가 다음 각 호의 어느 하나에 해당하는 경우에는 성능검사대행자의 등록을 취소하거나 1년 이내의 기간을 정하여 업무정지 처분을 할 수 있다. 다만, 제1호·제5호·제7호 또는 제8호에 해당하는 경우에는 성능검사대행자의 등록을 취소하여야 한다.

1. 거짓이나 그 밖의 부정한 방법으로 등록을 한 경우
2. 시정명령을 따르지 아니한 경우
3. 등록기준에 미달하게 된 경우. 다만, 일시적으로 등록기준에 미달하는 등 대통령령으로 정하는 경우는 제외한다.
4. 등록사항 변경신고를 하지 아니한 경우
5. 다른 사람에게 자기의 성능검사대행자 등록증을 빌려 주거나 자기의 성명 또는 상호를 사용하여 성능검사대행업무를 수행하게 한 경우
6. 정당한 사유 없이 성능검사를 거부하거나 기피한 경우
7. 거짓이나 부정한 방법으로 성능검사를 한 경우
8. 업무정지기간 중에 계속하여 성능검사대행업무를 한 경우
9. 다른 행정기관이 관계 법령에 따라 등록취소 또는 업무정지를 요구한 경우

㉡ 시・도지사는 제㉠항에 따라 성능검사대행자의 등록을 취소하였으면 취소 사실을 공고한 후 국토교통부장관에게 통지하여야 한다.

㉢ 성능검사대행자의 등록취소 및 업무정지 처분에 관한 기준은 국토교통부령으로 정한다.

(3) 벌 칙

① 측량업자로서 속임수, 위력(威力), 그 밖의 방법으로 측량업과 관련된 입찰의 공정성을 해친 자는 3년 이하의 징역 또는 3,000만원 이하의 벌금에 처한다.

② 다음 각 호의 어느 하나에 해당하는 자는 2년 이하의 징역 또는 2,000만원 이하의 벌금에 처한다.

㉠ 측량기준점표지를 이전 또는 파손하거나 그 효용을 해치는 행위를 한 자
㉡ 고의로 측량성과를 사실과 다르게 한 자
㉢ 측량성과를 국외로 반출한 자
㉣ 측량업의 등록을 하지 아니하거나 거짓이나 그 밖의 부정한 방법으로 측량업의 등록을 하고 측량업을 한 자
㉤ 성능검사를 부정하게 한 성능검사대행자
㉥ 성능검사대행자의 등록을 하지 아니하거나 거짓이나 그 밖의 부정한 방법으로 성능검사대행자의 등록을 하고 성능검사업무를 한 자

③ 다음 각 호의 어느 하나에 해당하는 자는 1년 이하의 징역 또는 1,000만원 이하의 벌금에 처한다.

㉠ 무단으로 측량성과 또는 측량기록을 복제한 자
㉡ 심사를 받지 아니하고 지도 등을 간행하여 판매하거나 배포한 자
㉢ 측량기술자가 아님에도 불구하고 측량을 한 자
㉣ 업무상 알게 된 비밀을 누설한 측량기술자
㉤ 둘 이상의 측량업자에게 소속된 측량기술자
㉥ 다른 사람에게 측량업등록증 또는 측량업등록수첩을 빌려주거나 자기의 성명 또는 상호를 사용하여 측량업무를 하게 한 자
㉦ 다른 사람의 측량업등록증 또는 측량업등록수첩을 빌려서 사용하거나 다른 사람의 성명 또는 상호를 사용하여 측량업무를 한 자
㉧ 지적측량수수료 외의 대가를 받은 지적측량기술자
㉨ 거짓으로 다음 각 목의 신청을 한 자
- 신규등록 신청
- 등록전환 신청
- 분할 신청
- 합병 신청
- 지목변경 신청
- 바다로 된 토지의 등록말소 신청
- 축척변경 신청
- 등록사항의 정정 신청
- 도시개발사업 등 시행지역의 토지이동 신청

㉩ 다른 사람에게 자기의 성능검사대행자 등록증을 빌려주거나 자기의 성명 또는 상호를 사용하여 성능검사대행업무를 수행하게 한 자
㉪ 다른 사람의 성능검사대행자 등록증을 빌려서 사용하거나 다른 사람의 성명 또는 상호를 사용하여 성능검사대행업무를 수행한 자

④ 양벌규정

㉠ 법인의 대표자나 법인 또는 개인의 대리인, 사용인, 그 밖의 종업원이 그 법인 또는 개인의 업무에 관하여 어느 하나에 해당하는 위반행위를 하면 그 행위자를 벌하는 외에 그 법인 또는 개인에게도 해당 조문의 벌금형을 과(科)한다. 다만, 법인 또는 개인이 그 위반행위를 방지하기 위하여 해당 업무에 관하여 상당한 주의와 감독을 게을리하지 아니한 경우에는 그러하지 아니하다.

⑤ 과태료

㉠ 다음 각 호의 어느 하나에 해당하는 자에게는 300만원 이하의 과태료를 부과한다.

- 정당한 사유 없이 측량을 방해한 자
- 고시된 측량성과에 어긋나는 측량성과를 사용한 자
- 거짓으로 측량기술자의 신고를 한 자
- 측량업 등록사항의 변경신고를 하지 아니한 자
- 측량업자의 지위 승계 신고를 하지 아니한 자
- 측량업의 휴업·폐업 등의 신고를 하지 아니하거나 거짓으로 신고한 자
- 본인, 배우자 또는 직계 존속·비속이 소유한 토지에 대한 지적측량을 한 자
- 측량기기에 대한 성능검사를 받지 아니하거나 부정한 방법으로 성능검사를 받은 자
- 성능검사대행자의 등록사항 변경을 신고하지 아니한 자
- 성능검사대행업무의 폐업신고를 하지 아니한 자
- 정당한 사유 없이 보고를 하지 아니하거나 거짓으로 보고를 한 자
- 정당한 사유 없이 조사를 거부·방해 또는 기피한 자
- 정당한 사유 없이 토지 등에의 출입 등을 방해하거나 거부한 자

㉡ 정당한 사유 없이 교육을 받지 아니한 자에게는 100만원 이하의 과태료를 부과한다.

㉢ 제㉠항 및 제㉡항에 따른 과태료는 대통령령으로 정하는 바에 따라 국토교통부장관, 시·도지사, 대도시 시장 또는 지적소관청이 부과·징수한다.

핵심예제

6-1.측량업자로서 속임수, 위력, 그 밖의 방법으로 측량업과 관련된 입찰의 공정성을 해친 자에 대한 벌칙 기준은?

① 3년 이하의 징역 또는 3,000만원 이하의 벌금
② 2년 이하의 징역 또는 2,000만원 이하의 벌금
③ 1년 이하의 징역 또는 1,000만원 이하의 벌금
④ 300만원 이하의 과태료

정답 ①

6-2.노선측량의 곡선에 대한 설명으로 옳지 않은 것은?

① 클로소이드 곡선은 완화곡선의 일종이다.
② 철도의 종단곡선은 주로 원곡선이 사용된다.
③ 클로소이드 곡선은 고속도로에 적합하다.
④ 클로소이드 곡선은 곡률이 곡선의 길이에 반비례한다.

정답 ④

6-3 기본측량의 실시공고에 포함되어야 할 사항이 아닌 것은?

① 측량의 종류
② 측량의 목적
③ 측량의 실시지역
④ 측량의 성과 보관 장소

정답 ④

해설

6-1

벌칙(공간정보의 구축 및 관리 등에 관한 법률 제107조)

측량업자로서 속임수, 위력(威力), 그 밖의 방법으로 측량업과 관련된 입찰의 공정성을 해친 자는 3년 이하의 징역 또는 3,000만원 이하의 벌금에 처한다.

6-2

완화곡선

- 클로소이드곡선 : 곡률이 곡선장에 비례하는 곡선으로 고속도로 설계 시 적용
- 렘니스케이드 : 시가지 지하철 설계 시 적용
- 3차포물선 : 철도 설계 시 적용
- sin체감곡선 : 고속철도 설계 시 적용

종단곡선

- 원곡선 : 철도 설계 시 적용
- 2차포물선 : 도로설계 시 적용

MEMO

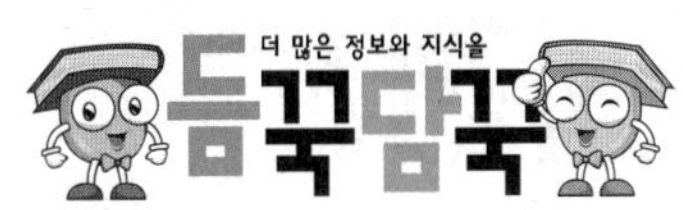

측량 및 지형공간정보산업기사

단원의 구성

2016~2020년	과년도 기출문제
2021년	최근 기출복원문제

PART

02

과년도 + 최근 기출복원문제

2016년 제 1 회 | 과년도 기출문제

제1과목 응용측량

01 터널의 갱내외 연결측량에서 측량방법이 아닌 것은?

① 정렬식에 의한 연결법
② 2개의 수직터널에 의한 연결법
③ 삼각법에 의한 연결법
④ 외접 다각형법에 의한 연결법

해설
외접 다각형법에 의한 연결법은 갱내 곡선설치방법이다.
터널의 갱내외 연결측량방법
- 1개의 수직갱에 의한 연결방법(정렬식, 삼각법)
- 2개의 수직갱의 연결방법

02 반지름 286.45m, 교각 76°24′28″인 단곡선의 곡선길이(C.L)는?

① 379.00m ② 380.00m
③ 381.00m ④ 382.00m

해설
곡선길이(C.L) = $\frac{\pi}{180} \times R \times I^\circ$
C.L = 0.0174533 × 286.45 × 76°24′28″ = 382.00m

03 400m^2 정사각형 토지의 면적을 0.4m^{2}까지 정확하게 구하기 위해 요구되는 한 변의 길이는 최대 얼마까지 정확하게 관측하여야 하는가?

① 1mm ② 5mm
③ 1cm ④ 5cm

해설
$\frac{dA}{A} = 2\frac{dl}{l}$
$\therefore dl = \frac{l}{2} \times \frac{dA}{A} = \frac{20 \times 0.4}{2 \times 400}$ = 0.010m = 1cm

04 노선에 단곡선을 설치할 때, 교점 부근에 하천이 있어 그림과 같이 A′, B′를 선정하여 α = 36°14′20″, β = 42°26′40″를 얻었다면 접선길이(T.L)는?(단, 곡선의 반지름은 224m이다)

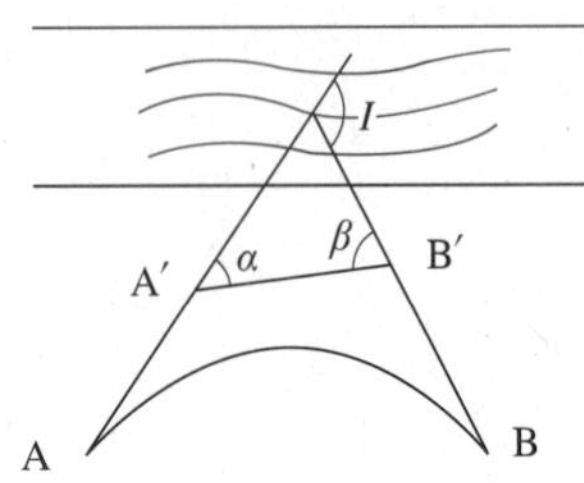

① 273.269m ② 307.615m
③ 327.865m ④ 559.663m

해설
교각(I) = 180° − ($\alpha + \beta$) = 180° − (36°14′20″ + 42°26′40″)
= 101°19′00″
T.L = $R \times \tan\frac{I}{2} = 224 \times \tan\frac{101°19'00''}{2}$ = 273.269m

05 완화곡선에 해당되는 것은?

① 복심곡선
② 반향곡선
③ 배향곡선
④ 3차포물선

해설
수평곡선
- 원곡선 : 단곡선, 복심곡선, 반향곡선, 배향곡선
- 완화곡선 : 클로소이드곡선, 렘니스케이트곡선, 3차포물선, sin체감곡선

종단곡선
- 원곡선
- 2차포물선

정답 1 ④ 2 ④ 3 ③ 4 ① 5 ④

06 터널 내 수준측량을 통하여 그림과 같은 관측 결과를 얻었다. A점의 지반고가 11m이었다면 B점의 지반고는?

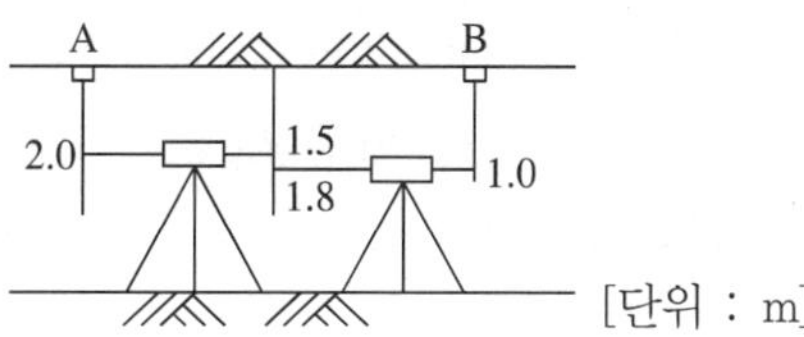

① 8.0m
② 8.7m
③ 9.7m
④ 12.3m

해설

측 점	B.S	F.S	지반고(G.H)
A	-2.0		11m
-	-1.8	-1.5	10.5m
B		-1.0	9.7m

07 그림과 같은 삼각형의 면적을 구하기 위하여 기준점으로부터 측량을 실시하여 좌표를 구한 결과가 표와 같다. 이 삼각형 ABC의 면적은?(단, C′는 C의 편심점으로 측선 $\overline{C'C}$의 거리는 100m, 방위각은 180°이다)

측 점	N(m)	E(m)
A	10.5	10.5
B	12.8	180.3
C′	270.5	100.8

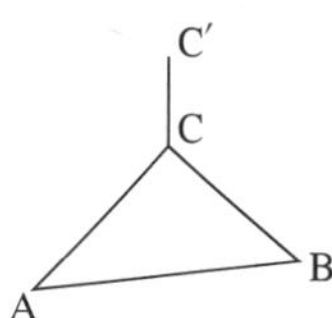

① 13,480.16m²
② 13,490.16m²
③ 26,960.31m²
④ 26,980.32m²

해설

$C_N = 270.5 + 100\cos 180° = 270.5 - 100.0 = 170.5\text{m}$

$C_E = 100.8 + 100\sin 180° = 100.8\text{m}$

측 점	N(m)	E(m)
A	10.5	10.5
B	12.8	180.3
C	170.5	100.8

$\overline{AB} = \sqrt{(12.8-10.5)^2 + (180.3-10.5)^2} = 169.816\text{m}$

$\overline{BC} = \sqrt{(170.5-12.8)^2 + (100.8-180.3)^2} = 176.606\text{m}$

$\overline{CA} = \sqrt{(170.5-10.5)^2 + (100.8-10.5)^2} = 183.723\text{m}$

∴ 헤론의 공식에 의거

$$A = \sqrt{s(s-a)(s-b)(s-c)}$$

$$= \sqrt{265.0725(265.0725-169.816)(265.0725-176.606)(265.0725-183.723)}$$

$= 13480.16\text{m}^2$

여기서, $s = \dfrac{\overline{AB}+\overline{BC}+\overline{CA}}{2} = \dfrac{169.816+176.606+183.723}{2}$

$= 265.0725\text{m}$

정답 6 ③ 7 ①

08 해양지질학적 기초자료를 획득하기 위하여 음파 또는 탄성파 탐사장비를 이용하여 해저지층 또는 음향상 분포를 조사하는 작업은?

① 수로측량 ② 해저지층탐사
③ 해상위치측량 ④ 수심측량

해설
해저지층탐사의 용어 정의(수로측량 업무규정 제51조)
- "천부지층탐사"란 고주파 대역 음원을 사용하여 해저면 부근의 세밀한 하부 지층 정보를 취득하는 탐사방법을 말한다.
- "심부지층탐사"란 저주파 대역 음원을 사용하여 천부지층탐사보다 깊은 심도의 지층 정보를 취득하는 탐사방법을 말한다.
- "단일채널 탄성파 탐사"란 하나의 수진기(음파 수신 장치)를 이용하는 탐사방법을 말한다.
- "다중채널 탄성파 탐사"란 두 개 이상의 수진기를 이용하는 탐사방법을 말한다.
- "음향상분포도"란 천부지층탐사자료의 음향 특성을 분석하여 동일한 특성을 보이는 구역을 구분하여 도면으로 제작한 것을 말한다.
- "등층후도"란 특정 지층에 대해 같은 두께를 가지는 지점을 연결한 등층후선으로 지층의 두께 변화를 표현한 도면을 말한다.

09 곡선반지름 R = 190m, 교각 I = 50°일 때 중앙종거법에 의해 원곡선을 설치하려 한다. 8등분점(M_3)의 중앙종거는?

① 1.13m ② 1.82m
③ 2.27m ④ 2.68m

해설
8등분점의 중앙종거(M_3)

$$M_3 = R\times\left(1-\cos\frac{I}{8}\right) = 190\times\left(1-\cos\frac{50}{8}\right) = 1.13\text{m}$$

10 조수의 간만 현상이 일어나는 원인에 해당하는 것은?

① 응 력 ② 기조력
③ 부 력 ④ 추진력

해설
조석을 일으키는 외력을 기조력이라 하며, 지구 주변 천체의 인력작용의 대부분을 차지한다. 지구와 달 및 태양의 인력과 지구의 구심력의 평행에 의하여 발생하는 해수면의 주기적인 승강현상을 조석현상이라 하는데 이때 해면이 가장 높아진 상태를 고조면, 가장 낮아진 상태를 저조면이라 한다.

11 그림과 같은 하천의 횡단면도에서 수심(H)일 때의 유량이 140m³/s, 단면적(a) 및 (b)의 평균유속이 각각 v_a = 2.0m/s, v_b = 1.0m/s라면 이때의 수심(H)는?(단, 유량(Q)은 단면적(a), (b)의 유량(Q_a, Q_b)의 합과 같고, 하상은 수평이다)

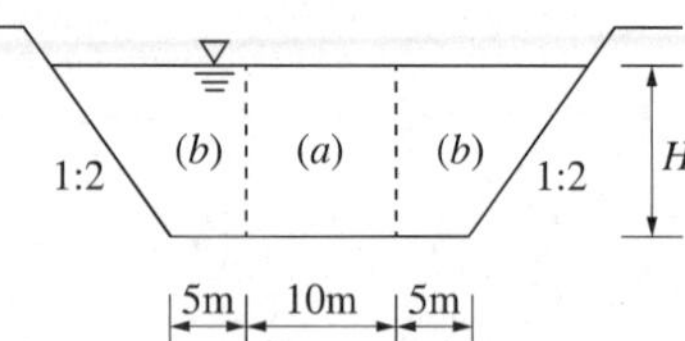

① 8.24m ② 5.64m
③ 3.74m ④ 1.84m

해설
유량 = 단면적 × 유속

$$140 = (10\times h\times 2) + (5\times h\times 1)\times 2 + \left(\frac{2h\times h}{2}\right)\times 2\times 1$$

$$140 = 20h + 10h + 2h^2$$

$$2h^2 + 30h - 140 = 0$$

이므로 근의 공식을 이용하면

$$ah^2 + 2b'h - c = 0$$

$$h = \frac{-b'\pm\sqrt{b'^2-ac}}{a} = \frac{-15\pm\sqrt{15^2-2\times(-140)}}{2} = \frac{-15\pm\sqrt{505}}{2} = 3.74\text{m}$$

12 편각법으로 반지름 312.5m인 단곡선을 설치할 경우에 중심말뚝 간격 10m에 대한 편각은?

① 54′ ② 55′
③ 56′ ④ 57′

해설

$$\delta = 1{,}718.87'\times\frac{l}{R}$$

$$\delta_{10m} = 1{,}718.87 - \frac{10}{312.5} = 55'$$

정답 8 ② 9 ① 10 ② 11 ③ 12 ②

13 비행장의 입지선정을 위해 고려하여야 할 주요 요소로 가장 거리가 먼 것은?

① 주변지역의 개발형태
② 항공기 이용에 따른 접근성
③ 지표면 활용상태
④ 비행장 운영에 필요한 지원시설

해설
비행장의 입지선정 주요 요소
- 주변지역의 개발상태
- 항공기 이용에 따른 접근성
- 비행장 운영에 필요한 지원시설
- 기 후

14 그림과 같이 계곡에 댐을 만들어 저수하고자 한다. 댐의 저수위를 170m로 할 때의 저수량은?(단, 바닥은 편평한 것으로 가정한다)

구 분	면 적
130m	$500m^2$
140m	$600m^2$
150m	$700m^2$
160m	$900m^2$
170m	$1,100m^2$

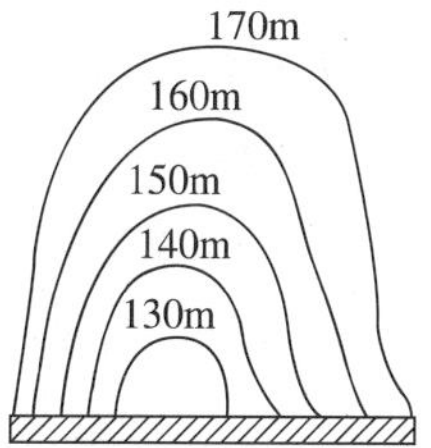

① $20,600m^3$
② $30,000m^3$
③ $30,600m^3$
④ $35,500m^3$

해설
각주의 공식 $V=\frac{h}{3}(A_1+A_n+4A_{홀수}+2A_{짝수})$을 이용하면

$V=\frac{10}{3}\times[(500+1,100+4(600+900)+2(700)]=30,000m^3$

15 하천측량에서 2점법으로 평균유속을 구하려고 한다. 수심을 H라 할 때 수면으로부터의 관측 위치로 옳은 것은?

① $0.2H$와 $0.4H$
② $0.2H$와 $0.6H$
③ $0.2H$와 $0.8H$
④ $0.4H$와 $0.8H$

해설
- 1점법 : $V_m=V_{0.6}$
- 2점법 : $V_m=\frac{1}{2}(V_{0.2}+V_{0.8})$
- 3점법 : $V_m=\frac{1}{4}(V_{0.2}+2V_{0.6}+V_{0.8})$
- 4점법

$$V_m=\frac{1}{5}\left\{(V_{0.2}+V_{0.4}+V_{0.6}+V_{0.8})+\frac{1}{2}\left(V_{0.2}+\frac{V_{0.8}}{2}\right)\right\}$$

16 하천 측량에 있어 횡단도 작성에 필요한 측량으로 수면으로부터 하저까지의 깊이를 구하는 것은?

① 심천측량
② 유량관측
③ 평면측량
④ 유속측량

해설
심천측량은 하천의 수심 및 유수부분의 하저상황을 조사하고 횡단면도를 제작하는 측량을 말한다.

정답 13 ③ 14 ② 15 ③ 16 ①

17 **터널 내 기준점측량에서 기준점을 보통 천정에 설치하는 이유로 가장 거리가 먼 것은?**

① 운반이나 기타 작업에 방해가 되지 않도록 하기 위하여
② 발견하기 쉽게 하기 위하여
③ 파손될 염려가 적기 때문에
④ 설치가 쉽기 때문에

해설
기준점의 설치장소는 불필요물이나 재료의 반·출입에 지장이 없거나 측량기계를 설치하는 데 용이한 곳에 설치한다.

18 **노선측량의 작업단계에 해당되지 않는 것은?**

① 시거측량
② 세부측량
③ 용지측량
④ 공사측량

해설
노선측량의 작업단계
- 노선선정
- 계획조사측량
- 실시설계측량
- 세부측량
- 용지측량
- 공사측량

19 **그림과 같이 삼각형 격자의 교점에 대한 절토고를 얻었을 때 절토량은?(단, 각 구간의 면적은 같고, 단위는 m이다)**

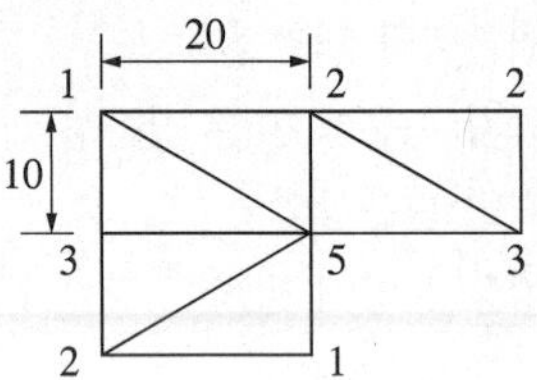

① $1,352.6m^3$
② $862.7m^3$
③ $1,733.3m^3$
④ $753.1m^3$

해설

$$V = \frac{A}{3}(1\Sigma h_1 + 2\Sigma h_2 + 3\Sigma h_3 + 4\Sigma h_4 + 5\Sigma h_5 + 6\Sigma h_6 + 7\Sigma h_7 + 8\Sigma h_8)$$

$$= \frac{10 \times 20}{6}[1 \times (1+2) + 2 \times (1+3+2+3) + 3 \times 2 + 5 \times 5]$$

$$= \frac{200}{6}(3+18+6+25)$$

$$= 1,733.3m^3$$

20 **유토곡선(Mass Curve)에 의한 토량계산의 설명으로 옳지 않은 것은?**

① 곡선은 누가토량의 변화를 표시하는 것이고, 그 경사가 (-)는 깎기 구간, (+)는 쌓기 구간을 의미한다.
② 측점의 토량은 양단면평균법으로 계산할 수 있다.
③ 곡선에서 경사의 부호가 바뀌는 지점은 쌓기 구간에서 깎기 구간 또는 깎기 구간에서 쌓기 구간으로 변하는 점을 의미한다.
④ 토적곡선을 활용하여 토공의 평균운반거리를 계산할 수 있다.

해설
유토곡선(Mass Curve)
평균 운반거리 산출, 토량 배분, 운반거리에 의한 토공기계의 산정, 토량이동에 따른 공사방법 및 순서결정을 위해 작성하는 것으로 하향곡선은 성토구간이고, 상향곡선은 정토구간이다.

정답 17 ④ 18 ① 19 ③ 20 ①

제2과목 사진측량 및 원격탐사

21 항공사진에서 발생하는 현상이 아닌 것은?

① 기복변위
② 과고감
③ Image Motion
④ 주파수 단절

해설
항공사진 촬영 결과에는 기복변위, 과고감, 이미지모션이 발생한다. 주파수 단절은 GNSS측량의 오차를 말한다.

22 사진의 크기가 23cm × 23cm, 초점거리 150mm, 촬영고도가 5,250m일 때 이 사진의 포괄면적은?

① 34.8km^2 ② 44.8km^2
③ 54.8km^2 ④ 64.8km^2

해설
$$\frac{1}{m}=\frac{f}{H}=\frac{0.15}{5,250}=\frac{1}{35,000}$$
$$A=(ma)^2=35,000^2\times0.23^2=64,802,500\text{m}^2=64.8\text{km}^2$$

23 다음 중 동일 촬영고도에서 한 번의 촬영으로 가장 넓은 지역을 촬영할 수 있는 카메라는?

① 초광각카메라 ② 광각카메라
③ 보통각카메라 ④ 협각사진

해설
렌즈의 화각이 클수록 넓은 면적을 촬영할 수 있다.

종 류	렌즈 화각	초점거리	화면 크기	필름 길이	용 도
협 각	60° 이하	–	–	–	특수한 대축척 도화
보통각	60°	210mm	18*18cm	120m	삼림조사
광 각	90°	152~153mm	23*23cm	120m	일반도화
초광각	120°	88mm	23*23cm	80m	소축척도화

24 정밀도화기나 정밀좌표관측기로 대공표지의 위치를 측량할 때, 촬영축척 1 : 20,000에서 정사각형 대공표지의 최소크기는?(단, 촬영축척에 대한 상수(T)는 40,000이다)

① 0.25m ② 0.5m
③ 1m ④ 1.5m

해설
대공표지의 최소크기(d)
$$d=\frac{M}{T}=\frac{20,000}{40,000}=0.5\text{m}$$
여기서, M : 사진축척분모, T : 사진축척에 따른 상수

25 항공사진측량용 사진기로 촬영한 항공사진에 직접 표시되어 있는 정보가 아닌 것은?

① 사진지표 ② 주 점
③ 촬영고도 ④ 촬영경사

해설
항공사진측량용 사진에는 사진지표, 촬영고도, 촬영시간, 촬영경사, 초점거리 등이 표시되며, 사진의 주점은 렌즈 중심으로부터 사진상에 내린 수선의 발을 말하는 것으로 사진지표로부터 얻어지는 점이다.

26 사진측량의 결과분석을 위한 현지점검에 관한 설명으로 옳지 않은 것은?

① 항공사진측량으로 제작된 지도의 정확도를 검사하기 위한 측량은 충분한 편의(偏倚)가 발생하도록 지도의 일부분에만 실시한다.
② 현지측량은 지도에 나타난 면적에 산재해 있는 충분히 많은 검사점들을 포함해야 한다.
③ 현장에서 조사된 항목은 되도록 조건에 모두 만족하는 것을 원칙으로 한다.
④ 그림자가 많고, 표면의 빛의 반사로 인해 영상의 명암이 제한된 지역의 경우는 편집과정에서 오차가 생기기 쉬우므로, 오차가 의심되는 지역을 조사한다.

해설
지도의 정확도를 검사하기 위한 측량은 편의가 발생되지 않도록 해야 한다.

정답 21 ④ 22 ④ 23 ① 24 ② 25 ② 26 ①

27 항공사진에 의한 지형도 작성에 필수적인 자료가 아닌 것은?

① 지상기준점 좌표　② 지적도
③ 항공삼각측량 성과　④ 도화 데이터

해설
항공사진에 의한 지형도 작성에 필수적인 자료
- 지상기준점 좌표
- 항공삼각측량 성과
- 도화 데이터

28 촬영고도 1,000m에서 촬영한 사진 상에 건물의 윗부분이 연직점으로부터 60mm 떨어져 나타나 있으며, 굴뚝의 변위가 6mm일 때 굴뚝의 높이는?

① 100m　② 50m
③ 30m　④ 10m

해설

$\Delta r = \dfrac{h}{H} r$

$h = \dfrac{H}{r} \times \Delta r = \dfrac{1{,}000}{0.06} \times 0.006 = 100\text{m}$

29 상호표정에서 x축, y축, z축을 따라 회전하는 인자의 운동을 ω, ϕ, k라 하고 x축, y축, z축을 따라 움직이는 직선인자의 운동을 각각 b_x, b_y, b_z라 할 때 이들 인자의 운동이 올바르게 조합된 것은?

① $k_1 + k_2 = b_z$　② $k_1 + k_2 = b_y$
③ $\phi_1 + \phi_2 = b_x$　④ $\phi_1 + \phi_2 = \omega$

해설
그루버법에 의한 종시차의 소거방법에 사용된다.

k_1의 작용 + k_2의 작용 = b_y의 작용

ϕ_1의 작용 + ϕ_2의 작용 = b_z의 작용

30 편위수정에 대한 설명으로 옳은 것은?

① 경사와 축척의 수정　② 초점거리의 수정
③ 비고의 수정　④ 시차의 수정

해설
항공사진촬영 시 항공기의 동요나 경사로 인하여 사진상의 변위가 발생하는 현상과 축척이 일정하지 않는 경사와 축척을 수정하여 변위량이 없는 수직사진으로 작성한 작업을 말한다. 이때, 기하학적 조건, 광학적 조건, 샤임플러그 조건에 의한 수정한다.

31 사진크기 23cm × 23cm인 항공사진에서 주점기선장이 10.5cm라면 인접사진과의 종중복도는?

① 46%　② 50%
③ 54%　④ 60%

해설

기선장$(b_0) = a\left(1 - \dfrac{p}{100}\right)$

$p = \left(1 - \dfrac{b_0}{a}\right) \times 100 = \left(1 - \dfrac{10.5}{23}\right) \times 100 = 54\%$

32 항공사진의 특수 3점으로 옳게 짝지어진 것은?

① 주점, 등각점, 표정점
② 부점, 등각점, 표정점
③ 부점, 연직점, 등각점
④ 주점, 등각점, 연직점

해설
항공사진의 특수 3점
- 주점 : 사진의 중심점으로 렌즈중심으로부터 사진면에 내린 수선의 발을 말한다.
- 등각점 : 주점과 연직점이 이루는 각을 2등분한 점으로 사진면과 지표면에서 교차되는 점을 말한다.
- 연직점 : 렌즈 중심으로부터 지표면에 내린 수선의 발을 말한다.

정답 27 ② 28 ① 29 ② 30 ① 31 ③ 32 ④

33 초분광(Hyperspectral) 영상에 대한 설명으로 옳은 것은?

① 영상의 밴드 폭이 1μm 이하인 영상
② 분광파장범위를 극세분화시켜 수백 개까지의 밴드를 수집할 수 있는 영상
③ 영상의 공간 해상도가 1m보다 좋은 영상
④ 영상의 기록 bit 수가 10bit 이상인 영상

해설
초분광(Hyperspectral) 영상
무수히 많은 밴드(파장)을 사용하여 한 장의 사진을 표현하는 것으로 100~수백 개 수준(분광분해능 $\Delta\lambda/\lambda = 0.01$)인 파장정보를 대폭 증가시킴으로써 표적식별력을 획기적으로 개선한 기술이다.

34 항공사진측량에서 항공기에 GPS(위성측위시스템) 수신기를 탑재하여 촬영할 경우에 GPS로부터 얻을 수 있는 정보는?

① 내부표정요소 ② 상호표정요소
③ 절대표정요소 ④ 외부표정요소

해설
GPS센서를 탑재할 경우 0.5~1초 간격의 항공기의 3차원 위치정보를 얻을 수 있으며, 이로부터 사진의 외부표정요소(상호표정, 절대표정 및 접합표정)를 구할 경우 사용된다.

35 원격탐사에서 디지털 값으로 표현된 화상자료를 영상으로 바꾸어 주는 화상표시장치의 구성 장비가 아닌 것은?

① Generator ② D/A 변환기
③ Frame Buffer ④ Look Up Table(LUT)

해설
① Generator : 에너지를 전기로 바꾸어주는 장치이다.
② D/A 변환기 : 디지털 신호를 전류 · 전압 같은 아날로그 신호로 변환하는 것이다.
③ Frame Buffer : 래스터 주사방식에서 화면에 나타날 영상정보를 일시적으로 저장하는 기억장치를 말한다.
④ Look Up Table(LUT) : 색상의 기본값인 RGB의 무수히 많은 입력값을 다른 새로운 색상표에 대응하여 다른 색감으로 출력하는 방식이다.

36 지구자원탐사 목적의 LANDSAT(1-7호) 위성에 탑재되었던 원격탐사 센서가 아닌 것은?

① LANDSAT TM(Thematic Mapper)
② LANDSAT MSS(Multi Spectral Scanner)
③ LANDSAT HRV(High Resolution Visible)
④ LANDSAT ETM+(Enhanced Thematic Mapper plus)

해설
HRV(High Resolution Visible)는 SPOT 위성에 탑재되어 있는 센서이다.

37 어느 지역 영상의 화소값 분포를 알아보기 위해 아래와 같은 도수분포표를 작성하였다. 이 그림으로 추정할 수 있는 해당지역의 토지피복의 수로 적당한 것은?

빈도 \ 화소값	0	1	2	3	4	5	6	7	8	9
15										
14										
13										
12										
11										
10										
9										
8										
7										
6										
5										
4										
3										
2										
1										

① 1 ② 2
③ 3 ④ 4

해설
화소에 대한 빈도가 같은 값을 찾으면 화솟값에 대한 비도 3, 4, 1, 3, 6, 5, 1, 5, 14, 7 중에서 3, 3, 1, 1, 5, 5이므로 토지피복의 수는 3, 1, 5 총 3개이다.

정답 33 ② 34 ④ 35 ① 36 ③ 37 ③

38 **원격탐사(Remote Sensing)에 대한 설명으로 틀린 것은?**

① 인공위성에 의한 원격탐사는 짧은 시간 내에 넓은 지역을 동시에 관측할 수 있다.
② 다중 파장대에 의하여 자료를 수집하므로 원하는 목적에 적합한 자료의 취득이 용이하다.
③ 일반적인 원격탐사 관측 자료는 수치적으로 기록되어 판독이 자동적이며, 정성적 분석이 가능하다.
④ 반복 측정은 불가능하나 좁은 지역의 정밀 측정에 적당하다.

해설

원격탐사

지상이나 항공기 및 인공위성 등에 설치된 탐측기를 이용하여 지표, 지상, 지하, 대기권 및 우주공간의 대상들에서 반사 혹은 방사되는 전자기파를 탐지하고 이들 자료로부터 토지, 환경 및 자원에 대한 정보를 얻어 이를 해석하는 기법이다.

원격탐사의 특징

- 짧은 시간에 넓은 지역을 동시에 측정할 수 있으며 반복측정이 가능하다.
- 다중파장대에 의한 지구표면 정보 획득이 용이하며 측정 자료가 기록되어 판독이 자동적이고 정량화가 가능하다.
- 회전주기가 일정하므로 원하는 지점 및 시기에 관측하기가 어렵다.
- 관측이 좁은 시야각으로 얻어진 영상은 정사투영에 가깝다.
- 탐사된 자료가 즉시 이용될 수 있으므로 재해, 환경문제 해결에 편리하다.

39 **반사식 입체경으로 항공사진 입체모델이 정입체시가 되도록 설치하였다. 이후 반사식 입체경의 정중앙을 중심으로 90° 회전시킨 후 다시 입체모델을 관측하였을 때에 대한 설명으로 옳은 것은?**

① 정입체시로 보인다.
② 편광입체시로 보인다.
③ 역입체시로 보인다.
④ 입체시가 되지 않는다.

해설

반사식 입체경의 정중앙을 중심으로 90° 회전시키면 사진은 좌우배치가 아닌 상하배치가 되어 입체시가 되지 않는다.

40 **항공사진측량용 디지털카메라의 특징에 대한 설명으로 옳지 않은 것은?**

① 필름으로부터 영상을 획득하기 위한 스캐닝 과정이 필요 없다.
② 비행촬영계획부터 자동화된 과정을 거치므로 영상의 품질관리가 용이하다.
③ 가격이 저렴하고, 자료처리에 요구되는 메모리가 줄어든다.
④ 신속한 결과물의 이용이 가능하다.

해설

디지털카메라의 성능(해상도)에 따라 자료처리에 요구되는 메모리가 달라질 수 있다.

정답 38 ④ 39 ④ 40 ③

제3과목 지리정보시스템(GIS) 및 위성측위시스템(GPS)

41 **컴포넌트(Component) GIS의 특징에 대한 설명으로 옳지 않은 것은?**

① 확장 가능한 구조이다.
② 분산 환경을 지향한다.
③ 특정 운영환경에 종속되지 않는다.
④ 인터넷의 www(World Wide Web)와 통합된 것을 의미한다.

해설
응용 프로그램을 최소 단위로 모듈화하고, 모듈화된 컴포넌트를 다른 응용 프로그램에서 편리하게 재사용할 수 있으며, 실행 프로그램의 재사용이 가능하다는 특징이 있다. 프로그램에 대한 내용으로 인터넷의 www과는 관계가 없다.

42 **GIS에 대한 일반적인 설명으로 틀린 것은?**

① 도형자료와 속성자료를 연결하여 처리하는 정보시스템이다.
② 하드웨어, 소프트웨어, 지리자료, 인적자원의 통합적 시스템이다.
③ 인공위성을 이용한 위치결정시스템이다.
④ 지리자료와 공간문제의 해결을 위한 자료의 활용에 중점을 둔다.

해설
인공위성을 이용한 위치결정시스템은 GNSS 시스템을 말한다.

43 **다음의 공간정보 파일 포맷 중 래스터(Raster) 자료가 아닌 것은?**

① Filename.dwg ② Filename.img
③ Filename.tif ④ Filename.bmp

해설
• 벡터 자료의 파일 형식
 – Shape 파일 형식 – Coverage 파일 형식
 – CAD 파일 형식 – DLG 파일 형식
 – VPF 파일 형식 – Tiger 파일 형식 등
• 래스터 자료의 파일 형식
 – TIFF – JPEG
 – GIF – PCX
 – BMP 등

44 **GIS에 대한 설명으로 옳지 않은 것은?**

① 위치정보를 가진 도형정보와 문자로 된 속성정보를 갖는다.
② 컴퓨터 하드웨어(H/W)와 소프트웨어(S/W)를 필요로 한다.
③ CAD에서도 GIS처럼 위상정보의 중첩기능을 제공한다.
④ 일반적인 도면 형식과 지도 형식을 가진 도형정보를 다룬다.

해설
CAD는 컴퓨터를 사용해 설계를 하는 시스템으로 도면 작성, 수정작업을 할 때 활용하며 컴퓨터 그래픽을 이용해 도면 작업을 하는 기술로 위상정보의 중첩기능을 제공하지 않는다.

45 **도형자료와 속성자료를 활용한 통합분석에서 동일한 좌표계를 갖는 각각의 레이어정보를 합쳐서 다른 형태의 레이어로 표현되는 분석기능은?**

① 공간추정 ② 회귀분석
③ 중 첩 ④ 내삽과 외삽

해설
• 중첩 : 서로 다른 레이어 사이에 좌푯값이 동일한 지역의 정보를 합성하거나 수학적 변환기능을 이용해 변환하는 과정으로 레이어를 구성하는 도형정보와 속성정보를 중첩에 의해 다른 레이어의 도형 및 속성정보와 그대로 합성되어 출력 레이어에 나타나게 한다.
• 외삽법 : 공간상에서 추출된 결과를 관측된 면적의 외부를 확장시키는 작업, 표본추출지역의 경계를 벗어난 지점에 대한 값을 추정하는 기법
• 내삽법 : 임의의 지점의 속성값을 추정하는 데 있어 추정대상이 되는 지점의 주위에 존재하는 이미 알려진 속성값을 이용하는 방법
• 공간추정 : 현재 알고 있는 값을 이용하여 알려지지 않은 지점이나 지역의 속성값을 추정하는 것을 말한다.
• 회귀분석 : 공간보간의 방법 중 내삽법으로 알려진 점들을 이용하여 만들어진 선형식이나 다항식의 회귀분석, 추이분석, Fourier 급수, Spline, Moving Average, Kriging 등을 이용하는 것이다.

정답 41 ④ 42 ③ 43 ① 44 ③ 45 ③

46 주어진 연속지적도에서 본인 소유의 필지와 접해있는 이웃 필지의 소유주를 알고 싶을 때에 필지간의 위상관계 중에 어느 관계를 이용하는가?

① 포함성
② 일치성
③ 인접성
④ 연결성

해설
③ 인접성 : 관심 대상 사상의 좌측과 우측에 어떤 사상이 있는지를 정의하고 두 개의 객체가 서로 인접하는지를 판단한다.
① 포함성 : 특정 사상이 다른 사상의 내부에 포함되느냐 혹은 다른 사상을 포함하느냐를 정의한다.
④ 연결성 : 특정 사상이 어떤 사상과 연결되어 있는지를 정의하고, 두 개 이상의 객체가 연결되어 있는지를 파악한다.

47 GIS 하드웨어 중 기능이 다른 하나는?

① 플로터
② 키보드
③ 스캐너
④ 디지타이저

해설
하드웨어는 입출력장치 및 자료관리장치로 구성된다.
- 입력장치 : 디지타이저, 스캐너, 키보드
- 출력장치 : 플로터, 프린터, 모니터

48 A수신기의 좌표값은 (100, 100, 100)이고 B수신기 좌표에서 A수신기 좌표값을 뺀 값(기선벡터)이 (10, 10, 10)일 때, B수신기의 좌표값은?(단, 좌표의 단위는 m이다)

① (90, 90, 90)
② (100, 100, 100)
③ (110, 110, 110)
④ (120, 120, 120)

해설
B점의 좌표 = (100 + 10, 100 + 10, 100 + 10) = (110, 110, 110)

49 한 화소에 대한 8bit를 할당하면 몇 가지를 서로 다른값을 표현할 수 있는가?

① 2 ② 8
③ 64 ④ 256

해설
1개의 bit는 2^1, 2개의 bit는 2^2 …, 8개의 bit는 2^8이므로 8bit는 256가지의 정보를 나타낼 수 있다.

50 기하학적 지리좌표정보를 담을 수 있는 영상자료의 저장방식은?

① pcx ② geotiff
③ jpg ④ bmp

해설
② geotiff : 미국의 앨더스사(현재 어도비시스템사)와 마이크로소프트사가 공동 개발한 래스터 화상파일 형식이다.
① pcx : ZSoft사가 자사의 초기 DOS 기반의 그래픽 프로그램 PC 페인트 브러시 사용으로 개발한 그래픽 포맷이다.
③ jpg : 컬러 이미지를 위한 국제적인 압축 표준이다.
④ bmp : 윈도우 환경에서 사용되는 비트맵 데이터를 표현하기 위하여 마이크로소프트에서 정의하고 있는 비트맵 그래픽 파일이다.

51 메타데이터(Metadata)에 대한 설명으로 옳지 않은 것은?

① 공간데이터와 관련된 일련의 정보를 제공해 준다.
② 자료의 생산, 유지, 관리에 필요한 정보를 제공해 준다.
③ 대용량 공간데이터를 구축하는데 드는 엄청난 비용과 시간을 절약해 준다.
④ 공간데이터 제작자와 사용자 모두의 표준용어와 정의에 대한 동의 없이도 사용할 수 있다.

해설
DB 구축과정에 대한 정보를 관리하는 내부 메타데이터와 구축한 DB를 외부에 공개하는 외부 메타데이터로 구분하고 있기에 제작자와 사용자 모두의 표준용어와 정의에 대한 동의가 있어야 한다.

정답 46 ③ 47 ① 48 ③ 49 ④ 50 ② 51 ④

52 공간통계에서 사용되는 보간(내삽)법이 아닌 것은?

① Inverse Distance Weighting
② Root Mean Square Error
③ Kriging
④ Spline

해설
보간(내삽)법에는 이동평균(Moving Average) 방법, 크리깅 보간법, 스플라인법, 역거리 가중치(Inverse Distance Weighting) 등이 있다.

53 사용자나 응용 프로그래머가 각 개인의 입장에서 필요로 하는 데이터베이스의 논리적 구조를 정의한 것은?

① 외부 스키마 ② 내부 스키마
③ 개념 스키마 ④ 논리 스키마

해설
스키마
데이터시스템 언어회의에서 데이터베이스를 기술하기 위해 사용하기 시작한 개념으로 데이터 전체의 구조를 정의하는 개념 스키마, 이용자가 취급하는 데이터 구조를 정의하는 외부 스키마 및 데이터 구조의 형식을 구체적으로 정의하는 내부 스키마가 있다.

54 벡터 자료구조의 특징에 대한 설명으로 옳은 것은?

① 데이터 구조가 단순하다.
② 해상력이 낮게 나타난다.
③ 인공위성 영상 자료와 연계가 용이하다.
④ 위상관계를 나타낼 수 있다.

해설
벡터 자료구조
기호, 도형, 문자 등으로 인식할 수 있는 형태를 말하며 객체들의 지리적 위치를 크기와 방향으로 나타낸다.
- 보다 압축된 자료 구조를 제공한다.
- 복잡한 현실세계의 묘사가 가능하다.
- 위상에 관한 정보가 제공되므로 관망분석과 같은 다양한 공간분석이 가능하다.
- 그래픽의 정확도가 높다.
- 그래픽과 관련된 속성정보의 추출 및 일반화, 갱신 등이 용이하다.
- 자료 구조가 복잡하다.
- 여러 레이어의 중첩이나 분석에 기술적으로 어려움이 수반된다.
- 각각의 그래픽 구성요소는 각기 다른 위상구조를 가지므로 분석에 어려움이 크다.
- 그래픽의 정확도가 높은 관계로 도식과 출력에 비싼 장비가 요구된다.
- 비싼 하드웨어와 소프트웨어가 요구되므로 초기 비용이 많이 든다.

55 동일한 위성에서 보낸 신호를 지상의 2대의 수신기에서 받아서 위치를 결정하는 GPS 자료처리 기법을 일컫는 명칭은?

① 단일차분 ② 이중차분
③ 삼중차분 ④ 사중차분

해설
① 단일차분 : 한 개의 위성과 두 대의 수신기를 이용한 위성과 수신기 간의 거리측정차
② 이중차분 : 두 개의 위성과 두 대의 수신기를 이용하여 각각의 위성에 대한 수신기 간 1중차끼리의 차잇값
③ 삼중차분 : 한 개의 위성에 대하여 어떤 시각의 위상적 측정값과 다음 시각의 적산값과의 차이값을 적분위상차

56 GIS 데이터베이스를 구성하는 정보(Information)와 자료(Data)에 대한 설명으로 옳은 것은?

① 자료는 의사 결정의 수단으로 활용할 수 있는 가공된 것이다.
② 모든 정보는 자료를 처리하여 의미 있는 가치를 부여한 것이다.
③ 지리자료는 지리정보를 처리하여 얻을 수 있는 결과물이다.
④ 정보와 자료는 같은 의미로 사용되는 개념으로 구분이 무의미하다.

해설
- 정보 : 자료를 처리하여 사용자에게 의미 있는 가치를 부여한 것으로 위치정보와 특성정보로 구분된다.
- 자료 : 컴퓨터에 의해 처리 또는 산출될 수 있는 정보의 기본요소를 나타내는 것, 즉 자료는 전달, 해석, 처리에 적합한 공식적인 방식에 의해 재해석이 가능한 정보의 표현으로 일련의 처리과정을 통하여 사람의 의사결정에 도움을 주는 유용한 정보로 변환된다.

정답 52 ② 53 ① 54 ④ 55 ① 56 ②

57 GPS의 오차와 거리가 먼 것은?

① GPS 위성의 궤도 오차
② 전리층 영향에 따른 오차
③ 안테나 및 기계의 구심오차
④ 날씨의 영향에 따른 오차

해설
구조적인 오차로 위성시계오차, 위성궤도오차, 대기권 전파지연오차, 전파적 잡음, 다중경로오차 등이 있으며, GPS 측량은 날씨에 관계없이 측정을 할 수 있다는 특징으로 측량실시 여부에 관한 사항이다.

58 DEM을 통해 얻을 수 있는 정보와 거리가 먼 것은?

① 식 생
② 토공량
③ 유역 면적
④ 사면의 방향

해설
DEM 정보를 통해 도로의 부지 및 댐의 위치선정, 유량산정 및 수문분석, 등고선도 제작, 절토량과 성토량의 산정, 도시계획 및 단지수립계획, 통계적 지형정보 분석, 경사도 사면방향도 제작, 경관 및 조망권 분석, 표고정보와 지형정보를 이루는 속성 등을 얻을 수 있다.

59 공간정보를 기반으로 고객의 수요특성 및 가치를 분석하기 위한 방법으로 고객정보에 주거형태, 주변상권 등 지리적 요소를 포함시켜 고객의 거주 혹은 활동 지역에 따라 차별화된 서비스를 제공하기 위한 전략으로 금융 및 유통업 분야에서 주로 도입하여 GIS 마케팅 분석 등에 활용되고 있는 공간정보 활용의 한 분야는?

① gCRM(geographic Customer Relationship Management)
② LBS(Location Based Service)
③ Telematics
④ SDW(Spatial Data Warehouse)

해설
① gCRM : CMR를 도입할 때 구축된 고객정보를 GIS의 환경 내에서 추출하고, 세부시장의 잠재력에 대한 평가를 수행해 마케팅 역량을 극대화하는 시스템
② LBS : 위치기반서비스로 휴대전화 등 이동단말기를 통해 움직이는 사람의 위치를 파악하고 각종 부가서비스를 제공하는 것
③ Telematics : 텔레커뮤니케이션과 인포매틱스의 합성어로 자동차 안의 단말기를 통해서 자동차와 운전자에게 다양한 종류의 정보서비스를 제공해 주는 기술
④ SDW : 통합공간정보시스템으로 단순한 검색 기능만으로 인구, 주택, 산업경제, 도시계획 등의 공간정보를 손쉽게 분석할 수 있다.

60 북극이나 남극지역에서 천정방향으로 지나가는 GPS 위성이 관측되지 않는 이유로 옳은 것은?

① 지구가 자전하기 때문이다.
② 지구 자전축이 기울어져 있기 때문이다.
③ 위성의 공전주기가 대략 12시간으로 24시간보다 짧기 때문이다.
④ 궤도경사각이 55°이기 때문이다.

해설
궤도경사각이 55°이기 때문에 극지방의 측정이 되지 않는다.

정답 57 ④ 58 ① 59 ① 60 ④

제4과목 측량학

61 **지성선 중 등고선과 직각으로 만나는 선이 아닌 것은?**

① 최대경사선
② 경사변환선
③ 계곡선
④ 분수선

해설
지성선은 지표가 많은 능선, 계곡선 경사변환선, 최대경사선으로 이루어졌다고 생각할 때 이 평면의 접합부, 즉 접선을 말하며 '지세선'이라고도 한다.

62 **1눈금이 2mm이고 감도가 30″인 레벨로서 거리 100m 지점의 표척을 읽었더니 1.633m이었다. 그런데 표척을 읽을 때 기포가 2눈금 뒤로 가 있었다면 올바른 표척의 읽음값은?(단, 표척은 연직으로 세웠다)**

① 1.633m ② 1.662m
③ 1.923m ④ 1.544m

해설
$$30'' = \frac{l_2 - l_1}{nD} \times \rho''$$
$$x = \left(\frac{2 \times 100}{206,265''} \times 30''\right) + 1.633 = 1.662\text{m}$$

63 **100m²인 정사각형의 토지를 0.2m²까지 정확히 구하기 위하여 요구되는 1변의 길이는 최대 어느 정도까지 정확하게 관측하여야 하는가?**

① 4mm ② 5mm
③ 10mm ④ 12mm

해설
$$\frac{dA}{A} = 2\frac{dl}{l}$$
$$\therefore dl = \frac{l}{2} \times \frac{dA}{A} = \frac{20 \times 0.4}{2 \times 400} = 0.010\text{m} = 1\text{cm}$$
한 변의 길이 $l \times l = A$이므로 $l^2 = A$
$$\therefore l = \sqrt{A} = \sqrt{100} = 10\text{m}$$

64 **UTM 좌표에 관한 설명으로 옳은 것은?**

① 각 구역을 경도는 8°, 위도는 6°로 나누어 투영한다.
② 축척계수는 0.9996으로 전 지역에서 일정하다.
③ 북위 85°부터 남위 85°까지 투영범위를 갖는다.
④ 우리나라는 51S~52S 구역에 위치하고 있다.

해설
UTM 좌표
- 원점에서 축척계수 0.9996
- 지구 전체를 경도 6°씩 60개 구역으로 나누고, 각 종대의 중앙자오선과 적도의 교점을 원점으로 하여 원통도법인 횡메르카토르 투영법으로 등각투영 한다.
- 각 종대는 180°W 자오선에서 동쪽으로 6° 간격으로 1~60까지 번호를 붙인다.
- 종대에서 위도는 남북 80°까지만 포함시킨다.
- 횡대는 8°씩 20개 구역으로 나누어 C~X까지 20개의 알파벳 문자로 표현한다.
- 우리나라는 51~52 종대, S~T 횡대에 속한다.

65 **그림과 같은 개방 트래버스에서 $\overline{DE}$의 방위는?**

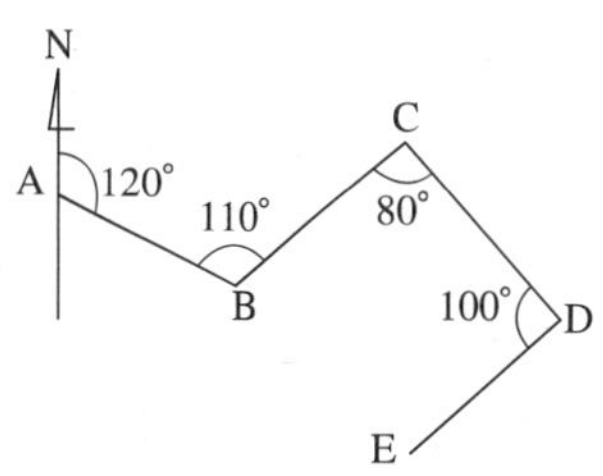

① N52°E ② S50°W
③ N34°W ④ S30°E

해설
$\theta_{BC} = 120° + 180° + 110° - 360° = 50°$
$\theta_{CD} = 50° + 180° - 80° = 150°$
$\theta_{DE} = 150° + 180° - 100° = 230°$
$\therefore$ $\overline{DE}$의 방위 = S(230° − 180°)W = S50°W

정답 61 ④ 62 ② 63 ③ 64 ④ 65 ②

66 **삼변측량에 관한 설명으로 옳지 않은 것은?**

① 삼변측량은 삼각측량에 비하여 관측할 거리의 크기와 필요로 하는 정밀도에 관계없이 경제적인 측량법이다.
② 변의 길이만을 관측하여 삼각망(삼변측량)을 구성할 수 있다.
③ 수평각을 대신하여 삼각형의 변의 길이를 직접 관측하여 삼각점의 위치를 결정하는 측량이다.
④ 관측요소가 변의 길이뿐이므로 수학적 계산으로 변으로부터 각을 구하고 이 각과 변에 의해 수평위치를 구한다.

해설
삼변측량은 삼각형의 각 변의 거리를 관측하고 이로부터 모든 각들을 계산에 의해 구해지는 방법으로 거리측정의 정밀도에 따라 정확도가 달라진다.

67 **직접 수준측량의 오차와 거리의 관계로 옳은 것은?**

① 거리에 비례한다.
② 거리에 반비례한다.
③ 거리의 제곱에 반비례한다.
④ 거리의 제곱근에 비례한다.

해설
거리의 제곱근에 비례한다.
$E = C\sqrt{L[\text{km}]}$ 이다.

68 **어떤 한 각에 대한 관측값이 아래와 같을 때 이 각 관측의 평균제곱근오차(표준편차)는?**

> 32°30′20″, 32°30′15″, 32°30′17″, 32°30′18″, 32°30′20″

① ±2.1″　② ±2.5″
③ ±3.5″　④ ±4.0″

해설

관측값	산술평균의 최확값	잔차(v)	(vv)
32°30′20″	$32°30' + \dfrac{20''+15''+17''+18''+20''}{5}$ = 32°30′18″	+2	4
32°30′15″		−3	9
32°30′17″		−1	1
32°30′18″		0	0
32°30′20″		+2	4
계			18

$\therefore \pm\sqrt{\dfrac{(vv)}{n-1}} = \pm\sqrt{\dfrac{18}{5-1}} = \pm 2.1''$

69 **그림과 같이 A, B, C 3개 수준점에서 직접수준측량에 의해 P점을 관측한 결과가 다음과 같을 때, P점의 최확값은?**

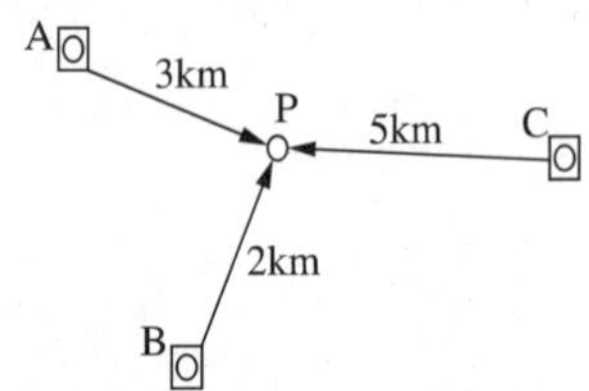

> A → P : 54.25m, B → P : 54.08m, C → P : 54.18m

① 54.15m　② 54.14m
③ 54.13m　④ 54.12m

해설
수준측량에서 경중률은 노선거리에 반비례한다.

$P_1 : P_2 : P_3 = \dfrac{1}{3} : \dfrac{1}{2} : \dfrac{1}{5} = 10 : 15 : 6$

$L_0 = \dfrac{P_1H_1 + P_2H_2 + P_3H_3}{P_1 + P_2 + P_3}$

$= 54 + \dfrac{10\times0.25 + 15\times0.08 + 6\times0.18}{10+6+15}$

$= 54 + 0.15 = 54.15\text{m}$

정답 66 ① 67 ④ 68 ① 69 ①

70 각 측량의 오차 중 망원경을 정위, 반위로 측정하여 평균값을 취함으로써 처리할 수 없는 것은?

① 시준축과 수평축이 직교하지 않는 경우
② 수평축이 연직축에 직교하지 않는 경우
③ 연직축이 정확히 연직선에 있지 않는 경우
④ 회전축에 대하여 망원경의 위치가 편심되어 있는 경우

해설
각 측량의 오차 중 망원경을 정위, 반위로 측정하여 평균값을 취함으로써 처리할 수 있는 오차
- 시준축 오차 : 시준축과 수평축이 직교하지 않기 때문에 생기는 오차
- 수평축 오차 : 수평축이 연직축에 직교하지 않기 때문에 생기는 오차
- 시준선의 편심오차 : 시준선이 기계의 중심을 통과하지 않기 때문에 생기는 오차

71 축척 1:5,000 지형도의 주곡선 간격은?

① 1m ② 2m
③ 5m ④ 10m

해설
항공사진측량 작업규정 별표 15

종류 \ 축척	기 호	1:5,000	1:10,000	1:25,000	1:50,000
주곡선	가는 실선	5m	5m	10m	20m
간곡선	가는 파선	2.5m	2.5m	5m	10m
조곡선	가는 점선	1.25m	1.25m	2.5m	5m
계곡선	굵은 실선	25m	25m	50m	100m

72 기설치 된 삼각점을 이용하여 삼각측량을 할 경우 작업순서로 가장 적합한 것은?

> ㉮ 계획/준비 ㉯ 조 표
> ㉰ 답사/선점 ㉱ 정 리
> ㉲ 계 산 ㉳ 관 측

① ㉮ → ㉰ → ㉯ → ㉳ → ㉲ → ㉱
② ㉮ → ㉯ → ㉰ → ㉲ → ㉳ → ㉱
③ ㉮ → ㉯ → ㉳ → ㉲ → ㉰ → ㉱
④ ㉮ → ㉰ → ㉯ → ㉲ → ㉳ → ㉱

해설
삼각측량 작업순서
계획 → 답사 → 선점 → 조표 → 관측 → 계산 → 정리

73 1회 관측에서 ±3mm의 우연오차가 발생하였을 때 20회 관측 시의 우연오차는?

① ±1.34mm ② ±13.4mm
③ ±47.3mm ④ ±134mm

해설
우연오차 $= \pm\delta\sqrt{n} = \pm 3\sqrt{20}$ = ±13.4mm

74 그림과 같은 트래버스에서 $\overline{AL}$의 방위각이 19°48′26″, $\overline{BM}$의 방위각이 310°36′43″, 내각의 총합이 1,190°47′22″일 때 측각오차는?

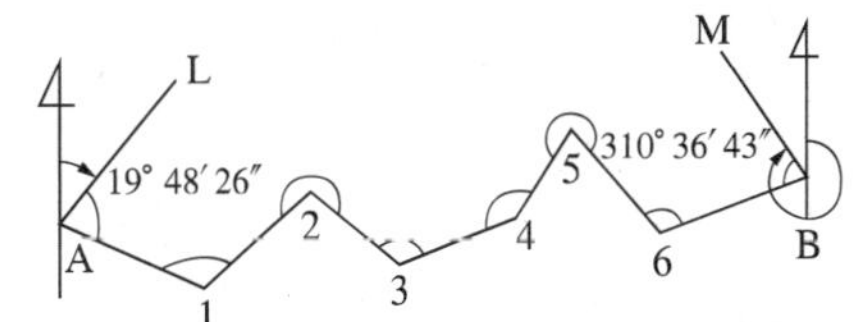

① +25″ ② −55″
③ +45″ ④ −25″

해설
측각오차 $= w_{AL} - w_{BM}$ + (측각의 총합) − 180°$(n-3)$
= 19°38′26″ = 310°36′43″ + 1,190°47′22″ − 180°(8 − 3)
= −55″

75 공공측량시행자는 공공측량을 하기 며칠 전까지 공공측량 작업계획서를 작성하여 제출하여야 하는가?

① 20일 ② 30일
③ 40일 ④ 60일

해설
공공측량 작업계획서의 제출(공간정보의 구축 및 관리 등에 관한 법률 시행규칙 제21조)
공공측량시행자는 법 제17조 제2항에 따라 공공측량을 하기 3일전에 국토지리정보원장이 정한 기준에 따라 공공측량 작업계획서를 작성하여 국토지리정보원장에게 제출하여야 한다.
※ 출제 시 정답은 ②였으나 법령 개정(15.6.4)으로 인해 정답 없음

정답 70 ③ 71 ③ 72 ① 73 ② 74 ② 75 정답 없음

76 국토교통부장관은 측량기본계획을 몇 년마다 수립하여야 하는가?

① 3년 ② 5년
③ 7년 ④ 10년

해설
측량기본계획 및 시행계획(공간정보의 구축 및 관리 등에 관한 법률 제5조)
국토교통부장관은 다음의 사항이 포함된 측량기본계획을 5년마다 수립하여야 한다.
- 측량에 관한 기본 구상 및 추진 전략
- 측량의 국내외 환경 분석 및 기술연구
- 측량산업 및 기술인력 육성 방안
- 그 밖에 측량 발전을 위하여 필요한 사항

77 측량기기의 성능검사 주기로 옳은 것은?

① 레벨 : 4년 ② 트랜싯 : 2년
③ 거리측정기 : 2년 ④ 토털 스테이션 : 3년

해설
성능검사의 대상 및 주기 등(공간정보의 구축 및 관리 등에 관한 법률 시행령 제97조)
- 트랜싯(데오드라이트) : 3년
- 레벨 : 3년
- 거리측량기 : 3년
- 토털 스테이션 : 3년
- 지피에스(GPS) 수신기 : 3년
- 금속 또는 비금속 관로 탐지기 : 3년

78 공간정보의 구축 및 관리 등에 관한 법률에 따른 용어에 대한 설명으로 옳지 않은 것은?

① 모든 측량의 기초가 되는 공간정보를 제공하기 위하여 국토교통부장관이 실시하는 측량을 기본측량이라 한다.
② 국가, 지방자치단체, 그 밖에 대통령령으로 정하는 기관이 관계 법령에 따른 사업 등을 시행하기 위하여 기본측량을 기초로 실시하는 측량은 공공측량이라 한다.
③ 공공의 이해 또는 안전과 밀접한 관련이 있는 측량은 기본측량으로 지정할 수 있다.
④ 일반측량은 기본측량, 공공측량, 지적측량, 수로측량 외의 측량을 말한다.

해설
정의(공간정보의 구축 및 관리 등에 관한 법률 제2조)
- 기본측량 : 모든 측량의 기초가 되는 공간정보를 제공하기 위하여 국토교통부장관이 실시하는 측량을 말한다.
- 공공측량
  ⓐ 국가, 지방자치단체, 그 밖에 대통령령으로 정하는 기관이 관계 법령에 따른 사업 등을 시행하기 위하여 기본측량을 기초로 실시하는 측량
  ⓑ ⓐ 외의 자가 시행하는 측량 중 공공의 이해 또는 안전과 밀접한 관련이 있는 측량으로서 대통령령으로 정하는 측량
- 지적측량 : 토지를 지적공부에 등록하거나 지적공부에 등록된 경계점을 지상에 복원하기 위하여 제21호에 따른 필지의 경계 또는 좌표와 면적을 정하는 측량을 말하며, 지적확정측량 및 지적재조사측량을 포함한다.
- 일반측량 : 기본측량, 공공측량, 지적측량 외의 측량을 말한다.

※ 출제 시 정답은 ③였으나 법령 개정(20.2.18)으로 인해 ③·④ 복수 정답

79 기본측량의 실시공고를 해당 특별시·광역시·도 또는 특별자치도의 게시판 및 인터넷 홈페이지에 게시하는 방법으로 할 경우 며칠 이상 게시하여야 하는가?

① 7일 ② 15일
③ 30일 ④ 60일

해설
측량의 실시공고(공간정보의 구축 및 관리 등에 관한 법률 시행령 제12조)
기본측량의 실시공고와 공공측량의 실시공고는 전국을 보급지역으로 하는 일간신문에 1회 이상 게재하거나 해당 특별시·광역시·특별자치시·도 또는 특별자치도의 게시판 및 인터넷 홈페이지에 7일 이상 게시하는 방법으로 하여야 한다.

80 지도도식규칙에서 사용하는 용어 중 도곽의 정의로 옳은 것은?

① 지도의 내용을 둘러싸고 있는 2중의 구획선을 말한다.
② 각종 지형공간정보를 일정한 축척에 의하여 기호나 문자로 표시한 도면을 말한다.
③ 지물의 실제현상 또는 상징물을 표현하는 선 또는 기호를 말한다.
④ 지도에 표기하는 지형·지물 및 지명 등을 나타내는 상징적인 기호나 문자 등의 크기, 색상 및 배열방식을 말한다.

해설
정의(지도도식규칙 제3조)
- 도곽 : 지도의 내용을 둘러싸고 있는 2중의 구획선을 말한다.
- 도식 : 지도에 표기하는 지형·지물 및 지명 등을 나타내는 상징적인 기호나 문자 등의 크기, 모양, 색상 및 그 배열방식 등을 말한다.

정답 76 ② 77 ④ 78 ③·④ 79 ① 80 ①

2016년 제2회 과년도 기출문제

제1과목 응용측량

01 지하시설물측량에 관한 설명으로 옳지 않은 것은?

① 지하시설물측량이란 시설물을 조사, 탐사하고 위치를 측량하여 도면 및 수치로 표현하고 데이터베이스로 구축하는 것을 의미한다.
② 지하시설물에 대한 탐사 간격은 20m 이하로 하는 것을 원칙으로 한다.
③ 지하시설물의 위치, 깊이, 서로 떨어진 거리 등을 측량한다.
④ 지표면상에 노출된 지하시설물은 측량하지 않는다.

해설
지표면상에 노출된 지하시설물에 대한 조사, 관로조사 등 지하시설물에 대한 탐사 등을 하여야 한다.

02 그림의 체적(V)을 구하는 공식으로 옳은 것은?

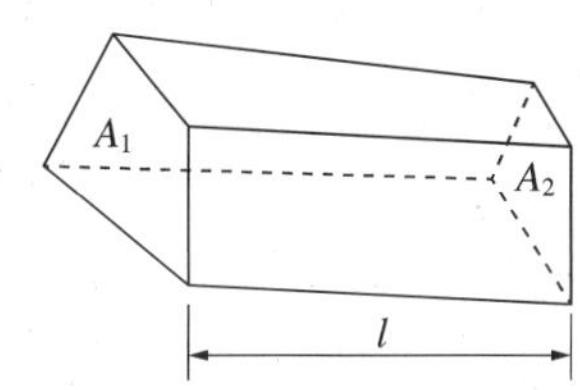

① $V=\dfrac{A_1+A_2}{3}\times l$

② $V=\dfrac{A_1+A_2}{2}\times l$

③ $V=\dfrac{A_1+A_2+l}{3}\times l$

④ $V=\dfrac{A_1+A_2+l}{2}\times l$

해설
양단면평균법(V)

$$V=\frac{A_1+A_2}{2}\times l$$

03 노선측량에서 공사측량과 거리가 먼 것은?

① 기준점 확인 ② 중심선 검측
③ 인조점 확인 및 복원 ④ 용지도 작성

해설
노선측량에서 공사측량은 기준점 확인, 중심선 검측, 검사관측, 인조점 확인 및 복원, 가인조점 등의 설치 등을 한다.

04 원곡선으로 곡선을 설치할 때 교각 50°, 반지름 100m, 곡선 시점의 위치 No.10＋12.5m일 때 도로기점으로부터 곡선 종점까지의 거리는?(단, 중심말뚝 간의 거리는 20m이다)

① 299.77m ② 399.77m
③ 421.91m ④ 521.91m

해설
$C.L=0.0174533RI^\circ=0.0174533\times100\times50=87.27\text{m}$
$E.C=B.C+C.L=212.5+87.27=299.77\text{m}$

05 하천측량에 관한 내용 중 옳은 것은?

① 하천의 제방, 호안 등은 상류를 기점으로 하여 하류 방향으로 측점번호를 정한다.
② 횡단면도는 하류에서 상류를 바라본 것으로 작도하여 도면 좌측이 좌안, 우측이 우안이 된다.
③ 수위표의 0점 위치는 최저수위보다 낮게 하여 정한다.
④ 종단면도는 상류측이 도면의 좌측에 위치하고, 하류측이 우측에 위치하도록 작성한다.

해설
하천측량
- 종단면도는 하류를 좌측을 하여 제도한다.
- 횡단면도에는 양안의 거리, 표 위치, 측량 시의 수위, 고수위, 저수위, 평수위 등을 기입한다.
- 횡단면도의 축척은 횡 1/1,000, 종 1/100로 하고 높이는 기준 수준면에서 좌안을 좌, 우안을 우로 쓴다.
- 양수표의 영점위치는 최저수위 밑에 있고, 양수표 눈금의 최고위는 최고홍수위보다 높아야 한다.

정답 1 ④ 2 ② 3 ④ 4 ① 5 ③

06 그림과 같은 하천단면에 평균유속 2.0m/s로 물이 흐를 때 유량(m^3/s)은?

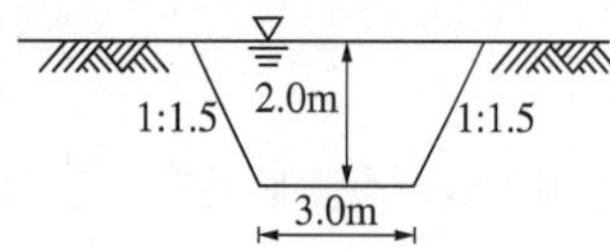

① $10m^3/s$　　② $20m^3/s$
③ $24m^3/s$　　④ $40m^3/s$

해설

$Q = A \cdot V_m = 12 \times 2 = 24m^3/s$

여기서, $A = \dfrac{2\times3}{2} + (3\times2) + \dfrac{2\times3}{2} = 12m^2$

07 그림과 같이 구곡선의 교점(D_O)을 접선방향으로 20m 움직여서 신곡선의 교점(D_N)으로 이동하였다. 시점(B.C)의 위치를 이동하지 않고 신곡선을 설치할 경우, 신곡선의 곡선반지름은?(단, 구곡선의 곡선반지름(R_o) = 150m, 구곡선의 교각(I) = 100°이다)

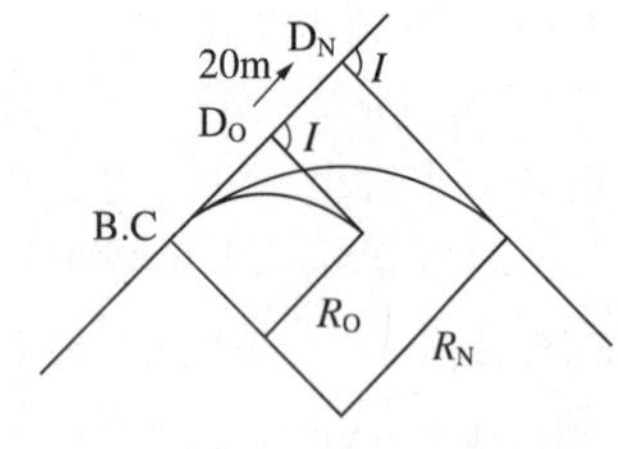

① 133.2m　　② 146.5m
③ 153.5m　　④ 166.8m

해설

$T.L = R \times \tan\dfrac{I}{2} = 150 \times \tan\dfrac{100°}{2} = 178.76m$

신곡선의 접선장(T.L) $= R' \times \tan\dfrac{I'}{2}$

$R' = \dfrac{178.76 + 20}{\tan 50°} = 166.8m$

08 트래버스측량을 통한 면적 계산에서 배횡거에 대한 설명으로 옳은 것은?

① 하나 앞 측선의 배횡거에 그 변의 위거를 더한 값이다.
② 하나 앞 측선의 배횡거에 그 변의 경거를 더한 값이다.
③ 하나 앞 측선의 배횡거에 그 변과 하나 앞 측선의 경거를 더한 값이다.
④ 하나 앞 측선의 배횡거에 그 변의 위거와 경거를 더한 값이다.

해설

면적을 계산할 때 횡거를 그대로 사용하면 분수가 생겨서 불편하므로 계산의 편리상 횡거를 2배로 하여 계산 하는데 이를 배횡거라 한다.

- 제1측선의 배횡거 : 그 측선의 경거
- 임의 측선의 배횡거 : 앞 측선의 배횡거 + 앞 측선의 경거 + 그 측선의 경거

09 급경사가 되어 있는 터널 내의 트래버스측량에 있어서 정밀한 측각을 위해 가장 적절한 방법은?

① 방위각법　　② 배각법
③ 편각법　　④ 단각법

해설

급경사가 되어 있는 터널 내의 트래버스측량에서 하나의 각을 2회 이상 반복 관측하여 누적된 값을 평균하는 방법으로 이중축을 가진 트랜싯의 연직축 오차를 소거하는데 좋은 배각법을 사용한다.

10 터널작업에서 터널 외 기준점 측량에 대한 설명으로 옳지 않은 것은?

① 터널 입구 부근에 인조점(引照點)을 설치한다.
② 측량의 정확도를 높이기 위해 가능한 후시를 짧게 잡는다.
③ 고저측량용 기준점은 터널 입구 부근과 떨어진 곳에 2개소 이상 설치하는 것이 좋다.
④ 기준점을 서로 관련시키기 위해 기준점이 시통되는 곳에 보조 삼각점을 설치한다.

해설

터널 외 기준점측량

- 터널 입구 부근에 인조점을 설치한다.
- 측량의 정확도를 높이기 위해 가능한 한 후시를 길게 잡는다.
- 고저측량용 기준점은 터널 입구 부근과 떨어진 곳에 2개소 이상 설치하는 것이 좋다.
- 기준점을 서로 관련시키기 위해 기준점이 시통되는 곳에 보조 삼각점을 설치한다.

정답 6 ③ 7 ④ 8 ③ 9 ② 10 ②

11 **터널측량에서 터널 내 고저측량에 대한 설명으로 옳지 않은 것은?**

① 터널의 굴착이 진행됨에 따라 터널 입구 부근에 이미 설치된 고저기준점(B.M)으로부터 터널 내의 B.M에 연결하여 터널 내의 고저를 관측한다.
② 터널 내의 B.M은 터널 내 작업에 의하여 파손되지 않는 곳에 설치가 쉽고 측량이 편리한 장소를 선택한다.
③ 터널 내의 고저측량에는 터널 외와 달리 레벨을 사용하지 않는다.
④ 터널 내의 표적은 작업에 지장이 없도록 알맞은 길이를 사용하고 조명을 할 수 있도록 해야 한다.

해설
터널 내 고저측량
- 터널의 굴착이 진행됨에 따라 터널 입구 부근에 이미 설치된 고저기준점으로부터 터널 내의 기준점에 연결하여 터널 내의 고저를 관측한다.
- 터널 내의 기준점은 터널 내 작업에 의하여 파손되지 않는 곳에 설치가 쉽고 측량이 편리한 장소를 선택한다.
- 터널 내의 고저측량에서 완경사에는 레벨을, 급경사에는 트랜싯에 의한 간접수준측량을 실시한다.
- 터널 내의 표적은 작업에 지장이 없도록 알맞은 길이를 사용하고 조명을 할 수 있도록 해야 한다.

12 **그림과 같은 운동장의 둘레 거리는?**

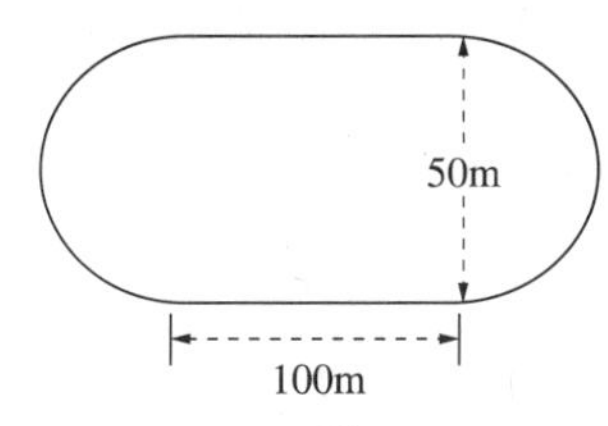

① 514m ② 475m
③ 357m ④ 227m

해설
원 둘레 $= 2\pi R = 2 \times 3.14 \times 25 = 157$m
∴ 운동장 둘레 길이 $= 100 + 100 + 157 = 357$m

13 **반지름이 1,200m인 원곡선에 의한 종단곡선을 설치할 때 접선시점으로부터 횡거 20m 지점의 종거는?**

① 0.17m
② 1.45m
③ 2.56m
④ 3.14m

해설
$$y = \frac{x^2}{2R} = \frac{20^2}{2 \times 1,200} = 0.17\text{m}$$

14 **토공량과 같은 체적 산정을 위한 기본공식이 아닌 것은?**

① 각주공식
② 양단면평균법
③ 중앙단면법
④ 심프슨의 제2법칙

해설
체적 계산방법에는 양단면평균법, 중앙단면평균법, 각주공식, 점고법, 등고선법 등이 있다.

15 **토량과 같은 체적 계산방법이 아닌 것은?**

① 삼사법
② 등고선법
③ 점고법
④ 양단면평균법

해설
체적 계산방법에는 양단면평균법, 중앙단면평균법, 각주공식, 점고법, 등고선법 등이 있다.

정답 11 ③ 12 ③ 13 ① 14 ④ 15 ①

16 곡선설치에서 반지름이 500m일 때 중심말뚝간격 20m에 대한 편각은?

① 0°01′09″　② 0°02′18″
③ 1°08′45″　④ 2°17′31″

해설

$\delta = 1{,}718.87' \times \frac{l}{R} = 1{,}718.87' \times \frac{20}{500} = 1°08'45.29''$

17 다음 중 교량의 경관계획에서 결정할 사항이 아닌 것은?

① 교량의 형식 및 규모
② 교량의 형태 및 색채
③ 교량과 수면의 조화
④ 교량의 성능 관리

해설

교량의 경관계획에서 결정할 사항
- 교량의 형식 및 규모
- 교량의 형태 및 색채
- 교량의 수면의 조화
- 교량의 위치(고저, 원근, 방향 등)

18 수로도서지 변경을 위한 수로조사 대상인 것은?

① 항로준설공사　② 터널공사
③ 임도건설공사　④ 저수지 둑 보강공사

해설

정의(해양조사와 해양정보 활용에 관한 법률 제2조)
- 해양조사란 선박의 교통안전, 해양의 보전・이용・개발 및 해양관할권의 확보 등에 이용할 목적으로 이 법에 따라 실시하는 해양관측, 수로측량 및 해양지명조사를 말한다.
- 수로측량이란 선박의 안전항해를 위하여 실시하는 항해목표물, 장애물, 항만시설, 선박편의시설, 항로 특이사항 및 유빙(流氷) 등에 관한 자료를 수집하기 위한 항로조사를 말한다.

※ 출제 시 정답은 ①이었으나 "수로조사"의 정의가 타법 개정(20.2.18) 되었으므로 정답 없음

19 수심 h인 하천의 유속 측정을 한 결과가 표와 같다. 1점법, 2점법, 3점법으로 구한 평균 유속의 크기를 각각 V_1, V_2, V_3라 할 때 이들을 비교한 것으로 옳은 것은?

수 심	유속(m/s)
$0.2h$	0.52
$0.4h$	0.58
$0.6h$	0.50
$0.8h$	0.48

① $V_1 = V_2 = V_3$
② $V_1 > V_2 > V_3$
③ $V_3 > V_2 = V_1$
④ $V_2 = V_1 > V_3$

해설

- 1점법 : $V_{0.6} = 0.50\text{m/s}$
- 2점법 : $V_m = \frac{1}{2}(V_{0.2} + V_{0.8}) = \frac{0.52+0.48}{2} = 0.50\text{m/s}$
- 3점법 : $V_m = \frac{1}{4}(V_{0.2} + 2V_{0.6} + V_{0.8}) = \frac{0.52+2\times0.5+0.48}{4} = 0.50\text{m/s}$

20 노선측량의 곡선에 대한 설명으로 옳지 않은 것은?

① 클로소이드 곡선은 완화곡선의 일종이다.
② 철도의 종단곡선은 주로 원곡선이 사용된다.
③ 클로소이드 곡선은 고속도로에 적합하다.
④ 클로소이드 곡선은 곡률이 곡선의 길이에 반비례한다.

해설

완화곡선
- 클로소이드 곡선 : 곡률이 곡선장에 비례하는 곡선으로 고속도로 설계 시 적용
- 렘니스케이트 : 시가지 지하철 설계 시 적용
- 3차 포물선 : 철도 설계 시 적용
- sin체감곡선 : 고속철도설계 시 적용

종단곡선
- 원곡선 : 철도설계 시 적용
- 2차 포물선 : 도로설계 시 적용

정답 16 ③ 17 ④ 18 정답 없음 19 ① 20 ④

제2과목 사진측량 및 원격탐사

21 수치영상의 정합기법 중 하나인 영역기준정합의 특징이 아닌 것은?

① 불연속 표면에 대한 처리가 어렵다.
② 계산량이 많아서 시간이 많이 소요된다.
③ 선형 경계를 따라서 중복된 정합점들이 발견될 수 있다.
④ 주변 픽셀들의 밝기값 차이가 뚜렷한 경우 영상정합이 어렵다.

해설
영역기준정합의 특징
- 불연속적인 표면을 갖는 부분에 대한 처리가 어렵다.
- 계산량이 많아서 시간이 많이 소요된다.
- 선형 경계 주변에서는 경계를 따라서 중복된 정합점이 발견될 수 있다.
- 이웃 영상소끼리 경계를 따라서 중복된 정합점이 발견될 수 있다.
- 반복적인 부형태가 있을 때 정합점이 여러 개 발견될 수 있다.
- 회전이나 크기변화를 처리하지 못한다.

22 항공사진측량 촬영용 항공기에 요구되는 조건으로 옳지 않은 것은?

① 안정성이 좋을 것
② 상승 속도가 클 것
③ 이착륙 거리가 길 것
④ 적재량이 많고 공간이 넓을 것

해설
항공사진측량 촬영용 항공기에 요구되는 조건
- 안정성이 좋을 것
- 조작성이 좋을 것
- 시계가 좋을 것
- 항공거리가 길 것
- 이륙 거리가 짧을 것
- 상승 속도가 높을 것
- 요구되는 속도를 얻을 수 있을 것

23 다음과 같은 종류의 항공사진 중 벼농사의 작황을 조사하기 위하여 가장 적합한 사진은?

① 팬크로매틱사진 ② 적외선사진
③ 여색입체사진 ④ 레이더사진

해설
적외선사진
적외선을 이용하여 지도 작성, 지질, 토양, 수자원 및 산림조사, 재해조사 등의 판독에 이용되는 사진이며, 물은 적외선을 전부 흡수하기 때문에 적외선 사진에서는 까맣게 나타나므로 해안선, 수로 등을 선명하게 구별할 수 있다. 또한 온대 혼합수림 판독에 효과적이다.

24 어느 지역의 영상으로부터 "논"의 훈련지역(Training Field)을 선택하여 해당 영상소를 "P"로 표기하였다. 이때 산출되는 통계값과 사변형 분류법(Parallelepiped Classification)을 이용하여 "논"을 분류한 결과로 적당한 것은?

[영 상] (행 \ 열)

행 \ 열	1	2	3	4	5	6	7
1	9	9	9	3	4	5	3
2	8	8	7	7	5	3	4
3	8	7	8	9	7	5	6
4	7	8	9	9	7	4	5
5	8	7	9	8	3	4	2
6	7	9	9	4	1	1	0
7	9	9	6	0	1	0	2

[훈련지역]

	1	2	3	4	5	6	7
1							
2							
3						P	P
4						P	
5							
6				P			
7							

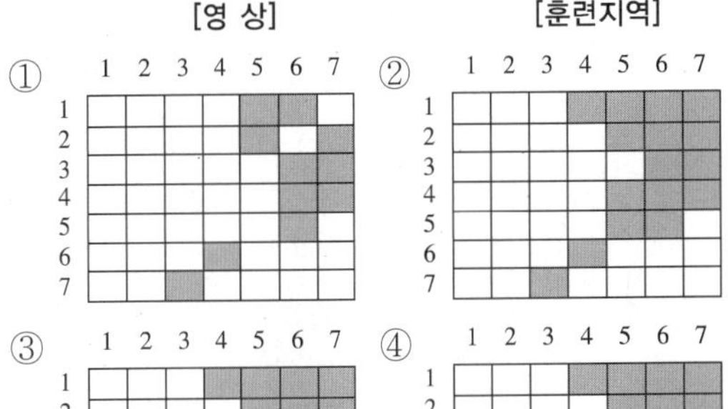

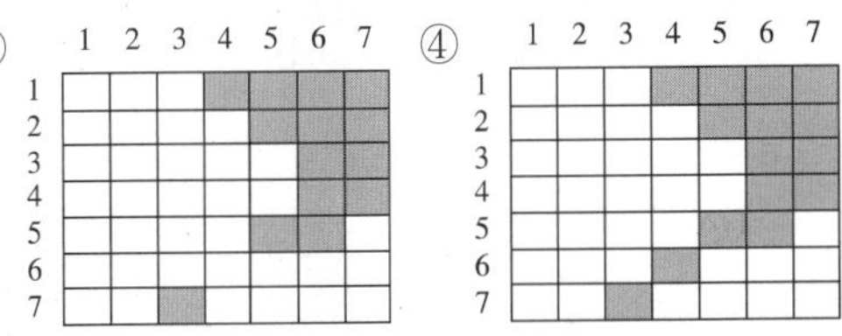

해설
"논"의 훈련지역에 대한 해당 영상소 P값은 5, 6, 4이므로 동일 영상소값을 선택하여 분류하면 다음과 같다.

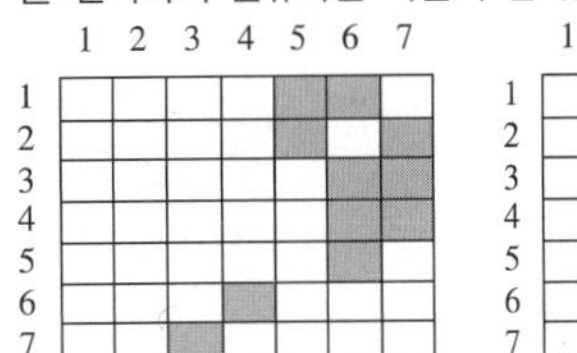

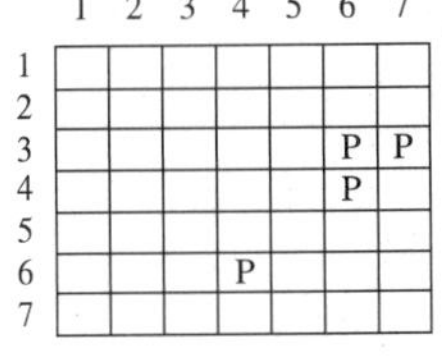

정답 21 ④ 22 ③ 23 ② 24 ①

25 **우리나라 다목적실용위성5호(KOMPSAT-5)에 탑재된 센서인 SAR의 특징으로 옳은 것은?**

① 구름 낀 날씨뿐만 아니라 야간에도 촬영이 가능하다.
② 주로 광학대역에서 반사된 태양광을 측정하는 센서이다.
③ 주로 기상과 해수 온도 측정을 위한 역할을 수행한다.
④ 센서의 에너지 소모가 수동형 센서보다 적다.

해설
아리랑 5호 위성은 합성영상레이더(SAR)를 탑재해 밤이나 구름이 낀 날에도 지상을 선명하게 볼 수 있다. 해양유류 유출사고, 적조, 화산폭발 같은 재난 감시와 지리정보시스템 구축을 물론 북한의 군사도발과 중국어선 해상 불법조업 감시 등에 활용된다.

26 **주점의 위치와 사진의 초점거리를 정확하게 맞추는 작업은?**

① 상호표정
② 절대(대지)표정
③ 내부표정
④ 접합표정

해설
내부표정
• 주점의 위치결정
• 화면거리의 조정
• 건판의 신축측정, 대기굴절, 지구곡률 보정, 렌즈수치 보정

27 **사진측량의 특징에 대한 설명으로 옳지 않은 것은?**

① 움직이는 물체를 측정하여 순간 위치를 결정할 수 있다.
② 좁은 지역에 대한 측량에 경제적이다.
③ 정확도를 균일하게 얻을 수 있다.
④ 접근이 어려운 대상물의 측정이 가능하다.

해설
사진측량의 특징

장 점	단 점
• 정량적 및 정성적 측정이 가능하다. • 정확도가 균일하다. • 동체측정에 의한 현상보존이 가능하다. • 접근하기 어려운 대상물의 측정도 가능하다. • 축척변경이 가능하다. • 분업화로 적업을 능률적으로 할 수 있다. • 경제성이 높다. • 4차원측정이 가능하다. • 비지형 측량이 가능하다.	• 좁은 지역에서는 비경제적이다. • 초기 시설비용이 많이 든다. • 피사체에 대한 식별이 난해가 있다.

28 **2쌍의 영상을 입체시하는 방법 중 서로 직교하는 두 개의 편광광선이 한 개의 편광면을 통과할 때 그 편광면의 진동방향과 일치하는 광선만 통과하고, 직교하는 광선을 통과 못하는 성질을 이용하는 입체시의 방법은?**

① 여색입체방법　② 편광입체방법
③ 입체경에 의한 방법　④ 순동입체방법

해설
② 편광입체방법 : 서로 직교하는 진동면을 갖는 2개의 편광광선이 1개의 편광면을 통과할 때 그 편광면의 진동방향과 일치하는 진행방향의 광선만 통과하고 여기에 직교하는 광선은 통과하지 못하는 편광의 성질을 이용하는 방법이다.
① 여색입체방법 : 왼쪽에 적색, 오른쪽에 청색의 안경으로 보면 입체감을 얻는다.
③ 입체경에 의한 방법 : 렌즈식 입체경과 반사식 입체경이 있다.
④ 순동입체방법 : 영화와 같이 망막상의 잔상을 이용하여 입체시각을 얻는 방법이다.

정답 25 ① 26 ③ 27 ② 28 ②

29 평지를 촬영고도 1,500m에서 촬영한 연직사진이 있다. 이 밀착사진 상에 있는 건물 상단과 하단, 두 점 간의 시차차를 관측한 결과, 1mm이었다면 이 건물의 높이는?(단, 사진기의 초점거리는 15cm, 사진면의 크기는 23cm × 23cm, 종중복도 60%이다)

① 10m ② 12.3m
③ 15m ④ 16.3m

해설

$$b_0 = a\left(1-\frac{p}{100}\right) = 230\left(1-\frac{60}{100}\right) = 92\text{mm}$$

$$h = \frac{H}{b_0} \times \Delta p = \frac{1{,}500{,}000}{92} \times 1 = 16.3\text{mm}$$

30 다음 중 항공사진의 판독요소와 거리가 먼 것은?

① 색조(Tone) ② 형태(Pattern)
③ 시간(Time) ④ 질감(Texture)

해설

사진판독요소 중 주요소는 색조, 모양, 질감, 형상, 크기, 음영 등이 있으며, 보조요소로는 상호위치관계, 과고감 등이 있다.

31 고도 2,500m에서 초점거리 150mm의 사진기로 촬영한 수직항공사진에서 길이 50m인 교량의 길이는?

① 2mm ② 3mm
③ 4mm ④ 5mm

해설

$$\frac{1}{m} = \frac{f}{H} = \frac{0.15}{2{,}500} = \frac{1}{16{,}667}$$

$\frac{1}{m} = \frac{l}{L}$ 이므로

$$l = \frac{L}{m} = \frac{50{,}000}{16{,}667} = 3\text{mm}$$

32 대공표지에 대한 설명으로 옳은 것은?

① 사진의 네 모서리 또는 네 변의 중앙에 있는 표식
② 평균해수면으로부터 높이를 정확히 구해 놓은 고정된 표지나 표식
③ 항공사진에 표정용 기준점의 위치를 정확하게 표시하기 위하여 촬영 전에 지상에 설치한 표지
④ 삼각점, 수준점 등의 기준점의 위치를 표시하기 위하여 돌로 설치된 측량표지

해설

대공표지

사진측량을 실시하는 데 있어 자연점으로는 정확도를 얻을 수 없는 경우 지상의 표정기준점으로 그 위치가 사진상에 명료하게 나타나도록 사진을 촬영하기 전에 표지를 설치하는 것을 말한다.

33 종중복 60%, 횡중복 20%일 경우 촬영종기선 길이(B)와 촬영횡기선 길이(C)의 비(B : C)는?

① 1 : 2 ② 2 : 1
③ 4 : 7 ④ 7 : 4

해설

$$a\left(1-\frac{p}{100}\right) : a\left(1-\frac{q}{100}\right) = \left(1-\frac{60}{100}\right) : \left(1-\frac{20}{100}\right) = 0.4 : 0.8 = 1 : 2$$

34 기복변위에 대한 설명으로 옳은 것은?

① 사진면에서 등각점을 중심으로 방사상의 변위
② 사진면에서 연직점을 중심으로 X방향의 변위
③ 사진면에서 등각점을 중심으로 Y방향의 변위
④ 사진면에서 연직점을 중심으로 방사상의 변위

해설

대상물에 기복이 있는 경우 연직으로 촬영하여도 축척은 동일하지 않으므로, 사진면에서 연직점을 중심으로 방사상의 변위가 발생하는데 이를 기복변위라 한다.

정답 29 ④ 30 ③ 31 ② 32 ③ 33 ① 34 ④

35 동서 20km, 남북 20km의 지역을 축척 1 : 20,000의 항공사진으로 종중복도 60%, 횡중복도 30%로 촬영할 경우 필요한 사진매수는?(단, 사진의 크기는 23cm×23cm이고, 안전율은 30%이다)

① 58매 ② 68매
③ 78매 ④ 88매

해설

$$A_0 = (ma)^2\left(1-\frac{p}{100}\right)\left(1-\frac{q}{100}\right)$$

$$= (20{,}000\times0.23)^2\times\left(1-\frac{60}{100}\right)\left(1-\frac{30}{100}\right) = 5{,}924{,}800\text{m}^2$$

$$N = \frac{F}{A_0}\times(1+\text{안전율}) = \frac{20{,}000\times20{,}000}{5{,}924{,}800}\times(1+0.3)$$

$= 87.7 ≒ 88$매

36 사진측량으로 지형도를 제작할 때 필요하지 않은 공정은?

① 사진촬영 ② 기준점측량
③ 세부도화 ④ 수정모자이크

해설

촬영계획 → 사진계획 → 음화필름 → 투명양화 → 기준점측량(또는 항공3각측량) → 도화 → 편집 → 색 분리 제도 및 인쇄 → 지형도

37 항공사진에서 건물의 높이가 높을수록 크기가 증가하는 것이 아닌 것은?

① 기복변위 ② 폐색지역
③ 렌즈왜곡 ④ 시차차

해설

렌즈를 통과할 때 광선은 도화기의 전후에서 굴절하지 않고 진행한다고 하지만 실제로 광선은 렌즈를 지날 때 미소하게 굴절되어 완전한 직선상으로는 되지 않는다. 이를 렌즈왜곡 또는 렌즈수차라 한다.

38 편위수정에 있어서 만족해야 할 3가지 조건으로 옳지 않은 것은?

① 샤임플러그 조건 ② 타이 포인트 조건
③ 광학적 조건 ④ 기하학적 조건

해설

편위수정을 하기 위한 조건으로 기하학적 조건(소실점 조건), 광학적 조건(Newton의 조건), 샤임플러그 조건 등이 있다.

39 인공위성에 의한 원격탐사(Remote Sensing)의 특징에 대한 설명으로 옳지 않은 것은?

① 관측자료가 수치적으로 취득되므로 판독이 자동적이며 정량화가 가능하다.
② 관측 시각이 좁으므로 정사투영상에 가까워 탐사자료의 이용이 쉽다.
③ 자료수집의 광역성 및 동시성, 주기성이 좋다.
④ 회전주기가 일정하므로 언제든지 원하는 지점 및 시기에 관측하기 쉽다.

해설

회전주기가 일정하기에 원하는 지점 및 시기에 관측하기 어렵고, 위성이 지나가는 시점에 관측이 가능하다.

40 DEM의 해상도를 향상시키기 위해 사용되는 방법은?

① 모자이크 ② 보간법
③ 영상정합 ④ 좌표변환

해설

구하고자 하는 지점의 높이값을 관측하여 얻어진 주변지점의 관측값으로부터 보간함수를 적용하여 추정하는 것으로 실측되지 않은 지점의 값을 계산하는 방법인 보간법을 이용하면 DEM의 해상도를 향상시킬 수 있다.

정답 35 ④ 36 ④ 37 ③ 38 ② 39 ④ 40 ②

제3과목 지리정보시스템(GIS) 및 위성측위시스템(GPS)

41 **사이클 슬립(Cycle Slip)의 발생 원인이 아닌 것은?**

① 장애물에 의해 위성신호의 수신이 방해를 받은 경우
② 전리층 상태의 불량으로 낮은 신호-잡음비가 발생하는 경우
③ 단일주파수 수신기를 사용하는 경우
④ 수신기에 급격한 이동이 있는 경우

해설
사이클 슬립의 발생 원인
- GPS 안테나 주위의 지형지물에 의한 신호 단절
- 높은 신호 잡음
- 낮은 신호 강도
- 낮은 위성의 고도각
- 사이클 슬립은 이동측량에서 많이 발생한다.

42 **공간상에서 주어진 지점과 주변의 객체들이 얼마나 가까운지를 파악하는 데 활용되는 근접(근린)분석에 대한 설명으로 옳지 않은 것은?**

① 근접분석 기능을 수행하기 위해서는 목표 지점의 설정, 목표 지점의 근접지역, 근접지역 내에서 수행되어야 할 작업, 총 3가지 조건이 명시되어야 한다.
② 근접분석에서 거리는 통행에 소요되는 시간 또는 비용으로도 측정될 수 있다.
③ 일반적으로 근접분석은 관심대상 지점으로부터 연속거리를 측정하여 분석되므로, 벡터데이터를 기반으로 한다.
④ 근접분석은 분석 목표에 따라서 검색 기능과 확산 기능, 공간적 집적 기능 그리고 경사도 분석 등으로 구분된다.

해설
일반적으로 근접분석은 관심 대상 지점으로부터 연속거리를 측정하여 분석되므로, 래스터데이터를 기반으로 한다.

43 **지리정보시스템(GIS) 데이터 구축에 있어서 항공사진측량에 의한 수치지형도의 제작 과정으로 옳은 것은?**

① 항공사진 촬영 → 정사영상 제작 → 정위치 편집 → 수치도화 → 지리조사 → 구조화 편집 → 항공삼각측량
② 항공사진 촬영 → 정사영상 제작 → 구조화 편집 → 수치도화 → 정위치 편집 → 지리조사 → 항공삼각측량
③ 항공사진 촬영 → 정사영상 제작 → 항공삼각측량 → 구조화 편집 → 지리조사 → 수치도화 → 정위치 편집
④ 항공사진 촬영 → 정사영상 제작 → 항공삼각측량 → 수치도화 → 지리조사 → 정위치 편집 → 구조화 편집

해설
촬영계획 → 항공사진 촬영 → 정사영상 제작 → 항공삼각측량 → 수치도화 → 지리조사 → 정위치 편집 → 구조화 편집

44 **자원정보체계(RIS ; Resources Information System)에 대한 설명으로 옳은 것은?**

① 수치지형모형, 전산도형해석기법과 조경, 경관요소 및 계획대안을 고려한 다양한 모의관측을 통하여 최적 경관계획안을 수립하기 위한 정보체계
② 대기오염정보, 수질오염정보, 고형폐기물 처리정보, 유해폐기물 등의 위치 및 특성과 관련된 전산정보체계
③ 농산자원, 삼림자원, 수자원, 지하자원 등의 위치, 크기, 양 및 특성과 관련된 정보체계
④ 수계특성, 유출특성 추출 및 강우빈도와 강우량을 고려한 홍수방재체제 수립, 지진방재체제 수립, 민방공체제구축, 산불방재대책 등의 수립에 필요한 정보체계

해설
③ 자원정보체계(RIS)
① 도형 및 영상정보체계(GIIS)
② 재해정보체계(DIS)
④ 기상정보시스템(MIS)

정답 41 ③ 42 ③ 43 ④ 44 ③

45 **일련의 자료들을 기술하거나 이들 자료를 대표하기 위하여 사용되는 자료로서 데이터베이스, 레이어, 속성 공간 현상과 관련된 정보, 즉 자료에 대한 자료를 의미하는 것은?**

① 헤더(Header)데이터
② 메타(Meta)데이터
③ 참조(Reference)데이터
④ 속성(Attribute)데이터

해설
메타데이터는 실제 데이터는 아니지만, 데이터베이스, 레이어, 속성, 공간형상과 관련된 정보로서 데이터에 관한 데이터로서 데이터의 이력을 말한다.

46 **지리정보자료의 구축에 있어서 표준화의 장점이라 볼 수 없는 것은?**

① 경제적이고 효율적인 시스템 구축 가능
② 서로 다른 시스템이나 사용자 간의 자료 호환 가능
③ 자료 구축을 위한 중복 투자 방지
④ 불법복제로 인한 저작권 피해의 방지

해설
표준화의 필요성은 비용 절감, 접근용이성, 상호연계성, 활용 극대화의 목적이 있다.

47 **위성의 배치에 따른 정확도의 영향을 DOP라는 수치로 나타낸다. DOP의 종류에 대한 설명으로 옳지 않은 것은?**

① GDOP : 중력 정확도 저하율
② VDOP : 수직 정확도 저하율
③ HDOP : 수평 정확도 저하율
④ TDOP : 시각 정확도 저하율

해설
GDOP : 기하학적 정밀도 저하율을 말한다.

48 **일반 CAD 시스템과 비교할 때, GIS만의 특징에 대한 설명으로 옳은 것은?**

① 위상구조를 이용하여 공간분석을 할 수 있다.
② 다양한 축척으로 자료를 활용할 수 있다.
③ 수치지도 중 필요한 레이어만 추출할 수 있다.
④ 점, 선, 면의 공간데이터를 다룬다.

해설
GIS 특징
- 지리정보시스템에서 매우 유용한 데이터 구조로서 점, 선, 면으로 객체 간의 공간관계를 파악할 수 있다.
- 벡터데이터의 기본적인 구조로 점으로 표현되며 객체들은 점들을 직선으로 연결하여 표현할 수 있다.
- 토폴로지는 폴리곤 토폴로지, 아크 토폴로지, 노드 토폴로지로 구분된다.
- 점, 선, 폴리곤으로 나타낸 객체들이 이상구조를 갖게 되면 주변 객체들 간의 공간상에서의 관계를 인식할 수 있다.
- 폴리곤 구조는 형상과 인접성, 계급성의 세 가지 특성을 지닌다.
- 관형 데이터베이스를 이용하여 다량의 속성자료를 공간객체와 연결할 수 있으며 용이한 자료의 검색 또한 가능하다.
- 공간객체의 인접성과 연결성에 관한 정보는 많은 분야에서 위상정보를 바탕으로 분석이 이루어진다.

49 **수치항공사진, 원격탐사, 격자형 수치표고모델 등과 같이 픽셀 단위로 정보를 저장할 수 있는 자료 구조는?**

① Vector ② Raster
③ Attribute ④ Network

해설
Raster 자료구조는 매우 간단하며 일정한 격자 간격의 셀이 데이터의 위치와 그 값을 표현하므로 격자 데이터라고도 한다. 또한 정밀도가 셀의 크기에 따라 좌우되며 해상력을 높이면 자료의 크기가 방대해 진다.

50 **수치지도 제작과정에서 항공사진을 기초로 제작된 지형도에 표기되는 지형과 지물 및 이와 관련된 제반 사항을 조사하는 과정은?**

① 도 화 ② 지상 기준점측량
③ 현지지리조사 ④ 지도제작편집

해설
현지지리조사
수치지도 제작과정에서 항공사진을 기초로 제작된 지형도에 표기되는 지형과 지물 및 이와 간련된 제반사항을 조사하는 과정이다.

정답 45 ② 46 ④ 47 ① 48 ① 49 ② 50 ③

51 **수치표고모형(DEM) 또는 불규칙삼각망(TIN)을 이용하여 추출할 수 있는 정보가 아닌 것은?**

① 경사 방향　② 등고선
③ 가시도 분석　④ 지표 피복 활용

해설
DEM으로 추출할 수 있는 정보
- 도로의 부지 및 댐의 위치선정
- 수문 정보체계 구축
- 등고선도와 시선도
- 절토량과 성토량의 산정
- 조경설계 및 계획을 위한 입체적인 표현
- 지형의 통계적 분석과 비교
- 경사도, 사면방향도, 경사 및 단면의 계산과 음영기복도 제작
- 경관 또는 지형형성과정의 영상모의 관측
- 수치지형도 작성에 필요한 표고정보와 지형정보를 다 이루는 속성
- 군사적 목적의 3차원 표현

TIN을 이용하여 추출할 수 있는 정보
- 기복의 변화가 작은 지역에서 절점수를 적게 한다.
- 기복의 변화가 심한 지역에서 절점수를 증가시킨다.
- 자료량 조절이 용이하다.
- 중요한 위상형태를 필요한 정확도에 따라 해석한다.
- 경사가 급한 지역에 적당하고 선형 침식이 많은 하천지형의 적용에 특히 유용하다.
- 방향, 경사도 분석, 3차원 입체지형 생성 등 다양한 분석을 수행한다.
- 격자형 자료의 단점인 해상력 저하, 해상력 조절, 중요한 정보 상실 가능성 해소한다.

52 **데이터베이스 관리시스템의 형태(종류)와 거리가 먼 것은?**

① 관계형　② 입체형
③ 계층형　④ 망 형

해설
데이터베이스 관리시스템의 종류에는 계층형, 관망형, 관계형, 객체지향형, 객체지향관계형, 지오데이터베이스 모델 등이 있다.

53 **단위지역이 갖고 있는 속성값을 등급에 따라 분류하고 등급별로 음영이나 색채로 표시하는 주제도 표현방법으로 GIS에서 널리 사용되는 것은?**

① 단계구분도　② 등치선도
③ 음영기복도　④ 도형표현도

해설
① 단계구분도 : 통계값을 몇 개의 단계로 나눈 후 각 단계마다 색이나 농도를 달리하여 표현
② 등치선도 : 같은 수치값의 지점을 선으로 연결하여 표현
③ 음영기복도 : 어느 특정한 곳에서 일정한 방향으로 평행광선을 비칠 때 생기는 그림자를 바로위에서 본 상태로 기복의 모양을 표시
④ 도형표현도 : 막대, 원, 사각형 등의 각종 도형을 이용하여 통계값의 크기를 지역별로 표현

54 **GNSS 측량으로 측점의 타원체고(h) 15m를 관측하였다. 동일 지점의 지오이드고(N)가 5m일 때, (정)표고는?**

① 10m　② 15m
③ 20m　④ 75m

해설
정표고 = 타원체고 − 지오이드고 = 15 − 5 = 10m

55 **도로명(ROAD_NAME)이 봉주로(BONGJURO)인 도로를 STREET 테이블에서 찾고자 한다. 이를 위해 작성해야 될 SQL문으로 옳은 것은?**

① SELECT * FROM STREET WHERE ROAD_NAME = BONGJURO
② SELECT STREET FROM ROAD_NAME WHERE BONGJURO
③ SELECT BONGJURO FROM STREET WHERE ROAD_NAME
④ SELECT * FROM STREET WHERE BONGJURO = ROAD_NAME

해설
질의어(SQL)은 3개의 주요연산을 사용한다.
- SELECT : 테이블의 지정된 열에 있는 자료항목들을 추출한다.
- PROJECT : 테이블의 지정된 행에 있는 자료항목들을 추출한다.
- JOIN : 테이블의 공통 행에 있는 값에 기초하여 두 테이블을 연결한다.

정답 51 ④ 52 ② 53 ① 54 ① 55 ①

56 일반적인 GIS의 구성요소 중 도형자료와 속성자료를 합친 모든 정보를 입력하여 보관하는 정보의 저장소로 GIS 구축과정에서 많은 시간과 비용을 차지하는 것은?

① 하드웨어　② 소프트웨어
③ 데이터베이스　④ 인 력

해설
GIS 구축과정에서 많은 시간과 비용을 차지하는 것은 데이터베이스 구축에 필요한 시간과 비용이다.

57 기종이 서로 다른 GPS 수신기를 혼용하여 기준망 측량을 실시하였을 때, 획득한 GPS 관측데이터의 기선해석을 용이하도록 만든 GPS 데이터 표준자료형식은?

① DXF　② RTCM
③ NMEA　④ RINEX

해설
RINEX
기종이 서로 다른 GPS 수신기를 혼용하여 기준망측량을 실시하였을 때, 획득한 GPS 관측데이터의 기선해석을 용이하도록 만든 PS 데이터 표준자료형식으로 1996년부터 GPS의 공통포맷으로 사용하고 있다.

58 $\overline{AB}$의 길이가 20km일 때 이 직선으로부터 1km의 버퍼링 분석을 실시하고자 할 때 생성되는 폴리곤의 면적(km^2)은?

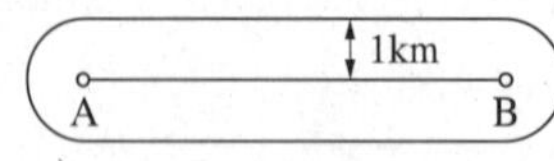

① 20　② $20+\pi$
③ 40　④ $40+\pi$

해설
사각형 면적 = 가로 × 세로 = 20 × 2 = 40
원의 면적 = $\pi r^2 = \pi \times 1^2 = \pi$
∴ 폴리곤의 면적 = $40+\pi$

59 GPS 측량에서 C/A 코드에 인위적으로 궤도오차 및 시계오차를 추가하여 민간사용의 정확도를 저하시켰던 정책은?

① DoD
② SA
③ DSCS
④ MCS

해설
선택적 가용성에 따른 오차(SA ; Selective Availability)
미 국방성이 정책적 판단에 의해 인위적으로 GPS 측량의 정확도를 저하시키기 위한 조치로 위성의 시각정보 및 궤도정보 등에 임의의 오차를 부여하거나 송신, 신호 형태를 임의 변경하는 것을 SA라 하고, 군사적 목적으로 P 코드를 암호화하는 것을 AS(Anti-Spoofing)라 한다.

60 위상정보(Topology Information)에 대한 설명으로 옳은 것은?

① 공간상에 존재하는 공간객체의 길이, 면적, 연결성, 계급성 등을 의미한다.
② 지리정보에 포함된 CAD 데이터 정보를 의미한다.
③ 지리정보와 지적정보를 합한 것이다.
④ 위상정보는 GIS에서 획득한 원시자료를 의미한다.

해설
각 공간상에 존재하는 공간객체 사이의 관계가 인접성, 연결성, 포함성 등의 관점에서 묘사되며, 길이, 면적, 연결성, 계급성 등을 의미한다.

정답 56 ③ 57 ④ 58 ④ 59 ② 60 ①

제4과목 측량학

61 A, B 삼각점의 평면직각좌표가 A(−350.139, 201.326), B(310.485, −110.875)일 때 측선 $\overline{BA}$의 방위각은?(단, 단위는 m이다)

① 25°17′41″

② 154°42′19″

③ 208°17′41″

④ 334°42′19″

해설

$\theta = \tan^{-1}\dfrac{A_y - B_y}{A_x - B_x} = \tan^{-1}\dfrac{312.201}{-660.624} = 25°17'40.98''$(2상한)

$\therefore\ \theta_{BA} = 180° - 25°17'40.98'' = 154°42'19''$

62 그림에서 측선 $\overline{CD}$의 거리는?

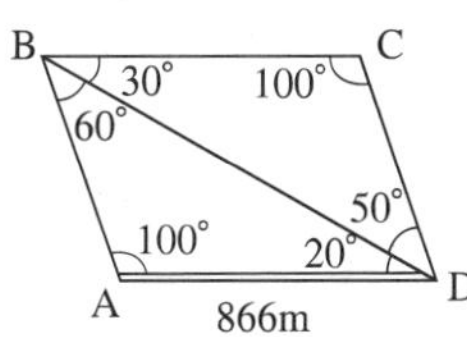

① 500m

② 550m

③ 600m

④ 650m

해설

$\overline{BD} = \dfrac{\sin 100°}{\sin 60°} \times 866\text{m} = 984.78\text{m}$

$\overline{CD} = \dfrac{\sin 30°}{\sin 100°} \times 984.78 = 499.98\text{m} ≒ 500\text{m}$

63 수준측량의 주의사항에 대한 설명 중 옳지 않은 것은?

① 레벨은 가능한 두 점 사이의 중간에 거리가 같도록 세운다.

② 표척을 전후로 기울여 관측할 때에는 최소 읽음값을 취하여야 한다.

③ 수준점 측량을 위한 관측은 왕복관측한다.

④ 수준점 간의 편도관측의 측점수는 홀수로 한다.

해설

수준측량의 주의사항

- 기계를 세운 표척이 짝수가 되도록 한다.
- 이기점(T.P)이 홀수가 되도록 한다.
- 출발점에 세운 표척을 도착점에 세운다.
- 정확도를 높이기 위하여 전시와 후시의 거리는 같게 한다.
- 수준측량은 반드시 왕복측량을 원칙으로 하며 노선은 다르게 한다.

64 그림에서 A점의 좌표가 (100, 100)일 때, B점의 좌표는?(단, 좌표의 단위는 m이다)

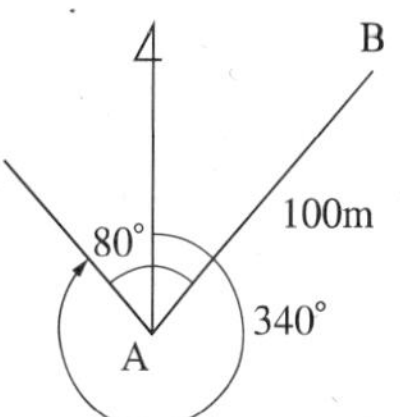

① (50, 13.4)　　② (150, 186.6)

③ (186.6, 150)　　④ (13.4, 50)

해설

$\theta_{AB} = 340° + 80° - 360° = 60°$

$X_B = X_A + 100 \times \cos 60° = 150\text{m}$

$Y_B = Y_A \pm 100 \times \sin 60° = 186.6\text{m}$

65 수준측량의 오차를 오차의 원인(기계, 개인, 자연오차 등)에 따라 분류할 때, 자연오차에 속하지 않는 것은?

① 태양의 직사광선에 의한 오차

② 지구의 곡률에 의한 오차

③ 시차에 의한 오차

④ 대기굴절에 의한 오차

해설

자연오차는 지구곡률에 의한 오차, 대기굴절에 의한 오차, 온도변화에 대한 오차, 바람에 의한 오차, 지구의 중력에 의한 오차 등이 있다.

정답 61 ② 62 ① 63 ④ 64 ② 65 ③

66 **오차의 방향과 크기를 산출하여 소거할 수 있는 오차는?**

① 착 오 ② 정오차
③ 우연오차 ④ 개인오차

해설
오차의 방향과 크기를 산출하여 소거할 수 있는 오차는 정오차라 한다.

67 **다음의 축척에 대한 도상거리 중 실거리가 가장 짧은 것은?**

① 축척 1 : 500일 때의 도상거리 3cm
② 축척 1 : 200일 때의 도상거리 8cm
③ 축척 1 : 1,000일 때의 도상거리 2cm
④ 축척 1 : 300일 때의 도상거리 4cm

해설
$\frac{1}{m} = \frac{l}{L}$에서
④ $L = 300 \times 4 = 1{,}200$cm
① $L = 500 \times 3 = 1{,}500$cm
② $L = 200 \times 8 = 1{,}600$cm
③ $L = 1{,}000 \times 2 = 2{,}000$cm

68 **우리나라 동경 128°30′, 북위 37° 지점의 평면 직각좌표는 어느 좌표 원점을 이용하는가?**

① 서부원점 ② 중부원점
③ 동부원점 ④ 동해원점

해설

명 칭	원점의 경위도	적용 구역
서부좌표계	• 경도 : 동경 125°00′ • 위도 : 북위 38°00′	동경 124°00′~126°00′
중부좌표계	• 경도 : 동경 127°00′ • 위도 : 북위 38°00′	동경 126°00′~128°00′
동부좌표계	• 경도 : 동경 129°00′ • 위도 : 북위 38°00′	동경 128°00′~130°00′
동해좌표계	• 경도 : 동경 131°00′ • 위도 : 북위 38°00′	동경 130°00′~132°00′

69 **어떤 각을 4명이 관측하여 다음과 같은 결과를 얻었다면 최확값은?**

관측자	관측각	관측횟수
A	42°28′47″	3
B	42°28′42″	2
C	42°28′36″	4
D	42°28′55″	6

① 42°28′47″ ② 42°28′44″
③ 42°28′41″ ④ 42°28′36″

해설
$$\text{최확값} = 42°28' + \frac{47''\times3+42''\times2+36''\times4+55''\times6}{3+2+4+6}$$
$$= 42°28' + 46.6'' = 42°28'47''$$

70 **축척 1 : 10,000 지형도 상에서 균일 경사면 상에 40m와 50m 등고선 사이의 P점에서 40m와 50m 등고선까지의 최단거리가 각각 도상에서 5mm, 15mm일 때, P점의 표고는?**

① 42.5m ② 43.5m
③ 45.5m ④ 47.5m

해설
$\frac{1}{m} = \frac{l}{L}$
$L = 10{,}000 \times 5 = 50{,}000$mm $= 50$m
$L = 10{,}000 \times 15 = 150{,}000$mm $= 150$m
200 : 10 = 50 : x
$x = \frac{10\times50}{200} = 2.5$m
$\therefore H_P = 40 + 2.5 = 42.5$m

71 **전자기파 거리측량기에 의한 거리관측오차 중 거리에 비례하는 오차가 아닌 것은?**

① 굴절률 오차 ② 광속도의 오차
③ 반사경상수의 오차 ④ 광변조주파수의 오차

해설
• 거리에 비례하는 오차 : 광속도의 오차, 광변조주파수의 오차, 굴절률의 오차
• 거리에 비례하지 않는 오차 : 위상차 관측오차, 기계정수 및 반사경정수의 오차

정답 66 ② 67 ④ 68 ③ 69 ① 70 ① 71 ③

72 50m 줄자로 250m를 관측할 경우 줄자에 의한 거리관측 오차를 50m마다 ±1cm로 가정하면 전체 길이의 거리측량에서 발생하는 오차는?

① ±2.2cm ② ±3.8cm
③ ±4.8cm ④ ±5.0cm

해설

$n = \frac{250}{50} = 5$회

우연오차 $= \pm\delta\sqrt{n} = \pm 1\sqrt{5} = 2.2$cm

73 기지삼각점 A와 B로부터 C와 D의 평면좌표를 구하기 위하여 그림과 같이 사변형망을 구성하고 8개의 내각을 측정하는 삼각측량을 실시하였다. 조정하여야 할 방정식만으로 짝지어진 것은?

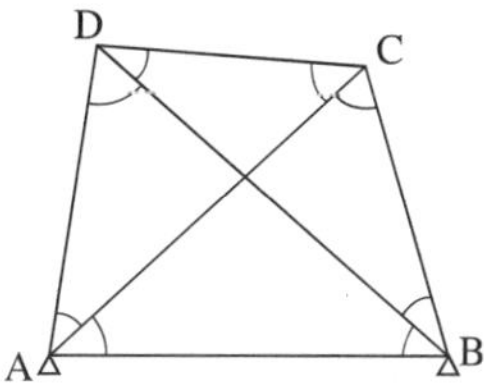

① 각방정식, 변방정식
② 변방정식, 측점방정식
③ 각방정식, 변방정식, 측점방정식
④ 각방정식, 변방정식, 측점방정식, 좌표방정식

해설

- 사변형삼각망 : 각방정식, 변방정식
- 유심삼각망 : 각방정식, 변방정식, 측점방정식
- 단열삼각망 : 각방정식, 변방정식

74 표고 300m인 평탄지에서의 거리 1,500m를 평균해수면상의 값으로 고치기 위한 보정량은?(단, 지구의 반지름은 6,370km라 한다)

① −0.058m ② −0.062m
③ −0.066m ④ −0.071m

해설

$C_H = -\frac{LH}{R} = -\frac{1{,}500 \times 300}{6{,}370{,}000} = -0.071$m

75 아래와 같이 정의되는 측량은?

> 모든 측량의 기초가 되는 공간정보를 제공하기 위하여 국토교통부장관이 실시하는 측량을 말한다.

① 지적측량 ② 공공측량
③ 기본측량 ④ 수로측량

해설

정의(공간정보의 구축 및 관리 등에 관한 법률 제2조)
기본측량이란 모든 측량의 기초가 되는 공간정보를 제공하기 위하여 국토교통부장관이 실시하는 측량을 말한다.

76 직각좌표 기준 중 서부좌표계의 적용 범위로 옳은 것은?

① 동경 122~124° ② 동경 124~126°
③ 동경 126~128° ④ 동경 128~130°

해설

명 칭	원점의 경위도	적용구역
서부좌표계	• 경도 : 동경 125°00′ • 위도 : 북위 38°00′	동경 124°00′~126°00′
중부좌표계	• 경도 : 동경 127°00′ • 위도 : 북위 38°00′	동경 126°00′~128°00′
동부좌표계	• 경도 : 동경 129°00′ • 위도 : 북위 38°00′	동경 128°00′~130°00′
동해좌표계	• 경도 : 동경 131°00′ • 위도 : 북위 38°00′	동경 130°00′~132°00′

77 지도도식규칙을 적용하지 않아도 되는 경우는?

① 군사용의 지도와 그 간행물
② 기본측량 및 공공측량의 성과로서 지도를 간행하는 경우
③ 기본측량의 성과를 이용하여 지도에 관한 간행물을 발간하는 경우
④ 공공측량의 성과를 이용하여 지도에 관한 간행물을 발간하는 경우

해설

적용범위(지도도식규칙 제2조)
군사용의 지도와 그 간행물에 대하여는 적용하지 아니할 수 있다.

정답 72 ① 73 ① 74 ④ 75 ③ 76 ② 77 ①

78 **공공측량시행자는 공공측량을 하려면 미리 측량지역, 측량기간, 그밖에 필요한 사항을 누구에게 통지하여야 하는가?**

① 시・도지사
② 지방국토관리청장
③ 국토지리정보원장
④ 시장・군수

해설
공공측량의 실시 등(공간정보의 구축 및 관리 등에 관한 법률 제17조)
공공측량시행자는 공공측량을 하려면 미리 측량지역, 측량기간, 그밖에 필요한 사항을 시・도지사에게 통지하여야 한다.

79 **기본측량의 실시공고에 포함하여야 할 사항이 아닌 것은?**

① 측량의 종류
② 측량의 목적
③ 측량의 실시지역
④ 측량의 성과 보관 장소

해설
측량의 실시공고(공간정보의 구축 및 관리 등에 관한 법률 시행령 제12조)
실시공고에는 다음의 사항이 포함되어야 한다.
- 측량의 종류
- 측량의 목적
- 측량의 실시기간
- 측량의 실시지역
- 그 밖의 측량의 실시에 관하여 필요한 사항

80 **"성능검사를 부정하게 한 성능검사대행자"에 대한 벌칙 기준은?**

① 1년 이하의 징역 또는 1,000만원 이하의 벌금
② 2년 이하의 징역 또는 2,000만원 이하의 벌금
③ 3년 이하의 징역 또는 3,000만원 이하의 벌금
④ 5년 이하의 징역 또는 5,000만원 이하의 벌금

해설
벌칙(공간정보의 구축 및 관리 등에 관한 법률 제108조)
성능검사를 부정하게 한 성능검사대행자는 2년 이하의 징역 또는 2,000만원 이하의 벌금에 처한다.

정답 78 ① 79 ④ 80 ②

2016년 제4회 과년도 기출문제

제1과목 응용측량

01 완화곡선의 성질에 대한 설명으로 틀린 것은?

① 완화곡선 반지름은 종점에서 원곡선의 캔트와 같다.
② 완화곡선 반지름은 시점에서 무한대이다.
③ 완화곡선에 연한 곡선반지름의 감소율은 캔트의 증가율과 같다.
④ 완화곡선의 접선은 시점에서 직선에 접하고 종점에서는 원호에 접한다.

해설

완화곡선의 특징

- 곡선반경은 완화곡선의 시점에서 무한대, 종점에서 원곡선이 된다.
- 완화곡선의 접선은 시점에서 직선에 종점에서 원호에 접한다.
- 완화곡선에 연한 곡선반경의 감소율은 캔트의 증가율과 같다.
- 완화곡선 종점의 캔트와 원곡선 시점의 캔트는 같다.
- 완화곡선은 이정의 중앙을 통과한다.

02 노선측량의 곡선설치법에서 단곡선의 요소에 대한 식으로 옳지 않은 것은?(단, R은 곡률반지름, I는 교각이다)

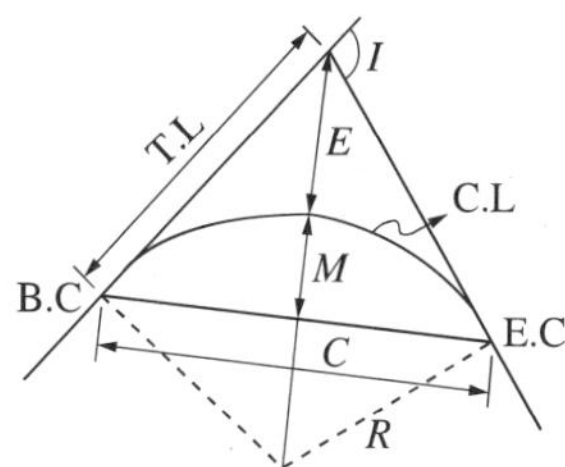

① 곡선길이 = C.L = $R \cdot I$(I는 라디안)
② 장현 = $C = 2R \cdot \sin\left(\frac{I}{2}\right)$
③ 접선길이 = T.L = $R \cdot \tan\frac{I}{2}$
④ 중앙종거 = $M = R\left(\sec\frac{I}{2} - 1\right)$

해설

중앙종거(M)

$M = R\left(1 - \cos\frac{I}{2}\right)$

03 단곡선을 설치하기 위하여 곡선시점의 좌표가 (1,000.500m, 200.400m), 곡선반지름이 300m, 교각이 60°일 때, 곡선시점으로부터 교점의 방위각이 120°일 경우, 원곡선 종점의 좌표는?

① (680.921m, 328.093m)
② (740.692m, 350.400m)
③ (1,233.966m, 433.766m)
④ (1,344.666m, 544.546m)

해설

단곡선의 현의 길이(L) : $L = 2R \times \sin\frac{60°}{2} = 300\text{m}$

$\theta_{BC-EC} = 120° + 30° = 150°$

- $X_{EC} = X_{BC} + L \times \cos 150°$
  $= 1{,}000.500 + 300 \times \cos 150° = 740.692\text{m}$
- $Y_{EC} = Y_{BC} + L \times \sin 150°$
  $= 200.400 + 300 \times \sin 150° = 350.4\text{m}$

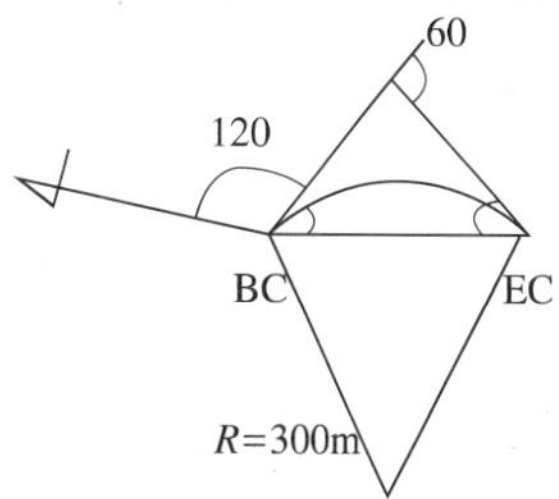

04 단곡선 설치 방법 중 접선과 현이 이루는 각을 이용하는 방법으로 정확도가 비교적 높은 것은?

① 편각설치법
② 지거설치법
③ 접선에 의한 지거법
④ 장현에서의 종거에 의한 설치법

해설

① 편각설치법 : 철도, 도로 등의 곡선설치에 가장 일반적인 방법으로 접선과 현이 이루는 각을 이용하는 방법이다.
② 지거설치법 : 양 접선에 지거를 내려 곡선을 설치하는 방법이다.
③ 접선에 의한 지거법 : 접선편거법이라고도 하며 트랜싯을 사용하지 못할 때 폴과 테이프로 설치하는 방법이다.
④ 장현에서의 종거에 의한 설치법(중앙종거법) : 곡선반경이 작은 도심지 곡선 설치에 유리하다.

정답 1 ① 2 ④ 3 ② 4 ①

05 터널 내에서 차량 등에 의하여 파손되지 않도록 콘크리트 등을 이용하여 만든 중심말뚝을 무엇이라 하는가?

① 도 갱
② 자이로(Gyro)
③ 레벨(Level)
④ 다보(Dowel)

해설
터널 내에서 차량 등에 의하여 파손되지 않도록 콘크리트 등을 이용하여 만든 중심말뚝을 다보 또는 도벨이라고 한다.

06 다음 표에서 성토부분의 총 토량으로 옳은 것은?(단, 양단면 평균법 공식 적용)

측 점	거리(m)	성토단면적(m^2)
1	–	30.0
2	20.0	45.0
3	20.0	20.0
4	15.0	43.0

① $1,873m^3$
② $1,982m^3$
③ $2,103m^3$
④ $2,310m^3$

해설

$V_1 = \frac{30+45}{2} \times 20 = 750$

$V_2 = \frac{45+20}{2} \times 20 = 650$

$V_3 = \frac{20+43}{2} \times 15 = 472.5$

$\therefore \Sigma(V_1 + V_2 + V_3) = 1,872.5m^3$

07 10m 간격의 등고선으로 표시되어 있는 구릉지에서 구적기로 면적을 구한 값이 $A_0 = 100m^2$, $A_1 = 150m^2$, $A_2 = 300m^2$, $A_3 = 450m^2$, $A_4 = 800m^2$일 때 각주 공식에 의한 체적은?(단, 정상(A_0)부분은 평탄한 것으로 가정)

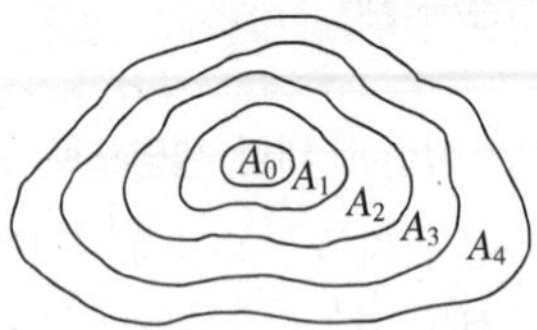

① $11,000m^3$
② $12,000m^3$
③ $13,000m^3$
④ $14,000m^3$

해설

$V = \frac{h}{3}[A_0 + A_1 + 4(A_1 + A_3) + 2(A_2)]$

$= \frac{10}{3}[100 + 800 + 4(150 + 450) + 2(300)] = 13,000m^3$

08 평균유속을 2점법으로 결정하고자 할 때, 수면으로부터의 관측수심 위치는?(단, h : 수심)

① $0.2h$, $0.6h$
② $0.4h$, $0.6h$
③ $0.2h$, $0.8h$
④ $0.4h$, $0.8h$

해설
평균유속을 2점법으로의 관측수심 위치는 $0.2h$, $0.8h$이다.

09 수로측량의 기준에 대한 설명으로 옳은 것은?

① 간출암은 평균해수면으로부터의 높이로 표시한다.
② 노출암은 기본수준면으로부터의 높이로 표시한다.
③ 수심은 기본수준면으로부터의 깊이로 표시한다.
④ 해안선은 관측 당시의 육지와 해면의 경계로 표시한다.

해설
수로측량에서 간출지의 높이와 수심은 기본수준면을 기준으로 측량한다.

정답 5 ④ 6 ① 7 ③ 8 ③ 9 ③

10 그림에서 △ABC의 토지를 $\overline{BC}$에 평행한 선분 $\overline{DE}$로 △ADE : □BCED = 2 : 3으로 분할하려고 할 때 $\overline{AD}$의 길이는?(단, $\overline{AB}$의 길이 = 50m)

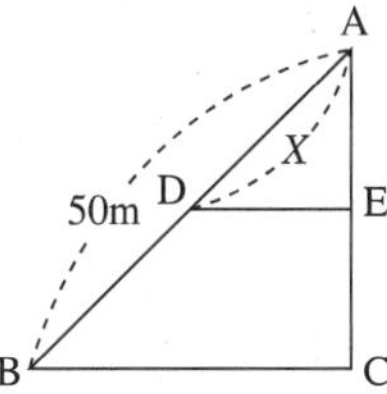

① 30.32m
② 31.62m
③ 33.62m
④ 35.32m

해설
△ADE : △ABC = m : n으로 분할

$$\frac{\triangle ADE}{\triangle ABC} = \frac{m}{m+n} = \left(\frac{\overline{AD}}{\overline{AB}}\right)^2$$

$$\therefore \overline{AD} = \overline{AB} \times \sqrt{\frac{m}{m+n}} = 50 \times \sqrt{\frac{2}{2+3}} = 31.62\text{m}$$

11 수애선(水涯線)과 수애선 측량에 대한 설명으로 틀린 것은?

① 수면과 하안(河岸)과의 경계선을 수애선이라 한다.
② 수애선은 하천수위에 따라 변동하는 것으로 저수위에 의하여 정해진다.
③ 수애선 측량에는 심천측량에 의한 방법과 동시관측에 의한 방법이 있다.
④ 심천측량에 의한 방법을 이용할 때에는 수위의 변화가 적은 시기에 심천측량을 행하여 하천의 횡단면도를 먼저 만든다.

해설
- 수애선은 수면과 하안과의 경계선
- 수애선은 하천수위의 변화에 따라 변동하는 것으로 평수위에 의해 정해진다.

12 지중레이더(GPR ; Ground Penetration Radar) 탐사기법은 전자파의 어떤 성질을 이용하는가?

① 방 사
② 반 사
③ 흡 수
④ 산 란

해설
지중레이더 탐사기법은 전자파의 반사의 성질을 이용하여 지하시설물을 측량하는 방법이다.

13 하천의 수면 기울기를 결정하기 위해 200m 간격으로 동시 수위를 측정하여 표와 같은 결과를 얻었다. 이 결과에서 구간 1~5의 평균 수면 기울기(하향)는?

측 점	수위(m)
1	73.63
2	73.45
3	73.23
4	73.02
5	72.83

① 1/900
② 1/1,000
③ 1/1,250
④ 1/2,000

해설

$$i = \frac{h}{D} = \frac{0.8}{800} = \frac{1}{1,000}$$

여기서, h = 73.63 − 72.83 = 0.8m

정답 10 ② 11 ② 12 ② 13 ②

14 그림과 같이 터널 내의 천정에 측점을 정하여 관측하였을 때, AB 두 점의 고저차가 40.25m이고 a = 1.25m, b = 1.85m이며, 경사거리 S = 100.50m이었다면 연직각(α)은?

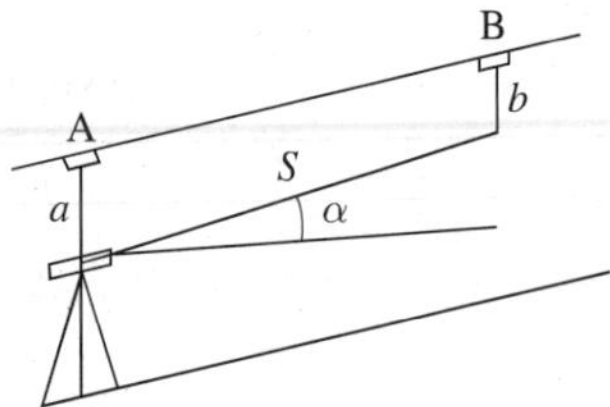

① 15°25′34″
② 23°14′11″
③ 34°28′42″
④ 45°30′28″

해설

$H = b + (s \times \sin\alpha) - a$에서

$\sin\alpha = \dfrac{H + a - b}{s}$

$\alpha = \sin^{-1}\dfrac{40.25 + 1.25 - 1.85}{100.5} = 23°14'11.4''$

15 터널측량에 관한 설명으로 옳지 않은 것은?

① 터널측량은 터널 외 측량과 터널 내 측량, 터널 내외 연결측량으로 구분할 수 있다.
② 터널 내의 곡선설치는 현편거법 또는 트래버스 측량을 활용할 수 있다.
③ 터널 내 측량에서는 기계의 십자선, 표척눈금 등에 조명이 필요하다.
④ 터널 내의 수준측량은 정확도를 위해 레벨과 수준척에 의한 직접수준측량으로만 측정한다.

해설

갱내 곡선설치는 갱내가 협소하므로 지거법, 접선편거와 현편거법을 이용한다.

16 원곡선 설치에 관한 설명으로 틀린 것은?

① 원곡선 설치를 위해서는 기본적으로 도로기점으로부터 교점의 추가거리, 교각, 원곡선의 곡선반지름을 알아야 한다.
② 중앙종거를 이용하여 원곡선을 설치하는 방법을 중앙종거법이라 하며 4분의 1법이라고도 한다.
③ 교점의 위치는 항상 시준 가능해야 하므로 교점의 위치가 산, 하천 등의 장애물이 있는 경우에는 원곡선 설치가 불가능하다.
④ 각측량 장비가 없는 경우에는 지거를 활용하여 복수의 줄자만 가지고도 원곡선 설치가 가능하다.

해설

교점의 위치가 시준이 안 될 경우에는 계산에 따라 교점(I.P), 시점, 종점 및 곡선거리를 구하여 곡선을 설치할 수 있다.

17 어느 도면상에서 면적을 측정하였더니 400m²이었다. 이 도면이 가로, 세로 1%씩 축소되어 있었다면 이때 발생되는 면적오차는?

① 4m² ② 6m²
③ 8m² ④ 12m²

해설

실제면적 = 측정면적 × $(1+e)^2$
= 400 × $(1 + 0.01)^2$ = 408.04m²

∴ 면적오차 = 408 − 400 = 8m²

18 세 변의 길이가 각각 20m, 30m, 40m인 삼각형의 면적은 약 얼마인가?

① 90m² ② 180m²
③ 240m² ④ 290m²

해설

$A = \sqrt{s(s-a)(s-b)(s-c)}$
$= \sqrt{45(45-20)(45-30)(45-40)}$ = 290.47m²

여기서, $s = \dfrac{1}{2}(a+b+c) = \dfrac{1}{2}(20 + 30 + 40) = 45$

정답 14 ② 15 ④ 16 ③ 17 ③ 18 ④

19 **클로소이드 곡선의 성질에 대한 설명으로 옳지 않은 것은?(단, R : 곡선의 반지름, L : 곡선 길이, A : 매개변수)**

① 클로소이드 요소는 모두 길이 단위를 갖는다.
② $R \cdot L = A^2$은 클로소이드의 기본식이다.
③ 클로소이드는 나선의 일종이다.
④ 모든 클로소이드는 닮은꼴이다.

해설
클로소이드 성질
- 클로소이드는 나선의 일종이다.
- 모든 클로소이드는 닮은꼴이다.
- 단위가 있는 것도 있고 없는 것도 있다.
- 확대율을 가지고 있다.

20 **다음 중 주로 종단곡선으로 사용되는 것은?**

① 렘니스케이트
② 2차 포물선
③ 3차 나선
④ 클로소이드

해설
종단곡선은 원곡선(철도), 2차 포물선(도로)이 사용된다.

제2과목 사진측량 및 원격탐사

21 **영상지도 제작에 사용되는 가장 적합한 영상은?**

① 경사 영상 ② 파노라믹 영상
③ 정사 영상 ④ 지상 영상

해설
정사 영상은 사진촬영 당시의 카메라 자세 및 지형 기복에 의해 발생된 대상체의 변위를 제거한 영상으로 정사보정을 거친 항공사진은 지형지물의 상호위치관계가 지도와 동일해진다. 따라서 정사보정을 거친 영상에서는 수직으로 내려다 본 영상으로 표현된다.

22 **레이더 위성 영상의 특성에 대한 설명으로 옳은 것은?**

① 깜깜한 밤이나 구름이 낀 경우에도 영상을 얻을 수 있다.
② 가시 영역뿐만 아니라 적외선 영역의 영상을 얻을 수 있다.
③ 분광대를 연속적으로 세분하여 수십 개의 분광영상을 얻을 수 있다.
④ 기복변위가 나타나지 않아 정밀위치결정이 가능하다.

해설
항공레이저 위성 영상의 특성
- 항공사진측량에 비하여 작업속도나 경제적인 면에서 매우 유리하다.
- 재래식 항측기법의 적용이 어려운 산림, 수목 및 늪지대 등의 지형도 제작에 유용하다.
- 기상조건에 좌우되지 않는다.
- 산림이나 수목지대에도 투과율이 높다.
- 자료취득 및 처리과정이 수치방식으로 이루어진다.

23 **항공사진의 촬영사진기 중 보통각 사진기의 시야각은?**

① 30° ② 60°
③ 80° ④ 120°

해설

종 류	렌즈화각	초점거리	화면 크기	필름 길이	용 도
협 각	60° 이하	–	–	–	특수한 대축척 도화
보통각	60°	210mm	18*18cm	120m	삼림조사
광 각	90°	152~153mm	23*23cm	120m	일반도화
초광각	120°	88mm	23*23cm	80m	소축척도화

정답 19 ① 20 ② 21 ③ 22 ① 23 ②

24 사진 표정작업 중 절대표정에 해당되지 않는 것은?

① 지구곡률 결정 ② 축척 결정
③ 수준면의 결정 ④ 위치 결정

해설
지구곡률의 결정은 내부표정에 의해 결정된다.

25 항공사진측량의 촬영계획을 위한 고려사항으로 옳은 것은?

① 촬영시간은 태양 고도가 높은 오전 10시부터 오후 2시를 피하는 것이 좋다.
② 종중복도는 최소 50% 이상으로 하고, 도심지에서는 작업 효율을 위해 10% 정도 감소시킨다.
③ 동일 촬영고도의 경우 보통각 카메라가 광각 카메라보다 축척이 크므로 경제적이다.
④ 계획촬영 코스로부터 수평 이탈은 계획고도의 15% 이내로 한다.

해설
- 촬영은 구름이 없는 쾌청일의 오전 10시부터 오후 2시경까지의 태양각이 45° 이상인 경우에 최적이다.
- 종중복도는 촬영 진행방향에 따라 중복시키는 것으로 보통 60%, 최소한 50% 이상 중복을 주어야 한다.
- 산악지역이나 고층빌딩이 밀접한 시가지는 10~20% 이상 중복도를 높여서 촬영하거나 2단 촬영을 한다.
- 동일 촬영고도의 경우 광각 사진기 쪽이 축척은 작지만 촬영면적이 넓고, 일정한 구역을 촬영하기 위한 코스수나 사진매수가 적게 되어 경제적이다.

26 항공사진이나 위성영상의 한 화소(Pixel)에 해당하는 지상거리 X, Y를 무엇이라 하는가?

① 지상표본거리 ② 평면거리
③ 곡면거리 ④ 화면거리

해설
항공사진이나 위성영상의 한 화소에 해당하는 지상거리 X, Y를 지상표본거리라 한다.

27 인공위성 센서의 지상 자료 취득 방식 중 푸시브룸(Push-Broom) 방식에 대한 설명으로 옳은 것은?

① SAR와 같은 마이크로파를 이용한 원격탐사 분야에 주로 사용된다.
② 회전이나 진동하는 거울을 통해 탑재체의 이동방향에 수직으로 스캐닝한다.
③ 위성의 비행 방향에 따라 관측하고자 하는 관측 폭만큼 스캐닝한다.
④ 한쪽 방향으로 기운 형태의 기복 변위 영상이 생성된다.

해설
- 모든 스캔라인은 모든 배열에 의해 동시에 관측
- 배열 형태의 감지기는 비행방향에 수직한 방향으로 스캔
- 일반적으로 선행배열은 CCD로 구성
- 단일배열은 10,000CCD 이상으로 구성
- 개별감지기는 각각 단일 해상도 셀의 방사량을 감지

28 단사진에서 기복변위 공식의 적용에 대한 설명으로 틀린 것은?

① 연직사진에 대해서만 적용할 수 있다.
② 서로 다른 위치의 표고 차를 측정할 수 있다.
③ 건물에 대해 적용하면 건물의 높이를 추산할 수 있다.
④ 지표가 튀어나온 돌출지역에서는 사진 중심의 안쪽으로 보정하여야 한다.

해설
대상물에 기복이 있는 경우 연직으로 촬영하여도 축척은 동일하지 않되, 사진면에서 연직점을 중심으로 방사상의 변위가 발생하는데 이를 기복변위라 하며 서로 동일지점에 대한 표고차를 구할 때 사용한다.

정답 24 ① 25 ④ 26 ① 27 ③ 28 ②

29 초점거리가 150mm이고 촬영고도가 1,500m인 수직 항공사진에서 탑(Tower)의 높이를 계산하려고 한다. 주점으로부터 탑의 밑 부분까지 거리가 4cm, 탑의 꼭대기까지 거리가 5cm라면 이 탑의 실제 높이는?

① 50m ② 150m
③ 300m ④ 500m

해설

$$\frac{1}{m} = \frac{f}{H} = \frac{0.15}{1,500} = \frac{1}{10,000}$$

$$h = \frac{H}{P_a + \Delta P} \times \Delta P = \frac{150,000}{4+(5-4)} \times (5-4)$$

$= 30,000\text{cm} = 300\text{m}$

30 원격탐사 자료처리 중 기하학적 보정에 해당되는 것은?

① 영상대조비 개선
② 영상의 밝기 조절
③ 화소의 노이즈 제거
④ 지표기복에 의한 왜곡 제거

해설

기하보정은 기하왜곡(센서내부왜곡, 센서외부왜곡, 화상투영면 처리방법, 지도투영법의 기하학)을 위한 보정이다.

31 영상처리 방법 중 토지피복도와 같은 주제도 제작에 주로 사용되는 기법은?

① 영상강조(Image Enhancement)
② 영상분류(Image Classification)
③ 영상융합(Image Fusion)
④ 영상정합(Image Matching)

해설

영상분류(Image Classification)

화상에 포함된 여러 가지 대상물의 구별을 목적으로 화소나 비교적 성질이 같은 화소 그룹의 특징에 대응되는 라벨을 지정하는 것으로 다중스펙트럼 영상의 특징공간을 영역 분할하여 분류하면 토지이용, 식생, 토양, 지질 등의 주제도가 얻어진다.

32 내부표정에 대한 설명으로 옳은 것은?

① 모델과 모델이나 스트립과 스트립을 접합시키는 작업
② 사진기의 초점거리와 사진의 주점을 결정하는 작업
③ 종시차를 소거하여 모델 좌표를 얻게 하는 작업
④ 측지좌표로 축척과 경사를 바로잡는 작업

해설

도화기의 투영기에 촬영 당시와 똑같은 상태로 양화건판을 정착시키는 작업이다.

- 주점의 위치결정
- 화면거리의 조정
- 건판의 신축측정, 대기굴절, 지구곡률보정, 렌즈수차보정

33 항공삼각측량 방법 중 상좌표를 사진좌표로 변환시킨 다음 사진좌표로부터 절대좌표를 구하는 방법으로 가장 정확도가 높은 것은?

① 도해법
② 독립모델법(IMT)
③ 스트립조정법(Strip Adjustment)
④ 번들조정법(Bundle Adjustment)

해설

광속조정법은 상좌표를 사진좌표로 변환시킨 다음 사진좌표로부터 절대좌표를 구하는 방법으로 종횡접합모형 내의 각 사진상의 관측된 기준점, 접합점의 사진좌표를 이용하여 최소제곱법으로 각 사진의 외부표정요소 및 접합점의 최확값을 결정하는 방법이다.

34 촬영고도 6,000m에서 찍은 연직사진의 중복도가 종중복도 50%, 횡중복도 30%라고 하면 촬영종기선장(B)과 촬영횡기선장(C)의 비(B : C)는?

① 3 : 5 ② 5 : 7
③ 5 : 3 ④ 7 : 5

해설

$$a\left(1-\frac{p}{100}\right) : a\left(1-\frac{q}{100}\right) = \left(1-\frac{50}{100}\right) : \left(1-\frac{30}{100}\right)$$

$= 0.5 : 0.7 = 5 : 7$

정답 29 ③ 30 ④ 31 ② 32 ② 33 ④ 34 ②

35 다음 중 과고감이 가장 크게 나타나는 사진기는?

① 광각 사진기
② 보통각 사진기
③ 초광각 사진기
④ 사진기의 종류와는 무관하다.

해설

기선고도비 $= \frac{B}{H} = \frac{ma\left(1-\frac{p}{100}\right)}{mf}$ 에서 종중복도가 가장 작은 초광각 사진기가 기선고도비가 가장 크므로 과고감이 크다.

36 초점거리가 f이고, 사진의 크기가 $a \times a$인 항공사진이 촬영 시 경사도가 α이었다면 사진에서 주점으로부터 연직점까지의 거리는?

① $\alpha \cdot \tan\alpha$
② $\alpha \cdot \tan\left(\frac{\alpha}{2}\right)$
③ $f \cdot \tan\alpha$
④ $f \cdot \tan\left(\frac{\alpha}{2}\right)$

해설

- 주점에서 연직점까지의 거리 $= f \times \tan\alpha$
- 주점에서 등각점까지의 거리 $= f \times \tan\frac{\alpha}{2}$

37 상호표정의 인자로만 짝지어진 것은?

① κ, b_x
② λ, b_y
③ Ω, S_x
④ ω, b_z

해설

상호표정인자 : κ, ϕ, ω, b_y, b_z

38 원격탐사의 탐측기에 의해 수집되는 전자기파 0.7~3.0μm 정도 범위의 파장대를 가지고 있으며 식생의 종류 및 상태조사에 유용한 것은?

① 가시광선 ② 자외선
③ 근적외선 ④ 극초단파

해설

근적외선은 식물에 포함된 엽록소에 매우 잘 반응하기 때문에 식물의 활성도조사에 사용된다.

39 초점거리 150mm의 카메라로 촬영고도 3,000m에서 찍은 연직사진의 축척은?

① $\frac{1}{15,000}$ ② $\frac{1}{20,000}$
③ $\frac{1}{25,000}$ ④ $\frac{1}{30,000}$

해설

$\frac{1}{m} = \frac{f}{H} = \frac{0.15}{3,000} = \frac{1}{20,000}$

40 다음과 같이 어느 지역의 영상으로부터 '논'의 훈련지역(Training Field)을 선택하여 해당 영상소를 'P'로 표기하였다. 이때 산출되는 통계값으로 옳은 것은?

[영 상]

행\열	1	2	3	4	5	6	7
1	9	9	9	3	4	5	3
2	8	8	7	7	5	3	4
3	8	7	8	9	7	5	6
4	7	8	9	9	7	4	5
5	8	7	9	8	3	4	2
6	7	9	9	4	1	1	0
7	9	9	6	0	1	0	2

[훈련지역]

	1	2	3	4	5	6	7
1							
2						P	
3							P
4						P	
5							
6				P			
7							

① 최댓값 : 6
② 최솟값 : 0
③ 평균 : 4.00
④ RMSE : ±1.58

해설

훈련지역 P에 해당하는 영상소 값은 3, 6, 4, 4이며, 그 중 최댓값은 6이다.

정답 35 ③ 36 ③ 37 ④ 38 ③ 39 ② 40 ①

제3과목 지리정보시스템(GIS) 및 위성측위시스템(GPS)

41 지리정보시스템(GIS) 자료를 출력하기 위한 장비가 아닌 것은?

① 모니터 ② 프린터
③ 플로터 ④ 디지타이저

해설
출력장비는 모니터, 프린터, 플로터이며, 디지타이저는 입력장비이다.

42 GPS에서 채택하고 있는 타원체는?

① GRS 80 ② WGS 84
③ Bessel 1841 ④ 지오이드

해설
WGS84 좌표계를 채용하고 있다.

43 지리정보시스템(GIS)에서 표준화가 필요한 이유에 대한 설명으로 거리가 먼 것은?

① 서로 다른 기관 간 데이터의 복제를 방지하고 데이터의 보안을 유지하기 위하여
② 데이터의 제작 시 사용된 하드웨어(H/W)나 소프트웨어(S/W)에 구애받지 않고 손쉽게 데이터를 사용하기 위하여
③ 표준 형식에 맞추어 하나의 기관에서 구축한 데이터를 많은 기관들이 공유하여 사용할 수 있으므로
④ 데이터의 공동 활용을 통하여 데이터의 중복 구축을 방지함으로써 데이터 구축비용을 절약하기 위하여

해설
표준화를 함으로써 비용 절감, 접근용이성, 상호연계성, 활용의 극대화를 꾀할 수 있다.

44 도시 계획 및 관리 분야에서의 지리정보시스템(GIS) 활용 사례와 거리가 먼 것은?

① 개발가능지 분석 ② 토지이용변화 분석
③ 지역기반마케팅 분석 ④ 경관분석 및 경관계획

해설
도시 계획 및 관리 분야에서 지리정보시스템(GIS)의 활용 사례
- 개발가능지 분석
- 토지이용변화 분석
- 경관분석 및 경관계획

45 부영상소 보간 방법 중 출력영상의 각 격자점(x, y)에 해당하는 밝기를 입력영상좌표계의 대응점(x′, y′) 주변의 4개 점 간 거리에 따라 영상소의 경중률을 고려하여 보간하며 영상에 존재하는 영상값을 계산하거나 표고값을 계산하는 데 주로 사용되는 보간 방법은?

① Nearest-neighbor Interpolation
② Bilinear Interpolation
③ Bicubic Convolution Interpolation
④ Kriging Interpolation

해설
부영상소 보간 방법 중 출력영상의 각 격자점(x, y)에 해당하는 밝기를 입력영상좌표계의 대응점(x′, y′) 주변의 4개 점 간 거리에 따라 영상소의 경중률을 고려하여 보간 하며 영상에 존재하는 영상값을 계산하거나 표고값을 계산하는 데 주로 사용되는 보간 방법은 양선형보간법(Bilinear Interpolation)이다.

46 벡터데이터와 래스터데이터를 비교 설명한 것으로 옳지 않은 것은?

① 래스터데이터의 구조가 비교적 단순하다.
② 래스터데이터가 환경분석에 더 용이하다.
③ 벡터데이터는 객체의 정확한 경계선 표현이 용이하다.
④ 래스터데이터도 벡터데이터와 같이 위상을 가질 수 있다.

해설
벡터데이터는 위상에 관한 정보가 제공되므로 관망분석과 같은 다양한 공간분석이 가능하지만, 래스터데이터는 위상정보의 제공이 불가능하다.

정답 41 ④ 42 ② 43 ① 44 ③ 45 ② 46 ④

47 **지리정보시스템(GIS)의 정확도 향상 방안과 직접적인 관계가 없는 것은?**

① 자료의 검증 확대
② 신뢰도 높은 자료의 활용
③ 작업 단계별 정확도 검증
④ 개방형 GIS의 도입

해설
GIS 데이터의 정확도 향상을 위해서는 데이터의 계통성, 위치·속성데이터, 논리적 일관성 및 데이터의 완전성을 확보해야 한다. 이를 위해서는 자료의 검증을 확대하고, 신뢰도 높은 자료의 활용, 단계별 정확도의 검증 등을 통해 정확도 향상을 하도록 하여야 한다.

48 **다음 중 래스터데이터 구조의 자료를 압축 저장하는 방법이 아닌 것은?**

① Run-length Code 기법
② Chain Code 기법
③ Quadtree 기법
④ Polynomial 기법

해설
래스터데이터 구조의 자료 압축기법으로 Run-length Code 기법, Quadtree 기법, Chain Code 기법, Block Code 기법 등이 있다.

49 **우리나라 측지측량 좌표 결정에 사용되고 있는 기준타원체는?**

① Airy 타원체
② GRS80 타원체
③ Hayford 타원체
④ WGS84 타원체

해설
우리나라는 IAG 및 IUGG(국제측지학협회 및 지구물리학연합)가 1979년에 채택한 것으로 타원체의 형상이나 축의 방향 및 지구 중심이 타원체의 원점이나 축의 방향 및 지구중심이 타원체의 원점으로 정해져 있는 GRS80 타원체를 채용하고 있다.

50 **지리정보시스템에 이용되는 GIS 소프트웨어의 모듈기능이 아닌 것은?**

① 자료의 출력
② 자료의 입력과 확인
③ 자료의 저장과 데이터베이스 관리
④ 자료를 전송하기 위한 전화선으로 구성된 네트워크 시스템

해설
지리정보체계의 자료를 입력, 출력, 관리하기 위해 프로그램인 소프트웨어가 반드시 필요하며, 하드웨어를 구동시키고 각종 주변장치를 제어할 수 있는 운영체계, 지리정보체계의 자료구축과 자료입력 및 검색을 위한 입력 소프트웨어, 지리정보체계의 엔진을 탑재하고 있는 자료처리 및 분석 소프트웨어로 구성된다. 소프트웨어는 각종 정보를 저장·분석·출력할 수 있는 기능을 지원하는 도구로서 정보의 입력 및 중첩기능, 데이터베이스 관리기능, 질의 분석, 시각화 기능 등의 주요 기능을 갖는다.

51 **수치표고모델(DEM ; Digital Elevation Model)의 응용 분야에 대한 설명으로 거리가 먼 것은?**

① 도시의 성장을 분석하기 위한 시계열 정보
② 도로의 부지 및 댐의 위치 선정
③ 수치지형도 작성에 필요한 고도 정보
④ 3D를 통한 광산, 채석장, 저수지 등의 설계

해설
수치표고모델의 응용분야
- 도로의 부지 및 댐의 위치 선정
- 수문 정보체계 구축
- 등고선도와 시선도
- 절토량과 성토량의 산정
- 조경설계 및 계획을 위한 입체적인 표현
- 지형의 통계적 분석과 비교
- 경사도, 사면방향도, 경사 및 단면의 계산과 음영기복도 제작
- 경관 또는 지형형성과정의 영상모의관측
- 수치지형도 작성에 필요한 표고정보와 지형정보를 다 이루는 속성
- 군사적 목적의 3차원 표현

정답 47 ④ 48 ④ 49 ② 50 ④ 51 ①

52 지리정보시스템(GIS) 소프트웨어가 갖는 CAD와의 가장 큰 차이점은?

① 대용량의 그래픽 정보를 다룬다.
② 위상구조를 바탕으로 공간분석 능력을 갖추었다.
③ 특정 정보만을 선택하여 추출할 수 있다.
④ 다양한 축척으로 자료를 출력할 수 있다.

해설
CAD는 위상정보의 결여, 속성정보의 결여, 비효율적 저장방식, 수치지형도에 대한 데이터 표현의 제작, 그래픽적인 도형표현이 용이하다.

53 GPS 신호는 두 개의 주파수를 가진 반송파에 의해 전송된다. 두 개의 주파수를 사용하는 이유는?

① 수신기 시계오차 소거
② 대류권 지연오차 소거
③ 전리층 지연오차 소거
④ 다중 경로오차 소거

해설
위성궤도와 지표면 중간에 있는 전리층의 영향을 보정하기 위함이다.

54 다음의 래스터데이터에 최댓값 윈도우(Max Kernel)를 3×3 크기로 적용한 결과로 옳은 것은?

8	3	5	7	1
7	5	5	1	7
5	4	2	5	9
9	2	3	8	3
0	7	1	4	7

①

7	3	5
7	5	5
5	4	2

②

9	9	9
9	9	9
9	9	9

③

7	7	9
9	8	9
9	8	9

④

8	7	9
9	8	9
9	8	9

해설

8	3	5
7	5	5
5	4	2

→ 8,

3	5	7
5	5	1
4	2	5

→ 7,

5	7	1
5	1	7
2	5	9

→ 9

7	5	5
5	4	2
9	2	3

→ 9,

5	5	1
4	2	5
2	3	8

→ 8,

5	1	7
2	5	9
3	8	3

→ 9

5	4	2
9	2	3
0	7	1

→ 9,

4	2	5
2	3	8
7	1	4

→ 8,

2	5	9
3	8	3
1	4	7

→ 9

따라서

8	7	9
9	8	9
9	8	9

55 GNSS 측량의 직접적인 활용분야로 거리가 먼 것은?

① 육상 및 영해 기준점 측량
② 지각 변동 감시
③ 실내 인테리어
④ 지오이드 모델 개발

해설
GNSS 측량의 직접적인 활용분야
- 측지측량분야
- 해상측량분야
- 교통분야
- 지도제작분야
- 항공분야
- 우주분야
- 레저스포츠분야
- 군사용 등

정답 52 ② 53 ③ 54 ④ 55 ③

56 **계층형 데이터베이스 모형에 대한 설명으로 옳지 않은 것은?**

① 계층형 데이터베이스 모형은 트리구조를 가진다.
② 계층구조 내의 자료들이 논리적으로 관련이 있는 영역으로 나누어진다.
③ 동일한 계층에서의 검색은 부모 레코드를 거치지 않고는 불가능하다.
④ 하나의 객체는 여러 개의 부모 레코드와 자식 레코드를 가질 수 있다.

해설
트리구조의 모형으로 가장 위의 계급이라 하고, Root 역시 레코드 형태를 가지며 모든 레코드는 1 : 1 또는 1 : n의 관계를 갖는다.

57 **다음 중 공간정보자료 파일 형식 중 벡터데이터가 아닌 것은?**

① Filename.dwg
② Filename.tif
③ Filename.shp
④ Filename.dxf

해설
벡터데이터의 파일형식에는 Shape 파일형식, Coverage 파일형식, CAD 파일형식, DLG 파일형식, VPF 파일형식, TiGER 파일형식 등이 있다.

58 **새주소(도로명)사업 등 GIS 업무에 있어서 경위도 또는 X, Y 등과 같은 지리적인 좌표를 기록하는 작업을 무엇이라 하는가?**

① Geocoding
② Metadata
③ Annotation
④ Georeferencing

해설
좌표부여(Geocoding)를 말하며, 래스터 이미지를 고쳐 실세계 지도투영이나 좌표계에 일치시키는 처리, 지리좌표를 GIS에서 사용 가능하도록 X-Y의 디지털 형태로 만드는 과정, 좌표참조후 영상을 재배열하는 것 등을 말한다.

59 **다음과 같은 데이터를 등간격(Equal Interval) 방법을 이용하여 4개의 그룹으로 분류(Classify)한 결과로 옳은 것은?**

{2, 10, 11, 12, 16, 16, 17, 22, 25, 26, 31, 34, 36, 37, 39, 40}

① {2, 10}, {11, 12, 16, 16, 17}, {22, 25, 26}, {31, 34, 36, 37, 39, 40}
② {2, 10}, {11, 12}, {16, 16}, {17, 22, 25, 26, 31, 34, 36, 37, 39, 40}
③ {2, 10, 11, 12}, {16, 16, 17, 22}, {25, 26, 31, 34}, {36, 37, 39, 40}
④ {2, 10}, {11, 12, 16}, {16, 17, 22, 25}, {26, 31, 34, 36, 37, 39, 40}

해설
자료의 값을 크기순으로 나열한 후 각 그룹의 간격이 동일하도록 자료를 분류하는 방법이다. 그룹의 경계값이 자료와 같으면 그 자료를 앞 그룹으로 분류한다.
다시 말해 1~10의 단위, 11~20단위, 21~30단위, 31~40단위의 그룹으로 분류하는 방법이다.

60 **GPS를 이용한 반송파 위상관측법에서 위성에서 보낸 파장과 지상에서 수신된 파장의 위상차만 관측하므로 전체 파장의 숫자는 정확히 알려져 있지 않은데 이를 무엇이라 하는가?**

① Cycle Slip
② Selective Availability
③ Ambiguity
④ Pseudo Random Noise

해설
Ambiguity는 GPS 위성의 항법메세지에 포함되어 있는 일련의 변수 묶음으로 수신기가 위성들의 대략적인 위치를 계산하는데 사용된다. 여기에는 모든 GPS 위성의 위치에 대한 정보가 들어 있다.

정답 56 ④ 57 ② 58 ① 59 ① 60 ③

제4과목 측량학

61 그림과 같은 교호수준측량의 결과가 다음과 같을 때 B점의 표고는?(단, A점의 표고는 100m이다)

$a_1 = 1.8$m, $a_2 = 1.2$m, $b_1 = 1.0$m, $b_2 = 0.4$m

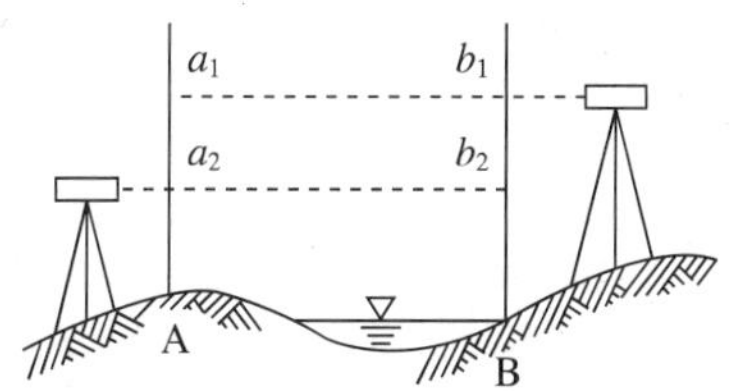

① 100.4m ② 100.8m
③ 101.2m ④ 101.6m

해설

$H = \frac{1}{2}\{(a_1 + a_2) - (b_1 + b_2)\} = \frac{1}{2}\{(1.8 + 1.2) - (1.0 + 0.4)\}$
$= 0.8$m
$\therefore H_B = H_A + H = 100 + 0.8 = 100.8$m

62 A점은 20m의 등고선 상에 있고, B점은 30m의 등고선 상에 있다. 이때 AB의 경사가 20%이면 AB의 수평거리는?

① 25m ② 35m
③ 50m ④ 65m

해설

$i = \frac{h}{D} \times 100$에서

$D = \frac{h}{i} = \frac{(30-20)}{20} \times 100 = 50$m

63 수평각관측법 중 조합각관측법으로 한 점에서 관측할 방향 수가 N일 때 총 각관측 수는?

① $(N-1)(N-2)/2$ ② $N(N-1)/2$
③ $(N+1)(N-1)/2$ ④ $N(N+1)/2$

해설

측각 총수 $= \frac{1}{2}N(N-1)$

조건식 총수 $= \frac{1}{2}N(N-1)(N-2)$

64 등고선의 종류에 대한 설명 중 옳은 것은?

① 등고선의 간격은 계곡선 → 주곡선 → 조곡선 → 간곡선 순으로 좁아진다.
② 간곡선은 일점쇄선으로 표시한다.
③ 계곡선은 조곡선 5개마다 1개씩 표시한다.
④ 일반적으로 등고선의 간격이란 주곡선의 간격을 의미한다.

해설

- 주곡선 : 지형을 표시하는데 가장 기본이 되는 곡선
- 간곡선 : 주곡선 간격의 1/2 간격으로 그리는 곡선
- 조곡선 : 간곡선 간격의 1/2 간격으로 그리는 고선으로 불규칙한 지형을 표시
- 계곡선 : 주곡선 5개마다 1개씩 그리는 곡선

축척 / 종류	기호	1/5,000	1/10,000	1/25,000	1/50,000
주곡선	가는 실선	5m	5m	10m	20m
간곡선	가는 파선	2.5m	2.5m	5m	10m
조곡선	가는 점선	1.25m	1.25m	2.5m	5m
계곡선	굵은 실선	25m	25m	50m	100m

65 타원체의 적도반지름(장축)이 약 6,378.137km이고, 편평률은 약 1/298.257이라면 극반지름(단축)과 적도반지름의 차이는?

① 11.38km ② 21.38km
③ 84km ④ 298.257km

해설

$P = \frac{a-b}{a}$에서

$a - b = P \times a = \frac{1}{298.257} \times 6{,}378.137 = 21.38$km

66 표준길이보다 7.5mm가 긴 30m 줄자를 사용하여 420m를 관측하였다면 실제 거리는?

① 419.895m ② 419.915m
③ 420.085m ④ 420.105m

해설

$L = L_0 + C_l = 420\text{m} + \frac{0.0075}{30} \times 420 = 420.105$m

정답 61 ② 62 ③ 63 ② 64 ④ 65 ② 66 ④

67 **삼각측량에 대한 작업순서로 옳은 것은?**

① 선점 → 조표 → 기선측량 → 각측량 → 방위각계산 → 삼각망도 작성
② 선점 → 조표 → 기선측량 → 방위각계산 → 각측량 → 삼각망도 작성
③ 조표 → 선점 → 기선측량 → 각측량 → 방위각계산 → 삼각망도 작성
④ 조표 → 선점 → 기선측량 → 방위각계산 → 각측량 → 삼각망도 작성

해설

계획 → 답사 → 선점 → 조표 → 기선측량 → 각측량 → 방위각계산 → 삼각망도 작성

68 **최소제곱법의 관측방정식이 $AX = L + V$와 같은 행렬식의 형태로 표시될 때, 이 행렬식을 풀기 위한 정규방정식이 $A^TAX = A^TL$일 때, 미지수 행렬 X로 옳은 것은?**

① $X = A^{-1}L$
② $X = (A^T)^{-1}L$
③ $X = (AA^T)^{-1}A^TL$
④ $X = (A^TA)^{-1}A^TL$

해설

$A^TAX = A^TL$에서 $X = ?$로 하면 A^TA를 없애야 하므로 양변에 $A^{-1}A^{-T}$를 곱해서 E를 만들어 제거한다(행렬에서 $E = 1$이다).
$(A^{-1}A^{-T})A^TAX = (A^{-1}A^{-T})A^TL$
여기서, $A^{-T}A^T = E$는 $A^{-1}A = E$이므로
$X = (A^{-1}A^{-T})A^TL$에서 $(\ )^{-1}$로 묶으면 서로 바뀐다.
따라서 $X = (A^TA)^{-1}A^TL$이다.

69 **측량의 오차와 연관된 경중률에 대한 설명으로 틀린 것은?**

① 관측 횟수에 비례한다.
② 관측값의 신뢰도를 의미한다.
③ 평균제곱근오차의 제곱에 비례한다.
④ 직접수준측량에서는 관측거리에 반비례한다.

해설

측량의 오차와 연관된 경중률

- 경중률은 관측횟수에 비례한다.
- 경중률은 평균제곱오차의 제곱에 반비례한다.
- 경중률은 정밀도의 제곱에 비례한다.
- 직접수준측량에서 오차는 노선거리의 제곱근에 비례한다.
- 직접수준측량에서 경중률은 노선거리에 반비례한다.
- 간접수준측량에서 오차는 노선거리에 비례한다.
- 간접수준측량에서 경중률은 노선거리의 제곱에 반비례한다.

70 **그림과 같이 직접법으로 등고선을 측량하기 위하여 레벨을 세우고 표고가 40.25m인 A점에 세운 표척을 시준하여 2.65m를 관측했다. 42m 등고선 위의 점 B에서 시준 하여야 할 표척의 높이는?**

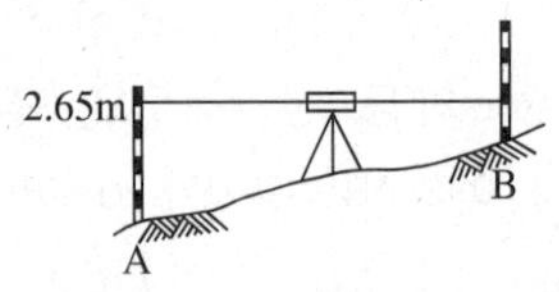

① 0.90m ② 1.40m
③ 3.90m ④ 4.40m

해설

$H_B = H_A + I - h$
$h = H_A + I - H_B = 40.25 + 2.65 - 42.00 = 0.9\text{m}$

71 **강철줄자에 의한 거리측량에 있어서 강철줄자의 장력에 대한 보정량 계산을 위한 요소가 아닌 것은?**

① 줄자의 탄성계수
② 줄자의 단면적
③ 줄자의 단위중량
④ 관측시의 장력

해설

$C_P = \pm\dfrac{L}{A \cdot E}(P - P_0)$이므로 줄자의 단위중량이 필요치 않다.

정답 67 ① 68 ④ 69 ③ 70 ① 71 ③

72 트래버스 측량에서 전 측선의 길이가 1,100m이고, 위거 오차가 +0.23m, 경거 오차가 −0.35m일 때 폐합비는?

① 약 1/4,200 ② 약 1/3,200
③ 약 1/2,600 ④ 약 1/1,400

해설

폐합비 = $\frac{1}{m} = \frac{E}{\Sigma L} = \sqrt{(\Delta l)^2 + (\Delta d)^2}$

$= \frac{\sqrt{0.23^2 + 0.35^2}}{1,100} = \frac{0.419}{1,100} = \frac{1}{2,682} \fallingdotseq \frac{1}{2,600}$

73 줄자를 사용하여 경사면을 따라 50m의 거리를 관측한 경우 수평거리를 구하기 위하여 실시한 보정량이 4cm일 때의 양단 고저차는?

① 1.00m ② 1.40m
③ 1.73m ④ 2.00m

해설

$C_g = -\frac{h^2}{2L}$

$h = \sqrt{2L \cdot C_g} = \sqrt{2 \times 50 \times 0.04} = 2.00\text{m}$

74 삼각망 조정을 위하여 만족되어야 하는 3가지 조건이 아닌 것은?

① 하나의 관측점 주위에 있는 모든 각의 합은 360°가 되어야 한다.
② 삼각망을 구성하는 각각의 변은 서로 교차하지 않아야 한다.
③ 삼각망 중 각각의 삼각형 내각의 합은 180°가 되어야 한다.
④ 삼각망 중에서 임의 한 변의 길이는 계산의 순서에 관계없이 일정하여야 한다.

해설

삼각망 조정을 위한 조건

- 한 점을 둘러싸여 있는 각의 합은 360°이어야 한다.
- 임의의 한 변의 길이는 계산순서에 관계없이 어느 변에서 계산해도 같아야 한다.
- 삼각형 내각의 합은 180°이어야 한다.

75 측량업의 등록취소 등의 관련 사항 중 1년 이내의 기간을 정하여 영업정지를 명할 수 있는 경우가 아닌 것은?

① 과실로 인하여 측량을 부정확하게 한 경우
② 정당한 사유 없이 1년 이상 휴업한 경우
③ 측량업 등록사항의 변경신고를 하지 아니한 경우
④ 거짓이나 그 밖의 부정한 방법으로 측량업의 등록을 한 경우

해설

거짓이나 그 밖의 부정한 방법으로 측량업의 등록을 한 경우는 측량업의 등록을 취소사유이다.

76 측량기준점에서 국가기준점에 해당되지 않는 것은?

① 지적기준점
② 수로기준점
③ 통합기준점
④ 지자기점

해설

국가기준점(공간정보의 구축 및 관리 등에 관한 법률 시행령 제8조 측량기준점의 구분)

- 우주측지기준점 : 국가측지기준계를 정립하기 위하여 전 세계 초장거리간섭계와 연결하여 정한 기준점
- 위성기준점 : 지리학적 경위도, 직각좌표 및 지구중심 직교좌표의 측정 기준으로 사용하기 위하여 대한민국 경위도원점을 기초로 정한 기준점
- 수준점 : 높이 측정의 기준으로 사용하기 위하여 대한민국 수준원점을 기초로 정한 기준점
- 중력점 : 중력 측정의 기준으로 사용하기 위하여 정한 기준점
- 통합기준점 : 지리학적 경위도, 직각좌표, 지구중심 직교좌표, 높이 및 중력 측정의 기준으로 사용하기 위하여 위성기준점, 수준점 및 중력점을 기초로 정한 기준점
- 삼각점 : 지리학적 경위도, 직각좌표 및 지구중심 직교좌표 측정의 기준으로 사용하기 위하여 위성기준점 및 통합기준점을 기초로 정한 기준점
- 지자기점(地磁氣點) : 지구자기 측정의 기준으로 사용하기 위하여 정한 기준점

정답 72 ③ 73 ④ 74 ② 75 ④ 76 ①

77 **기본측량과 공공측량의 실시공고에 필수적 사항이 아닌 것은?**

① 측량의 성과 보관 장소
② 측량의 실시기간
③ 측량의 목적
④ 측량의 종류

해설
측량의 실시공고(공간정보의 구축 및 관리 등에 관한 법률 시행령 제12조)
실시공고에는 다음의 사항이 포함되어야 한다.
- 측량의 종류
- 측량의 목적
- 측량의 실시기간
- 측량의 실시지역
- 그 밖에 측량의 실시에 관하여 필요한 사항

78 **공간정보의 구축 및 관리 등에 관한 법률에서 용어에 대한 정의로 옳지 않은 것은?**

① 수로조사 : 해상교통안전, 해양의 보전・이용・개발, 해양관할권의 확보 및 해양재해 예방을 목적으로 하는 수로측량・해양관측・항로조사 및 해양지명조사를 말한다.
② 측량기록 : 측량성과를 얻을 때까지의 측량에 관한 작업의 기록을 말한다.
③ 토지의 표시 : 지적공부에 토지의 소재・지번・지목・면적・경계 또는 좌표를 등록한 것을 말한다.
④ 지도 : 측량 결과에 따라 공간상의 위치와 지형 및 지명 등 여러 공간정보를 일정한 축척에 따라 기호나 문자 등으로 표시한 것으로 수치지형도와 수치주제도는 제외된다.

해설
정의(공간정보의 구축 및 관리 등에 관한 법률 제2조)
이 법에서 사용하는 용어의 뜻은 다음과 같다.
1. "측량"이란 공간상에 존재하는 일정한 점들의 위치를 측정하고 그 특성을 조사하여 도면 및 수치로 표현하거나 도면상의 위치를 현지(現地)에 재현하는 것을 말하며, 측량용 사진의 촬영, 지도의 제작 및 각종 건설사업에서 요구하는 도면작성 등을 포함한다.
2. "기본측량"이란 모든 측량의 기초가 되는 공간정보를 제공하기 위하여 국토교통부장관이 실시하는 측량을 말한다.
3. "공공측량"이란 다음 각 목의 측량을 말한다.
   가. 국가, 지방자치단체, 그 밖에 대통령령으로 정하는 기관이 관계 법령에 따른 사업 등을 시행하기 위하여 기본측량을 기초로 실시하는 측량
   나. 가목 외의 자가 시행하는 측량 중 공공의 이해 또는 안전과 밀접한 관련이 있는 측량으로서 대통령령으로 정하는 측량
4. "지적측량"이란 토지를 지적공부에 등록하거나 지적공부에 등록된 경계점을 지상에 복원하기 위하여 제21호에 따른 필지의 경계 또는 좌표와 면적을 정하는 측량을 말하며, 지적확정측량 및 지적재조사측량을 포함한다.

4의2. "지적확정측량"이란 제86조 제1항에 따른 사업이 끝나 토지의 표시를 새로 정하기 위하여 실시하는 지적측량을 말한다.

4의3. "지적재조사측량"이란 「지적재조사에 관한 특별법」에 따른 지적재조사사업에 따라 토지의 표시를 새로 정하기 위하여 실시하는 지적측량을 말한다.

6. "일반측량"이란 기본측량, 공공측량 및 지적측량 외의 측량을 말한다.
7. "측량기준점"이란 측량의 정확도를 확보하고 효율성을 높이기 위하여 특정 지점을 제6조에 따른 측량기준에 따라 측정하고 좌표 등으로 표시하여 측량 시에 기준으로 사용되는 점을 말한다.
8. "측량성과"란 측량을 통하여 얻은 최종 결과를 말한다.
9. "측량기록"이란 측량성과를 얻을 때까지의 측량에 관한 작업의 기록을 말한다.
10. "지도"란 측량 결과에 따라 공간상의 위치와 지형 및 지명 등 여러 공간정보를 일정한 축척에 따라 기호나 문자 등으로 표시한 것을 말하며, 정보처리시스템을 이용하여 분석, 편집 및 입력・출력할 수 있도록 제작된 수치지형도[항공기나 인공위성 등을 통하여 얻은 영상정보를 이용하여 제작하는 정사영상지도(正射映像地圖)를 포함한다]와 이를 이용하여 특정한 주제에 관하여 제작된 지하시설물도・토지이용현황도 등 대통령령으로 정하는 수치주제도(數値主題圖)를 포함한다.
18. "지적소관청"이란 지적공부를 관리하는 특별자치시장, 시장(「제주특별자치도 설치 및 국제자유도시 조성을 위한 특별법」 제10조 제2항에 따른 행정시의 시장을 포함하며, 「지방자치법」 제3조제3항에 따라 자치구가 아닌 구를 두는 시의 시장은 제외한다)・군수 또는 구청장(자치구가 아닌 구의 구청장을 포함한다)을 말한다.
19. "지적공부"란 토지대장, 임야대장, 공유지연명부, 대지권등록부, 지적도, 임야도 및 경계점좌표등록부 등 지적측량 등을 통하여 조사된 토지의 표시와 해당 토지의 소유자 등을 기록한 대장 및 도면(정보처리시스템을 통하여 기록・저장된 것을 포함한다)을 말한다.

정답 77 ① 78 ①・④

19의2. "연속지적도"란 지적측량을 하지 아니하고 전산화된 지적도 및 임야도 파일을 이용하여, 도면상 경계점들을 연결하여 작성한 도면으로서 측량에 활용할 수 없는 도면을 말한다.
19의3. "부동산종합공부"란 토지의 표시와 소유자에 관한 사항, 건축물의 표시와 소유자에 관한 사항, 토지의 이용 및 규제에 관한 사항, 부동산의 가격에 관한 사항 등 부동산에 관한 종합정보를 정보관리체계를 통하여 기록·저장한 것을 말한다.
20. "토지의 표시"란 지적공부에 토지의 소재·지번(地番)·지목(地目)·면적·경계 또는 좌표를 등록한 것을 말한다.
21. "필지"란 대통령령으로 정하는 바에 따라 구획되는 토지의 등록단위를 말한다.
22. "지번"이란 필지에 부여하여 지적공부에 등록한 번호를 말한다.
23. "지번부여지역"이란 지번을 부여하는 단위지역으로서 동·리 또는 이에 준하는 지역을 말한다.
24. "지목"이란 토지의 주된 용도에 따라 토지의 종류를 구분하여 지적공부에 등록한 것을 말한다.
25. "경계점"이란 필지를 구획하는 선의 굴곡점으로서 지적도나 임야도에 도해(圖解) 형태로 등록하거나 경계점좌표등록부에 좌표 형태로 등록하는 점을 말한다.
26. "경계"란 필지별로 경계점들을 직선으로 연결하여 지적공부에 등록한 선을 말한다.
27. "면적"이란 지적공부에 등록한 필지의 수평면상 넓이를 말한다.
28. "토지의 이동(異動)"이란 토지의 표시를 새로 정하거나 변경 또는 말소하는 것을 말한다.
29. "신규등록"이란 새로 조성된 토지와 지적공부에 등록되어 있지 아니한 토지를 지적공부에 등록하는 것을 말한다.
30. "등록전환"이란 임야대장 및 임야도에 등록된 토지를 토지대장 및 지적도에 옮겨 등록하는 것을 말한다.
31. "분할"이란 지적공부에 등록된 1필지를 2필지 이상으로 나누어 등록하는 것을 말한다.
32. "합병"이란 지적공부에 등록된 2필지 이상을 1필지로 합하여 등록하는 것을 말한다.
33. "지목변경"이란 지적공부에 등록된 지목을 다른 지목으로 바꾸어 등록하는 것을 말한다.
34. "축척변경"이란 지적도에 등록된 경계점의 정밀도를 높이기 위하여 작은 축척을 큰 축척으로 변경하여 등록하는 것을 말한다.

※ 출제 시 정답은 ④였으나 법령 개정(20.2.18)으로 인해 ①·④ 복수 정답

79 **심사를 받지 않고 지도 등을 간행하여 판매하거나 배포한 자에 대한 벌칙기준으로 옳은 것은?**

① 3년 이하의 징역 또는 3,000만원 이하의 벌금
② 2년 이하의 징역 또는 2,000만원 이하의 벌금
③ 1년 이하의 징역 또는 1,000만원 이하의 벌금
④ 300만원 이하의 과태료

해설

벌칙(공간정보의 구축 및 관리에 관한 법률 제109조)
다음의 어느 하나에 해당하는 자는 1년 이하의 징역 또는 1,000만원 이하의 벌금에 처한다.

- 무단으로 측량성과 또는 측량기록을 복제한 자
- 심사를 받지 아니하고 지도 등을 간행하여 판매하거나 배포한 자
- 측량기술자가 아님에도 불구하고 측량을 한 자
- 업무상 알게 된 비밀을 누설한 측량기술자
- 둘 이상의 측량업자에게 소속된 측량기술자
- 다른 사람에게 측량업등록증 또는 측량업등록수첩을 빌려주거나 자기의 성명 또는 상호를 사용하여 측량업무를 하게 한 자
- 다른 사람의 측량업등록증 또는 측량업등록수첩을 빌려서 사용하거나 다른 사람의 성명 또는 상호를 사용하여 측량업무를 한 자
- 위반하여 지적측량수수료 외의 대가를 받은 지적측량기술자
- 거짓으로 다음 각의 신청을 한 자
  - 신규등록 신청
  - 등록전환 신청
  - 분할 신청
  - 합병 신청
  - 지목변경 신청
  - 바다로 된 토지의 등록말소 신청
  - 축척변경 신청
  - 등록사항의 정정 신청
  - 도시개발사업 등 시행지역의 토지이동 신청
- 다른 사람에게 자기의 성능검사대행자 등록증을 빌려 주거나 자기의 성명 또는 상호를 사용하여 성능검사대행업무를 수행하게 한 자
- 다른 사람의 성능검사대행자 등록증을 빌려서 사용하거나 다른 사람의 성명 또는 상호를 사용하여 성능검사대행업무를 수행한 자

정답 79 ③

80 **공공측량의 실시에 대한 설명으로 옳은 것은?**

① 다른 공공측량성과나 일반측량성과를 기초로 실시한다.
② 기본측량성과나 다른 공공측량성과를 기초로 실시한다.
③ 기본측량성과나 일반측량성과를 기초로 실시한다.
④ 기본측량성과만을 기초로 실시한다.

해설

공공측량의 실시 등(공간정보의 구축 및 관리 등에 관한 법률 제17조)

1. 공공측량은 기본측량성과나 다른 공공측량성과를 기초로 실시하여야 한다.
2. 공공측량의 시행을 하는 자(이하 "공공측량시행자"라 한다)가 공공측량을 하려면 국토교통부령으로 정하는 바에 따라 미리 공공측량 작업계획서를 국토교통부장관에게 제출하여야 한다. 제출한 공공측량 작업계획서를 변경한 경우에는 변경한 작업계획서를 제출하여야 한다.
3. 국토교통부장관은 공공측량의 정확도를 높이거나 측량의 중복을 피하기 위하여 필요하다고 인정하면 공공측량시행자에게 공공측량에 관한 장기 계획서 또는 연간 계획서의 제출을 요구할 수 있다.
4. 국토교통부장관은 제2항 또는 제3항에 따라 제출된 계획서의 타당성을 검토하여 그 결과를 공공측량시행자에게 통지하여야 한다. 이 경우 공공측량시행자는 특별한 사유가 없으면 그 결과에 따라야 한다.
5. 공공측량시행자는 공공측량을 하려면 미리 측량지역, 측량기간, 그 밖에 필요한 사항을 시・도지사에게 통지하여야 한다. 그 공공측량을 끝낸 경우에도 또한 같다.
6. 시・도지사는 공공측량을 하거나 제5항에 따른 통지를 받았으면 지체 없이 시장・군수 또는 구청장에게 그 사실을 통지하고(특별자치시장 및 특별자치도지사의 경우는 제외한다) 대통령령으로 정하는 바에 따라 공고하여야 한다.

정답 80 ②

2017년 제1회 과년도 기출문제

제1과목 응용측량

01 축척 1 : 500의 지형도에서 3변의 길이가 각각 20.5cm, 32.4cm, 28.5cm이었다면 실제면적은?

① 288.5cm^2 ② 866.6cm^2
③ 1,443.5cm^2 ④ 7,213.3cm^2

해설

$s = \frac{1}{2}(a+b+c) = \frac{1}{2}(20.5+32.4+28.5) = 40.7\text{m}$

$A = \sqrt{s(s-a)(s-b)(s-c)}$
$= \sqrt{40.7(40.7-20.5)(40.7-32.4)(40.7-28.5)}$
$= 288.53\text{cm}^2$

$\left(\frac{1}{m}\right)^2 = \frac{\text{도상면적}}{\text{실제면적}}$

실제면적 $= m^2 \times$ 도상면적 $= 500^2 \times 288.53 = 72{,}132{,}500\text{cm}^2$
$= 7{,}213.3\text{m}^2$

02 하천측량에서 일반적으로 유속을 측정하는 방법과 그 측정 위치에 관한 설명으로 옳지 않은 것은?

① 수심이 깊고 유속이 빠른 곳에서는 수면에서 측정하여 그 값을 평균유속으로 한다.
② 보통 1점만을 측정하여 평균유속으로 결정할 때에는 수면으로부터 수심 6/10인 곳에서 측정한다.
③ 2점을 측정할 때에는 수면으로부터 수심의 2/10, 8/10인 곳을 측정하여 산술평균하여 평균유속으로 한다.
④ 3점을 측정할 때에는 수면으로부터 수심의 1/10, 6/10, 8/10인 곳에서 유속을 측정하고 1/4($V_{0.2}$ + 2$V_{0.6}$ + $V_{0.8}$)로 평균유속을 구한다.

해설

수위관측소 설치장소
- 하안과 하상이 안전하고 세굴이나 퇴적이 되지 않은 장소
- 유속의 변화가 크지 않아야 한다.
- 지천의 합류점 및 분류점으로 수위의 변화가 생기지 않는 장소
- 수위가 급변하지 않는 장소

03 교점 P에 접근할 수 없는 그림과 같은 곡선설치에서 C점으로부터 B, C까지의 거리 X는? (단, α = 50°, β = 90°, γ = 40°, $\overline{\text{CD}}$ = 200m, R = 300m)

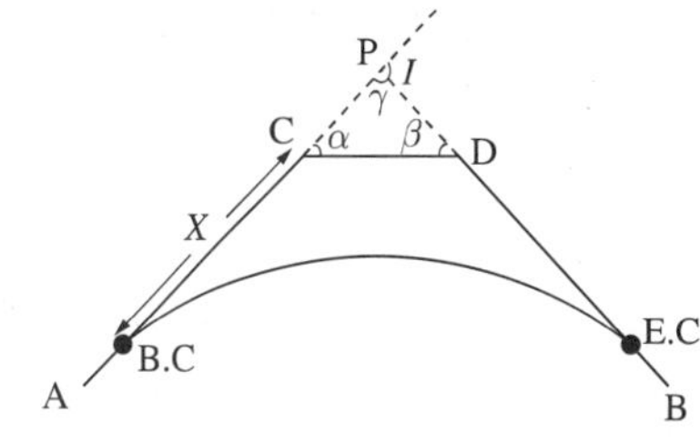

① 824.2m ② 513.1m
③ 311.1m ④ 288.7m

해설

- $\overline{\text{CP}} = \frac{\sin\beta}{\sin\gamma} \times \overline{\text{CD}} = \frac{\sin 90°}{\sin 40°} \times 200 = 311.1\text{m}$
- $\text{T.L} = R \cdot \tan\frac{1}{2} = 300 \times \tan\frac{140°}{2} = 824.2\text{m}$

$x = 824.2 - 311.1 = 513.1\text{m}$

04 하천의 수애선을 결정하는 수위는?

① 최저수위 ② 최고수위
③ 갈수위 ④ 평수위

해설

수애선은 수면과 하안의 경계선을 말하며, 평수위에 의해 결정된다.

05 곡선반지름 R = 500m인 원곡선을 설계속도 100km/h로 설계하려고 할 때, 캔트(Cant)는?(단, 궤간 b는 1,067mm)

① 100mm ② 150mm
③ 168mm ④ 175mm

해설

$C = \frac{SV^2}{gR}$

$= \frac{1.067 \times \left(1{,}000 \times 1{,}000 \times \frac{1}{3{,}600}\right)^2}{9.8 \times 500} = 16.80\text{m} = 168\text{mm}$

정답 1 ④ 2 ① 3 ② 4 ④ 5 ③

06 토지의 면적분할에서 △ABC의 토지를 BC에 평행한 직선 DE로 △ADE : □BCED = 2 : 3의 비가 되도록 면적을 분할하는 경우 $\overline{AD}$의 길이는?

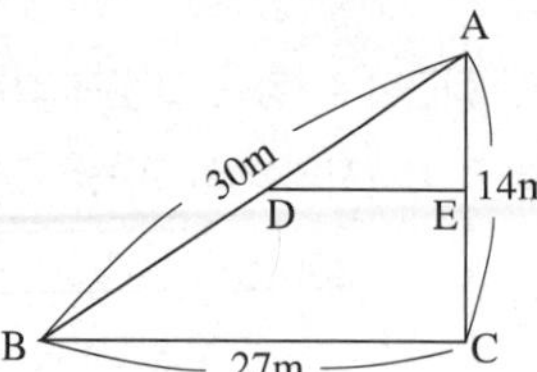

① 18.52m
② 18.97m
③ 19.79m
④ 23.24m

해설

$\overline{AD} = \overline{AB}\sqrt{\frac{m}{m+n}} = 30\sqrt{\frac{2}{2+3}} = 18.97\text{m}$

07 터널 내 측량 시 중심선의 이동과 관련하여 점검해야 할 사항으로 가장 거리가 먼 것은?

① 터널 입구 부근에 설치한 터널 외 기준점의 이동 여부
② 터널 내에 설치된 다보(Dowel)의 이동 여부
③ 측량기계의 상태 여부
④ 터널 내부의 환기 상태

해설

터널 내 측량 시 중심선의 이동과 관련하여 점검해야 할 사항
- 터널 입구 부근에 설치한 터널 외 기준점의 이동 여부
- 터널에 설치된 다보의 이동 여부
- 측량기계의 상태 여부
- 지산이 움직이고 있는가의 여부

08 아래 지역의 계산 결과가 940m³이었다면 절토량과 설토량이 같게 되는 기준면으로부터의 높이는?

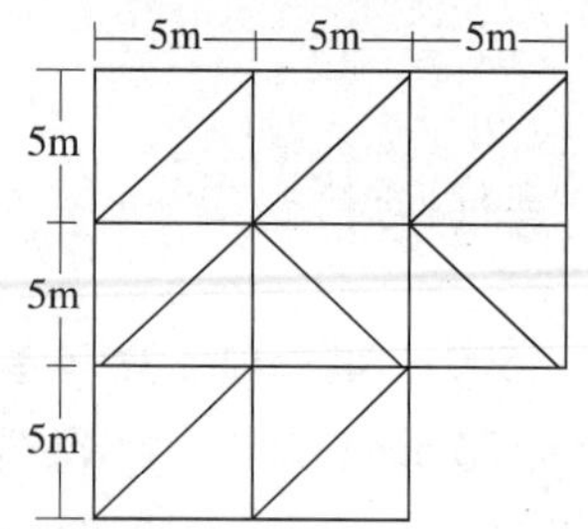

① 3.70m
② 4.70m
③ 6.70m
④ 9.70m

해설

$h = \frac{V}{nA} = \frac{940}{16\times\frac{25}{2}} = 4.7\text{m}$

09 그림과 같은 토지의 면적을 심프슨 제1공식을 적용하여 구한 값이 44m²라면 거리 D는?

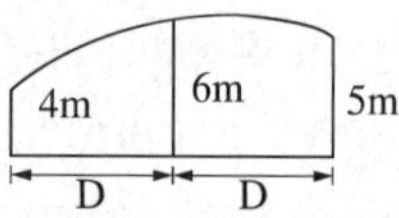

① 4.0m
② 4.4m
③ 8.0m
④ 8.8m

해설

$A = \frac{d}{3}[y_0 + 4(y_1 + y_3 + y_5) + 2(y_2 + y_4)y_n]$

$= \frac{d}{3}(4 + 4\times6 + 5) = 44$

$\therefore d = \frac{3\times44}{33} = 4\text{m}$

정답 6 ② 7 ④ 8 ② 9 ①

10 터널측량에 관한 설명으로 틀린 것은?

① 터널측량은 크게 터널 외 측량, 터널 내외 연결측량으로 구분할 수 있다.
② 광의의 터널에서 수직터널과 경사터널 또는 지하발전소나 지하저유소와 같은 인공적 공동(公同)도 포함된다.
③ 터널측량은 터널 내 측량, 터널 외 측량, 터널내외 연결측량의 순서로 행한다.
④ 터널 내의 측량 시에는 기계의 십자선과 표척 등에 조명이 필요하다.

해설
터널측량은 갱외측량, 갱내측량, 갱내외 연결측량의 순으로 행한다.

11 그림과 같은 단면을 갖는 흙의 토량은?(단, 각주공식을 사용하고, 주어진 면적은 양 단면적과 중앙 단면적이다)

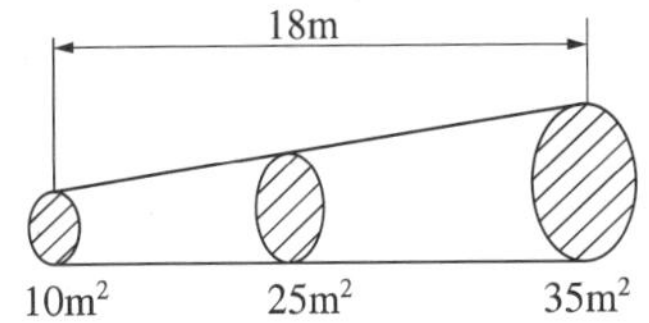

① $405m^3$ ② $420m^3$
③ $435m^3$ ④ $450m^3$

해설

$$A = \frac{l}{6}(A_1 + 4A_m + A_2) = \frac{18}{6}(10 + 4 \times 25 + 35) = 435m^3$$

12 유토곡선(Mass Curve)을 작성하는 목적과 거리가 먼 것은?

① 노선의 횡단 결정 ② 토공기계의 선정
③ 토량의 배분 ④ 토량의 운반거리 산출

해설
유토곡선은 종횡단고저측량에 의해 작성된 종횡단면도에서 각 관측점의 단면적을 절토는 (+), 성토(−)로 하여 각 관측점마다 토량을 구해 누가토량을 구한다. 이 누가토량을 종단면도의 축척과 동일하게 기준선을 설정하여 작도한 것이다.
- 시공방법을 결정한다.
- 평균운반거리를 산출한다.
- 운반거리에 대한 토공기계를 선정한다.
- 토량을 배분한다.

13 해수면이 약최고고조면(일정기간 조석을 관측하여 분석한 결과 가장 높은 해수면)에 이르렀을 때의 육지와 해수면의 경계를 조사하는 것은?

① 지형측량 ② 지리조사
③ 수심측량 ④ 해안선 조사

해설

표고의 기준	내 용
육지표고기준	평균해수면(중등조위면)
해저수심	평균최저간조면
해안선	평균최고고조면

14 노선 결정에 고려하여야 할 사항에 대한 설명으로 옳지 않은 것은?

① 가능한 한 경사가 완만할 것
② 절토의 운반거리가 짧을 것
③ 배수가 완전할 것
④ 가능한 한 곡선으로 할 것

해설
가능한 직선으로 하여야 한다.

15 노선측량에서 중심선측량에 대한 설명으로 거리가 먼 것은?

① 현장에서 교점 및 곡선의 접선을 결정한다.
② 교각을 실측하고 주요점, 중간점 등을 설치한다.
③ 지형도에 비교노선을 기입하고 평면선형을 검토하여 결정한다.
④ 지형도에 의해 중심선의 좌표를 계산하여 현장에 설치한다.

해설
중심선이 결정되지 않은 경우에는 1/1,000의 지형도상에 비교선을 기입하여 종횡단면도를 작성하고, 필요하면 현지답사를 실시하여 중심선을 결정한다.

정답 10 ③ 11 ③ 12 ① 13 ④ 14 ④ 15 ③

16 하천측량에서 유속관측 장소 선정의 조건으로 옳지 않은 것은?

① 하상의 요철이 적으며 하상경사가 일정한 곳
② 곡류부로서 유량의 변동이 급격한 곳
③ 하천 횡단면 형상이 급변하지 않은 곳
④ 관측이 편리한 곳

해설
유량, 유속의 변화가 크지 않아야 한다.

17 노선의 단곡선에서 교각이 45°, 곡선반지름이 100m, 곡선 시점까지의 추가거리가 120.85m일 때 곡선 종점의 추가거리는?

① 225.38m ② 199.39m
③ 124.54m ④ 78.54m

해설
C.L = $0.0174533RI° = 0.0174533 \times 100 \times 45 = 78.54$m
E.C = B.C + C.L = 120.85 + 78.54 = 199.39m

18 노선 기점에서 400m 위치에 있는 교점의 교각이 80°인 단곡선에서 곡선반지름이 100m인 경우, 시단현에 대한 편각은?

① 0°5′44″
② 1°7′12″
③ 4°36′34″
④ 5°43′46″

해설
T.L = $R \cdot \tan\frac{I}{2} = 100 \times \tan\frac{80}{2} = 83.91$m
B.C = 400 − 83.91 = 316.09m
$l_1 = 320 - 316.09 = 3.91$m
$\delta_1 = 1{,}718.87' \times \frac{l_1}{R} = 1{,}718.87' \times \frac{3.91}{100} = 1°7'12''$

19 클로소이드(Clothoid)의 성질에 대한 설명으로 옳은 것은?

① 모든 클로소이드는 닮은꼴이다.
② 클로소이드는 타원의 일종이다.
③ 클로소이드의 모든 요소는 길이의 단위를 갖는다.
④ 클로소이드는 형태는 다양하지만 크기는 일정하게 유지된다.

해설
클로소이드(Clothoid)의 성질
- 클로소이드는 나선의 일종이다.
- 모든 클로소이드는 닮은꼴이다.
- 단위가 있는 것도 있고 없는 것도 있다.
- γ는 30°가 적당하다.
- 확대율을 가지고 있다.
- γ는 라디안으로 구한다.

20 터널 내 수준측량에서 천장에 측점이 설치되어 있을 때, 두 점 A, B간의 경사거리가 60m이고, 기계고가 1.7m, 시준고가 1.5m, 연직각이 3°일 때, A점과 B점의 고저차는?

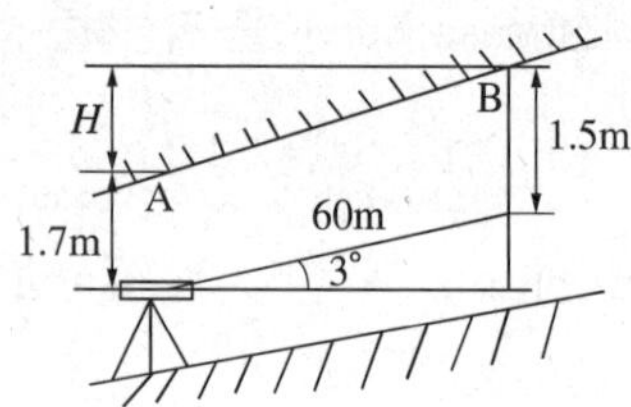

① 2.94m
② 3.34m
③ 59.7m
④ 60.12m

해설
$H = 1.5 + \sin 3° \times 60 - 1.7 = 2.94$m

정답 16 ② 17 ② 18 ② 19 ① 20 ①

제2과목 사진측량 및 원격탐사

21 수치영상의 재배열(Resampling) 방법 중 하나로 가장 계산이 단순하고 고유의 픽셀값을 손상시키지 않으나 영상이 다소 거칠게 표현되는 방법은?

① 3차회선 내삽법(Cubic Convolution)
② 공일차 내삽법(Bilinear Interpolation)
③ 공삼차회선 내삽법(Bicubic Convolution)
④ 최근린 내삽법(Nearest Neighbour Interpolation)

해설
- 최근린 보간법 : 내삽점에 가장 가까운 관측점의 영상소 값을 구하고자 하는 영상소 값으로 한다. 이 방법에서 위치오차는 최대 1/2픽셀정도 생기나 원래 영상소 값을 흠내지 않으며 처리속도가 빠르다는 이점이 있다.
- 공일차 내삽법 : 내삽점 주위 4점의 영상소 값을 이용하여 구하고자 하는 영상소 값을 선형식으로 내삽한다. 이 방식에는 원자료가 흠이 나는 결점이 있으나 평균하기 때문에 평활화 효과가 있다.
- 공삼차 내삽법 : 내삽하고 싶은 점 주위의 16개 관측점의 영상소 값을 이용하여 구하는 영상소 값을 3차 함수를 이용하여 내삽한다. 이 방식에는 원자료가 흠이 나는 결점이 있으나 영상의 평활화와 동시에 선명성의 효과가 있어 고화질이 얻어진다.

22 항공사진측량에 의해 제작된 지형도(지도)의 상으로 옳은 것은?

① 투시투영(Perspective Projection)
② 중심투영(Central Projection)
③ 정사투영(Orthognal Projection)
④ 외심투영(External Projection)

해설
항공사진과 지도는 지표면이 평탄한 곳에서는 지도와 사진은 같으나, 지표면의 높낮이가 있는 경우에는 사진의 형상이 틀린다. 항공사진은 중심투영이고 지도는 정사투영이다.

23 어느 지역의 영상과 동일한 지역의 지도이다. 이 자료를 이용하여 "밭"의 훈련지역(Training Field)을 선택한 결과로 적합한 것은?

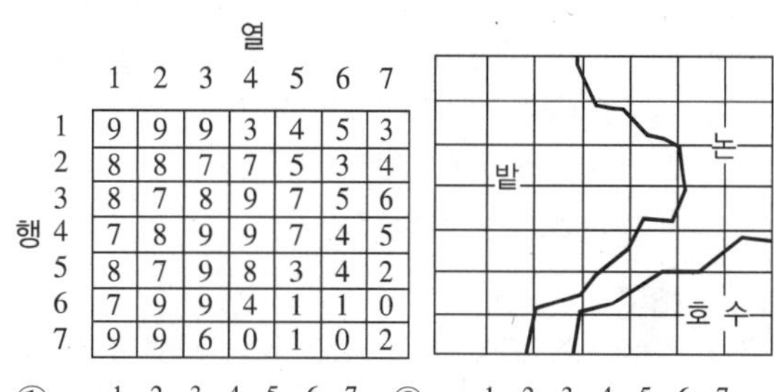

행＼열	1	2	3	4	5	6	7
1	9	9	9	3	4	5	3
2	8	8	7	7	5	3	4
3	8	7	8	9	7	5	6
4	7	8	9	9	7	4	5
5	8	7	9	8	3	4	2
6	7	9	9	4	1	1	0
7	9	9	6	0	1	0	2

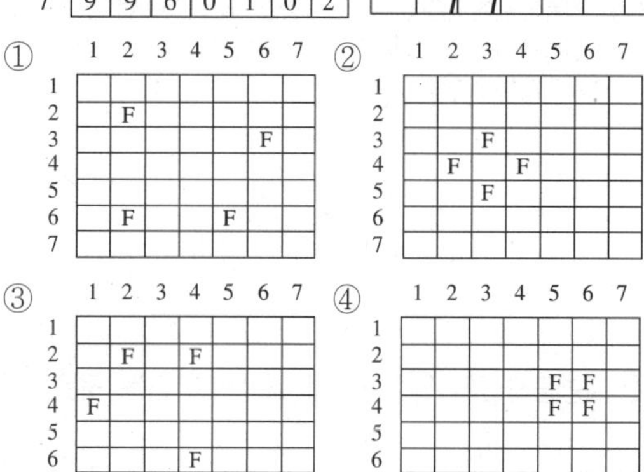

①

	1	2	3	4	5	6	7
1							
2		F					
3						F	
4							
5							
6		F			F		
7							

②

	1	2	3	4	5	6	7
1							
2							
3			F				
4		F		F			
5			F				
6							
7							

③

	1	2	3	4	5	6	7
1							
2		F		F			
3							
4	F						
5							
6				F			
7							

④

	1	2	3	4	5	6	7
1							
2							
3					F	F	
4					F	F	
5							
6							
7							

해설
② 밭 선택지역
① 밭, 논, 호수 선택지역
③ 논, 밭 선택지역
④ 밭, 논 선택지역

24 영상재배열(Image Resampling)에 대한 설명으로 옳은 것은?

① 노이즈 제거를 목적으로 한다.
② 주로 영상의 기하보정 과정에 적용된다.
③ 토지피복 분류 시 무감독 분류에 주로 활용된다.
④ 영상의 분광적 차를 강조하여 식별을 용이하게 해준다.

해설
재배열 및 보간은 기하보정의 마지막단계로서 기하왜곡의 보정식에 의해 입력화상을 재배열하고 왜곡이 없는 화상으로 출력할 필요가 있다. 재배열방법에는 다음 2가지 방법이 있다.
- 입력화상의 각 화소에 대해 변환 후 출력화상좌표계상에서의 대응위치를 계산하고, 그 위치에 각 화소의 자료를 투영하는 방법
- 출력화상 각 화소에 대해 입력화상좌표계에서의 대응위치를 역으로 계산하고 그 위치에서 화소자료를 구하는 방법

정답 21 ④ 22 ③ 23 ② 24 ②

25 **기복이 심한 지형을 경사로 촬영한 사진에 대하여 경사와 비고에 의한 편위를 수정한 정밀사진지도를 만들기 위하여 필요한 작업은?**

① 시차측정에 의한 사진제작
② 정사투영기에 의한 사진제작
③ 편위수정기에 의한 사진제작
④ 세부도화

해설
기복이 심한 지형을 경사로 촬영한 사진에 대하여 경사와 비고에 의한 편위를 수정한 정밀사진지도를 만들기 위해서는 정사투영기에 의한 사진제작을 한다.

26 **항공사진의 특수 3점에 해당되지 않는 것은?**

① 주 점
② 연직점
③ 등각점
④ 수평점

해설
항공사진의 특수 3점은 주점, 연직점, 등각점 등이 있다.

27 **동서 30km, 남북 20km인 지역에서 축척 1 : 50,000의 항공사진 1장의 스테레오 모델에 촬영된 면적이 16.3km^{2}이다. 이 지역을 촬영하는 데 필요한 사진 매수는?(단, 안전율은 30%이다)**

① 48장
② 55장
③ 63장
④ 68장

해설
$N = \frac{F}{A_0} \times (1 + \text{안전율}) = \frac{30 \times 30}{16.3}(1 + 0.3) = 47.8 \fallingdotseq 48$매

28 **항공사진측량에서 산악지역에 대한 설명으로 옳은 것은?**

① 산이 많은 지역
② 평탄지역에 비하여 경사조정이 편리한 곳
③ 표정 시 산정과 협곡에 시차분포가 균일한 곳
④ 산지모델 상에서 지형의 고저차가 촬영고도의 10% 이상인 지역

해설
산악지역은 입체모형 및 사진상에서 고저차가 촬영고도의 10% 이상인 지역을 말한다.

29 **우리나라에서 개발한 지구관측용 다목적 실용위성은?**

① 무궁화 위성 ② 우리별 위성
③ 아리랑 위성 ④ 퀵버드 위성

해설
- 우리별 위성 : 최초의 과학위성으로 지구표면 촬영, 우주실험 등의 임무 수행
- 무궁화 위성 : 우리나라 위성통신과 위성방송사업을 담당하기 위해 발사된 통신위성
- 아리랑 위성 : 다목적실용위성
- 과학기술 위성 : 우주관측, 우주환경 측정 과학실험 등의 임무를 수행
- 천리안 위성 : 통신해양기상 위성으로 정지궤도 위성

30 **인공위성 궤도의 종류 중 태양광 입사각이 거의 일정하여 센서의 관측 조건은 일정하게 유지할 수 있는 것으로 옳은 것은?**

① 정지 궤도 ② 태양 동기식 궤도
③ 고타원 궤도 ④ Molniya 궤도

해설
- 태양 동기식 궤도(첩보위성) : 태양 동기식 궤도는 태양의 위치를 따라 계속해서 지구 주위를 회전하면서 지구 전역에 대해 위성영상 데이터를 취득하는 방식
- 정지 궤도(기상위성, 첩보위성) : 정지 궤도는 위성체가 지구의 자전을 따라 같이 회전하면서 항상 지구상의 특정 상공에 머물면서 동일지역에 대한 데이터를 지속적으로 취득하는 방식

정답 25 ② 26 ④ 27 ① 28 ④ 29 ③ 30 ②

31 초점거리 11cm, 사진크기 18cm × 18cm의 카메라를 이용하여 축척 1 : 200,000으로 촬영한 항공사진의 주점기선장이 72mm일 때 비고 50mm에 대한 시차차는?

① 0.83mm ② 1.26mm
③ 1.33mm ④ 1.64mm

해설

$\frac{1}{20,000} = \frac{f}{H} = \frac{0.11}{H}$

$H = 20,000 \times 0.11 = 2,200$

$\Delta P = \frac{b_0}{H}h = \frac{0.072}{2,200} \times 50 = 0.002164 = 1.64\text{mm}$

32 촬영고도 5,000m를 유지하면서 초점거리 150mm인 카메라로 촬영한 연직사진에서 실제 길이 800m인 교량의 길이는?

① 15mm ② 20mm
③ 24mm ④ 34mm

해설

$\frac{1}{m} = \frac{f}{H} = \frac{0.15}{5,000} = \frac{1}{33,333}$

$\frac{1}{33,333} = \frac{l}{L}$에서

$l = \frac{800}{33,333} = 0.024\text{m} = 24\text{mm}$

33 해석적 표정에 있어서 관측된 상좌표로부터 사진좌표로 변환하는 작업은?

① 상호표정 ② 내부표정
③ 절대표정 ④ 접합표정

해설

내부표정

도화기의 투영기에 촬영시와 동일한 광학관계를 갖도록 장착시키는 작업으로 기계좌표로부터 지표좌표를 구한 다음 사진좌표를 구하는 단계적 표정을 말한다.

34 초점거리 15cm, 사진크기 23cm × 23cm의 카메라로 축척 1 : 20,000인 항공사진을 촬영하였다. 촬영기준면(표고 0m)에서 종중복(Over Lap)이 60%였을 때 표고 200m인 평탄지의 종중복도는?

① 36% ② 43%
③ 57% ④ 60%

해설

표고 0m에 대한 촬영기선과 표고 200m에 대한 촬영기선

$\frac{1}{m} = \frac{f}{H}$

$\frac{1}{20,000} = \frac{0.15}{H}$

$H = 20,000 \times 0.15 = 3,000\text{m}$

$m = \frac{H}{f} = \frac{3,000}{0.15} = 20,000$

촬영기선길이를 주점기선길이로 하면

$B = mb_0 = ma\left(1 - \frac{p}{100}\right) = 20,000 \times 0.23 \times \left(1 - \frac{6}{100}\right)$

$= 1,840\text{m}$

표고 200m의 평탄한 지역을 촬영한 항공사진의 비고를 h라 하면

$\frac{1}{m} = \frac{f}{H-f} = \frac{0.15}{3,000-200} = \frac{1}{18,667} \fallingdotseq \frac{1}{19,000}$

$B = ma\left(1 - \frac{p}{100}\right) = 19,000 \times 0.23 \times \left(1 - \frac{60}{100}\right) = 1,748\text{m}$

$\therefore$ 60% : 1,840 = x : 1,748

$x = \frac{60 \times 1,748}{1,840} = 57\%$

35 도화기의 발달과정 경로를 옳게 나열한 것은?

① 기계도화기 – 해석식도화기 – 수치도화기
② 수치도화기 – 해석식도화기 – 기계식도화기
③ 기계식도화기 – 수치도화기 – 해석식도화기
④ 수치도화기 – 기계식도화기 – 해석식도화기

해설

기계식도화기 – 해석식도화기 – 수치도화기 순으로 발전

정답 31 ④ 32 ③ 33 ② 34 ③ 35 ①

36 **상호표정(Relative Orientation)에 대한 설명으로 옳은 것은?**

① z축 방향의 시차를 소거하는 것이다.
② y축 방향의 시차(종시차)를 소거하는 것이다.
③ x축 방향의 시차(횡시차)를 소거하는 것이다.
④ x-y축 방향의 시차를 소거하는 것이다.

해설
상호표정은 지상과의 관계는 고려하지 않고 좌우사진의 양투영기에서 나오는 광속이 촬영당시 촬영면에 이루어지는 종시차를 소거하여 목표 지형물의 상대위치를 맞추는 작업
- 비행기의 수평회전을 재현해 주는 k, b_y
- 비행기의 전후 기울기를 재현해 주는 ϕ, b_z
- 비행기의 좌우 기울기를 재현해 주는 ω

37 **일반적으로 오른쪽 안경렌즈에는 적색, 왼쪽 안경렌즈에는 청색을 착색한 안경을 쓰고 특수하게 인쇄된 대상을 보면서 입체시를 구성하는 것은?**

① 순동입체시
② 편광입체시
③ 여색입체시
④ 정입체시

해설
여색입체시는 여색입체사진이 오른쪽에 적색, 왼쪽은 청색으로 인쇄되었을 때 왼쪽에 적색, 오른쪽에 청색의 안경으로 보아야 바른 입체시가 된다.

38 **사진측량의 분류 중 촬영방향에 의한 분류에 속하는 것은?**

① 경사사진
② 항공사진
③ 수중사진
④ 지상사진

해설
촬영방향에 따라 수직사진, 경사사진, 수평사진 등이 있다.

39 **SAR(Synthetic Aperture Radar)영상의 특징이 아닌 것은?**

① 태양광에 의존하지 않아 밤에도 영상의 촬영이 가능하다.
② 구름이 대기 중에 존재하더라도 영상을 취득할 수 있다.
③ 마이크로웨이브를 이용하여 영상을 취득한다.
④ 중심투영으로 영상을 취득하기 때문에 영상에서 발생하는 왜곡이 광학영상과 비슷하다.

해설
SAR(고해상도 영상레이더)
레이더 원리를 이용한 능동적 방식으로 영상의 취득에 필요한 에너지를 감지기에서 직접 지표면 또는 대상물에 발사하여 반사되어 오는 마이크로파를 기록하여 영상을 생성하는 능동적인 감지기이다. 구름, 안개, 비, 연무 등의 기상조건에 영향을 받지 않으며 야간에도 영상을 취득할 수 있다.

40 **다음 중 1장의 사진으로 할 수 있는 작업은?**

① 대상물의 정확한 3차원 좌표 취득
② 사진판독
③ 수치표고모델(DEM) 생성
④ 수치지도 작성

해설
사진판독은 사진면으로부터 얻어진 여러 가지 피사체의 정보 중 특성을 목적에 따라 적절히 해석하는 기술로서 이것을 기초로 하여 대상체를 종합분석함으로써 피사체 또는 지표면을 형상, 지질, 식생, 토양 등의 연구수단으로 이용하고 있다.

정답 36 ② 37 ③ 38 ① 39 ④ 40 ②

제3과목 지리정보시스템(GIS) 및 위성측위시스템(GPS)

41 지리정보시스템(GIS)의 주요 활용 분야와 가장 거리가 먼 것은?

① 도시정보시스템(UIS)
② 경영정보시스템(MIS)
③ 토지정보시스템(LIS)
④ 환경정보시스템(EIS)

해설
지리정보시스템은 지도를 기본으로 하는 정보시스템이다. 따라 돌형 영상정보체계, 환경정보시스템, 자원정보시스템, 조경 및 경관정보시스템, 재해정보시스템, 해양정보시스템, 국방정보시스템 등이 있다.

42 GNSS 관측을 통해 직접 결정할 수 있는 높이는?

① 지오이드고
② 정표고
③ 역표고
④ 타원체고

해설
GNSS에 의해 관측되는 높이는 타원체고이고 표고로 변환하기 위해서는 관측된 타원체고로부터 그 지점의 지오이드고를 감산해야한다.

43 위상(Topology)관계에 대한 설명으로 옳지 않은 것은?

① 공간자료의 상호 관계를 정의한다.
② 인접한 점, 선, 면 사이의 공간적 대응 관계를 나타낸다.
③ 연결성, 인접성 등과 같은 관계성을 통하여 지형지물의 공간 관계를 인식한다.
④ 래스터데이터는 위상을 갖고 있으므로 공간분석의 효율성이 높다.

해설
위상관계는 벡터데이터의 기본적인 구조로 점으로 표현되며 객체들은 점들을 직선으로 연결하여 표현할 수 있다.

44 지리정보시스템(GIS)의 자료입력 방법이 아닌 것은?

① 수동방식(디지타이저)에 의한 방법
② 자동방식(스캐너)에 의한 방법
③ 항공사진에 의한 해석도화 방법
④ 잉크젯 프린터에 의한 도면 제작 방법

해설
잉크젯 프린터에 의한 도면제작방법은 출력방식이다.

45 다각형의 경계가 인접지역의 두 점들로부터 같은 거리에 놓이게 하는 방법으로 구성되는 것은?

① 불규칙 삼각망(TIN)
② 티센(Thiessen) 다각형
③ 폴리곤(Polygon)
④ 타일(Tile)

해설
다각형의 한 변을 공유하는 지형점들을 연결하면 삼각망이 만들어지는 방법으로 티센 다각형법이라 한다.

46 수치표고모형(Digital Elevation Model)의 활용 내용과 거리가 먼 것은?

① 노선설계 및 댐의 위치 선정
② 수치지형도 구조화편집
③ 지형의 분석
④ 건물의 3차원 모델링

해설
수치표고모형은 지형의 연속적인 기복변화를 일정한 크기의 격자간격으로 표현한 것으로 공간상의 연속적인 기복변화를 수치적인 행렬의 격자형태로 표현한다.

- 도로의 부지 및 댐의 위치선정
- 수문 정보체계 구축
- 등고선도와 시선도
- 절토량과 성토량의 산정
- 조경설계 및 계획을 위한 입체적인 표현
- 지형의 통계적 분석과 비교
- 경사도, 사면방향도, 경사 및 단면의 계산과 음영기복도 제작
- 경관 또는 지형형성과정의 영상모의 관측
- 수치지형도 작성에 필요한 표고정보와 지형정보를 다 이루는 속성
- 군사적 목적의 3차원 표현

정답 41 ② 42 ④ 43 ④ 44 ④ 45 ② 46 ②

47 GPS 기준국과 이동국 사이의 기선벡터가 각각 ΔX = 200m, ΔY = 300m, ΔZ = 50m일 때 기준국과 이동국 사이의 공간 거리는?

① 234.52m ② 360.56m
③ 364.01m ④ 370.12m

해설
수신기 간의 공간거리

$$PDOP = \sqrt{(\sigma_x)^2 + (\sigma_y)^2 + (\sigma_z)^2}$$
$$= \sqrt{200^2 + 300^2 + 50^2} = 364.005m$$

48 GNSS 측량을 우주부분에 활용할 때 적당하지 않은 것은?

① 정지위성의 위치 결정
② 로켓의 궤도 추적
③ 저고도 관측위성의 위치 결정
④ 미사일 정밀 유도

해설
항공기 항법, 미사일의 유도, 로켓의 궤도 추정, 저고도 관측위성, 선박 및 어선의 항법, 작업선의 위치결정, 차량항법 장치, 등산, 레저용, 기준점측량, 공공측량, 지적 측량 등

49 지리정보시스템(GIS)의 주요 기능으로 거리가 먼 것은?

① 출력(Output)
② 자료입력(Input)
③ 검수(Quality Check)
④ 자료처리 및 분석(Analysis)

해설
자료입력, 자료처리 및 출력 등이다.

50 다음 중 GPS 위성 궤도에 대한 설명으로 옳지 않은 것은?

① 8개의 궤도면으로 이루어져 있다.
② 경사각은 55°이다.
③ 타원궤도이다.
④ 고도는 약 20,200km이다.

해설
- 궤도형상 : 원 궤도
- 궤도면수 : 6개면
- 궤도경사각 : 55°
- 궤도고도 : 20,183km
- 사용좌표계 : WGS84
- 회전주기 : 11시간 58분 05초
- 궤도 간 이격 : 60°

51 레스터데이터의 특징이 아닌 것은?

① 벡터데이터보다 데이터 구조가 단순하다.
② 데이터량이 해상도의 제곱에 비례한다.
③ 벡터데이터보다 시뮬레이션을 위한 처리가 복잡하다.
④ 벡터데이터보다 빠른 데이터 초기 입력이 가능하다.

해설
레스터데이터의 특징
- 자료구조가 간단하다.
- 여러 레이어의 중첩이나 분석이 용이하다.
- 자료의 조작과정이 매우 효과적이고 수치영상의 질을 향상시키는데 매우 효과적이다.
- 수치이미지 조작이 효율적이다.
- 다양한 공간적 편의가 격자의 크기와 형태가 동일한 까닭에 시뮬레이션이 용이하다.
- 격자형의 네모난 형태로 가지고 있기 때문에 수작업에 의하여 그려진 완화된 선에 비해 미관상 매끄럽지 못하다.
- 좌표변환을 위한 시간이 많이 소요된다.

52 GNSS(Global Navigational Sateonal System)위성과 관련 없는 것은?

① GPS ② GLONASS
③ GALILEO ④ GEOEYE

해설
현재 전 세계 위성항법시스템의 운용 현황
- 미국 : GPS
- 러시아 : GLONASS
- 중국 : Beidou
- 일본 : QZSS
- 인도 : IRNSS

정답 47 ③ 48 ① 49 ③ 50 ① 51 ③ 52 ④

53 **지리정보시스템(GIS)에서 공간데이터베이스의 유지 · 보안과 관련이 없는 것은?**

① 전체 데이터베이스의 주기적 백업(Backup)
② 암호 등 제반 안전장치를 통해 인가받은 사람만이 사용할 수 있도록 제한
③ 지속적인 데이터의 검색
④ 전력 손실에 대비한 UPS(Uninterruptible Power Supply)

해설
공간데이터베이스의 유지 · 보안
• 전체 데이터베이스의 주기적 백업(Backup)
• 암호 등 제반 안전장치를 통해 인가받은 사람만이 사용할 수 있도록 제한
• 전력 손실에 대비한 UPS(Uninterruptible Power Supply) 등

54 **화재나 응급 시 소방차나 구급차의 운전경로 또는 항공기의 운항경로 등의 최적경로를 결정하는데 가장 적합한 분석 방법은?**

① 관망 분석 ② 중첩 분석
③ 버퍼링 분석 ④ 근접성 분석

해설
네트워크(관망) 분석 기능
• 최단경로
• 최소비용경로
• 차량 경로탐색과 교통량 할당 문제 등의 분석

55 **지리정보시스템(GIS)에서 사용하고 있는 공간데이터를 설명하는 기능을 가지며 데이터의 생산자, 좌표계 등 다양한 정보를 포함하고 있는 것은?**

① Metadata
② Data Dictionary
③ Extensible Markup Language
④ Geospatial Data Abstraction Library

해설
Metadata
수록된 데이터의 내용, 품질, 조건 및 특징 등을 저장한 데이터에 관한 데이터, 즉 데이터의 이력서라 할 수 있다. 공간데이터를 설명하는 기능을 가지며 데이터의 생산자, 좌표계 등 다양한 정보를 포함하고 있다.

56 **지리정보시스템(GIS)에서 다루어지는 지리정보의 특성이 아닌 것은?**

① 위치정보를 갖는다.
② 위치정보와 함께 관련 속성정보를 갖는다.
③ 공간객체 간에 존재하는 공간적 상호 관계를 갖는다.
④ 시간이 흘러도 변하지 않는 영구성을 갖는다.

해설
• 지리정보처리는 자료의 입력, 자료의 분석, 자료의 출력의 3단계로 구분할 수 있다.
• 사용자의 요구에 맞는 지도를 쉽게 제작할 수 있다.
• 자료의 통계적 분석이 가능하며 분석결과에 맞는 지도의 제작이 가능하다.
• 일반적으로 자료가 수치적으로 구성되므로 축척변경이 용이하다.
• 자료의 수치화 작업을 용이하게 해 준다.
• 수집한 자료는 다른 여러 자료와 유용하게 결합할 수 있다.
• 데이터베이스 체계를 통하여 자료를 더욱 간편하게 사용할 수 있고 자료 입수도 용이하다.
• 정보의 보안성은 향상되나 투자의 중복을 줄일 수 있다.

57 **관계형 데이터베이스(RDBMS ; Relational DBMS)의 특징으로 틀린 것은?**

① 테이블의 구성이 자유롭다.
② 모형 구성이 단순하고, 이해가 빠르다.
③ 필드는 여러 개의 데이터 항목을 소유할 수 있다.
④ 정보추출을 위한 질의 형태에 제한이 없다.

해설
관계형 데이터베이스(RDBMS)의 특징
• 데이터 구조는 릴레이션으로 표현된다.
• 테이블에서 열은 속성, 행은 튜플이라 한다.
• 테이블의 각 칸에는 하나의 속성값만 가지며, 이 값은 더 이상 분해될 수 없는 원자값이다.
• 하나의 속성이 취할 수 있는 같은 유형의 모든 원자값의 집합을 그 속성의 도메인이라 하며 정의된 속성값은 도메인으로부터 값을 취해야 한다.
• 튜플을 식별할 수 있는 속성의 집합인 키는 테이블의 각 열을 정의하는 행들의 집합인 기본키와 같은 테이블이나 다른 테이블의 기본키를 참조하는 외부키가 있다.
• 관계형 데이터 모델은 구조가 간단하여 이해하기 쉽고 데이터 조작적 측면에서도 매우 논리적이고 명확하다는 장점이 있다.
• 상이한 정보 간 검색, 결합, 비교, 자료가감 등이 용이하다.

정답 53 ③ 54 ① 55 ① 56 ④ 57 ③

58 래스터(또는 그리드)저장 기법 중 셀값을 개별적으로 저장하는 대신 각각의 변 진행에 대하여 속성값, 위치, 길이를 한 번씩만 저장하는 방법은?

① 사지수형 기법
② 블록 코드 기법
③ 체인 코드 기법
④ Run-length 코드 기법

해설

- 블록 코드 기법
  Run-length 코드 기법에 기반을 준 것으로 정사각형으로 전체 객체의 형상을 나누어 데이터를 구축하는 방법이다.
  자료구조는 원점으로부터의 좌표 및 정사각형의 한변의 길이로 구성되는 세 개의 숫자만으로 표시가 가능하다.
- 체인 코드 기법
  대상 지역에 해당하는 격자들의 연속적인 연결 상태를 파악하여 동일한 지역의 정보를 제공하는 방법이다.
  자료의 시작점에서 동서남북으로 방향을 이동하는 단위거리를 통해서 표현하는 기법이다.
- Run-length 코드 기법
  각 행마다 왼쪽에서 오른쪽으로 진행하면서 동일한 수치를 갖는 셀들을 묶어 압축시키는 방법
  Run이란 하나의 행에서 동일한 속성값을 갖는 격자를 말한다.
- Quadtree기법
  Run-length 코드 기법과 함께 많이 쓰이는 자료압축기법이다.
  크기가 다른 정사각형을 이용하여 Run-length 코드보다 더 많은 자료의 압축이 가능하다.
  전체 대상지역에 대하여 하나 이상의 속성이 존재할 경우 전체 지도는 4개의 동일한 면적으로 나누어지는데 이를 Quadrant라 한다.

59 지리정보시스템(GIS) 자료의 저장방식을 파일 저장방식과 DBMS(Data Base Management System)방식으로 구분할 때 파일 저장방식에 비해 DBMS 방식이 갖는 특징으로 옳지 않은 것은?

① 시스템의 구성이 간단하다.
② 새로운 응용프로그램을 개발하는데 용이하다.
③ 자료의 신뢰도가 일정 수준으로 유지될 수 있다.
④ 사용자 요구에 맞는 다양한 양식의 자료를 제공할 수 있다.

해설

DBMS는 자료의 저장, 조작, 검색, 변화를 처리하는 특별한 소프트웨어를 사용하는 컴퓨터 프로그램의 일종으로 정보의 저장과 관리와 같은 정보관리를 목적으로 하는 프로그램으로 파일처리방식의 단점을 보완하기 위해 도입되었으며, 자료의 중복을 최소화 하여 검색시간을 단축시키며 작업의 효율성을 향상시키게 된다.

장 점	단 점
• 중복의 최소화 • 데이터의 독립성 향상 • 데이터의 일관성 유지 • 데이터의 무결성 유지 • 시스템 개발 비용 감소 • 보안향상 • 표준화	• 운영비의 증대 • 시스템 구성의 복잡성 • 중앙 집약적인 위험 부담

60 다음 중 벡터파일 형식에 해당되는 것은?

① BMP 파일 포맷
② DXF 파일 포맷
③ JPG 파일 포맷
④ GIF 파일 포맷

해설

벡터파일 형식

- Shape 파일형식
- Coverage 파일형식
- CAD 파일형식
- DLG 파일형식
- VPF 파일형식
- TIGER 파일형식

정답 58 ④ 59 ① 60 ②

제4과목 측량학

61 수준측량에 관한 설명으로 옳지 않은 것은?

① 전시와 후시의 거리를 같게 하면 시준선 오차를 소거할 수 있다.
② 출발점에 세운 표척을 도착점에서도 세우게 되면 눈금오차를 소거할 수 있다.
③ 주의 깊게 측량하여 왕복관측을 하지 않는 것을 원칙으로 한다.
④ 기계의 정치 수는 짝수 회로 하는 것이 좋다.

해설
왕복관측을 하는 것을 원칙으로 하며 노선은 다르게 한다.

62 폭이 좁고 거리가 먼 지역에 적합하여 하천측량, 노선측량, 터널측량 등에 이용되는 삼각망은?

① 방산식삼각망 ② 단열삼각망
③ 복열식삼각망 ④ 직교삼각망

해설
폭이 좁고 거리가 먼 지역에 적합하여 하천측량, 노선측량, 터널측량 등에 이용되는 삼각망은 단열삼각망이다.

63 우리나라 수치지형도의 표기방법 중 7자리 숫자의 도엽번호는 축척이 얼마인가?

① 1 : 50,000 ② 1 : 25,000
③ 1 : 10,000 ④ 1 : 5,000

해설

지형도 축척	경도의 간격	위도의 간격	도엽수	도엽명
1/250,000	1°45′00″	1°45′00″	16	NI-52-2
1/50,000	15′00″	15′00″	28	NI-52-2-01
1/25,000	7′30″	7′30″	4	NI-52-2-04-1
1/10,000	3′00″	3′00″	25	NI-52-2-04-16
1/5,000	1′30″	1′30″	100	NI-52-2-04-022

64 한 기선의 길이를 n회 반복 측정한 경우, 최확값의 평균제곱근오차에 대한 설명으로 옳은 것은?

① 관측횟수의 비례한다.
② 관측횟수의 제곱근에 비례한다.
③ 관측횟수의 제곱에 비례한다.
④ 관측횟수의 제곱근에 반비례한다.

해설
평균제곱근오차는 표준편차와 같은 의미로 $\sigma = \pm\sqrt{\frac{\Sigma v^2}{(n-1)}}$ 로 관측횟수의 제곱근에 반비례한다.

65 강철줄자로 실측한 길이가 246.241m이었다. 이때 온도가 10℃라면 온도에 의한 보정량은?

① −10.4mm
② 10.4mm
③ 14.4mm
④ −14.4mm

해설
$C_t = L \cdot \alpha(t - t_0)$
$= 246.241 \times 0.0000117(10 - 15)$
$= -0.0144\text{m}$
$= -14.4\text{mm}$

66 축척 1 : 50,000의 지형도에서 A점의 표고는 308m, B점의 표고는 346m일 때, A점으로부터 $\overline{AB}$ 상에 있는 표고 332m지점까지의 거리는?(단, $\overline{AB}$는 등경사이며, 도상거리는 12.8mm이다)

① 384m
② 394m
③ 404m
④ 414m

해설
$640 : 38 = x : 24$
$x = \frac{640 \times 24}{38} = 404\text{m}$

정답 61 ③ 62 ② 63 ③ 64 ④ 65 ④ 66 ③

67 지구표면에서 반지름 55km까지를 평면으로 간주한다면 거리의 허용정밀도는?

① 약 1/40,000 ② 약 1/50,000
③ 약 1/60,000 ④ 약 1/70,000

해설

$\frac{d-D}{D}=\frac{1}{12}\left(\frac{D}{R}\right)^2=\frac{1}{m}=M$

$\frac{1}{m}=\frac{110^2}{12\times 6,370^2}=\frac{1}{40,241}\fallingdotseq\frac{1}{40,000}$

68 레벨의 조정이 불완전하여 시준선이 기포관축과 평행하지 않을 때 표적눈금의 읽음값에 생긴 오차와 시준거리와의 관계로 옳은 것은?

① 시준거리와 무관하다.
② 시준거리에 비례한다.
③ 시준거리에 반비례한다.
④ 시준거리의 제곱근에 비례한다.

해설

거리가 멀어짐에 따라 오차가 커지므로 거리에 비례한다.

69 그림과 같이 4개의 삼각망으로 둘러싸여 있는 유심삼각망에서 $\gamma_1+\gamma_2+\gamma_3+\gamma_4=360°00'08''$에 대한 삼각망 조정 결과로 옳은 것은?

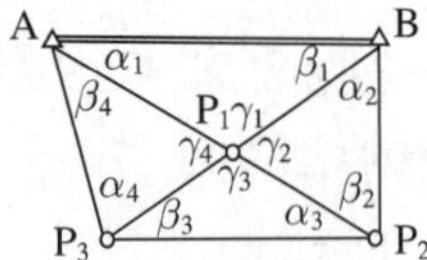

① α_1에는 $-1''$, β_1에는 $-1''$, γ_1에는 $+2''$씩을 조정한다.
② α_1에는 $-1''$, β_1에는 $-1''$, γ_1에는 $-2''$씩을 조정한다.
③ α_1에는 $+1''$, β_1에는 $+1''$, γ_1에는 $-2''$씩을 조정한다.
④ α_1에는 $+1''$, β_1에는 $+1''$, γ_1에는 $+2''$씩을 조정한다.

해설

조정량$(v)=\frac{8}{4}=2''$

$\alpha=+1''$, $\beta=+1''$, $\gamma=-2''$

70 오차 중에서 최소제곱법의 원리를 이용하여 처리할 수 있는 것은?

① 누적오차
② 우연오차
③ 정오차
④ 착 오

해설

오차의 원인이 명확하지 않아 확률의 방법인 최소제곱법으로 처리하는 오차는 우연오차이다.

71 수준측량에서 5km 왕복측정에서 허용오차가 ±10mm라면 2km 왕복측정에 대한 허용오차는?

① ±9.5mm
② ±8.4mm
③ ±7.2mm
④ ±6.3mm

해설

$E=C\sqrt{L}=10:\sqrt{5}=C:\sqrt{2}$

$C=\frac{\sqrt{2}}{\sqrt{5}}\times 10=\pm 6.3\text{mm}$

72 삼각점을 선정할 때의 고려사항에 대한 설명으로 옳지 않은 것은?

① 삼각형의 내각은 60°에 가깝게 하며, 불가피할 경우에도 90°보다 크지 않아야 한다.
② 상호 간의 시준이 잘 되어 연결 작업이 용이해야 한다.
③ 불규칙한 공선 아지랑이 등의 영향이 적은 곳이 좋다.
④ 지반이 견고하여야 하며 이동, 침하 및 동결 지반은 피한다.

해설

삼각형의 내각은 60°에 가깝게 하며, 불가피할 경우 30°~120° 이내로 한다.

정답 67 ① 68 ② 69 ③ 70 ② 71 ④ 72 ①

73 **각과 거리 관측에 대한 설명으로 옳은 것은?**

① 기선측량의 정밀도가 1/100,000이라는 것은 관측거리 1km에 대한 1cm의 오차를 의미한다.
② 천정각은 수평각 관측을 의미하며 고저각은 높낮이에 대한 관측각이다.
③ 각관측에서 배각관측이란 정위관측과 반위관측을 의미한다.
④ 각관측에서 관측방향이 15″ 틀어진 경우 2km 앞에 발생하는 위치오차는 1.5m이다.

해설
② 천정각은 연직각이다.
③ 배각법은 하나의 각을 2회 이상 반복 관측하여 누적된 값을 평균하는 방법이다.
④ $\Delta h = \frac{\theta''}{\rho''} \times D = \frac{15}{206,265} \times 200,000 = 14.5\text{cm}$

74 **망원경의 배율에 대한 설명으로 옳은 것은?**

① 대물렌즈와 접안렌즈의 초점거리의 비
② 대물렌즈와 접안렌즈의 초점거리의 곱
③ 대물렌즈와 접안렌즈의 초점거리의 합
④ 대물렌즈와 접안렌즈의 초점거리의 차

해설
망원경의 배율은 대물렌즈와 접안렌즈의 초점거리의 비이다.

75 **기본측량성과의 검증을 위해 검증을 의뢰받은 기본측량성과 검증기관은 며칠 이내에 검증결과를 제출하여야 하는가?**

① 10일
② 20일
③ 30일
④ 60일

해설
기본측량성과의 검증(공간정보의 구축 및 관리 등에 관한 법률 시행규칙 제11조)
검증을 의뢰받은 기본측량성과 검증기관은 30일 이내에 검증결과를 국토지리정보원장에게 제출하여야 한다.

76 **측량기기인 토털 스테이션(Total Station)과 지피에스(GPS) 수신기의 성능검사 주기는?**

① 1년
② 2년
③ 3년
④ 5년

해설
성능검사의 대상 및 주기 등(공간정보의 구축 및 관리 등에 관한 법률 시행령 제97조)
- 트랜싯(데오드라이트) : 3년
- 레벨 : 3년
- 거리측정기 : 3년
- 토털 스테이션 : 3년
- 지피에스(GPS) 수신기 : 3년
- 금속 또는 비금속 관로 탐지기 : 3년

77 **공공측량의 실시공고에 포함되어야 할 사항이 아닌 것은?**

① 측량의 종류
② 측량의 규모
③ 측량의 목적
④ 측량의 실시기간

해설
측량의 실시공고(공간정보의 구축 및 관리 등에 관한 법률 시행령 제12조)
측량의 종류, 측량의 목적, 측량의 실시기간, 측량의 실시지역, 그 밖에 측량의 실시에 관하여 필요한 사항

78 **"측량기록"의 용어 정의로 옳은 것은?**

① 측량성과를 얻을 때까지의 측량에 관한 작업의 기록
② 측량기본계획 수립의 작업 기록
③ 측량을 통하여 얻은 최종 결과
④ 측량 외업에서의 작업 기록

해설
정의(공간정보의 구축 및 관리 등에 관한 법률 제2조)
측량기록이란 측량성과를 얻을 때까지의 측량에 관한 작업의 기록(내업작업과 외업작업 전체)

정답 73 ① 74 ① 75 ③ 76 ③ 77 ② 78 ①

79 **정당한 사유 없이 측량을 방해한 자에 대한 벌칙 기준은?**

① 3년 이하의 징역 또는 3,000만원 이하의 벌금
② 2년 이하의 징역 또는 2,000만원 이하의 벌금
③ 1년 이하의 징역 또는 1,000만원 이하의 벌금
④ 300만원 이하의 과태료

해설
과태료(공간정보의 구축 및 관리 등에 관한 법률 제111조)
정당한 사유 없이 측량을 방해한 자에게는 300만원 이하의 과태료를 부과한다.

80 **측량기준점에서 국가기준점에 해당되지 않는 것은?**

① 삼각점
② 중력점
③ 지자기점
④ 지적도근점

해설
측량기준점의 구분(공간정보의 구축 및 관리 등에 관한 법률 시행령 제8조)
우주측지기준점, 위성기준점, 수준점, 중력점, 통합기준점, 삼각점, 지자기점 등은 국가기준점이다.

정답 79 ④ 80 ④

2017년 제2회 과년도 기출문제

제1과목 응용측량

01 원곡선에서 곡선반지름 R = 200m, 교각 I = 60°, 종단현 편각이 0°57′20″일 경우 종단현의 길이는?

① 2.676m　② 3.287m
③ 6.671m　④ 13.342m

해설

$\delta = 1{,}718.87' \times \dfrac{l}{R}$

$l = \dfrac{R \times \delta}{1{,}718.87'} = \dfrac{200 \times 0°57'20''}{1{,}718.87'} = 6.671\text{m}$

02 터널측량의 작업 순서로 옳은 것은?

① 답사 → 예측 → 지표설치 → 지하설치
② 예측 → 지표설치 → 답사 → 지하설치
③ 답사 → 지하설치 → 예측 → 지표설치
④ 예측 → 답사 → 지하설치 → 지표설치

해설

터널측량의 작업 순서
답사 → 예측 → 지표설치 → 지하설치

03 클로소이드 매개변수 A = 60m인 곡선에서 곡선길이 L= 30m일 때 곡선 반지름(R)은?

① 60m
② 90m
③ 120m
④ 150m

해설

$A^2 = RL$

$R = \dfrac{A^2}{L} = \dfrac{60^2}{30} = 120\text{m}$

04 달, 태양 등의 기조력과 기압, 바람 등에 의해서 일어나는 해수면의 주기적 승강현상을 연속 관측하는 것은?

① 수온관측　② 해류관측
③ 음속관측　④ 조석관측

해설

조석관측
해수면의 승강을 관측하는 것으로 평균해수면을 구함으로써 지각변동의 검출, 지진현상 등에 중요한 자료를 제공한다.

05 다음 중 댐 건설을 위한 조사측량에서 댐사이트의 평면도 작성에 가장 적합한 측량방법은?

① 평판측량
② 시거측량
③ 간접 수준 측량
④ 지상사진측량 또는 항공사진측량

해설

사진측량은 댐 건설을 위한 조사측량에서 평면도 작성에 적합한 방법이다.

06 지하시설물 측량 방법 중 전자기파가 반사되는 성질을 이용하여 지중의 각종 현상을 밝히는 방법은?

① 전자유도 측량법　② 지중레이더 측량법
③ 음파 측량법　④ 자기관측법

해설

② 지중레이더 측량법 : 전자파의 반사성질을 이용하여 지하시설물을 측량하는 방법이다.
① 전자유도 측량법 : 지표로부터 매설된 금속관로 및 케이블 관측과 탐침을 이용하여 공관로나 비금속관로를 관측할 수 있는 방법으로 장비가 저렴하고 조작이 용이하며 운반이 간편하여 지하시설물 측량기법 중 가장 널리 이용되는 방법이다.
③ 음파 측량법 : 전자유도 측량방법으로 측량이 불가능한 비금속 지하시설물에 이용하는 방법으로 물이 흐르는 관 내부에 음파 신호를 보내면 관 내부에 음파가 발생된다. 이때 수신기를 이용하여 발생된 음파를 측량하는 기법이다.
④ 자기관측법 : 자기관측법은 지자기 관측법이라고도 할 수 있으며, 어떤 지점의 지구자계를 결정하는 방법이다.

정답 1 ③ 2 ① 3 ③ 4 ④ 5 ④ 6 ②

07 **유량 및 유속측정의 관측 장소 선정을 위한 고려사항으로 틀린 것은?**

① 직류부로 흐름이 일정하고 하상의 요철이 적으며 하상 경사가 일정한 곳
② 수위의 변화에 의해 하천 횡단면 형상이 급변하고 와류(渦流)가 일어나는 곳
③ 관측 장소 상・하류의 유로가 일정한 단면을 갖는 곳
④ 관측이 편리한 곳

해설
수위의 변화에 의해 하천 횡단면 형상이 급변하지 않아야 한다.

08 **하나의 터널을 완성하기 위해서는 계획・설계・시공 등의 작업과정을 거쳐야 한다. 다음 중 터널의 시공과정 중에 주로 이루어지는 측량은?**

① 지형측량 ② 세부측량
③ 터널 외 기준점 측량 ④ 터널 내 측량

해설
터널 내 측량은 설계중심선의 갱내에의 설정 및 굴삭, 지보공, 형틀 설치 등의 조사 등 시공과정에서 이루어진다.

09 **그림과 같은 지역의 토공량은?(단, 분할된 격자의 가로×세로 크기는 모두 같다)**

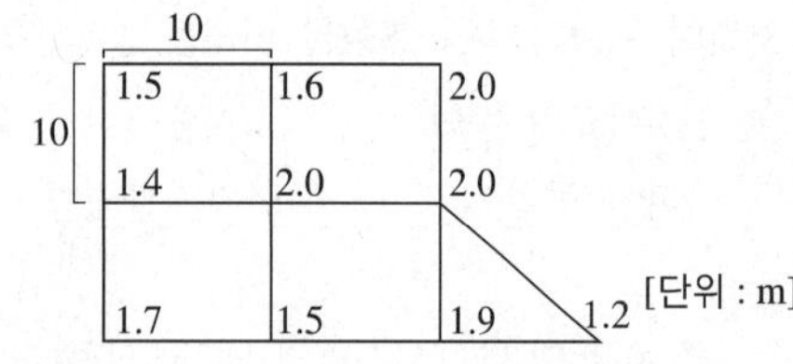

① $787.5m^3$ ② $880.5m^3$
③ $970.5m^3$ ④ $952.5m^3$

해설
사각형 체적$(V_1) = \frac{A}{4}(\Sigma h_1 + 2\Sigma h_2 + 3\Sigma h_3 + 4\Sigma h_4)$

$= \frac{10\times10}{4}[1.5+2.0+1.9+1.7+2(1.6+2.0+1.5+1.4)+4(2.0)]$

$= 702.5m^3$

$\therefore V = V_1 + V_2 = 787.5m^3$

10 **하천측량에서 평면측량의 범위에 대한 설명으로 틀린 것은?**

① 유제부는 제외지만을 범위로 한다.
② 무제부는 홍수 영향 구역보다 약간 넓게 한다.
③ 홍수방제를 위한 하천공사에서는 하구에서부터 상류의 홍수피해가 미치는 지점까지로 한다.
④ 사방공사의 경우에는 수원지까지 포함한다.

해설
유제부는 제외지 범위 전부와 제내지의 300m 이내이다.

11 **도로시점으로부터 교점(I.P)까지의 거리가 850m이고 접선장(T.L)이 185m인 원곡선의 시단현 길이는?(단, 중심말뚝의 간격 = 20m)**

① 20m ② 15m
③ 10m ④ 5m

해설
B.C = I.P − T.L = 850 − 185 = 665m
l_1 = 680 − 665 = 15m

12 **누가토량을 곡선으로 표시한 것을 유토곡선(Mass Curve)이라고 한다. "유토곡선에서 하향 구간은 (A)구간이고 상향구간은 (B)구간을 나타낸다."에서 (A), (B)가 알맞게 짝지어진 것은?**

① (A) : 성토, (B) : 절토
② (A) : 절토, (B) : 성토
③ (A) : 성토와 절토의 균형, (B) : 절토
④ (A) : 성토와 절토의 교차, (B) : 성토

해설
유토곡선의 하향구간은 성토구간, 상향구간은 절토구간이다.

정답 7 ② 8 ④ 9 ① 10 ① 11 ② 12 ①

13 삼각형 세변의 길이 a, b, c를 알 때 면적 A를 구하는 식으로 옳은 것은?(단, $S=a+b+c/2$이다)

① $A=\sqrt{S(S-a)(S-b)(S+c)}$
② $A=\sqrt{S(a+b)(b+c)(a+c)}$
③ $A=\sqrt{S(S-a)(S-b)(S-c)}$
④ $A=\sqrt{S(S+b)(S+c)(S+c)}$

해설
$A=\sqrt{S(S-a)(S-b)(S-c)}$ 이다.

14 지하시설물측량 및 그 대상에 대한 설명으로 틀린 것은?

① 지하시설물측량은 도면 작성 및 검수에 초기 비용이 일반 지상측량에 비해 적게 든다.
② 도시의 지하시설물은 주로 상수도, 하수도, 전기선, 전화선, 가스선 등으로 이루어진다.
③ 지하시설물과 연결되어 지상으로 노출된 각종 맨홀 등의 가공선에 대한 자료 조사 및 관측 작업도 포함된다.
④ 지중레이더관측법, 음파관측법 등 다양한 방법이 사용된다.

해설
지하시설물측량은 도면 작성 및 검수에 초기 비용이 일반 지상측량에 비해 많이 든다.

15 캔트(Cant)의 계산에서 속도 및 반지름을 모두 2배로 할 때 캔트의 크기 변화는?

① 1/4로 감소 ② 1/2로 감소
③ 2배로 증가 ④ 4배로 증가

해설
$C=\dfrac{SV^2}{Rg}=\dfrac{2^2}{2}=2$
따라서 V와 R을 2배로 하면 C는 2배 증가한다.

16 심프슨 법칙에 대한 설명으로 옳지 않은 것은?

① 심프슨의 제1법칙은 경계선을 2차 포물선으로 보고, 지거의 두 구간을 한 조로 하여 면적을 계산한다.
② 심프슨의 제2법칙은 지거의 두 구간을 한 조로 하여 경계선을 3차 포물선으로 보고 면적을 계산한다.
③ 심프슨의 제1법칙은 구간의 개수가 홀수인 경우 마지막 구간을 사다리꼴 공식으로 계산하여 더해 준다.
④ 심프슨 법칙을 이용하는 경우, 지거 간격은 균등하게 하여야 한다.

해설
심프슨의 제2법칙은 지거의 3구간을 한 조로 하여 경계선을 3차 포물선으로 보고 면적을 계산한다.

17 종단곡선을 곡선반지름이 1,000m인 원곡선으로 설치할 경우, 시점으로부터 30m 지점의 종거는?

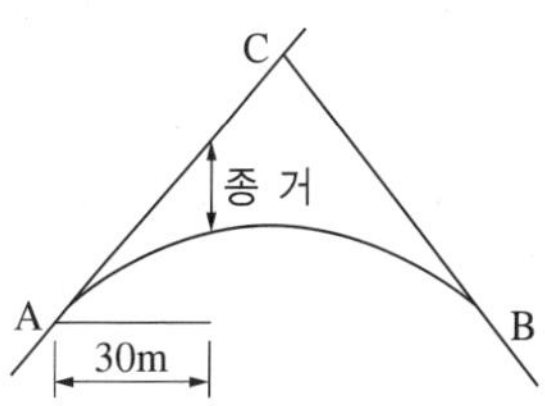

① 1.65m
② 1.12m
③ 0.90m
④ 0.45m

해설
$y=\dfrac{x^2}{2R}=\dfrac{30^2}{2\times1{,}000}=0.45\text{m}$

18 그림과 같이 곡선 반지름 $R=200$m인 단곡선의 첫 번째 측점 P를 측설하기 위하여 E.C에서 관측할 각도(δ)는?(단, 교각 $I=120°$, 중심말뚝간격 = 20m, 시단현의 거리 = 13.96m)

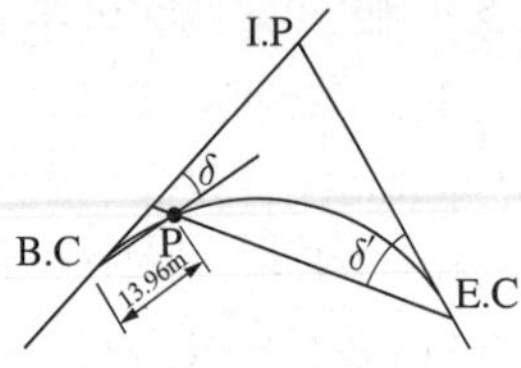

① 약 50° ② 약 54°
③ 약 58° ④ 약 62°

해설
C.L = $0.0174533RI = 0.0174533 \times 200 \times 120 = 418.8$m
$418.8 - 13.96 = 404.84$
$\therefore$ 종단현(δ_2) = $\frac{404.84}{200} \times 1{,}718.87' = 57°59'20.2''$

19 삼각형법에 의한 면적계산 방법이 아닌 것은?

① 삼변법
② 좌표법
③ 두 변과 협각에 의한 방법
④ 삼사법

해설
① 삼변법 : 삼각형의 세변을 관측하여 면적을 구하는 방법
③ 이변법 : 두변의 길이와 그 사잇각을 관측하여 면적을 구하는 방법
④ 삼사법 : 밑변과 높이를 관측하여 면적을 구하는 방법

20 디지털 구적기로 면적을 측정하였다. 축척 1 : 500 도면을 1 : 1,000으로 잘못 세팅하여 측정하였더니 50m^{2}이었다면 실제 면적은?

① 12.5m^2 ② 25.0m^2
③ 100.0m^2 ④ 200.0m^2

해설
$$\frac{A_1}{m_1^2} = \frac{A_2}{m_2^2}$$
$$A_1 = \left(\frac{m_1}{m_2}\right)^2 \cdot A_2 = \left(\frac{500}{1{,}000}\right)^2 \times 50 = 12.5\text{m}^2$$

제2과목 사진측량 및 원격탐사

21 촬영고도 800m, 초점거리 153mm이고 중복도 65%로 연직촬영된 사진의 크기로 23cm × 23cm인 한 쌍의 항공사진이 있다. 철탑의 하단부 시차가 14.8mm, 상단부 시차가 15.3mm이었다면 철탑의 실제 높이는?

① 5m ② 10m
③ 15m ④ 20m

해설
$$h = \frac{H}{b_0} \cdot \Delta P = \frac{H}{a\left(1-\frac{p}{100}\right)} \cdot \Delta P$$
$$= \frac{800}{0.23\left(1-\frac{65}{100}\right)} \times (0.0153 - 0.0148) = 4.96 = 5\text{m}$$

22 격자의 수치표고모형(Raster DEM)과 비교할 때, 불규칙삼각망 수치표고모형(Triangulated Irregular Networks DEM)의 특징으로 옳은 것은?

① 표고값만 저장되므로 자료량이 적다.
② 밝기값(Gray Value)으로 표고를 나타낼 수 있다.
③ 불연속선을 삼각형의 한 변으로 나타낼 수 있다.
④ 보간에 의해 만들어진 2차원 자료이다.

해설
공간상에 나타난 불규칙한 지형의 변화를 수치적으로 표현하는 방법을 수치표고모형이라 하며, 불규칙삼각망은 불규칙하게 배치되어 있는 지형점으로부터 삼각망을 생성하여 삼각형 내의 표고를 삼각평면으로부터 보간하는 DEM의 일종이다.

23 카메라의 초점거리가 160mm이고, 사진크기가 18cm × 18cm인 연직사진측량을 하였을 때 기선고도비는?(단, 종중복 60%, 사진축척은 1 : 2,000이다)

① 0.45 ② 0.55
③ 0.65 ④ 0.75

해설
$$\text{기선고도비} = \frac{B}{H} = \frac{ma\left(1-\frac{p}{100}\right)}{mf} = \frac{0.18\left(1-\frac{60}{100}\right)}{0.16} = 0.45$$

정답 18 ③ 19 ② 20 ① 21 ① 22 ③ 23 ①

24 표정 중 종시차를 소거하여 목표지형물의 상대적 위치를 맞추는 작업은?

① 접합표정
② 내부표정
③ 절대표정
④ 상호표정

해설
상호표정은 지상과의 관계는 고려하지 않고 좌우사진의 양투영기에서 나오는 광속이 촬영 당시 촬영면에 이루어지는 종시차를 소거하여 목표 지형물의 상대위치를 맞추는 작업이다.

25 항공사진의 촬영 시 사진축척과 관련된 내용으로 옳은 것은?

① 초점거리에 비례한다.
② 비행고도와 비례한다.
③ 촬영속도에 비례한다.
④ 초점거리의 제곱에 비례한다.

해설
사진축척은 초점거리에 비례하고 비행고도에 반비례한다.

$M = \frac{1}{m} = \frac{f}{H} = \frac{l}{L}$

26 항측용 디지털 카메라에 의한 영상을 이용하여 직접 수치지도를 제작하는 과정에 필요한 과정이 아닌 것은?

① 정위치편집
② 일반화편집
③ 구조화편집
④ 현지보완측량

해설
일반화편집은 지도축척의 변화에 대응하여 자료의 일반화과정을 말한다.

27 사진의 크기 24cm × 18cm, 초점거리 25cm, 촬영고도 5,400m일 때 이 사진의 포괄 면적은?

① 25.4km^2 ② 20.2km^2
③ 18.8km^2 ④ 10.8km^2

해설
$\frac{1}{m} = \frac{f}{H} = \frac{0.25}{5,400} = \frac{1}{21,600}$

$A = (ma)^2 = (21,600 \times 0.24) \times (21,600 \times 0.18) = 20,155,392\text{m}^2 = 20.2\text{km}^2$

28 비행속도 190km/h인 항공기에서 초점거리 153mm인 카메라로 어느 시가지를 촬영한 항공사진이 있다. 허용 흔들림량이 사진상에서 0.01mm, 최장 노출시간이 1/250초, 사진크기가 23cm × 23cm일 때 이 사진상에서 연직점으로부터 7cm 떨어진 위치에 있는, 실제 높이가 120m인 건물의 기복변위는?

① 2.4mm ② 2.6mm
③ 2.8mm ④ 3.0mm

해설
$T_t = \frac{\Delta s \cdot m}{V}$ 에서

$m = \frac{T_t V}{\Delta a} = \frac{\frac{1}{250} \times 190 \times 1,000,000 \times \frac{1}{3,000}}{0.01} = \frac{200}{0.01} = 21,111$

$M = \frac{1}{m} = \frac{f}{H}$ 에서

$H = mf = 21,111 \times 0.153 = 3,230$

$\Delta r = \frac{h}{H} \times r = \frac{120}{3,230} \times 0.07 = 0.0026\text{m} = 2.6\text{mm}$

29 탐측기(Sensor)의 종류 중 능동적 탐측기(Active Sensor)에 해당되는 것은?

① RBV(Return Beam Vidicon)
② MSS(Multi Spectral Scanner)
③ SAR(Synthetic Aperture Radar)
④ TM(Thematic Mapper)

해설
SAR은 레이더원리를 이용한 능동적 방식으로 취득에 필요한 에너지를 감지기에서 직접 지표면 또는 대상물에 발사하여 반사되어 오는 마이크로파를 기록하여 영상을 생성하는 능동적인 감지기이다.

정답 24 ④ 25 ① 26 ② 27 ② 28 ② 29 ③

30 **사진을 조정의 기본단위로 하는 항공삼각측량 방법은?**

① 광속(번들)조정법
② 독립입체모형법
③ 다항식법
④ 스트립조정법

해설
• 다항식조정법 : 종접합모형을 기본단위로 조정하는 방법
• 독립모델조정법 : 입체모형을 기본단위로 하여 조정하는 방법
• 광속조정법 : 상좌표를 사진좌표로 변환 후 사진좌표로부터 직접절대좌표를 구하는 방법
• DLT 방법 : 광속조정법의 변형인 DLT 방법은 상좌표로부터 사진좌표를 거치지 않고 11개의 변수를 이용하여 직접 절대좌표를 구하는 방법

31 **비행고도가 일정할 때에 보통각, 광각, 초광각의 세 가지 카메라로서 사진을 찍을 때에 사진축척이 가장 작은 것은?**

① 보통각사진 ② 광각사진
③ 초광각사진 ④ 축척은 모두 같다.

해설
화각이 클수록 사진축척이 작아진다.

종 류	렌즈의 화각	화면크기	용 도
초광각사진	120°	23*23	소축척도화용
광각사진	90°	23*23	일반도화, 사진판독용
보통각사진	60°	18*18	산림조사용
협각사진	60° 이하		특수한 대축척도화용

32 **회전주기가 일정한 인공위성을 이용하여 영상을 취득하는 경우에 대한 설명으로 옳지 않은 것은?**

① 관측이 좁은 시야각으로 행하여지므로 얻어진 영상은 정사투영영상에 가깝다.
② 관측영상이 수치적 자료이므로 판독이 자동적이고 정량화가 가능하다.
③ 회전주기가 일정하므로 반복적인 관측이 가능하다.
④ 필요한 시점의 영상을 신속하게 수신할 수 있다.

해설
회전주기가 일정하므로 원하는 지점 및 시기에 관측하기 어렵다.

33 **원격탐사에서 영상자료의 기하보정이 필요한 경우가 아닌 것은?**

① 다른 파장대의 영상을 중첩하고자 할 때
② 지리적인 위치를 정확히 구하고자 할 때
③ 다른 일시 또는 센서로 취한 같은 장소의 영상을 중첩하고자 할 때
④ 영상의 질을 높이거나 태양입사각 및 시야각에 의해 영향을 보정할 때

해설
기하보정은 기하왜곡(센서내부왜곡, 센서외부왜곡, 화상투영면처리방법, 지도투영법의 기하학)을 위한 보정이다.

34 **항공사진측량에 관한 설명으로 옳은 것은?**

① 항공사진측량은 주로 지형도 제작을 목적으로 수행된다.
② 항공사진측량은 좁은 지역에서도 능률적이며 경제적이다.
③ 항공사진측량은 기상 조건의 제약을 거의 받지 않는다.
④ 항공사진측량은 지상 기준점 측량이 필요없다.

해설
항공사진측량은 사진의 영상을 이용하여 피사체에 대한 정량적 및 정성적 해석을 하는 학문으로서 지형도 제작뿐만 아니라 토지, 자원, 환경 및 사회기반시설 등 다양한 분야에 활용된다.

35 **사진측량의 표정점 종류가 아닌 것은?**

① 접합점 ② 자침점
③ 등각점 ④ 자연점

해설
사진측량에 필요로 한 점
• 표정점 : 자연점, 지상기준점
• 보조기준점 : 종접합점, 횡접합점
• 대공표지
• 자침점

정답 30 ① 31 ③ 32 ③ 33 ④ 34 ① 35 ③

36 어느 지역의 영상으로부터 "논"의 훈련지역(Training Field)을 선택하여 해당 영상소를 "P"로 표기하였다. 이때 산출되는 통계값과 사변형 분류법(Parallelepiped Classification)을 이용하여 "논"을 분류한 결과로 적당한 것은?

행＼열	1	2	3	4	5	6	7
1	9	9	9	3	4	5	3
2	8	8	7	7	5	3	4
3	8	7	8	9	7	5	6
4	7	8	9	9	7	4	5
5	8	7	9	8	3	4	2
6	7	9	9	4	1	1	0
7	9	9	6	0	1	0	2

[영 상]

	1	2	3	4	5	6	7
1							
2						P	
3						P	
4						P	
5							
6				P			
7							

[훈련지역]

①
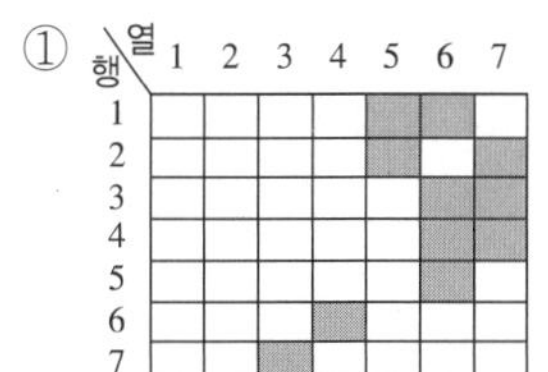

②
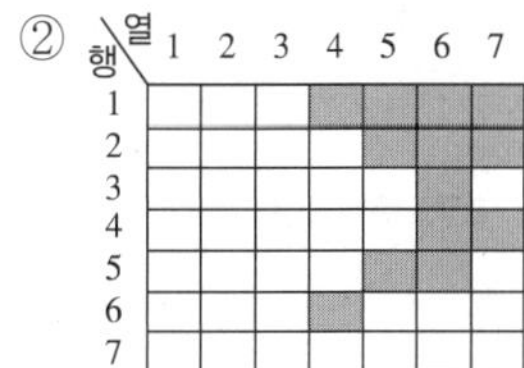

③
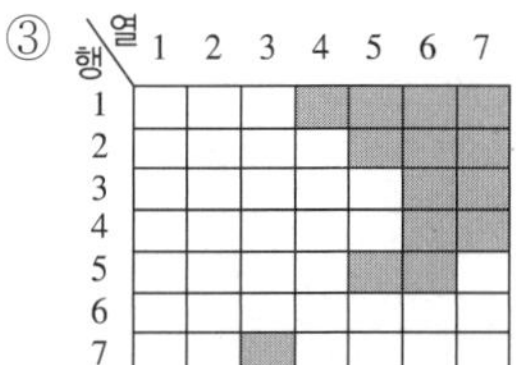

④
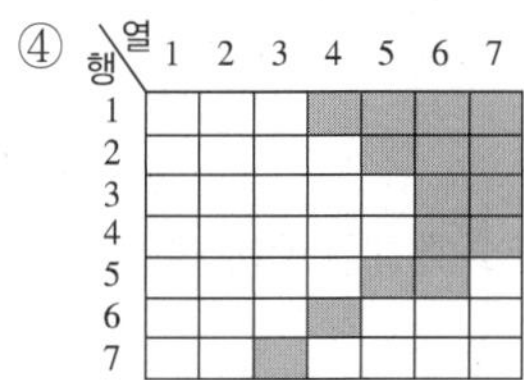

해설
논의 훈련지역을 선택하여 해당 영상소 P값에 해당되는 값은 3, 5, 4, 4이므로 영상소의 값들중에 3, 5, 4, 4에 해당되는 영상소 값만을 분류한 지역은

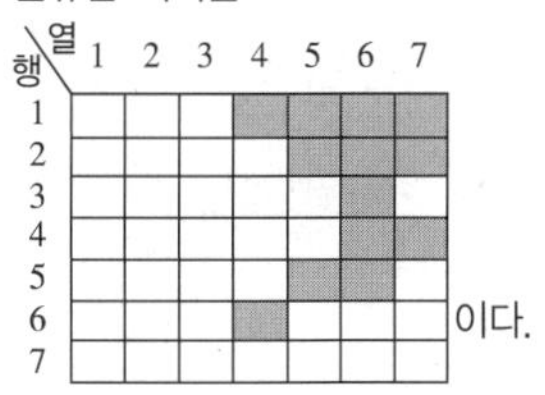
이다.

37 사진측량의 촬영방향에 의한 분류에 대한 설명으로 옳지 않은 것은?

① 수직사진 : 광축이 연직선과 일치하도록 공중에서 촬영한 사진
② 수렴사진 : 광축이 서로 평행하게 촬영한 사진
③ 수평사진 : 광축이 수평선과 거의 일치하도록 지상에서 촬영한 사진
④ 경사사진 : 광축이 연직선과 경사지도록 공중에서 촬영한 사진

해설

구 분	수직사진	저각도 경사사진	고각도 경사사진
특 징	경사 3도 이내	수평선이 찍힌다.	수평선이 찍히지 않는다.
촬영면적	가장 좁다.	보 통	가장 넓다.
촬영지역 형태	정사각형	부등변삼각형	부등변삼각형
축 척	같은 표고에서 축척 일정	고경사에서 보다 축척 감소량 적다.	카메라로부터 멀어질수록 축척감소
지도와의 차이	가장 적다.	적다.	가장 많다.

38 정합의 대상기준에 따른 영상정합의 분류에 해당되지 않는 것은?

① 영역 기준 정합
② 객체형 정합
③ 형상 기준 정합
④ 관계형 정합

해설
- 영상 기준 정합 : 영상소의 밝기값 이용(밝기값상관법, 최소제곱정합법)
- 형상 기준 정합(Feature Matching) : 경계정보이용
- 관계형 정합(Relation Matching) : 대상물의 점, 선, 밝기값 등을 이용

정답 36 ② 37 ② 38 ②

39 다음 중 우리나라 위성으로 옳은 것은?

① IKONOS
② LANDSAT
③ KOMPSAT
④ IRS

해설
- 우리별 위성(KITSAT) : 최초의 과학위성으로 지구표면 촬영, 우주실험 등의 임무 수행
- 무궁화 위성(KOREASAT) : 우리나라 위성통신과 위성방송사업을 담당하기 위해 발사된 통신위성
- 아리랑 위성(KOMPSAT) : 다목적실용위성
- 과학기술 위성 : 우주관측, 우주환경 측정 과학 실험 등의 임무를 수행
- 천리안 위성(STSAT) : 통신해양기상 위성으로 정지궤도위성

40 일반카메라와 비교할 때, 항공사진측량용 카메라의 특징에 대한 설명으로 옳지 않은 것은?

① 렌즈의 왜곡이 적다.
② 해상력과 선명도가 높다.
③ 렌즈의 피사각이 크다.
④ 초점거리가 짧다.

해설
일반카메라에 비해 초점거리가 길다(항공사진측량용 카메라 : 153mm 이상).

제3과목 지리정보시스템(GIS) 및 위성측위시스템(GPS)

41 지리정보시스템(GIS)의 공간분석에서 선형 공간객체의 특성을 이용한 관망(Network)분석기법으로 가능한 분석과 거리가 가장 먼 것은?

① 댐 상류의 유량 추적 및 오염 발생이 하류에 미치는 영향 분석
② 하나의 지점에서 다른 지점으로 이동 시 최적 경로의 선정
③ 특정 주거지역의 면적 산정과 인구 파악을 통한 인구밀도의 계산
④ 창고나 보급소, 경찰서, 소방서와 같은 주요 시설물의 위치선정

해설
관망분석
- 최단경로 : 주어진 기원지와 목적지를 잇는 최단거리의 경로분석
- 최소비용경로 : 기원지와 목적지를 연결하는 네트워크상에서 최소의 비용으로 이동하기 위한 경로를 탐색
- 차량 경로 탐색과 교통량 할당 문제 등의 분석

42 지리정보시스템(GIS) 구축에 대한 용어 설명으로 옳지 않은 것은?

① 변환 : 구축된 자료 중에서 필요한 자료를 쉽게 찾아낸다.
② 분석 : 자료를 특성별로 분류하여 자료가 내포하는 의미를 찾아낸다.
③ 저장 : 수집된 자료를 전산자료로 저장한다.
④ 수집 : 필요한 자료를 획득한다.

해설
변 환
원영상이 그대로 전송되지 않고 다른 형태로 전송되는 것을 말한다.

정답 39 ③ 40 ④ 41 ③ 42 ①

43 GPS의 위성신호 중 주파수가 1,575.42MHz인 L1의 50,000 파장에 해당되는 거리는?(단, 광속＝300,000km/s로 가정한다)

① 6,875.23m
② 9,521.27m
③ 10,002.89m
④ 15,754.20m

해설

$\lambda = \frac{c}{f}$

여기서, λ : 파장, c : 광속도, f : 주파수
MHz를 Hz 단위로 환산하면

$\lambda = \frac{300,000,000}{1,575.42} \times 10^6 = 0.19042541$m

MHz를 Hz단위로 환산하면
∴ L1 신호 10,000 파장거리＝50,000×0.19042541＝9,521.27m

44 항공사진측량에 의한 작업 공정에 따른 수치지도 제작 순서로 옳게 나열된 것은?

a. 기준점 측량　b. 현지조사
c. 항공사진 촬영　d. 정위치 편집
e. 수치도화

① c－a－b－e－d
② c－a－e－b－d
③ c－b－a－d－e
④ c－e－a－b－d

해설

항공사진 촬영 → 기준점 측량 → 수치도화 → 현지조사 → 정위치 편집

45 그림의 2차원 쿼드트리(Quadtree)의 총 면적은?(단, 최하단에서 하나의 셀의 면적을 2로 가정)

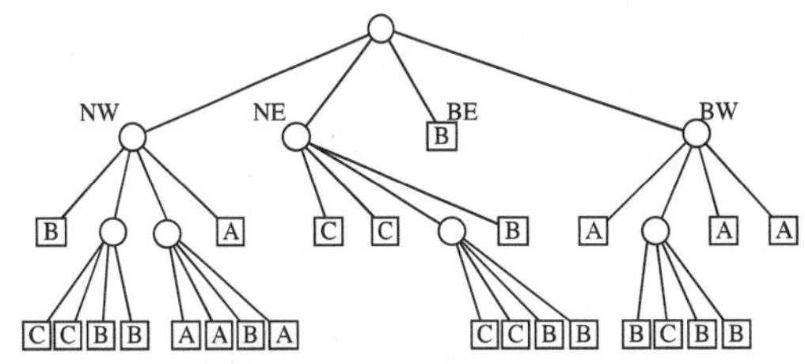

① 16　② 25
③ 64　④ 128

해설

구 분	B의 면적	C의 면적	A의 면적
두 번째 단	1개*32 (단위면적의 16배)＝32	5개*2＝10	3개*2＝6
세 번째 단	2개*8 (단위면적의 4배)＝16	2개*8＝16	4개*8＝32
네 번째 단	8개*2＝16		
소 계	64개	26개	38개
합 계	128개		

46 메타데이터(Metadata)에 대한 설명으로 거리가 먼 것은?

① 일련의 자료에 대한 정보로서 자료를 사용하는 데 필요하다.
② 자료를 생산, 유지, 관리하는 데 필요한 정보를 담고 있다.
③ 자료에 대한 내용, 품질, 사용조건 등을 알 수 있다.
④ 정확한 정보를 유지하기 위해 수정 및 갱신이 불가능하다.

해설

정확한 정보를 유지하기 위해 수정 및 갱신이 가능하여야 한다.

47 지리정보시스템(GIS)의 하드웨어 구성 중 자료 출력 장비가 아닌 것은?

① 플로터　② 프린터
③ 자동 제도기　④ 해석 도화기

해설

해석 도화기는 영상으로부터 지형데이터를 획득하는 장치이다.

정답 43 ② 44 ② 45 ④ 46 ④ 47 ④

48 **지리정보시스템(GIS) 표준과 관련된 국제기구는?**

① Open Geospatial Consortium
② Open Source Consortium
③ Open Scene Graph
④ Open GIS Library

해설
Open Geospatial Consortium는 세계 각국의 산업계, 정부 및 학계가 주축이 되어 1994년8월 지리정보를 상호 운용이 가능하게 하기 위해 기술적·상업적 접근을 촉진하기 위해 조직된 비영리단체로 GIS관련 기관과 업체를 중심으로 한다.

49 **과학기술용 위성 등 저궤도 위성에 탑재된 GNSS 수신기를 이용한 정밀위성궤도 결정과 가장 유사한 지상측량의 방법은?**

① 위상데이터를 이용한 이동측위
② 위상데이터를 이용한 정지측위
③ 코드데이터를 이용한 이동측위
④ 코드데이터를 이용한 정지측위

해설
반송파신호측정장치는 간섭측위라 하며 전파의 위상차를 관측하는 방식으로 수신기에 마지막으로 수신되는 파장의 위상을 정확히 알 수 없으므로 이를 모호정수라 한다. 이 방법은 후처리용 정밀기준점측량 및 RTK법과 같은 실시간이동측량에 사용된다.

50 **지리정보시스템(GIS)의 데이터 처리를 위한 데이터베이스 관리시스템(DBMS)에 대한 설명으로 거리가 가장 먼 것은?**

① 복잡한 조건 검색 기능이 불필요하여 구조가 간단하다.
② 자료의 중복 없이 표준화된 형태로 저장되어 있어야 한다.
③ 데이터베이스의 내용을 표시할 수 있어야 한다.
④ 데이터 보호를 위한 안전관리가 되어 있어야 한다.

해설
DBMS 방식
데이터베이스를 지원하는 물리적인 시스템으로 데이터베이스를 생성, 관리, 제공하는 집합
- 중앙제어장치로 운영 가능
- 효율적인 자료호환으로 사용자가 편리하다.
- 저장된 자료의 형태에 관계없이 데이터의 독립성
- 새로운 응용프로그램 개발의 용이성
- 신뢰도 보호 및 일관성 유지
- 중복된 자료 감소 및 높은 수정 방안 제시
- 다양한 응용프로그램에서 다른 목적으로 편집 및 저장

51 **지리정보시스템(GIS)의 특징에 대한 설명으로 틀린 것은?**

① 사용자의 요구에 맞는 주제도 제작이 용이하다.
② GIS데이터는 CAD데이터에 비해 형식이 간단하다.
③ 수치데이터로 구축되어 지도축척의 변경이 용이하다.
④ GIS데이터는 자료의 통계분석과 분석결과에 따라 다양한 지도제작이 가능하다.

해설
GIS데이터는 CAD데이터에 비해 형식이 다양한 형태(지리자료, 속성자료)로 이루어져 있다.

52 **GNSS 수신데이터에 대한 공통데이터 포맷은?**

① RINEX
② DGPS
③ NGIS
④ RTCM

해설
GNSS 수신데이터에 대한 공통데이터 포맷방식은 RINEX로 서로 다른 종류의 GPS수신기를 사용하여 관측하여도 기선해석이 가능하게 하는 자료형식으로 전 세계적인 표준이다.

53 **불규칙삼각망(TIN)에 대한 설명으로 옳지 않은 것은?**

① 주로 Delaunay 삼각법에 의해 만들어진다.
② 고도값의 내삽에는 사용될 수 없다.
③ 경사도, 사면방향, 체적 등을 계산할 수 있다.
④ DEM 제작에 사용된다.

해설
고도값의 내삽에 사용될 수 있다.

정답 48 ① 49 ① 50 ① 51 ② 52 ① 53 ②

54 **공간분석 위상관계에 대한 설명으로 옳지 않은 것은?**

① 위상관계란 공간자료의 상호관계를 정의한다.
② 위상관계란 인접한 점, 선, 면 사이의 공간적 관계를 나타낸다.
③ 위상관계란 공간객체와 속성정보의 연결을 의미한다.
④ 위상관계에서 한 노드(Node)를 공유하는 모든 아크(Arc)는 상호연결성의 존재가 반드시 필요하다.

해설
위 상
도형 간의 공간상 상관관계를 의미하는데 위상은 특정 변화에 의해 불변으로 남는 기하학적 속성을 다루는 수학의 한 분야로 위상모형의 전제조건으로는 모든 선의 연결성과 인접성, 포함성의 성질을 갖는다.

55 **GNSS 측량과 수준측량에 의한 높이값의 관계를 나타낸 내용이다. ( ) 안에 가장 적합한 용어가 순서대로 나열된 것은?**

> GNSS측량에 의해 결정되는 높이값은 ( )에 해당되며, 레벨에 의해 직접수준측량으로 구해진 높이값은 ( )를 기준으로 한 ( )가 된다. 따라서 GNSS측량과 수준측량을 동일 관측점에서 실시하게 되면 그 지점의 ( )를 알 수 있게 된다.

① 표고 – 타원체 – 지오이드고 – 비고
② 지오이드고 – 타원체 – 비고 – 표고
③ 타원체고 – 타원체 – 지오이드고 – 표고
④ 타원체고 – 지오이드 – 표고 – 지오이드고

해설
정표고는 평균해수면에 가장 근사한 중력포텐셜면으로 정의되는 지오이드를 기준으로 하여 측량되며 GPS에 의해 측정되는 타원체고는 지오이드에 대하여 수학적으로 가장 근사한 가상면의 지심타원체를 기준으로 측정된다. 그러므로 수준측량에 있어 GPS를 실용화하기 위해서는 정확한 지오이드가 산정되어야 한다.

56 **수치지형모델 중의 한 유형인 수치표고모델(DEM)의 활용과 거리가 가장 먼 것은?**

① 토지피복도(Land Cover Map)
② 3차원 조망도(Perspective View)
③ 음영기복도(Shaded Relief Map)
④ 경사도(Slope Map)

해설
수치표고모델의 활용
- 도로의 부지 및 댐의 위치선정
- 수문 정보체계 구축
- 등고선도와 시선도
- 절토량과 성토량의 산정
- 조경설계 및 계획을 위한 입체적인 표현
- 지형의 통계적 분석과 비교
- 경사도, 사면방향도, 경사 및 단면의 계산과 음영기복도 제작
- 수치지형도 작성에 필요한 표고정보와 지형정보를 이루는 속성
- 군사적 목적의 3차원 표현

57 **벡터구조의 특징으로 옳지 않은 것은?**

① 그래픽의 정확도가 높다.
② 복잡한 현실 세계의 구체적 묘사가 가능하다.
③ 자료구조가 단순하다.
④ 데이터 용량의 축소가 용이하다.

해설
벡터구조는 자료구조가 복잡하다.

58 **벡터데이터 취득방법이 아닌 것은?**

① 매뉴얼 디지타이징(Manual Digitizing)
② 헤드업 디지타이징(Head-up Digitizing)
③ COGO 데이터 입력(COGO Input)
④ 래스터라이제이션(Rasterization)

해설
연속한 폴리곤을 불연속적인 픽셀로 바꾸기 위한 룰을 레스터라이제이션 룰이라 하여 래스터라이제이션을 래스터데이터에 대한 취득방법이다.

정답 54 ③ 55 ④ 56 ① 57 ③ 58 ④

59 **GNSS를 이용한 측량 분야의 활용으로 거리가 가장 먼 것은?**

① 해양 작업선의 위치 결정
② 택배 운송차량의 위치 정보 확인
③ 터널 내의 선형 및 단면 측량
④ 댐, 교량 등의 변위 측량

해설
GNSS 측량의 직접적인 활용분야
- 측지측량 분야
- 해상측량분야
- 교통분야
- 지도제작분야
- 항공분야
- 우주분야
- 레저 스포츠분야
- 군사용 등

60 **지리정보시스템(GIS)의 기능과 거리가 먼 것은?**

① 데이터 획득 및 저장
② 데이터 관리 및 검색
③ 데이터 유통 및 가격 결정
④ 데이터 분석 및 표현

해설
GIS의 주요기능은 자료입력, 자료처리, 출력 등이다.

제4과목 측량학

61 **A, B점 간의 고저차를 구하기 위해 그림과 같이 (1), (2), (3) 노선을 직접 수준측량을 실시하여 표와 같은 결과를 얻었다면 최확값은?**

구 분	관측결과	노선길이
(1)	32.234m	2km
(2)	32.245m	1km
(3)	32.240m	1km

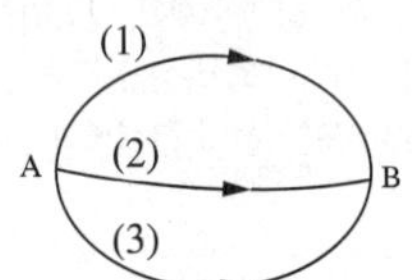

① 32.238m ② 32.239m
③ 32.241m ④ 32.246m

해설
직접수준측량에서 경중률은 노선거리에 반비례하므로

$P_1 : P_2 : P_3 = \frac{1}{2} : 1 : 1 = 1 : 2 : 2$

$$최확값 = \frac{P_1H_1 + P_2H_2 + P_3H_3}{P_1 + P_2 + P_3}$$

$$= \frac{32.234 \times 1 + 32.245 \times 2 + 32.240 \times 2}{1+2+2} = 32.241\text{m}$$

62 **삼각망의 조정계산에서 만족시켜야 할 기하학적 조건이 아닌 것은?**

① 삼각형의 내각의 합은 180°이다.
② 삼각형의 편각의 합은 560°이어야 한다.
③ 어느 한 측점 주위에 형성된 모든 각의 합은 반드시 360°이어야 한다.
④ 삼각형의 한 변의 길이는 그 계산 경로에 관계없이 항상 일정하여야 한다.

해설
- 각조건 : 삼각형의 세 내각의 합은 180°이다.
- 점조건 : 어느 한 측점 주위에 형성된 모든 각의 합은 반드시 360°이어야 한다.
- 변조건 : 삼각형의 한 변의 길이는 그 계산 경로에 관계없이 항상 일정하여야 한다.
- 편각조건 : 삼각형의 편각의 총합은 360°이어야 한다.

정답 59 ③ 60 ③ 61 ③ 62 ②

63 기지점의 지반고 86.37m, 기지점에서의 후시 3.95m, 미지점에서의 전시 2.04m일 때 미지점의 지반고는?

① 80.38m
② 84.46m
③ 88.28m
④ 92.36m

해설

$G.H_{미지점} = G.H_{기지점} + B.S - F.S$
$= 86.37 + 3.95 - 2.04 = 88.28m$

64 측량 장비 중 두 점 간의 각과 거리를 동시에 관측할 수 있는 장비는?

① 토털 스테이션(Total Station)
② 세오돌라이트(Theodolite)
③ GPS(Global Positioning System) 수신기
④ EDM(Electro-optical Distance Measuring)

해설

① 토털 스테이션(Total Station) : 거리, 수평각, 연직각을 동시에 관측할 수 있다.
② 세오돌라이트(Theodolite) : 각측량기이다.
③ GPS(Global Positioning System) 수신기 : 위성측위시스템에 의한 3차원 위치결정을 한다.
④ EDM(Electro-optical Distance Measuring) : 전자파 거리측량기이다.

65 삼각망 내 어떤 삼각형의 구과량이 10″일 때, 그 구면삼각형의 면적은?(단, 지구의 반지름은 6,370km이다)

① $1,047km^2$
② $1,574km^2$
③ $1,967km^2$
④ $2,532km^2$

해설

$\varepsilon = \frac{A}{R^2}\rho''$

$A = \frac{\varepsilon}{\rho''} \times R^2 = \frac{10''}{206,265''} \times 6,370^2 = 1,967km^2$

66 삼변측량에서 $\cos\angle A$를 구하는 식으로 옳은 것은?

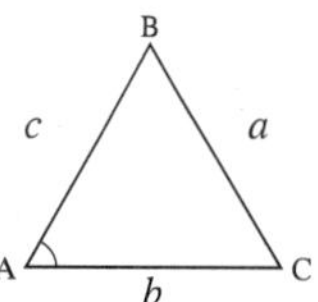

① $\frac{a+c^2-b^2}{ac}$
② $\frac{b^2+c^2-a^2}{2bc}$
③ $\frac{a^2+b^2-c^2}{2bc}$
④ $\frac{a-c^2+b^2}{ac}$

해설

코사인 제2법칙에 의한 계산방식이다.

- $\angle A = \frac{b^2+c^2-a^2}{2bc}$
- $\angle B = \frac{a^2+c^2-b^2}{2ac}$
- $\angle C = \frac{a^2+b^2-c^2}{2ab}$

67 우리나라의 평면직각좌표계에 대한 설명 중 틀린 것은?

① 축척계수는 0.9996이다.
② 원점의 위도는 모두 북위 38°이다.
③ 투영원점의 가산수치는 X(N)에 대하여 600,000m이다.
④ 투영원점의 가산수치는 Y(E)에 대하여 200,000m이다.

해설

- X축은 좌표계 원점의 자오선에 일치하여야 하고, 진북방향을 정(+)으로 표시하며, Y축은 X축에 직교하는 축으로서 진동방향을 정(+)으로 한다.
- 세계측지계에 따르지 아니하는 지적측량의 경우에는 가우스상사이중투영법으로 표시하되, 직각좌표계 투영원점의 가산수치를 각각 X(N) 500,000m, Y(E) 200,000m로 하여 사용할 수 있다.

명 칭	원점의 경위도	원점축척계수
서부좌표계	• 경도 : 동경 125°00′ • 위도 : 북위 38°00′	1.000
중부좌표계	• 경도 : 동경 127°00′ • 위도 : 북위 38°00′	1.000
동부좌표계	• 경도 : 동경 129°00′ • 위도 : 북위 38°00′	1.000
동해좌표계	• 경도 : 동경 131°00′ • 위도 : 북위 38°00′	1.000

정답 63 ③ 64 ① 65 ③ 66 ② 67 ①

68 **측량에서 발생되는 오차 중 주로 관측자의 미숙과 부주의로 인하여 발생되는 오차는?**

① 착 오
② 정오차
③ 부정오차
④ 표준오차

해설
관측자의 미숙과 부주의로 인하여 발생되는 오차는 착오이다.

69 **경중률에 대한 설명으로 옳은 것은?**

① 경중률은 동일 조건으로 관측했을 때 관측횟수에 반비례한다.
② 경중률은 평균의 크기에 비례한다.
③ 경중률은 관측거리에 반비례한다.
④ 경중률은 표준편차의 제곱에 비례한다.

해설
- 경중률은 관측횟수에 비례한다.
- 경중률은 평균제곱오차의 제곱에 반비례한다.
- 경중률은 정밀도의 제곱에 비례한다.
- 직접수준측량에서 오차는 노선거리의 제곱근에 비례한다.
- 직접수준측량에서 경중률은 노선거리에 반비례한다.
- 간접수준측량에서 오차는 노선거리에 비례한다.
- 간접수준측량에서 경중률은 노선거리의 제곱에 반비례한다.

70 **각측량에서 기계오차의 소거방법 중 망원경을 정·반위로 관측하여도 제거되지 않는 오차는?**

① 시준선과 수평축이 직교하지 않아 생기는 오차
② 수평 기포관축이 연직축과 직교하지 않아 생기는 오차
③ 수평축이 연직축에 직교하지 않아 생기는 오차
④ 회전축에 대하여 망원경의 위치가 편심되어 생기는 오차

해설
수평각 측정 시 필요한 조정

제1조정	평반기포관의 조정 : 연직축오차	평반기포관축은 연직축에 직교해야 한다.
제2조정	십자종선의 조정 : 시준축오차	십자종선은 수평숙에 직교해야 한다.
제3조정	수평축의 조정 : 수평축오차	수평축은 연직축에 직교해야 한다.

연직축 측정 시 필요한 조정

제1조정	십자회선의 조정	십자선의 교점은 정확하게 망원경의 중심과 일치하고 십자횡선은 수평축과 평행해야 한다.
제2조정	망원경기포관의 조정	망원경에 장치된 기포관축과 시준선은 평행해야 한다.
제3조정	연직분도원 버니어조정	시준선은 수평(기포관의 기포가 중앙)일 때 연직분도원의 0°가 버니어의 0과 일치해야 한다.

71 **등고선의 성질에 대한 설명으로 옳지 않은 것은?**

① 낭떠러지와 동굴에서는 교차한다.
② 등고선 간 최단거리의 방향은 그 지표면의 최대 경사방향을 가리킨다.
③ 등고선은 도면 안 또는 밖에서 반드시 폐합하며 도중에 소실되지 않는다.
④ 등고선은 경사가 급한 곳에서는 간격이 넓고, 경사가 완만한 곳에서는 간격이 좁다.

해설
등고선 간 최단거리의 방향은 등고선과 직각으로 교차한다.

정답 68 ① 69 ③ 70 ② 71 ④

72 직사각형의 면적을 구하기 위하여 거리를 관측한 결과, 가로 = 50.00 ± 0.01m, 세로 = 100.00 ± 0.02m이었다면 면적에 대한 오차는?

① $\pm 0.01\text{m}^2$　　② $\pm 0.02\text{m}^2$

③ $\pm 0.98\text{m}^2$　　④ $\pm 1.41\text{m}^2$

해설

$M = \pm\sqrt{(X_2 \cdot m_1)^2 + (X_1 \cdot m_2)^2}$

$= \pm\sqrt{(50 \times 0.02)^2 + (100 \times 0.01)^2}$

$= \pm\sqrt{1^2 + 1^2}$

$= \pm\sqrt{2}$

$= \pm 1.41\text{m}^2$

73 어느 정사각형 형태의 지역에 대한 실제 면적이 A, 지형도상의 면적이 B일 때 이 지형도의 축척으로 옳은 것은?

① $B : A$

② $\sqrt{B} : A$

③ $B : \sqrt{A}$

④ $\sqrt{B} : \sqrt{A}$

해설

실제지형의 면적은 지형도상 면적의 평반근에 반비례한다. 따라서 $\sqrt{B} : \sqrt{A}$ 이다.

74 그림과 같이 편각을 측정하였다면 $\overline{\text{DE}}$의 방위각은?(단, $\overline{\text{AB}}$의 방위각은 60°이다)

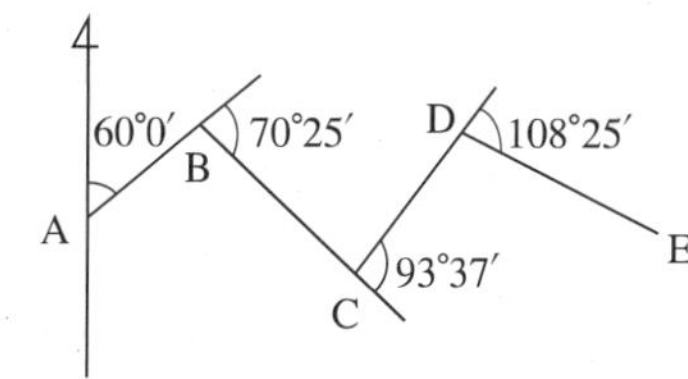

① 145°13′　　② 147°13′

③ 149°32′　　④ 151°13′

해설

$\theta_{BC} = 60° + 70°25' = 130°25'$

$\theta_{CD} = 130°25' - 93°37' = 36°48'$

$\theta_{DE} = 36°48' + 108°25' = 145°13'$

75 공간정보의 구축 및 관리 등에 관한 법률의 제정목적에 대한 설명으로 가장 적합한 것은?

① 국토의 효율적 관리와 해상교통의 안전 및 국민의 소유권 보호에 기여함

② 국토개발의 중복 배제와 경비 절감에 기여함

③ 공간정보 구축의 기준 및 절차를 규정함

④ 측량과 지적측량에 관한 규칙을 정함

해설

목적(공간정보의 구축 및 관리 등에 관한 법률 제1조)

이 법은 측량의 기준 및 절차와 지적공부 · 부동산종합공부의 작성 및 관리 등에 관한 사항을 규정함으로써 국토의 효율적 관리 및 국민의 소유권 보호에 기여함을 목적으로 한다.

76 측량업자로서 속임수, 위력, 그 밖의 방법으로 측량업과 관련된 입찰의 공정성을 해친 자에 대한 벌칙 기준은?

① 3년 이하의 징역 또는 3,000만원 이하의 벌금

② 2년 이하의 징역 또는 2,000만원 이하의 벌금

③ 1년 이하의 징역 또는 1,000만원 이하의 벌금

④ 300만원 이하의 과태료

해설

벌칙(공간정보의 구축 및 관리 등에 관한 법률 제107조)

측량업자로서 속임수, 위력(威力), 그 밖의 방법으로 측량업과 관련된 입찰의 공정성을 해친 자는 3년 이하의 징역 또는 3,000만원 이하의 벌금에 처한다.

77 공공측량 작업계획서에 포함되어야 할 사항이 아닌 것은?

① 공공측량의 사업명

② 공공측량 성과의 보관 장소

③ 공공측량의 위치 및 사업량

④ 공공측량의 목적 및 활용 범위

해설

공간정보의 구축 및 관리 등에 관한 법률 시행규칙 제21조(공공측량 작업계획서의 제출)에 의하면 공공측량 성과의 보관 장소는 포함하지 않는다.

정답 72 ④ 73 ④ 74 ① 75 ① 76 ① 77 ②

78 측량기준점 중 국가기준점에 해당되지 않는 것은?

① 위성기준점
② 통합기준점
③ 삼각점
④ 공공수준점

해설
측량기준점의 구분(공간정보의 구축 및 관리 등에 관한 법률 시행령 제8조)
- 국가기준점 : 우주측지기준점, 위성기준점, 수준점, 중력점, 통합기준점, 삼각점, 지자기점
- 공공기준점 : 공공삼각점, 공공수준점
- 지적기준점 : 지적삼각점, 지적삼각보조점, 지적도근점

79 다음 중 기본측량성과의 고시내용이 아닌 것은?

① 측량의 종류
② 측량의 정확도
③ 측량성과의 보관 장소
④ 측량 작업의 방법

해설
공간정보의 구축 및 관리 등에 관한 법률 시행령 제13조(측량성과의 고시)에 의하면 측량 작업의 방법은 고시내용이 아니다.

80 성능검사를 받아야 하는 측량기기와 검사주기로 옳은 것은?

① 레벨 : 1년
② 토털 스테이션 : 2년
③ 지피에스(GPS) 수신기 : 3년
④ 금속관로 탐지기 : 4년

해설
성능검사의 대상 및 주기 등(공간정보의 구축 및 관리 등에 관한 법률 시행령 제97조)
- 트랜싯(데오드라이트) : 3년
- 레벨 : 3년
- 거리측량기 : 3년
- 토털 스테이션 : 3년
- 지피에스(GPS) 수신기 : 3년
- 금속 또는 비금속 관로 탐지기 : 3년

정답 78 ④ 79 ④ 80 ③

2017년 제4회 과년도 기출문제

제1과목 응용측량

01 댐 외부의 수평변위에 대한 측정방법으로 가장 부적합한 것은?

① 삼각측량 ② GNSS측량
③ 삼변측량 ④ 시거측량

해설
시거측량은 시준거리에 따른 협장과 연직각을 이용한 간접 거리 및 높이를 계산하는 방법으로 측정정확도는 1/500~1/1,000으로 0.1mm 이하의 측정 정확도를 요구하는 변위계측방법에는 적당하지 않다.

02 노선측량의 주요 대상이 아닌 것은?

① 해안선 ② 운 하
③ 도 로 ④ 철 도

해설
해안선은 수로측량에 해당한다.
노선측량의 응용 : 도로, 철도, 운하 등의 교통로의 측량

03 하천측량에서 평면측량의 일반적인 범위는?

① 유체부에서 제외지 및 제내지 300m 이내, 무제부에서는 홍수영향 구역보다 약간 넓게
② 유체부에서 제외지 및 제내지 200m 이내, 무제부에서는 홍수영향 구역보다 약간 좁게
③ 유체부에서 제내지 및 제외지 200m 이내, 무제부에서는 홍수영향 구역보다 약간 넓게
④ 유체부에서 제내지 및 제외지 300m 이내, 무제부에서는 홍수영향 구역보다 약간 좁게

해설
- 무제부 : 홍수가 영향을 주는 곳에서 100m를 더한다.
- 유제부 : 제외지 전부와 제내지의 300m 정도 측량
- 하천공사의 경우 : 하구에서 상류의 홍수 피해가 미치는 지점까지
- 사방공사의 경우 : 수원지까지
- 해운을 위한 하천개수공사 : 하구까지

04 댐의 저수용량 계산에 주로 사용되는 체적계산 방법은?

① 점고법
② 등고선법
③ 단면법
④ 절선법

해설
산지에서의 정지작업, 매립용량, 저수지 담수량의 체적산정 등에는 등고선법이 사용된다.

05 수로측량에서 수심, 안벽측심, 해안선 등 원도 작성에 필요한 일체의 자료를 일정한 도식에 따라 작성한 도면을 무엇이라고 하는가?

① 해양측도
② 측량원도
③ 측심도
④ 해류도

해설
② 측량원도 : 수로측량에서 수심, 안벽측심, 해안선 등 원도 작성에 필요한 일체의 자료를 일정한 도식에 따라 작성한 도면
① 해양측도 : 바다의 길이, 면적, 체적을 측정하여 표현한 도면
③ 측심도 : 측심기에서 전달되는 신호를 기록한 도면
④ 해류도 : 여러 해류의 종류나 방향, 속도 등을 나타낸 그림

06 수로측량의 수심을 결정하기 위한 기준면으로 사용되는 것은?

① 대조의 평균고조면
② 약최고고조면
③ 평균저조면
④ 기본수준면

해설
육지표고기준을 기본으로 평균해수면(기본수준면)을 통해 수로측량의 수심을 결정하기 위한 기준면으로 사용하고 있다.

정답 1 ④ 2 ① 3 ① 4 ② 5 ② 6 ④

07 원곡선 설치에 있어서 접선장(T.L)을 구하는 공식은?(단, R은 곡선 반지름, I는 교각)

① $\text{T.L}=R\sin\frac{I}{2}$ ② $\text{T.L}=R\cos\frac{I}{2}$

③ $\text{T.L}=R\tan\frac{I}{2}$ ④ $\text{T.L}=R\left(1-\cos\frac{I}{2}\right)$

해설

접선장(T.L)$=R\tan\frac{I}{2}$이다.

08 클로소이드 곡선에 대한 설명으로 옳은 것은?

① 클로소이드의 모양은 하나 밖에 없지만 매개변수 A를 바꾸면 크기가 다른 무수한 클로소이드를 만들 수 있다.

② 클로소이드는 길이를 연장한 모양이 목걸이 모양으로 연주곡선이라고도 한다.

③ 매개변수 A=100m인 클로소이드를 축척 1 : 1,000 도면에 그리기 위해서는 A=100cm인 클로소이드를 그려 넣으면 된다.

④ 클로소이드는 요소에는 길이의 단위를 가진 것과 면적의 단위를 가진 것으로 나눠진다.

해설

- 클로소이드는 나선의 일종이다.
- 모든 클로소이드는 닮은꼴이다.
- 단위가 있는 것도 있고 없는 것도 있다.
- 확대율을 가지고 있다.
- γ는 30°가 적당하며, 라디안으로 구한다.

09 자동차가 곡선구간을 주행할 때에는 뒷바퀴가 앞바퀴보다 곡선의 내측에 치우쳐서 통과하므로 차선폭을 증가시켜 주는 확폭의 크기는(Slack)는?(단, R : 차량중심의 회전반지름, L : 전후차륜거리)

① $\frac{L}{2R}$ ② $\frac{L^2}{2R}$

③ $\frac{L}{3R}$ ④ $\frac{L^2}{3R}$

해설

$\varepsilon=\frac{L^2}{2R}$

10 직사각형 형태의 토지를 30m의 테이프로 측정하였더니 가로 42m, 세로 32m를 얻었다. 이 때 테이프가 30m에 대하여 1.5cm 늘어나 있었다면 면적의 오차는?

① 0.900m² ② 1.109m²

③ 1.344m² ④ 1.394m²

해설

$\frac{42}{30}=1.4$회

30m당 0.015m 늘어났으므로 $x_1=30+0.015\times1.4=42.021\text{m}$

$\frac{32}{30}=1.0667$회

$x_2=30+0.015\times1.0667=32.016\text{m}$

실제면적 $=x_1\times x_2=42.021\times32.016=1{,}345.344\text{m}^2$

원면적 $=42\times32=1{,}344\text{m}^2$

∴ 면적오차 $=1{,}345.344-1{,}344=1{,}344\text{m}^2$

11 하천측량에서 횡단면도의 작성에 필요한 측량으로 하천의 수면으로부터 하저까지의 깊이를 구하는 측량은?

① 유속측량 ② 유량측량

③ 양수표 수위관측 ④ 심천측량

해설

심천측량

- 하천의 수심 및 유수부분의 하저상황을 조사하고 횡단면도를 제작하는 측량이다.
- 유수의 실태를 파악하기 위해 하상의 물질을 동시에 채취하는 것이 보통이다.

12 교각이 60°인 단곡선 설치에서 외할(E)이 20m일 때 곡선반지름(R)은?

① 112.28m ② 129.28m

③ 132.56m ④ 168.35m

해설

$E=R\left(\sec\frac{I}{2}-1\right)$

$R=\frac{E}{\left(\sec\frac{I}{2}-1\right)}=129.28\text{m}$

정답 7 ③ 8 ① 9 ② 10 ③ 11 ④ 12 ②

13 수심이 h인 하천에서 수면으로부터 $0.2h$, $0.6h$, $0.8h$ 깊이의 유속이 각각 0.76m/s, 0.64m/s, 0.45m/s일 때 2점법으로 계산한 평균유속은?

① 0.545m/s ② 0.605m/s
③ 0.700m/s ④ 0.830m/s

해설

$$2점법 = \frac{V_{0.2}+V_{0.8}}{2} = \frac{0.76+0.45}{2} = 0.605\text{m/s}$$

14 그림과 같이 단곡선에서 다음과 같은 측량 결과를 얻었다. 곡선반지름(R) = 50m, α = 41°40′00″, ∠ADB = ∠DAO = 90°일 때 $\overline{\text{AD}}$의 거리는?

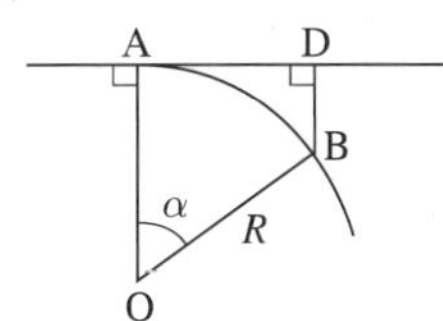

① 33.24m ② 35.43m
③ 37.35m ④ 44.50m

해설

∠ADB = ∠DAO = 90°이므로 $\frac{50}{\sin 90°} = \frac{x}{\sin 41°40'00''}$

x = 33.24m

15 축척 1 : 500인 도면상에서 삼각형 세변 a, b, c의 길이가 a = 5cm, b = 6cm, c = 7cm이었다면 실제면적은?

① 173.2m² ② 24.03m²
③ 367.4m² ④ 402.8m²

해설

$$s = \frac{1}{2}(a+b+c) = \frac{1}{2}(5+6+7) = 9$$

$$A = \sqrt{s(s-a)(s-b)(s-c)} = \sqrt{9(9-5)(9-6)(9-7)} = 14.70\text{cm}^2$$

$$축척 = \left(\frac{1}{m}\right)^2 = \frac{도상면적}{실제면적}$$

$$\left(\frac{1}{500}\right)^2 = \frac{14.70}{실제면적}$$

$$실제\ 면적 = \frac{14.70\times 500^2}{100\times 100} = 367.5\text{m}^2$$

16 그림과 같이 2변의 길이가 각각 45.4m, 38.6m이고, ∠ABC가 118°30′인 삼각형의 면적은?

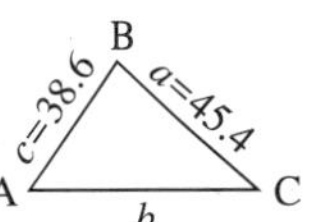

① 245.35m²
② 248.13m²
③ 770.04m²
④ 780.94m²

해설

$$A = \frac{1}{2}ab\sin\alpha = \frac{1}{2}\times 38.6\times 45.4\times \sin 118°30' = 770.037\text{m}^2$$

17 표고가 425.880m인 BM으로부터 터널 내 P점의 표고를 측정한 결과가 그림과 같다면 P점의 표고는?

a = 2.487m	b = 2.104m
c = 46.845m	d = 2.850m

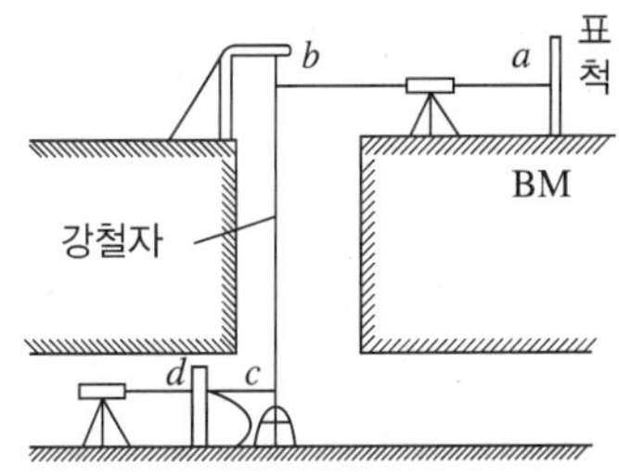

① 376.568m
② 380.776m
③ 383.989m
④ 386.476m

해설

P = B.M + a + b − c − d
= 425.880 + 2.487 + 2.104 − 46.845 − 2.850
= 380.776m

정답 13 ② 14 ① 15 ③ 16 ③ 17 ②

18 **터널 내에서 차량 등에 의하여 파괴되지 않도록 견고하게 만든 기준점을 무엇이라 하는가?**

① 시표(Target)　　② 자이로(Gyro)
③ 갱도(坑道)　　④ 다보(Dowel)

해설
갱내에서의 중심말뚝은 차량 등에 의하여 파괴되지 않도록 견고하게 만들어야 한다. 이를 위해 다보(Dowel)이라는 기준점을 설치하는데 노반의 30cm 넓이에 깊이 30~40cm 정도 파내어 그 안에 콘크리트를 넣고 목괴를 묻어서 만든다.

19 **어느 지역의 토공량을 구하기 위해 사각형 격자의 교점에 대하여 수준측량을 하여 얻은 절토고(단위 : m)가 그림과 같을 때 절토공량은?(단, 모든 격자의 크기는 가로 5m, 세로 4m이다)**

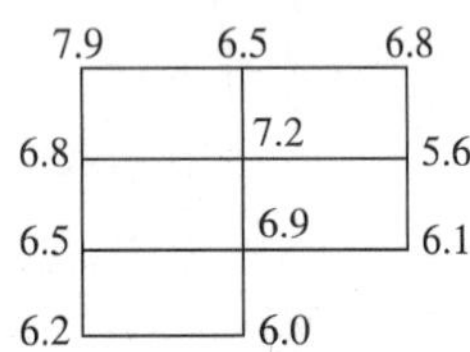

① $298.5m^3$　　② $333.3m^3$
③ $666.5m^3$　　④ $675.5m^3$

해설
$V = \frac{A}{4}(\Sigma h_1 + 2\Sigma h_2 + 3\Sigma h_3 + 4\Sigma h_4) = \frac{5\times4}{4}$ [(7.9 + 6.8 + 6.1 + 6.0 + 6.2) + (2 × (6.5 + 5.6 + 6.5 + 6.8) + (3 × 6.9) + (4 × 7.2)]
= 666.5m

20 **면적측량에 대한 설명으로 틀린 것은?**

① 삼사법에서는 삼각형의 밑변과 높이를 되도록 같게 하는 것이 이상적이다.
② 삼변법은 정삼각형에 가깝게 나누는 것이 이상적이다.
③ 구적기는 불규칙한 형의 면적측정에 널리 이용된다.
④ 심프슨 제2법칙은 사다리꼴 2개를 1조로 생각하여 면적을 계산한다.

해설
심프슨 제2법칙은 구역의 경계선을 3차포물선으로 보고 3개의 지거구간을 1조로 구성하여 면적을 계산하는 방식이다.

제2과목 사진측량 및 원격탐사

21 **다음 중 항공삼각측량 결과로 얻을 수 없는 정보는?**

① 건물의 높이
② 지형의 경사도
③ 댐에 저장된 물의 양
④ 어떤 지점의 3차원 위치

해설
항공삼각측량의 활용
- 도화기에서 모델의 절대표정을 위한 지상기준점 제공
- 필지 경계점 좌표계산
- DEM 제작
- 기계구조물 정밀위치측량
- 항공삼각측량은 건물의 높이, 3차원 위치, 지형의 경사도 등을 알 수 있다.

22 **표정작업에서 발생한 불완전입체도형에 대한 설명으로 옳지 않은 것은?**

① 원인은 구름, 수면 등일 경우가 많다.
② 표정점의 기준은 일반적으로 6점이다.
③ 표정점의 배치와 관련이 있다.
④ 일반적으로 절대표정에 관련된다.

해설
입체모형에서 일부가 구름이나 수면으로 가려져 상호표정에 필요한 6점을 이상적으로 배치할 수 없는 모형을 불완전입체모형이라 한다.

23 **사진의 외부표정요소는?**

① 사진의 초점거리와 필름의 크기
② 사진촬영 간격과 항공기의 속도
③ 사진의 촬영위치와 촬영방향
④ 사진의 축척과 종북도

해설
사진의 촬영위치와 촬영방향은 외부표정요소이다.

정답 18 ④ 19 ③ 20 ④ 21 ③ 22 ④ 23 ③

24 **편위수정에 대한 설명으로 옳지 않은 것은?**

① 사진지도 제작과 밀접한 관계가 있다.
② 경사사진을 엄밀 수직사진으로 고치는 작업이다.
③ 지형의 기복에 의한 변위가 완전히 제거된다.
④ 4점의 평면좌표를 이용하여 편위수정을 할 수 있다.

해설
사진의 경사와 축척을 바로 수정하여 축척을 통일시키고 변위가 없는 연직사진으로 수정하는 작업이며, 일반적으로 4개의 표정점이 필요하다.
편위수정조건
- 기하학적 조건 : 소실점조건
- 광학적 조건 : Newton의 렌즈조건
- 샤임플러그의 조건 : 화면과 렌즈주면과 투영면의 연장이 항상 한 선에서 일치하도록 한다.

25 **위성영상의 처리단계는 전처리와 후처리로 분류된다. 다음 중 전처리에 해당되는 것은?**

① 영상분류　　② 기하보정
③ 3차원 시각화　　④ 수치표고모델 생성

해설
전처리 : 방사량보정, 기하보정

26 **비행고도가 동일할 때 보통각, 광각, 초광각의 세 가지 카메라로 촬영할 경우 사진축척이 가장 작게 결정되는 것은?**

① 초광각사진　　② 광각사진
③ 보통각사진　　④ 모두 동일

해설
화각이 클수록 축척이 작게 결정된다.

27 **수치영상자료가 80bit로 표현된다고 할 때, 영상 픽셀값의 수치표현 범위로 옳은 것은?**

① 0~63
② 1~64
③ 0~255
④ 1~256

해설
디지털넘버는 수치영상의 하나의 픽셀수치로 대상물의 상대적인 반사나 발산을 표현하는 양으로 정수 8bit영상에서 DN값의 범위는 0~255이다.

28 **적외선 영상, 레이더 영상, 천연색 영상 등을 이용하여 대상체와 직접적인 물체적 접촉없이 정보를 획득하는 측량 방법은?**

① GPS 측량
② 전자평판측량
③ 원격탐사
④ 수준측량

해설
적외선 영상, 레이더 영상, 천연색 영상 등을 이용하여 대상체와 직접적인 물체적 접촉 없이 정보를 획득하는 측량 방법으로 원격탐사라 한다.

29 **사진크기가 24cm × 18cm인 항공사진의 축척이 1 : 20,000일 때 사진상에 촬영되는 면적은?**

① $16.84km^2$
② $17.28km^2$
③ $18.32km^2$
④ $19.25km^2$

해설
$A = (ma)(mb) = (20{,}000 \times 0.24)(20{,}000 \times 0.18)$
$= 4{,}800 \times 3{,}600$
$= 17{,}280{,}000m^2$
$= 17.28km^2$

정답 24 ③ 25 ② 26 ① 27 ③ 28 ③ 29 ②

30 **넓이가 20km × 40km인 지역에서 항공사진을 촬영한 결과, 유효면적이 15.09km²라 하면 이 지역에 필요한 사진 매수는?(단, 안전율은 30%이다)**

① 55매
② 61매
③ 65매
④ 69매

해설

$N = \frac{F}{A_0}(1 + \text{안전율}) = \frac{20 \times 40}{15.09} \times 1.3 = 68.9 ≒ 69$매

31 **영상좌표를 사진좌표로 바꾸는 과정을 무엇이라고 하는가?**

① 영상정합
② 내부표정
③ 상호표정
④ 기복변위 보정

해설

내부표정

사진상 임의의 점과 대응하는 토지의 점과의 상호관계를 정하는 방법으로 지형의 정확한 입체모델을 기하학적으로 재현하는 과정이다. 이를 위해 도화기의 투영기에 촬영시와 동일한 광학관계를 갖도록 장착시키는 작업으로 기계좌표로부터 지표좌표를 구한 다음 사진좌표를 구하는 단계적 표정을 말한다.

32 **다음의 조건을 가진 사진들 중에서 입체시가 가능한 것은?**

① 50% 이상 중복 촬영된 사진 2매
② 광각 사진기에 의하여 촬영된 사진 1매
③ 한 지점에서 반복 촬영된 사진 2매
④ 대상 지역 파노라마 사진 1매

해설

입체사진의 조건

- 1쌍의 사진을 촬영한 카메라의 광축은 거의 동일 평면 내에 있어야 한다.
- B를 촬영기선거리라 하고 H를 기선으로부터 피사체까지의 거리라 할 때 기선고도비가 적당한 값이어야 하며 그 값은 약 0.25 정도이다.
- 2매의 사진축척은 거의 같아야 한다. 축척값의 15%까지는 어느 정도 입체시 될 수 있지만 장시간 입체시 할 경우에는 5% 이상의 축척차는 좋지 않다.

33 **사진측량의 특징에 대한 설명으로 옳지 않은 것은?**

① 지상측량에 비해 외업 시간이 짧다.
② 사진측량의 영상은 중심투영상이다.
③ 개인적인 원인에 의한 관측오차가 적게 발생한다.
④ 측량의 축척이 소축척보다는 대축척일 때 경제적이다.

해설

사진축척 분모가 클수록 소축척이므로 경제적이다.

34 **다음은 어느 지역의 영상과 동일한 지역의 지도이다. 이 자료를 이용하여 "논"의 훈련지역(Training Field)을 선택한 결과로 적당한 것은?**

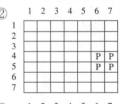

행 \ 열	1	2	3	4	5	6	7
1	9	9	9	3	4	5	3
2	8	8	7	7	5	3	4
3	8	7	8	9	7	5	6
4	7	8	9	9	7	4	5
5	8	7	9	8	3	4	2
6	7	9	9	4	1	1	0
7	9	9	6	0	1	0	2

①

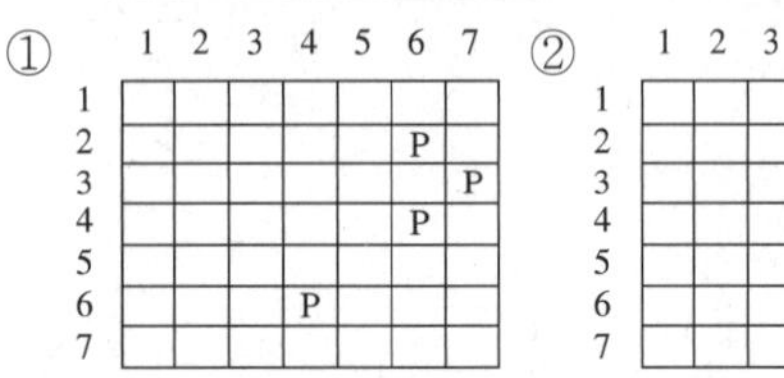

	1	2	3	4	5	6	7
1							
2						P	
3							P
4						P	
5							
6				P			
7							

②

	1	2	3	4	5	6	7
1							
2							
3							
4						P	P
5						P	P
6							
7							

③

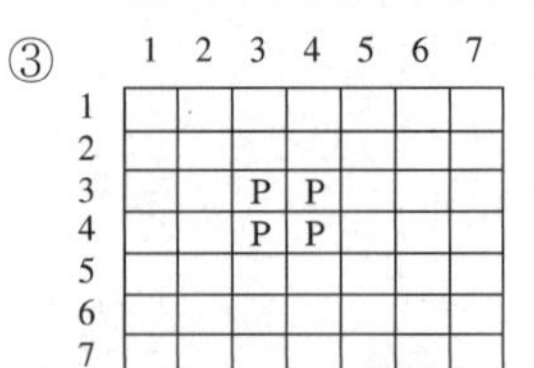

	1	2	3	4	5	6	7
1							
2							
3			P	P			
4			P	P			
5							
6							
7							

④

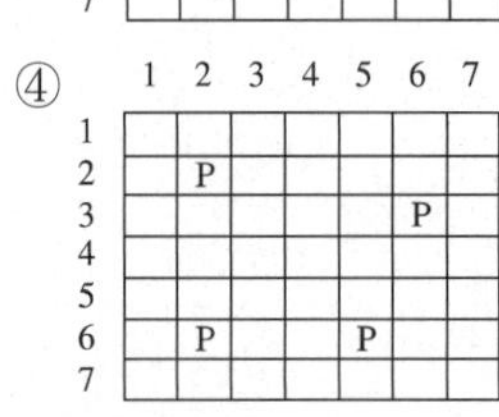

	1	2	3	4	5	6	7
1							
2		P					
3						P	
4							
5							
6		P			P		
7							

해설

논의 훈련지역을 선택한 결과

	1	2	3	4	5	6	7
1							
2						P	
3							P
4						P	
5							
6				P			
7							

정답 30 ④ 31 ② 32 ① 33 ④ 34 ①

35 일반적으로 디지털 원격탐사 자료에 사용되는 컬러 좌표 시스템은?

① 청색(B) – 백색(W) – 황색(Y)
② 백색(W) – 황색(Y) – 적색(R)
③ 적색(R) – 녹색(G) – 청색(B)
④ 녹색(G) – 청색(B) – 백색(W)

해설
디지털 원격탐사 자료에 사용되는 컬러 좌표시스템은 적색 → 녹색 → 청색이다.

36 표고 200m의 평탄한 토지를 축척 1 : 10,000으로 촬영한 항공사진의 촬영 기선길이는?(단, 사진크기 23cm×23cm, 종중복도 65%)

① 1,400m ② 1,150m
③ 920m ④ 805m

해설

$$B = mb_0 = ma\left(1 - \frac{p}{100}\right) = 10{,}000 \times 0.23 \times \left(1 - \frac{65}{100}\right) = 805\text{m}$$

37 상호표정(Relative Orientation)에 대한 설명으로 옳지 않은 것은?

① 상호표정은 X방향의 횡시차를 소거하는 작업이다.
② 상호표정은 Y방향의 종시차를 소거하는 작업이다.
③ 상호표정은 보통 내부표정 후에 이루어지는 작업이다.
④ 상호표정을 하기 위해서는 5개의 표정인자를 사용한다.

해설
지상과의 관계는 고려하지 않고 좌우 사진의 양투영기에서 나오는 광속이 촬영당시 촬영면에 이루어지는 종시차를 소거하여 목표 지형물의 상대위치를 맞추는 작업을 상호표정이라 한다.

38 야간이나 구름이 많이 낀 기상조건에서 취득이 가장 용이한 영상은?

① 항공 영상 ② 레이더 영상
③ 다중파장 영상 ④ 고해상도 위성 영상

해설
SAR(고해상도 영상레이더)는 레이더 원리를 이용한 능동적 방식으로 영상의 취득에 필요한 에너지를 감지기에서 직접 지표면 또는 대상물에 발사하여 반사되어 오는 마이크로파를 기록하여 영상을 생성하는 능동적인 감지기이다. 특징으로 구름, 안개, 비, 연무 등의 기상조건에 영향을 받지 않으며, 야간에도 영상을 취득할 수 있다.

39 사진의 크기가 20cm×20cm인 수진항공사진에서 주점 기선 길이가 90mm이었다면 이 사진의 종중복도는?

① 45% ② 55%
③ 60% ④ 65%

해설

$$b_0 = a\left(1 - \frac{p}{100}\right)$$

$$p = \left(1 - \frac{b_0}{a}\right) \times 100 = \left(1 - \frac{9}{20}\right) \times 100 = 55\%$$

40 항공사진에 나타나는 사진지표를 서로 마주보는 것끼리 연결한 직선의 교점은?

① 주 점 ② 연직점
③ 등각점 ④ 중력점

해설
주점은 사진의 중심점이라고도 한다. 주점은 렌즈중심으로부터 화면에 내린 수선의 발을 말하며 렌즈의 광축과 화면이 교차하는 점이다.

정답 35 ③ 36 ④ 37 ① 38 ② 39 ② 40 ①

제3과목 지리정보시스템(GIS) 및 위성측위시스템(GPS)

41 다음 중 등치선도 형태의 주제도에 가장 적합한 정보는?

① 기 압 ② 행정구역
③ 토지이용 ④ 주요 관광지

해설
지도상에서 동일한 값을 가진 점을 연결한 선으로 등압선, 등온선과 같이 지리적인 위치와 상관관계가 큰 양의 위치적인 특성을 알기 쉽게 표현하기 위해서 사용한다. 지자기나 중력, 지진의 진도, 지반침하량, 강수량과 같은 자연과학과 관련이 깊은 양을 가진 것 외에 통근시간 등에도 등치선을 사용해서 나타내는 경우가 있다.

42 객체관계형 공간 데이터베이스에서 질의를 위해 주로 사용하는 언어는?

① DML ② GML
③ OQL ④ SQL

해설
데이터베이스를 사용할 때, 데이터베이스에 접근할 수 있는 데이터베이스 하부 언어를 말하며 구조화 질의어라고 한다. 데이터 정의어와 데이터조작어를 포함한 데이터베이스용 질의언어의 일종이다.

43 지리정보시스템(GIS) 분석 방법 중 차량 경로 탐색이나 최단 거리 탐색, 최적 경로 분석, 자원 할당 분석 등에 주로 사용되는 것은?

① 면사상 중첩 분석 ② 버퍼 분석
③ 선사상 중첩 분석 ④ 네트워크 분석

해설
- 중첩 분석 : 2개 이상의 레이어를 합성하여 점, 선, 면의 도형, 위상 및 속성데이터를 재구축한다.
- 버퍼 분석 : 공간적 근접성을 정의할 때 이용되는 것으로서 점, 선, 면 또는 면 주변에 지정된 범위의 면사상으로 구성
- 네트워크 분석 : 최단경로, 최소비용경로, 차량경로탐색과 교통량 할당 문제 등의 분석

44 지리정보시스템(GIS)의 이용목적에 따른 용어 설명이 옳지 않은 것은?

① UIS – 환경정보체계
② LIS – 토지정보체계
③ FM – 시설물 관리시스템
④ AM – 도면자동화시스템

해설
UIS : 도시정보체계

45 지리정보시스템의 자료입력과정에서 종이 지도를 래스터 데이터의 형태로 입력할 수 있는 장비는?

① 스캐너
② 키보드
③ 마우스
④ 디지타이저

해설
래스터데이터 형태로 입력할 수 있는 장비는 스캐너이다.

46 DOP에 대한 설명으로 틀린 것은?

① DOP은 위성이 기하학적인 배치에 따라 결정된다.
② DOP값이 클수록 위치가 정확하게 결정된다.
③ DOP는 3차원 위치에 대한 추정 정밀도와 관계된다.
④ 상대측위에서는 상대적 위치의 정밀도를 나타내는 RDOP을 사용한다.

해설
DOP값이 작을수록 위치가 정확하게 결정된다.

정답 41 ① 42 ④ 43 ④ 44 ① 45 ① 46 ②

47 사용자가 직접 응용프로그램과 서비스를 개발할 수 있도록 공개된 라이브러리로 지도서비스와 같이 누구나 접근하여 사용할 수 있는 인터페이스를 의미하는 것은?

① Mash-up
② Ontology
③ Open API
④ Web 1.0

해설
Open API(공개 응용프로그램 개발환경)
누구나 사용할 수 있도록 공개된 응용프로그램 개발환경, 임의의 응용프로그램을 쉽게 만들 수 있도록 준비된 프로토콜, 도구 같은 집합으로 프로그램개발자는 운영체제의 상세한 기능을 몰라도 공개된 몇 개의 API만으로도 쉽게 응용프로그램을 개발할 수 있다.

48 GPS에서 사용하고 있는 신호가 아닌 것은?

① C/A
② L1
③ L2
④ E5

해설
반송파로 L1, L2, L5가 있으며, 코드로 P code, C/A code가 있다.

49 수록된 데이터의 내용, 품질, 작성자, 작성일자 등과 같은 유용한 정보를 제공하여 데이터 사용을 편리하게 하기 위한 것은?

① 위상데이터
② 공간데이터
③ 메타데이터
④ 속 성

해설
수록된 데이터의 내용, 품질, 작성자, 작성일자 등과 같은 유용한 정보를 제공하여 데이터 사용을 편리하게 하기 위한 것을 메타데이터라 한다.

50 지리정보시스템(GIS) 자료 종류 중 가계수입의 '저소득', '중간소득', '고소득'과 같이 어떤 자연적인 순서는 표현할 수 있지만 계산이 불가능한 자료값을 의미하는 것은?

① 명목 자료값(Nominal Data Value)
② 순서 자료값(Ordinal Data Value)
③ 간격 자료값(Interval Data Value)
④ 비율 자료값(Ratio Data Value)

해설
② 순서 자료값(Ordinal Data Value) : 분류기준에 수량적 순서는 있으나 그 간격은 명확하지 않는 자료, 학년변수의 경우처럼 순위의 개념을 갖는 자료를 말한다.
① 명목 자료값(Nominal Data Value) : 이름 혹은 구분을 할 수 있는 값으로서, 서로 다른 값을 구분할 수만 있는 값이다.
③ 간격 자료값(Interval Data Value) : 서로 다른 값 사이의 거리나 시간을 나타내는 측정의 척도로 지정된 값의 자료, 이 측정의 척도는 보통 지도의 범례에서 묘사되고 설명된다.

51 지리정보시스템(GIS) 자료의 품질향상을 위한 방안과 가장 거리가 먼 것은?

① 철저한 인력 관리
② 철저한 비용 절감
③ 논리적 일관성 확보
④ 위치 및 속성 정확도의 관리

해설
지리정보시스템(GIS) 자료의 품질향상을 위한 방안으로 문서화, 위치정확도, 속성정확도, 논리적 일관성, 완벽성 등이 있다.

52 GNSS(Global Navigational Satellite System)과 같은 위성측위시스템과 거리가 먼 것은?

① GPS
② GLONASS
③ IKONOS
④ GALILEO

해설
IKONOS는 1m급의 고해상도 영상을 제공하는 위성을 말한다.

정답 47 ③ 48 ④ 49 ③ 50 ② 51 ② 52 ③

53 GPS에 이용되는 좌표계는?

① WGS72
② IUGG74
③ GRS80
④ WGS84

해설
WGS84를 채용한다.

54 특용작물 재배 적합지를 물색하기 위해 그림과 같이 주제도를 만들었다. 해발 500m 이상이며 사질토인 밭에 작물이 잘자란다고 한다면 적합지로 옳은 것은?

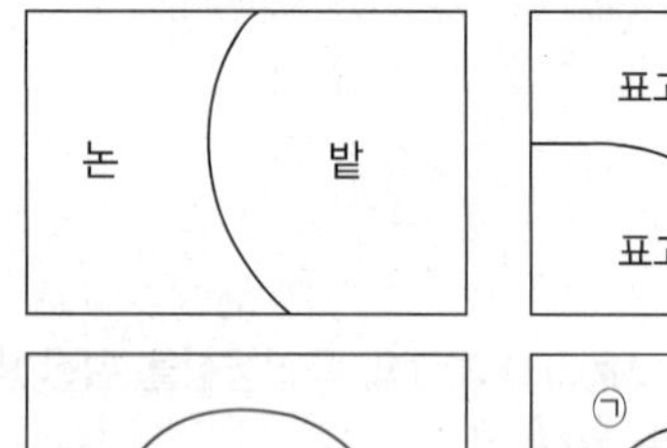

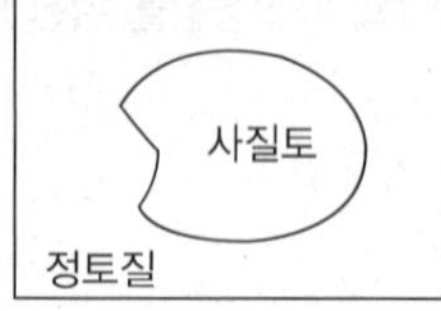

㉠ ㉡ ㉢ ㉣

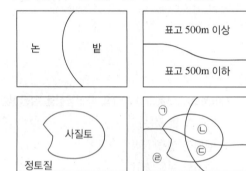

① ㉠　　② ㉡
③ ㉢　　④ ㉣

해설
주제도에서 해발 500m 이상이며 사질토인 밭에 작물이 잘 자란다고 한다면 고도를 고려한 주제도가 적합하다.

55 벡터데이터의 특성에 대한 설명으로 옳지 않은 것은?

① 자료 구조가 래스터보다 복잡하다.
② 레이어의 중첩분석이 래스터보다 용이하다.
③ 위상 관계를 이용한 공간분석이 가능하다.
④ 객체의 형상이 점, 선, 면으로 표현한다.

해설
래스터자료는 자료구조가 간단하여 여러 레이어의 중첩이나 분석이 용이하다.

56 지리정보분야에 대한 표준화를 위해 지리적 위치와 직·간접으로 관련이 되는 사물이나 현상에 대한 정보표준규격을 수립하는 국제표준화기구는?

① KSO/TC211　　② IT389
③ LBS　　④ ISO/TC211

해설
ISO/TC211(국제표준기구)는 1994년에 GIS 표준기술위원회를 구성하여 표준작업을 진행하고 있다.

57 아래와 같은 100M 해상도의 DEM에서 최대 경사방향에 해당하는 경사도는?

200	225	250
225	250	275
250	275	300

① 20%　　② 25%
③ 30%　　④ 35%

해설
해상도 100m × 100m로서 픽셀 하나의 길이가 100m이다.

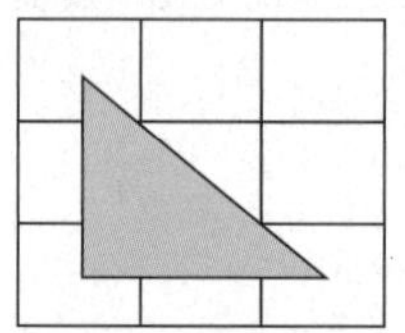

$\sqrt{200^2 + 200^2} = 282.84\text{m}$

282.84 : 100 = 100% : x

$x = \dfrac{100}{282.84} \times 100 = 35.35\%$

58 래스터(Raster)데이터의 구성요소로 옳은 것은?

① Line　　② Point
③ Pixel　　④ Polygon

해설
벡터데이터는 점, 선, 면으로 구성되며, 래스터데이터는 Pixel로 구성된다.

정답 53 ④ 54 ② 55 ② 56 ④ 57 ④ 58 ③

59 아래의 래스터데이터에 중앙값 윈도우(Median Kernel)를 3×3 크기로 적용한 결과로 옳은 것은?

7	3	5	7	1
7	5	5	1	7
5	4	2	5	9
9	2	3	8	3
0	7	1	4	7

①

5	5	5
5	4	5
3	4	4

②

5	5	1
4	2	5
3	3	8

③

7	7	9
9	8	9
9	8	9

④

2	1	1
2	1	1
0	1	1

해설

7	3	5
7	5	5
5	4	2

→ 2, 3, 4, 5, 5, 5, 5, 7, 7 → 5

3	5	7
5	5	1
4	2	5

→ 1, 2, 3, 4, 5, 5, 5, 5, 7 → 5

5	7	1
5	1	7
2	5	9

→ 1, 1, 2, 5, 5, 5, 7, 7, 9 → 5

7	5	5
5	4	2
9	2	3

→ 2, 2, 3, 4, 5, 5, 5, 7, 9 → 5

5	5	1
4	2	5
2	3	8

→ 1, 2, 2, 3, 4, 5, 5, 5, 8 → 4

5	1	7
2	5	9
3	8	3

→ 1, 2, 3, 3, 5, 5, 7, 8, 9 → 5

5	4	2
9	2	3
0	7	1

→ 0, 1, 2, 2, 3, 4, 5, 9, 9 → 3

4	2	5
2	3	8
7	1	4

→ 1, 2, 2, 3, 4, 4, 5, 7, 8 → 4

2	5	9
3	8	3
1	4	7

→ 1, 2, 3, 3, 4, 5, 7, 8, 9 → 4

따라서

5	5	5
5	4	5
3	4	4

이다.

60 TIN(Triangulated Irregular Network)의 특징이 아닌 것은?

① 연속적인 표면을 표현하는 방법으로 부정형의 삼각형으로 이루어진 모자이크 식으로 표현한다.

② 벡터데이터 모델로 추출된 표본 지점들이 x, y, z값을 가지고 있다.

③ 표본점으로부터 삼각형의 네트워크를 생성하는 방법은 대표적으로 델로니(Delaunay) 삼각법이 사용된다.

④ TIN 자료모델에는 각 점과 인접한 삼각형들 간에 위상관계(Topology)가 형성되지 않는다.

해설

TIN 자료모델은 벡터데이터 모델로 위상구조를 가지며 표본지점들은 x, y, z값을 가지고 있으며, 다각형네트워크를 이루고 있는 순수한 위상구조와 개념적으로 유사하다.

정답 59 ① 60 ④

제4과목 측량학

61 수평각관측법에 대한 설명 중 틀린 것은?

① 단각법은 1개의 각을 1회 관측하는 방법이다.
② 배각법은 1개의 각을 2회 이상 반복 관측하여 평균하는 방법이다.
③ 방향각법은 한 점 주위에 있는 각을 연속해서 관측할 때 사용하는 방법이다.
④ 조합각관측법은 수평각 관측법 중 정확도가 가장 낮은 관측방법이다.

해설
조합각관측법은 수평각 관측법 중 정확도가 가장 높은 관측방법이다.

62 기포 한 눈금의 길이가 2mm, 감도가 20″일 때 기포관의 곡률반지름은?

① 20.63m
② 23.26m
③ 32.12m
④ 38.42m

해설
$\theta'' = \frac{L}{R}\rho''$

$R = \frac{L}{\theta''} = \frac{2}{20''} \times 206.265'' = 20.63\text{m}$

63 다각측량의 폐합오차 조정방법 중에서 컴퍼스법칙(Compass Rule)을 주로 사용하는 경우는?

① 각 관측과 거리관측의 정밀도가 동일할 때
② 각 관측과 거리관측에 큰 오차를 포함하고 있을 때
③ 각 관측의 정밀도가 거리관측의 정밀도보다 높을 때
④ 각 관측의 정밀도가 거리관측의 정밀도보다 낮을 때

해설
각 관측과 거리관측의 정밀도가 동일할 때 사용하는 방법은 컴퍼스법칙이며, 각 관측과 거리관측의 정밀도가 동일하지 않을 때 사용하는 방법은 트랜싯법칙이다.

64 지구의 장반경을 a, 단반경을 b라고 할 때 편평률을 나타내는 식은?

① $\frac{a}{a-b}$　② $\frac{b}{a-b}$
③ $\frac{a-b}{a}$　④ $\frac{a-b}{b}$

해설
$P = \frac{a-b}{a}$ 이다.

65 그림의 측점 C에서 점Q 및 점P 방향에 장애물이 있어서 시준이 불가능하여 편심거리 e만큼 떨어진 B점에서 각 T를 관측했다. 측점 C에서의 측각 T'은?

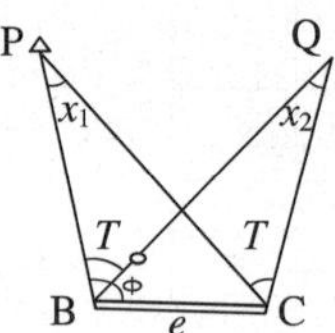

① $T' = T + x_1 - x_2$
② $T' = T - x_1 - x_2$
③ $T' = T - x_1$
④ $T' = T + x_1$

해설
$T + x_1 = T' + x_2$
$T' = T + x_1 - x_2$ 이다.

66 다음 중 삼각망의 정확도가 가장 높은 것은?

① 단일삼각망　② 유심삼각망
③ 단열삼각망　④ 사변형삼각망

해설
단일삼각망 → 단열삼각망 → 유심삼각망 → 사변형삼각망순으로 정확도가 높다.

정답 61 ④ 62 ① 63 ① 64 ③ 65 ① 66 ④

67 어느 측선을 20m 줄자로 4회에 나누어 80m를 관측하였다. 1회 관측에 5m의 누적오차와 ±5mm의 우연오차가 있었다면 정확한 거리는?

① 80.02±0.02m ② 80.02±0.01m
③ 80.01±0.02m ④ 80.01±0.01m

해설
- 누적오차 = $n\Delta l = 4 \times 5 = 20 = 0.02$m
- 부정오차 = $\pm m\sqrt{n} = \pm 6\sqrt{4} = \pm 0.012$
- 거리 = 80 + 0.02 ±0.012 = 80.02 ±0.012m

68 교호수준측량에 관한 설명으로 옳지 않은 것은?

① 교호수준측량은 하천, 계곡 등이 있어 중간지점에 레벨을 세울 수 없을 경우 실시한다.
② 교호수준측량에 사용되는 기계는 레벨과 수준척(표척)이다.
③ 교호수준측량은 기압차를 이용한 간접수준측량 관측방법에 속한다.
④ 교호수준측량은 표척의 시준거리를 같게 설치한다.

해설
교호수준측량은 직접수준측량방법이다.

69 다각측량 결과가 그림과 같고 측점 B의 좌표가 (100, 100), $\overline{BC}$의 길이가 100m일 때, C점의 좌표(x, y)는? (단, 좌표의 단위는 m이다)

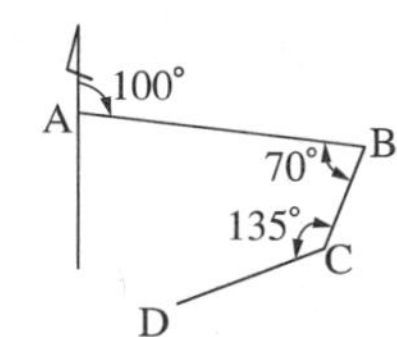

① (13.4, 50) ② (50, 12.5)
③ (70, 13.4) ④ (50, 70)

해설
$\theta_{BC} = 100 + 180 - 70 = 210°$
$X = 100 \times \cos 210° = -86.60$m
$Y = 100 \times \sin 210° = -50$m
$X_C = 100 - 86.60 = 13.4$m
$Y_C = 100 - 50 = 50$m

70 지구를 구체로 보고 지표면상을 따라 40km를 측정했을 때 평면상의 오차 보정량은?(단, 지구평균 곡률 반지름은 6,370km이다)

① 6.57cm
② 13.14cm
③ 23.10cm
④ 33.10cm

해설
$$d - D = \frac{D^3}{12R^2} = \frac{40^3}{12 \times 6,370^2} = 13.14\text{cm}$$

71 수준측량의 오차 중에서 성질이 다른 오차는?

① 표척의 0점 오차
② 시차에 의한 오차
③ 표척눈금이 표준길이와 달라 생기는 오차
④ 시준선과 기포관축이 평행하지 않아 생기는 오차

해설
시차에 의한 오차는 우연오차에 속한다.

72 등고선의 성질에 대한 설명으로 옳지 않은 것은?

① 등고선은 분수선(능선)과 직각으로 만났다.
② 높이가 다른 등고선은 절벽이나 동굴의 지형을 제외하고는 교차하거나 만나지 않는다.
③ 등고선은 지표의 최대경사선의 방향과 직교한다.
④ 급경사는 완경사에 비해 등고선 간격이 넓다.

해설
급경사는 완경사에 비해 등고선 간격이 좁다.

정답 67 ② 68 ③ 69 ① 70 ② 71 ② 72 ④

73 축척 1 : 10,000 지형도에서 경사가 5%인 등경사선의 인접 주곡선 간 수평거리는?

① 40m ② 50m
③ 100m ④ 200m

해설
1/10,000의 주곡선 간격은 5m이므로

$i = \frac{h}{D} \times 100$

$D = \frac{h}{i} \times 100 = \frac{5}{5} \times 100 = 100\text{m}$

74 그림과 같이 a_1, a_2, a_3를 같은 경중률로 관측한 결과 $a_1 - a_2 - a_3 = 24''$일 때 조정량으로 옳은 것은?

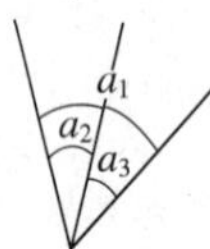

① $a_1 = +8''$, $a_2 = +8''$, $a_3 = +8''$
② $a_1 = -8''$, $a_2 = +8''$, $a_3 = +8''$
③ $a_1 = -8''$, $a_2 = -8''$, $a_3 = -8''$
④ $a_1 = +8''$, $a_2 = -8''$, $a_3 = -8''$

해설
조종량 $= \frac{24}{3} = 8''$

$a_1 = -8''$
$a_2 = +8''$
$a_3 = +8''$

75 측량기준점의 구분에 있어서 국가기준점에 해당하지 않는 것은?

① 위성기준점 ② 수준점
③ 중력점 ④ 지적도근점

해설
공간정보의 구축 및 관리 등에 관한 법률 시행령 제8조(측량기준점의 구분)에 의거 국가기준점은 위성기준점, 통합기준점, 중력점, 지자기점, 수준점, 삼각점 등이다.

76 2년 이하의 징역 또는 2,000만원 이하의 벌금에 해당하는 경우는?

① 성능검사를 부정하게 한 성능검사대행자
② 무단으로 측량성과 또는 측량기록을 복제한 자
③ 심사를 받지 아니하고 지도 등을 간행하여 판매하거나 배포한 자
④ 측량기술자가 아님에도 불구하고 측량을 한자

해설
벌칙(공간정보의 구축 및 관리 등에 관한 법률 제108조)
제92조 제1항에 따른 성능검사를 부정하게 한 성능검사대행자

77 기본측량의 실시공고에 포함되어야 할 사항이 아닌 것은?

① 측량의 종류
② 측량의 목적
③ 측량의 실시지역
④ 측량의 성과 보관 장소

해설
측량의 실시공고(공간정보의 구축 및 관리 등에 관한 법률 시행령 제12조)
• 측량의 종류
• 측량의 목적
• 측량의 실시기간
• 측량의 실시지역
• 그 밖에 측량의 실시에 관하여 필요한 사항

정답 73 ③ 74 ② 75 ④ 76 ① 77 ④

78 **공공측량성과 심사 시 측량성과 심사수탁기관이 심사결과의 통지기간을 10일의 범위에서 연장할 수 있는 경우로 옳지 않은 것은?**

① 지상현황측량, 수치지도 및 수치표고자료 등의 성과심사량이 면적 $10km^2$ 이상일 때
② 성과심사 대상지역의 기상악화 및 천재지변 등으로 심사가 곤란할 때
③ 성과심사 대상지역의 측량성과가 오차가 많을 때
④ 지하시설물도 및 수심측량의 심사량이 200km 이상일 때

해설
공공측량성과의 심사(공간정보의 구축 및 관리 등에 관한 법률 시행규칙 제22조)
- 성과심사 대상지역의 기상악화 및 천재지변 등으로 심사가 곤란할 때
- 지상현황측량, 수치지도 및 수치표고자료 등의 성과심사량이 면적 $10km^2$ 이상 또는 노선길이 600km일 때
- 지하시설물도 및 수심측량의 심사량이 200km 이상일 때 공공측량성과 심사 시 측량성과 심사수탁기관이 심사결과의 통지기간을 10일의 범위에서 연장할 수 있는 경우

79 **공간정보의 구축 및 관리 등에 관한 법률 상 용어의 정의로 옳지 않은 것은?**

① 지적측량이란 토지를 지적공부에 등록하거나 지적공부에 등록된 경계점을 지상에 복원하기 위하여 필지의 경계 또는 좌표와 면적을 정하는 측량을 말한다.
② 지번이란 작성된 지적도의 등록번호를 말한다.
③ 일반측량이란 기본측량, 공공측량, 지적측량 및 수로측량 외의 측량을 말한다.
④ 수로측량이란 해양의 수심·지구자기·중력·지형·지질의 측량과 해안선 및 이에 딸린 토지의 측량을 말한다.

해설
정의(공간정보의 구축 및 관리 등에 관한 법률 제2조)
- 지번이란 필지를 부여하여 지적공부에 등록한 번호를 말한다.
- 일반측량이란 측량, 공공측량, 지적측량 외의 측량을 말한다.

정의(해양조사와 해양정보 활용에 관한 법률 제2조)
수로측량이란 해양 등 수역(水域)의 수심·지구자기(地球磁氣)·중력·지형·지질의 측량과 해안선 및 이에 딸린 토지의 측량을 말한다.
※ 출제 시 정답은 ②였으나 법령 개정(20.2.18)으로 인해 ②·③·④ 복수 정답

80 **측량기술자의 의무 사항에 해당되지 않는 것은?**

① 측량기술자는 신의와 성실로써 공정하게 측량을 하여야 하며, 정당한 사유 없이 측량을 거부하여서는 아니 된다.
② 측량에 관한 자료의 수집 및 분석을 하여야 한다.
③ 측량기술자는 둘 이상의 측량업자에게 소속될 수 없다.
④ 측량기술자는 다른 사람에게 측량기술경력증을 빌려주거나 자기의 성명을 사용하여 측량업무를 수행하게 하여서는 아니 된다.

해설
측량기술자의 의무(공간정보의 구축 및 관리 등에 관한 법률 제41조)
- 측량기술자는 신의와 성실로써 공정하게 측량을 하여야 하며, 정당한 사유 없이 측량을 거부하여서는 아니 된다.
- 측량기술자는 둘 이상의 측량업자에게 소속될 수 없다.
- 측량기술자는 다른 사람에게 측량기술경력증을 빌려 주거나 자기의 성명을 사용하여 측량업무를 수행하게 하여서는 아니 된다.
- 측량기술자는 정당한 사유 없이 그 업무상 알게 된 비밀을 누설하여서는 아니 된다.

정답 78 ③ 79 ②·③·④ 80 ②

2018년 제1회 과년도 기출문제

제1과목 응용측량

01 선박의 안전통항을 위해 교량 및 가공선의 높이를 결정하고자 할 때 기준면으로 사용되는 것은?

① 기본수준면 ② 약최고고조면
③ 대조의 평균저조면 ④ 소조의 평균저조면

해설
해양조사의 기준(해양조사와 해양정보 활용에 관한 법률 제8조)
해안선은 해수면이 약최고고조면(略最高高潮面 : 일정기간 조석을 관측하여 산출한 결과 가장 높은 해수면)에 이르렀을 때의 육지와 해수면과의 경계로 표시한다.

02 터널측량을 실시할 때 작업순서로 옳은 것은?

a. 터널 내 기준점 설치를 위한 측량을 한다.
b. 다각측량으로 터널중심선을 설치한다.
c. 터널의 굴착 단면을 확인하기 위해서 횡단면을 측정한다.
d. 항공사진측량에 의해 계획지역의 지형도를 작성한다.

① b → d → a → c ② b → a → d → c
③ d → a → c → b ④ d → b → a → c

해설
d → b → a → c순으로 작업한다.

03 하천에서 수위 관측소를 설치하고자 할 때 고려하여야 할 사항 중 옳지 않은 것은?

① 상하류의 길이가 약 100m 정도의 직선인 곳
② 합류점이나 분류점으로 수위의 변화가 생기지 않는 곳
③ 홍수 시에 관측지점의 유실, 이동 및 파손의 우려가 없는 곳
④ 교각이나 기타 구조물에 의해 주변에 비해 수위 변화가 뚜렷이 나타나는 곳

해설
수위가 급변하지 않은 장소이어야 한다.

04 노선측량의 반향곡선에 대한 설명으로 옳은 것은?

① 원호가 공통접선의 한쪽에 있는 곡선이다.
② 원호의 곡률이 곡선길이에 대하여 일정한 비율로 증가하는 곡선이다.
③ 2개의 원호가 공통접선의 양측에 있는 곡선이다.
④ 원곡선에 대하여 외측 방향의 높이를 증가시키는 양을 결정하는 곡선이다.

해설
반향곡선은 반경이 같지 않은 2개의 원곡선이 1개의 공통접선의 양쪽에 서로 곡선중심을 가지고 연결한 곡선이다. 반향곡선을 사용하면 접속점에서 핸들의 급격한 회전이 생기므로 가급적 피하는 것이 좋다.

05 삼각형(△ABC) 토지의 면적을 구하기 위해 트래버스 측량을 한 결과 배횡거와 위거가 표와 같을 때, 면적은?

측 선	배횡거(m)	위거(m)
$\overline{AB}$	+38.82	+23.29
$\overline{BC}$	+54.35	−54.34
$\overline{CA}$	+15.53	+31.05

① 4,339.06m²
② 2,169.53m²
③ 1,084.93m²
④ 783.53m²

해설

측 선	배횡거(m)	위거(m)	배면적(배횡거*위거)
$\overline{AB}$	+38.82	+23.29	38.82 × 23.29 = 904.118
$\overline{BC}$	+54.35	−54.34	54.35 × (−54.34) = −2,953.379
$\overline{CA}$	+15.53	+31.05	15.53 × 31.05 = 482.207
$2A$			−1567.055
A			1567.055/2 = 783.53m²

정답 1 ② 2 ④ 3 ④ 4 ③ 5 ④

06 단곡선 설치에서 곡선반지름 R = 200m, 교각 I = 60°일 때의 외할(E)과 중앙종거(M)는?

① E = 30.94m, M = 26.79m
② E = 26.79m, M = 30.94m
③ E = 30.94m, M = 24.78m
④ E = 24.78m, M = 26.79m

해설

$E = R\left(\sec\frac{I}{2} - 1\right) = 200\left(\sec\frac{60}{2} - 1\right) = 30.94\text{m}$

$M = R\left(1 - \cos\frac{I}{2}\right) = 200\left(1 - \cos\frac{60}{2}\right) = 26.79\text{m}$

07 교각 I = 80°, 곡선반지름 R = 200m인 단곡선의 교점 I.P의 추가거리가 1,250.50m일 때 곡선시점 B.C의 추가거리는?

① 1,382.68m
② 1,282.68m
③ 1,182.68m
④ 1,082.68m

해설

$\text{T.L} = R \cdot \tan\frac{I}{2} = 200 \times \tan 40° = 167.82\text{m}$

B.C = I.P − T.L = 1,250.50 − 167.82 = 1,082.68m

08 그림과 같은 성토단면을 갖는 도로 50m를 건설하기 위한 성토량은?(단, 성토면의 높이(h) = 5m)

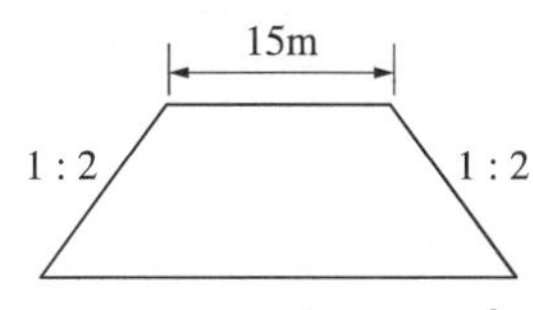

① 5,000m³　　② 5,625m³
③ 6,250m³　　④ 7,500m³

해설

밑 변 = 5 × 2 + 15 + 5 × 2 = 35m

$A = \frac{15+35}{2} \times 5 \times 50 = 6{,}250\text{m}^3$

09 해상에 있는 수심측량선의 수평위치결정방법으로 가장 적합한 것은?

① 나침반에 의한 방법
② 평판측량에 의한 방법
③ 음향측심기에 의한 방법
④ 인공위성(GNSS) 측위에 의한 방법

해설

해상에 있는 수심측량선의 수평위치결정방법으로 가장 적합한 것은 인공위성(GNSS) 측위에 의한 방법이다.

10 수위에 관한 설명을 틀린 것은?

① 저수위는 1년 중 300일은 이보다 저하하지 않는 수위이다.
② 최다수위는 일정 기간 중 제일 많이 발생한 수위이다.
③ 평균수위는 어떤 기간의 관측수위의 총합을 관측횟수로 나누어 평균값을 구한 수위이다.
④ 평수위는 어떤 기간에 있어서의 수위 중 이것보다 높은 수위와 낮은 수위의 관측횟수가 같은 수위를 의미한다.

해설

저수위는 1년 중 275일은 이보다 저하하지 않는 수위를 말한다.

11 측량원도의 축척이 1 : 1,000인 도상에서 부지의 면적이 20.0cm²이었다. 그런데 신축으로 인하여 도면이 가로, 세로 길이가 2%씩 늘어나 있었다면 실면적은 약 얼마인가?

① 1,920m²　　② 1,940m²
③ 1,960m²　　④ 1,980m²

해설

실제면적 = 측정면적 × $(1-\varepsilon)^2$ = 2,000 × $(1-0.02)^2$ = 1,920m²

$\left(\frac{1}{m}\right)^2 = \frac{\text{도상면적}}{\text{실제면적}}$

실제면적 = m^2 × 도상면적 = $1{,}000^2 \times 20$ = 20,000,000cm²
= 2,000m²

정답 6 ① 7 ④ 8 ③ 9 ④ 10 ① 11 ①

12 그림과 같은 터널에서 AB 사이의 경사가 1/250이고 BC 사이의 경사는 1/100일 때 측점 A와 C 사이의 표고차는?

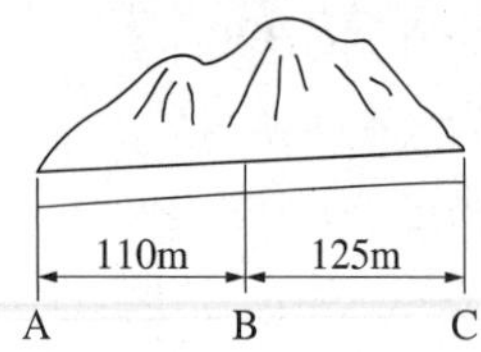

① 1.690m ② 1.645m
③ 1.600m ④ 1.590m

해설

$H_{AC} = H_A + H_C = \frac{110}{250} + \frac{125}{100} = 0.44 + 1.25 = 1.69\text{m}$

13 1,000m³의 체적을 정확하게 계산하려고 한다. 수평 및 수직 거리를 동일한 정확도로 관측하여 체적 계산 오차를 0.5m³ 이하로 하기 위한 거리관측의 허용정확도는?

① 1/4,000 ② 1/5,000
③ 1/6,000 ④ 1/7,000

해설

$\frac{dV}{V} = 3\frac{dl}{l}$ 에서

$\frac{dl}{l} = \frac{1}{3}\frac{dV}{V} = \frac{1}{3} \times \frac{0.5}{1,000} = \frac{1}{6,000}$

14 반지름 R = 500m인 단곡선에서 현길이 l = 15m에 대한 편각은?

① 0°35′34″
② 0°51′34″
③ 1°02′34″
④ 1°04′34″

해설

$\delta = 1,718.87' \frac{l}{R}$

$= 1,718.87' \times \frac{15}{500} = 0°51'34''$

15 완화곡선의 캔트(Cant) 계산 시 동일한 조건에서 반지름만을 2배로 증가시키면 캔트는?

① 4배로 증가
② 2배로 증가
③ 1/2로 감소
④ 1/4로 감소

해설

$C = \frac{SV^2}{gR}$ 에서 반지름이 2배가 되면 캔트는 1/2배가 된다.

16 지형의 체적계산법 중 단면법에 의한 계산법으로 비교적 가장 정확한 결과를 얻을 수 있는 것은?

① 점고법
② 중앙단면법
③ 양단면평균법
④ 각주공식에 의한 방법

해설

단면법에는 중앙단면법, 양단면평균법, 각주공식에 의한 방법이 있으며, 각주공식에 의한 방법은 양단면의 면적과 중앙단면의 면적을 고려한 계산방법으로 다른 단면계산법보다 정확히 계산할 수 있다.

정답 12 ① 13 ③ 14 ② 15 ③ 16 ④

17 하천측량에서 수애선 측량에 대한 설명으로 옳지 않은 것은?

① 수애선은 평수위에 따른 경계선이다.
② 수애선은 교호수준측량에 의해 결정된다.
③ 수애선은 수면과 하안의 경계선을 말한다.
④ 수애선은 동시관측에 의한 방법과 심천측량에 의한 방법이 있다.

해설

수애선은 동시관측에 의한 방법과 심천측량에 의한 방법으로 측량한다.

18 그림과 같이 폭 15m의 도로가 어느 지역을 지나가게 될 때 도로에 포함되는 □BCDE의 넓이는?(단, $\overline{AC}$의 방위 = N23°30′00″E, $\overline{AD}$의 방위 = S89°30′00″E, $\overline{AB}$의 거리 = 20m, ∠ACD = 90°이다)

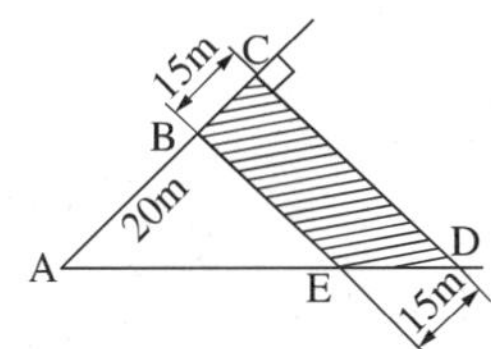

① 971.79m²
② 926.50m²
③ 910.12m²
④ 893.22m²

해설

θ_{AC} = N23°30′00″E = 23°30′00″

θ_{AD} = S89°30′00″E = 180° − 89°30′00″ = 90°30′00″

∠A = 90°30′00″ − 23°30′00″ = 67°00′00″

∠E 또는 ∠D = 23°00′00″

$\overline{BE} = \dfrac{\sin 67°}{\sin 23°} \times 20 = 47.117\text{m}$

$\overline{CD} = \dfrac{\sin 67°}{\sin 23°} \times (20+15) = 82.455\text{m}$

$\therefore\ \square BCDE = \dfrac{47.117 \pm 82.455}{2} \times 15 = 971.79\text{m}$

19 상향기울기가 25/1,000, 하향기울기가 −50/1,000일 때 곡선반지름이 800m이면 원곡선에 의한 종단곡선의 길이는?

① 85m
② 75m
③ 60m
④ 55m

해설

$LR(m-n) = 800\left\{\dfrac{20}{1,000} - \left(-\dfrac{50}{1,000}\right)\right\} = 60\text{m}$

20 지형과 적절히 조화되는 경관을 창출하기 위한 경관측량의 중요도가 적은 공사는?

① 도로공사
② 상하수도공사
③ 대단위 위락시설
④ 교량공사

해설

경관측량은 인간과 물적 대상의 양 요소에 대한 경관도의 정량화 및 표현에 관한 평가를 하는 것을 말한다. 즉 대상군을 전체로보는 인간의 심적 현상으로 경치, 눈에 보이는 경색, 풍경의 지리학적 특성과 특색 있는 풍경 형태를 가진 일정한 지역을 말하는 것으로 상하수도 공사는 지하시설물에 해당되므로 경관과 무관하다.

정답 17 ② 18 ① 19 ③ 20 ②

제2과목 사진측량 및 원격탐사

21 **여러 시기에 걸쳐 수집된 원격탐사 데이터로부터 이상적인 변화탐지 결과를 얻기 위한 가장 중요한 해상도로 옳은 것은?**

① 주기 해상도(Temporal Resolution)
② 방사 해상도(Radiometric Resolution)
③ 공간 해상도(Spatial Resolution)
④ 분광 해상도(Spectral Resolution)

해설
주기 해상도는 지구상 특정지역을 얼마만큼 자주 촬영 가능한지를 나타낸다. 어떤 위성은 동일한 지역을 촬영하기 위해 돌아오는데 16일 혹은 4일이 걸리기도 한다. 주기 해상도가 짧을수록 지형변이양상을 주기적이고 빠르게 파악할 수 있으므로 데이터베이스 축적을 통해 향후의 예측을 위한 좋은 모델링 자료를 제공한다고 할 수 있다.

22 **편위수정(Rectification)을 거친 사진을 집성한 사진지도로 등고선이 삽입되어 있는 것은?**

① 중심투영 사진지도
② 약조정 집성 사진지도
③ 정사 사진지도
④ 조정 집성 사진지도

해설
정사투영 사진지도는 정밀입체도화기와 연동시킨 정사투영기에 의해 사진의 경사, 지표면의 비고를 수정하여 등고선을 삽입한 사진지도이다.

23 **완전수직 항공사진의 특수3지점에서의 사진축척을 비교한 것으로 옳은 것은?**

① 주점에서 가장 크다.
② 연직점에서 가장 크다.
③ 등각점에서 가장 크다.
④ 3점에서 모두 같다.

해설
사진의 특수3점은 동일 사진상에서 얻어지는 점으로 사진의 축척은 동일하다.

24 **사진측량은 4차원 측량이 가능한데 다음 중 4차원 측량에 해당하지 않는 것은?**

① 거푸집에 대하여 주기적인 촬영으로 변형량을 관측한다.
② 동적인 물체에 대한 시간별 움직임을 체크한다.
③ 4가지의 각각 다른 구조물을 동시에 측량한다.
④ 용광로의 열변형을 주기적으로 측정한다.

해설
4차원 측량이란 공간의 3차원과 시간의 1차원을 합쳐서 이르는 측량으로 4가지의 각각 다른 구조물을 동시에 측량하는 것은 3차원에 해당한다.

25 **어느 지역의 영상으로부터 "논"의 훈련지역(Training Field)을 선택하여 해당 영상소를 "P"로 표기하였다. 이 때 산출되는 통계값과 사변형 분류법(Parallelepiped Classification)을 이용하여 "논"을 분류한 결과로 옳은 것은?**

[영 상]

행＼열	1	2	3	4	5	6	7
1	9	9	9	3	4	5	3
2	8	8	7	7	5	3	4
3	8	7	8	9	7	5	6
4	7	8	9	9	7	4	5
5	8	7	9	8	3	4	2
6	7	9	9	4	1	1	0
7	9	9	6	0	1	0	2

[훈련지역]

행＼열	1	2	3	4	5	6	7
1							
2						P	
3							P
4						P	
5							
6				P			
7							

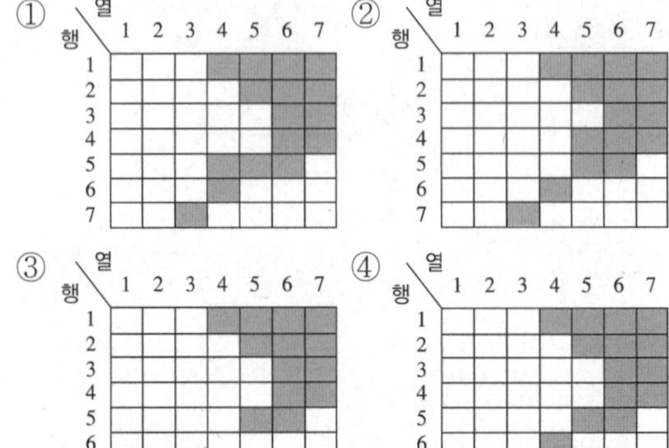

해설
논의 트레이닝 필드지역 통계값을 분석하면 3~6이므로 영상에서 3~6 상의 값을 선택하면

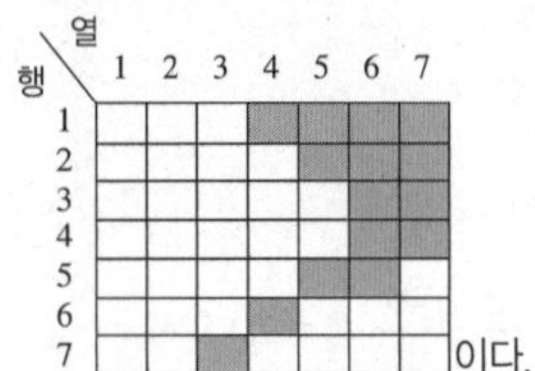

이다.

정답 21 ① 22 ③ 23 ④ 24 ③ 25 ④

26 **다음 중 사진의 축척을 결정하는데 고려할 요소로 거리가 먼 것은?**

① 사용목적, 사진기의 성능
② 사용되는 사진기, 소요 정밀도
③ 도화 축척, 등고선 간격
④ 지방적 특색, 기상관계

해설
사진의 축척에 관계없는 것은 지방적 특색, 기상관계이다.

27 **지형도와 항공사진으로 대상지의 3차원 좌표를 취득하여 불규칙한 지형을 기하학적으로 재현하고 수치적으로 해석함으로써 경관해석, 노선선정, 택지조성, 환경설계 등에 이용되는 것은?**

① 수치지형모델 ② 도시정보체계
③ 수치정사사진 ④ 원격탐사

해설
수치지형모델은 대상지의 3차원 좌표를 취득하여 불규칙한 지형을 기하학적으로 재현하고 수치적으로 해석함으로써 경관해석, 노선선정, 택지조성, 환경설계 등에 이용되고 있다.

28 **항공사진측량용 디지털 카메라를 이용한 영상취득에 대한 설명으로 옳지 않은 것은?**

① 아날로그 방식보다 필름비용과 처리, 스캐닝 비용 등의 경비가 절감된다.
② 기존 카메라보다 훨씬 더 넓은 피사각으로 대축척 지도 제작이 용이하다.
③ 높은 방사해상력으로 영상의 질이 우수하다.
④ 컬러영상과 다중채널영상의 동시 취득이 가능하다.

해설
기존항공사진측량용 아날로그카메라와의 피사각 차이가 없다.

29 **측량용 사진기의 검정자료(Calibration Data)에 포함되지 않는 것은?**

① 주점의 위치
② 초점거리
③ 렌즈왜곡량
④ 좌표 변환식

해설
측량용 사진기의 검정자료(Calibration Data)에 포함되는 요소
- 카메라의 초점거리
- 주점의 좌표
- 사진지표
- 방사거리값
- 방사왜곡값
- 렌즈의 왜곡량 등

30 **촬영 당시 광속의 기하상태를 재현하는 작업으로 렌즈의 왜곡, 사진의 초점거리 등을 결정하는 작업은?**

① 도 화
② 지상기준점측량
③ 내부표정
④ 외부표정

해설
촬영 당시 광속의 기하상태를 재현하는 작업으로 렌즈의 왜곡, 사진의 초점거리 등을 결정하는 작업을 내부표정이라 한다.

31 **대공표지의 크기가 사진 상에서 30μm 이상이어야 할 때, 사진축척이 1 : 20,000이라면 대공표지의 크기는 최소 얼마 이상이어야 하는가?**

① 50cm 이상
② 60cm 이상
③ 70cm 이상
④ 80cm 이상

해설
$$d = \frac{M}{T} = \frac{20,000}{30 \times 1,000} = 0.6\text{m} = 60\text{cm}$$

정답 26 ④ 27 ① 28 ② 29 ④ 30 ③ 31 ②

32 미국의 항공우주국에서 개발하여 1972년에 지구자원탐사를 목적으로 쏘아 올린 위성으로 적도의 조기발견, 대기오염의 확산 및 식물의 발육상태 등을 조사할 수 있는 것은?

① MOSS ② SPOT
③ IKONOS ④ LANDSAT

해설
LANDSAT은 지구관측을 위한 최초의 민간목적 원격탐사 위성으로 미국의 항공우주국에서 개발하여 1972년에 지구자원탐사를 목적으로 쏘아 올린 위성으로 적도의 조기발견, 대기오염의 확산 및 식물의 발육상태 등을 조사한다.

33 다음 중 원격탐사용 인공위성 플랫폼이 아닌 것은?

① 아리랑위성(KOMPSAT)
② 무궁화위성(KOREASAT)
③ Worldview
④ GeoEye

해설
무궁화위성은 우리나라 위성통신과 위성방송 사업을 담당하기 위해 발사된 통신위성이다.

34 항공사진촬영을 재촬영해야 하는 경우가 아닌 것은?

① 구름, 적설 및 홍수로 인해 지형을 구분할 수 없을 경우
② 촬영코스의 수평이탈이 계획촬영 고도의 10% 이내일 경우
③ 촬영 진행 방향의 중복도가 53% 미만이거나 68~77%가 되는 모델이 전 코스의 사진매수의 1/4 이상일 경우
④ 인접코스 간의 중복도가 표고의 최고점에서 5% 미만일 경우

해설
재촬영해야 할 경우
- 촬영대상 구역의 일부분이라도 촬영 범위 외에 있는 경우
- 종중복도가 50% 이하인 경우
- 횡중복도가 5% 이하인 경우
- 스모그, 수증기 등으로 사진상이 선명하지 못한 경우
- 구름 또는 구름의 그림자, 산의 그림자 등으로 지표면이 밝게 찍혀 있지 않는 부분이 상당히 많은 경우
- 적설 등으로 지표면의 상태가 명료하지 않은 경우

35 동서 26km, 남북 8km인 지역을 사진크기 23cm × 23cm인 카메라로 종중복도 60%, 횡중복도 30%, 축척 1 : 30,000의 항공사진으로 촬영할 때, 입체모델 수는?(단, 엄밀법으로 계산하고 촬영은 동서 방향으로 한다)

① 16 ② 18
③ 20 ④ 22

해설
$$D=\frac{S_1}{B}=\frac{S_1}{ma\left(1-\frac{p}{100}\right)}=\frac{26,000}{30,000\times0.23\left(1-\frac{60}{100}\right)}=9.4$$
≒ 10매
$$D'=\frac{S_2}{C}=\frac{8,000}{ma\left(1-\frac{p}{100}\right)}=\frac{8,000}{30,000\times0.23\left(1-\frac{30}{100}\right)}=1.6$$
≒ 2매
총모델수 = $D\times D'=10\times2=20$매

36 항공사진측량을 초점거리 160mm의 카메라로 비행고도 3,000m에서 촬영기준면의 표고가 500m인 평지를 촬영할 때의 사진축척은?

① 1 : 15,625 ② 1 : 16,130
③ 1 : 18,750 ④ 1 : 19,355

해설
$$\frac{1}{m}=\frac{f}{H\pm h}=\frac{0.16}{3,000-500}=\frac{1}{15,625}$$

37 축척 1 : 20,000의 항공사진을 180km/hr의 속도로 촬영하는 경우 허용 흔들림의 범위를 0.01mm로 한다면, 최장 노출 시간은?

① 1/90초 ② 1/125초
③ 1/180초 ④ 1/250초

해설
$$T_s=\frac{\Delta S\cdot m}{V}=\frac{0.01\times20,000}{180\times1,000,00\times\frac{1}{3,600}}=\frac{200}{50,000}=\frac{1}{250}$$

정답 32 ④ 33 ② 34 ② 35 ③ 36 ① 37 ④

38 절대표정에 필요한 지상기준점의 구성으로 틀린 것은?

① 수평기준점(X, Y) 4개
② 지상기준점(X, Y, Z) 3개
③ 수평기준점(X, Y) 2개와 수직기준점(Z) 3개
④ 지상기준점(X, Y, Z) 2개와 수직기준점(Z) 2개

해설
절대표정은 축척의 결정, 수준면의 결정, 위치의 결정을 위한 표정으로 입체모형 2점의 평면기준점좌표와 3점의 높이좌표가 필요하므로 최소한 3점의 표정점(X, Y, Z)이 필요하다.

39 다음은 어느 지역 영상에 대해 영상의 화소값 분포를 알아보기 위해 도수분포표를 작성한 것으로 옳은 것은?

열

행 \ 열	1	2	3	4	5	6	7
1	9	9	9	3	4	5	3
2	8	8	7	8	5	4	4
3	8	8	8	9	7	5	5
4	7	8	9	8	7	4	5
5	8	8	8	8	3	4	1
6	7	9	9	4	1	1	0
7	8	8	6	0	1	0	2

①

화소값	0	1	2	3	4	5	6	7	8	9
빈도	3	4	1	3	6	5	1	5	14	7

②

화소값	0	1	2	3	4	5	6	7	8	9
빈도	5	6	3	3	6	5	1	5	14	7

③

화소값	0	1	2	3	4	5	6	7	8	9
빈도	3	7	4	6	6	5	1	5	14	7

정답 38 ① 39 ①

④

15										
14									■	
13									■	
12									■	
11									■	
10									■	
9									■	
8									■	
7									■	■
6			■		■				■	■
5			■		■	■		■	■	■
4		■	■		■	■		■	■	■
3	■	■	■	■	■	■		■	■	■
2	■	■	■	■	■	■		■	■	■
1	■	■	■	■	■	■	■	■	■	■
빈 도 / 화소값	0	1	2	3	4	5	6	7	8	9

해설
영상의 화소값 분포를 알아보기 위해 도수분포표를 작성한다.

화소값	0	1	2	3	4	5	6	7	8	9
빈 도	3	4	1	3	6	5	1	5	14	7

40 항공사진의 기복변위에 대한 설명으로 옳지 않은 것은?

① 촬영고도에 비례한다.
② 지형지물의 높이에 비례한다.
③ 연직점으로부터 상점까지의 거리에 비례한다.
④ 표고차가 있는 물체에 대한 연직점을 중심으로 한 방사상 변위를 의미한다.

해설
항공사진의 기복변위는 촬영고도에 반비례한다.

$$\Delta r = \frac{h}{H}r$$

제3과목 지리정보시스템(GIS) 및 위성측위시스템(GPS)

41 수치지형모형(DTM)으로부터 추출할 수 있는 정보로 거리가 먼 것은?

① 경사분석도
② 가시권 분석도
③ 사면방향도
④ 토지이용도

해설
수치지형모형은 지형의 연속적인 기복변화를 일정한 크기의 격자 간격으로 표현한 것으로 공간상의 연속적인 기복변화를 수치적인 행렬의 격자형태로 표현한 것으로 지형의 변화를 주대상으로 추출이 가능하다.

42 래스터자료에 대한 설명으로 틀린 것은?

① 자료구조가 간단하다.
② 다양한 공간분석을 할 수 있다.
③ 원격탐사 자료와 연결시키기가 쉽다.
④ 그래픽 자료의 양이 적다.

해설
그래픽 자료의 양이 많다.

43 공간정보 관련 영어 약어에 대한 설명으로 틀린 것은?

① NGIS – 국가지리정보체계
② RIS – 자원정보체계
③ UIS – 도시정보체계
④ LIS – 교통정보체계

해설
LIS – 토지정보체계

정답 40 ① 41 ④ 42 ④ 43 ④

44 지리정보시스템(GIS) 소프트웨어의 일반적인 주요 기능으로 거리가 먼 것은?

① 벡터형 공간자료와 래스터형 공간자료의 통합 기능
② 사진, 동영상, 음성 등 멀티미디어 자료의 편집 기능
③ 공간자료와 속성자료를 이용한 모델링 기능
④ DBMS와 연계한 공간자료 및 속성정보의 관리 기능

해설
지리정보시스템(GIS) 소프트웨어는 데이터의 유지관리, 데이터의 조작, 공간분석, 모델링 및 시뮬레이션, 디스플레이 및 출력 등의 기능을 한다.

45 GPS 위성신호 L1 및 L2의 주파수를 각각 f_1 = 1,575.42MHz, f_2 = 1,227.60MHz, 광속(c)을 약 300,000km/s라고 가정할 때, Wide-lane(Lw = L1 − L2) 인공주파수의 파장은?

① 0.19m
② 0.24m
③ 0.56m
④ 0.86m

해설
Lw = L1 − L2 = 1,575.42 − 1,227.60 = 347.82MHz

$$\lambda = \frac{v}{f}$$

(여기서, λ : 파장, v : 광속도, f : 주파수)

$$\lambda = \frac{300,000 \times 10^3}{347.82 \times 10^6} = 0.86\text{m}$$

46 다음 중 지리정보분야의 국제표준화기구는?

① ISO/IT190
② ISO/TC211
③ ISO/TC152
④ ISO/IT224

해설
ISO/TC211는 수치화된 지리정보 분양의 표준화를 위한 기술위원회이며 지구의 지리적 위치와 직간접으로 관계가 있는 객체나 현상에 대한 정보 표준 규격을 수립함에 그 목적을 두고 있다.

47 네트워크 RTK 위치결정 방식으로 현재 국토지리정보원에서 운영 중인 시스템 중 하나인 것은?

① TEC(Total Electron Content)
② DGPS(Differential GPS)
③ VRS(Virtual Reference Station)
④ PPP(Precise Point Positioning)

해설
VRS(Virtual Reference Station)는 네트워크의 한 방법으로 GPS상시관측소들로 이루어진 기준국망을 이용해 계통적 오차를 분리하고 모델링하여 네트워크 내부 임의의 위치에서 관측된 것과 같은 가상기준점을 생성하고 이 가상기준점과 이동국과의 RTK를 통하여 정밀한 이동국의 위치를 결정하는 측량방법이다. 이 방법은 국토지리정보원에서 운영하는 서비스이다.

48 벡터데이터모델에 해당하는 것은?

① DWG ② JPG
③ Shape ④ Geotiff

해설
벡터자료의 파일형식은 Shape, Coverage, CAD, DLG, VPF, TIGER 등이 있다.

49 객체 사이의 인접성, 연결성에 대한 정보를 포함하는 개념은?

① 위치정보
② 속성정보
③ 위상정보
④ 영상정보

해설
위상정보의 구조는 인접성, 연결성, 포함성 등의 관점에서 묘사된다.

정답 44 ② 45 ④ 46 ② 47 ③ 48 ① 49 ③

50 **지리정보시스템(GIS)의 주요 기능에 대한 설명으로 옳지 않은 것은?**

① 자료의 입력은 기존 지도와 현지조사자료, 인공위성 등을 통해 얻은 정보 등을 수치형태로 입력하거나 변환하는 것을 말한다.
② 자료의 출력은 자료를 보여주고 분석결과를 사용자에게 알려주는 것을 말한다.
③ 자료변환은 지형, 지물과 관련된 사항을 현지에서 직접 조사하는 것을 말한다.
④ 데이터베이스 관리에서는 대상물의 위치와 지리적 속성, 그리고 상호 연결성에 대한 정보를 구체화하고 조직화하여야 한다.

해설
자료변환
부호화는 각종 도형자료를 컴퓨터 언어로 변환시켜 컴퓨터가 직접 조정할 수 있는 형태로 바꾸어 준 형태를 의미하는 것으로 벡터방식의 자료와 격자방식의 자료가 있다.

51 **공간데이터 입력 시 발생할 수 있는 오류가 아닌 것은?**

① 스파이크(Spike)
② 오버슈트(Overshoot)
③ 언더슈트(Undershoot)
④ 톨러런스(Tolerance)

해설
오류유형으로 Overshoot, Undershoot, Spike, Silver Polygon, Overlapping, Dangle 등이 있다.

52 **지리정보시스템(GIS)에서 사용하고 있는 공간데이터를 설명하는 또 다른 부가적인 데이터로서 데이터의 생산자, 생산목적, 좌표계 등의 다양한 정보를 담을 수 있는 것은?**

① Metadata ② Label
③ Annotation ④ Coverage

해설
Metadata는 지리정보시스템(GIS)에서 사용하고 있는 공간데이터를 설명하는 또 다른 부가적인 데이터로서 데이터의 생산자, 생산목적, 좌표계 등의 다양한 정보를 담을 수 있는 것을 말한다.

53 **근접성 분석을 위하여 지정된 요소들 주위에 일정한 폴리곤 구역을 생성해 주는 것은?**

① 중 첩
② 버퍼링
③ 지도 연산
④ 네트워크 분석

해설
버퍼분석은 공간적 근접성을 정의할 때 이용되는 것으로서 점, 선, 면 또는 면 주변에 지정된 범위의 면사상으로 구성되어 있다.

54 **다음 중 항공사진측량 시 카메라 투영중심의 위치를 획득(결정)하는 데 가장 효과적인 것은?**

① GNSS
② Open GIS
③ 토털 스테이션
④ 레이저고도계

해설
GNSS는 위성측위방식으로 항공사진 촬영 시 카메라의 투영중심의 위치를 결정하는 데 사용된다.

55 **상대측위(DGPS) 기법 중 하나의 기지점에 수신기를 세워 고정국으로 이용하고 다른 수신기는 측점을 순차적으로 이동하면서 데이터취득과 동시에 위치결정을 하는 방식은?**

① Static Surveying
② Real Time kinematic
③ Fast Static Surveying
④ Point Positioning Surveying

해설
Real Time kinematic(RTK)
하나의 기지점에 수신기를 세워 고정국으로 이용하고 다른 수신기는 측점을 순차적으로 이동하면서 데이터취득과 동시에 위치결정을 하는 방식이다.

정답 50 ③ 51 ④ 52 ① 53 ② 54 ① 55 ②

56 GNSS 측량에서 HDOP와 VDOP가 2.5와 3.2이고 예상되는 관측데이터의 정확도(σ)가 2.7m일 때 예상할 수 있는 수평위치 정확도(σ_H)와 수직위치 정확도(σ_V)는?

① $\sigma_H = 0.93\text{m}$, $\sigma_V = 1.19\text{m}$

② $\sigma_H = 1.08\text{m}$, $\sigma_V = 0.84\text{m}$

③ $\sigma_H = 5.20\text{m}$, $\sigma_V = 5.90\text{m}$

④ $\sigma_H = 6.75\text{m}$, $\sigma_V = 8.64\text{m}$

해설
- 수평위치 정확도(σ_H) = $\pm 2.5 \times 2.7 = \pm 6.75\text{m}$
- 수직위치 정확도(σ_V) = $\pm 3.2 \times 2.7 = \pm 8.64\text{m}$

57 수치지도의 축척에 관한 설명 중 옳지 않은 것은?

① 축척에 따라 자료의 위치정확도가 다르다.

② 축척에 따라 표현되는 정보의 양이 다르다.

③ 소축척을 대축척으로 일반화(Generalization)시킬 수 있다.

④ 축척 1 : 5,000 종이지도로 축척 1 : 1,000 수치지도 정확도 구현이 불가능하다.

해설
대축척에서 소축척으로 일반화(Generalization)시킬 수 있다.

58 지리정보시스템(GIS)의 자료처리 공간분석 방법을 점자료 분석 방법, 선자료 분석 방법, 면자료 분석 방법으로 구분할 때, 선자료 공간분석 방법에 해당되지 않는 것은?

① 최근린 분석

② 네트워크 분석

③ 최적경로 분석

④ 최단경로 분석

해설
최근린 보간법은 최단거리에 있는 관측값을 사용하여 보간하는 방법으로 입력 격자상 가장 가까운 영상소의 밝기를 이용하여 출력격자로 변환하는 방법이다.

59 첫 번째 입력 커버리지 A의 모든 형상들은 그대로 유지하고 커버리지 B의 형상은 커버리지 A안에 있는 형상들만 나타내는 중첩 연산 기능은?

① Union

② Intersection

③ Identity

④ Clip

해설
Identity(동일성)는 첫 번째 입력 커버리지 A의 모든 형상들은 그대로 유지하고 커버리지 B의 형상은 커버리지 A안에 있는 형상들만 나타내는 중첩 연산 기능이다.

60 지리적 객체(Geographic Object)에 해당되지 않는 것은?

① 온 도

② 지적필지

③ 건 물

④ 도 로

해설
온도는 지리적 객체에 해당되지 않는다.

정답 56 ④ 57 ③ 58 ① 59 ③ 60 ①

제4과목 측량학

61 **1 : 50,000 지형도에 표기된 아래와 같은 도엽번호에 대한 설명으로 틀린 것은?**

NJ 52-11-18

① 1 : 250,000 도엽을 28등분한 것 중 18번째 도엽번호를 의미한다.
② N은 북반구를 의미한다.
③ J는 적도에서부터 알파벳을 붙인 위도구역을 의미한다.
④ 52는 국가 고유 코드를 의미한다.

해설
52는 우리나라가 날짜 변경선으로부터 52번째에 해당하는 구역임을 표현한 것이다.

62 **다각측량에서 측점 A의 직각좌표(x, y)가 (400m, 400m)이고, AB측선의 길이가 200m일 때, B점의 좌표는?(단, AB측선의 방위각은 225°이다)**

① (300.000m, 300.000m)
② (226.795m, 300.000m)
③ (541.421m, 541.421m)
④ (258.579m, 258.579m)

해설
$X_B = X_A + l\cos\theta_{AB} = 400 + 200 \times \cos 225° = 258.579\text{m}$
$Y_B = Y_A + l\sin\theta_{AB} = 400 + 200 \times \sin 225° = 258.579\text{m}$

63 **표준길이보다 36mm가 짧은 30m 줄자로 관측한 거리가 480m일 때 실제거리는?**

① 479.424m ② 479.856m
③ 480.144m ④ 480.576m

해설
실거리 $= 480 - \frac{0.036}{30} \times 480 = 479.424\text{m}$

64 **삼각형을 이루는 각 점에서 동일한 정밀도로 각 관측을 하였을 때 발생한 폐합 오차의 조정 방법은?**

① 3등분하여 조정한다.
② 각의 크기에 비례해서 조정한다.
③ 변의 길이에 비례해서 조정한다.
④ 각의 크기에 반비례해서 조정한다.

해설
삼각형을 이루는 각 점에서 동일한 정밀도로 각 관측을 하였을 때 발생한 폐합 오차의 조정방법은 3등분하여 조정한다.

65 **수평직교좌표원점의 동쪽에 있는 A점에서 B점 방향의 자북방위각을 관측한 결과 88°10′40″이었다. A점에서 자오선 수차가 2′20″, 자침 편차가 4°W일 때 방향각은?**

① 84°8′20″
② 84°13′00″
③ 92°8′20″
④ 92°13′00″

해설
도북방위각 = 88°10′40″ − 4° − 2′20″ = 84°8′20″

66 **측량에 있어서 부정오차가 일어날 가능성의 확률적 분포 특성에 대한 설명으로 틀린 것은?**

① 매우 큰 오차는 거의 생기지 않는다.
② 오차의 발생확률은 최소제곱법에 따른다.
③ 큰 오차가 생길 확률은 작은 오차가 생길 확률보다 매우 작다.
④ 같은 크기의 양(+)오차와 음(−)오차가 생길 확률은 거의 같다.

해설
우연오차의 조정방법으로 최소제곱법을 이용한다.

정답 61 ④ 62 ④ 63 ① 64 ① 65 ① 66 ②

67 A점 및 B점의 좌표가 표와 같고 A점에서 B점까지 결합 다각측량을 하여 계산해 본 결과 합위거가 84.30m, 합경거가 512.62m이었다면 이 측량의 폐합 오차는?

구 분	X좌표	Y좌표
A점	69.30m	123.56m
B점	153.47m	636.23m

① 0.18m ② 0.14m
③ 0.10m ④ 0.08m

해설
합위거의 차 = $X_B - X_A$ = 153.47 − 69.3 = 84.17
합경거의 차 = $Y_B - T_A$ = 636.23 − 123.56 = 512.67
폐합오차 = $\sqrt{(84.17-84.30)^2+(512.67-512.62)^2}$ = 0.14m

68 토털 스테이션의 일반적인 기능이 아닌 것은?
① EDM이 가지고 있는 거리 측정 기능
② 각과 거리 측정에 의한 좌표계산 기능
③ 3차원 형상을 스캔하여 체적을 구하는 기능
④ 디지털 데오도라이트가 갖고 있는 측각 기능

해설
토털 스테이션은 거리, 각을 측정하여 3차원의 좌표계산을 하는 측량기계이다.

69 수준측량 시 중간점이 많을 경우 가장 적합한 야장기입법은?
① 고차식
② 승강식
③ 기고식
④ 교호식

해설
중간점이 많은 경우 기고식으로 계산한다.

70 수준측량의 이기점에 대한 설명으로 옳은 것은?
① 표척을 세워서 전시만 읽는 점
② 표고를 알고 있는 점에 표척을 세워 눈금을 읽는 점
③ 표척을 세워서 후시와 전시를 읽는 점
④ 장애물로 인하여 기계를 옮기는 점

해설
레벨을 이동 시 전시와 후시를 동시에 측정하는 측점을 이기점이라 한다.

71 국토지리정보원에서 발급하는 삼각점에 대한 성과표의 내용이 아닌 것은?
① 경위도
② 점번호
③ 직각좌표
④ 거리의 대수

해설
거리의 대수는 삼각점의 성과표상에 나타나지 않는다.

72 어떤 측량장비의 망원경에 부착된 수준기 기포관의 감도를 결정하기 위해서 D = 50m 떨어진 곳에 표척을 수직으로 세우고 수준기의 기포를 중앙에 맞춘 후 읽은 표척 눈금값이 1.00m이고, 망원경을 약간 기울여 기포관상의 눈금 n = 6 이동된 상태에서 측정한 표척의 눈금이 1.04m이었다면 이 기포관의 감도는?
① 약 13″
② 약 18″
③ 약 23″
④ 약 28″

해설
$\theta'' = \dfrac{l}{nD}\rho'' = \dfrac{1.04-1.0}{6\times50}\times 206{,}265'' = 27.5'' = 28''$

정답 67 ② 68 ③ 69 ③ 70 ③ 71 ④ 72 ④

73 **최소제곱법에 대한 설명으로 옳지 않은 것은?**

① 같은 정밀도로 측정된 측정값에서는 오차의 제곱의 합이 최소일 때 최확값을 얻을 수 있다.
② 최소제곱법을 이용하여 정오차를 제거할 수 있다.
③ 동일한 거리를 여러 번 관측한 결과를 최소제곱법에 의해 조정한 값은 평균과 같다.
④ 최소제곱법의 해법에는 관측방정식과 조건방정식이 있다.

해설
최소제곱법은 우연오차를 소거하는데 사용된다.

74 **우리나라 1 : 25,000 수치지도에 사용되는 주곡선 간격은?**

① 10m
② 20m
③ 30m
④ 40m

해설

종 류	1 : 5,000	1 : 10,000	1 : 25,000	1 : 50,000
주곡선	5	5	10	20
간곡선	2.5	2.5	5	10
조곡선	1.25	1.25	2.5	5
계곡선	25	25	50	100

75 **측량기준점을 크게 3가지로 구분할 때, 그 분류로 옳은 것은?**

① 삼각점, 수준점, 지적점
② 위성기준점, 수준점, 삼각점
③ 국가기준점, 공공기준점, 지적기준점
④ 국가기준점, 공공기준점, 일반기준점

해설
측량기준점(공간정보의 구축 및 관리 등에 관한 법률 제7조)
국가기준점, 공공기준점, 지적기준점 등으로 구분한다.

76 **공공측량의 정의에 대한 설명 중 아래의 "각 호의 측량"에 대한 기준으로 옳지 않은 것은?**

> 「대통령령으로 정하는 측량」이란 다음 각 호의 측량 중 국토교통부장관이 지정하여 고시하는 측량을 말한다.

① 측량실시지역의 면적이 $1km^2$ 이상인 기준점측량, 지형측량 및 평면측량
② 촬영지역의 면적이 $10km^2$ 이상인 측량용 사진의 촬영
③ 국토교통부장관이 발행하는 지도의 축척과 같은 축척의 지도 제작
④ 인공위성 등에서 취득한 영상정보에 좌표를 부여하기 위한 2차원 또는 3차원의 좌표측량

해설
공공측량(공간정보의 구축 및 관리 등에 관한 법률 시행령 제3조)
촬영지역의 면적이 $1km^2$ 이상인 측량용 사진의 촬영

77 **측량업을 폐업한 경우에 측량업자는 그 사유가 발생한 날로부터 최대 며칠 이내에 신고하여야 하는가?**

① 10일
② 15일
③ 20일
④ 30일

해설
측량업의 휴업, 폐업 등 신고(공간정보의 구축 및 관리 등에 관한 법률 제48조)
30일 이내에 그 사실을 신고하여야 한다.

정답 73 ② 74 ① 75 ③ 76 ② 77 ④

78 **측량기술자가 아님에도 불구하고 공간정보의 구축 및 관리 등에 관한 법률에서 정하는 측량(수로측량 제외)을 한 자에 대한 벌칙기준으로 옳은 것은?**

① 3년 이하의 징역 또는 3,000만원 이하의 벌금
② 2년 이하의 징역 또는 2,000만원 이하의 벌금
③ 1년 이하의 징역 또는 1,000만원 이하의 벌금
④ 300만원 이하의 과태료

해설
벌칙(공간정보의 구축 및 관리 등에 관한 법률 제107조)
3년 이하의 징역 또는 3,000만원 이하의 벌금에 처한다.

79 **국토지리정보원장이 간행하는 지도의 축척이 아닌 것은?**

① 1/1,000
② 1/1,200
③ 1/50,000
④ 1/250,000

해설
지도 등 간행물의 종류(공간정보의 구축 및 관리 등에 관한 법률 제13조)
축척 1/500, 1/1,000, 1/2,500, 1/5,000, 1/250,000, 1/500,000 및 1/1,000,000의 지도

80 **일반측량실시의 기초가 될 수 없는 것은?**

① 일반측량성과
② 공공측량성과
③ 기본측량성과
④ 기본측량기록

해설
일반측량의 실시(공간정보의 구축 및 관리 등에 관한 법률 제22조)
일반측량은 기본측량성과 및 그 측량기록, 공공측량성과 및 그 측량기록을 기초로 실시하여야 한다.

정답 78 ③ 79 ② 80 ①

2018년 제2회 과년도 기출문제

제1과목 응용측량

01 그림과 같은 지역의 전체 토량은?

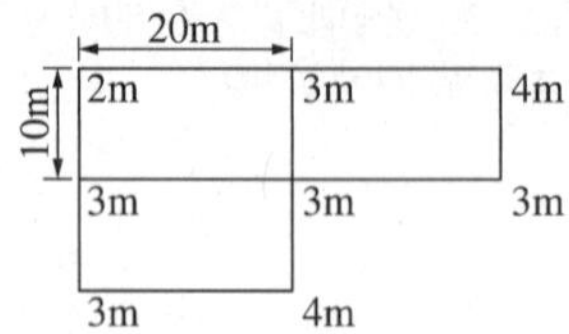

① 1,850m^2 ② 1,950m^2
③ 2,050m^2 ④ 2,150m^2

해설

$V=\frac{10\times 20}{4}[16+(2\times 6)+(3\times 3)]=1{,}850\text{m}^3$

$\Sigma h_1=2+4+3+4+3=16$

$\Sigma h_2=3+3=6$

$\Sigma h_3=3=3$

02 경관측량에 대한 설명으로 옳지 않는 것은?

① 경관은 인간의 시각적 인식에 의한 공간구성으로 대상군을 전체로 보는 인간의 심적 현상에 의해 판단된다.
② 경관측량의 목적은 인간의 쾌적한 생활공간을 창조하는 데 필요한 조사와 설계에 기여하는 것이다.
③ 경관구성요소를 인식의 주체인 경관장계, 인식의 대상이 되는 시점계, 이를 둘러싼 대상계로 나눌 수 있다.
④ 경관의 정량화를 해석하기 위해서는 시각적 측면과 시각현상에 잠재되어 있는 의미적 측면을 동시에 고려하여야 한다.

해설

경관구성요소

- 대상계 : 인식의 대상이 되는 사물로서 사물의 규모, 상태, 형상, 배치 등
- 경관장계 : 대상을 둘러싼 환경으로 전경, 중경, 배경에 의한 규모와 상태
- 시점계 : 인식의 주체가 되는 것으로 생육환경, 건강상태, 연령 및 직업에 관한 시점의 성격
- 상호성계 : 대상계, 경관장계 및 시점계를 구성하는 요인과 성격에 관한 상호성을 규명하는 것

03 그림은 축척 1 : 500으로 측량하여 얻은 결과이다. 실제 면적은?

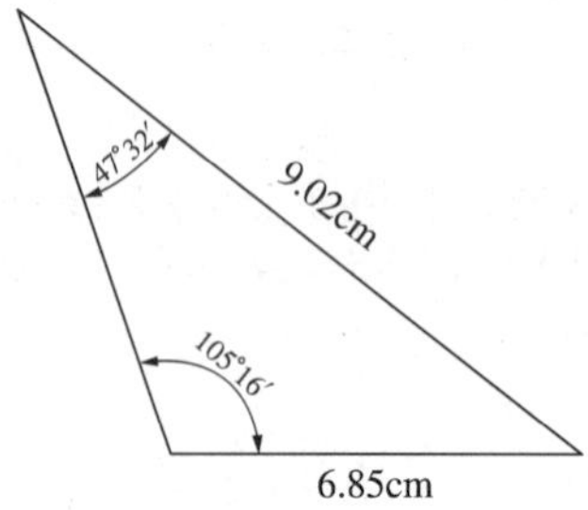

① 70.6m^2
② 176.5m^2
③ 353.03m^2
④ 402.02m^2

해설

$A=\frac{1}{2}ab\sin\alpha=\frac{1}{2}\times 9.02\times 6.85\times \sin 27°12'=14.12\text{cm}^2$

$A_0=m^2\times$ 도상면적 $=500^2\times 14.12=3{,}530{,}000\text{cm}^2$
$=353.03\text{m}^2$

04 지표에 설치된 중심선을 기준으로 터널 입구에서 굴착을 시작하고 굴착이 진행됨에 따라 터널내의 중심선을 설정하는 작업은?

① 다보(Dowel)설치
② 터널 내 곡선설치
③ 지표설치
④ 지하설치

해설

지표에 설치된 중심선을 기준으로 터널 입구에서 굴착을 시작하고 굴착이 진행됨에 따라 터널내의 중심선을 설정하는 작업을 지하설치작업이라 한다.

정답 1 ① 2 ③ 3 ③ 4 ④

05 원곡선 설치에서 곡선반지름이 250m, 교각이 65°, 곡선 시점의 위치가 No.245 + 09.450m일 때, 곡선종점의 위치는?(단, 중심말뚝 간격은 20m이다)

① No.245 + 13.066m

② No.251 + 13.066m

③ No.259 + 06.034m

④ No.259 + 13.066m

해설

C.L = 0.0174533 $RI°$ = 0.0174533 × 250 × 65° = 283.616m

E.C = B.C + C.L = (245 × 20 + 9.45) + 283.616 = 5,193.066m

∴ (5,180 / 20) + 13.066m = No.259 + 13.066m

06 단곡선 설치과정에서 접선길이, 곡선길이 및 외할을 구하기 위해 우선적으로 결정해야 할 사항으로 옳게 짝지어진 것은?

① 시점, 종점 ② 시점, 반지름

③ 반지름, 교각 ④ 종점, 교각

해설

- T.L = $R \cdot \tan\frac{I}{2}$
- C.L = 0.0174533 $RI°$
- $E = R\left(\sec\frac{I}{2} - 1\right)$

에서 필요로 하는 사항은 곡률반경 R, 교각 I 등이다.

07 자동차가 곡선부를 통과할 때 원심력의 작용을 받아 접선방향으로 이탈하려고 하므로 이것을 방지하기 위해 노면에 높이차를 두는 것을 무엇이라 하는가?

① 확폭(Slack)

② 편경사(Cant)

③ 완화구간

④ 시 거

해설

자동차가 곡선부를 통과할 때 원심력의 작용을 받아 접선방향으로 이탈하려고 하므로 이것을 방지하기 위해야 노면에 높이차를 두는 것을 편경사(Cant)라 한다.

08 하천의 수면으로부터 수면에 따른 유속을 관측한 결과가 아래와 같을 때 3점법에 의한 평균유속은?

관측지점	유속(m/s)
수면으로부터 수심의 2/10	0.687
수면으로부터 수심의 4/10	0.644
수면으로부터 수심의 6/10	0.528
수면으로부터 수심의 8/10	0.382

① 0.531m/s ② 0.571m/s

③ 0.528m/s ④ 0.382m/s

해설

$V_m = \frac{1}{4}(V_{0.2} + 2V_{0.6} + V_{0.8}) = \frac{1}{4}(0.687 + 2 \times 0.528 + 0.382)$

= 0.531m/sec

09 노선측량의 순서로 가장 적합한 것은?

① 노선선정 → 계획조사측량 → 실시설계측량 → 세부측량 → 용지측량 → 공사측량

② 노선선정 → 실시설계측량 → 세부측량 → 용지측량 → 공사측량 → 계획조사측량

③ 노선선정 → 공사측량 → 실시설계측량 → 세부측량 → 용지측량 → 계획조사측량

④ 노선선정 → 계획조사측량 → 실시설계측량 → 공사측량 → 세부측량 → 용지측량

해설

노선측량의 순서

노선선정 → 계획조사측량 → 실시설계측량 → 세부측량 → 용지측량 → 공사측량

10 하천의 유속측정에 있어서 표면유속, 최소유속, 평균유속, 최대유속의 4가지 유속이 하천의 표면에서부터 하저에 이르기까지 나타나는 일반적인 순서로 옳은 것은?

① 표면유속 → 최대유속 → 최소유속 → 평균유속

② 표면유속 → 평균유속 → 최대유속 → 최소유속

③ 표면유속 → 최대유속 → 평균유속 → 최소유속

④ 표면유속 → 최소유속 → 평균유속 → 최대유속

해설

표면유속 → 최대유속 → 평균유속 → 최소유속 순이다.

정답 5 ④ 6 ③ 7 ② 8 ① 9 ① 10 ③

11 삼각형 세 변의 길이가 아래와 같을 때 면적은?

$a = 35.65\text{m},\ b = 73.50\text{m},\ c = 42.75\text{m}$

① 269.76m^2 ② 389.67m^2
③ 398.96m^2 ④ 498.96m^2

해설

$s = \frac{1}{2}(a+b+c) = \frac{1}{2}(35.65 + 73.50 + 42.75) = 75.95\text{m}$

$A = \sqrt{s(s-a)(s-b)(s-c)}$

$= \sqrt{75.95(75.95-35.65)(75.95-73.50)(75.95-42.75)}$

$= 498.96\text{m}^2$

12 축척 1 : 1,200 지도상의 면적을 측정할 때, 이 축척을 1 : 600으로 잘못 알고 측정하였더니 $10,000\text{m}^2$가 나왔다면 실제면적은?

① $40,000\text{m}^2$ ② $20,000\text{m}^2$
③ $10,000\text{m}^2$ ④ $2,500\text{m}^2$

해설

$a_1 : m_1^2 = a_2 : m_2^2$

$a_1 = \frac{m_1^2}{m_2^2} \times a_2 = \left(\frac{1,200}{600}\right)^2 \times 10,000 = 40,000\text{m}^2$

13 노선측량에서 곡선반지름 60m, 클로소이드 매개변수가 40m일 때 곡선 길이는?

① 1.5m ② 26.7m
③ 49.0m ④ 90.0m

해설

$A^2 = RL$

$L = \frac{A^2}{R} = \frac{40^2}{60} = 26.7\text{m}$

14 교각이 49°30′, 반지름이 150m인 원곡선 설치 시 중심말뚝 간격 20m에 대한 편각은?

① 6°36′18″
② 4°20′15″
③ 3°49′11″
④ 1°46′32″

해설

$\delta = 1,718.87' \times \frac{l}{R}$

$= 1,718.87' \times \frac{20}{150} = 3°49'11''$

15 부자에 의한 유속관측을 하고 있다. 부자를 띄운 뒤 2분 후에 하류 120m 지점에서 관측되었다면 이때의 표면유속은?

① 1m/s
② 2m/s
③ 3m/s
④ 4m/s

해설

$V_s = \frac{l}{t} = \frac{120}{120} = 1\text{m/s}$

16 배면적을 구하는 방법이 옳은 것은?

① |Σ(각 측선의 조정경거×각 측선의 횡거)|
② |Σ(각 측선의 조정위거×각 측선의 배횡거)|
③ |Σ(각 측선의 조정경거×각 측선의 배횡거)|
④ |Σ(각 측선의 조정위거×각 측선의 조정경거)|

해설

|Σ(각 측선의 조정위거×각 측선의 배횡거)|이다.

정답 11 ④ 12 ① 13 ② 14 ③ 15 ① 16 ②

17 20m 간격으로 등고선이 표시되어 있는 구릉지에서 구적기로 면적을 구한 값이 A_5 = 200m², A_4 = 250m², A_3 = 600m², A_2 = 800m², A_1 = 1,600m²일 때의 토량은?(단, 각주공식을 이용하고 정상부는 평평한 것으로 가정한다)

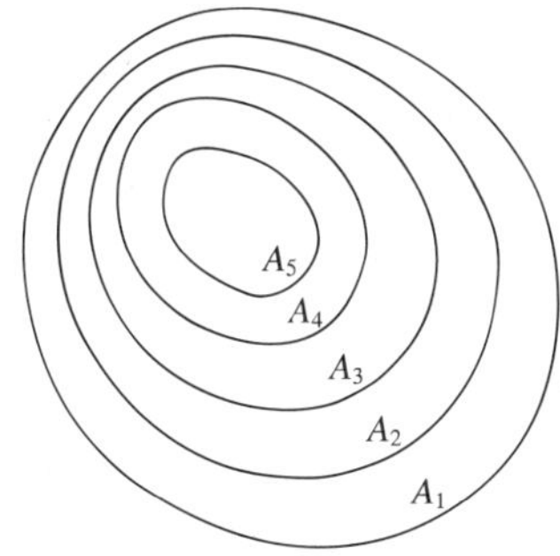

① 45,000m²
② 46,000m²
③ 47,000m²
④ 48,000m²

해설

$V = \frac{h}{3}(A_0 + A_n + 4\Sigma A_{홀수} + 2\Sigma A_{짝수})$

$= \frac{20}{3}[1,600 + 200 + 4 \times (800 + 250) + 2 \times 600]$

$= 48,000\text{m}^2$

18 국제수로기구(IHO)에서 안전항해를 위해 제작된 기준 중 해도제작에 사용되는 자료를 수집하기 위한 수심측량 등급분류 기준에 해당하지 않는 것은?

① 1a등급
② 등급 외 측량
③ 특등급
④ 2등급

해설

수심측량 등급분류는 1a등급 수심측량, 1b등급 측량, 2등급 측량 등으로 이루어 진다.

19 해양에서 수심측량을 할 경우 음향측심 장비로부터 취득한 수심에 필요한 보정이 아닌 것은?

① 정사보정
② 조석보정
③ 흘수보정
④ 음속보정

해설

음향측심보정에는 음속보정, 조석보정, 흘수보정, 기준면의 선택 등이 있다.

20 그림과 같은 경사터널에서 A, B 두 측점 간의 고저차는?(단, A의 기계고 IH = 1m, B의 HP = 1.5m, 사거리 S = 20m, 경사각 θ = 20°)

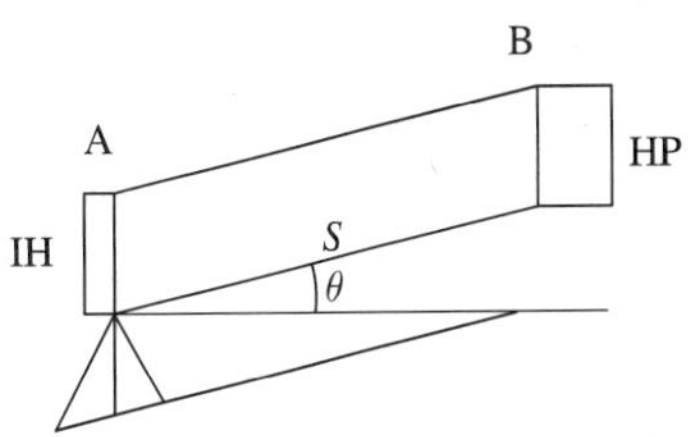

① 4.34m
② 6.34m
③ 7.34m
④ 9.37m

해설

ΔH = H.P + $\sin\theta \times S$ − I.H = 1.5 + $\sin 20° \times 20$ − 1 = 7.34m

정답 17 ④ 18 ② 19 ① 20 ③

제2과목 사진측량 및 원격탐사

21 다음 중 3차원 지도제작에 이용되는 위성은?

① SPOT 위성
② LANDSAT 5호 위성
③ MOS 1호 위성
④ NOAA 위성

해설
SPOT 위성은 프랑스 CNES주도하에 1, 2, 3, 4, 5호가 발사되었으며, 이중 1, 2, 4, 5가 운용중이지만 지상관제센터에서 관제할 수 있는 위성수가 3대이므로 영상은 2, 4, 5호의 영상만을 획득하고 있다. SPOT 1, 2, 3에는 HRV센서가 2대씩 탑재되어 10m의 해상도로 지구관측을 하기 때문에 주로 지도제작을 주목적으로 하고 있다.

22 TIN에 대한 설명으로 옳지 않는 것은?

① 벡터 구조이다.
② 위상 구조를 갖는다.
③ 불규칙 삼각망이다.
④ 2차원 공간 모델이다.

해설
TIN은 3차원 공간모델을 기본으로 데이터를 구성한다.

23 물체의 분광반사특성에 대한 설명으로 옳은 것은?

① 같은 물체라도 시간과 공간에 따라 반사율이 다르게 나타난다.
② 토양은 식물이나 물에 비하여 파장에 따른 반사율의 변화가 크다.
③ 실물은 근적외선 영역에서 가시광선 영역보다 반사율이 높다.
④ 물은 식물이나 토양에 비해 반사도가 높다.

해설
빛의 파장별 반사율을 분광반사율 또는 반사 스펙트럼이라 한다. 물체의 분광반사율은 물체의 종류에 따라 다르다. 물체로부터 분광복사휘도는 분광반사율의 영향을 받기 때문에 분광복사휘도를 관측하여 멀리서도 물체를 식별할 수 있다. 식물은 근적외 영역에서 강하게 반사되고 흙은 식물과 달리 가시역과 단파장 적외역에서 반사가 강하다. 물은 적외역에서는 거의 반사되지 않는다.

24 사진측량에서 말하는 모형(Model)의 의미로 옳은 것은?

① 촬영지역을 대표하는 부분
② 촬영사진 중 수정 모자이크된 부분
③ 한 쌍의 중복된 사진으로 입체시 되는 부분
④ 촬영된 각각의 사진 한 장이 포괄하는 부분

해설
모델은 다른 위치로부터 촬영되는 2매 1조의 입체사진으로부터 만들어지는 모델을 처리 단위로 한다.

25 다음 중 가장 최근에 개발된 사진측량시스템은?

① 편위 수정기
② 기계식 도화기
③ 해석식 도화기
④ 수치 도화기

해설
편위 수정기 → 기계식 도화기 → 해석식 도화기 → 수치 도화기 순이다.

26 초점거리 150mm, 사진크기 23cm × 23cm인 카메라로 촬영고도 1,800m, 촬영기선 길이 960m가 되도록 항공사진촬영을 하였다면 이 사진의 종중복도는?

① 60.6%
② 63.4%
③ 65.2%
④ 68.8%

해설

$$\frac{1}{m} = \frac{f}{H} = \frac{0.15}{1,800} = \frac{1}{12,000}$$

$$B = mb_0 = ma\left(1 - \frac{p}{100}\right)$$

$$P = \left(1 - \frac{B}{ma}\right) \times 100$$

$$= \left(1 - \frac{960}{12,000 \times 0.23}\right) \times 100 = 65.2\%$$

정답 21 ① 22 ④ 23 ③ 24 ③ 25 ④ 26 ③

27 전정색 영상의 공간해상도가 1m, 밴드수가 1개이고, 다중분광영상의 공간해상도가 4m, 밴드수가 4개라고 할 때, 전정색 영상과 다중분광영상의 해상도 비교에 대한 설명으로 옳은 것은?

① 전정색 영상이 다중분광영상보다 공간해상도와 분광해상도가 높다.
② 전정색 영상이 다중분광영상보다 공간해상도가 높고 분광해상도는 낮다.
③ 전정색 영상이 다중분광영상보다 공간해상도와 분광해상도가 낮다.
④ 전정색 영상이 다중분광영상보다 공간해상도가 낮고 분광해상도가 높다.

해설
전정색 영상이 다중분광영상보다 공간해상도가 높고 분광해상도는 낮게 나타난다.

28 촬영고도 2,000m에서 평지를 촬영한 연직사진이 있다. 이 밀착사진 상에 있는 2점 간의 시차를 측정한 결과 1.5mm이었다. 2점 간의 높이차는?(단, 카메라의 초점거리는 15cm, 종중복도는 60%, 사진크기는 23cm × 23cm이다)

① 26.3m
② 32.6m
③ 68.2m
④ 92.0m

해설

$b_0 = a\left(1-\frac{p}{100}\right) = 0.23\left(1-\frac{60}{100}\right) = 0.092\text{m}$

$h = \frac{H}{b_0} \times \Delta P = \frac{2{,}000}{0.092} \times 0.0015 = 32.6\text{m}$

29 아래 그림에서 과잉수정계수(Over Correction Factor)를 구하는 식으로 옳은 것은?

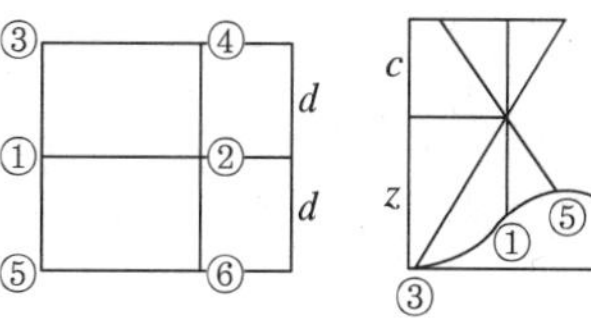

① $\frac{1}{2}\left(\frac{z^2}{d^2}+1\right)$　② $\frac{1}{2}\left(\frac{z^2}{d^2}-1\right)$

③ $\frac{1}{2}\left(\frac{z^2}{b^2}+1\right)$　④ $\frac{1}{2}\left(\frac{z^2}{b^2}-1\right)$

해설
과잉수정계수 $= \frac{1}{2}\left(\frac{z^2}{d^2}-1\right)$이다.

30 항공사진이 주점에 대한 설명에 해당하는 것은?

① 렌즈의 중심을 통한 수선 및 연직선을 2등분하는 직선의 화면과의 교점
② 렌즈의 중심을 통한 연직선과 화면과의 교점
③ 렌즈의 중심으로부터 화면에 내린 수선의 교점
④ 사진면에서 연직면을 중심으로 방사상의 변위가 생기는 점

해설
- 주점 : 렌즈의 중심으로부터 화면에 내린 수선의 교점
- 연직점 : 렌즈 중심으로부터 지표면에 내린 수선의 발
- 등각점 : 주점과 연직점이 이루는 각을 2등분한 점

31 항공사진측량의 일반적인 특성에 관한 설명으로 옳지 않은 것은?

① 축척의 변경이 용이하다.
② 분업화에 의해 능률이 높다.
③ 접근하기 어려운 대상물을 측량할 수 있다.
④ 소규모 구역에서의 경제적인 측량에 적합하다.

해설
대규모 구역에서의 항공사진측량이 경제적이다.

정답 27 ② 28 ② 29 ② 30 ③ 31 ④

32 **항공사진 촬영 시 유의사항으로 옳은 것은?**

① 촬영고도는 계획고도에서 대하서 10% 이상의 차가 있어야 한다.
② 종중복도는 40%, 횡중복도는 10% 정도로 한다.
③ 촬영지역 전체가 완전히 입체시 되도록 촬영한다.
④ 비행방향에 대하여 k는 5°, ψ나 ω는 10°를 넘어서는 안 된다.

해설
③ 촬영지역 전체가 완전히 입체시 되도록 촬영한다.
① 촬영고도는 계획고도에서 대하서 10% 이상의 차가 없도록 해야 한다.
② 종중복도는 60%, 횡중복도는 30% 정도로 한다.
④ 비행방향에 대하여 k는 5° 이내, ψ나 ω는 3° 이내로 한다.

33 **세부도화를 하기 위한 표정 작업의 종류가 아닌 것은?**

① 수시표정
② 내부표정
③ 상호표정
④ 절대표정

해설
세부도화를 하기 위한 표정작업의 종류로는 내부표정, 상호표정, 절대표정 등이다.

34 **항공삼각측량에서 스트립(Strip)을 형성하기 위해 사용되는 점은?**

① 횡접합점
② 종접합점
③ 자침점
④ 자연점

해설
항공삼각측량에서 스트립(Strip)을 형성하기 위해 사용되는 점은 종접합점이다.

35 **다음 중 상호표정인자가 아닌 것은?**

① ω
② b_x
③ b_y
④ b_z

해설
상호표정인자(k, ϕ, ω, b_y, b_z) 등이다.

36 **사진 상 사진 주점을 지나는 직선상의 A, B 두점 간의 길이가 15cm이고, 축척 1 : 1,000 지형도에서는 18cm이었다면 사진의 축척은?**

① 1 : 1,200
② 1 : 1,250
③ 1 : 1,300
④ 1 : 12,000

해설
$$\frac{1}{1,000} = \frac{0.18}{L}$$
$L = 1,000 \times 0.18 = 180$m
$$\frac{1}{m} = \frac{l}{L} = \frac{0.15}{180} = \frac{1}{1,200}$$

37 **N차원의 피처공간에서 분류될 화소로부터 가장 가까운 훈련자료 화소까지의 유클리드 거리를 계산하고 그것을 해당 클래스로 할당하여 영상을 분류하는 방법은?**

① 최근린 분류법(Nearest-neighbor Classifier)
② k-최근린 분류법(k-nearest-neighbor Classifier)
③ 최장거리 분류법(Maximum Distance Classifier)
④ 거리가중 k-최근린 분류법(k-nearest-neighbor-distance-weighted Classifier)

해설
최근린 분류법(Nearest-neighbor Classifier)
N차원의 피처공간에서 분류될 화소로부터 가장 가까운 훈련자료 화소까지의 유클리드 거리를 계산하고 그것을 해당 클래스로 할당하여 영상을 분류하는 방법이다.

정답 32 ③ 33 ① 34 ② 35 ② 36 ① 37 ①

38 카메라의 초점거리 15cm, 촬영고도 1,800m인 연직사진에서 도로 교차점과 표고 300m의 산정이 찍혀 있다. 도로 교차점은 사진 주점과 일치하고, 교차점과 산정의 거리는 밀착사진상에서 55mm이었다면 이 사진으로부터 작성된 축척 1 : 5,000 지형 상에서 두 점의 거리는?

① 110mm
② 130mm
③ 150mm
④ 170mm

해설

$\frac{1}{m} = \frac{f}{H} = \frac{0.15}{1,800-300} = \frac{1}{10,000}$

$\frac{1}{10,000}$: 55 = $\frac{1}{5,000}$: 거리

지형도상 거리 = $\frac{55}{5,000} \times 10,000 = 110$mm

39 사진지표의 용도가 아닌 것은?

① 사진의 신축 측정
② 주점의 위치 결정
③ 해석적 내부표정
④ 지구 곡률 보정

해설

사진지표는 사진의 네 모서리 또는 네 변의 중앙에 있는 표지, 필름이 사진기 내에서 노출된 순간에 필름의 위치를 정하기 위한 점을 말한다.

40 원격탐사에서 화상자료 전체 자료량(byte)을 나타낸 것으로 옳은 것은?

① (라인수)×(화소수)×(채널수)×(비트수/8)
② (라인수)×(화소수)×(채널수)×(바이트수/8)
③ (라인수)×(화소수)×(채널수/2)×(비트수/8)
④ (라인수)×(화소수)×(채널수/2)×(바이트수/8)

해설

원격탐사에서 영상자료 전체 자료량은 (라인수)×(화소수)×(채널수)×(비트수/8)로 나타난다.

제3과목 지리정보시스템(GIS) 및 위성측위시스템(GPS)

41 지리정보시스템(GIS)의 데이터 취득에 대한 일반적인 설명으로 옳지 않은 것은?

① 스캐닝이 디지타이징에 비하여 작업속도가 빠르다.
② 디지타이징은 전반적으로 자동화된 작업과정이므로 숙련도에 크게 좌우되지 않는다.
③ 스캐닝에 의한 수치지도 제작을 위해서는 래스터를 벡터로 변환하는 과정이 필요하다.
④ 디지타이징은 지도와 항공사진 등 아날로그 형식의 자료를 전산기에 의해서 직접 판독할 수 있는 수치 형식으로 변환하는 자료획득방법이다.

해설

- 디지타이저 : 수동식으로 정확도가 높고 필요한 정보를 선택 추출이 가능하다. 그러나 작업시간이 많이 소요되고 인건비 증가로 인한 비용이 증대되는 단점이 있다.
- 스캐너 : 작업시간의 단축과 자동화된 작업과정으로 인건비가 절감되는 장점과 벡터구조로의 변환이 필수이며 변환 시 변환소프트웨어가 필요하다는 단점이 있다.

42 GNSS 측량에 대한 설명으로 옳은 것은?

① GNSS 측량은 후처리방식과 실시간처리 방식으로 구분되며 실시간처리방식에는 정지측량, 신속정지측량, 이동측량이 포함된다.
② RINEX는 GNSS 수신기의 기종에 관계없이 데이터의 호환이 가능하도록 하는 공용포맷의 일종이다.
③ 다중경로(Multipath)는 GNSS 수신기에 다양한 신호를 유도하여 위치정확도를 향상시킨다.
④ GNSS 정지측량은 고정점의 수신기에서 라디오 모뎀에 의해 데이터와 보정자료를 이동점 수신기로 전송하여 현장에서 직접 측량성과를 획득하는 측량방법이다.

해설

- 후처리방식 : 정지측량, 신속정지측량, 이동측량방식
- 실시간처리방식 : 실시간 이동측량, 상대측량
- 다중경로는 GPS위성으로 직접 수신된 전파 이외에 부가적으로 주위의 지형, 지물에 의한 반사된 전파로 인해 발생하는 오차로서 측위에 영향을 미친다.
- 정지측량은 2대 이상의 GPS수신기를 이용하여 한 대는 고정점에 다른 한 대는 미지점에 동시에 수신기를 설치하여 관측하는 기법이다.

정답 38 ① 39 ④ 40 ① 41 ② 42 ②

43 지리정보시스템(GIS)의 자료에 대한 설명으로 옳지 않는 것은?

① 자료는 위치자료(도형자료)와 특성자료(속성자료)로 대별할 수 있다.
② 위치자료와 특성자료는 서로 연관성을 가지고 있어야 한다.
③ 일반적인 통계자료 또는 영상파일은 특성자료로 사용될 수 없다.
④ 위치자료는 도면이나 지도와 같은 도형에서 위치값을 수록하는 정보파일이다.

해설
지리정보시스템의 자료에는 도형정보, 영상정보, 속성정보가 사용된다.

44 지리정보시스템(GIS)에서 표면분석과 중첩분석의 가장 큰 차이점은?

① 자료분석의 범위
② 자료분석의 지형형태
③ 자료에 사용되는 입력방식
④ 자료에 사용되는 자료층의 수

해설
- 표면분석
  - 하나의 자료층상에 있는 변량들 간의 관계분석에 적용
- 중첩분석
  - 둘 이상의 자료층에 있는 변량들 간의 관계분석 적용
  - 중첩에 의한 정량적 해석은 각각 정성적 변량에 관한 수치지표를 부여하여 수행
  - 변량들의 상대적 중요도에 따라 경중률을 부가하여 정밀한 중첩분석을 실행

45 사용자가 네트워크나 컴퓨터를 의식하지 않고 장소에 상관없이 자유롭게 네트워크에 접속할 수 있는 정보통신 환경 또는 정보기술패러다임을 의미하는 것으로 1988년 미국의 마크 와이저에 의하여 처음 사용되었으며 지리정보시스템을 포함한 여러 분야에서 이용되고 있는 정보화 환경은?

① 위치기반서비스(LBS)
② 유비쿼터스(Ubiquitous)
③ 텔레메틱스(Telematics)
④ 지능형교통체계(ITS)

해설
② 유비쿼터스(Ubiquitous) : "언제 어디에나 존재한다"는 뜻의 라틴어로, 사용자가 컴퓨터나 네트워크를 의식하지 않고 장소에 상관없이 자유롭게 네트워크에 접속할 수 있는 환경을 말한다.
① 위치기반서비스(LBS) : 휴대폰, PDA 등 다양한 정보단말의 위치를 인식하여 사용자의 위치와 관련된 정보를 제공하는 서비스이다.
③ 텔레메틱스(Telematics) : 자동차와 무선통신을 결합한 새로운 개념의 차량무선인터넷 서비스이다.
④ 지능형교통체계(ITS) : 도로, 차량, 신호시스템 등 기존 교통체계의 구성요소에 전자, 제어, 통신 등 첨단 기술을 접목시켜 교통시설의 효율을 높이고, 안전을 증진하기 위한 차세대 교통 시스템이다.

46 지리정보시스템(GIS)에서 표준화가 필요한 이유로 가장 거리가 먼 것은?

① 데이터의 공동 활용을 통하여 데이터의 중복구축을 방지함으로써 데이터 구축비용을 절약한다.
② 표준 형식에 맞추어 하나의 기관에서 구축한 데이터를 많은 기관들이 공유하여 사용할 수 있다.
③ 서로 다른 기관 간에 데이터의 유출 방지 및 데이터의 보안을 유지하기위해 필요하다.
④ 데이터 제작 시 사용된 하드웨어나 소프트웨어에 구애받지 않고 손쉽게 데이터를 사용할 수 있다.

해설
표준화의 필요성은 비용절감, 접근용이성, 상호 연계성, 활용의 극대화를 위해서이다.

정답 43 ③ 44 ④ 45 ② 46 ③

47 **국토지리정보원에서 발행하는 국가기본도에 적용되는 좌표계는?**

① 경위도 좌표계
② 카텍(KATECH) 좌표계
③ UTM(Universal Transverse Mercator) 좌표계
④ 평면직각 좌표계(TM 좌표계 : Transverse Mercator)

해설
국토지리정보원에서 발행하는 국가기본도에 적용되는 좌표계는 평면직각 좌표계(TM 좌표계 : Transverse Mercator)이다.

48 **래스터형 GIS 데이터에 대한 설명으로 옳지 않은 것은?**

① 원격탐사 자료와의 연계처리가 용이하다.
② 좌표변환과 같은 데이터 변환에 있어 많은 시간이 소요된다.
③ 여러 레이어의 중첩이나 분석에 용이하다.
④ 위상에 관한 정보가 제공되어 관망분석(Network Analysis)과 같은 공간분석이 가능하다.

해설
위상에 관한 정보가 제공되어 관망분석(Network Analysis)과 같은 공간분석이 가능한 것은 벡터자료이다.

49 **Bool 대수를 사용한 면의 중첩에서 그림과 같은 논리연산을 바르게 나타낸 것은?**

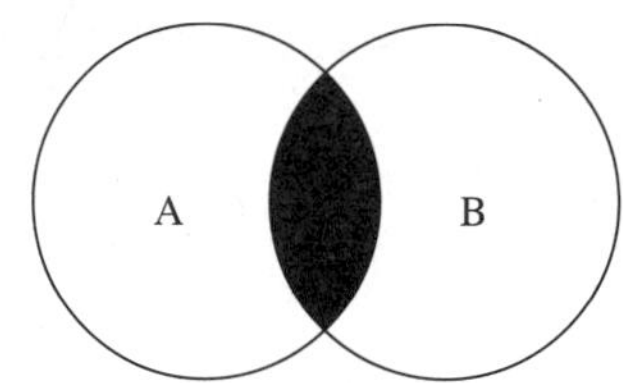

① A AND B
② A OR B
③ A NOT B
④ A XOR B

해설
A AND B에 해당한다.

50 **지리정보시스템(GIS)의 직접적인 활용범위로 거리가 먼 것은?**

① 토지정보체계(Land Information System)
② 도시정보체계(Urban Information System)
③ 경영정보체계(Management Information System)
④ 지리정보체계(Geographic Information System)

해설
지리정보시스템은 MAP을 기반으로 하는 것으로 경영정보체계는 MAP을 기반으로 하지 않는다.

51 **지리정보시스템(GIS)에서 데이터 모델링의 일반적인 절차로 옳은 것은?**

① 실세계 → 개념모델 → 논리모델 → 물리모델
② 실세계 → 논리모델 → 개념모델 → 물리모델
③ 실세계 → 논리모델 → 물리모델 → 개념모델
④ 실세계 → 물리모델 → 논리모델 → 개념모델

해설
실세계 → 개념모델 → 논리모델 → 물리모델 순이다.

52 **다음 중 GNSS 측량을 직접 적용할 수 있는 분야는?**

① 해안선 위치 결정
② 고층 건물이 밀접한 시가지역의 지적 경계 결정
③ 터널 내부의 수평 위치 결정
④ 실내 측량 기준점 성과 결정

해설
GNSS는 위성과의 통신이 가능한 상태에서의 측량방식이다.

정답 47 ④ 48 ④ 49 ① 50 ③ 51 ① 52 ①

53 **GPS 위성으로부터 송신된 신호를 수신기에서 획득 및 추적할 수 없도록 GPS 신호와 동일한 주파수 대역의 신호를 고의로 송신하는 전파간섭을 의미하는 용어는?**

① 스니핑(Sniffing) ② 재밍(Jamming)
③ 지오코딩(Geocoding) ④ 트래킹(Tracking)

해설
② 재밍(Jamming) : 일정한 주파수 대역에서 Noise에 해당하는 신호를 발생해서 뿌리는 것이다.
① 스니핑(Sniffing) : 해킹기법으로서 네트워크상에서 자신이 아닌 다른 상대방들의 패킷 교환을 엿듣는 것을 말한다.
③ 지오코딩(Geocoding) : 주소 또는 연결된 도로단편의 지리적 좌표를 도출하기 위해 도로주서 또는 다른 지리적 요소를 도로데이터자료에 대응하여 매치시키는 소프트웨어 프로세스이다.
④ 트래킹(Tracking) : 촬영 시 이동수단을 통해 카메라를 움직이면서 촬영하는 것이다.

54 **지리정보시스템(GIS)을 통하여 수행할 수 있는 지도 모형화의 장점이 아닌 것은?**

① 문제를 분명히 정의하고 문제를 해결하는 데 필요한 자료를 명확하게 결정할 수 있다.
② 여러 가지 연산 또는 시나리오의 결과를 쉽게 비교할 수 있다.
③ 많은 경우에 조건을 변경하거나 시간의 경과에 따른 모의분석을 할 수 있다.
④ 자료가 명목 혹은 서열의 척도로 구성되어 있을지라도 시스템은 레이어의 정보를 정수로 표현한다.

해설
데이터모델링이란 데이터를 정의하고 데이터들 간의 관계를 규정하며 데이터의 의미와 데이터에 가해지는 제약조건을 나타내는 개념적 도구이므로 레이어의 정보를 정수로 표현하는 것은 아니다.

55 **다음 중 실세계의 현상들을 보다 정확히 묘사할 수 있으며 자료의 갱신이 용이한 자료 관리체계(DBMS)는?**

① 관계지향형 DBMS ② 종속지향형 DBMS
③ 객체지향형 DBMS ④ 관망지향형 DBMS

해설
객체지향에 기반을 둔 논리적 구조를 가지고 개발된 관리시스템으로 자료를 다루는 방식을 하나로 묶어 객체라는 개념을 사용하여 실세계를 표현하고 모델링하는 구조이다.

56 **GNSS 측량의 활용분야가 아닌 것은?**

① 변위추정
② 영상복원
③ 절대좌표해석
④ 상대좌표해석

해설
GNSS는 위성을 기반으로 하는 위치결정체계로 영상과는 관계가 없다.

57 **다음 중 서로 다른 종류의 공간자료처리시스템 사이에서 교환포맷으로 사용하기에 가장 적합한 것은?**

① GeoTiff
② BMP
③ JPG
④ PNG

해설
GeoTiff
• 파일 헤더에 거리(위치) 참조를 가지고 있는 TIFF파일의 확장포맷이다.
• TIFF의 래스터지리데이터를 플랫폼 공동이용 표준과 공동이용을 제공하기 위해 데이터사용자, 상업용 데이터 공급자, GIS소프트웨어 개발자가 합의하여 개발되고 유지된다.
• 래스터자료 상호 교환 포맷

정답 53 ② 54 ④ 55 ③ 56 ② 57 ①

58 GNSS 정지측위 방식에 의해 기준점 측량을 실시하였다. GNSS 관측 전후에 측정한 측점에서 ARP(Antenna Reference Point)까지의 경사 거리는 각각 145.2cm와 145.4cm이었다. 안테나 반경이 13cm이고, APR를 기준으로 한 APC(Antenna Phase Center) 오프셋(Offset)이 높이방향으로 2.5cm일 때 보정해야 할 안테나고(Antenna Height)는?

① 142.217cm
② 147.217cm
③ 147.800cm
④ 142.800cm

해설

연직거리 = $\sqrt{145.3^2 - 13^2}$ = 144.717cm
ARP에서 APC까지의 거리 = 2.5cm
안테나고 = ARP거리 + 옵셋거리 = 144.717 + 2.5 = 147.217cm

59 아래의 래스터데이터에 최솟값 윈도우(Min Kernel)를 3×3 크기로 적용한 결과로 옳은 것은?

7	3	5	7	1
7	5	5	1	7
5	4	2	5	9
9	2	3	8	3
0	7	1	4	7

①

5	5	5
5	4	5
3	4	4

②

5	5	1
4	2	5
2	3	8

③

7	7	9
9	8	9
9	8	9

④

2	1	1
2	1	1
0	1	1

해설

7	3	5
7	5	5
5	4	2

→ 2

3	5	7
5	5	1
4	2	5

→ 1

5	7	1
5	1	7
2	5	9

→ 1

7	5	5
5	4	2
9	2	3

→ 2

5	5	1
4	2	5
2	3	8

→ 1

5	1	7
2	5	9
3	8	3

→ 1

5	4	2
9	2	3
0	7	1

→ 0

4	2	5
2	3	8
7	1	4

→ 1

2	5	9
3	8	3
1	4	7

→ 1

따라서

2	1	1
2	1	1
0	1	1

60 각각의 GPS 위성이 가지고 있는 위성 고유의 식별자라고 할 수 있는 코드는?

① PRN
② DOP
③ DGPS
④ RTK

해설

- C/A code는 반복되는 1MHz의사 불규칙한 잡음(PRN)코드이다.
- P code는 매우 긴(7일) 10MHz의 PRN코드이다.

정답 58 ② 59 ④ 60 ①

제4과목 측량학

61 삼각측량의 삼각망 조정에서 만족을 요하는 조건이 아닌 것은?

① 공선조건
② 측점조건
③ 각조건
④ 변조건

해설
공선조건은 사진측량의 해석을 위한 조건으로 사진의 점과 투영중심 및 지상점이 일직선상에 있어야 한다는 조건식이다.

62 트래버스의 폐합오차 조정에 대한 설명 중 옳지 않는 것은?

① 트랜싯법칙은 각관측의 정확도가 거리관측의 정확도보다 좋은 경우에 사용된다.
② 컴퍼스법칙은 폐합오차를 전측선의 길이에 대한 각 측선의 길이에 비례하여 오차를 배분한다.
③ 트랜싯법칙은 폐합오차를 각 측선의 위거, 경거 크기에 반비례하여 오차를 배분한다.
④ 컴퍼스법칙은 각관측과 거리관측의 정밀도가 서로 비슷한 경우에 사용된다.

해설
트랜싯법칙은 폐합오차를 각 측선의 위거, 경거 크기에 비례하여 오차를 배분한다.

63 표준자와 비교하였더니 30m에 대하여 6cm가 늘어난 줄자로 삼각형의 지역을 측정하여 삼사법으로 면적을 측정하였더니 950m²였다. 이지역의 실제 면적은?

① $953.8m^2$
② $951.9m^2$
③ $946.2m^2$
④ $933.1m^2$

해설

$$\text{실제면적} = \frac{30.06^2}{30^2} \times 950 = 953.8m^2$$

64 관측값의 신뢰도를 나타내는 경중률의 성질로 틀린 것은?

① 경중률은 관측횟수에 비례한다.
② 경중률은 우연오차의 제곱에 반비례한다.
③ 경중률은 정도의 제곱에 비례한다.
④ 직접수준측량 시 경중률은 노선길이에 비례한다.

해설
직접수준측량 시 경중률은 노선길이에 반비례한다.

65 각측정기의 기본요소에 속하지 않는 것은?

① 연직축
② 삼각축
③ 수평축
④ 시준축

해설
각측정기의 기본요소는 연직축, 수평축, 시준축 등이다.

66 다음 측량기기 중 거리관측과 각관측을 동시에 할 수 있는 장비는?

① Theodolite
② EDM
③ Total Station
④ Level

해설
③ Total Station : 수평각과 연직각 및 거리를 동시에 측정 가능한 3D 측정장비
① Theodolite : 각측량기
② EDM : 거리측량기
④ Level : 수준측량기

정답 61 ① 62 ③ 63 ① 64 ④ 65 ② 66 ③

67 수준측량을 실시한 결과가 아래와 같을 때 P점의 표고는?

측 점	표고(m)	측량 방향	고저차(m)	거리(km)
A	20.14	A → P	+1.53	2.5
B	24.03	B → P	−2.33	4.0
C	19.89	C → P	+1.88	2.0

① 21.75m

② 21.72m

③ 21.70m

④ 21.68m

해설

$P_A = 20.14 + 1.53 = 21.67$

$P_B = 24.03 - 2.33 = 21.70$

$P_C = 19.89 \pm 1.88 = 21.77$

경중률은 노선거리에 반비례하므로

$P_A : P_B : P_C = \frac{1}{2.5} : \frac{1}{4} : \frac{1}{2} = 0.4 : 0.25 : 0.5 = 8 : 5 : 10$

$H_A = 21 + \frac{8\times0.67+5\times0.7+10\times0.77}{8+5+10} = 21.72\text{m}$

68 트래버스 계산 결과에서 측점 3의 합위거는?

측 선	조정위거	조정경거	측 점	합위거	합경거
12	−22.076	+40.929	1	0	0
23	−36.317	−6.548	2		
34	−0.396	−35.793	3	?	
45	+34.684	−12.047	4		
51	+24.105	+13.459	5		

① −58.393m

② −28.624m

③ 58.393m

④ 64.941m

해설

합위거$_2$ = 0 + (−22.076) = −22.076

합위거$_3$ = −22.076 + (−36.317) = −58.393m

69 구과량(ε)에 대한 설명으로 옳은 것은?

① 평면과 구면과의 경계점

② 구면 삼각형의 내각의 합이 180°보다 큰 양

③ 구면 삼각형에서 삼격형의 변장을 계산한 값

④ $\varepsilon = F/R$로 표시되는 양(F : 구면삼각형의 면적, R : 지구의 곡선반지름)

해설

구과량

- 구면 삼각형의 내각의 합이 180°가 넘으면 180°와의 차이를 '구과량'이라 한다.
- $\varepsilon = \frac{A}{R^2} \cdot \rho''$

70 오차의 종류 중 확률 법칙에 따라 최소제곱법으로 처리하는 오차는?

① 과 오

② 정오차

③ 부정오차

④ 누적오차

해설

부정오차는 오차의 발생원인이 명확하지 않아 소거할 수 없는 오차로서 확률법칙에 의해 오차를 처리하는 방법으로 최소제곱법의 원리를 이용한다.

71 다음 중 지성선의 종류에 속하지 않는 것은?

① 계곡선

② 능 선

③ 경사변환선

④ 산능대지선

해설

지표는 많은 계곡선, 능선, 경사변환선, 최대경사선으로 이루어졌다고 생각할 때 이 평면의 접합부, 즉 접선을 말하며, 지세선이라고도 한다.

정답 67 ② 68 ① 69 ② 70 ③ 71 ④

72 축척 1 : 50,000 지형도의 산정에서 계곡까지의 거리가 42mm이고 산정의 표고가 780m, 계곡의 표고가 80m이었다면 이 사면의 경사는?

① 1/5 ② 1/4
③ 1/3 ④ 1/2

해설

$i = \frac{h}{D} = \frac{700}{2,100} = \frac{1}{3}$

73 삼각점 A에 기계를 세우고 삼각점 C가 시준되지 않아 P를 관측하여 $T' = 110°$를 얻었다면 보정한 각 T는?(단, $S = 1\text{km}$, $e = 20\text{cm}$, $k = 298°45'$)

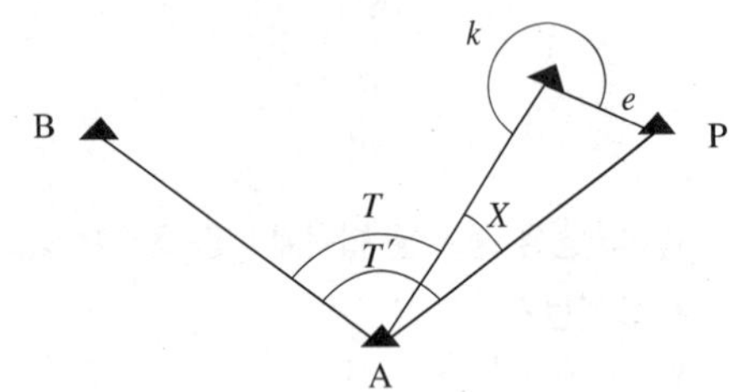

① 108°58′24″ ② 108°59′24″
③ 109°58′24″ ④ 109°59′24″

해설

$\frac{e}{\sin x} = \frac{S}{\sin(300° - 208°45')}$

$x = \sin^{-1}\frac{0.2}{1,000} \times \sin 61°15' = 0°0'36.17''$

$T = T' - x = 100° - 0°0'36.17'' = 109°59'24''$

74 그림에서 B.M의 지반고가 89.81m라면 C점의 지반고는?(단, 단위 : m)

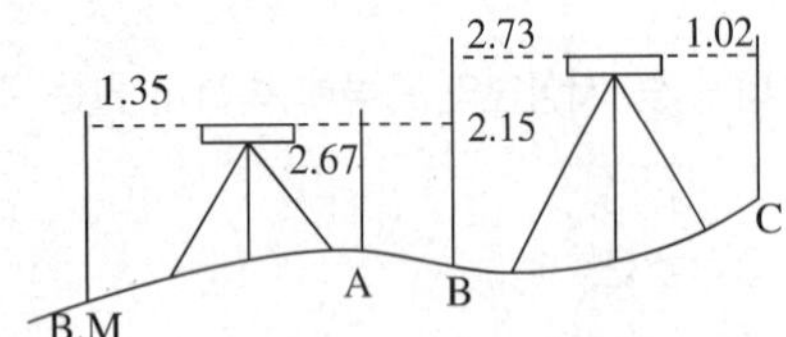

① 87.45m ② 88.90m
③ 90.20m ④ 90.72m

해설

$H_C = 89.81 + 1.35 - 2.15 + 2.73 - 1.02 = 90.72\text{m}$

75 공공측량 작업계획서를 제출할 때 포함되지 않아도 되는 사항은?(단, 그 밖에 작업에 필요한 사항은 제외한다)

① 공공측량의 목적 및 활용 범위
② 공공측량의 위치 및 사업량
③ 공공측량의 시행자의 규모
④ 사용할 측량기기의 종류 및 성능

해설

공공측량 작업계획서의 제출(공간정보의 구축 및 관리 등에 관한 법률 시행규칙 제21조)

공공측량 작업계획서에 포함되어야 할 사항은 다음과 같다.

- 공공측량의 사업명
- 공공측량의 목적 및 활용범위
- 공공측량의 위치 및 사업량
- 공공측량의 작업기간
- 공공측량의 작업방법
- 사용할 측량기기의 종류 및 성능
- 측량성과의 명칭, 종류 및 내용
- 그 밖에 작업에 필요한 사항

76 성능검사를 받아야 하는 측량기기 중 금속관로탐지기의 성능검사 주기로 옳은 것은?

① 1년
② 2년
③ 3년
④ 5년

해설

성능검사의 대상 및 주기 등(공간정보의 구축 및 관리 등에 관한 법률 시행령 제97조)

- 트랜싯(데오드라이트) : 3년
- 레벨 : 3년
- 거리측량기 : 3년
- 지피에스(GPS) 수신기 : 3년
- 금속 또는 비금속 관로 탐지기 : 3년

※ 법령 개정(22.7.19 시행)으로 "금속관로탐지기"는 "금속 또는 비금속 관로 탐지기"로 용어 변경됨

정답 72 ③ 73 ④ 74 ④ 75 ③ 76 ③

77 **벌칙규정에 대한 설명으로 옳지 않은 것은?**

① 심사를 받지 아니하고 지도 등을 간행하여 판매하거나 배포한 자는 1년 이하의 징역 또는 2,000만원 이하의 벌금에 처한다.
② 다른 사람에게 측량업등록증 또는 측량업 등록수첩을 빌려주거나 자기의 성명 또는 상호를 사용하여 측량업무를 하게 한 자는 1년 이하의 징역 또는 1,000만원 이하의 벌금에 처한다.
③ 측량업자로서 속임수, 위력 그 밖의 방법으로 측량업과 관련된 입찰의 공정성을 해친 자는 3년 이하의 징역 또는 3,000만원 이하의 벌금에 처한다.
④ 성능검사를 부정하게 한 성능검사대행자는 2년 이하의 징역 또는 2,000만원 이하의 벌금에 처한다.

해설
벌칙(공간정보의 구축 및 관리 등에 관한 법률 제109조)
심사를 받지 아니하고 지도 등을 간행하여 판매하거나 배포한 자는 1년 이하의 징역 또는 1,000만원 이하의 벌금에 처한다.

78 **측량기준에 대한 설명으로 옳지 않은 것은?**

① 측량의 원점은 대한민국 경위도원점 및 수준원점으로 한다.
② 수로조사에서 간출지의 높이와 수심은 약최고고조면을 기준으로 측량한다.
③ 해안선은 해수면의 약최고고조면에 이르렀을 때의 육지와 해수면과의 경계로 표시한다.
④ 위치는 세계측지계에 따라 측정한 지리학적 경위도와 높이(평균해수면으로부터의 높이를 말한다)로 표시한다.

해설
측량기준(공간정보의 구축 및 관리 등에 관한 법률 제6조)
- 위치는 세계측지계(世界測地系)에 따라 측정한 지리학적 경위도와 높이(평균해수면으로부터의 높이)로 표시한다. 다만, 지도 제작 등을 위하여 필요한 경우에는 직각좌표와 높이, 극좌표와 높이, 지구중심 직교좌표 및 그 밖의 다른 좌표로 표시할 수 있다.
- 측량의 원점은 대한민국 경위도원점(經緯度原點) 및 수준원점(水準原點)으로 한다. 다만, 섬 등 대통령령으로 정하는 지역에 대하여는 국토교통부장관이 따로 정하여 고시하는 원점을 사용할 수 있다.

해양조사의 기준(해양조사와 해양정보 활용에 관한 법률 제8조)
- 수심과 간조노출지(干潮露出地)의 높이는 기본수준면(일정 기간 조석을 관측하여 산출한 결과 가장 낮은 해수면)을 기준으로 측량한다.
- 해안선은 해수면이 약최고고조면(略最高高潮面 : 일정기간 조석을 관측하여 산출한 결과 가장 높은 해수면)에 이르렀을 때의 육지와 해수면과의 경계로 표시한다.

※ 출제 시 정답은 ②였으나 타법 개정(20.2.18)되었으므로 ②·③ 복수 정답

79 **기본측량 측량성과의 고시사항에 포함되지 않는 것은? (단, 그밖에 필요한 사항은 제외한다)**

① 측량실시의 시기 및 지역
② 설치한 측량기준점의 수
③ 측량의 정확도
④ 측량 수행자

해설
측량성과의 고시(공간정보의 구축 및 관리 등에 관한 법률 시행령 제13조)
측량성과의 고시에는 다음의 사항이 포함되어야 한다.
- 측량의 종류
- 측량의 정확도
- 설치한 측량기준점의 수
- 측량의 규모(면적 또는 지도의 장수)
- 측량실시의 시기 및 지역
- 측량성과의 보관 장소
- 그 밖에 필요한 사항

80 **공간정보의 구축 및 관리 등에 관한 법률에서 규정하는 수치주제도에 속하지 않는 것은?**

① 지하시설물도　② 토지비복지도
③ 행정구역도　④ 수치지적도

해설
수치주제도
- 토지이용현황도
- 지하시설물도
- 도시계획도
- 국토이용계획도
- 토지적성도
- 도로망도
- 지하수맥도
- 하천현황도
- 수계도
- 산림이용기본도
- 자연공원현황도
- 생태 · 자연도
- 지질도
- 토양도
- 임상도
- 토지피복지도
- 식생도
- 관광지도
- 풍수해보험관리지도
- 재해지도
- 행정구역도 등

정답 77 ① 78 ②·③ 79 ④ 80 ④

2018년 제4회 과년도 기출문제

제1과목 응용측량

01 횡단면도에 의하고 절토, 성토 단면의 단면산출에 주로 사용되는 방법으로 CAD 등의 면적 계산에 활용되는 것은?

① 자오선거법 ② 심프슨 제1법칙
③ 삼변법 ④ 좌표법

해설
CAD 작업에 의한 면적 계산에 필요한 데이터는 좌표데이터이다.

02 하천의 수위관측소 설치 장소에 대한 설명으로 틀린 것은?

① 하안과 하상이 양호하고 세굴 및 퇴적이 없는 곳
② 상·하부가 곡선으로 이어져 유속이 최소가 되는 곳
③ 교각 등의 구조물에 의하여 수위에 영향을 받지 않는 곳
④ 지천에 의한 수위 변화가 생기지 않는 곳

해설
상·하류의 길이 약 100m 정도의 직선인 장소이어야 한다.

03 경사터널에서 경사가 60°, 사거리가 50mm이고, 수평각은 관측할 때 시준선에 직각으로 5mm의 시준오차가 생겼다면 이 시준오차가 수평각에 미치는 오차는?

① 25″
② 30″
③ 35″
④ 41″

해설
수평거리 = $L \times \cos\theta = 50 \times \cos 60° = 25$m

$\frac{\Delta l}{l} = \frac{\theta}{\rho''}$ 에서

$\frac{0.005}{25} = \frac{\theta''}{265,265''}$

$\theta'' = \frac{0.005 \times 206,265}{25} = 41''$

04 하천에서 부지를 이용하여 유속을 측정하고자 할 때 유하거리는 보통 얼마 정도로 하는가?

① 100~200m
② 500~1,000m
③ 1~5km
④ 하폭의 5배 이상

해설
부자의 유하거리는 하천폭의 2~3배로 1~2분 흐를 수 있는 거리
- 큰 하천 : 100~200m
- 작은 하천 : 20~50m

05 철도의 종단곡선으로 많이 쓰이는 곡선은?

① 3차포물선
② 클로소이드곡선
③ 원곡선
④ 반향곡선

해설
- 평면곡선 : 3차포물선, 클로소이드곡선, 반향곡선
- 종단곡선 : 원곡선, 2차포물선

06 단곡선 설치에서 곡선반지름이 100m일 때 곡선길이를 87.267m로 하기 위한 교각의 크기는?

① 80°
② 52°
③ 50°
④ 48°

해설
C.L = 0.0174533RI

$I = \frac{\text{C.L}}{0.0174533R} = \frac{87.267}{0.0174533 \times 100} = 50°$

정답 1 ④ 2 ② 3 ④ 4 ① 5 ③ 6 ③

07 간출암의 높이를 결정하기 위한 기준면으로 사용되는 것은?

① 기본수준면 ② 약최고고조면
③ 소조의 평균고조면 ④ 대조의 평균고조면

해설
- 육지표고기준 : 평균해수면
- 해저수심, 간출암의 높이, 저조선 : 평균최저간조면(기본수준면)
- 해안선 : 평균최고고조면

08 단곡선의 접선길이가 25m이고, 교각이 42°20′일 때 반지름(R)은?

① 94.6m ② 84.6m
③ 74.6m ④ 64.6m

해설

$$\text{T.L} = R \cdot \tan\frac{I}{2}$$

$$R = \frac{\text{T.L}}{\tan\frac{I}{2}} = \frac{25}{\tan\frac{42°20'}{2}} = 64.6\text{m}$$

09 그림과 같이 삼각형의 정점 A에서 직선 $\overline{AP}$, $\overline{AQ}$로 △ABC의 면적을 1 : 2 : 3으로 분할하기 위한 $\overline{BP}$, $\overline{PQ}$의 길이는?

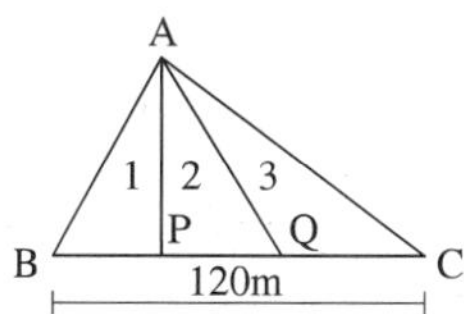

① $\overline{BP}$ = 10m, $\overline{PQ}$ = 30m
② $\overline{BP}$ = 20m, $\overline{PQ}$ = 60m
③ $\overline{BP}$ = 20m, $\overline{PQ}$ = 40m
④ $\overline{BP}$ = 10m, $\overline{PQ}$ = 60m

해설

$$\overline{BP} = \frac{m}{m+n} \times \overline{BC} = \frac{1}{1+5} \times 120 = 20\text{m}$$

$$\overline{PQ} = \frac{m}{m+n} \times \overline{BC} = \frac{2}{2+4} \times 120 = 40\text{m}$$

10 지표에 설치된 중심선을 기준으로 터널 입구에서 굴착을 시작하고 굴착이 진행됨에 따라 터널 내외 중심선을 설정하는 작업은?

① 예 측 ② 지하설치
③ 조 사 ④ 지표설치

해설
② 지하설치 : 지표에 설치된 중심선을 기준으로 터널 입구에서 굴착을 시작하고 굴착이 시작하고 굴착이 진행됨에 따라 터널 내외 중심선을 설정하는 작업을 한다.
① 예측 : 답사의 결과에 따라 터널위치를 약측에 의하여 지표에 중심선을 미리 표시하고 다시 도면상에 터널을 설치할 위치를 검토한다.
④ 지표설치 : 예측의 결과 정한 중심선을 현지의 지표에 정확히 설정하고 이때 갱문이나 수갱의 위치를 결정하고 터널의 연장도 정밀히 관측한다.

11 해양에서 수심측량을 할 경우 음파 반사가 양호한 판 또는 바(Bar)를 눈금이 달린 줄의 끝에 매달아서 음향측심기의 기록지상에 이 반사체의 반향신호를 기록하여 보정하는 것은?

① 정사 보정 ② 방사 보정
③ 시간 보정 ④ 음속도 보정

해설
음속도 보정방법 : 음향표적법, 음속도계법, 계산법 등이 있다.

12 지하시설물 탐사작업의 순서로 옳은 것은?

> ㉠ 자료의 수집 및 편집
> ㉡ 작업계획 수립
> ㉢ 지표면상에 노출된 지하시설물에 대한 조사
> ㉣ 관로조사 등 지하매설물에 대한 탐사
> ㉤ 지하시설물 원도 작성
> ㉥ 작업조서의 작성

① ㉠－㉢－㉣－㉡－㉥－㉤
② ㉠－㉤－㉢－㉣－㉡－㉥
③ ㉡－㉠－㉢－㉣－㉤－㉥
④ ㉡－㉠－㉣－㉤－㉢－㉥

해설
㉡－㉠－㉢－㉣－㉤－㉥순이다.

정답 7 ① 8 ④ 9 ③ 10 ② 11 ④ 12 ③

13 **그림과 같이 ∠AOB = 15°, 반지름 R = 10m일 때 △AOB의 넓이는?**

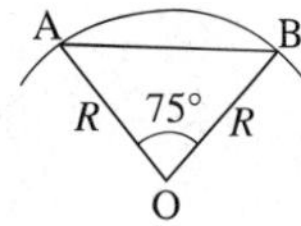

① 48.30m² ② 38.37m²
③ 30.44m² ④ 25.88m²

해설
$A = \frac{1}{2}ab\sin\alpha = \frac{1}{2} \times 10 \times 10 \times \sin 75° = 48.30\text{m}^2$

14 **철도 곡선부의 캔트량을 계산할 때 필요없는 요소는?**

① 궤 간
② 속 도
③ 교 각
④ 곡선의 반지름

해설
$C = S \cdot \tan\alpha = \frac{SV^2}{gR}$ 에서 교각이 필요없는 요소이다.

15 **그림과 같은 사각형의 면적은?**

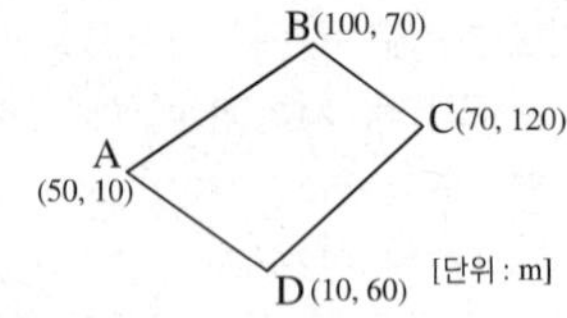

① 4,850m² ② 5,550m²
③ 5,950m² ④ 6,150m²

해설
배면적 = (50 × 70 + 100 × 120 + 70 × 60 + 10 × 10) − (10 × 100 + 70 × 70 + 120 × 10 + 60 × 50)
= 9,700
면적 = 9,700 / 2 = 4,850m²

16 **하천측량에서 관측한 수위에 대한 설명 중 틀린 것은?**

① 최고 수위(H.W.L) : 어떤 기간에 있어서 최고의 수위로 연(年)단위나 월(月)단위 등으로 구분한다.
② 평균 최고 수위(N.H.W.L) : 어떤 기간에 있어서 연(年) 또는 월(月)의 최고 수위의 평균이다.
③ 평균 고수위(M.H.W.L) : 어떤 기간에 있어서의 평균 수위 이상이 수위의 평균이다.
④ 평균 수위(M.W.L) : 어떤 기간에 있어서의 수위 중 이것보다 높은 수위와 낮은 수위의 관측횟수가 같은 수위이다.

해설
평균 수위(M.W.L)
어떤 기간의 관측수위의 총합을 관측횟수로 나누어 평균값을 구한 수위이다.

17 **그림과 같은 다각형의 토량을 양단면평균법, 각주공식 및 중앙단면법으로 계산하여 토량의 크기를 비교한 것으로 옳은 것은?(단, 단면은 A_1 = 400m², A_m = 250m², A_2 = 200m²이고 상호간에 평행하며 h = 20m, 측면은 평면이다)**

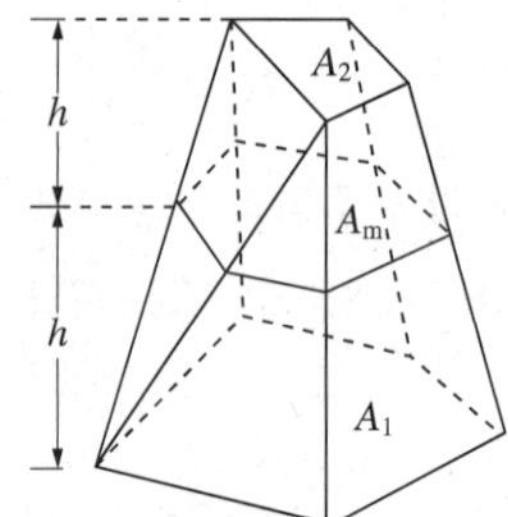

① 양단면 평균법 < 각주공식 < 중앙단면법
② 양단면 평균법 > 각주공식 > 중앙단면법
③ 양단면 평균법 = 각주공식 = 중앙단면법
④ 양단면 평균법 < 각주공식 = 중앙단면법

해설
- 양단면 평균값
  $V = \frac{1}{2}(A_1 + A_2) \times l = \frac{400+200}{2} \times 20 = 6{,}000$
- 중앙단면법
  $V = A_m \times A = 250 \times 20 = 5{,}000$
- 각주공식
  $V = \frac{l}{6}(A_1 + 4A_m + A_2) = \frac{20}{6}(400 + 4 \times 250 + 200) = 5{,}333$

정답 13 ① 14 ③ 15 ① 16 ④ 17 ②

18 도로의 기점으로부터 1,000.00m 지점에 교점(I.P)이 있고 원곡선의 반지름 R = 100m, 교각 I = 30°21′일 때 시단현 l_1와 종단현 l_2의 길이는?(단, 중심선의 말뚝 간격은 20m로 한다)

① l_1 = 7.11m, l_2 = 5.83m
② l_1 = 7.11m, l_2 = 14.11m
③ l_1 = 12.89m, l_2 = 5.83m
④ l_1 = 12.89m, l_2 = 14.17m

해설

T.L = $R \cdot \tan\frac{I}{2} = 100 \times \tan\frac{30°20'}{2}$ = 27.11m
B.C = I.P − T.L = 1,000 − 27.11 = 972.89m
∴ l_1 = 980 − 972.89 = 7.11m
C.L = 0.0174533RI = 0.0174533 × 100 × 30°20′ = 52.94m
E.C = B.C ± C.L = 972.89 + 52.94 = 1,025.83m
∴ l_2 = 1,025.83 − 1,020 = 5.83m

19 〈보기〉에서 노선의 종단면도에 기입하여야 할 사항만으로 짝지어진 것은?

〈보 기〉

A : 곡선	B : 절토고
C : 절토면적	D : 기울기
E : 계획고	F : 용지폭
G : 성토고	H : 성토면적
I : 지반고	J : 법면장

① A, B, D, E, G, I　② A, C, F, H, I, J
③ B, C, F, G, H, J　④ B, D, E, F, G, I

해설

A, B, D, E, G, I이다.

20 수평 및 수직거리 관측의 정확도가 K로 동일할 때 체적측량의 정확도는?

① $2K$　② $3K$
③ $4K$　④ $5K$

해설

$\frac{dV}{V} = 3 \times \frac{dl}{l}$으로 $3K$이다.

제2과목 사진측량 및 원격탐사

21 다음 중 제작과정에서 수치표고모형(DEM)이 필요한 사진지도는?

① 정사투영사진지도　② 약조정집성사진지도
③ 반조정집성사진지도　④ 조정집성사진지도

해설

① 정사투영사진지도 : 정밀입체도화기와 연동시킨 정사투영기에 의해 사진의 경사, 지표면의 비고를 수정하여 등고선을 삽입한 사진지도
② 약조정집성사진지도 : 평위수정기에 의한 편위수정을 거치지 않은 사진을 집성하여 만든 사진지도
③ 반조정집성사진지도 : 편위수정기에 의한 편위수정을 일부만을 수정하여 집성한 사진지도
④ 조정집성사진지도 : 편위수정기에 의한 편위수정을 거친 사진을 집성한 사진지도

22 항공사진 상에 나타난 첨탑의 변위가 5.9mm, 첨탑의 최상부와 연직점 사이의 거리가 54mm, 첨탑의 실제 높이가 72m일 경우 항공기의 촬영고도는?

① 659mm　② 787mm
③ 988mm　④ 1,333mm

해설

$\Delta r = \frac{h}{H} r$에서

$H = \frac{h}{\Delta r} r = \frac{72}{0.0059} \times 0.054$ = 659m

23 수치영상거리 기법 중 특정 추출과 판독에 도움이 되기 위하여 영상의 가시적 판독성을 증강시키기 위한 일련의 처리과정을 무엇이라 하는가?

① 영상분류(Image Classification)
② 영상강조(Image Enhancement)
③ 정사보정(Ortho-rectification)
④ 자료융합(Data Merging)

해설

수치영상거리 기법 중 특정 추출과 판독에 도움이 되기 위하여 영상의 가시적 판독성을 증강시키기 위한 일련의 처리과정을 영상강조라 한다.

정답 18 ① 19 ① 20 ② 21 ① 22 ① 23 ②

24 비행고도 6,350m, 사진 Ⅰ의 주점기선장이 67mm, 사진 Ⅱ의 주점기선장이 70mm일 때 시차차가 1.37mm인 건물의 비고는?

① 107m
② 117m
③ 127m
④ 137m

해설

$$\Delta P = \frac{h}{H} \cdot b_0$$

$$h = \frac{H}{\frac{b_1 + b_2}{2}} \times \Delta P = \frac{6,350}{\frac{0.067+0.070}{2}} \times 0.00137 = 127\text{m}$$

25 사진상에서 기본변위량에 대한 설명으로 틀린 것은?

① 연직점으로부터 거리와 비례한다.
② 비고와 비례한다.
③ 초점거리와는 직접적인 관계가 없다.
④ 촬영고도와 비례한다.

해설

비행고도가 증가하거나 비고가 감소하면 변위량이 감소한다.

26 사진의 크기가 23cm×23cm이고 두 사진의 주점기선의 길이가 8cm이었다면 이때의 종중복도는?

① 35%
② 48%
③ 56%
④ 65%

해설

주점기선길이 $b_0 = a\left(1 - \frac{p}{100}\right)$에서

$$p = \left(1 - \frac{b_0}{a}\right) \times 100 = \left(1 - \frac{8}{23}\right) \times 100 = 65\%$$

27 그림은 어느 지역의 토지 현황을 나타내고 있다. 이 지역을 촬영한 7×7 영성에서 "호수"의 훈련지역(Training Field)을 선택한 결과로 적합한 것은?

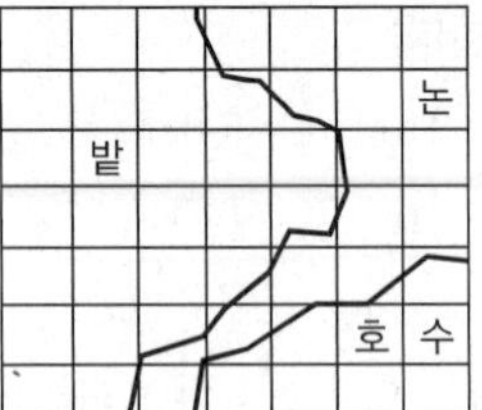

①

	1	2	3	4	5	6	7
1							
2							
3							
4							
5				W			
6					W	W	
7						W	

②

	1	2	3	4	5	6	7
1							
2							
3							
4							
5							
6					W	W	W
7						W	

③

	1	2	3	4	5	6	7
1							
2							
3			W	W			
4			W	W			
5							
6							
7							

④

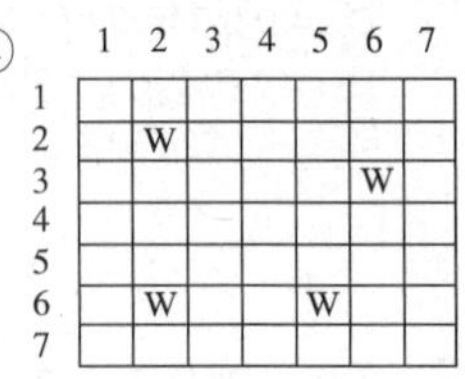

	1	2	3	4	5	6	7
1							
2		W					
3						W	
4							
5							
6		W			W		
7							

해설

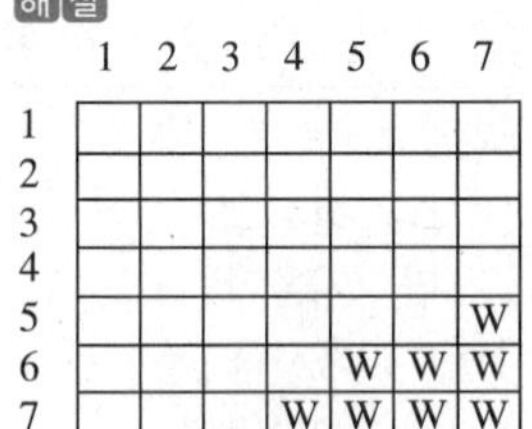

	1	2	3	4	5	6	7
1							
2							
3							
4							
5							W
6					W	W	W
7				W	W	W	W

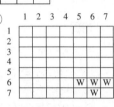

[호수의 훈련지역]

28 절대표정(Absolute Orientation)에 필요한 최소기준점으로 옳은 것은?

① 1점의 (X, Y)좌표 및 2점의 (Z)좌표
② 2점의 (X, Y)좌표 및 1점의 (Z)좌표
③ 1점의 (X, Y, Z)좌표 및 2점의 (Z)좌표
④ 2점의 (X, Y, Z)좌표 및 1점의 (Z)좌표

해설

절대표정에 필요한 최소표정점은 삼각점 2점과 수준점 3점이다.

정답 24 ③ 25 ④ 26 ④ 27 ② 28 ④

29 사진크기 23cm×23cm, 축척 1 : 10,000, 종중복도 60%로 초점거리 210mm인 사진기에 의해 평탄한 지형을 촬영하였다. 이 사진의 기선고도비(B/H)는?

① 0.22 ② 0.33
③ 0.44 ④ 0.55

해설
기선고도비(B/H)

$$\frac{B}{H}=\frac{ma\left(1-\frac{p}{100}\right)}{mf}=\frac{0.23\left(1-\frac{60}{100}\right)}{0.21}=0.44$$

30 내부표정에 대한 설명으로 옳지 않은 것은?

① 상호표정을 하기 전에 실시한다.
② 사진의 초점거리를 조정한다.
③ 축척과 경사를 결정한다.
④ 사진의 주점을 맞춘다.

해설
축척과 경사를 결정하는 것은 외부표정을 통해 얻어진다.

31 다음 중 지평선이 사진 상에 찍혀있는 사진은?

① 고각도 경사사진
② 수직사진
③ 저각도 경사사진
④ 엄밀수직사진

해설
- 수직사진 : 광축이 연직선과 거의 일치하도록 카메라의 경사가 3° 이내의 기울기로 촬영된 사진
- 고각도 경사사진 : 광축이 연직선 또는 수평선에 경사지도록 촬영한 경사각 3° 이상의 사진으로 지평선이 사진에 나타난다.
- 저각도 경사사진 : 광축이 연직선 또는 수평선에 경사지도록 촬영한 경사각 3° 이상의 사진으로 지평선이 사진에 나타나지 않는다.
- 수평사진 : 광축이 수평선에 거의 일치하도록 지상에서 촬영한 사진

32 지표면의 온도를 모니터링하고자 할 경우 가장 적합한 위성영상 자료는?

① IKONOS 위성의 팬크로매틱 영상
② RADARSAT 위성의 SAR 영상
③ KOMPSAT 위성의 팬크로매틱 영상
④ LANDSAT 위성의 TM 영상

해설
LANDSAT 위성은 TM, MSS를 탑재하여 지구 환경의 관측을 하고 있으며, 최근 ETM+센서를 탑재하여 TM의 해상도보다 120m에서 60m로 향상되어 보다 정밀한 지구 관측이 용이 해졌다.

33 지도와 사진을 비교할 때, 사진의 특징에 대한 설명으로 틀린 것은?

① 여러 단계의 색조로 높은 정확도의 실체파악을 할 수 있다.
② 일상적으로 사용되는 기호로 기호화하여 정리되어 있으므로 찾아보기 쉽다.
③ 인간의 입체적 관찰 능력으로 종합적 실체파악에 우수하다.
④ 토지조사에 대한 이용 및 응용 측면에서 활용의 폭이 넓다.

해설
일상적으로 사용되는 기호로 기호화하여 정리되어 있으므로 찾아보기 쉬운 것은 지도의 특징이다.

34 다음 중 수치표고자료가 수치모델로 제작되고 저장되는 방식이 아닌 것은?

① 불규칙한 삼각형에 의한 방식(TIN)
② 등고선에 의한 방식
③ 격자방식(Grid)
④ 광속조정법에 의한 방식

해설
다항식법, 독립모델법, 광속조정법에 의한 방식은 항공삼각측량의 조정방법이다.

정답 29 ③ 30 ③ 31 ① 32 ④ 33 ② 34 ④

35 표정에 사용되는 각 좌표축별 회전인자 기호가 옳게 짝지어진 것은?

① X축회전 $-\omega$, Y축회전 $-k$, Z축회전 $-\phi$
② X축회전 $-\omega$, Y축회전 $-\phi$, Z축회전 $-k$
③ X축회전 $-\phi$, Y축회전 $-k$, Z축회전 $-\omega$
④ X축회전 $-\phi$, Y축회전 $-\omega$, Z축회전 $-k$

해설
X축회전 $-\omega$, Y축회전 $-\phi$, Z축회전 $-k$이다.

36 센서를 크게 수동방식과 능동방식의 센서로 분류할 때 능동방식 센서에 속하는 것은?

① TV 카메라 ② 광학스캐너
③ 레이더 ④ 마이크로파 복사계

해설
수동적 탑측기
- 비주사방식
  - 비영상방식 : 지자기관측, 중력관측, 기타
  - 영상방식 : 단일사진기(흑백사진, 천연색사진, 적외사진 적외선사진, 기타 사진), 다중파장대사진기
- 주사방
  - 영상면 주사방식(TV 사진기)
  - 대상물면 주사방식(MSS, TM, HRV)

능동적 탐측기
- 비주사방식(Laser spectrometer, Laser 거리관측기)
- 주사방식(Rader, SLAR)

37 표정점 선점을 위한 유의사항으로 옳은 것은?

① 측선을 연장한 가상점을 선택하여야 한다.
② 시간적으로 일정하게 변하는 점을 선택하여야 한다.
③ 원판의 가장자리로부터 1cm 이내에 나타나는 점을 선택하여야 한다.
④ 표정점은 X, Y, H가 동시에 정확하게 결정될 수 있는 점을 선택하여야 한다.

해설
- 표정점은 X, Y, H가 동시에 정확하게 결정되는 점을 선택
- 상공에서 잘 보이면서 명료한 점 선택
- 시간적 변화가 없는 점
- 급한 경사와 가상점을 사용하지 않는 점
- 헐레이션이 발생하지 않는 점
- 지표면에서 기준이 되는 높이의 점

38 원격탐사용 위성과 관련이 없는 것은?

① VLBI ② GeoEye
③ SPOT ④ WorldView

해설
VLBI는 초장기선 전파 간섭계로 거리관측장치이다.

39 촬영비행조건에 관한 설명으로 틀린 것은?

① 촬영비행은 구름이 많은 흐린 날씨에 주로 행한다.
② 촬영비행은 태양고도가 산지에서는 30°, 평지에서는 25° 이상일 때 행한다.
③ 험준한 지형에서는 영상이 잘 나타나는 태양고도의 시간에 행하여야 한다.
④ 계획촬영 코스로부터 수평이탈은 계획촬영 고도의 15% 이내로 한다.

해설
촬영비행은 시계가 양호하고 구름 및 구름의 그림자가 사진에 나타나지 않도록 맑은 날씨에 촬영하여야 한다.

40 수치사진측량의 특징에 대한 설명으로 옳지 않은 것은?

① 사진에 나타나지 않은 지형지물의 판독이 가능하다.
② 다양한 결과물의 생성이 가능하다.
③ 자동화에 의해 효율성이 증가한다.
④ 자료의 교환 및 유지관리에 용이하다.

해설
사진에 나타나지 않은 지형지물의 판독은 불가능하다.

정답 35 ② 36 ③ 37 ④ 38 ① 39 ① 40 ①

제3과목 지리정보시스템(GIS) 및 위성측위시스템(GPS)

41 다중분광 수치영상자료의 저장 형식의 하나로 밴드별로 별도 관리할 수도 있고 모든 밴드를 순차적으로 저장하여 하나의 파일로 통합관리할 수도 있는 저장 방식은?

① BIL(Band Interleaved by Line)
② BIP(Band Interleaved by Pixel)
③ BSQ(Band Sequential)
④ BSP(Band Separately)

해설

- BIL(Band Interleaved by Line) : 한 개 라인 속에 한 밴드 분광값을 나열한 것을 밴드순으로 정렬하고 그것을 전체라인에 대해 반복한다. 즉, 각 행에 대한 픽셀자료를 밴드별로 저장한다. 주어진 선에 대한 모든 자료의 파장대를 연속적으로 파일 내에 저장하는 형식이다.
- BIP(Band Interleaved by Pixel) : 한 개의 라인 중의 하나의 화소 분광값을 나열한 것을 그 라인의 전체 화소에 대해 정렬하고 그것을 전체 라인에 대해 반복한다. 각 파장대의 값들이 주어진 영상소 내에서 순서적으로 배열되며 영상소는 저장장치에 연속적으로 배열된다. 각 열에 대한 픽셀자료를 밴드별로 지장한다.
- BSQ(Band Sequential) : 밴드별로 이차원 영상 데이터를 나열한 것이다. 각 파장대는 분리된 파일을 포함하여 단일 파장대가 쉽게 읽혀지고 보일 수 있으며 다중파장대는 목적에 따라 불러올 수 있다. 한 번에 한 밴드의 영상을 저장하는 방식이다.

42 아래와 같은 Chain-Code를 나타낸 것으로 옳은 것은? (단, 0－동, 1－북, 2－서, 3－남의 방향을 표시)

0^2, 1^3, 0^2, 3^2, 0, 3^2, 0^2, 2, 2, 3^3, 2^2, 1^4, 2^4, 1

①
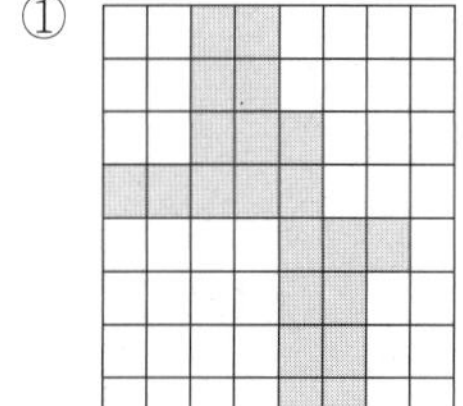

②
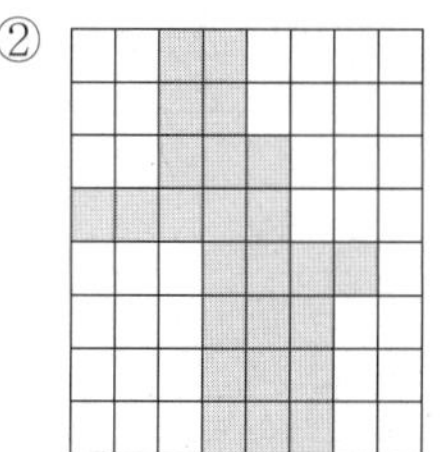

③
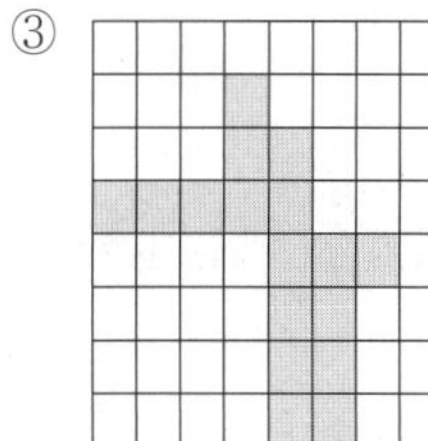

④
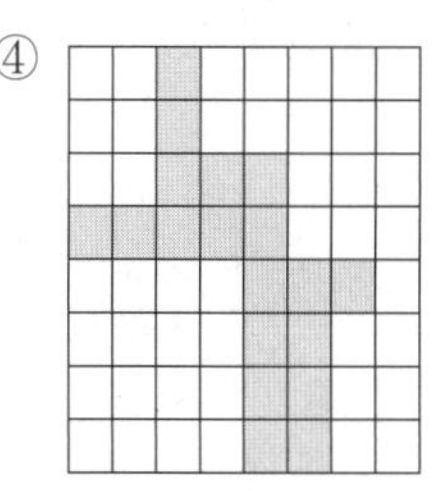

해설

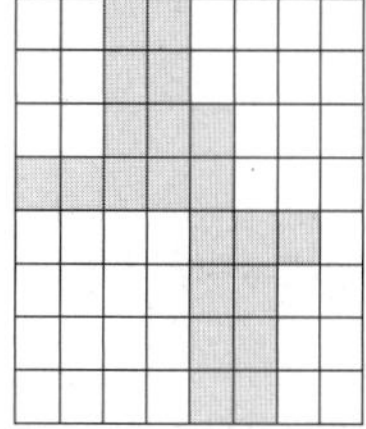

43 지리정보시스템(GIS)에서 공간자료의 품질과 관련된 정보(품질서술문에 포함되는 정보)로 거리가 먼 것은?

① 자료의 연혁
② 자료의 포맷
③ 논리적 일관성
④ 자료의 완전성

해설

품질요소에는 완전성, 논리적 일관성, 위치 정확성, 시간 정확성, 주제 정확성 등이 있다.

44 GPS 신호가 이중주파수를 채택하고 있는 가장 큰 이유는?

① 대류지연 효과를 제거하기 위함이다.
② 전리층지연 효과를 제거하기 위함이다.
③ 신호단절에 대비하기 위함이다.
④ 재밍(Jamming)과 같은 신호 방해에 대비하기 위함이다.

해설

L1신호와 L2신호의 굴절 비율의 상이함을 이용하여 L1/L2의 선형 조합을 통해 전리층 지연 효과를 제거(보정)한다.

정답 41 ③ 42 ① 43 ② 44 ②

45 **지리정보시스템(GIS)의 주요 기능에 대한 설명으로 가장 거리가 먼 것은?**

① 효율적인 수치지도 제작을 통해 지도의 내용과 활용성을 높인다.
② 효율적인 GIS 데이터 모델을 적용하여 다양한 분석기능 및 모델링이 가능하다.
③ 입지분석, 하천분석 교통분석, 가시권분석, 환경분석, 상권설정 및 분석 등을 통해 고부가가치 정보 및 지식을 창출한다.
④ 조직의 인사 관리 및 관리자의 조직운영 결정 기능을 지원한다.

해설
GIS의 기능은 자료입력, 자료처리, 자료 출력 기능으로 공간자료 분석, 수치지형도분석, 망구조분석 등을 하며, 지형정보의 속성정보와 속성자료에 의한 지형요소를 추출한다.

46 **축척 1 : 5,000 수치지도를 만든 후, 데이터의 정확도 검증을 위해 10개의 지점에 대해 수치지도 상에서 측정한 좌표와 현장에서 검증한 좌표 간의 오차가 아래와 같을 때, 위치정확도(RMSE)로 옳은 것은?**

1.2, 1.5, 1.4, 1.3, 1.4, 1.4, 1.3, 1.6, 1.4, 1.3
[단위 : cm]

① ±0.98
② ±1.22
③ ±1.46
④ ±1.59

해설

$$M_0 = \pm\sqrt{\frac{v^2}{(n-1)}} = \pm\sqrt{\frac{19.16}{(10-1)}} = \pm 1.46$$

여기서,

오 차	1.2	1.5	1.4	1.3	1.4	1.4	1.3	1.6	1.4	1.3
v^2	1.44	2.25	1.96	1.69	1.96	1.96	1.69	2.56	1.96	1.69

47 **지리정보시스템(GIS)의 공간성분에서 선형의 공간객체 특성을 이용한 관망(Network) 분석을 통해 얻을 수 있는 결과와 거리가 먼 것은?**

① 도로, 하천, 선형의 관로 등에 걸리는 부하의 예측
② 하나의 지점에서 다른 지점으로 이동 시 최적 경로의 선정
③ 창고나 보급소, 경찰서, 소방서와 같은 주요 시설물의 위치 선정
④ 특정 주거지역의 면적 산정과 인구 파악을 통한 인구 밀도의 계산

해설
면형자료를 기반으로 하는 것은 중첩분석기능으로 특정 주거지역의 면적 산정과 인구 파악을 통한 인구 밀도의 계산은 중첩분석기능을 통해 얻을 수 있다.

48 **벡터데이터 모델은 기본적인 도형의 요소(Geometric Primitive Type)로 공간 객체를 표현한다. 〈보기〉 중 기본적인 도형의 요소로 모두 짝지어진 것은?**

〈보 기〉
㉠ 점
㉡ 선
㉢ 면

① ㉠
② ㉠, ㉡
③ ㉡, ㉢
④ ㉠, ㉡, ㉢

해설
점, 선, 면 모두의 도형 요소를 포함한다.

정답 45 ④ 46 ③ 47 ④ 48 ④

49 **지리정보시스템(GIS)의 분석기능 중 대상들의 상호 간에 이어지거나 관계가 있음을 평가하는 기능은?**

① 중첩기능(Overlay Function)
② 연결기능(Connectivity Function)
③ 인접기능(Neighborhood Function)
④ 측정, 검색, 분류기능(Measurement, Query, Classification)

해설
분석기능
- 인접성 : 관심대상 사상의 좌측과 우측에 어떤 사상이 있는지를 정의하고 두 개의 객체가 서로 인접하는지를 판단한다.
- 연결성 : 특정 사상이 어떤 사상과 연결되어 있는지를 정의하고 두 개 이상의 객체가 연결되어 있는지를 파악한다.
- 포함성 : 특정 사상이 다른 사상의 내부에 포함되느냐 혹은 다른 사상을 포함하느냐를 정의한다.

50 **지리정보시스템(GIS)의 자료수집방법으로서 래스터(격자 데이터)를 얻기 위한 방법과 거리가 먼 것은?**

① GNSS 측량을 통한 좌표 취득
② 항공사진으로부터 수치정사사진의 작성
③ 다중밴드 위성영상으로부터 토지피복 분류
④ 위성영상의 기하보정 및 영상 정합

해설
GNSS측량은 벡터데이터의 취득방식이다.

51 **지리정보시스템(GIS)의 3대 기본 구성 요소로 다음 중 가장 거리가 먼 것은?**

① 인터넷
② 하드웨어
③ 소프트웨어
④ 데이터베이스

해설
지리정보시스템(GIS)의 3대 기본 구성 요소는 하드웨어, 소프트웨어, 데이터베이스 등이다.

52 **지리정보시스템(GIS) 자료구조에 대한 설명으로 옳지 않은 것은?**

① 벡터 구조에서는 각 객체의 위치가 공간좌표체계에 의해 표시된다.
② 벡터 구조는 래스터 구조보다 객체의 형상이 현실에 가깝게 표현된다.
③ 래스터 구조에서는 객체의 공간좌표에 대한 정보가 존재하지 않는다.
④ 래스터 구조에서 수치값은 해당 위치의 관련정보를 표현한다.

해설
레스터 자료구조는 매우 간단하며 일정한 격자간격의 셀이 데이터의 위치와 그 값을 표현하므로 격자데이터라고도 한다. 따라서 공간좌표에 대한 정보가 존재한다.

53 **기준국을 고정하여 기계를 설치하고 이동국으로 측량하며 모뎀 등을 이용하여 실시간으로 좌표를 얻음으로써 현황측량 등에 이용하는 GNSS 측량 기법은?**

① DGPS ② RTK
③ PPP ④ PPK

해설
② RTK : 이동국에서 위성에 의한 관측값과 기준국으로부터 위치보정량을 실시간으로 계산하여 관측장소에서 바로 위치값을 결정한다.
① DGPS : 기준국을 고정하여 기계를 설치하고 이동국으로 측량하며 모뎀 등을 이용하여 실시간으로 좌표를 얻음으로써 현황측량 등에 이용하는 GNSS 측량 기법

54 **지리정보시스템(GIS)을 이용하는 주체를 GIS 전문가, GIS 활용가, GIS 일반 사용자로 구분할 때 GIS 전문가의 역할로 거리가 먼 것은?**

① 시설물 관리 ② 프로젝트 관리
③ 데이터베이스 관리 ④ 시스템 분석 및 설계

해설
- GIS 전문가 : 데이터베이스 관리, 응용프로그램, 프로젝트 관리, 시스템 분석, 프로그래머
- GIS 활용가 : 엔지니어/계획가, 시설물관리자, 자원계획가, 토지행정가, 법률가, 과학자
- GIS 일반 사용자 : 교통정보나 가상정보 참조, 부동산 가격에 대한 정보참조, 기업이나 서비스 업체 찾기, 여행계획 수립, 위락시설 정보 찾기, 교육

정답 49 ② 50 ① 51 ① 52 ③ 53 ② 54 ①

55 GNSS 측량으로 직접 수행하기 어려운 것은?

① 절대측위
② 상대측위
③ 시각동기
④ 터널 내 공사측량

해설
GNSS 측량으로 터널 내와 실내 측량은 위성과의 수신이 불가능하여 수행이 어렵다.

56 GPS위성에 대한 설명으로 틀린 것은?

① GPS위성의 고도는 약 20,200km이며, 주기는 약 12시간으로 근 원형궤도를 돌고 있다.
② GPS위성의 배치는 각 60° 간격으로 6개의 궤도면에 매 궤도마다 최소 4개의 위성이 배치된다.
③ GPS위성은 최소 두 개의 반송파 신호(L1과 L2)를 송신한다.
④ GPS위성을 통해 얻어진 위치는 3차원 좌표로 높이의 결과가 지상측량보다 정확하다.

해설
높이의 결과는 2사분면법으로 얻어지기에 지상측량보다 부정확하다.

57 다중경로(멀티패스) 오차를 줄일 수 있는 방법으로 적합하지 않는 것은?

① 관측시간을 길게 한다.
② 낮은 고도의 위성신호가 높은 고도의 위성신호보다 다중경로에 유리하다.
③ 안테나의 설치환경(위치)을 잘 선택한다.
④ Choke Ring 안테나 혹은 Greund Plane이 장착된 안테나를 사용한다.

해설
다중경로 오차는 주위의 지형, 지물에 의한 반사된 전파로 인해 발생하는 오차로 위성신호의 고도와는 상관없다.

58 부울논리(Boolean Logic)를 이용하여 속성과 공간적 특성에 대한 자료 검색(검게 채색된 부분)을 위한 방법은?

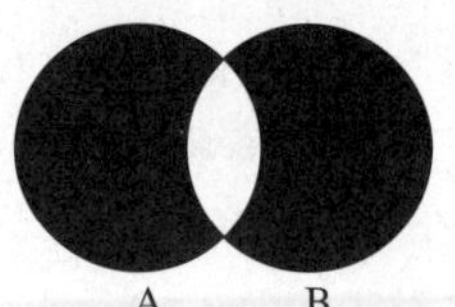

① A AND B ② A XOR B
③ A NOT B ④ A OR B

해설
A XOR B이다.

59 기존의 지형도나 지도를 수치적으로 전산입력하기 위한 입력장치가 아닌 것은?

① 키보드
② 마우스
③ 플로터
④ 디지타이저

해설
플로터는 출력장치이다.

60 지리정보시스템(GIS)에서 사용되는 용어에 대한 설명 중 옳지 않은 것은?

① Clip : 원래의 레이어에서 필요한 지역만을 추출해 내는 것이다.
② Erase : 레이어가 나타내는 지역 중 임의지역을 삭제하는 과정이다.
③ Split : 하나의 레이어를 여러 개의 레이어로 분할하는 과정이다.
④ Difference : 두 개의 레이어가 교차하는 부분에 대한 지오메트리를 얻는다.

해설
두 개의 레이어가 교차하는 부분에 대한 지오메트리를 얻는 것은 Interset이다.

정답 55 ④ 56 ④ 57 ② 58 ② 59 ③ 60 ④

제4과목 측량학

61 토털 스테이션이 주로 활용되는 측량 작업과 가장 거리가 먼 것은?

① 지형측량과 같이 많은 점의 평면 및 표고좌표가 필요한 측량
② 고정밀도를 요하는 국가기준점 측량
③ 거리와 각을 동시에 관측하면 작업효율이 높아지는 트래버스 측량
④ 비교적 높은 정밀도가 필요하지 않은 기준점 측량

해설
최근 고정밀 기준점측량은 GPS 측량방법에 의한 해석으로 처리를 하기에 토털 스테이션은 비교적 높은 정밀도가 필요로 하지 않은 기준점측량에 사용된다.

62 측량 시 발생하는 오차의 종류로 수학적, 물리적인 법칙에 따라 일정하게 발생되는 오차는?

① 정오차
② 참오차
③ 과대오차
④ 우연오차

해설
정오차 : 수학적, 물리적인 법칙에 따라 일정하게 발생되는 오차

63 그림의 교호수준측량의 결과이다. B점의 표고는?(단, A점의 표고는 50m이다)

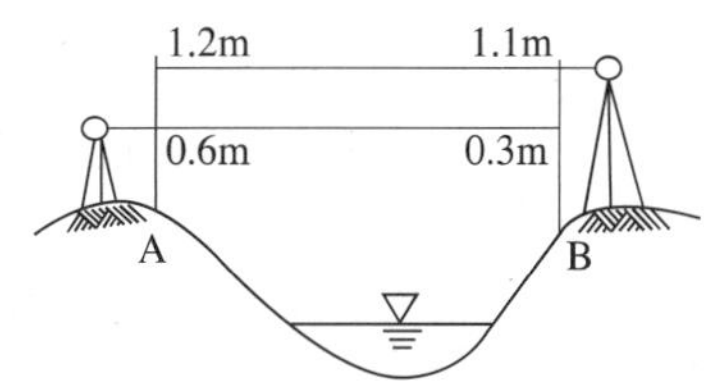

① 49.8m ② 50.2m
③ 52.2m ④ 52.6m

해설

$$H_B = H_A + h = 50 + \frac{(1.20+0.60)-(1.1+0.3)}{2}$$
$$= 50 + 0.2 = 50.2\text{m}$$

64 레벨(Level)의 조정에 관한 사항으로 옳지 않은 것은?

① 기포관측은 연직축에 직교해야 한다.
② 시준선은 기포관측에 평행해야 한다.
③ 십자종선과 시준선은 평행해야 한다.
④ 십자횡선은 연직축에 직교해야 한다.

해설
십자종선과 시준선은 직교해야 한다.

65 두 점의 거리 관측을 A, B, C 세 사람이 실시하여 A는 4회 관측의 평균이 120.58m이고, B는 2회 관측의 평균이 120.51m, C는 7회 관측의 평균이 120.62m이라면 이 거리의 최확값은?

① 120.55m ② 120.57m
③ 120.59m ④ 120.62m

해설
- 경중률
  $P_1 : P_2 : P_3 = 4 : 2 : 7$
- 최확값

$$L_0 = \frac{P_1a_1 + P_2a_2 + P_3a_3}{(P_1+P_2+P_3)}$$
$$= 120 + \frac{4\times0.58 + 2\times0.51 + 7\times0.62}{4+2+7}$$
$$= 120 + 0.59$$
$$= 120.59\text{m}$$

66 결합 트래버스에서 A점에서 B점까지의 합위거가 152.70m, 합경거가 653.70m일 때 폐합오차는?(단, A점 좌표 X_A = 76.80m, Y_A = 97.20m, B점 좌표 X_B = 229.62m, Y_B = 750.85m)

① 0.11m ② 0.12m
③ 0.13m ④ 0.14m

해설
합위거의 차 = $X_B - X_A$ = 229.62 − 76.80 = 152.82
합경거의 차 = $Y_B - Y_A$ = 750.85 − 97.20 = 653.65
폐합오차 = $\sqrt{(\Delta X)^2 + (\Delta Y)^2}$
$= \sqrt{(152.82-152.7)^2 + (653.65-653.7)^2}$ = 0.13m

정답 61 ② 62 ① 63 ② 64 ③ 65 ③ 66 ③

67 두 점 간의 거리를 각 팀별로 수십 번 측량하여 최확값을 계산하고 각 관측값의 오차를 계산하여 도수분포그래프로 그려보았다. 가장 정밀하면서 동시에 정확하게 측량한 팀은?

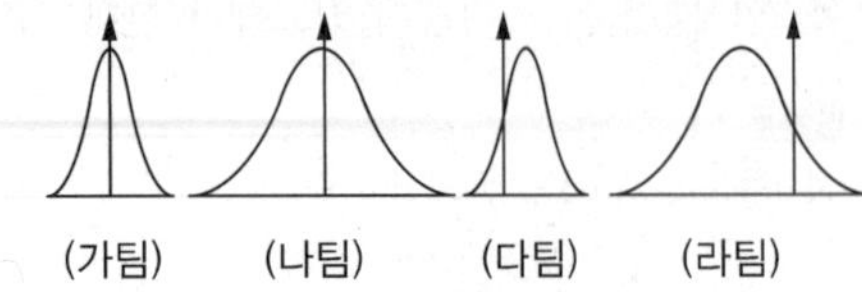

(가팀) (나팀) (다팀) (라팀)

① 가팀 ② 나팀
③ 다팀 ④ 라팀

해설
오차분포의 폭이 좁고 오차곡선이 0에 가까운 것이 가장 정밀하면서 정확한 측량결과이다.

68 삼변측량결과인 a, b, c변 길이를 이용하여 반각공식으로 A지점의 각을 계산하고자 할 때, 옳은 식은?(단, $S=\frac{a+b+c}{2}$)

① $\cos\frac{A}{2}=\sqrt{\frac{S(S-a)}{bc}}$

② $\sin\frac{A}{2}=\sqrt{\frac{(S-b)(S-c)}{Sbc}}$

③ $\tan\frac{A}{2}=\sqrt{\frac{(S-b)(S-c)}{(S-a)}}$

④ $\sin\frac{A}{2}=\sqrt{\frac{(S-b)(S-c)}{S(S-b)}}$

해설

$$\cos\frac{A}{2}=\sqrt{\frac{S(S-a)}{bc}}$$

$$\sin\frac{A}{2}=\sqrt{\frac{(S-b)(S-c)}{bc}}$$

$$\tan\frac{A}{2}=\sqrt{\frac{(S-b)(S-c)}{S(S-a)}}$$

69 지구의 적도반지름이 6,370km이고 편평률이 1/299이라고 하면 적도반지름과 극반지름의 차이는?

① 21.3km
② 31.0km
③ 40.0km
④ 42.6km

해설

$$P=\frac{a-b}{a}=\frac{1}{299}$$

$$a-b=\frac{a}{299}=\frac{6,370}{299}=21.3\text{km}$$

70 삼각측량에서 유심다각망 조정에 해당하지 않는 것은?

① 각 조건에 대한 조정
② 관측점 조건에 대한 조정
③ 변 조건에 대한 조정
④ 표고 조건에 대한 조정

해설
유심다각망의 조정에는 각조건, 점조건, 변조건에 의한 조정을 한다.

71 지형도의 축척 1 : 1,000, 등고선 간격 1.0m, 경사 2%일 때, 등고선 간의 도상수평거리는?

① 0.1cm
② 1.0cm
③ 0.5cm
④ 5.0cm

해설

$$\text{경사}(i)=\frac{\text{고정차}(h)}{\text{수평거리}(D)}$$

$$D=\frac{h}{i}=\frac{100}{0.02}=5,000\text{cm}$$

$$\frac{1}{m}=\frac{\text{도상거리}}{\text{실제거리}}$$

$$\text{도상거리}=\frac{\text{실제거리}}{m}=\frac{5,000}{1,000}=5\text{cm}$$

정답 67 ① 68 ① 69 ① 70 ④ 71 ④

72 등고선의 성질에 대한 설명으로 틀린 것은?

① 동일 등고선 위의 점은 높이가 같다.
② 등고선의 간격이 좁아지면 지표면의 경사가 급해진다.
③ 등고선은 반드시 교차하지 않는다.
④ 등고선은 반드시 폐합하게 된다.

해설
절벽이나 동굴인 경우는 등고선이 교차한다.

73 트래버스측량에서 거리 관측과 각 관측의 정밀도가 균형을 이룰 때 거리 관측의 허용오차를 1/5,000로 한다면 각 관측의 허용오차는?

① 25″
② 30″
③ 38″
④ 41″

해설

$$\frac{l}{R} = \frac{\theta''}{\rho''} = \frac{1}{m}$$

$$\rho'' = \frac{206,265''}{5,000} = 41''$$

74 지오이드에 대한 설명으로 옳지 않은 것은?

① 위치에너지 $E = mgh$가 "0"이 되는 면이다.
② 지구타원체를 기준으로 대륙에서는 낮고 해양에서는 높다.
③ 평균해수면을 육지내부까지 연장한 면을 말한다.
④ 지오이드의 법선과 타원체의 법선은 불일치하며 그 양을 연직선 편차라 한다.

해설
지오이드면은 대륙에서는 지각의 인력 때문에 지구타원체보다 높고 해양에서는 낮다.

75 측량기록의 정의로 옳은 것은?

① 해당 측량에서 얻은 최종결과
② 측량계획과 실시결과에 관한 공문 기록
③ 측량을 끝내고 내업에서 얻은 최종결과의 심사 기록
④ 측량성과를 얻을 때까지의 측량에 관한 작업의 기록

해설
정의(공간정보의 구축 및 관리 등에 관한 법률 제2조)
"측량기록"이란 측량성과를 얻을 때까지의 측량에 관한 작업의 기록을 말한다.

76 기본측량을 실시하여 측량성과를 고시할 때 포함되어야 할 사항과 거리가 먼 것은?

① 측량의 종류　② 측량실시 기관
③ 측량성과의 보관 장소　④ 설치한 측량기준점의 수

해설
측량성과의 고시(공간정보의 구축 및 관리 등에 관한 법률 시행령 제13조)
측량성과의 고시에는 다음의 사항이 포함되어야 한다.
- 측량의 종류
- 측량의 정확도
- 설치한 측량기준점의 수
- 측량의 규모
- 측량실시의 시기 및 지역
- 측량성과의 보관장소
- 그 밖에 필요한 사항

77 성능검사를 받아야 하는 금속관로탐지기의 성능검사 주기로 옳은 것은?

① 1년　② 2년
③ 3년　④ 4년

해설
성능검사의 대상 및 주기 등(공간정보의 구축 및 관리 등에 관한 법률 시행령 제97조)
- 트랜싯(데오드라이트) : 3년
- 레벨 : 3년
- 거리측정기 : 3년
- 토털 스테이션 : 3년
- 지피에스(GPS) 수신기 : 3년
- 금속 또는 비금속 관로 탐지기 : 3년

※ 법령 개정(22.7.19 시행)으로 "금속관로탐지기"는 "금속 또는 비금속 관로 탐지기"로 용어 변경됨

정답 72 ③ 73 ④ 74 ② 75 ④ 76 ② 77 ③

78 우리나라 위치측정의 기준이 되는 세계측지계에 대한 설명이다. ( )안에 알맞은 용어로 짝지어진 것은?

> 회전타원체의 ( )이 지구의 자전축과 일치하고, 중심은 지구의 ( )과 일치할 것

① 장축, 투영중심
② 단축, 투영중심
③ 장축, 질량중심
④ 단축, 질량중심

해설
세계측지계 등(공간정보의 구축 및 관리 등에 관한 법률 제7조)
회전타원체의 중심이 지구의 질량중심과 일치할 것, 회전타원체의 단축이 지구의 자전축과 일치할 것

79 일반측량성과 및 일반측량기록 사본의 제출을 요구할 수 있는 경우에 해당되지 않는 것은?

① 측량의 기술 개발을 위하여
② 측량의 정확도 확보를 위하여
③ 측량의 중복 배제를 위하여
④ 측량에 관한 자료의 수집·분석을 위하여

해설
일반측량의 실시(공간정보의 구축 및 관리 등에 관한 법률 제22조)
- 측량의 정확도 확보
- 측량의 중복 배제
- 측량에 관한 자료의 수집·분석

80 다음 중 가장 무거운 벌칙의 기준이 적용되는 자는?

① 측량성과를 위조한 자
② 입찰의 공정성을 해친 자
③ 측량기준점표지를 파손한 자
④ 측량업 등록을 하지 아니하고 측량업을 영위한 자

해설
벌칙(공간정보의 구축 및 관리 등에 관한 법률 제107조)
측량업자로서 속임수, 위력, 그 밖의 방법으로 측량업과 관련된 입찰의 공정성을 해친 자는 3년 이하의 징역 또는 3,000 만원 이하의 벌금에 처한다.
- 측량성과를 위조한 자 : 2년 이하의 징역 또는 2,000만원 이하의 벌금
- 측량기준점표지를 파손한 자 : 2년 이하의 징역 또는 2,000만원 이하의 벌금
- 측량업 등록을 하지 아니하고 측량업을 영위한 자 : 2년 이하의 징역 또는 2,000만원 이하의 벌금

정답 78 ④ 79 ① 80 ②

2019년 제 1 회 과년도 기출문제

제1과목 응용측량

01 지하 500m에서 거리가 400m인 두 지점에 대하여 지구 중심에 연직한 연장선이 이루는 지표면의 거리는?(단, 지구 반지름 $R = 6,370\text{km}$)

① 399.07m
② 400.03m
③ 400.08m
④ 400.10m

해설

$C_H = +\dfrac{LH}{R} = -\dfrac{500 \times 400}{6,370,000} = -0.03\text{m}$

$L = L_0 + C_H = 400 - (-0.03) = 400.03\text{m}$

02 깊이 100m, 지름 5m인 1개의 수직터널에 의해서 터널 내외를 연결하는 데 사용하기에 가장 적합한 방법은?

① 삼각법
② 지거법
③ 사변형법
④ 트랜싯과 추선에 의한 방법

해설

1개의 수직갱으로 연결할 경우에는 수직갱에 2개의 추를 매달아서 이것에 의해 연직면을 정하고 그 방위각을 지상에서 관측하여 지하의 측량을 연결한다.

03 심프슨 제2법칙을 이용하여 계산할 경우, 그림과 같은 도형의 면적은?(단, 각 구간의 거리(d)는 동일하다)

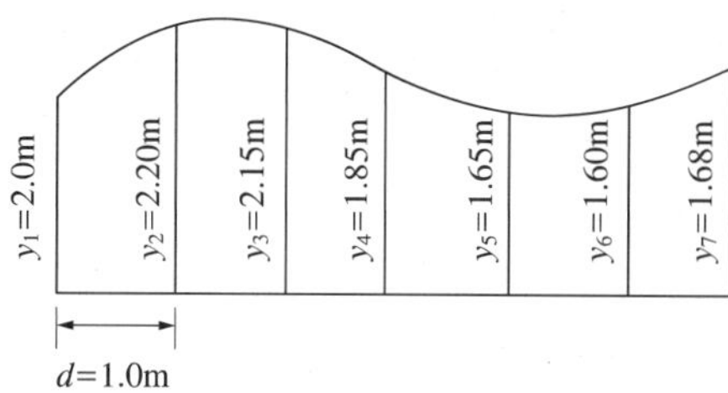

① 11.24m^2
② 11.29m^2
③ 11.32m^2
④ 11.47m^2

해설

$A = \dfrac{3 \times 1.0}{8}[2 + 1.68 + 3(2.2 + 2.15 + 1.65 + 1.6) + 2(1.85)]$

$= 11.32\text{m}^2$

04 해저의 퇴적물인 저질(Bottom Material)을 조사하는 방법 또는 장비가 아닌 것은?

① 채니기
② 음파에 의한 해저탐사
③ 코어러
④ 채수기

해설

채수기는 명사물을 측정하거나 분석하기 위하여 바다나 호수의 물을 퍼 올리는 기구이다.

정답 1 ② 2 ④ 3 ③ 4 ④

05 도로의 기울기 계산을 위한 수준측량 결과가 그림과 같을 때 A, B점 간의 기울기는?(단, A, B점 간의 경사거리는 42m이다)

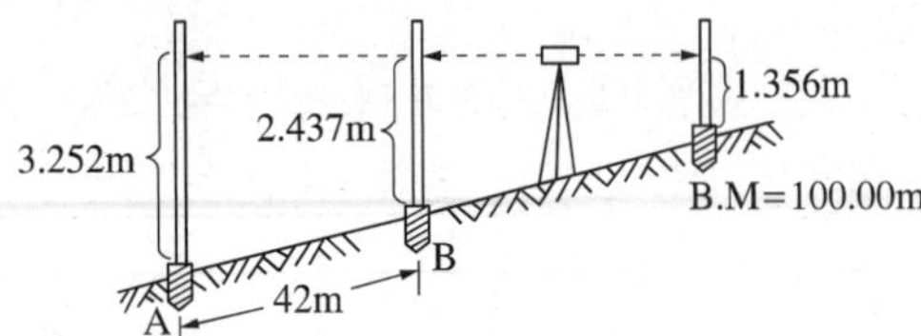

① 1.94%
② 2.02%
③ 7.76%
④ 10.38%

해설

$H_B = 100 + 1.356 - 2.437 = 98.919\text{m}$

$H_A = 100 + 1.356 - 3.252 = 98.104\text{m}$

$h = 98.919 - 98.104 = 0.815$

$D = \sqrt{l^2 - h^2} = \sqrt{42^2 - 0.815^2} = 41.992\text{m}$

$\therefore\ i = \frac{h}{D} \times 100 = \frac{0.815}{41.992} = 1.94\%$

06 하천에서 수심측량 후 측점에 숫자로 표시하여 나타내는 지형표시 방법은?

① 점고법
② 기호법
③ 우모법
④ 등고선법

해설

부호적 도법

- 점고법 : 지표면상의 표고 또는 수심을 숫자에 의하여 지표를 나타내는 방법
- 등고선법 : 동일표고의 점을 연결한 것으로 등고선에 의하여 지표를 표시하는 방법
- 채식법 : 같은 등고선의 지대를 같은 색으로 채색하여 높을수록 진하게, 낮을수록 연하게 칠하여 높이의 변화를 나타내며 지리관계의 지도에 주로 사용

07 하천의 유속을 부자로 측정할 때에 대한 설명으로 옳지 않은 것은?

① 홍수 시 유속을 측정할 때는 하천 가운데서 부자를 띄우고 평균유속의 80~85%를 전단면의 유속으로 볼 수 있다.
② 수심 H의 하천에서 수중부자를 이용하여 1점의 유속을 관측할 경우에는 수면에서 $0.8H$되는 깊이의 유속을 측정한다.
③ 표면부자를 쓸 경우는 표면유속의 80~90% 정도를 그 연직선 내의 평균유속으로 볼 수 있다.
④ 부자의 유하거리는 하천 폭의 2배 이상으로 하는 것이 좋다.

해설

수중부자는 수면에서 수심의 3/5인 곳에 가라앉혀서 직접평균유속을 구할 때 사용한다.

08 완화곡선 중 곡률이 곡선의 길이에 비례하는 곡선으로 정의되는 것은?

① 클로소이드(Clothoid)
② 렘니스케이트(Lemniscate)
③ 3차 포물선
④ 반파장 sine 체감곡선

해설

곡률이 곡선장에 비례하는 곡선을 클로소이드 곡선이라 한다.

09 유토곡선(Mass Curve)에 의한 토량계산에 대한 설명으로 옳지 않은 것은?

① 곡선은 누가토량의 변화를 표시한 것으로, 그 경사가 (−)는 깎기 구간, (+)는 쌓기 구간을 의미한다.
② 측점의 토량은 양단면평균법으로 계산할 수 있다.
③ 곡선에서 경사의 부호가 바뀌는 지점은 쌓기 구간에서 깎기 구간 또는 깎기 구간에서 쌓기 구간으로 변하는 점을 의미한다.
④ 토적곡선을 활용하여 토공의 평균운반거리를 계산할 수 있다.

해설

유토곡선의 하향구간은 성토구간, 상향구간은 절토구간이다.

정답 5 ① 6 ① 7 ② 8 ① 9 ①

10 단곡선 설치에서 곡선반지름이 100m이고 교각이 60°이다. 곡선시점의 말뚝 위치가 No.10+2m일 때 도로의 기점으로부터 곡선종점까지의 거리는?(단, 중심 말뚝 간격은 20m이다)

① 104.72m ② 157.08m
③ 306.72m ④ 359.08m

해설
C.L = 0.0174533RI = 0.0174533 × 100 × 60 = 104.72m
E.C = B.C + C.L = 202 + 104.72 = 306.72m

11 축척 1 : 5,000의 지적도상에서 16cm²로 나타나 있는 정방형 토지의 실제 면적은?

① 80,000m² ② 40,000m²
③ 8,000m² ④ 4,000m²

해설
$\left(\frac{1}{m}\right)^2 = \frac{\text{도상면적}}{\text{실제면적}}$

실제면적 = m^2 × 도상면적 = 5,000² × 16 = 400,000,000cm²
= 40,000m²

12 도로 또는 철도의 설치 시 차량의 탈선을 방지하기 위하여 곡선의 안쪽과 바깥쪽의 높이차를 두게 되는데 이것을 무엇이라 하는가?

① 확 폭 ② 슬 랙
③ 캔 트 ④ 슬래브

해설
③ 캔트 : 곡선부를 통과하는 차량이 원심력이 발생하여 접선 방향으로 탈선하려는 것을 방지하기 위해 바깥쪽 노면을 안쪽노면보다 높이는 정도를 말하며 편경사라고도 한다.
① 확폭 : 차량의 차축간의 간격으로 인해 앞바퀴와 뒷바퀴간의 곡선반경이 다르게 되어 곡선구간에서는 원할한 주행이 어렵기 때문에 차선폭을 넓이는 치수를 확폭이라 한다.
② 슬랙 : 곡선부에 있어서 궤간을 표준보다 넓혀서 고정축거를 가진 차량의 통과를 용이하게 하기위해 확대된 폭의 양이다.
④ 슬래브 : 평평한 판상의 모양이다.

13 시설물의 경관을 수직시각(θ_v)에 의하여 평가하는 경우, 시설물이 경관의 주제가 되고 쾌적한 경관으로 인식되는 수직시각의 범위로 가장 적합한 것은?

① $0° \leq \theta_v \leq 15°$
② $15° \leq \theta_v \leq 30°$
③ $30° \leq \theta_v \leq 45°$
④ $45° \leq \theta_v \leq 60°$

해설
• $0° \leq \theta_v \leq 15°$: 시설물이 경관의 주재가 되고 쾌적한 경관으로 인식된다.
• $15° \leq \theta_v$: 압박감을 느끼고 쾌적한 경관으로 인식되지 못한다.

14 △ABC에서 ㉮ : ㉯ : ㉰의 면적의 비를 각각 4 : 2 : 3으로 분할할 때 $\overline{EC}$의 길이는?

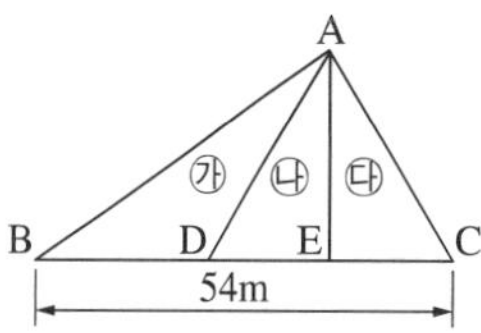

① 10.8m ② 12.0m
③ 16.2m ④ 18.0m

해설
$\overline{EC} = \frac{m}{m+n} \times \overline{BC} = \frac{3}{6+3} \times 54 = 18\text{m}$

15 교각 I = 80°, 곡선반지름 R = 180m인 단곡선의 교점(I.P)의 추가거리가 1,152.52m일 때 곡선의 종점(E.C)의 추가거리는?

① 1,001.48m ② 1,106.34m
③ 1,180.11m ④ 1,252.81m

해설
T.L = $R \cdot \tan\frac{I}{2} = 180 \times \tan\frac{80}{2}$ = 151.04m
B.C = I.P − T.L = 1,152.52 − 151.04 = 1,001.48m
C.L = 0.0174533RI = 0.0174533 × 180 × 80 = 251.33m
E.C = B.C + C.L = 1,001.48 + 251.33 = 1,252.81m

정답 10 ③ 11 ② 12 ③ 13 ① 14 ④ 15 ④

16 삼각형 세 변의 길이가 $a = 40$m, $b = 28$m, $c = 21$m일 때 면적은?

① 153.36m² ② 216.89m²
③ 278.65m² ④ 306.72m²

해설

$s = \frac{a+b+c}{2} = \frac{40+28+21}{2} = 44.5$

$A = \sqrt{s(s-a)(s-b)(s-c)}$

$= \sqrt{44.5(44.5-40)(44.5-28)(44.5-21)}$

$= 278.65\text{m}^2$

17 상·하수도시설, 가스시설, 통신시설 등의 건설 및 유지관리를 위한 자료제공의 역할을 하는 측량은?

① 관개배수측량 ② 초구측량
③ 건축측량 ④ 지하시설물측량

해설

지하시설물 측량

지하에 설치·매설된 시설물을 효율적이고 체계적으로 유지·관리하기 위하여 지하시설물에 대한 조사, 탐사 및 위치측량과 이에 따른 도면제작 및 데이터베이스 구축까지를 말한다.

18 그림의 체적(V)을 구하는 공식으로 옳은 것은?

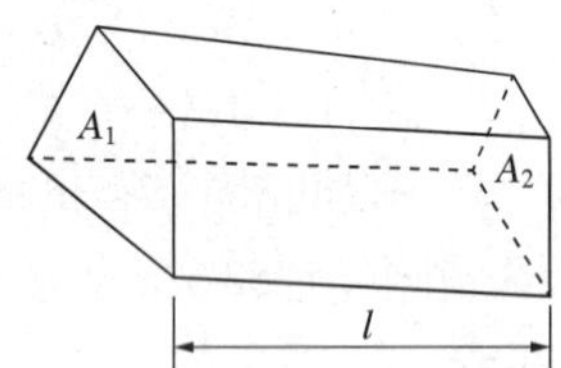

① $V = \frac{A_1 + A_2}{3} \times l$ ② $V = \frac{A_1 + A_2}{2} \times l$

③ $V = \frac{A_1 + A_2 + l}{3} \times l$ ④ $V = \frac{A_1 + A_2 + l}{2} \times l$

해설

양단면평균법

$V = \frac{A_1 + A_2}{2} \times l$

19 하천의 수위를 나타내는 다음 용어 중 가장 낮은 수위를 나타내는 것은?

① 평수위
② 갈수위
③ 저수위
④ 홍수위

해설

② 갈수위 : 1년을 통해 355일은 이보다 저하하지 않은 수위
① 평수위 : 어떤 기간의 수위 중 이것보다 높은 수위와 낮은 수위의 관측수가 똑같은 수위로 일반적으로 평균수위보다 약간 낮은 수위
③ 저수위 : 1년을 통해 275일은 이보다 저하하지 않은 수위
④ 홍수위 : 지정수위로서 홍수 시에 매시 수위를 관측하는 수위

20 그림과 같이 2차포물선에 의하여 종단곡선을 설치하려 한다면 C점의 계획고는?(단, A점의 계획고는 50.00m이다)

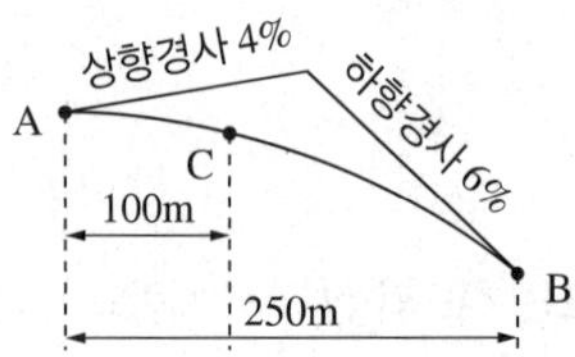

① 40.00m
② 50.00m
③ 51.00m
④ 52.00m

해설

구배선의 계획고

$H_B{}' = H_A + \frac{m}{100}x = 50 + \frac{4}{100} \times 100 = 54\text{m}$

종단곡선의 계획고

$H_B = H_B{}' - y = H_B - \frac{m-(-n)}{2L}x^2$

$= 54 - \frac{0.04-(-0.06)}{2 \times 250} \times 100^2$

$= 52\text{m}$

정답 16 ③ 17 ④ 18 ② 19 ② 20 ④

제2과목 사진측량 및 원격탐사

21 **레이더 위성영상의 주요 활용 분야가 아닌 것은?**

① 수치표고모델(DEM) 제작
② 빙하 움직임 조사
③ 지각변동 조사
④ 토지피복 조사

해설
지표에 있는 산이나 골짜기, 산림 등의 자연지형과 택지 및 도로, 빌딩이나 다리 등의 인공지물로 이루어지는 지형지물을 항공기의 위치 및 자세가 정확하게 얻어지는 센터로부터 레이저를 발사하여 거리를 측정하고 그 수치를 측량좌표계 등으로 나타낸 계측기이다. 따라서 지표내부의 조사는 할 수 없다.

22 **다음 중 절대(대지)표정과 관계가 먼 것은?**

① 경사 결정
② 축척 결정
③ 방위 결정
④ 초점거리의 조정

해설
초점거리의 조정은 내부표정의 작업이다.

23 **사진측량의 모델에 대한 정의로 옳은 것은?**

① 편위수정된 사진이다.
② 촬영 지역을 대표하는 사진이다.
③ 한 장의 사진에 찍힌 단위면적의 크기이다.
④ 중복된 한 쌍의 사진으로 입체시 할 수 있는 부분이다.

해설
중복된 한 쌍의 사진으로 입체시 할 수 있는 부분, 즉 다른 위치로부터 촬영되는 2매1조의 입체사진으로부터 만들어지는 지역을 말한다.

24 **해석식 도화의 공선조건식에 대한 설명으로 틀린 것은?**

① 지상점, 영상점, 투영중심이 동일한 직선상에 존재한다는 조건이다.
② 하나의 사진에서 충분한 지상기준점이 주어진다면, 외부표정요소를 계산할 수 있다.
③ 하나의 사진에서 내부, 상호, 절대표정요소가 주어지면, 지상점이 투영된 사진상의 좌표를 계산할 수 있다.
④ 내부표정요소 및 절대표정요소를 구할 때 이용할 수 있다.

해설
공선조건은 상호표정, 절대표정, 항공삼각측량의 번들조정에 이용된다.

25 **사진의 크기 23cm × 23cm, 초점거리 150mm인 카메라로 찍은 항공사진의 경사각이 15°이면 이 사진의 연직점(Nadir Point)과 주점(Principal Point) 간의 거리는?(단, 연직점은 사진 중심점으로부터 방사선(Radial Line) 위에 있다)**

① 40.2mm ② 50.0mm
③ 75.0mm ④ 100.5mm

해설
주점과 연직점 간의 거리 $= f \cdot \tan i$
$= 150 \times \tan 15°$
$= 40.19\text{mm} \fallingdotseq 40.2\text{mm}$

26 **사진지도를 제작하기 위한 정사투영에서 편위수정기가 만족해야 할 조건이 아닌 것은?**

① 기하학적 조건
② 입체모형의 조건
③ 샤임플러그 조건
④ 광학적 조건

해설
편위수정기의 원리는 렌즈, 투영면, 화면의 3가지 요소에서 항상 선명한 상을 갖도록 하는 조건을 만족시키는 방법으로 기하학적 조건(소실점조건), 광학적 조건(Newton의 조건), 샤임플러그 조건 등에 만족하여야 한다.

정답 21 ④ 22 ④ 23 ④ 24 ④ 25 ① 26 ②

27 항공사진 카메라의 초점거리 153mm, 사진크기 23cm × 23cm, 사진축척 1 : 20,000, 기준면으로부터 높이가 35m일 때, 이 비고(比高)에 의한 사진의 최대 기복변위는?

① 0.370cm ② 0.186cm
③ 0.256cm ④ 0.308cm

해설

$\frac{1}{m} = \frac{f}{H}$에서

$H = mf = 20,000 \times 0.153 = 3,060\text{m}$

$\Delta r_{\max} = \frac{h}{H} r_{\max} = \frac{h}{H} \frac{\sqrt{2}}{2} a$

$= \frac{35}{3,060} \times \frac{\sqrt{2}}{2} \times 0.23$

$= 0.00186\text{m} = 0.186\text{cm}$

28 원자력발전소의 온배수 영향을 모니터링하고자 할 때 다음 중 가장 적합한 위성영상 자료는?

① SPOT 위성의 HRV 영상
② Landsat 위성의 ETM+ 영상
③ IKONOS 위성의 팬크로매틱 영상
④ Radarsat 위성의 SAR 영상

해설

Landsat 위성은 지구관측을 위한 최초의 민간목적 원격탐사위성으로 자구환경의 변환된 모습을 볼 수 있다.

29 축척 1 : 50,000의 사진을 초점거리가 15cm인 항공사진 카메라로 촬영하기 위한 촬영고도는?

① 7,300m
② 7,500m
③ 7,700m
④ 7,900m

해설

$\frac{1}{m} = \frac{f}{H}$

$A = mf = 50,000 \times 0.15 = 7,500\text{m}$

30 항공사진측량에서 카메라 렌즈의 중심(O)을 지나 사진면에 내린 수선의 발, 즉 렌즈의 광축과 사진면이 교차하는 점은?

① 주 점
② 연직점
③ 등각점
④ 중심점

해설

① 주점 : 카메라 렌즈의 중심(O)을 지나 사진면에 내린 수선의 발, 즉 렌즈의 광축과 사진면이 교차하는 점이다.
② 연직점 : 렌즈중심으로부터 지표면에 내린 수선의 발을 말하고 N을 지상연직점, 그 선을 연장하여 화면과 만나는 점을 화면연직점이라 한다.
③ 등각점 : 주점과 연직점이 이루는 각을 2등분한 점으로 사진면과 지표면에서 교차되는 점을 말한다.

31 항공사진의 촬영고도가 2,000m, 카메라의 초점거리가 210mm이고, 사진의 크기가 21cm × 21cm일 때 사진 1장에 포함되는 실제면적은?

① 3.8km^2
② 4.0km^2
③ 4.2km^2
④ 4.4km^2

해설

$A_0 = (ma)^2 = (9,523 \times 0.21)^2 = 3,999,320\text{m}^2 = 4.0\text{km}^2$

여기서, $\frac{1}{m} = \frac{f}{H} = \frac{0.21}{2,000} = \frac{1}{9,523}$

정답 27 ② 28 ② 29 ② 30 ① 31 ②

32 그림은 측량용 항공사진기의 방사렌즈 왜곡을 나타내고 있다. 사진좌표가 x = 3cm, y = 4cm인 점에서 왜곡량은?(단, 주점의 사진좌표는 x = 0, y = 0이다)

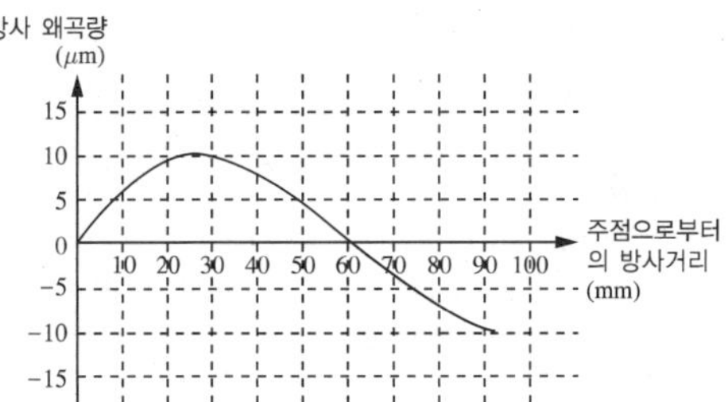

① 주점 방향으로 5μm
② 주점 방향으로 10μm
③ 주점 반대방향으로 5μm
④ 주점 반대방향으로 10μm

해설
주점의 사진좌표가 (0, 0)이고 지도를 확대했을 때 지도에 해당하는 주점의 위치에서 X축 3cm, Y축 4cm방향으로 이동되었다고 볼 때 원점과의 거리는 5cm, 즉 50mm이다. 원점과 주점은 일치하므로 그래프에서 보면 50mm에 대해서 양의 주점방향으로 5μm 벗어났으므로 왜곡량은 반대로 주점 반대 방향으로 5μm로 이동하여야 한다.

33 한 쌍의 항공사진을 입체시 하는 경우 지면의 기복은 어떻게 보이는가?

① 실제 지형보다 과장되어 보인다.
② 실제 지형보다 축소되어 보인다.
③ 실제 지형과 동일하다.
④ 촬영 계절에 따라 다르다.

해설
과고감 : 항공사진을 입체시 하는 경우 산의 높이 등이 실제보다 과장되어 보이는 현상을 말한다.

34 항공사진측량의 작업에 속하지 않는 것은?

① 대공표지 설치 ② 세부도화
③ 사진기준점 측량 ④ 천문측량

해설
천문측량은 경위도 설정 시 필요한 측량이다.

35 8bit Gray Level(0~255)을 가진 수치영상의 최소 픽셀값이 79, 최대 픽셀값이 156이다. 이 수치영상에 선형대조비확장(Linear Contrast Stretching)을 실시할 경우 픽셀값 123의 변화된 값은?(단, 계산에서 소수점 이하 값은 무시(버림)한다)

① 143
② 144
③ 145
④ 146

해설
변화된 영상의 밝기값 = (원영상의 밝기값 + 변환매개변수 t_1) × 변환매개변수 t_2
= (123 − 79) × 3.31 = 145.64 = 145(소수점 이하의 값은 무시)

$t_1 = g_2^{min} = g_1^{min} = 0 - 79 = -79$

$$t_2 = \frac{g_2^{min} - g_2^{min}}{g_1^{min} - g_1^{min}} = \frac{255-0}{156-79} = 3.31$$

36 항공레이저측량을 이용하여 수치표고모델을 제작하는 순서로 옳은 것은?

㉠ 작업 및 계획준비
㉡ 항공레이저측량
㉢ 기준점 측량
㉣ 수치표면자료 제작
㉤ 수치지면자료 제작
㉥ 불규칙삼각망자료 제작
㉦ 수치표고모델 제작
㉧ 정리점검 및 성과품 제작

① ㉠ → ㉡ → ㉢ → ㉣ → ㉤ → ㉥ → ㉦ → ㉧
② ㉠ → ㉡ → ㉣ → ㉢ → ㉥ → ㉤ → ㉦ → ㉧
③ ㉠ → ㉡ → ㉢ → ㉤ → ㉦ → ㉣ → ㉥ → ㉧
④ ㉠ → ㉡ → ㉢ → ㉥ → ㉤ → ㉣ → ㉦ → ㉧

해설
㉠ → ㉡ → ㉢ → ㉣ → ㉤ → ㉥ → ㉦ → ㉧순이다.

정답 32 ③ 33 ① 34 ④ 35 ③ 36 ①

37 **프랑스, 스웨덴, 벨기에가 협력하여 개발한 상업위성으로 입체모델을 형성하여 촬영할 수 있는 인공위성은?**

① SKYLAB
② LANDSAT
③ SPOT
④ NIMBUS

해설
SPOT위성은 프랑스 주도하에 스웨덴, 벨기에가 협력하여 개발한 상업위성으로 HRV센서가 2대씩 탑재되어 10m의 해상도로의 지구관측을 통해 지도제작을 주목적으로 하고 있다.

38 **디지털 영상에서 사용되는 비트맵 그래픽 형식이 아닌 것은?**

① BMP
② JPEG
③ DWG
④ TIFF

해설
DWG 파일은 벡터형식이다.

39 **수치영상에서 표정을 자동화하기 위하여 필요한 방법은?**

① 영상정합
② 영상융합
③ 영상분류
④ 영상압축

해설
영상정합
입체영상 중 한 영상의 한 위치에 해당하는 실제의 객체가 다른 영상의 어느 한 위치에 해당하는 실제의 객체가 다른 영상의 어느 위치에 형성되어 있는가를 발견하는 작업으로 상응하는 위치를 발견하기 위해 유사성측정을 하는 것이다.

40 **상호표정인자를 회전인자와 평행인자로 구분할 때, 평행인자에 해당하는 것은?**

① k
② b_y
③ ω
④ ψ

해설
- ω, ψ, k : 회전인자
- b_y, b_z: 평행인자

정답 37 ③ 38 ③ 39 ① 40 ②

제3과목 지리정보시스템(GIS) 및 위성측위시스템(GNSS)

41 지리정보시스템(GIS)의 지형공간정보 관련 자료를 처리하는 데 있어서 필요한 과정이 아닌 것은?

① 자료입력 ② 자료개발
③ 자료 조작과 분석 ④ 자료출력

해설
자료처리과정은 입력, 분석 및 출력이다.

42 다음과 같은 데이터에 대한 위상구조 테이블에서 ㉠과 ㉡의 내용으로 적합한 것은?

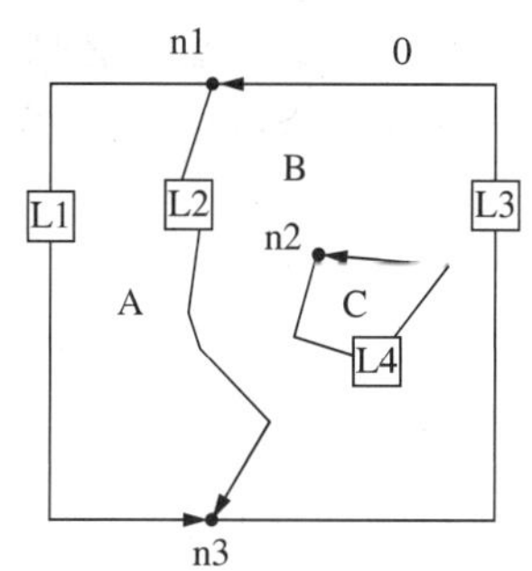

arc	from node	to node	Left Polygon	Right Polygon
L1	n1	n3	A	0
L2	㉠	n3	B	A
L3	n3	㉠	B	0
L4	㉡	㉡	C	B

① ㉠ : n1, ㉡ : n2
② ㉠ : n1, ㉡ : n3
③ ㉠ : n3, ㉡ : n2
④ ㉠ : n3, ㉡ : n1

해설
선위상구조

arc	from node	to node	Left Polygon	Right Polygon
L1	n1	n3	A	0
L2	n1	n3	B	A
L3	n3	n1	B	0
L4	n2	n2	C	B

43 지리정보시스템(GIS)에 대한 설명으로 옳지 않은 것은?

① 지리정보의 전산화 도구
② 고품질의 공간정보 활용 도구
③ 합리적인 공간의사결정을 위한 도구
④ CAD 및 그래픽 전용 도구

해설
공간상 위치를 점유하는 지리자료와 이와 관련된 속성자료를 통합하여 처리하는 시스템으로 CAD 및 그래픽 전용 도구는 아니다.

44 다음 그림 중 토폴로지가 다른 것은?

①
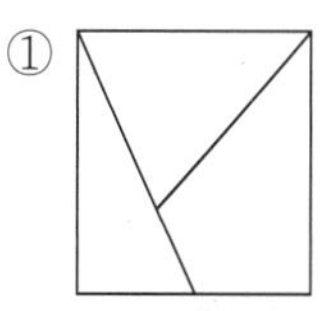
②
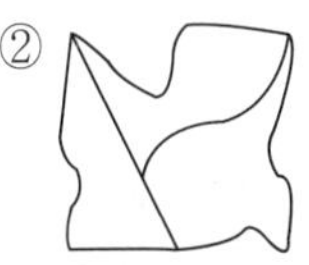
③
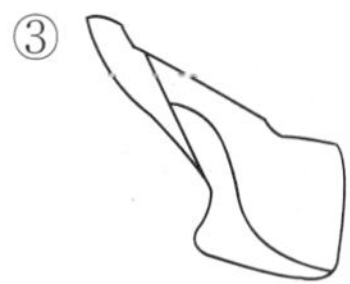
④
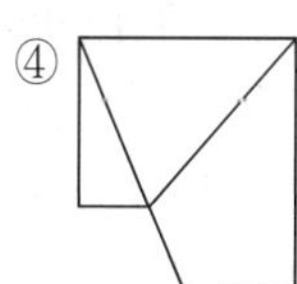

해설
①·②·③은 면이 3개, ④는 면이 3개인 위상관계를 형성하고 있다.

45 지리정보시스템(GIS)에서 표준화가 필요한 이유에 대한 설명으로 거리가 먼 것은?

① 서로 다른 기관 간 데이터의 복제를 방지하고 데이터의 보안을 유지하기 위하여
② 데이터의 제작 시 사용된 하드웨어(H/W)나 소프트웨어(S/W)에 구애받지 않고 손쉽게 데이터를 사용하기 위하여
③ 표준 형식에 맞추어 하나의 기관에서 구축한 데이터를 많은 기관들이 공유하여 사용할 수 있으므로
④ 데이터의 공동 활용을 통하여 데이터의 중복 구축을 방지함으로써 데이터 구축비용을 절약하기 위하여

해설
표준화의 필요성은 비용절감, 접근용이성, 상호연계성, 활용의 극대화를 위해서이다.

정답 41 ② 42 ① 43 ④ 44 ④ 45 ①

46 **벡터데이터와 래스터데이터를 비교 설명한 것으로 옳지 않은 것은?**

① 래스터데이터의 구조가 비교적 단순하다.
② 래스터데이터가 환경 분석에 더 용이하다.
③ 벡터데이터는 객체의 정확한 경계선 표현이 용이하다.
④ 래스터데이터도 벡터데이터와 같이 위상을 가질 수 있다.

해설
래스터데이터도 벡터데이터와 같이 위상을 가질 수 없다.

47 **건물이나 도로와 같이 지표면상에 존재하고 있는 모든 사물이나 개체에 대해 표준화된 고유한 번호를 부여하여 검색, 활용 및 관리를 효율적으로 하고자 하는 체계를 무엇이라 하는가?**

① UGID ② UFID
③ RFID ④ USIM

해설
공간정보참조체계(UFID)는 일명 전자식별자로 건물, 도로, 교량, 하천 등 인공 및 자연 지형지물에 부여되는 코드를 말한다.

48 **지리정보시스템(GIS)의 구성요소가 아닌 것은?**

① 기술(Software와 Hardware)
② 공공 기관
③ 자료(Data)
④ 인 력

해설
지리정보시스템(GIS)의 구성요소는 하드웨어, 소프트웨어, 데이터베이스, 인적자원 등이다.

49 **위상모형을 통하여 얻을 수 있는 기초적 공간분석으로 적절하지 않은 것은?**

① 중첩 분석
② 인접성 분석
③ 위험성 분석
④ 네트워크 분석

해설
공간분석기법으로 중첩 분석, 버퍼 분석, 네트워크 분석 등이 있다.

50 **지리정보시스템(GIS) 산업의 성장에 긍정적인 영향을 준 것으로 거리가 먼 것은?**

① 자료 시각화 기술의 발달
② 정보의 독점 강화
③ 오픈소스 기반 GIS 소프트웨어의 발달
④ 자료 유통체계 확립

해설
오픈소스 기반 GIS 소프트웨어로 누구나 특별한 제한 없이 그 코드를 보고 사용할 수 있는 오픈소스 라이센스를 만족한다.

51 **GNSS 신호가 고각이 작을수록 대기효과의 영향을 많이 받게 되는 주된 이유는?**

① 수신기 안테나의 방향인 연직방향과 차이가 있기 때문이다.
② 위성과 수신기 사이의 거리가 상대적으로 멀기 때문이다.
③ 신호가 통과하는 대기층의 두께가 커지기 때문이다.
④ 신호의 주파수가 변하기 때문이다.

해설
GNSS 신호가 고각이 작을수록 대기효과의 영향을 많이 받게 되는 주된 이유는 신호가 통과하는 대기층의 두께가 커지기 때문이다.

정답 46 ④ 47 ② 48 ② 49 ③ 50 ② 51 ③

52 다음 중 지구좌표계가 아닌 것은?

① 경위도 좌표계
② 평면 직교 좌표계
③ 황도 좌표계
④ 국제 횡메르카토르(UTM) 좌표계

해설
황도 좌표계는 천문좌표계에 속한다.

53 자료의 입력과정에서 발생하는 오류와 관계없는 것은?

① 공간정보가 불완전하거나 중복된 경우
② 공간정보의 위치가 부정확한 경우
③ 공간정보의 좌표로 표현된 경우
④ 공간정보가 왜곡된 경우

해설
공간정보는 위치좌표와 속성정보로 이루어지므로 좌표로 표현되는 것은 오류와는 상관없다.

54 항법메시지 파일에 포함되어 있지 않은 정보는?

① 위성궤도
② 시계오차
③ 수신기 위치
④ 시 간

해설
항법메세지에는 위성궤도, 시간 시스템 파라메타 등을 포함하는 Data bit의 정보를 포함하고 있다.

55 2차원 쿼드트리(Quadtree)에서 B의 면적은?(단, 최하단에서 하나의 셀 면적을 2로 가정)

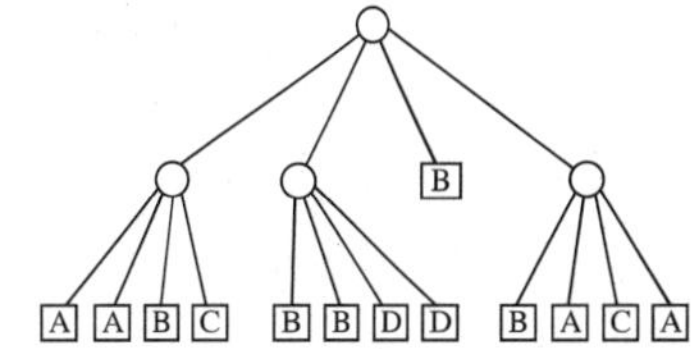

① 10
② 12
③ 14
④ 16

해설
두 번째 단의 B의 면적 1개 × 8 = 8개, 세 번째 단의 B의 면적 4개 × 2 = 8, 따라서 16개

56 인접한 지도들의 경계에서 지형을 표현할 때 위치나 내용의 불일치를 제거하는 처리를 나타내는 용어는?

① 영상 강조(Image Enhancement)
② 경계선 정합(Edge Matching)
③ 경계 추출(Edge Detection)
④ 편집(Editing)

해설
경계선 정합
인접한 지도들의 경계에서 지형을 표현할 때 위치나 내용의 불일치를 제거하는 처리를 나타내는 용어

정답 52 ③ 53 ③ 54 ③ 55 ④ 56 ②

57 **RTK-GPS에 의한 세부측량을 설명한 것으로 옳은 것은?**

① RTK-GPS 관측에 의해 지형도 등의 작성에 필요한 수치데이터를 취득하는 작업을 말한다.

② RTK-GPS 관측에 의해 구조물의 변형과 변위를 관측하는 작업을 말한다.

③ RTK-GPS 관측에 의해 국가기준점인 삼각점을 설치하는 작업을 말한다.

④ RTK-GPS 관측에 의해 국도 변에 설치된 수준점의 타원체고를 구하는 작업을 말한다.

해설

RTK-GPS에 의한 세부측량은 RTK-GPS 관측에 의한 지형도 등의 작성에 필요한 수치데이터를 취득하는 작업을 말한다.

58 **GPS에서 전송되는 L1 신호의 주파수가 1,575.42MHz일 때 L1 신호의 파장 200,000개의 거리는?(단, 광속(c) = 299,792,458m/s이다)**

① 15,754,200m

② 19,029,367m

③ 31,508,400m

④ 38,058,734m

해설

$$\text{파장}(\lambda) = \frac{\text{광속도}(c)}{\text{주파수}(f)}$$

$$\lambda = \frac{299,792,458\text{m}}{1,575.42\text{MHz}} = \frac{299,792,458}{1,575.42 \times 10^6} = 0.190293672\text{m}$$

따라서 L1 신호 200,000파장거리는

$200,000 \times 0.190293672 = 38,058,734\text{m}$

59 **다음은 6×6 화소 크기의 래스터데이터를 수치적으로 표현한 것이다. 이 데이터를 2×2 화소 크기의 데이터로 만들고자 한다. 2×2 화소 데이터의 수치값을 결정하는 방법으로 중앙값 방법(Median Method)을 사용하고자 할 때 결과로 옳은 것은?**

2	1	3	2	1	3
2	3	1	1	1	3
1	1	1	1	2	2
2	1	3	2	1	3
2	3	2	2	3	2
2	2	2	3	3	3

①

1	2
2	3

②

1	1
2	3

③

2	2
2	2

④

3	1
3	3

해설

2	1	3
2	3	1
1	1	1

→ 1, 1, 1, 1, 1, 2, 2, 3, 3 → 1

2	1	3
1	1	3
1	2	2

→ 1, 1, 1, 1, 2, 2, 2, 3, 3 → 2

2	1	3
2	3	2
2	2	2

→ 1, 2, 2, 2, 2, 2, 2, 3, 3 → 2

2	1	3
2	3	2
3	3	3

→ 1, 2, 2, 2, 3, 3, 3, 3, 3 → 3

따라서

1	2
2	3

이다.

60 **메타데이터(Metadata)에 대한 설명으로 옳지 않은 것은?**

① 공간데이터와 관련된 일련의 정보를 제공해준다.

② 자료의 생산, 유지, 관리하는 데 필요한 정보를 제공해준다.

③ 대용량 공간데이터를 구축하는 데 드는 엄청난 비용과 시간을 절약해준다.

④ 공간데이터 제작자와 사용자 모두 표준용어와 정의에 동의하지 않아도 사용할 수 있다.

해설

데이터에 대한 목록을 체계적이고 표준화된 방식으로 제공함으로써 데이터의 공유화를 촉진한다.

정답 57 ① 58 ④ 59 ① 60 ④

제4과목 측량학

61 거리 관측 시 발생되는 오차 중 정오차가 아닌 것은?

① 표준장력과 가해진 장력의 차이에 의하여 발생하는 오차
② 표준길이와 줄자의 눈금이 틀려서 발생하는 오차
③ 줄자의 처짐으로 인하여 생기는 오차
④ 눈금의 오독으로 인하여 생기는 오차

해설
눈금의 오독은 착오에 속한다.

62 삼각망 중에서 조건식의 수가 가장 많으며 정확도가 가장 높은 것은?

① 사변형망
② 단열삼각망
③ 유심다각망
④ 육각형망

해설
육각형망 → 단열삼각망 → 유심다각망 → 사변형망순이다.

63 수준척을 사용할 때 주의해야 할 사항이 아닌 것은?

① 수준척은 연직으로 세워야 한다.
② 관측자가 수준척의 눈금을 읽을 때에는 수준척을 기계를 향하여 앞뒤로 조금씩 움직여 제일 큰 눈금을 읽어야 한다.
③ 표척수는 수준척의 이음매에서 오차가 발생하지 않도록 하여야 한다.
④ 수준척을 세울 때는 침하하기 쉬운 곳에는 표척대를 놓고 그 위에 수준척을 세워야 한다.

해설
관측자가 수준척의 눈금을 읽을 때에는 수준척을 기계를 향하여 앞뒤로 조금씩 움직여 제일 작은 눈금을 읽어야 한다.

64 다각측량의 수평각 관측에서 일명 협각법이라고도 하며, 어떤 측선이 그 앞의 측선과 이루는 각을 관측하는 방법은?

① 배각법
② 편각법
③ 고정법
④ 교각법

해설
④ 교각법 : 어떤 측선이 그 앞의 측선과 이루는 각을 측정하는 방법이다.
① 배각법 : 2회 이상 반복하여 측정하는 방법이다.
② 편각법 : 전측선을 연장한 선과 다음 측선사이의 각을 측정하는 방법이다.

65 하천, 항만측량에 많이 이용되는 지형표시방법으로 표고를 숫자로 도상에 나타내는 방법은?

① 점고법
② 음영법
③ 채색법
④ 등고선법

해설
부호적도법
- 점고법 : 지표면상의 표고 또는 수심을 숫자에 의하여 지표를 나타내는 방법이다.
- 등고선법 : 동일표고의 점을 연결한 것으로 등고선에 의하여 지표를 표시하는 방법이다.

66 지구의 반지름이 6,370km이며 삼각형의 구과량이 15″일 때 구면삼각형의 면적은?

① $1,934\text{km}^2$
② $2,254\text{km}^2$
③ $2,951\text{km}^2$
④ $3,934\text{km}^2$

해설
$$\varepsilon = \frac{F}{R^2}\rho''$$
$$F = \frac{\varepsilon}{\rho''}R^2 = \frac{15'' \times 6,370^2}{206,265''} = 2,950.8\text{km}^2 \fallingdotseq 2,951\text{km}^2$$

정답 61 ④ 62 ① 63 ② 64 ④ 65 ① 66 ③

67 직사각형 토지의 관측값이 가로변 = 100±0.02cm, 세로변 = 50±0.01cm이었다면 이 토지 면적에 대한 평균제곱근오차는?

① $\pm 0.707\text{cm}^2$ ② $\pm 1.03\text{cm}^2$
③ $\pm 1.414\text{cm}^2$ ④ $\pm 2.06\text{cm}^2$

해설

$M = \pm\sqrt{(X^2 \times m_1)^2 + (X_1 \times m_2)^2}$
$= \pm\sqrt{(100 \times 0.01)^2 + (50 \times 0.02)^2}$
$= \pm\sqrt{1^2 + 1^2} = \pm 1.414\text{cm}^2$

68 각관측에서 망원경의 정위, 반위로 관측한 값을 평균하면 소거할 수 있는 오차는?

① 오독에 의한 착오 ② 시준축 오차
③ 연직축 오차 ④ 분도반의 눈금오차

해설

② 시준축 오차 : 망원경의 정위, 반위로 관측한 값을 평균
① 오독에 의한 착오 : 재측에 의거 소거
③ 연직축 오차 : 소거불능
④ 분도반의 눈금오차 : 버니어의 0 위치를 $\frac{180}{n^o}$ 씩 옮겨가면서 대회관측

69 A점에서 트래버스 측량을 실시하여 A점에 되돌아 왔더니 위거의 오차 40cm, 경거의 오차는 25cm이었다. 이 트래버스 측량의 전측선장의 합이 943.5m이었다면 트래버스 측량의 폐합오차는?

① 1/1,000 ② 1/2,000
③ 1/3,000 ④ 1/4,000

해설

$\text{폐합비} = \frac{\text{폐합오차}}{\text{전측선 길이의 합}} = \sqrt{\frac{0.4^2 + 0.25^2}{943.5^2}} = \frac{1}{1{,}998.9}$

$\fallingdotseq \frac{1}{2{,}000}$

70 표준기링보다 3cm가 긴 30m의 줄자로 거리를 관측한 결과, 2점 간의 거리가 300m이었다면 실제 거리는?

① 299.3m ② 299.7m
③ 300.3m ④ 300.7m

해설

$\text{실제거리} = 300 + \frac{0.03}{30} \times 300 = 300.30\text{m}$

71 직접수준측량을 하여 2km를 왕복하는 데 오차가 ±16mm 이었다면 이것과 같은 정밀도로 측량하여 10km를 왕복 측량하였을 때에 예상되는 오차는?

① ±20mm
② ±25mm
③ ±36mm
④ ±42mm

해설

$\sqrt{2 \times 2} : 16 = \sqrt{10 \times 2} : x$

$x = \frac{\sqrt{20}}{\sqrt{4}} \times 16 = 35.8 = 36\text{mm}$

72 삼변측량에 관한 설명 중 옳지 않은 것은?

① 삼변측량 시 cosine 제2법칙, 반각공식을 이용하면 변으로부터 각을 구할 수 있다.
② 삼변측량의 정확도는 삼변망이 정오각형 또는 정육각형을 이루었을 때 가장 이상적이다.
③ 삼변측량 시 관측점에서 가능한 모든 점에 대한 변관측으로 조건식 수를 증가시키면 정확도를 향상시킬 수 있다.
④ 삼변측량에서 관측대상이 변의 길이이므로 삼각형의 내각이 10° 이하인 경우에 매우 유용하다.

해설

삼변측량에서 관측대상이 변의 길이이므로 삼각형의 내각이 15° 이하여서는 안 된다.

정답 67 ③ 68 ② 69 ② 70 ③ 71 ③ 72 ④

73 **광파거리 측량기에 관한 설명으로 옳지 않은 것은?**

① 두 점 간의 시준만 되면 관측이 가능하다.
② 안개나 구름의 영향을 거의 받지 않는다.
③ 주로 중·단거리 측정용으로 사용한다.
④ 조작인원은 1명으로도 가능하다.

해설
안개나 구름의 영향을 받는다.

74 **지형도에서 80m 등고선상의 A점과 120m 등고선상의 B점 간의 도상 거리가 10cm이고 두 점을 직선으로 잇는 도로의 경사도가 10%이었다면 이 지형도의 축척은?**

① 1 : 500
② 1 : 2,000
③ 1 : 4,000
④ 1 : 5,000

해설
$i=\frac{h}{D}=\frac{120-80}{D}=\frac{40}{D}$ 에서

$D=\frac{h}{i}=\frac{4,000}{0.1}=40,000\text{cm}$

$\frac{1}{m}=\frac{l}{L}=\frac{10}{40,000}=\frac{1}{4,000}$

75 **공공측량성과를 사용하여 지도 등을 간행하여 판매하려는 공공측량시행자는 해당 지도 등의 필요한 사항을 발매일 며칠 전까지 누구에게 통보하여야 하는가?**

① 7일 전, 국토관리청장
② 7일 전, 국토지리정보원장
③ 15일 전, 국토관리청장
④ 15일 전, 국토지리정보원장

해설
공공측량성과 등의 간행(공간정보의 구축 및 관리 등에 관한 법률 시행규칙 제24조)
공공측량성과를 사용하여 지도 등을 간행하여 판매하려는 공공측량시행자는 같은 조 제2항에 따라 해당 지도 등의 크기 및 매수, 판매 간격 산정서류를 첨부하여 해당 지도 등의 발매일 15일 전까지 국토지리정보원장에게 통보하여야 한다.

76 **2년 이하의 징역 또는 2,000만원 이하의 벌금에 해당되지 않는 사항은?**

① 측량기준점표지를 이전 또는 파손한 자
② 성능검사를 부정하게 한 성능검사대행자
③ 법을 위반하여 측량성과를 국외로 반출한 자
④ 측량성과 또는 측량기록을 무단으로 복제한 자

해설
벌칙(공간정보의 구축 및 관리 등에 관한 법률 제107조)
측량성과 또는 측량기록을 무단으로 복제한 자는 1년 이하의 징역 또는 1,000만원 이하의 벌금에 해당한다.

77 **각 좌표계에서의 직각좌표를 TM(Transverse Mercator, 횡단 머케이터) 방법으로 표시할 때의 조건으로 옳지 않은 것은?**

① X축은 좌표계 원점의 적도선에 일치하도록 한다.
② 진북항향을 정(+)으로 표시한다.
③ Y축은 X축에 직교하는 축으로 한다.
④ 진동빙향을 징(+)으로 한다.

해설
X축은 좌표계원점의 자오선에 일치하여야 하고 진북방향을 정(+)으로 표시하고 Y축은 X축에 직교하는 축으로서 진동방향을 정(+)으로 표시한다.

78 **공간정보의 구축 및 관리 등에 관한 법률에 따른 설명으로 옳지 않은 것은?**

① 모든 측량의 기초가 되는 공간정보를 제공하기 위하여 국토교통부장관이 실시하는 측량을 기본측량이라 한다.
② 국가, 지방자치단체, 그 밖에 대통령령으로 정하는 기관이 관계 법령에 따른 사업 등을 시행하기 위하여 기본측량을 기초로 실시하는 측량을 공공측량이라 한다.
③ 공공의 이해 또는 안전과 밀접한 관련이 있는 측량은 기본측량으로 지정할 수 있다.
④ 일반측량은 기본측량, 공공측량, 지적측량, 수로측량 외의 측량을 말한다.

해설
정의(공간정보의 구축 및 관리 등에 관한 법률 제2조)
- 공공의 이해 또는 안전과 밀접한 관련이 있는 측량으로 대통령령으로 정하는 측량은 공공측량이라 한다.
- 일반측량이란 측량, 공공측량, 지적측량 외의 측량을 말한다.

※ 출제 시 정답은 ③였으나 법령 개정(20.2.18)으로 인해 ③·④ 복수 정답

정답 73 ② 74 ③ 75 ④ 76 ④ 77 ① 78 ③·④

79 기본측량의 실시 공고에 포함되어야 하는 사항으로 옳은 것은?

① 측량의 정확도
② 측량의 실시지역
③ 측량성과의 보관 장소
④ 설치한 측량기준점의 수

해설

측량의 실시공고(공간정보의 구축 및 관리 등에 관한 법률 시행령 제12조)
- 측량의 종류
- 측량의 목적
- 측량의 실시기간
- 측량의 실시지역
- 그 밖에 측량의 실시에 관하여 필요한 사항

80 측량기기 중 토털 스테이션 성능검사 주기로 옳은 것은?

① 1년
② 2년
③ 3년
④ 5년

해설

성능검사의 대상 및 주기(공간정보의 구축 및 관리 등에 관한 법률 시행령 제97조)
- 트랜싯(데오드라이트) : 3년
- 레벨 : 3년
- 거리측량기 : 3년
- 토털 스테이션 : 3년
- 지피에스(GPS) 수신기 : 3년
- 금속 또는 비금속 관로 탐지기 : 3년

정답 79 ② 80 ③

2019년 제2회 과년도 기출문제

제1과목 응용측량

01 노선측량의 도로기점에서 곡선시점까지의 거리가 1,312.5m, 접선길이가 176.4m, 곡선길이가 320m라면 도로기점에서 곡선종점까지의 거리는?

① 1,488.9m
② 1,560.7m
③ 1,591.5m
④ 1,632.5m

해설
E.C = B.C + C.L = 1,312.5 + 320 = 1,632.5m

02 그림과 같이 두 직선의 교점에 장애물이 있어 C, D 측점에서 방향각(α, β, γ)을 관측하였다. 교각(I)는?(단, α = 228°30′, β = 82°00′, γ = 136°30′)

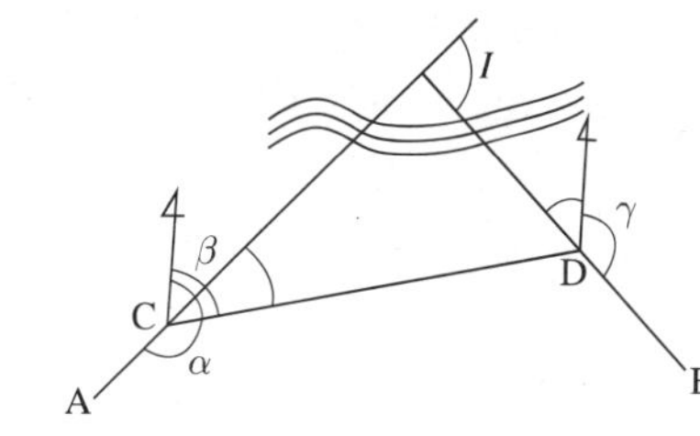

① 54°30′
② 88°00′
③ 92°00′
④ 146°30′

해설
$\theta_C = 228°30' - 180° = 48°30'$
$I = \gamma - \theta_C = 136°30' - 48°30' = 88°$

03 편각법에 의한 단곡선의 설치에 있어서 그림과 같이 호의 길이 10m를 현의 길이 10m로 간주하는 경우, δ_1과 δ_2의 차이는 얼마인가?(단, 단곡선의 반지름(R)은 120m이다)

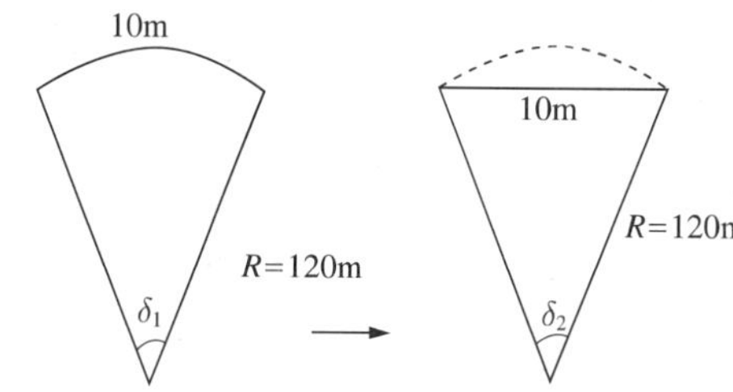

① 약 1″
② 약 5″
③ 약 10″
④ 약 15″

해설
$360° : 2\pi r = \delta_1 : 10$

$\delta_1 = \dfrac{360°}{2\pi r} \times 10 = \dfrac{3,600}{2\times\pi\times120} = 4.774648293°$

$\sin\delta_2' = \dfrac{5}{120}$

$\delta_2' = \sin^{-1}\dfrac{5}{120} = 2.388015463°$

$\delta_2 = \delta_2' \times 2 = 2.388015463° \times 2 = 4.776030927°$

$\therefore\ \delta_2 - \delta_1 = 4.776030927° - 4.774648293° = 4.98'' \fallingdotseq 5''$

04 클로소이드 공식 사이의 관계가 틀린 것은?(단, R : 곡률반지름, L : 완화곡선길이, τ : 접선각, A : 매개변수)

① $R \cdot L = A^2$
② $\tau = \dfrac{L}{2R}$
③ $A^2 = \dfrac{L^2}{2\tau}$
④ $\tau = \dfrac{A}{2R^2}$

해설
$\tau = \dfrac{L}{2R} = \dfrac{L^2}{2A^2} = \dfrac{A^2}{2R^2}$ 이다.

정답 1 ④ 2 ② 3 ② 4 ④

05 완화곡선에 대한 설명으로 옳지 않은 것은?

① 모든 클로소이드는 닮은꼴이며 클로소이드 요소는 길이의 단위를 가진 것과 단위가 없는 것이 있다.
② 클로소이드의 형식은 S형, 복합형, 기본형 등이 있다.
③ 완화곡선의 반지름은 시점에서 무한대, 종점에서 원곡선의 반지름으로 된다.
④ 완화곡선의 접선은 시점에서 원호에, 종점에서 직선에 접한다.

해설
완화곡선의 접선은 시점에서 직선에, 종점에서 원호에 접한다.

06 터널측량에서 지표면상의 좌표와 터널 안의 좌표를 같게 하기 위한 측량은?

① 터널 내외 연결측량
② 터널 내 좌표측량
③ 지하수준측량
④ 지상측량

해설
터널 갱내·외 연결측량
- 공사계획이 부적당할 때 그 계획을 변경하기 위하여
- 갱내·외의 측점의 위치관계를 명확히 해두기 위해서
- 갱내에서 재변이 일어났을 때 갱외에서 그 위치를 알기 위해서

07 하천의 유량관측 방법에 대한 설명으로 틀린 것은?

① 수로 내에 둑을 설치하고, 사방댐의 월류량 공식을 이용하여 유량을 구할 수 있다.
② 수위유량곡선을 만들어서 필요한 수위에 대한 유량을 그래프 상에서 구할 수 있다.
③ 직류부로서 흐름이 일정하고, 하상경사가 일정한 곳을 택해 관측하는 것이 좋다.
④ 수위의 변화에 의해 하천 횡단면 형상이 급변하는 곳을 택하여 관측하는 것이 좋다.

해설
수위의 변화에 의해 하천 횡단면 형상이 급변하지 않는 곳을 택하여 관측하는 것이 좋다.

08 터널의 시점(A)과 종점(B)을 결정하기 위하여 폐합다각측량을 한 결과 두 점의 좌표가 표와 같다. A에서 굴착하여야 할 터널 중심선의 방위각은?

측 점	X	Y
A	82.973m	36.525m
B	112.973m	76.525m

① 53°7′48″ ② 143°7′48″
③ 233°7′48″ ④ 323°7′48″

해설
$\theta = \tan^{-1}\frac{\Delta y}{\Delta x} = \tan^{-1}\frac{76.525-36.525}{112.973-82.973} = \tan^{-1}\frac{40}{30}$
$= 53°7'48''$

09 단곡선에서 곡선반지름이 100m, 곡선길이가 117.809m일 때 교각은?

① 1°10′41″ ② 11°46′51″
③ 67°29′58″ ④ 70°41′7″

해설
$\text{C.L} = 0.0174533RI$
$I = \frac{\text{C.L}}{0.0174533R} = \frac{117.809}{0.0174533 \times 100} = 67°29'58''$

10 종·횡단 고저측량에 의하여 각 측점의 단면적에 의하여 작성되는 유토곡선의 성질에 대한 설명으로 옳지 않은 것은?

① 유토곡선의 하향 구간은 성토구간이고 상향구간은 절토구간이다.
② 곡선의 저점은 절토에서 성토로, 정점은 성토에서 절토로 바뀌는 점이다.
③ 곡선과 평행선(기선)이 교차하는 점에서는 절토량과 성토량이 거의 같다.
④ 절토와 성토의 평균운반거리는 유토곡선 토량의 1/2점 간의 거리로 한다.

해설
곡선의 저점은 성토에서 절토로, 정점은 절토에서 성토로 바뀌는 점이다.

정답 5 ④ 6 ① 7 ④ 8 ① 9 ③ 10 ②

11 그림과 같은 도형의 면적은?

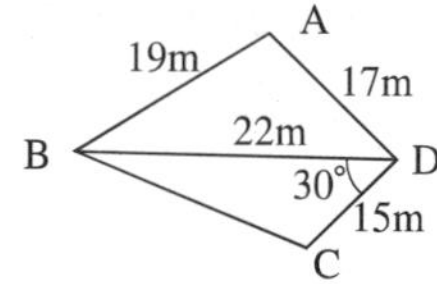

① 235.3m^2　② 238.6m^2
③ 255.3m^2　④ 258.3m^2

해설

$A_1 = \frac{1}{2}(ab\sin\theta) = \frac{1}{2}(15 \times 22 \times \sin 30°) = 82.5\text{m}^2$

$A_2 = \sqrt{s(s-a)(s-b)(s-c)}$
$= \sqrt{29(29-19)(29-22)(29-17)} = 156.08\text{m}^2$

$A = A_1 + A_2 = 82.5 + 156.08 = 238.58\text{m}^2$

12 하천의 평균유속 측정법 중 2점법에 대한 설명으로 옳은 것은?

① 수면과 수저의 유속을 측정 후 평균한다.
② 수면으로부터 수심의 40%, 60% 지점의 유속을 측정 후 평균한다.
③ 수면으로부터 수심의 20%, 80% 지점의 유속을 측정 후 평균한다.
④ 수면으로부터 수심의 10%, 90% 지점의 유속을 측정 후 평균한다.

해설

수면으로부터 수심의 20%, 80% 지점의 유속을 측정 후 평균한다.

13 수위표(양수표)에 대한 설명으로 틀린 것은?

① 수위표의 영위는 최저수위보다 하위에 있어야 한다.
② 수위표 눈금의 최고위는 최대 홍수위보다 높아야 한다.
③ 수위표의 표고는 그 하천 하류부의 가장 낮은 곳을 높이의 기준으로 정한다.
④ 홍수 후에는 부근 수준점과 연결하여 그 표고를 확인해야 한다.

해설

양수표(수위표)의 영점위치는 최저수위 밑에 있고, 양수표 눈금의 최고위는 최고홍수위보다 높아야 한다.

14 곡선에 둘러싸인 부분의 면적을 계산할 때 이용되는 방법으로 적합하지 않은 것은?

① 모눈종이(Grid)법
② 구적기에 의한 방법
③ 좌표에 의한 계산법
④ 횡선(Strip)법

해설

곡선에 둘러싸인 부분의 면적은 도해법으로 해결하는 것이 적합하며, 수치계산법으로 좌표법, 삼각형법, 지거법, 다각형법등이 있다.

15 거리관측의 정확도를 $1/M$로 관측하여 토지의 면적을 계산하였다면 면적의 정확도는 약 얼마인가?

① $\frac{1}{\sqrt{M}}$　② $\frac{1}{M}$
③ $\frac{2}{M}$　④ $\frac{1}{M^2}$

해설

$\frac{dA}{A} = 2\frac{dl}{l} = 2\frac{1}{M} = \frac{2}{M}$

16 그림과 같은 경우에 심프슨 제1법칙에 의한 면적을 구하는 식으로 옳은 것은?

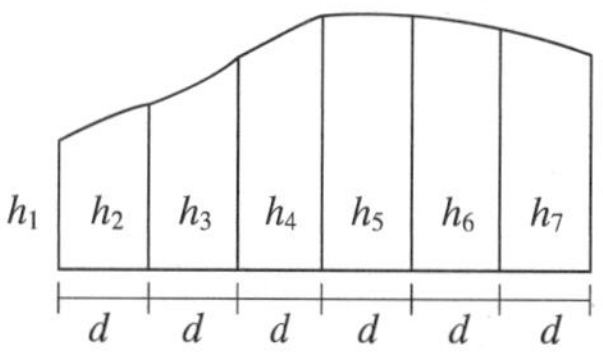

① $\frac{d}{3}\{(h_1+h_7)+4(h_2+h_4+h_6)+2(h_3+h_5)\}$
② $\frac{d}{3}(h_1+2h_2+3h_3+4h_4+5h_5+6h_6+7h_7)$
③ $\frac{d}{6}\{(h_1+h_7)+4(h_2+h_4+h_6)+2(h_3+h_5)\}$
④ $\frac{d}{6}(h_1+2h_2+3h_3+4h_4+5h_5+6h_6+7h_7)$

해설

$\frac{d}{3}[(h_1+h_7)+4(h_2+h_4+h_6)+2(h_3+h_5)]$ 이다.

정답　11 ②　12 ③　13 ③　14 ③　15 ③　16 ①

17 각과 위치에 의한 경관도의 정량화에서 시설물의 한 점을 시준할 때 시준선과 시설물 축선이 이루는 각(α)은 크기에 따라 입체감에 변화를 주는데 다음 중 입체감 있게 계획이 잘된 경관을 얻을 수 있는 범위로 가장 적합한 것은?

① $10° < \alpha \le 30°$

② $30° < \alpha \le 50°$

③ $40° < \alpha \le 60°$

④ $50° < \alpha \le 70°$

해설

- $0° \le \alpha \ge 10°$: 주위 환경과 일체가 되고 경관의 주체로서 대상에서 벗어난다.
- $10° < \alpha \le 30°$: 시설물의 전체 형상 인식할 수 있고 경관의 주제로서 적당하다.
- $30° < \alpha \le 60°$: 시설물의 시계 중에 차지하는 비율이 크고, 강조된 경관을 얻는다.
- $60° < \alpha$: 시설물 자체가 시야의 대부분을 차지하게 되고 시설물에 대한 압박감을 느끼게 시작한다.

18 해안선측량은 해면이 약최고고조면에 달하였을 때 육지와 해면과의 경계를 결정하기 위한 측량방법을 말하는데 다음 중 해안선측량 방법에 해당하는 것은?

① 천부지층탐사

② GPS 측량

③ 수중촬영

④ 해저면 영상조사

해설

해안선측량은 GPS 측량이 적당하다.

19 그림은 택지조성지역의 표고값을 표시하고 있다. 이 지역의 토공량(v)과 토공량의 균형을 맞추기 위한 계획고(h)는?(단, 표고의 단위는 m이고, 분할된 각 면적은 동일하다)

20m
15m
6.1 6.4
5.8 6.5 6.8 7.4
6.3 7.0 7.3 7.6
8.0 7.8

① $v = 6{,}226\text{m}^3$, $h = 4.15\text{m}$

② $v = 10{,}365\text{m}^3$, $h = 4.15\text{m}$

③ $v = 6{,}226\text{m}^3$, $h = 6.91\text{m}$

④ $v = 10{,}365\text{m}^3$, $h = 6.91\text{m}$

해설

$v = \dfrac{15\times20}{4}[(6.1+6.4+7.4+7.6+7.8+8.0+6.3+5.8)+3(6.5+6.8+7.3+7.0)]$

$= 10{,}365\text{m}^3$

$h = \dfrac{V}{nA} = \dfrac{10{,}365}{5\times300} = 6.91\text{m}$

20 측면주사음량탐지기(Side Scan Sonar)를 이용한 해저면영상조사에서 탐지할 수 없는 것은?

① 수중의 암초

② 노출암

③ 해저케이블

④ 바다에 침몰한 선박

해설

침선, 장애물, 해저전선, 해저파이프라인, 어초 등의 물체나 구축물의 확인 등의 조사에 사용한다.

정답 17 ① 18 ② 19 ④ 20 ②

제2과목 사진측량 및 원격탐사

21 원격탐사 시스템에서 시스템 자체특성이나 지구자전 및 곡률에 의해 나타나는 내부기하오차로 센서 특징과 천문력 자료의 분석을 통해 때때로 보정될 수 있는 영상 내 기하왜곡이 아닌 것은?

① 지구자전효과에 의한 휨 현상
② 탑재체의 고도와 자세 변화
③ 스캐닝 시스템에 의한 접선방향 축척 왜곡
④ 스캐닝 시스템에 의한 지상해상도 셀 크기의 변화

해설
탑재체의 고도와 자세 변화는 센서보정에 속한다.

22 항공사진측량에 의하여 제작된 수치지도의 위치정확도에 영향을 주는 요소와 가장 거리가 먼 것은?

① 사진의 축척
② 도화기의 정확도
③ 지도 레이어의 개수
④ 지상기준점의 정확도

해설
수치지도의 위치정확도에 영향을 주는 요소로는 사진의 축척, 도화기의 정확도, 지상기준점의 정확도 등이 있다.

23 항공사진을 이용한 지형도 제작 단계를 크기 3단계로 구분할 때 작업 순서로 옳은 것은?

① 촬영 → 기준점 측량 → 세부도화
② 세부도화 → 촬영 → 기준점 측량
③ 세부도화 → 기준점 측량 → 촬영
④ 촬영 → 세부도화 → 기준점 측량

해설
항공사진에 의한 지형도 제작은 촬영, 기준점측량, 세부도화 3개의 과정에 의한다.

24 사진좌표계를 결정하는 데 필요하지 않은 사항은?

① 사진좌표
② 좌표변환식
③ 주점의 좌표
④ 연직점의 좌표

해설
사진좌표를 결정하는 데 필요한 사항으로 사진좌표, 좌표변환식, 주점의 좌표 등이 있다.

25 영상지도 제작에 사용되는 가장 적합한 영상은?

① 경사 영상
② 파노라믹 영상
③ 정사 영상
④ 지상 영상

해설
지형왜곡에 대한 보정을 위해서는 정사투영보정에 기반한 공선조건식을 이용한다. 공선조건식을 이용해서 생성된 정사 영상은 센서와 카메라의 표정, 지형의 굴곡, 기타 오차들을 제거함으로 정확한 면적이 계산될 수 있는 정사투영이미지를 생성한다.

26 레이저 스캐너와 GPS/INS로 구성되어 수치표고모델(DEM)을 제작하기에 용이한 측량시스템은?

① LiDAR
② RADAR
③ SAR
④ SLAR

해설
레이저 스캐너와 GPS/INS로 구성되어 수치표고모델(DEM)을 제작하기에 용이한 측량시스템은 LiDAR이다.

정답 21 ② 22 ③ 23 ① 24 ④ 25 ③ 26 ①

27 시차차에 관한 설명 중 옳지 않은 것은?

① 시차차의 크기는 촬영고도에 반비례한다.
② 시차차의 크기는 초점거리에 비례한다.
③ 시차차의 크기는 사진축척의 분모수에 반비례한다.
④ 시차차의 크기는 촬영기선장에 비례한다.

해설
$h = \frac{H}{P_n}\Delta P = \frac{H}{P_r + \Delta P}\Delta P$로 초점거리와는 관계가 없다.

28 원격탐사 시스템에서 90°의 총 시야각과 10,000m의 고도를 가진 스캐닝 시스템의 지상 관측폭은?

① 10,000m ② 20,000m
③ 30,000m ④ 40,000m

해설
$X = 2(H \times \tan\alpha) = 2(10{,}000 \times \tan 45°) = 20{,}000\text{m}$

29 절대(대지)표정과 관계가 있는 것은?

① 표고결정, 시차측정
② 축척결정, 위치결정
③ 표정점 측량, 내부표정
④ 시차측량, 방위결정

해설
절대표정은 축척결정, 수준면의 결정, 위치결정 등을 한다.

30 다음 중 우리나라가 운영하고 있는 인공위성은?

① IKONOS
② KOMPSAT
③ KVR
④ LANDSAT

해설
우리나라가 운영하고 있는 인공위성은 KITSAT, KOREASET, KOMPSAT, STSAT, COMS 등이다.

31 평지를 촬영고도 1,500m로 촬영한 연직사진이 있다. 이 밀착사진상에 있는 건물 상단과 하단 간의 시차차를 관측한 결과 1mm이었다면 이 건물의 높이는?(단, 사진기의 초점거리는 15cm, 사진의 크기는 23cm × 23cm, 종중복도 60%이다)

① 10m ② 12.3m
③ 15m ④ 16.3m

해설
$$h = \frac{H}{b_0}\Delta P = \frac{H}{a\left(1 - \frac{p}{100}\right)}\Delta P = \frac{1{,}500}{0.23\left(1 - \frac{60}{100}\right)} \times 0.001$$
$= 16.3\text{m}$

32 사진측량용 카메라의 렌즈와 일반 카메라의 렌즈를 비교한 것으로 옳지 않은 것은?

① 사진측량용 카메라 렌즈의 초점거리가 짧다.
② 사진측량용 카메라 렌즈의 수차(Distortion)가 작다.
③ 사진측량용 카메라 렌즈의 해상력과 선명도가 좋다.
④ 사진측량용 카메라 렌즈의 화각이 크다.

해설
사진측량용 카메라 렌즈의 초점거리가 길다.

정답 27 ② 28 ② 29 ② 30 ② 31 ④ 32 ①

33 초점거리 150mm, 사진크기 23cm × 23cm의 항공사진기로 종중복도 70%, 횡중복도 40%로 촬영하면 기선고도비는?

① 0.46 ② 0.61
③ 0.92 ④ 1.07

해설

$$\frac{B}{H} = \frac{ma\left(1-\frac{p}{100}\right)}{mf} = \frac{0.23\left(1-\frac{70}{100}\right)}{0.15} = 0.46$$

34 축척 1 : 20,000의 항공사진으로 면적 1,000km²의 지역을 종중복도 60%, 횡중복도 30%로 촬영하려고 할 경우 필요한 사진매수는?(단, 사진의 크기는 23cm × 23cm로 매수의 안전을 30%로 가정한다)

① 170매 ② 190매
③ 220매 ④ 250매

해설

$$N = \frac{1,000,000,000}{(ma)^2\left(1-\frac{p}{100}\right)\left(1-\frac{q}{100}\right)} \times (1+0.3)$$

$$= \frac{1,000,000,000}{(20,000\times0.23)^2(0.4)(0.7)} \times (1+0.3)$$

$$= \frac{1,300,000,000}{5,924,800} = 219.4 = 220\text{매}$$

35 각각의 입체모형을 단위로 접합점과 기준점을 이용하여 여러 입체모형의 좌표들을 조정법에 의한 절대좌표로 환산하는 방법은?

① Aeropolygon법
② Independent Model법
③ Bundle Adjustment법
④ Block Adjustment법

해설

각각의 입체모형을 단위로 접합점과 기준점을 이용하여 여러 입체모형의 좌표들을 조정법에 의한 절대좌표로 환산하는 방법은 Independent Model법이다.

36 원격탐사에 대한 설명으로 옳지 않은 것은?

① 자료수집장비로는 수동적 센서와 능동적 센서가 있으며 Laser 거리관측기는 수동적 센서로 분류된다.
② 원격탐사 자료는 물체의 반사 또는 방사의 스펙트럼 특성에 의존한다.
③ 자료의 양은 대단히 많으며 불필요한 자료가 포함되어 있을 수 있다.
④ 탐측된 자료가 즉시 이용될 수 있으며 재해 및 환경문제 해결에 편리하다.

해설

Laser 거리관측기는 능동적 센서이다.

37 해석적 내부표정에서의 주된 작업 내용은?

① 3차원 가상 좌표를 계산하는 작업
② 표고결정 및 경사를 결정하는 작업
③ 1개의 통일된 블록좌표계를 변환하는 작업
④ 관측된 상좌표로부터 사진좌표로 변환하는 작업

해설

내부표정

도화의 투영기에 촬영시와 동일한 광학관계를 갖도록 정착시키는 작업으로 기계좌표로부터 지표좌표를 구한 다음 사진좌표를 구하는 단계정 표정이다.

38 항공사진의 촬영에 대한 설명으로 옳지 않은 것은?

① 같은 사진기를 이용하여 촬영할 경우, 촬영고도와 촬영면적은 반비례한다.
② 같은 사진기를 이용하여 촬영할 경우, 촬영고도와 촬영축척은 반비례한다.
③ 같은 사진기를 이용하여 촬영할 경우, 촬영고도와 촬영되는 폭은 비례한다.
④ 같은 사진기를 이용하여 촬영할 경우, 촬영고도를 2배로 하면 사진매수는 1/4로 줄어든다.

해설

촬영고도와 촬영면적은 촬영고도의 제곱에 비례한다.

정답 33 ① 34 ③ 35 ② 36 ① 37 ④ 38 ①

39 **원격탐사 자료처리 중 기하학적 보정에 해당되는 것은?**

① 영상대조비 개선
② 영상의 밝기 조절
③ 화소의 노이즈 제거
④ 지표기복에 의한 왜곡 제거

해설
기하특성에 의한 내부 왜곡의 보정, 탑재기의 자세에 의한 왜곡 및 지형 또는 지구의 형상에 의한 외부왜곡, 영상투영면에 의한 왜곡 및 지도투영법 차이에 의한 왜곡 등을 보정하는 것을 말한다.

40 **다음 중 항공사진을 재촬영하여야 할 경우가 아닌 것은?**

① 인접한 사진의 축척이 현저한 차이가 있을 때
② 인접코스간의 종복도가 표고의 최고점에서 3% 정도일 때
③ 항공기의 고도가 계획 촬영고도의 3% 정도 벗어날 때
④ 구름이 사진에 나타날 때

해설
재촬영 요인의 판정기준(항공사진측량 작업규정 제20조)
항공기의 고도가 계획 촬영고도의 15% 이상 벗어날 때

제3과목 지리정보시스템(GIS) 및 위성측위시스템(GNSS)

41 **객체지향 용어인 다형성(Polymorphism)에 대한 설명으로 틀린 것은?**

① 여러 개의 형태를 가진다는 의미의 그리스어에서 유래되었다.
② 동일한 이름의 함수를 여러 개 만드는 기업인 오버로딩(Overloading)도 다형성의 형태이다.
③ 동일한 객체 내의 또 다른 인터페이스를 통해서 사용자가 원하는 매소드와 프로퍼티에 접근하는 것을 뜻한다.
④ 여러 개의 서로 다른 클래스가 동일한 이름의 인터페이스를 지원하는 것도 다형성이다.

해설
다형성은 동일한 메시지에 대해 객체들이 각각 다르게 정의한 방식으로 응답하는 특성을 의미한다. 객체지향의 다형성에는 오버로딩과 오버라이딩이 존재한다.

42 **A점에 대한 GNSS 관측결과로 타원체고가 123.456m, 지오이드고가 +23.456m이었다면 지오이드면에서 A점까지의 높이는?**

① 76.544m ② 100.000m
③ 146.912m ④ 170.368m

해설
정표고 = 타원체고 − 지오이드고
$H = 123.456 - 23.456 = 100\text{m}$

43 **지리정보시스템(GIS)의 기능과 가장 거리가 먼 것은?**

① 공간자료의 정보화
② 자료의 시공간적 분석
③ 의사결정 지원
④ 공간정보의 보안 가화

해설
GIS의 자료처리 중 분석기능에는 공간자료 분석, 수치지형도 분석, 망구조분석 등의 기능을 수행한다.

정답 39 ④ 40 ③ 41 ③ 42 ② 43 ④

44 **태양폭풍 영향으로 GNSS 위성신호의 전파에 교란을 발생시키는 대기층은?**

① 전리층
② 대류권
③ 열 군
④ 권계면

해설
태양폭풍 영향으로 GNSS 위성신호의 전파에 교란을 발생시키는 대기층은 전리층이다.

45 **쿼드 트리(Quadtree)는 한 공간을 몇 개의 자식노드로 분할하는가?**

① 2
② 4
③ 8
④ 16

해설
전체 대상지역에 대하여 하나 이상의 속성이 존재할 경우 전체 지도는 4개의 동일한 면적으로 나누어진다.

46 **지리정보시스템(GIS)과 관련된 용어의 설명으로 옳지 않은 것은?**

① 위치정보는 지물 및 대상물의 위치에 대한 정보로서 위치는 절대위치(실제 공간)와 상대위치(모형 공간)가 있다.
② 도형정보는 지형지물 또는 대상물의 위치에 대한 자료로서, 지도 또는 그림으로 표현되는 경우가 많다.
③ 영상정보는 항공사진, 인공위성영상, 비디오 및 각종 영상의 수치 처리에 의해 취득된 정보이다.
④ 속성정보는 대상물의 자연, 인문, 사회, 행정, 경제, 환경적 특성을 도형으로 나타내는 지도정보로서 지형공간적 분석은 불가능한 단점이 있다.

해설
속성정보는 지도상의 특성이나 질, 지형, 지물의 관계 등을 나타내는 정보로서 문자와 숫자가 조합된 구조로 행렬의 형태로 저장된다.

47 **위성의 배치에 따른 정확도의 영향을 DOP에 대한 설명으로 틀린 것은?**

① PDOP : 위치 정밀도 저하율
② HDOP : 수평위치 정밀도 저하율
③ VDOP : 수직위치 정밀도 저하율
④ TDOP : 기하학적 정밀도 저하율

해설
TDOP : 시간 정밀도 저하율

48 **지리정보시스템(GIS)의 공간데이터 중 래스터자료 형태로 짝지어진 것은?**

① GPD 측량 결과, 항공사진
② 항공사진, 위성영상
③ 수치지도, 항공사진
④ 수치지도, 위성영상

해설
래스터자료형태는 이미지 등을 말하는 것으로 항공사진과 위성영상 등이 있다.

49 **2개 이상의 실측값을 이용하여 그 사이에 있는 임의의 위치에 있는 지점의 값을 추정하는 방법으로, 표고점을 이용한 등고선의 구축이나 몇 개 지점의 온도자료를 이용한 대상지 전체 온도 지도 작성 등에 활용되는 공간정보 분석 방법은?**

① 보간법
② 버퍼링
③ 중력모델
④ 일반화

해설
2개 이상의 실측값을 이용하여 그 사이에 있는 임의의 위치에 있는 지점의 값을 추정하는 방법으로, 표고점을 이용한 등고선의 구축이나 몇 개 지점의 온도자료를 이용한 대상지 전체 온도 지도 작성 등에 활용되는 공간정보 분석 방법을 공간보간법이라 한다.

정답 44 ① 45 ② 46 ④ 47 ④ 48 ② 49 ①

50 **국가 위성기준점을 활용하여 실시간으로 높은 정확도의 3차원 위치를 결정할 수 있는 측량 방법은?**

① Static GPS 측량 ② DGPS 측량
③ VRS 측량 ④ VLBI 측량

해설
국가 위성기준점을 활용하여 실시간으로 높은 정확도의 3차원 위치를 결정할 수 있는 측량 방법을 VRS 측량이라 한다.

51 **지리정보시스템(GIS)의 구축 시 실 세계의 참값과 구축된 시스템의 값을 비교・분석하기 위하여 시스템에서 추출한 속성값과 현장검사에 의한 속성의 참값을 행렬로 나타낸 것으로 데이터의 속성에 대한 정확도를 평가하는데 매우 효과적인 것은?**

① 오차행렬(Error Matrix)
② 카파행렬(Kappa Matrix)
③ 표본행렬(Sample Matrix)
④ 검증행렬(Verifying Matrix)

해설
지리정보시스템(GIS)의 구축 시 실 세계의 참값과 구축된 시스템의 값을 비교・분석하기 위하여 시스템에서 추출한 속성값과 현장검사에 의한 속성의 참값을 행렬로 나타낸 것으로 데이터의 속성에 대한 정확도를 평가하는데 매우 효과적인 방법은 오차행렬이다.

52 **다음 정보 중 메타데이터의 항목이 아닌 것은?**

① 자료의 정확도
② 토지의 식생정보
③ 사용된 지도투영법
④ 지도의 지리적 범위

해설
메타데이터의 기본요소에 식별정보, 자료의 질 정보, 공간자료 구성정보, 공간좌표정보, 사상과 속성정보, 배포정보, 메타데이터참조정보, 인용정보, 제작시기, 연락처 등의 정보를 제공한다.

53 **지형공간정보체계의 자료구조 중 벡터형 자료구조의 특징이 아닌 것은?**

① 복잡한 지형의 묘사가 원활하다.
② 그래픽의 정확도가 높다.
③ 그래픽과 관련된 속성정보의 추출 및 일반화, 갱신 등이 용이하다.
④ 데이터베이스 구조가 단순하다.

해설
자료구조가 간단한 것은 래스터자료구조이다.

54 **아래의 관측값과 경중평균중심은 얼마인가?(단, 좌표 = X, Y)**

점	X값	Y값	경중률
A	3	4	2
B	2	5	1
C	1	4	3
D	5	2	1
E	2	1	2

① (2.2, 3.2) ② (2.4, 3.2)
③ (1.6, 1.8) ④ (1.3, 1.6)

해설
$$x = \frac{(3\times2)+(2\times1)+(1\times3)+(5\times1)+(2\times2)}{2+1+3+1+2} = \frac{20}{9} = 2.2$$
$$y = \frac{(4\times2)+(5\times1)+(4\times3)+(2\times1)+(1\times2)}{2+1+3+1+2} = \frac{29}{9} = 3.2$$

55 **지리정보시스템(GIS)의 자료입력용 하드웨어가 아닌 것은?**

① 스캐너 ② 플로터
③ 디지타이저 ④ 해석도화기

해설
입력장치로는 디지타이저, 스캐너, 키보드 등이 있으며, 플로터는 출력장치이다.

정답 50 ③ 51 ① 52 ② 53 ④ 54 ① 55 ②

56 디지타이저를 이용한 수치지도의 입력과정에서 발생 가능한 오차의 유형으로 거리가 먼 것은?

① 기계적 오류로 인해 실선이 파선으로 디지타이징 되는 변질오차
② 온도나 습도 변화로 인한 종이지도의 신축으로 발생하는 위치오차
③ 입력자의 실수로 인해 발생하는 Overshooting이나 Undershooting
④ 작업 중 디지타이저상의 종이지도를 탈·부착할 경우 발생하는 위치오차

해설
기계적 오류로 인해 실선이 파선으로 디지타이징 되는 변질오차는 기기적 결함오차로 입력과정에서 발생가능오차가 아니다.

57 지리정보시스템(GIS)에서 사용되는 관계형 데이터베이스 모형의 특징에 해당되지 않는 것은?

① 정보를 추출하기 위한 질의의 형태에 제한이 없다.
② 모형 구성이 단순하고 이해가 빠르다.
③ 테이블의 구성이 자유롭다.
④ 테이블의 수가 상대적으로 적어 저장용량을 상대적으로 적게 차지한다.

해설
관계형 데이터 모델은 모든 데이터 들을 테이블과 같은 형태로 나타내며 데이터베이스를 구축하는 가장 전행적인 모델이다.

58 공공시설물이나 대규모의 공장, 관로망 등에 대한 지도 및 도면 등 제반정보를 수치입력하여 시설물에 대한 효율적인 운영관리를 하는 종합적인 관리체계를 무엇이라 하는가?

① CAD/CAM
② AM(Automatic Mapping)
③ FM(Facility Management)
④ SIS(Surveying Information System)

해설
공공시설물이나 대규모의 공장, 관로망 등에 대한 지도 및 도면 등 제반정보를 수치입력하여 시설물에 대한 효율적인 운영관리를 하는 종합적인 관리체계를 FM(Facility Management)라 한다.

59 동일한 경계를 갖는 두 개의 다각형을 중첩하였을 때 입력오차 등에 의하여 완전 중첩되지 않고 속성이 결여된 다각형이 발생하는 경우가 있다. 이를 무엇이라 하는가?

① Margin
② Undershoot
③ Sliver
④ Overshoot

해설
하나의 선으로 입력되어야 할 곳에 두 개의 선으로 약간 어긋나게 입력되어 가늘고 긴 불편한 폴리곤을 형성한 상태의 오차를 Sliver이라 한다.

60 각 기관에서 생산한 수치지도를 어느 곳에 집중하여, 인터넷으로 검색·구입할 수 있는 곳을 무엇이라고 하는가?

① 공간자료 정보센터(Spatial Data Clearinghouse)
② 공간자료 데이터베이스(Spatial Database)
③ 공간 기준계(Spatial Reference System)
④ 데이터베이스 관리시스템(Database Management System)

해설
각 기관에서 생산한 수치지도를 어느 곳에 집중하여, 인터넷으로 검색·구입할 수 있는 곳을 공간자료 정보센터(Spatial Data Clearinghouse)이라 한다.

정답 56 ① 57 ④ 58 ③ 59 ③ 60 ①

제4과목 측량학

61 갑, 을, 병 3사람이 기선측량을 한 결과 다음과 같은 결과를 얻었다면 최확값은?

- 갑 : 100.521 ± 0.030m
- 을 : 100.526 ± 0.015m
- 병 : 100.532 ± 0.045m

① 100.521m
② 100.524m
③ 100.526m
④ 100.531m

해설

$P_A : P_B : P_C = \frac{1}{30^2} : \frac{1}{15^2} : \frac{1}{45^2} = 9 : 36 : 4$

$h_0 = 100 + \frac{9 \times 0.521 + 36 \times 0.526 + 4 \times 0.532}{9 + 36 + 4} = 100.526\text{m}$

62 광파거리측량기(EDM)을 사용하여 두 점 간의 거리를 관측한 결과 1,234.56m이었다. 관측시의 대기굴절률이 1.000310이었다면 기상보정 후의 거리는?(단, 기계에서 채용한 표준대기굴절률은 1.0003250이다.)

① 1,234.54m
② 1,234.56m
③ 1,234.58m
④ 1,234.60m

해설

$D = D_1 \times \left(\frac{n_1}{n_2}\right) = 1{,}234.56 \times \left(\frac{1.000325}{1.000310}\right) = 1{,}234.578\text{m}$

63 평면직각좌표가 (X_1, Y_1)인 P1을 기준으로 관측한 P2의 극좌표(S, T)가 다음과 같을 때 P2의 평면직각좌표는?(단, x축은 북, y축은 동, T는 x축으로부터 우회로 측정한 각이다)

$X_1 = -234.5\text{m}$, $Y_1 = +1{,}345.7\text{m}$, $S = 813.2\text{m}$, $T = 103°51'20''$

① $X_2 = -39.8\text{m}$, $Y_2 = 556.2\text{m}$
② $X_2 = -194.7\text{m}$, $Y_2 = 789.5\text{m}$
③ $X_2 = -274.3\text{m}$, $Y_2 = 1{,}901.9\text{m}$
④ $X_2 = -429.2\text{m}$, $Y_2 = 2{,}135.2\text{m}$

해설

$X_2 = X_1 + S \times \cos 103°51'20'' = -234.5 + 813.2 \times \cos 103°51'20''$
$= -429.2\text{m}$

$Y_2 = Y_1 + S \times \sin 103°51'20'' = 1{,}345.7 + 813.2 \times \sin 103°51'20''$
$= 2{,}135.2\text{m}$

64 1회 관측에서 ± 3mm의 우연오차가 발생하였을 때 20회 관측 시 우연오차는?

① ±6.7mm
② ±13.4mm
③ ±34.6mm
④ ±60.0mm

해설

$m_1 : \sqrt{n_1} = m_2 : \sqrt{n_2}$

$m_2 = \pm\frac{\sqrt{n_2}}{\sqrt{n_1}} \times m_2 = \pm\frac{\sqrt{20}}{\sqrt{1}} \times 3 = \pm 13.4\text{mm}$

65 축척 1 : 3,000의 지형도를 만들기 위해 같은 도면크기의 축척 1 : 500의 지형도를 이용한다면 1 : 3,000 지형도의 1도면에 필요한 1 : 500 지형도는?

① 36매
② 25매
③ 12매
④ 6매

해설

$\left(\frac{1}{500}\right)^2 : \left(\frac{1}{3{,}000}\right)^2 = \frac{\left(\frac{1}{500}\right)^2}{\left(\frac{1}{3{,}000}\right)^2} = \frac{3{,}000^2}{500^2} = 36$매

정답 61 ③ 62 ③ 63 ④ 64 ② 65 ①

66 지반고 145.25m의 A지점에 토털 스테이션을 기계고 1.25m 높이로 세워 B지점을 시준하여 사거리 172.30m, 타겟 높이 1.65m, 연직각 −20°11′을 얻었다면 B지점의 지반고는?

① 71.33m ② 85.40m
③ 217.97m ④ 221.67m

해설

$H_B = H_A + i - (\sin\alpha \times l) - 1.65$
$= 145.25 + 1.25 - (\sin 20°11' \times 172.3) - 1.65 = 85.40\text{m}$

67 기설치된 삼각점을 이용하여 삼각측량을 할 경우 작업순서로 가장 적합한 것은?

가. 계획/준비	나. 조 표
다. 답사/선점	라. 정 리
마. 계 산	바. 관 측

① 가 → 다 → 나 → 바 → 마 → 라
② 가 → 나 → 다 → 마 → 바 → 라
③ 가 → 나 → 바 → 마 → 다 → 라
④ 가 → 다 → 나 → 마 → 바 → 라

해설

가 → 다 → 나 → 바 → 마 → 라

68 삼각측량에서 그림과 같은 사변형망의 각조건식 수는?

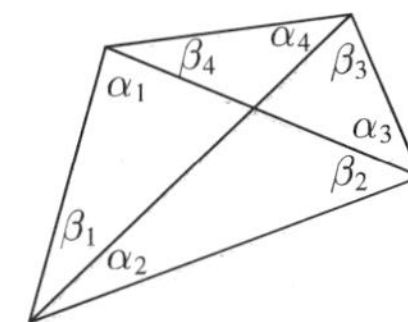

① 1개 ② 2개
③ 3개 ④ 4개

해설

• 둘레로 하는 각의 합은 360도이어야 한다(1개).
• 서로 마주보는 맞꼭지각에 대응하는 각의 합은 같아야 한다(2개).

69 어느 폐합 트래버스의 전체 관측선의 길이가 1,200m일 때 폐합비는 1/6,000으로 한다면 축척 1 : 500의 도면에서 허용되는 최대오차는?

① ±0.2mm ② ±0.4mm
③ ±0.8mm ④ ±1.0mm

해설

$E = \frac{\Sigma L}{6,000} = \frac{1,200}{6,000} = 0.2\text{m} = 200\text{mm}$

$\frac{1}{500} = \frac{\text{도상거리}}{200}$

$\therefore$ 도상거리 $= \frac{200}{500} = 0.4\text{mm}$

70 방위가 N32°38′05″W인 측선의 역방위각은?

① 32°38′05″
② 57°21′55″
③ 147°21′55″
④ 212°38′05″

해설

N32°38′05″W의 방위각은
360° − 32°38′05″ = 327°21′55″
역방위각은
327°21′55″ − 180° = 147°21′55″

71 삼각수준측량에서 지구가 구면이기 때문에 생기는 오차의 보정량은?(단, D : 수평거리, R : 지구 반지름)

① $+\frac{2D}{R}$ ② $+\frac{D^2}{2R}$
③ $-\frac{2D}{R}$ ④ $-\frac{D^2}{2R}$

해설

구차 $= +\frac{D^2}{2R}$ 이다.

정답 66 ② 67 ① 68 ③ 69 ② 70 ③ 71 ②

72 축척 1 : 25,000 지형도에서 표고 105m와 348m사이에 주곡선 간격의 등고선의 수는?

① 50개
② 49개
③ 25개
④ 24개

해설

등고선의 수 $= \frac{340-110}{10} + 1 = 24$개

여기서, 1/25,000의 주곡선 간격은 10m이다.

73 각측량의 기계적 오차 중 망원경의 정·반 위치에서 측정값을 평균해도 소거되지 않는 오차는?

① 연직축 오차
② 시준축 오차
③ 수평축 오차
④ 편심 오차

해설

각측량의 오차 중 망원경을 정위, 반위로 측정하여 평균값을 취함으로써 처리할 수 있는 오차

- 시준축 오차 : 시준축과 수평축이 직교하지 않기 때문에 생기는 오차
- 수평축 오차 : 수평축이 연직축에 직교하지 않기 때문에 생기는 오차
- 시준선의 편심 오차 : 시준선이 기계의 중심을 통과하지 않기 때문에 생기는 오차

74 오차 방향과 크기를 산출하여 소거할 수 있는 오차는?

① 우연오차
② 착 오
③ 개인오차
④ 정오차

해설

오차 방향과 크기를 산출하여 소거할 수 있는 오차는 정오차이다.

75 무단으로 측량성과 또는 측량기록을 복제한 자에 대한 벌칙 기준으로 옳은 것은?

① 3년 이하의 징역 또는 3,000만원 이하의 벌금
② 2년 이하의 징역 또는 2,000만원 이하의 벌금
③ 1년 이하의 징역 또는 1,000만원 이하의 벌금
④ 300만원 이하의 과태료

해설

벌칙(공간정보의 구축 및 관리에 관한 법률 제109조)

다음의 어느 하나에 해당하는 자는 1년 이하의 징역 또는 1,000만원 이하의 벌금에 처한다.

- 무단으로 측량성과 또는 측량기록을 복제한 자

76 측량기기의 성능검사 주기로 옳은 것은?

① 레벨 : 3년 ② 트랜싯 : 1년
③ 거리측정기 : 4년 ④ 토털 스테이션 : 2년

해설

성능검사의 대상 및 주기(공간정보의 구축 및 관리 등에 관한 법률 시행령 제97조)

- 트랜싯(데오드라이트) :3년
- 레벨 : 3년
- 거리측량기 : 3년
- 토털 스테이션 : 3년
- 지피에스(GPS) 수신기 : 3년
- 금속 또는 비금속 관로 탐지기 : 3년

77 공공측량에 관한 공공측량 작업계획서를 작성하여야 하는 자는?

① 측량협회 ② 측량업자
③ 공공측량시행자 ④ 국토지리정보원장

해설

공공측량 작업계획서의 제출(공간정보의 구축 및 관리 등에 관한 법률 시행규칙 제21조)

공공측량시행자는 법 제17조 제2항에 따라 공공측량을 하기 3일전에 국토지리정보원장이 정한 기준에 따라 공공측량 작업계획서를 작성하여 국토지리정보원장에게 제출하여야 한다.

정답 72 ④ 73 ① 74 ④ 75 ③ 76 ① 77 ③

78 모든 측량의 기초가 되는 공간정보를 제공하기 위하여 국토교통부장관이 실시하는 측량은?

① 국가측량
② 기본측량
③ 기초측량
④ 공공측량

해설
정의(공간정보의 구축 및 관리 등에 관한 법률 제2조)
모든 측량의 기초가 되는 공간정보를 제공하기 위하여 국토교통부장관이 실시하는 측량을 기본측량이라 한다.

79 측량기준점에 대한 설명 중 옳지 않은 것은?

① 측량기준점은 국가기준점, 공공기준점, 지적기준점으로 구분된다.
② 국토교통부장관은 필요하다고 인정하는 경우에는 직접 측량기준점표지의 현황을 조사할 수 있다.
③ 측량기준점표지의 형상, 규격, 관리방법 등에 필요한 사항은 대통령령으로 정한다.
④ 측량기준점을 정한 자는 측량기준점표지를 설치하고 관리하여야 한다.

해설
측량기준점표지의 설치 및 관리(공간정보의 구축 및 관리 등에 관한 법률 제8조)
측량기준점표지의 형상, 규격, 관리방법 등에 필요한 사항은 국토교통부령으로 정한다.

80 기본측량의 측량성과 고시에 포함되어야 하는 사항이 아닌 것은?

① 측량의 종류
② 측량성과의 보관 장소
③ 설치한 측량기준점의 수
④ 사용측량기기의 종류 및 성능

해설
측량성과의 고시(공간정보의 구축 및 관리 등에 관한 법률 시행령 제13조)
- 측량의 종류
- 측량의 정확도
- 설치한 측량기준점의 수
- 측량의 규모
- 측량실시의 시기 및 지역
- 측량성과의 보관 장소
- 그 밖에 필요한 사항

정답 78 ② 79 ③ 80 ④

2019년 제4회 과년도 기출문제

제1과목 응용측량

01 축척에 대한 설명으로 옳은 것은?

① 축척 1 : 300의 도면상 면적은 실제 면적의 1/9,000이다.
② 축척 1 : 600의 도면을 축척 1 : 200으로 확대했을 때 도면의 크기는 3배가 된다.
③ 축척 1 : 500의 도면상 면적은 실제 면적의 1/1,000이다.
④ 축척 1 : 500의 도면을 축척 1 : 1,000로 축소했을 때 도면의 크기는 1/4이 된다.

해설

① 축척 1 : 300의 도면상 면적은 실제 면적의 1 : 90,000이다.

$$\left(\frac{1}{m}\right)^2 = \frac{\text{도면면적}}{\text{실제면적}}$$

$$\text{실제면적} = m^2 \times \text{도상면적} = 300^2 \times \text{도상면적} = 90,000 \times \text{도상면적}$$

② 축척 1 : 600의 도면을 축척 1 : 200으로 확대했을 때 도면의 크기는 9배가 된다.

$$\left(\frac{1}{200}\right)^2 : \left(\frac{1}{600}\right)^2 = \frac{\left(\frac{1}{200}\right)^2}{\left(\frac{1}{600}\right)^2} = \frac{600^2}{200^2} = 9\text{배}$$

③ 축척 1 : 500의 도면상 면적은 실제 면적의 1 : 250,000이다.

02 면적이 400m²인 정사각형 모양의 토지 면적을 0.4m²까지 정확하게 구하기 위해 한 변의 길이는 최대 얼마까지 정확하게 관측하여야 하는가?

① 1mm ② 5mm
③ 1cm ④ 5cm

해설

$$\frac{dA}{A} = 2 \times \frac{\delta l}{l} \text{에서}$$

$$\delta l = \frac{\delta A}{2A} l = \frac{0.4}{2 \times 400} \times 20 = 0.01\text{m} = 1\text{cm}$$

03 반지름이 1,200m인 원곡선으로 종단곡선을 설치할 때 접선시점으로부터 횡거 20m지점의 종거는?

① 0.17m ② 1.45m
③ 2.56m ④ 3.14m

해설

$$\text{종거}(y) = \frac{x^2}{2R} = \frac{20^2}{2 \times 1,200} = 0.17\text{m}$$

04 도로 설계에서 클로소이드곡선의 매개변수(A)를 2배로 하면 동일한 곡선반지름에서 클로소이드곡선의 길이는 몇 배가 되는가?

① 2배 ② 4배
③ 6배 ④ 8배

해설

$$A^2 = RL = \frac{L^2}{2r} = 2rR^2$$

05 교점이 기점에서 450m의 위치에 있고 교각이 30°, 중심말뚝 간격이 20m일 때, 외할(E)이 5m라면 시단현의 길이는?

① 2.831m ② 4.918m
③ 7.979m ④ 9.319m

해설

$$E = R \times \left(\sec\frac{I}{2} - 1\right) = \frac{5}{\sec\frac{30°}{2} - 1} = \frac{5}{\frac{1}{\cos 15°} - 1} = 141.738\text{m}$$

$$\text{T.L} = R \times \tan\frac{I}{2} = 141.738 \times \tan\frac{30°}{2} = 37.979\text{m}$$

$$\text{B.C} = \text{T.P} - \text{T.L} = 450 - 37.979 = 412.021\text{m}$$

$$l_1 = 420 - 412.021 = 7.979\text{m}$$

정답 1 ④ 2 ③ 3 ① 4 ② 5 ③

06 어느 기간에서 관측 수위 중 그 수위보다 높은 수위와 낮은 수위의 관측 횟수가 같은 수위를 무엇이라 하는가?

① 평균수위 ② 최대수위
③ 평균저수위 ④ 평수위

해설

- 최고수위(HWL), 최저수위(LWL) : 어떤 기간에 있어서 최고, 최저수위로 연 단위 혹은 월 단위의 최고, 최저로 구한다.
- 평균최고수위(NHWL), 평균최저수위(NLWL) : 연과 월에 있어서의 최고, 최저의 평균수위, 평균최고수위는 제방, 교량, 배수 등의 치수 목적에 사용하며 평균최저수위는 수운, 선항, 수력발전의 수리 목적에 사용한다.
- 평균수위(MWL) : 어떤 기간의 관측수위의 총합을 관측횟수로 나누어 평균치를 구한 수위
- 평균고수위(MHWL), 평균저수위(MLWL) : 어떤 기간에 있어서의 평균수위 이상 수위들이 평균수위 및 어떤 기간에 있어서의 평균수위 이하 수위들의 평균수위
- 최다수위(Most Frequent Water Level) : 일정기간 중 제일 많이 발생한 수위
- 평수위(OWL) : 어느 기간의 수위 중 이것보다 높은 수위와 낮은 수위의 관측수가 똑같은 수위로 일반적으로 평균수위보다 약간 낮은 수위, 1년을 통해 185일은 이보다 저하하지 않는 수위
  ※ 수애선은 수면과 하안과의 경계선
  ※ 수애선은 하천수위의 변화에 따라 변동하는 것으로 평수위에 의해 정해짐
- 저수위 : 1년을 통해 275일은 이보다 저하하지 않는 수위
- 갈수위 : 1년을 통해 355일은 이보다 저하하지 않는 수위

07 그림과 같은 지역을 점고법에 의해 구한 토량은?

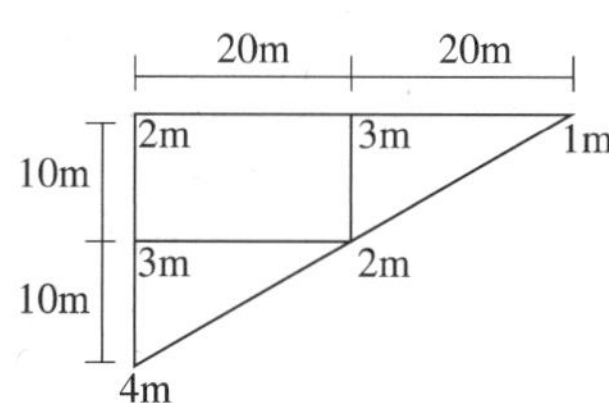

① $1,000\text{m}^3$ ② $1,250\text{m}^3$
③ $1,500\text{m}^3$ ④ $2,000\text{m}^3$

해설

$$V_1 = \frac{A}{4}(\Sigma h_1) = \frac{20\times10}{4}(2+3+2+3) = 500\text{m}^3$$

$$V_2 = \frac{(20\times10)}{6}\times\{(4+3+3+1)+2(2)\} = 500\text{m}^3$$

$$\therefore\ V_1 + V_2 = 1,000\text{m}^3$$

08 터널 중심선 측량의 가장 중요한 목적은?

① 터널 단면의 변위 관측
② 터널 입구의 정확한 크기 설정
③ 인조점의 올바른 매설
④ 정확한 방향과 거리측정

해설

- 중심선 측량은 양쪽 터널입구의 중심선상에 기준점을 설치하고 좌표를 구하여 터널을 굴진하기 위한 방향 설정과 정확한 거리를 찾아내는 것이 목적이다.
- 터널 측량에서 방향과 높이의 오차는 터널공사에 영향이 크다.
- 지형이 완만한 경우 일반노선측량과 같이 산정에 중심선을 설치한다.

09 지하시설물관측방법 중 지표면에서 지하로 고주파의 전자파를 방사하고 지하에서 반사되어 온 반사파를 수신하여 지하시설물의 위치를 판독하는 방법은?

① 전기관측법
② 지중레이더관측법
③ 전자관측법
④ 탄성파관측법

해설

② 지중레이더관측법 : 전자파의 반사 성질을 이용하여 지하시설물을 측량하는 방법이다.
④ 탄성파관측법 : 발파점을 떠난 음파가 반사와 굴절의 충돌에 의해 하나 또는 여러 개의 지진 감지기에 도달할 때까지 경과된 시간간격을 측정하는 것에 근거한 탐사법이다.

정답 6 ④ 7 ① 8 ④ 9 ②

10 그림과 같은 삼각형 ABC 토지의 한 변 $\overline{AC}$ 상의 점 D와 $\overline{BC}$ 상의 점 E를 연결하고 직선 $\overline{DE}$에 의해 삼각형 ABC의 면적을 2등분하고자 할 때 $\overline{CE}$의 길이는?(단, $\overline{AB}$ = 40m, $\overline{AC}$ = 80m, $\overline{BC}$ = 70m, $\overline{AD}$ = 13m)

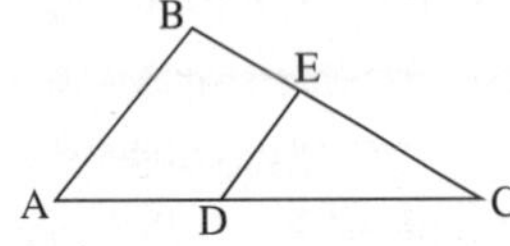

① 39.18m ② 41.79m
③ 43.15m ④ 45.18m

해설

△ABC : △CDE = $(m+n)$: m으로 분할

$$\frac{\triangle CDE}{\triangle ABC} = \frac{m}{m+n} = \frac{\overline{CE}\times\overline{CD}}{\overline{CB}\times\overline{CA}}$$

$$\overline{CE} = \frac{\overline{CB}\times\overline{AC}}{\overline{CD}} \times \frac{m}{m+n} = \frac{70\times 80}{67} \times \frac{1}{1+1} = 41.79\text{m}$$

11 경관평가요인 중 일반적으로 시설물의 전체 형상을 인식할 수 있고 경관의 주제로서 적당한 수평시각(θ)의 크기는?

① $0° \le \theta \le 10°$
② $10° < \theta \le 30°$
③ $30° < \theta \le 60°$
④ $60° \le \theta < 90°$

해설

- 시설물 전체의 수평시각(θ_H)에 의한 방법
  - $0° \le \theta \le 10°$: 주위환경과 일체가 되고 경관의 주제로서 대상에서 벗어난다.
  - $10° < \theta \le 30°$: 시설물의 전체 형상 인식, 경관의 주제로서 적당하다.
  - $30° < \theta \le 60°$: 시설물의 시계 중에 차지하는 비율이 크고, 강조된 경관을 얻는다.
  - $60° < \theta$: 시설물 자체가 시야의 대부분을 차지, 시설물에 대한 압박감
- 시설물 전체의 수직시각(θ_V)에 의한 방법
  - $0° \le \theta \le 15°$: 쾌적한 경관, 시설물이 경관의 주제가 된다.
  - $15° \le \theta$: 압박감, 쾌적하지 못한 경관
- 시설물 1전의 시준축과 시설물 축선이 이루는 각(α)에 의한 방법
  - $0° \le \alpha \le 10°$: 특이한 시설물 경관을 얻고 시점이 높게 된다.
  - $10° < \alpha \le 30°$: 입체감이 있는 좋은 경관

12 해양측량에서 해저수심, 간출암 높이 등의 기준은?

① 평균해수면 ② 약최고고조면
③ 약최저저조면 ④ 평수위면

해설

- 육지표고기준 : 평균해수면(중등조위면, MSL ; Mean Sea Level)
- 해저수심, 간출암의 높이, 저조선 : 평균최저간(MLLW ; Mean Lowest Low Water Level)
- 해안선 : 해면이 평균 최고고조면(MHHW ; Mean Highest High Water Level)에 달하였을 때 육지와 해면의 경계로 표시한다.

13 그림에 있어서 댐 저수면의 높이를 100m로 할 경우 그 저수량은 얼마인가?(단, 80m 바닥은 평평한 것으로 가정한다)

[관측값]
- 80m 등고선 내의 면적 : 300m²
- 90m 등고선 내의 면적 : 1,000m²
- 100m 등고선 내의 면적 : 1,700m²
- 110m 등고선 내의 면적 : 2,500m²

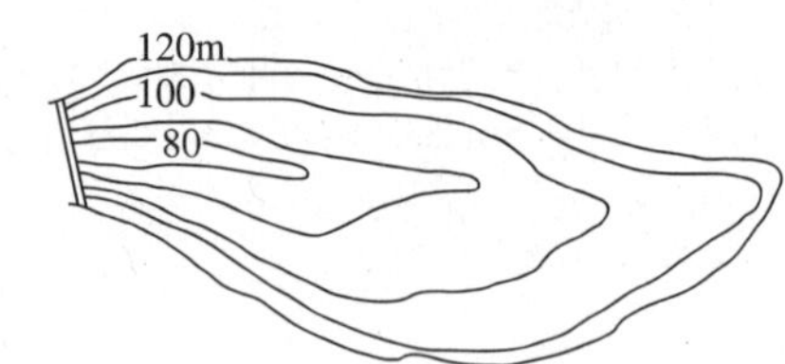

① 16,000m³ ② 20,000m³
③ 30,000m³ ④ 34,000m³

해설

$$V_0 = \frac{h}{3}\left[A_0 + A_2 + 4(A_1)\right]$$
$$= \frac{10}{3}[300 + 1{,}700 + (4\times 1{,}000)] = 20{,}000\text{m}^3$$

14 다음 중 터널 곡선부의 곡선 측설법으로 가장 적합한 방법은?

① 좌표법 ② 지거법
③ 중앙종거법 ④ 편각법

해설

터널 곡선부의 곡선 측설법으로 가장 적합한 방법은 좌표법이다.

정답 10 ② 11 ② 12 ③ 13 ② 14 ①

15 노선측량에서 종단면도에 표기하는 사항이 아닌 것은?

① 측점의 계획고 ② 측점 간 수평거리
③ 측점의 계획단면적 ④ 측점의 지반고

해설
종단측량은 중심선에 설치된 관측점 및 변화점에 박은 중심말뚝, 추가말뚝 및 보조말뚝을 기준으로 하여 중심선의 지반고를 측량하고 연직으로 토지를 절단하며 종단면도를 만드는 측량이다

종단면도 기재사항
- 관측점 위치
- 관측점간의 수평거리
- 각 관측점의 기점에서의 누가거리
- 각 관측점의 지반고 및 고저기준점(BM)의 높이
- 관측점에서의 계획고
- 지반고와 계획고의 차(성토 절토 별)
- 계획선의 경사

16 클로소이드에 대한 설명으로 옳지 않은 것은?

① 모든 클로소이드는 닮은꼴로 클로소이드의 형은 하나밖에 없지만 매개변수를 바꾸면 크기가 다른 많은 클로소이드를 만들 수 있다.
② 클로소이드의 요소에는 길이의 단위를 가진 것과 단위가 없는 것이 있다.
③ 클로소이드는 나선의 일종으로 곡률이 곡선의 길이에 비례한다.
④ 클로소이드에 있어서 접선각(τ)을 라디안으로 표시하면 곡선길이(L)와 반지름(R) 사이에는 $\tau = L/3R$인 관계가 있다.

해설
클로소이드 공식
- 매개변수(A)

$$A = \sqrt{RL} = l \times R = L \times r = \frac{L}{\sqrt{2r}} = \sqrt{2r} \times R$$

$$A^2 = RL = \frac{L^2}{2r} = 2rR^2$$

- 곡률반경(R)

$$R = \frac{A^2}{L} = \frac{A}{l} = \frac{L}{2r} = \frac{A}{2r}$$

- 곡선장(L)

$$L = \frac{A^2}{R} = \frac{A}{r} = 2rR = A\sqrt{2r}$$

- 접선각(r)

$$r = \frac{L}{2R} = \frac{L^2}{2A^2} = \frac{A^2}{2R^2}$$

클로소이드 성질
- 클로소이드는 나선의 일종이다.
- 모든 클로소이드는 닮은꼴이다(상사성이다).
- 단위가 있는 것도 있고 없는 것도 있다.
- r는 30°가 적당하다.
- 확대율을 가지고 있다
- r는 라디안으로 구한다.

17 그림과 같이 $\overline{BC}$에 직각으로 $\overline{AB}$ = 96m로 A점을 정하고 육분의(Sextant)로 배의 위치 ∠APB를 관측하여 52°15′을 얻었을 때 $\overline{BP}$의 거리는?

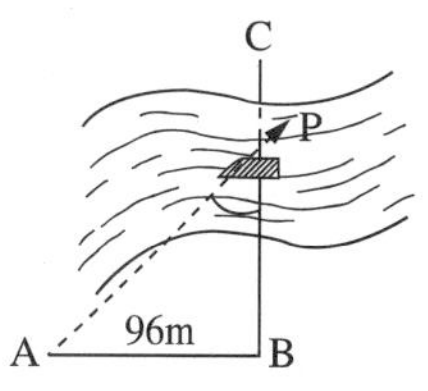

① 93.85m ② 83.85m
③ 74.33m ④ 64.33m

해설

$$\overline{BP} = \frac{\sin 37°45'}{\sin 52°15'} \times 96 = 74.33\text{m}$$

18 그림과 같은 사각형 ABCD의 면적은?

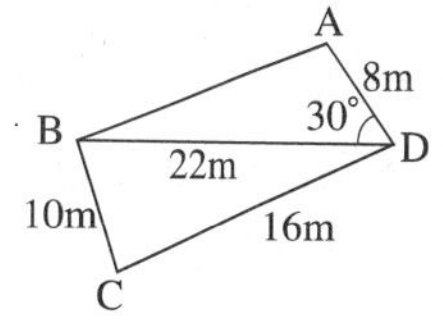

① 95.2m^2 ② 105.2m^2
③ 111.2m^2 ④ 117.3m^2

해설

$$A_1 = \frac{1}{2}ab\sin\alpha = \frac{1}{2} \times 8 \times 22 \times \sin 30° = 44\text{m}^2$$

$$A_2 = \sqrt{s(s-a)(s-b)(s-c)} = \sqrt{24(24-22)(24-10)(24-16)} = 73.3\text{m}^2$$

$$A = 44 + 73.3 = 117.3\text{m}^2$$

여기서, $s = \frac{1}{2}(a+b+c) = \frac{1}{2}(22+10+16) = 24$

정답 15 ③ 16 ④ 17 ③ 18 ④

19 수심이 h인 하천의 평균유속을 구하기 위해 각 깊이별 유속을 관측한 결과가 표와 같을 때, 3점법에 의한 평균유속은?

관측 깊이	유속(m/s)	관측 깊이	유속(m/s)
수면(0.0h)	3	0.6h	4
0.2h	3	0.8h	2
0.4h	5	바닥(1.0h)	1

① 3.25m/s
② 3.67m/s
③ 3.75m/s
④ 4.00m/s

해설

$$V_m = \frac{1}{4}(V_{0.2} + 2V_{0.6} + V_{0.8})$$
$$= \frac{1}{4}[3 + 2(4) + 2] = 3.25\text{m/s}$$

20 교점(I.P)이 도로기점으로부터 300m 떨어진 지점에 위치하고 곡선반지름 R = 200m, 교각 I = 90°인 원곡선을 편각법으로 측설할 때, 종점(E.C)의 위치는?(단, 중심말뚝의 간격은 20m이다)

① No.20 + 14.159m
② No.21 + 14.159m
③ No.22 + 14.159m
④ No.23 + 14.159m

해설

$$\text{T.L} = R \times \tan\frac{I}{2} = 200 \times \tan\frac{90°}{2} = 200\text{m}$$

C.L = 0.0174533RI = 0.0174533 × 200 × 90° = 314.159m
B.C = I.P − T.L = 300 − 200 = 100m
∴ E.C = B.C + C.L = 100 + 314.159 = 414.159m
No.20 + 14.159m

제2과목 사진측량 및 원격탐사

21 초점거리가 f이고, 사진의 크기가 $a \times a$인 카메라로 촬영한 항공사진이 촬영 시 경사도가 α이었다면 사진에서 주점으로부터 연직점까지의 거리는?

① $a \cdot \tan\alpha$
② $a \cdot \tan\frac{\alpha}{2}$
③ $f \cdot \tan\alpha$
④ $f \cdot \tan\frac{\alpha}{2}$

해설

- 주 점
  주점은 사진의 중심점이라고도 한다. 주점은 렌즈중심으로부터 화면(사진면)에 내린 수선의 발을 말하며 렌즈의 광축과 화면이 교차하는 점이다.
- 연직점
  - 렌즈중심으로부터 지표면에 내린 수선의 발을 말하고 N을 지상연직점(피사체 연직점), 그 선을 연장하여 화면(사진면)과 만나는 점을 화면 연직점(n)이라고 한다.
  - 주점에서 연직점까지의 거리(mn) = $f \cdot \tan i$
- 등각점
  - 주점과 연직점이 이루는 각을 2등분한 점으로 또한 사진면과 지표면에서 교차되는 점을 말한다.
  - 주점에서 등각점까지의 거리(mn) = $f \cdot \tan\frac{i}{2}$

정답 19 ① 20 ① 21 ③

22 지구자원탐사 목적의 LANDSAT(1~7호) 위성에 탑재되었던 원격탐사 센서가 아닌 것은?

① LANDSAT TM(Thematic Mapper)
② LANDSAT MSS(Multi Spectral Scanner)
③ LANDSAT HRV(High Resolution Visible)
④ LANDSAT ETM+(Enhanced Thematic Mapper plus)

해설

LANDSAT
LANDSAT은 지구관측을 위한 최초의 민간목적 원격탐사 위성으로 1972년에 1호 위성이 발사되었으며 그 이후 LANDSAT 2, 3, 4, 5호가 차례로 발사에 성공했으나 LANDSAT 6호는 궤도 진입에 실패하였다. 최근에는 LANDSAT 7호가 1999년 4월에 발사되었으며, 현재 1, 2, 3, 4호는 임무를 끝내고 운영이 중단, 현재는 5, 7호만 운용 중에 있다. LANDSAT 시리즈는 20여년 동안 Thematic Mapper(TM), Multispectral Scanner System(MSS)를 탑재하여 오랜 시간 동안의 지구 환경의 변화된 모습을 볼 수 있다.
LANDSAT 7호는 LANDSAT Series의 일환으로 발사되어 현재 지구 관측을 하고 있으며 TM 센서를 보다 발전시킨 ETM+(Enhanced Thermal Mapper Plus) 센서를 탑재하고 있는데 TM과 비교할 때 Thermal Band 해상도가 120m에서 60m로 향상되어 보다 정밀한 지구 관측이 용이해졌고 15n해상도의 Panchromatic Band(전파장 영역)가 추가되어 다양한 방법에 의한 지구 관측이 용이하고 더 좋은 영상을 제공할 수 있게 되었다.

23 SAR(Synthetic Aperture Radar)의 왜곡 중에서 레이더 방향으로 기울어진 면이 영상에 짧게 나타나게 되는 왜곡 현상은?

① 음영(Shadow)
② 전도(Layover)
③ 단축(Foreshortening)
④ 스페클 잡음(Speckle Noise)

해설

SAR(Synthetic Aperture Radar)은 측면에서 주사되기 때문에 레이더 방향으로 기울어진 면이 영상에 짧게 나타나게 된다. 이것을 단축(Foreshortening)이라 한다.

24 한 쌍의 한공사진을 입체시하는 경우 나타나는 지면의 기복에 대한 설명으로 옳은 것은?

① 실제보다 높이차가 커 보인다.
② 실제보다 높이차가 작아 보인다.
③ 실제와 같다.
④ 고저를 분별하기 힘들다.

해설

- 카메론 효과 : 항공사진으로 도로변 상공 위의 항공기에서 주행 중인 차량을 연속하여 촬영하여 이것을 입체화시켜 볼 때 차량이 비행방향과 동일방향으로 주행하고 있다면 가라앉아 보이고, 반대방향으로 주행하고 있다면 부상하여 보인다. 또한 뜨거나 가라앉는 높이는 차량의 속도에 비례하고 있다. 이와 같이 이동하는 피사체가 뜨거나 가라앉아 보이는 현상을 카메론 효과라고 한다.
- 과고감 : 항공사진을 입체시하는 경우 산의 높이 등이 실제보다 과장되어 보이는 현상을 말한다. 평면축척에 대하여 수직축척이 크게 되기 때문에 실제 도형보다 산이 더 높게 보인다.
  - 항공사진은 평면축척에 비해 수직축척이 크므로 다소 과장되어 나타난다.
  - 대상물의 고도, 경사율 등을 반드시 고려하여야 한다.
  - 과고감은 필요에 따라 사진판독요소로 사용될 수 있다.
  - 과고감은 사진의 기선고도비와 이에 상응하는 입체시의 기선고도비의 불일치에 의해서 발생한다.
  - 과고감은 촬영고도 H에 대한 촬영 기선길이 B와의 비인 기선고도비 B/H에 비례한다.

정답 22 ③ 23 ③ 24 ①

25 수치미분편위수정에 의하여 정사영상을 제작하고자 할 때 필요한 자료가 아닌 것은?

① 수치표고모델
② 디지털 항공영상
③ 촬영 시 사진기의 위치 및 자세정보
④ 영상정합 정보

해설

영상정합 정보는 수치미분편위수정에 의하여 정사영상을 제작하고자 할 때 필요한 자료는 아니다.

- 수치정사영상
  수치정사영상은 높이차나 기울어짐 등 지형으로 인해 생긴 기하학적 왜곡을 제거하여 모든 물체를 수직으로 내려다보았을 때의 모습을 변환한 영상을 말한다. 정사투영 영상이라고도 한다. 정사영상은 다른 지도의 배경이 되는 바탕 지도로서 이용되며, 수치 지형도에 아직 반영되지 못한 최신의 정보를 추출할 수 있다.
- 영상정합(Image Matching)
  좌우 영상에서 공액점의 영상좌표를 자동으로 추출하고자 하는 알고리즘을 말한다. 영영기준영상 정합의 상관계수 영상정합법은 좌우 영상의 밝기값의 유사성을 이용하여 공액점을 찾는 기법으로 가장 기본적인 영상정합법이고, 최소제곱법 영상소 단위의 정확도를 갖는 기존의 영상정합법에 대해 부영상소 단위의 정합결과를 얻을 수 있는 특징이 있다. 그러나 영상정합을 수행하고자 하는 정합점의 위치가 2~3 영상소 내에 존재해야 좋은 결과를 얻을 수 있다. 따라서 상관계수법의 결과를 이용하여 좀 더 높은 정확도를 얻고자 할 때 이용된다.

26 회전주기가 일정한 위성을 이용한 원격탐사의 특성이 아닌 것은?

① 단시간 내에 넓은 지역을 동시에 측정할 수 있으며 반복측정이 가능하다.
② 관측이 좁은 시야각으로 행해지므로 얻어진 영상은 정사투영에 가깝다.
③ 탐사된 자료가 즉시 이용될 수 있으며 환경문제 해결 등에 유용하다.
④ 언제나 원하는 지점을 원하는 시기에 관측할 수 있다.

해설

원격탐사의 특징

- 짧은 시간에 넓은 지역을 동시에 측정할 수 있으며 반복측정이 가능하다.
- 다중파장대에 의한 지구표면 정보 획득이 용이하며 측정 자료가 기록되어 판독이 자동적이고 정량화가 가능하다.
- 회전주기가 일정하므로 원하는 지점 및 시기에 관측하기가 어렵다.
- 관측이 좁은 시야각으로 얻어진 영상은 정사투영에 가깝다.
- 탐사된 자료가 즉시 이용될 수 있으므로 재해, 환경문제 해결에 편리하다.

27 원격탐사를 위한 센서를 탑재한 탑재체(Platform)가 아닌 것은?

① IKONOS　② LANDSAT
③ SPOT　④ VLBI

해설

④ VLBI(Very Long Base Interferometer : 초장기선간섭계)
지구상에서 1,000~10,000km 정도 떨어진 1조의 전파간섭계를 설치하여 전파원으로부터 나온 전파를 수진하여 2개의 간섭계에 도달한 시간차를 관측하여 거리를 측정한다. 시간차로 인한 오차는 30cm 이하이며, 10,000km 긴 기선의 경우는 관측소의 위치로 인한 오차 15cm 이내가 가능하다. VLBI는 각종 인공위성의 위치측정이나 우주공간의 항성 또는 행성들로부터의 도래파 신호를 수신 분석하는 수단으로 응용되는 두 개의 이웃 수신용 안테나가 아주 멀리 이격된 기지선을 이용한 전파간섭계측정 첨단기술이다. 두 안테나가 동시에 수신된 전파를 시각 부호와 함께 광대역 디지털 기록계기에 기록 자기테이프 저장한 후 정밀측정으로 두 안테나 위치 간의 지연 시간차를 구하여 거리를 측정한다.

① IKONOS : Space Imaging사의 CARTERRA Product 중에서 1m급의 고해상도 영상을 제공하는 IKONOS는 1999년 4월에 처음 1호가 발사되었으나 궤도진입에 실패하였고, 곧바로 IKONOS-2호를 1999년 9월에 발사하여 궤도진입에 성공하였다.

② LANDSAT : LANDSAT은 지구관측을 위한 최초의 민간목적 원격탐사를 위성으로 1972년에 1호 위성이 발사되었으며 그 이후 LANDSAT 2, 3, 4, 5호가 차례로 발사에 성공했으나 LANDSAT 6호는 궤도 진입에 실패하였다. 최근에는 LANDSAT 7호가 1999년 4월에 발사되었으며, 현재 1, 2, 3, 4호는 임무를 끝내고 운영이 중단되었고, 현재는 5, 7호만 운용 중에 있다. LANDSAT 시리즈는 20여년 동안 Thematic Mapper(TM), Multispectral Scanner Systme(MSS)를 탑재하여 오랜 시간 동안의 지구 환경의 변화된 모습을 볼 수 있다.

③ SPOT : SPOT 위성은 프랑스 CNES(Centre National d'Etudes Spatiales) 주도하에 1, 2, 3, 4, 5호가 발사되었으며, 이 중 1, 2, 4, 5가 운용 중이지만 지상관제센터에서 관제할 수 있는 위성의 수가 3대이기 때문에 영상은 2, 4, 5 호의 영상만을 획득하고 있다.

28 항공사진의 축척(Scale)에 대한 설명으로 옳은 것은?

① 카메라의 초점거리에 비례하고, 비행고도에 반비례한다.
② 카메라의 초점거리에 반비례하고, 비행고도에 비례한다.
③ 카메라의 초점거리와 비행고도에 반비례한다.
④ 카메라의 초점거리와 비행고도에 비례한다.

해설

카메라의 초점거리에 비례하고, 비행고도에 반비례한다.

$$\frac{1}{m} = \frac{f}{H}$$

정답 25 ④ 26 ④ 27 ④ 28 ①

29 촬영고도 3,000m에서 초점거리 150mm의 카메라로 촬영한 밀착사진의 종중복도가 60%, 횡중복도가 30%일 때 이 연직사전의 유효모델 1개에 포함되는 실제 면적은? (단, 사진크기 = 18cm × 18cm)

① 3.52km^2 ② 3.63km^2
③ 3.78km^2 ④ 3.81km^2

해설

$\frac{1}{m} = \frac{f}{H} = \frac{0.15}{3,000} = \frac{1}{20,000}$

$A = (ma)^2\left(1-\frac{p}{100}\right)\left(1-\frac{q}{100}\right)$

$= (20,000 \times 0.18)^2 \times \left(1-\frac{60}{100}\right)\left(1-\frac{30}{100}\right)$

$= 3,628,800\text{m}^2 = 3.63\text{km}^2$

30 초점거리가 150mm인 카메라로 표고 300m의 평탄한 지역을 사진축척 1 : 15,000으로 촬영한 연직사진의 촬영고도(절대촬영고도)는?

① 2,250m ② 2,550m
③ 2,850m ④ 3,000m

해설

$\frac{1}{m} = \frac{f}{H \pm h}$

$H = (mf) + h$

$= 15,000 \times 0.15 + 300 = 2,550\text{m}$

31 축척 1 : 5,000으로 평지를 촬영한 연직사진이 있다. 사진크기 23cm × 23cm, 종중복도가 60%라면 촬영기선 길이는?

① 690m ② 460m
③ 920m ④ 1,380m

해설

$B = ma\left(1-\frac{p}{100}\right) = 5,000 \times 0.23 \times \left(1-\frac{60}{100}\right) = 460\text{m}$

32 사진크기와 촬영고도가 같을 때 초광각 카메라(초점거리 88mm, 피사각 120°)에 의한 촬영면적은 광각카메라(초점거리 152mm, 피사각 90°)에 의한 촬영면적의 약 몇 배가 되는가?

① 1.5배 ② 1.7배
③ 3.0배 ④ 3.4배

해설

사진크기와 촬영고도가 같을 경우 초광각사진기에 의한 촬영면적은 광각사진기의 경우 약 3배가 넓게 촬영된다. 그리고 광각사진기에 의한 촬영면적은 보통각 사진기에 약 2배가 넓게 촬영된다(보통각 초점거리 210mm, 피사각 90°).

초광각 : 광각 : 보통각 = $(ma)^2 : (ma)^2 : (ma)^2$

$= \left(\frac{H}{f}\times a\right)^2 : \left(\frac{H}{f}\times a\right)^2 : \left(\frac{H}{f}\times a\right)^2$

$= \left(\frac{H}{0.88}\times a\right)^2 : \left(\frac{H}{1.52}\times a\right)^2 : \left(\frac{H}{2.10}\times a\right)^2$

= 129 : 43 : 22

33 항공사진측량용 디지털 카메라 중 선형배열 카메라(Linear Array Camera)에 대한 설명으로 틀린 것은?

① 선형의 CCD 소자를 이용하여 지면을 스캐닝하는 방식이다.
② 각각의 라인별로 중심투영의 특성을 가진다.
③ 각각의 라인별로 서로 다른 외부표정요소를 가진다.
④ 촬영방식은 기존의 아날로그 카메라와 동일하게 대상지역을 격자형태로 촬영한다.

해설

선형배열 카메라

- 선형의 CCD 소자를 이용하여 지면을 스캐닝 하는 방식이다.
- 각각의 라인별로 중심투영의 특성을 가진다.
- 각각의 라인별로 서로 다른 외부표정요소를 가진다.

정답 29 ② 30 ② 31 ② 32 ③ 33 ④

34 **지상좌표계로 좌표가 (50m, 50m)인 건물의 모서리가 사진상의 (11mm, 11mm) 위치에 나타났다. 사진상의 주점 위치는 (1mm, 1mm)이고, 투영중심은 (0m, 0m, 1,530m)이라면 사진의 축척은?(단, 사진좌표계와 지상좌표계의 모든 좌표축의 방향은 일치한다)**

① 1 : 1,000 ② 1 : 2,000
③ 1 : 5,000 ④ 1 : 10,000

해설
투영중심(0m, 0m, 1,530m), 주점이 투영중심이므로 지상(0, 0)에서 건물 모서리까지 계산하면
$\sqrt{50^2+50^2}$ = 70.710m이고 사진상 주점에서 건물 모서리까지 계산하면
$\sqrt{10^2+10^2}$ = 14.14mm
$\frac{1}{m}=\frac{l}{L}=\frac{0.01414}{70.710}=\frac{1}{5,000}$

35 **수치지도로부터 수치지형모델(DTM)을 생성하기 위하여 필요한 레이어는?**

① 건물 레이어
② 하천 레이어
③ 도로 레이어
④ 등소선 레이어

해설
수치지도로부터 수치지형모델(DTM)을 생성하기 위하여 필요한 레이어는 등고선 레이어이다.
DTM(Digital Terrain Model)
- 지형의 표고뿐만 아니라 지표상의 다른 속성도 포함하며 측량 및 원격탐사와 연관이 깊다.
- 지형의 다른 속성까지 포함하므로 자료가 복잡하고 대용량의 정보를 가지고 있으며, 여러 가지 속성을 레이어를 이용하여 다양한 정보제공이 가능하다.
- DTM은 표현방법에 따라 DEM과 DSM으로 구별된다. 즉 DTM = DEM + DSM이다.

36 **절대표정에 대한 설명으로 틀린 것은?**

① 절대표정을 수행하면 Tie Point에 대한 지상점 좌표를 계산할 수 있다.
② 상호표정으로 생성된 3차원 모델과 지상좌표계의 기하학적 관계를 수립한다.
③ 주점의 위치와 초점거리, 축척을 결정하는 과정이다.
④ 7개의 독립적인 지상좌표값이 명시된 지상기준점이 필요하다.

해설
내부표정
도화기의 투영기에 촬영 당시와 똑같은 상태로 양화건판을 정착시키는 작업이다.
- 주점의 위치결정
- 화면거리(f)의 조정
- 건판의 신축측정, 대기굴절, 지구곡률보정, 렌즈수차 보정

37 **지상기준점과 사진좌표를 이용하여 외부표정요소를 계산하기 위해 필요한 식은?**

① 공선조건식
② Similarity 변환식
③ Affine 변환식
④ 투영변환식

해설
- 공선조건
  공간상의 임의의 점과 그에 대응되는 사진상의 점 및 사진기의 투영중심이 동일 직선상에 있어야 할 조건을 말한다. 입체사진측량에서 2개 이상의 공선조건이 얻어지므로 대상물 3차원 좌표를 결정 할 수 있다. 이 공선조건식은 3점의 지상기준점을 이용하여 투영중심 O의 좌표(X_o, Y_o, Z_o)와 표정인자(k, ϕ, ω)를 구하는 공간후방교회법과 공간전방교회법에 의해 결정된 6개의 외부표정인자와 상점(x, y)를 이용하여 새로운 지상점의 좌표(X, Y, Z)를 구하는 공간전방교회법에 이용된다.
- 공면조건
  두 개의 투영중심과 공간상의 임의 점 p의 두상점이 동일평면상에 있기 위한 조건을 말한다.
- 외부표정요소
  항공사진측량에서 항공기에 GPS 수신기를 탑재할 경우 비행기의 위치 (X_o, Y_o, Z_o)를 얻을 수 있으며, 관성측량장비(INS)까지 탑재할 경우 (k, ϕ, ω)를 얻을 수 있다. 즉 (X_o, Y_o, Z_o) 및 (k, ϕ, ω)를 사진의 외부표정요소라 한다.

정답 34 ③ 35 ④ 36 ③ 37 ①

38 원격탐사 디지털 영상 자료 포맷 중 데이터셋 안의 각각의 화소와 관련된 n개 밴드의 밝기값을 순차적으로 정렬하는 포맷은?

① BIL ② BIP
③ BIT ④ BSQ

해설
② BIP(Band Interleaved by Pixel : 픽셀별 영상)
한 개 라인 중의 하나의 화소 분광값을 나열한 것을 그 라인의 전체 화소에 대해 정열하고 그것을 전체 라인에 대해 반복하며 [(밴드순, 픽셀번호순), 라인번호순]이다. 각 파장대의 값들이 주어진 영상소 내에서 순서적으로 배열되며 영상소는 저장장치에 연속적으로 배열된다. 구형이므로 거의 사용되지 않는다.
① BIL(Band Interleaved by Line : 라인별 영상)
한 개 라인 속에 한 밴드 분광값을 나열한 것을 밴드순으로 정렬하고 그것을 전체 라인에 대해 반복하며 {[(픽셀번호순), 밴드순], 라인번호순}이다. 주어진 선에 대한 모든 자료의 파장대를 연속적으로 파일 내에 저장하는 형식이다. BIL 형식에 있어 파일 내의 각 기록은 단일 파장대에 대해 열의 형태인 자료의 격자형 입력선을 포함하고 있다.
④ BSQ(Band Sequential : 밴드별 영상)
밴드별로 이차원 영상 데이터를 나열한 것으로 {[(픽셀(화소)번호순), 라인번호순], 밴드순}이다. 각 파장대는 분리된 파일을 포함하여 단일 파장대가 쉽게 읽혀지고 보일 수 있으며 다중파장대는 목적에 따라 불러올 수 있다.

39 항공라이다의 활용분야로 가장 거리가 먼 것은?

① 지하매설물의 탐지
② 빙하 및 사막의 DEM 생성
③ 수목의 높이 측정
④ 송전선의 3차원 위치 측정

해설
활용분야
- 하천이나 사방을 목적으로 하는 지형측량 하천범람, 지진재해, 토사재해, 화산방재 등
- 해안의 상세지형 측량 : 해안지형의 토사변화상황을 동적으로 해석하고 있다.
- 도로에 대한 3차원 형상측량 : 도로면의 계측, 시가지도로의 측량 등
- 삼림환경 측량 : 수목성장량측량, 낙엽수림의 수직적인 계층 구조 파악 등
- 3D 도시모델자료는 조망시뮬레이션, 카네비게이션, 도시를 무대로 한 게임 컨텐츠로서 활용
- 수자원 관리
- 에너지 관리 분야 활용 : 송전선 이격조사, 풍력발전소 조사 등

40 복수의 입체모델에 대해 입체모델 각각에 상호표정을 행한 뒤에 접합점 및 기준점을 이용하여 각 입체모델의 절대표정을 수행하는 항공삼각측량의 조정방법은?

① 독립모델법
② 광속조정법
③ 다항식조정법
④ 에어로 폴리건법

해설
항공삼각측량의 조정방법
- 다항식조정법(Polynomial Method)
다항식조정법은 촬영경로 즉 종접합모형(Strip)을 기본단위로 하여 종횡접합모형 즉 블록을 조정하는 것으로 촬영경로마다 접합표정 또는 개략의 절대표정을 한 후 복수촬영경로에 포함된 기준점과 접합표정을 이용하여 각 촬영경로의 절대표정을 다항식에 의한 최소제곱법으로 결정하는 방법이다.
- 독립모델조정법(IMT ; Independent Model Triangulation)
독립입체모형법은 입체모형(Model)을 기본단위로 하여 접합점과 기준점을 이용하여 여러 모델의 좌표를 조정하는 방법에 의하여 절대좌표를 환산하는 방법
- 광속조정법(Bundlde Adjustment)
광속조정법은 상좌표를 사진좌표로 변환시킨 다음 사진좌표(photo coordinate)로부터 직접 절대좌표(absolute coordinate)를 구하는 것으로 종횡접합모형(block)내의 각 사진 상에 관측된 기준점, 접합점의 사진좌표를 이용하여 최소제곱법ㅇ 각 사진의 외부표정요소 및 접합점의 최확값을 결정하는 방법이다.
- DTL 방법(DLT ; Direct Linear Transformation)
광속조정법의 변형인 DLT방법은 상좌표로부터 사진좌표를 거치지 않고 11개의 변수를 이용하여 직접 절대좌표를 구할 수 있다.

정답 38 ② 39 ① 40 ①

제3과목 지리정보시스템(GIS) 및 위성측위시스템(GNSS)

41 공간정보를 크게 두 가지 정보로 구분할 때, 다음 중 그 분류로 가장 적합한 것은?

① 위치정보(Positional Information)와 속성정보(Attribute Information)
② 객체정보(Object Information)와 형상정보(Entity Information)
③ 위치정보(Positional Information)와 형상정보(Entity Information)
④ 객체정보(Object Information)와 속성정보(Attribute Information)

해설
- 위치정보
  - 절대위치정보(Absolute Positional Information)
    실제공간에서의 위치(예 경도, 위도, 좌표, 표고)정보를 말하며 지상, 지하, 해양, 공중 등의 지구공간 또는 우주공간에서의 위치기준이 된다.
  - 상대위치정보(Relative Positional Information)
    모형공간(Model Space)에서의 위치(임의의 기준으로부터 결정되는 위치 예 설계도)정보를 말하는 것으로서 상대적 위치 또는 위상관계를 부여하는 기준이 된다.
- 특성정보
  - 도형정보(Graphic Information)
    도형정보는 지도에 표현되는 수치적 설명으로 지도의 특정한 지도요소를 의미한다. GIS에서는 이러한 도형정보를 컴퓨터의 모니터나 종이 등에 나타내는 도면으로 표현하기 위해 사용한다. 도형정보는 점, 선, 면 등의 형태나 영상소, 격자셀 등의 격자형, 그리고 기호 또는 주석과 같은 형태로 입력되고 표현된다.
  - 영상정보(Image Information)
    센서(Scanner, Lidar Laser, 항공사진기 등)에 의해 취득된 사진 등으로 인공위성에서 직접 얻어진 수치영상이나 항공기를 통하여 얻어진 항공사 진상의 정보를 수치화하여 컴퓨터에 입력한 정보를 말한다.
  - 속성정보(Attribute Information)
    지도상의 특성이나 질, 지형, 지물의 관계 등을 나타내는 정보로서 문자와 숫자가 조합된 구조로 행렬의 형태로 저장된다.

42 다음 중 수치표고자료의 유형이 아닌 것은?

① DEM ② DIME
③ DTED ④ TIN

해설
수치표고자료 유형
- 격자형자료
  - DEM(Digital Elevation Model)
- 벡터형자료
  - DTM(Digital Terrain Model)
  - DTED(Digital Terrain Elevation Data)
  - TIN(Triangular Irregular Network)
  - DHM(Digital Height Model)

43 주어진 연속지적도에서 본인 소유의 필지와 접해있는 이웃 필지의 소유주를 알고 싶을 때에 필지 간의 위상관계 중에 어느 관계를 이용하는가?

① 포함성 ② 일치성
③ 인접성 ④ 연결성

해설
위상이란 도형 간의 공간상의 상관관계를 의미하는데 위상은 특정변화에 의해 불변으로 남는 기하학적 속성을 다루는 수학의 한 분야로 위상모델의 전제조건으로는 모든 선의 연결성과 폐합성이 필요하다.
- 분석 : 각 공간객체 사이의 관계가 인접성, 연결성, 포함성 등의 관점에서 묘사되며, 스파게티 모델에 비해 다양한 공간분석이 가능하다.
- 인접성(Adjacency) : 사용자가 중심으로 하는 개체의 형상 좌우에 어떤 개체가 인접하고 그 존재가 무엇인지를 나타내는 것이며 이러한 인접성으로 인해 지리정보의 중요한 상대적인 거리나 포함여부를 알 수 있게 된다.
- 연결성(Connectivity) : 지리정보의 3가지 요소의 하나인 선(Line)이 연결되어 각 개체를 표현할 때 노드(Node)를 중심으로 다른 체인과 어떻게 연결되는지를 표현한다.
- 포함성(Containment) : 특정한 폴리곤에 또 다른 폴리곤이 존재할 때 이를 어떻게 표현할지는 지리정보의 분석 기능에 중요한 하나이며 특정지역을 분석할 때, 특정지역에 포함된 다른 지역을 분석할 때 중요하다.

정답 41 ① 42 ② 43 ③

44 벡터(Vector)자료 구조의 특징으로 옳지 않은 것은?

① 현실 세계의 정확한 묘사가 가능하다.
② 비교적 자료구조가 간단하다.
③ 압축된 데이터구조로 자료의 용량을 축소할 수 있다.
④ 위상관계의 제공으로 공간적 분석이 용이하다.

해설

구 분	벡터자료	래스터자료
장 점	• 보다 압축된 자료구조를 제공하며 따라서 데이터 용량의 축소가 용이하다. • 복잡한 현실세계의 묘사가 가능하다. • 위성에 관한 정보가 제공되므로 관망분석과 같은 다양한 공간분석이 가능하다. • 그래픽의 정확도가 높다 • 그래픽과 관련된 속성정보의 추출 및 일반화, 갱신 등이 용이하다.	• 자료구조가 간단하다. • 여러 레이어의 중첩이나 분석이 용이하다. • 자료의 조작과정이 매우 효과적이고 수치영상의 질을 향상시키는데 매우 효과적이다. • 수치이미지 조작이 효율적이다. • 다양한 공간적 편의가 격자의 크기와 형태가 동일한 까닭에 시뮬레이션이 용이하다.
단 점	• 자료의 구조가 복잡하다. • 여러 레이어의 중첩이나 분석에 기술적으로 어려움이 수반된다. • 각각의 그래픽 구성요소는 각기 다른 위상구조를 가지므로 분석에 어려움이 크다. • 그래픽의 정확도가 높은 관계로 도식과 출력에 비싼 장비가 요구된다. • 일반적으로 값비싼 하드위어와 소프트웨어가 요구되므로 초기비용이 많이 든다.	• 압축되어 사용되는 경우가 드물며 지형관계를 나타내기가 훨씬 어렵다. • 주로 격자형의 네모난 형태로 가지고 있기 때문에 수작업에 의해서 그려진 완화된 선에 비해서 미관상 매끄럽지 못하다. • 위상정보의 제공이 불가능하므로 관망해석과 같은 분석기능이 이루어질 수 없다. • 좌표변환을 위한 시간이 많이 소요된다.

45 주어진 Sido 테이블에 대해 아래와 같은 SQL문에 의해 얻어지는 결과는?

SQL > SELECT * FROM Sido WHERE POP > 2,000,000
Table : Sido

Do	AREA	PERIMETER	POP
강원도	1.61E+10	8.28E+05	1,431,101
경기도	1.06E+10	8.65E+05	8,713,789
충청북도	7.44E+09	7.57E+05	1,407,975
경상북도	1.90E+10	1.10E+06	2,602,203
충청남도	8.50E+09	8.60E+05	1,765,824

①

Do	AREA	PERIMETER	POP
경기도	1.06E+10	8.65E+05	8,713,789
경상북도	1.90E+10	1.10E+06	2,602,203

②

Do	AREA	PERIMETER
경기도	1.06E+10	8.65E+05
경상북도	1.90E+10	1.10E+06

③

Do	AREA
경기도	1.06E+10
경상북도	1.90E+10

④

Do
경기도
경상북도

해설

SQL > SELECT * FROM Dido WHERE POP > 2,000,000

Do	AREA	PERIMETER	POP
경기도	1.61E+10	8.65E+05	8,713,789
경상북도	1.90+10	1.10E+06	2,602,203

정답 44 ② 45 ①

46 GNSS 측량방법 중 이동국 관측점에서 위성신호를 처리한 성과와 기지국에서 송신된 위치자료를 수신하여 이동지점의 위치좌표를 바로 구할 수 있는 측량방법은?

① 정지식 측위방법
② 후처리 측위방법
③ 역정밀 측위방법
④ 실시간 이동식 측위방법

해설
이동측량(Kinematic Surveying)
이동측량은 2대 이상의 GPS 수신기를 이용하여 한 대는 고정점에, 다른 한 대는 미지점을 옮겨가며 방사형으로 관측하는 기법이며 Stop And Go방식이라고도 한다.
- 측량방법
  - 2대 이상의 수신기를 이용하여 기지점과 미지점을 관측한다.
  - 각 수신기의 데이터 수신은 수분, 수초 관측한다.
  - 관측된 데이터를 후처리 기법에 의하여 계산하여 미지점에 대한 좌표값을 구한다.
- 특 징
  - 1개의 기지점이 필요하다.
  - 측량 정밀도가 높아 기준점 측량 등에 유효하며 응용분야는 공사측량 이동차량의 위치결정 등에도 활용된다.
  - 짧은 시간 내에 여러 개의 미지점에 대한 관측이 가능하다.
  - 오차의 크기는 3cm 정도이다.
  - 지적위성측량에 적용 시 도근측량이나 세부측량에 활용이 가능하다.

47 GNSS 측량의 체계구성을 크게 3가지로 나눌 때 해당되지 않는 것은?

① 사용자부분 ② 우주부분
③ 제어부분 ④ 신호부분

해설
- 우주부분
  - 연속적 다중위치 결정체계
  - GPS는 55° 궤도 경사각, 위도 60°의 6개 궤도
  - 고도 20,183km 고도와 약 12시간 주기로 운행
  - 3차원 후방 교회법으로 위치 결정
- 제어부분
  - 궤도와 시각 결정을 위한 위상의 추척
  - 전리층 및 대류층의 주기적 모형화(방송 궤도력)
  - 위성시간의 동일화
  - 위성으로서의 자료전송 3차원 후방 교회법으로 위치 결정
- 사용자부분
  - 위성으로부터 보내진 전파를 수신해 원하는 위치 또는 두 점 사이의 거리를 계산

48 공간데이터의 메타데이터에 포함되는 주요 정보가 아닌 것은?

① 공간 참조정보
② 데이터 품질정보
③ 배포정보
④ 가격변동정보

해설
메타데이터의 기본요소
- 식별정보(Identification Information) : 인용, 자료에 대한 묘사, 제작시기, 공간영역, 키워드, 접근제한, 사용제한, 연락처 등
- 자료의 질 정보(Data Quality Information) : 속성정보 정확도, 논리적, 일관성, 완결성, 위치정보 정확도, 계통(Lineage) 정보 등
- 공간자료 구성정보(Spatial Data Organization Information) : 간접 공간참조자료(자료체계), 직접 공간참조자료, 점과 벡터객체 정보, 위상관계, 래스터 객체 정보 등
- 공간좌표정보(Spatial Reference Information) : 평면 및 수직 좌표계
- 사상과 속성정보(Entity & Attribute Information) : 사상타입, 속성 등
- 배포정보(Distribution Information) : 배포자, 주문방법, 법적의무, 디지털 자료형태 등
- 메타데이터 참조정보(Metadata Reference Information) : 메타데이터 작성 시기, 버전, 메타데이터 표준이름, 사용제한, 접근제한 등
- 인용정보(Citation Information) : 출판일, 출판시기, 원 제작자, 제목, 시리즈 정보 등
- 제작시기(Time Period Information) : 일정시점, 다중시점, 일정시기 등
- 연락처(Contact Information) : 연락자, 연락기관, 주소 등

정답 46 ④ 47 ④ 48 ④

49 래스터 정보의 압축방법이 아닌 것은?

① Chain Code ② C/A Code
③ Run-Length Code ④ Block Code

해설

- Run-Length Code 기법
  - 각 행마다 왼쪽에서 오른쪽으로 진행하면서 동일한 수치를 갖는 셀들을 묶어 압축시키는 방법
  - Run이란 하나의 행에서 동일한 속성값을 갖는 격자를 말한다.
  - 동일한 속성값을 개별적으로 저장하는 대신 하나의 Run에 해당되는 속성값이 한 번만 저장되고 Run의 길이와 위치가 저장되는 방식이다.
- 사지수형(Quadtree) 기법
  - 사지수형 기법은 Run-Length 코드 기법과 함께 많이 쓰이는 자료 압축기법이다.
  - 크기가 다른 정사각형을 이용하여 Run-Length 코드보다 더 많은 자료의 압축이 가능하다.
  - 전체 대상지역에 대하여 하나 이상의 속성이 존재할 경우 전체 지도는 4개의 동일한 면적으로 나누어지는데 이를 Quadrant라 한다.
- 블록코드(Block Code) 기법
  - Run-Length 코드기법에 기반을 둔 것으로 정사각형으로 전체 객체의 형상을 나누어 데이터를 구축하는 방법
  - 자료구조는 원점으로부터의 좌표 및 정사각형의 한 변의 길이로 구성되는 세 개의 숫자만으로 표시가 가능
- 체인코드(Chain Code) 기법
  - 대상지역에 해당하는 격자들의 연속적인 연결 상태를 파악하여 동일한 지역의 정보를 제공하는 방법
  - 자료의 시작점에서 동서남북으로 방향을 이동하는 단위거리를 통해서 표현하는 기법
  - 각 방향은 동쪽은 0, 북쪽은 1, 서쪽은 2, 남쪽은 3 등 숫자로 방향을 정의한다.
  - 픽셀의 수는 상첨자로 표시한다.
  - 압축효율은 높으나 객체간의 경계 부분이 이중으로 입력되어야 하는 단점이 있다.

50 GNSS 측량에 의해 어떤 지점의 타원체고 150.00m를 얻었다. 이 지점의 지오이드고가 20.00m라면 정표고는?

① 170.00m ② 140.00m
③ 130.00m ④ 120.00m

해설

정표고 = 타원체고 − 지오이드고
= 150 − 20 = 130m

51 GNSS 측위 기법 중에서 가장 정확도가 높은 방법은?

① Kinematic 측위
② VRS 측위
③ Static 측위
④ RTK 측위

해설

- 정지측량(Static Surveying)
  2대 이상의 GPS 수신기를 이용하여 한 대는 고정점에 다른 한 대는 미지점에 동시에 수신기를 설치하여 관측하는 기법이다.
  - 측량방법
    ⓐ 3대 이상의 수신기를 이용하여 기지점과 미지점을 동시에 관측한다(세션 관측).
    ⓑ 각 수신기의 데이터 수신시간은 최소 30분 이상 관측한다.
    ⓒ 관측된 데이터를 후처리 기법에 의하여 계산하여 미지점에 대한 좌표값을 구한다.
  - 특 징
    ⓐ 2개의 기지점에 필요하다.
    ⓑ 측량 정밀도가 높아 기준점 측량에 유효하게 활용된다.
    ⓒ 비교적 저렴한 비용으로 높은 정도의 좌표값을 얻을 수 있다.
    ⓓ 오차의 크기는 1cm 정도이다.
- 이동측량(Kinematic Surveying)
  2대 이상의 GPS 수신기를 이용하여 한 대는 고정점에, 다른 한 대는 미지점을 옮겨가며 방사형으로 관측하는 기법이며 Stop And Go 방식이라고도 한다.
  - 측량방법
    ⓐ 2대 이상의 수신기를 이용하여 기지점과 미지점을 관측한다.
    ⓑ 각 수신기의 데이터 수신은 수분, 수초 관측한다.
    ⓒ 관측된 데이터를 후처리 기법에 의하여 계산하여 미지점에 대한 좌표값을 구한다.
  - 특 징
    ⓐ 1개의 기지점이 필요하다.
    ⓑ 측량 정밀도가 높아 기준점 측량 등에 유효하며 응용분야는 공사측량 이동차량의 위치결정 등에도 활용된다.
    ⓒ 짧은 시간 내에 여러 개의 미지점에 대한 관측이 가능하다.
    ⓓ 오차의 크기는 3cm 정도이다.
    ⓔ 지적위성측량에 적용 시 도근측량이나 세부측량에 활용이 가능하다.

정답 49 ② 50 ③ 51 ③

52 **자료의 수집 및 취득 시 지리정보시스템(GIS)을 이용함으로써 기대할 수 있는 효과에 대한 설명으로 거리가 먼 것은?**

① 투자 및 조사의 중복을 최소화할 수 있다.
② 분업과 합작을 통하여 자료의 수치화 작업을 용이하게 해준다.
③ 상호 간의 자료 공유와 유통이 제한적이므로 보안성이 향상된다.
④ 자료기반(Database)과 전산망 체계를 통하여 자료를 더욱 간편하게 사용하게 한다.

해설
지리정보시스템(GIS)의 기대효과
• 정책 일관성 확보
• 최신정보 이용 및 과학적 정책 결정
• 업무의 신속성 및 비용 절감
• 합리적 도시계획
• 일상 업무 지원

53 **한 화소에 8bit를 할당하면 몇 가지를 서로 다른 값으로 표현할 수 있는가?**

① 2 ② 8
③ 64 ④ 256

해설
8bit = 2^8 = 256가지

54 **데이터 정규화(Normalization)에 대한 설명으로 옳은 것은?**

① 데이터를 일정한 규칙이나 기준에 의해 중복을 최소화할 수 있도록 구조화하는 것이다.
② 공간데이터를 구분하거나 특성을 설명할 목적으로 속성값을 이용하여 화면에 표시하는 것이다.
③ 지리적인 좌표에 도로명 또는 우편번호와 같은 고유번호를 부여하는 것이다.
④ 고통이 되는 속성값을 기준으로 서로 구분되어 있는 사상(Feature)을 단순화하는 것이다.

해설
정규화
• 이상현상(삽입, 삭제, 갱신)이 발생하지 않도록 하나의 릴레이션을 여러 개의 릴레이션으로 무손실 분해하는 과정이다.
• 관계 데이터베이스의 설계에서 중복 정보의 포함을 최소화하기 위한 기법을 적용하는 것. 정규화는 검색과 갱신 관리를 크게 단순화한다.

55 **지리정보시스템(GIS) 소프트웨어가 갖는 CAD와의 가장 큰 차이점은?**

① 대용량의 그래픽 정보를 다룬다.
② 위상구조를 바탕으로 공간분석 능력을 갖추었다.
③ 특정 정보만을 선택하여 추출할 수 있다.
④ 다양한 축척으로 자료를 출력할 수 있다.

해설
지리정보시스템(GIS) 소프트웨어는 위상구조를 바탕으로 공간자료 분석(다각형, 중첩, 삭제, 영향권 설정, 근린지역 등) 능력을 갖추었다.

56 **다음 중 디지타이징 입력에 따른 수치지도의 오류(일반적인 위상 에러) 유형이 아닌 것은?**

① Sliver Polygon
② Undershoot
③ Spike
④ Margin

해설
디지타이징 입력에 따른 수치지도의 오류 유형
• Overshoot : 교차점을 지나서 연결선이나 절점이 끝나기 때문에 발생하는 오류
• Undershoot : 교차점을 미치지 못하는 연결선이나 절점으로 발생하는 오류
• Spike : 교차점에서 두 개의 선분이 만나는 과정에서 잘못된 좌표가 입력되어 발생하는 오차
• Sliver Polygon : 하나의 선으로 입력되어야 할 곳에 두 개의 선으로 약간 어긋나게 입력하게 되어 가늘고 긴 불편한 폴리곤을 형성한 상태의 오차
• Overlapping : 주로 영역의 경계선에서 점, 선이 이중으로 입력되어 발생하는 오차
• Dangle : 매달린 노드의 형태로 발생하는 오류로 오버슈트나 언더슈트와 같은 형태로 한쪽 끝이 다른 연결선이나 절점에 연결되지 않는 상태의 오차

정답 52 ③ 53 ④ 54 ① 55 ② 56 ④

57 **현실세계를 지리정보시스템(GIS) 자료형태로 표현하기 위하여 지리정보에 대한 정보구조, 표현, 논리적 구조, 제약조건 및 상호관계 등을 정의한 것을 무엇이라고 하는가?**

① 데이터 모델
② 위상설정
③ 데이터 생산사양
④ 메타데이터

해설
데이터 모델 : 실세계를 추상화시켜 표현하는 것

58 **수치표고모델(DEM)의 응용분야와 가장 거리가 먼 것은?**

① 아파트 단지별 세입자 비율 조사
② 가시권 분석
③ 수자원 정보체계 구축
④ 절토량 및 성토량 계산

해설
수치표고모델의 응용분야
- 도로의 부지 및 댐의 위치 선정
- 수문 정보체계 구축
- 등고선도와 시선도
- 절토량과 성토량 산정
- 조경설계 및 계획을 위한 입체적인 표현
- 지형의 통계적 분석과 비교
- 경사도, 사면방향도, 경사 및 단면의 계산과 음영기복도 제작
- 경관 또는 지형형성과정의 영상모의 관측
- 수치지형도 작성에 필요한 표고정보와 지형정보를 다 이루는 속성
- 군사적 목적의 3차원 표현

59 **다음의 도형 정보 중 차원이 다른 것은?**

① 도로의 중심선
② 소방차의 출동 경로
③ 절대 표고를 표시한 점
④ 분수선과 계곡선

해설
벡터구조의 기본요소
- 점 : 차원이 존재하지 않으며 대상물의 지점 및 장소를 나타내고 기호를 이용하여 공간형상을 표현한다.
- 선 : 가장 간단한 형태로 1차원 대상물을 두 점으로 연결한 직선
- 면 : 경계선 내의 영역을 정의하고 면적을 가진다.

60 **오픈 소스 소프트웨어(Open Source Software)에 대한 설명으로 옳지 않은 것은?**

① 일반 사용자에 의해서 소스코드의 수정과 재배포가 가능하다.
② 전문 프로그래머가 아닌 일반 사용자도 개발에 참여할 수 있다.
③ 사용자 인터페이스가 상업용 소프트웨어에 비해 우수한 것이 특징이다.
④ 소스코드가 제공됨으로써 자료처리 과정을 명확하게 이해할 수 있는 장점이 있다.

해설
상업용 소프트웨어는 오픈소스 소프트웨어의 장점을 살려 특정기능을 추가하여 개발된 소프트웨어로 성능이 우수하다.
오픈 소스 소프트웨어(Open Source Software)
무료이면서 소스코드를 개방한 상태로 실행 프로그램을 제공하는 동시에 소스코드를 누구나 자유롭게 개작 및 개작된 소프트웨어를 재배포할 수 있도록 허용된 소프트웨어이다.

정답 57 ① 58 ① 59 ③ 60 ③

제4과목 측량학

61 기포관의 감도의 표시방법으로 옳은 것은?

① 기포관 길이에 대한 곡률중심의 사이각
② 기포관 전체 눈금에 대한 곡률중심의 사이각
③ 기포관 한 눈금에 대한 곡률중심의 사이각
④ 기포관 $\frac{1}{2}$ 눈금에 대한 곡률중심의 사이각

해설
기포관의 감도
감도란 기포 한 눈금(2mm)이 움직이는데 대한 중심각을 말하며, 중심각이 작을수록 감도는 좋다.

62 그림에서 $\overline{BC}$ 측선의 방위각은?(단, $\overline{AB}$ 측선의 방위각은 260°13′12″이다)

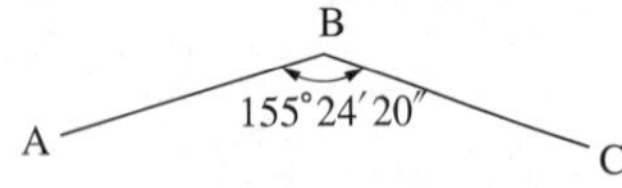

① 55°37′32″
② 104°48′52″
③ 235°48′52″
④ 284°48′52″

해설
$V_b^c = V_a^b + 180° - 155°24'20''$
$= 260°13'12'' + 180° - 155°24'20''$
$= 284°48'52''$

63 50m의 줄자로 거리를 측정할 때 ±3.0mm의 부정오차가 생긴다면 이 줄자로 150m를 관측할 때 생기는 부정오차는?

① ±1.0mm ② ±1.7mm
③ ±3.0mm ④ ±5.2mm

해설
우연오차 + $\pm\delta\sqrt{n} = \pm 3\sqrt{3}$ = ±5.19mm
횟수$(n) = \frac{150}{50}$ = 3회

64 축척 1 : 500 지형도를 이용하여 같은 크기의 1 : 5,000 지형도를 제작하려고 한다. 1 : 5,000 지형도 제작을 위해 필요한 1 : 500 지형도의 매수는?

① 10매 ② 50매
③ 100매 ④ 200매

해설
$$\left(\frac{1}{500}\right)^2 : \left(\frac{1}{5,000}\right)^2 = \frac{\left(\frac{1}{500}\right)^2}{\left(\frac{1}{5,000}\right)^2} = \frac{5,000^2}{500^2} = 100\text{매}$$

65 각 관측 시 최소제곱법으로 최확값을 구하는 목적은?

① 잔차를 얻기 위해서
② 기계오차를 없애기 위해서
③ 우연오차를 무리없이 배분하기 위해서
④ 착오에 의한 오차를 제거하기 위해서

해설
최확치
정확치에 가까운 확률이 가장 큰 값으로써 최소제곱법의 이론으로 얻어지는 값이다. 정도가 같은 관측치의 최확치는 어떤 양을 동일한 조건으로 반복하여 측정하였을 때 측정치들의 산술평균값이다. 확률론적으로 가장 정확하다고 생각할 수 있는 값으로서 최소제곱법에서 최확값은 평균값이 된다.

66 지형도의 활용과 가장 거리가 먼 것은?

① 저수지의 담수 면적과 저수량의 계산
② 절토 및 성토 범위의 결정
③ 노선의 도상 선정
④ 지적경계측량

해설
지형도의 이용
• 방향결정
• 위치결정
• 경사결정(구배계산)
• 거리결정
• 단면도제작
• 면적계산
• 체적계산(토공량 산정)

정답 61 ③ 62 ④ 63 ④ 64 ③ 65 ③ 66 ④

67 토털 스테이션의 구성요소와 관계가 없는 것은?

① 광파기
② 앨리데이드
③ 디지털 데오드라이트
④ 마이크로 프로세서(컴퓨터)

해설
토털 스테이션은 관측된 데이터를 직접 휴대용 컴퓨터기기(전자평판)에 저장하고 처리할 수 있으며 3차원 지형정보 획득 및 데이터베이스의 구축 및 지형도 제작까지 일괄적으로 처리할 수 있는 측량기계이다.

68 삼각점에 대한 성과표에 기재되어야 할 내용이 아닌 것은?

① 경위도
② 점번호
③ 직각좌표
④ 표고 및 거리의 대수

해설
삼각점에 대한 성과표 기재 사항
- 삼각점의 등급과 내용
- 방위각
- 평균거리 대수
- 측점 및 시준점의 명칭
- 자북 방향각
- 평면 직각좌표
- 위도, 경도
- 삼각점의 표고
- 도엽명칭 및 번호

69 지구의 곡률에 의한 정밀도를 $\dfrac{1}{10,000}$ 까지 허용할 때 평면으로 볼 수 있는 거리를 구하는 식으로 옳은 것은? (단, 지구곡률반지름 = 6,370km)

① $\sqrt{12\times\dfrac{6,370^2}{10,000}}$　② $\dfrac{\sqrt{12\times6,370^2}}{10,000}$

③ $\sqrt{\dfrac{6,370^2}{10,000}}$　④ $\dfrac{\sqrt{6,370^2}}{10,000}$

해설
평면으로 간주할 수 있는 범위

$$D=\sqrt{\frac{12\times R^2}{m}}$$

70 그림과 같은 △ABC에서 ∠A = 22°00′56″, ∠C = 80°21′54″, b = 310.95m라면 변 a의 길이는?

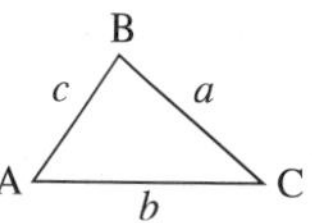

① 118.23m
② 119.34m
③ 310.95m
④ 313.86m

해설

$$a=\frac{\sin22°00'56''}{\sin77°37'10''}\times310.95=119.34\text{m}$$

71 그림과 같은 교호수준측량의 결과가 다음과 같을 때 B점의 표고는?(단, A점의 표고는 100m이다)

a_1 = 1.8m, a_2 = 1.2m, b_1 = 1.0m, b_2 = 0.4m

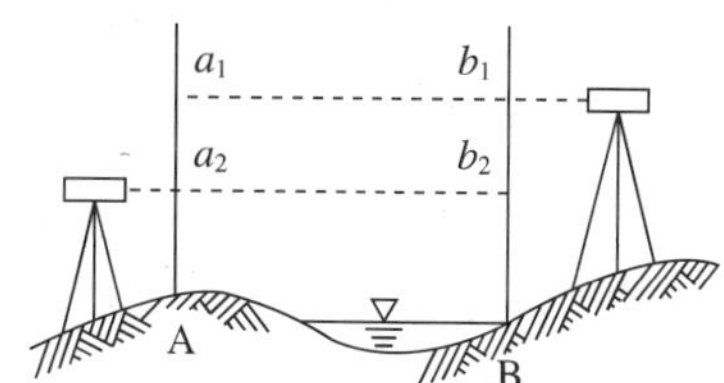

① 100.4m
② 100.8m
③ 101.2m
④ 101.6m

해설

$$h=\frac{(a_1-b_1)+(a_2-b_2)}{2}=\frac{(a_1+a_2)-(b_1+b_2)}{2}$$

$$=\frac{(1.8+1.2)-(1.0+0.4)}{2}=0.8$$

$$H_B=H_A+h=100+0.8=100.8\text{m}$$

정답 67 ② 68 ④ 69 ① 70 ② 71 ②

72 150cm 표척의 최상단이 연직선에서 앞으로 10cm 기울어져 있을 때 표척의 레벨관측값이 1.2m였다면 표척이 기울어져 발생한 오차를 보정한 관측값은?

① 119.73cm ② 119.93cm
③ 149.47cm ④ 149.79cm

해설

1.5 : 0.1 = 1.2 : x

150 : 10 = 120 : x

$\therefore\ x = \dfrac{10 \times 120}{150} = 8\text{cm}$

$\sqrt{120^2 + 8^2} = 120.27\text{cm}$

120.27 − 120 = 0.27cm

∴ 120 − 0.27cm = 119.73cm

73 UTM 좌표에 관한 설명으로 옳은 것은?

① 각 구역을 경도는 8°, 위도는 6°로 나누어 투영한다.
② 축척계수는 0.9996으로 전 지역에서 일정하다.
③ 북위 85°부터 남위 85°까지 투영범위를 갖는다.
④ 우리나라는 51S~52S 구역에 위치하고 있다.

해설

① 각 구역을 경도는 6°, 위도는 8°로 나누어 투영한다.
② 중앙자오선에서의 축척계수는 0.9996m이다.
③ 북위 80°부터 남위 80°까지 투영범위를 갖는다.

74 그림과 같은 트래버스에서 $\overline{AL}$의 방위각이 19°48′26″, $\overline{BM}$의 방위각이 310°36′43″, 내각의 총합이 1,190°47′22″일 때 측각오차는?

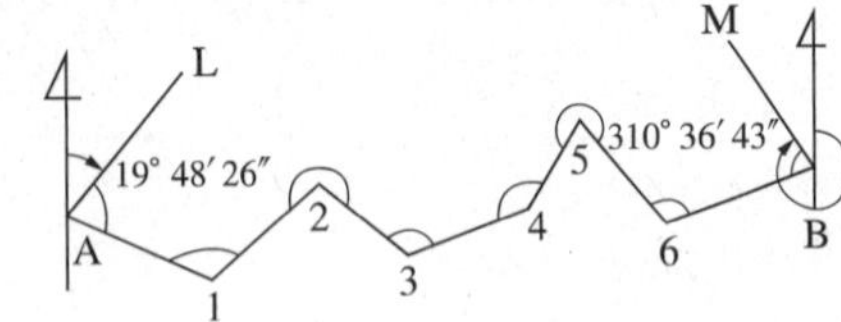

① −55″ ② −25″
③ +25″ ④ +45″

해설

$E = W_a - W_b + [a] - 180°(n-3)$

$= 19°48'26'' - 310°36'43'' + 1{,}190°47'22'' - 180°(8-3)$

$= -55''$

75 지리학적 경위도, 직각좌표, 지구중심 직교좌표, 높이 및 중력 측정의 기준으로 사용하기 위하여 위성기준점, 수준점 및 중력점을 기초로 정한 기준점은?

① 통합기준점 ② 경위도원점
③ 지자기점 ④ 삼각점

해설

통합기준점

지리학적 경위도, 직각좌표, 지구중심 직교좌표, 높이 및 중력 측정의 기준으로 사용하기 위하여 위성기준점, 수준점 및 중력점을 기초로 정한 기준점

76 지도 등을 간행하여 판매하거나 배포할 수 없는 자에 해당되지 않는 것은?

① 피성년후견인
② 피한정후견인
③ 관련 규정을 위반하여 금고 이상의 실형을 선고 받고 그 집행이 끝나거나 집행이 면제된 날부터 2년이 지나지 아니한 자
④ 관련 규정을 위반하여 금고 이상의 형의 집행유예를 선고받고 그 집행유예기간이 끝난 날부터 2년이 지나지 아니한 자

해설

기본측량성과 등을 사용한 지도 등의 간행(공간정보의 구축 및 관리 등에 관한 법률 제15조)

관련 규정을 위반하여 금고 이상의 형의 집행유예를 선고받고 그 집행유예 기간 중에 있는 자

77 측량기술자의 업무정지 사유에 해당되지 않는 것은?

① 근무처 등의 신고를 거짓으로 한 경우
② 다른 사람에게 측량기술경력증을 빌려준 경우
③ 경력 등의 변경신고를 거짓으로 한 경우
④ 측량기술자가 자격증을 분실한 경우

해설

측량기술자의 업무정지 등(공간정보의 구축 및 관리 등에 관한 법률 제42조)

측량기술자가 자격증을 분실한 경우는 측량기술자의 업무정지 사유에 해당하지 않는다.

정답 72 ① 73 ④ 74 ① 75 ① 76 ④ 77 ④

78 **공공측량 작업계획서에 포함되어야 할 사항이 아닌 것은?**

① 공공측량의 사업명
② 공공측량의 작업기간
③ 공공측량의 용역 수행자
④ 공공측량의 목적 및 활용 범위

해설
공공측량 작업계획서의 제출(공간정보의 구축 및 관리 등에 관한 법률 시행규칙 제21조)
공공측량 작업계획서에 포함되어야 할 사항은 다음과 같다.
- 공공측량의 사업명
- 공공측량의 목적 및 활용 범위
- 공공측량의 위치 및 사업량
- 공공측량의 작업기간
- 공공측량의 작업방법
- 사용할 측량기기의 종류 및 성능
- 사용할 측량성과의 명칭, 종류 및 내용
- 그 밖에 작업에 필요한 사항

79 **공간정보의 구축 및 관리 등에 관한 법률에 의한 벌칙으로 2년 이하의 징역 또는 2,000만원 이하의 벌금에 해당 되지 않는 것은?**

① 측량업자나 수로사업자로서 속임수, 위력, 그 밖의 방법으로 측량업 또는 수로사업과 관련된 입찰의 공정성을 해친 자
② 성능검사대행자의 등록을 하지 아니하거나 거짓이나 그 밖의 부정한 방법으로 성능검사 대행자의 등록을 하고 성능검사업무를 한 자
③ 고의로 측량성과 또는 수로조사성과를 사실과 다르게 한 자
④ 성능검사를 부정하게 한 성능검사대행자

해설
벌칙(공간정보의 구축 및 관리 등에 관한 법률 제107조)
측량업자로서 속임수, 위력, 그 밖의 방법으로 측량업과 관련된 입찰의 공정성을 해친 자는 3년 이하의 징역 또는 3,000만원 이하의 벌금에 처한다.

80 **공간정보의 구축 및 관리 등에 관한 법률에 따라 아래와 같이 정의되는 것은?**

해양의 수심 · 지구자기 · 중력 · 지형 · 지질의 측량과 해안선 및 이에 딸린 토지의 측량을 말한다.

① 해양측량
② 수로측량
③ 해안측량
④ 수자원측량

해설
정의(해양조사와 해양정보 활용에 관한 법률 제2조)
수로측량이란 해양 등 수역(水域)의 수심 · 지구자기(地球磁氣) · 중력 · 지형 · 지질의 측량과 해안선 및 이에 딸린 토지의 측량을 말한다.
※ 출제 시 정답은 ②였으나 해당 정의는 공간정보의 구축 및 관리 등에 관한 법률에서 타법 개정(20.2.18)되었으므로 정답 없음

정답 78 ③ 79 ① 80 정답 없음

2020년 제 1·2 회 통합 과년도 기출문제

제1과목 응용측량

01 그림과 같이 양단면의 면적이 A_1, A_2이고 중앙 단면의 면적이 A_m인 지형의 체적을 구하는 각주 공식으로 옳은 것은?

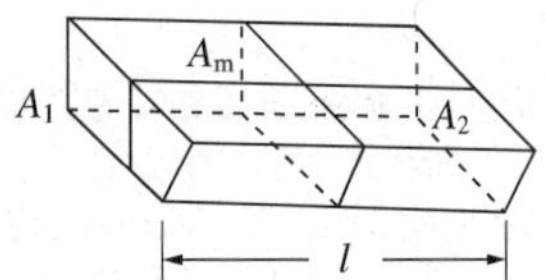

① $V=\dfrac{l}{6}(A_1+4A_m+A_2)$

② $V=\dfrac{l}{3}(A_1+\sqrt{A_1A_2}+A_2)$

③ $V=\dfrac{l}{8}(A_1+4A_2+3A_m)$

④ $V=\dfrac{l}{3}(A_1+A_m+A_2)$

해설

각주 공식

$V=\dfrac{l}{6}(A_1+4A_m+A_2)$

02 깊이 100m, 지름 5m 정도의 수직 터널에서 터널 내외의 연결측량을 하고자 할 때 가장 적당한 방법은?

① 삼각법

② 트랜싯과 추선에 의한 방법

③ 정렬법

④ 사변형법

해설

수직 터널(깊이 100m, 지름 5m)에서 터널 내외의 연결측량을 하고자할 때는 트랜싯과 추선에 의한 방법이 적당하다.

03 하천측량을 하는 주된 목적으로 가장 적합한 것은?

① 하천의 형상, 기울기, 단면 등 그 하천의 성질을 알기 위하여

② 하천 개수공사나 하천 공작물의 계획, 설계, 시공에 필요한 자료를 얻기 위하여

③ 하천공사의 토량계산, 공비의 산출에 필요한 자료를 얻기 위하여

④ 하천의 개수작업을 하여 흐름의 소통이 잘되게 하기 위하여

해설

하천측량은 하천의 형상, 수위, 단면 구배 등을 관측하여 하천의 평면도, 종횡단면도를 작성함과 동시에 유속, 유량 기타 구조물을 조사하여 각종 수공설계, 시공에 필요한 자료를 얻기 위한 것이다.

04 터널 내 A점의 좌표가 (1,265.45m, −468.75m), B점의 좌표가 (2,185.31m, 1,961.60m)이며 높이가 각각 36.30m, 112.40m인 두 점을 연결하는 터널의 경사거리는?

① 2,248.03m

② 2,284.30m

③ 2,598.60m

④ 2,599.72m

해설

경사거리

$=\sqrt{\Delta x^2+\Delta y^2+\Delta z^2}$

$=\sqrt{(2{,}185.31-1{,}265.45)^2+(1{,}961.6-(-468.75))^2+(112.4-36.3)^2}$

$=2{,}599.72\text{m}$

정답 1 ① 2 ② 3 ② 4 ④

05 그림과 같은 단면의 면적은?

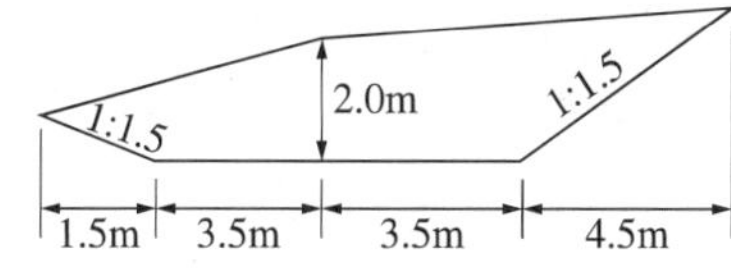

① $6.45m^2$ ② $13.25m^2$
③ $20.00m^2$ ④ $26.75m^2$

해설

$A=\frac{2+1}{2}\times 5.0-\frac{1}{2}\times 1.5\times 1=6.75$

$B=\frac{2+3}{2}\times 8.0-\frac{1}{2}\times 3\times 4.5=13.25$

$\therefore A+B=6.75+13.25=20m^2$

06 그림과 같은 지역의 각 점에 대한 시공기면에 대한 높이의 합이 $\Sigma h_1=0.40$m, $\Sigma h_2=2.00$m, $\Sigma h_3=1.00$m, $\Sigma h_4=0.75$m, $\Sigma h_6=1.20$m이었다면 흙깎기 토량(절토량)은?

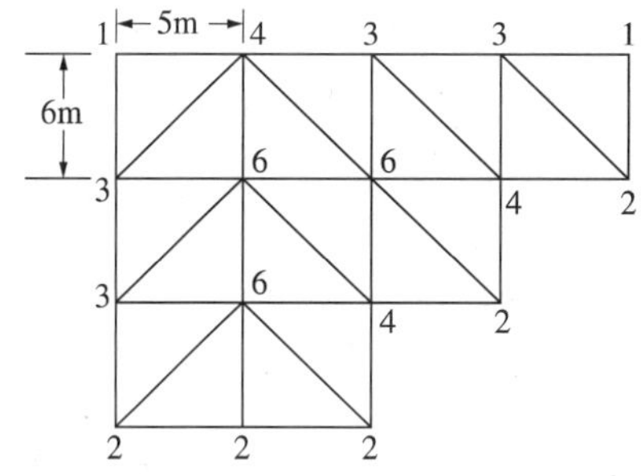

① $176m^3$
② $161m^3$
③ $88m^3$
④ $80.25m^3$

해설

$V=\frac{A}{3}(\Sigma h_1+2\Sigma h_2+3\Sigma h_3+4\Sigma h_4)$

$=\frac{\frac{a\times b}{2}}{3}(0.4+2\times 2+3\times 1+4\times 0.75+6\times 1.2)$

$=\frac{6\times 5}{6}\times 17.6=88m^3$

07 그림과 같은 토지의 한 변 $\overline{BC}$ = 52m 위의 점 D와 $\overline{AC}$ = 46m 위의 점 E를 연결하여 △ABC의 면적을 이등분(m : n = 1 : 1)하기 위한 $\overline{AE}$의 길이는?

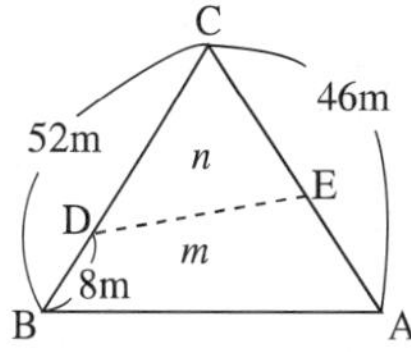

① 18.8m ② 27.2m
③ 31.5m ④ 14.5m

해설

$\overline{CE}=\frac{\overline{BC}\times\overline{AC}}{\overline{CD}}\times\frac{n}{m+n}=\frac{52\times 46}{52-8}\times\frac{1}{1+1}=27.18$m

$\therefore \overline{AE}=46-27.18=18.82$m

08 교각 $I=60°$, 곡선반지름 $R=200$m인 원곡선의 외할(External Secant)은?

① 30.940m ② 80.267m
③ 105.561m ④ 282.847m

해설

$E=R\times\left(\sec\frac{I}{2}-1\right)=200\left(\sec\frac{60°}{2}-1\right)=200\left(\frac{1}{\cos 30°}-1\right)$

$=30.94$m

09 수심이 h인 하천의 평균유속(V_m)을 3점법을 사용하여 구하는 식으로 옳은 것은?(단, V_n : 수면으로부터 수심 $n\cdot h$인 곳에서 관측한 유속)

① $V_m=\frac{1}{3}(V_{0.2}+V_{0.4}+V_{0.8})$

② $V_m=\frac{1}{3}(V_{0.2}+V_{0.6}+V_{0.8})$

③ $V_m=\frac{1}{4}(V_{0.2}+2V_{0.4}+V_{0.8})$

④ $V_m=\frac{1}{4}(V_{0.2}+2V_{0.6}+V_{0.8})$

해설

3점법 : 수심 $0.2H$, $0.6H$, $0.8H$ 되는 곳의 유속

$V_m=\frac{1}{4}(V_{0.2}+2V_{0.6}+V_{0.8})$

정답 5 ③ 6 ③ 7 ① 8 ① 9 ④

10 측면주사음향탐지기(Side Scan Sonar)를 이용하여 획득한 이미지로 해저면의 형상을 조사하는 방법은?

① 해저면기준점조사
② 해저면지질조사
③ 해저면지층조사
④ 해저면영상조사

해설
해저면영상조사는 측면주사음향탐측기를 이용하여 획득한 이미지로 해저면의 형상을 조사하는 방법이다.

11 단곡선 설치에 관한 설명으로 틀린 것은?

① 교각이 일정할 때 접선장은 곡선반지름에 비례한다.
② 교각과 곡선반지름이 주어지면 단곡선을 설치할 수 있는 기본적인 요소를 계산할 수 있다.
③ 편각법에 의한 단곡선 설치 시 호 길이(l)에 대한 편각(δ)을 구하는 식은 곡선반지름을 R이라 할 때 $\delta = \frac{l}{R}$(Radian)이다.
④ 중앙종거법은 단곡선의 두 점을 연결하는 현의 중심으로부터 현에 수직으로 종거를 내려 곡선을 설치하는 방법이다.

해설
편각 설치법
철도, 도로 등의 곡선 설치에 가장 일반적인 방법이며 다른 방법에 비해 정확하나 반경이 적을 때 오차가 많이 발생한다.
• 시단현 편각(δ_1)

$$\delta_1 = \frac{l_1}{R} \times \frac{90°}{\pi} = 1{,}718.87' \times \frac{l_1}{R}$$

• 종단형 편각(δ_2)

$$\delta_2 = \frac{l_2}{R} \times \frac{90°}{\pi} = 1{,}718.87' \times \frac{l_2}{R}$$

12 토지의 면적에 대한 설명 중 옳지 않은 것은?

① 토지의 면적이란 임의 토지를 둘러싼 경계선을 기준면에 투영시켰을 때의 면적이다.
② 면적측량구역이 작은 경우에 투영의 기준면으로 수평면을 잡아도 무관하다.
③ 면적측량구역이 넓은 경우에 투영의 기준면을 평균해수면으로 잡는다.
④ 관측면적의 정확도는 거리측정 정확도의 3배가 된다.

해설
관측면적의 정확도는 거리측정 정확도의 2배가 된다.

$$\frac{dA}{A} = 2\frac{dl}{L}$$

13 그림과 같이 노선측량의 단곡선에서 곡선반지름 R = 50m일 때 장현($\overline{AC}$)의 값은?(단, $\overline{AB}$ 방위각 = 25°00′10″, $\overline{BC}$ 방위각 = 150°38′00″)

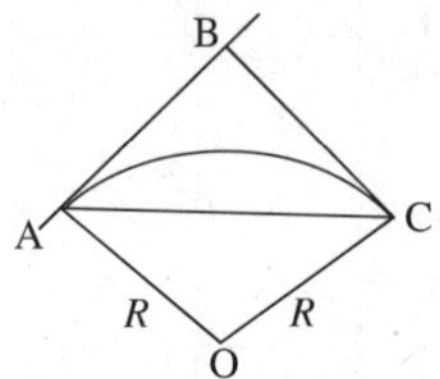

① 88.95m
② 89.45m
③ 90.37m
④ 92.98m

해설
$V_A^B = 25°00'10''$
$V_B^C = 150°38'00''$
$I = V_B^C - V_A^B$
$= 150°38'00'' - 25°00'10'' = 125°37'50''$
$\therefore L = 2R\sin\frac{I}{2} = 2 \times 50 \times \sin\frac{125°37'50''}{2} = 88.95\text{m}$

정답 10 ④ 11 ③ 12 ④ 13 ①

14 도로에서 곡선 위를 주행할 때 원심력에 의한 차량의 전복이나 미끄러짐을 방지하기 위해 곡선중심으로부터 바깥쪽의 도로를 높이는 것은?

① 확폭(Slack)
② 편경사(Cant)
③ 종거(Ordinate)
④ 편각(Deflection Angle)

해설
차량과 레일이 꼭 끼어서 서로 힘을 입게 되면 때로는 탈선의 위험도 생긴다. 이러한 위험을 막기 위해서 레일 안쪽을 움직여 곡선부에서는 궤간을 넓힐 필요가 있다. 이 넓인 치수를 말한다. 확폭이라고도 한다.

15 도로 폭 8.0m의 도로를 건설하기 위해 높이 2.0m를 그림과 같이 흙쌓기(성토)하려고 한다. 건설 도로연장이 80.0m 라면 흙쌓기 토량은?

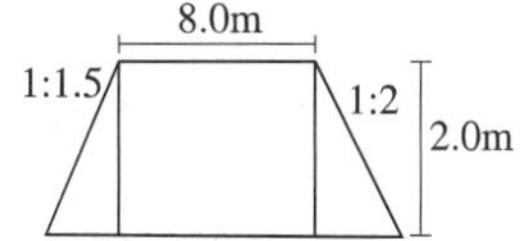

① $1,420m^3$
② $1,760m^3$
③ $1,840m^3$
④ $1,920m^3$

해설
밑변 $= 1.5 \times 2 + 8 + 2 \times 2 = 15$
토량 $= (8 + 15) \times 80 = 1,840m^3$

16 하천측량에서 하천 양안에 설치된 거리표, 수위표, 기타 중요 지점들의 높이를 측정하고 유수부의 깊이를 측정하여 종단면도와 횡단면도를 만들기 위하여 필요한 측량은?

① 수준측량
② 삼각측량
③ 트래버스측량
④ 평판에 의한 지형측량

해설
하천측량에서 하천 양안에 설치된 거리표, 수위표, 기타 중요 지점들의 높이를 측정하고 유수부의 깊이를 측정하여 종단면도와 횡단면도를 만들기 위하여 필요한 측량은 수준측량이다. 수준측량이란 지구상에 있는 여러 점들 사이의 고저차를 관측하는 것으로 고저측량이라고도 한다.

17 클로소이드에 관한 설명으로 옳지 않은 것은?

① 클로소이드는 나선의 일종이다.
② 클로소이드는 종단곡선으로 주로 활용된다.
③ 모든 클로소이드는 닮은꼴이다.
④ 클로소이드는 곡률이 곡선의 길이에 비례하여 증가하는 곡선이다.

해설
클로소이드 성질
- 클로소이드는 나선의 일종이다.
- 모든 클로소이드는 닮은꼴이다.
- 단위가 있는 것도 있고 없는 것도 있다.
- τ는 30°가 적당하다.
- 확대율을 가지고 있다.
- τ는 라디안으로 구한다.

18 지하시설물 측량 방법 중 전자기파가 반사되는 성질을 이용하여 지중의 각종 현상을 밝히는 방법은?

① 자기관측법
② 음파 측량법
③ 전자유도 측량법
④ 지중레이더 측량법

해설
지중레이더 측량법 : 전자파의 반사의 성질을 이용하여 지하시설물을 측량하는 방법이다.

정답 14 ② 15 ③ 16 ① 17 ② 18 ④

19 **시설물의 계획 설계 시 구조물과 생활공간 및 자연환경 등의 조화감 등에 대하여 검토되는 위치결정에 필요한 측량은?**

① 공공측량
② 자원측량
③ 공사측량
④ 경관측량

해설

경관측량

경관의 해석을 위해서는 시각적 측면과 시각현상에 잠재되어 있는 의미적 특성을 동시에 고려하여야 한다. 이를 위하여 시각특성, 경관주체와 대상, 경관유형, 경관평가지표 및 경관 표현방법 등을 통하여 경관의 정량화를 이루어 쾌적하고 미려한 생활공간 창출하여야 하는데 이를 위한 활동을 경관측량이라고 한다.

20 **노선이 기점으로부터 2,000m 지점에 교점이 있고 곡선 반지름이 100m, 교각이 42°30′일 때 시단현의 길이는? (단, 중심 말뚝 간의 거리는 20m이다)**

① 16.89m
② 17.90m
③ 18.89m
④ 19.90m

해설

$$\mathrm{T.L} = R \times \tan\frac{I}{2} = 100 \times \tan\frac{42°30'}{2} = 38.89\mathrm{m}$$

B.C = I.P − T.L = 2,000 − 38.89 = 1,961.11

l_1 = 1,980 − 1,961.11 = 18.89m

제2과목 사진측량 및 원격탐사

21 **세부도화 시 지형·지물을 도화하는 가장 적합한 순서는?**

① 도로 – 수로 – 건물 – 식물
② 건물 – 수로 – 식물 – 도로
③ 식물 – 건물 – 도로 – 수로
④ 도로 – 식물 – 건물 – 수로

해설

세부도화

- 기준점측량 성과와 도화기를 사용하여 요구하는 지역의 지형지물을 지정된 축척으로 측정묘사하는 실내작업을 말하며 좌표전개, 정리점검, 가편집 데이터 제작을 포함한다.
- 세부도화 시 지형지물을 도화하는 가장 적합한 순서는 도로 – 수로 – 건물 – 식물이다.

22 **미국의 항공우주국에서 개발하여 1972년에 지구자원탐사를 목적으로 쏘아 올린 위성으로 적조의 조기발견, 대기오염의 확산 및 식물의 발육상태 등을 조사할 수 있는 것은?**

① KOMPSAT
② LANDSAT
③ IKONOS
④ SPOT

해설

LANDSAT은 지구관측을 위한 최초의 민간 목적 원격탐사 위성으로 1972년에 1호 위성이 발사되었다. LANDSAT 시리즈는 20여년 동안 TM, MSS를 탑재하여 오랜 시간 동안의 지구 환경의 변화된 모습을 볼 수 있다.

23 **항공사진측량의 특징에 대한 설명으로 틀린 것은?**

① 작업과정이 분업화되고 많은 부분을 실내작업으로 하여 작업 기간을 단축할 수 있다.
② 전체적으로 균일한 정확도이므로 지도제작에 적합하다.
③ 고가의 장비와 숙련된 기술자가 필요하다.
④ 도심의 소규모 정밀 세부측량에 적합하다.

해설

항공사진측량은 좁은 지역에서는 비경제적이다.

정답 19 ④ 20 ③ 21 ① 22 ② 23 ④

24 초점거리 150mm의 카메라로 촬영고도 3,000m에서 찍은 연직사진의 축척은?

① $\frac{1}{15,000}$　② $\frac{1}{20,000}$
③ $\frac{1}{25,000}$　④ $\frac{1}{30,000}$

해설
$\frac{1}{m} = \frac{f}{H} = \frac{0.15}{3,000} = \frac{1}{20,000}$

25 항공사진측량작업규정에서 도화축척에 따른 항공사진축척이 잘못 연결된 것은?

① 도화축척 1 : 1,000 – 항공사진축척 1 : 5,000
② 도화축척 1 : 5,000 – 항공사진축척 1 : 20,000
③ 도화축척 1 : 10,000 – 항공사진축척 1 : 25,000
④ 도화축척 1 : 25,000 – 항공사진축척 1 : 50,000

해설
도화축척, 항공사진축척, 지상표본거리와의 관계(항공사진측량작업규정 별표 3)

도화축척	항공사진축척	지상표본거리
1/500~1/600	1/3,000~1/4,000	8cm 이내
1/1,000~1/1,200	1/5,000~1/8,000	12cm 이내
1/2,500~1/3,000	1/10,000~1/15,000	25cm 이내
1/5,000	1/18,000~1/20,000	42cm 이내
1/10,000	1/25,000~1/30,000	65cm 이내
1/25,000	1/37,500	80cm 이내

26 대기의 창(Atmospheric Window)이란 무엇을 의미하는가?

① 대기 중에서 전자기파 에너지 투과율이 높은 파장대
② 대기 중에서 전자기파 에너지 반사율이 높은 파장대
③ 대기 중에서 전자기파 에너지 흡수율이 높은 파장대
④ 대기 중에서 전자기파 에너지 산란율이 높은 파장대

해설
대기의 창이란 지구 대기 내에서 전자기 복사 에너지가 투과될 수 있는 파장의 간격으로 대기 중에서 전자기파 에너지 투과율이 높은 파장대를 말한다.

27 다음과 같은 영상에 3×3 평균필터를 적용하면 영상에서 행렬(2, 2)의 위치에 생성되는 영상소 값은?

45	120	24
35	32	12
22	16	18

① 24　② 35
③ 36　④ 66

해설
$\frac{45+120+24+35+32+12+22+16+18}{9} = 36$

28 사진의 크기가 같은 광각사진과 보통각 사진의 비교 설명에서 (　) 안에 알맞은 말로 짝지어진 것은?

> 촬영고도가 같은 경우 광각사진의 축척은 보통각 사진의 사진축척보다 (㉠). 그러나 1장의 사진에 넣은 면적은 (㉡). 촬영축척이 같으면 촬영고도는 광각사진이 보통각 사진보다 (㉢).

① ㉠ 작다, ㉡ 크다, ㉢ 낮다
② ㉠ 작다, ㉡ 크다, ㉢ 높다
③ ㉠ 크다, ㉡ 작다, ㉢ 낮다
④ ㉠ 크다, ㉡ 작다, ㉢ 높다

해설
촬영고도가 같은 경우 광각 사진의 축척은 보통각 사진의 축척보다 (㉠ 작다). 그러나 1장의 사진에 넣은 면적은 (㉡ 크다). 촬영축척이 같으면 촬영고도는 광각 사진 쪽이 보통각 사진보다 (㉢ 낮다). 그러나 촬영된 면적은 같다.

정답 24 ② 25 ④ 26 ① 27 ③ 28 ①

29 **왼쪽에 청색, 오른쪽에 적색으로 인쇄된 사진을 역입체시하기 위해서는 어떠한 색으로 구성된 안경을 사용하여야 하는가?(단, 보기는 왼쪽, 오른쪽 순으로 나열된 것이다)**

① 청색, 청색 ② 청색, 적색
③ 적색, 청색 ④ 적색, 적색

해설
중복사진을 명시거리에서 왼쪽의 사진을 왼쪽 눈, 오른쪽 사진을 오른쪽 눈으로 보면 좌우의 상이 하나로 융합되면서 입체감을 얻게 된다. 이것을 입체시 또는 정입체시라 한다.
- 여색입체시 : 여색입체사진이 오른쪽은 적색, 왼쪽은 청색으로 인쇄되었을 때 왼쪽에 적색, 오른쪽은 청색의 안경으로 보아야 바른 입체시가 된다.
- 역입체시 : 여색 입체사진을 청색과 적색의 색안경을 좌우로 바꿔서 볼 때

30 **편위수정에 대한 설명으로 옳지 않은 것은?**

① 사진지도 제작과 밀접한 관계가 있다.
② 경사사진을 엄밀 수직사진으로 고치는 작업이다.
③ 지형의 기복에 의한 변위가 완전히 제거된다.
④ 4점의 평면좌표를 이용하여 편위수정을 할 수 있다.

해설
편위수정
비행기로 사진을 촬영할 때 항공기의 동요나 경사로 인하여 사진상의 약간의 변위가 생기는 현상과 축척이 일정하지 않은 경사와 축척을 수정하여 변위량이 없는 수직사진으로 작성한 작업을 말한다. 편위수정을 위한 조건으로는 기하학적 조건(소실점조건), 광학적 조건(Newton의 조건), 샤임플러그 조건이 있다.

31 **내부표정 과정에서 조정하는 내용이 아닌 것은?**

① 사진의 주점을 투영기의 중심에 일치
② 초점거리의 조정
③ 렌즈왜곡의 보정
④ 종시차의 소거

해설
종시차의 소거는 상호표정 과정에서 조정하는 내용이다.
내부표정
도화기의 투영기에 촬영의 당시와 똑 같은 상태로 양화건판을 정착시키는 작업이다.
- 주점의 위치결정
- 화면거리 조정
- 건판의 신축측정, 대기굴절, 지구곡률 보정, 렌즈수차 보정

32 **항공사진의 기복변위와 관계가 없는 것은?**

① 기복변위는 연직점을 중심으로 방사상으로 발생한다.
② 기복변위는 지형, 지물의 높이에 비례한다.
③ 중심투영으로 인하여 기복변위가 발생한다.
④ 기복변위는 촬영고도가 높을수록 커진다.

해설
기복변위는 촬영고도가 높을수록 작아진다.

$$\Delta r = \frac{h}{H}r$$

기복변위
지표면의 기복이 있을 경우 연직으로 촬영하여도 축척은 동일하지 않으며 사진면에서 연직점을 중심으로 방사상의 변위가 생기는 것을 말한다. 즉, 대상물의 높이에 의해 생기는 사진 영상에서의 위치 변위이다.

33 **상호표정에 대한 설명으로 틀린 것은?**

① 한 쌍의 중복사진에 대한 상대적인 기하학적 관계를 수립한다.
② 적어도 5쌍 이상의 Tie Points가 필요하다.
③ 상호표정을 수행하면 Tie Points에 대한 지상점 좌표를 계산할 수 있다.
④ 공선조건식을 이용하여 상호표정요소를 계산할 수 있다.

해설
지상점 좌표계산은 절대표정의 조정 내용이다.

정답 29 ② 30 ③ 31 ④ 32 ④ 33 ③

34 어느 지역의 영상과 동일한 지역의 지도이다. 이 자료를 이용하여 "밭"의 훈련지역(Training Field)을 선택한 결과로 적합한 것은?

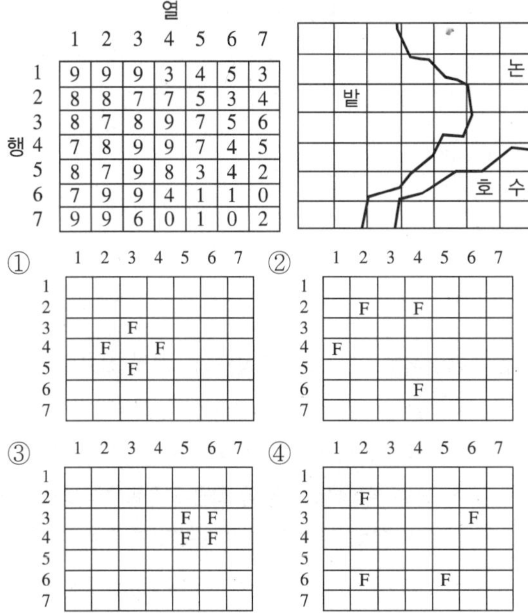

행＼열	1	2	3	4	5	6	7
1	9	9	9	3	4	5	3
2	8	8	7	7	5	3	4
3	8	7	8	9	7	5	6
4	7	8	9	9	7	4	5
5	8	7	9	8	3	4	2
6	7	9	9	4	1	1	0
7	9	9	6	0	1	0	2

①

	1	2	3	4	5	6	7
1							
2							
3			F				
4		F		F			
5			F				
6							
7							

②

	1	2	3	4	5	6	7
1							
2		F		F			
3							
4	F						
5							
6				F			
7							

③

	1	2	3	4	5	6	7
1							
2							
3					F	F	
4					F	F	
5							
6							
7							

④

	1	2	3	4	5	6	7
1							
2		F					
3						F	
4							
5							
6		F			F		
7							

해설

밭의 훈련지역은 2~3열, 3~5행이다.

35 다음과 같은 종류의 항공사진 중 벼농사의 작황을 조사하기 위하여 가장 적합한 사진은?

① 팬크로매틱사진　② 적외선사진
③ 여색입체사진　④ 레이더사진

해설

적외선을 이용한 사진은 주로 식물의 종류와 활력을 판독하는데 사용된다.

36 항공사진의 중복도에 대한 설명으로 틀린 것은?

① 일반적인 종중복도는 60%이다.
② 산악이나 고층건물이 많은 시가지에서는 종중복도를 증가시킨다.
③ 일반적으로 중복도가 클수록 경제적이다.
④ 일반적인 횡중복도는 30%이다.

해설

일반적으로 중복도는 클수록 비경제적이다.

37 절대표정을 위하여 기준점을 다음과 같이 배치하였을 때, 절대표정을 실시할 수 없는 기준점 배치는?(단, ○는 수직기준점(Z), □는 수평기준점(X, Y), △는 3차원기준점(X, Y, Z)를 의미하고, 대상지역은 거의 평면에 가깝다고 가정한다)

① △ △ / △
② ○ ○ / □ / ○ ○
③ △ ○ / ○ △
④ ○ △ / □ ○

해설

절대표정

상호표정이 끝난 입체모델을 지상기준점(피사체 기준점)을 이용하여 지상좌표에(피사체좌표계)와 일치하도록 하는 작업으로 입체모형(Model) 2점의 X, Y좌표와 3점의 높이 Z좌표가 필요하므로 최소 3점의 표정점이 필요하다.

38 비행고도 4,500m로부터 초점거리 15cm의 카메라로 촬영한 사진에서 기선길이가 5cm이었다면 시차차가 2mm인 굴뚝의 높이는?

① 60m
② 90m
③ 180m
④ 360m

해설

$$h = \frac{H}{b_0} \times \Delta p$$

$$= \frac{4,500}{0.05} \times 0.002 = 180\text{m}$$

정답 34 ① 35 ② 36 ③ 37 ② 38 ③

39 **항공사진 판독에서 필요로 하는 중요 요소로 가장 거리가 먼 것은?**

① 과고감 및 상호위치관계
② 색 조
③ 형상, 크기 및 모양
④ 촬영용 비행기 종류

해설
• 사진판독 주요소 : 색조, 모양, 질감, 형상, 크기, 음영
• 사진판독 보조요소 : 상호위치관계, 과고감

40 **다음 중 항공삼각측량 결과로 얻을 수 없는 정보는?**

① 건물의 높이
② 지형의 경사도
③ 댐에 저장된 물의 양
④ 어느 지점의 3차원 위치

해설
항공삼각측량은 건물의 높이, 3차원 위치, 지형의 경사도 등을 알 수 있다.

제3과목 지리정보시스템(GIS) 및 위성측위시스템(GNSS)

41 **지리정보시스템(GIS)에서 벡트(Vector) 공간자료의 구성요소가 아닌 것은?**

① 점 ② 선
③ 면 ④ 격 자

해설
벡터구조의 기본요소
• 점(Point) • 선(Line)
• 면(Area)

42 **레이저를 이용하여 대상물의 3차원 좌표를 실시간으로 획득할 수 있는 측량 방법으로 산림이나 수목지대에서도 투과율이 좋으며 자료 취득 및 처리과정이 완전히 수치방식으로 이루어질 수 있어 최근 고정밀수치표고모델과 3차원 지리정보 제작에 많이 활용되고 있는 측량방법은?**

① EDM(Electro-magnetic Distance Meter)
② LiDAR(Light Detection And Ranging)
③ SAR(Synthetic Aperture Radar)
④ RAR(Real Aperture Radar)

해설
항공레이저측량은 항공레이저측량시스템을 항공기에 탑재하여 레이저를 주사하고 그 지점에 대한 3차원 위치좌표를 취득하는 측량방법으로 Laser Radar 혹은 LIDAR, LiDAR라고도 한다.

43 **다양한 방식으로 획득된 고도값을 갖는 다수의 점자료를 입력자료로 활용하여 다수의 점자료로부터 삼각면을 형성하는 과정을 통해 제작되며 페이스(Face), 노드(Node), 에지(Edge)로 구성되는 데이터 모델은?**

① TIN ② DEM
③ TIGER ④ LiDAR

해설
불규칙삼각망(TIN)
불규칙삼각망은 불규칙하게 배치되어 있는 지형점으로부터 삼각망을 생성하여 삼각형 내의 표고를 삼각평면으로부터 보간하는 DEM의 일종이다. 벡터데이터 모델로 위상구조를 가지며 표본 지점들은 X, Y, Z값을 가지고 있으며 다각형 Network를 이루고 있는 순수한 위상구조와 개념적으로 유사하다.

정답 39 ④ 40 ③ 41 ④ 42 ② 43 ①

44 복합 조건문(Composite Selection)으로 공간자료를 선택하고자 한다. 이중 어떠한 경우에도 가장 적은 결과가 선택되는 것은?(단, 각 항목은 0이 아닌 것으로 가정한다)

① (Area < 100,000 OR (LandUse = Grass AND Admin-Name = Seoul))
② (Area < 100,000 OR (LandUse = Grass OR Admin-Name = Seoul))
③ (Area < 100,000 AND (LandUse = Grass AND Admin-Name = Seoul))
④ (Area < 100,000 AND (LandUse = Grass OR Admin-Name = Seoul))

해설
A AND B : A, B 교차하는 부분만 나타난다.

45 위상정보(Topology Information)에 대한 설명으로 옳은 것은?

① 공간상에 존재하는 공간객체의 길이, 면적, 연결성, 계급성 등을 의미한다.
② 지리정보에 포함된 CAD 데이터 정보를 의미한다.
③ 지리정보와 지적정보를 합한 것이다.
④ 위상정보는 GIS에서 획득한 원시자료를 의미한다.

해설
위상구조분석
각 공간객체 사이의 관계가 인접성, 연결성, 포함성 등의 관점에서 묘사되며, 스파게티 모델에 비해 다양한 공간분석이 가능하다.

46 위성에서 송출된 신호가 수신기에 하나 이상의 경로를 통해 수신될 때 발생하는 오차는?

① 전리층 편의 오차　② 대류권 지연 오차
③ 다중경로 오차　④ 위성궤도 편의 오차

해설
다중경로 오차
GPS 위성으로 직접 수신된 전파 이외에 부가적으로 주위의 지형, 지물에 의한 반사된 전파로 인해 발생하는 오차로서 측위에 영향을 미친다.

47 지리정보자료의 구축에 있어서 표준화의 장점과 거리가 먼 것은?

① 자료 구축에 대한 중복 투자 방지
② 불법복제로 인한 저작권 피해의 방지
③ 경제적이고 효율적인 시스템 구축 가능
④ 서로 다른 시스템이나 사용자 간의 자료 호환 가능

해설
표준화
표준이란 개별적으로 얻어질 수 없는 것들을 공통적인 특성을 바탕으로 일반화하여 다수의 동의를 얻어 규정하는 것으로 GIS표준은 다양하게 변화하는 GIS 데이터를 정의하고 만들거나 응용하는데 있어서 발생되는 문제점을 해결하기 위해 정의되었다.
• 표준화의 필요성
 – 비용절감 : 공통 데이터의 중복 보관 및 관리로 인한 손실 절감
 – 접근용이성 : 기존 데이터를 다른 목적을 위해 재사용 가능
 – 상호연계성 : 다양한 시스템에서 GIS 상호 연동성을 확보
 – 활용의 극대화 : 사회간접자본의 성격의 지리정보 사용 증가

48 공간분석에서 사용되는 연결성 분석과 관계가 없는 것은?

① 연속성
② 근접성
③ 관 망
④ DEM

해설
수치표고모형(DEM)은 연결성 분석과 관계가 없다.

49 기종이 서로 다른 GNSS 수신기를 혼합하여 관측하였을 경우 관측자료의 형식이 통일되지 않는 문제를 해결하기 위해 고안된 표준데이터 형식은?

① PDF
② DWG
③ RINEX
④ RTCM

해설
RINEX : GPS 데이터의 호환을 위한 표준화된 공통형식

정답 44 ③ 45 ① 46 ③ 47 ② 48 ④ 49 ③

50 래스터데이터의 압축기법이 아닌 것은?

① 런 렝스 코드(Run-length Code)
② 사지수형(Quadtree)
③ 체인코드(Chain Code)
④ 스파게티(Spaghetti)

해설
스파게티는 벡터자료구조에 포함된다.
Run-Length Code 기법
- 각 행마다 왼쪽에서 오른쪽으로 진행하면서 동일한 수치를 갖는 셀들을 묶어 압축시키는 방법
- Run이란 하나의 행에서 동일한 속성값을 갖는 격자를 말한다.
- 동일한 속성값을 개별적으로 저장하는 대신 하나의 Run에 해당되는 속성값이 한 번만 저장되고 Run의 길이와 위치가 저장되는 방식이다.

사지수형(Quadtree) 기법
- 사지수형 기법은 Run-Length 코드 기법과 함께 많이 쓰이는 자료 압축기법이다.
- 크기가 다른 정사각형을 이용하여 Run-Length Code보다 더 많은 자료의 압축이 가능하다.
- 전체 대상지역에 대하여 하나 이상의 속성이 존재할 경우 전체 지도는 4개의 동일한 면적으로 나누어지는데 이를 Quadrant라 한다.

블록코드(Block Code) 기법
- Run-Length 코드기법에 기반을 둔 것으로 정사각형으로 전체 객체의 형상을 나누어 데이터를 구축하는 방법
- 자료구조는 원점으로부터의 좌표 및 정사각형의 한 변의 길이로 구성되는 세 개의 숫자만으로 표시가 가능

체인코드(Chain Code) 기법
- 대상지역에 해당하는 격자들의 연속적인 연결 상태를 파악하여 동일한 지역의 정보를 제공하는 방법
- 자료의 시작점에서 동서남북으로 방향을 이동하는 단위거리를 통해서 표현하는 기법
- 각 방향은 동쪽은 0, 북쪽은 1, 서쪽은 2, 남쪽은 3 등 숫자로 방향을 정의한다.
- 픽셀의 수는 상첨자로 표시한다.
- 압축효율은 높으나 객체 간의 경계 부분이 이중으로 입력되어야 하는 단점이 있다.

51 지리정보시스템(GIS)에 대한 설명으로 틀린 것은?

① 도형자료와 속성자료를 연결하여 처리하는 정보시스템이다.
② 하드웨어, 소프트웨어, 지리자료, 인적자원의 통합적 시스템이다.
③ 인공위성을 이용한 각종 공간정보를 취합하여 위치를 결정하는 시스템이다.
④ 지리자료와 공간문제의 해결을 위한 자료의 활용에 중점을 둔다.

해설
지리정보시스템(GIS)
일반 지도와 같은 지형정보와 함께 지하시설물 등 관련 정보를 인공위성으로 수집, 컴퓨터로 작성해 검색, 분석할 수 있도록 한 복합적인 지리정보시스템이다.

52 도형자료와 속성자료를 활용한 통합분석에서 동일한 좌표계를 갖는 각각의 레이어 정보를 합쳐서 다른 형태의 레이어로 표현되는 분석기능은?

① 중 첩
② 공간추정
③ 회귀분석
④ 내삽과 외삽

해설
중첩분석
중첩을 통해 다양한 자료원을 통합하는 것은 GIS의 중요한 분석 능력이다. 다양한 공간객체를 표현하고 있는 레이어를 중첩하기 위해서는 좌표체계의 동일성이 전제되어야 한다.

정답 50 ④ 51 ③ 52 ①

53 동일 위치에 대하여 수치지형도에서 취득한 평면좌표와 GNSS 측량에 의해서 관측한 평면좌표가 다음의 표와 같을 때 수치지형도의 평면거리 오차량은?(단, GNSS 측량 결과가 참값이라고 가정)

수치지형도		GNSS 측정값	
x(m)	y(m)	x(m)	y(m)
254,859.45	564,854.45	254,858.88	564,851.32

① 2.58m ② 2.88m
③ 3.18m ④ 4.27m

해설
평면거리 오차
$= \sqrt{(\Delta x)^2 + (\Delta y)^2}$
$= \sqrt{(8.88-9.45)^2 + (1.32-4.45)^2}$
= 3.18m

54 공간분석에 대한 설명으로 옳지 않은 것은?

① 지리적 현상을 설명하기 위하여 조사하고 질의하고 검사하고 실험하는 것이다.
② 속성을 표현하기 위한 탐색적 시각 도구로는 박스플롯, 히스토그램, 산포도, 파이차트 등이 있다.
③ 중첩분석은 새로운 공간적 경계들을 구성하기 위해서 두 개나 그 이상의 공간적 정보를 통합하는 과정이다.
④ 공간분석에서 통계적 기법은 속성에만 적용된다.

해설
공간분석은 GIS와 다른 정보시스템과의 가장 큰 차이점은 다양한 공간데이터를 분석하여 부가가치가 높은 유용한 정보를 추출해내는 공간분석 기능이라 볼 수 있다. GIS에서 이루어지는 분석은 공간데이터를 대상으로 하기 때문에 공간분석이라 일컬어진다. 공간분석이란 데이터베이스로부터 유용한 정보를 추출하기 위해 사용하는 기법으로 공간데이터에 가치를 부여하거나 공간데이터를 유용한 정보로 바꾸는 과정이라 할 수 있다. 공간분석은 데이터베이스 내에 들어있는 공간데이터와 속성데이터를 이용하여 현실세계에서 발생하는 각종 문제를 해결하는 데 도움을 줄 수 있는 정보를 생성하는 매우 중요한 기법이다.

55 래스터데이터(Raster Data) 구조에 대한 설명으로 옳지 않은 것은?

① 셀의 크기는 해상도에 영향을 미친다.
② 셀의 크기에 관계없이 컴퓨터에 저장되는 자료의 양은 압축방법에 의해서 결정된다.
③ 셀의 크기에 의해 지리정보의 위치 정확성이 결정된다.
④ 연속면에서 위치의 변화에 따라 속성들의 점진적인 현상 변화를 효과적으로 표현할 수 있다.

해설
래스터데이터 구조는 구현의 용이성과 단순한 파일구조에도 불구하고 정밀도가 셀의 크기에 따라 좌우되므로 해상력을 높이면 자료의 크기가 방대해진다. 각 셀들의 크기에 따라 데이터의 해상도와 저장크기가 달라진다. 래스터자료는 압축되어 사용되는 경우가 드물며 지형관계를 나타내기가 훨씬 어렵다.

56 지리정보시스템(GIS) 구축을 위한 〈보기〉의 과정을 순서대로 바르게 나열한 것은?

〈보 기〉
㉠ 자료수집 및 입력
㉡ 질의 및 분석
㉢ 전처리
㉣ 데이터베이스 구축
㉤ 결과물 작성

① ㉢-㉠-㉣-㉡-㉤
② ㉠-㉢-㉣-㉤-㉡
③ ㉠-㉢-㉣-㉡-㉤
④ ㉢-㉣-㉠-㉡-㉤

해설
GIS 구축 과정
자료수집 및 입력(㉠) – 전처리(㉢) – 데이터베이스 구축(㉣) – 질의 및 분석(㉡) – 결과물 작성(㉤)

정답 53 ③ 54 ④ 55 ② 56 ③

57 어느 GNSS 수신기의 정확도가 ±(5mm + 5ppm)이라고 한다. 이 수신기로 기선길이 10km에 대해 측량하였을 때의 오차를 정확하게 표현한 것은?

① ±(5mm + 50mm)
② ±(50mm + 50mm)
③ ±(5mm + 20mm)
④ ±(50mm + 20mm)

해설
$E = \pm(5\text{mm} + 5\text{ppm} \times D)$
$= \pm(5\text{mm} + 5\text{ppm} \times 10^{-6} \times 10{,}000{,}000\text{mm})$
$= \pm(5\text{mm} + 50\text{mm})$
※ 1ppm은 1 : 1,000,000

58 DGPS에 대한 설명으로 옳지 않은 것은?

① 일반적으로 단독측위에 비해 정확하다.
② 두 대의 수신기에서 수신된 데이터가 있어야 한다.
③ 수신기 간의 거리가 짧을수록 좋은 성과를 기대할 수 있다.
④ 후처리 절차를 거쳐야 하므로 실시간 위치 측정은 불가능하다.

해설
DGPS는 상대측위 방식의 측량기법으로서 이미 알고 있는 기지점 좌표를 이용하여 오차 최대한 줄여서 이용하기 위한 위치결정방식으로 기지점에 기준국용 GPS 수신기를 설치하여 위성을 관측하여 각 위성의 의사거리 보정값을 구한 뒤 이를 이용하여 이동국용 GPS 수신기의 위치결정오차를 개선하는 위치결정형태이다.

59 지리정보시스템(GIS)의 자료취득 방법과 가장 거리가 먼 것은?

① 투영법에 의한 자료취득 방법
② 항공사진측량에 의한 방법
③ 일반측량에 의한 방법
④ 원격탐사에 의한 방법

해설
GIS 자료취득 방법
• 일반측량에 의한 방법
• 원격탐사에 의한 방법
• 항공사진측량에 의한 방법

60 GPS 위성 시스템에 대한 설명 중 틀린 것은?

① 측지기준계로 WGS-84 좌표계를 사용한다.
② GPS는 상업적 목적으로 민간이 주도하여 개발한 최초의 위성측위시스템이다.
③ 위성들은 각각 상이한 코드정보를 전송한다.
④ GPS에 사용되는 좌표계는 지구의 질량중심을 원점으로 하고 있다.

해설
GPS는 인공위성을 이용한 범세계적 위치결정체계로 정확한 위치를 알고 있는 위성에서 발사한 전파를 수신하여 관측점까지의 소요시간을 관측함으로서 관측점의 위치를 구하는 체계이다. 즉, GPS 측량은 위치가 알려진 다수의 위성을 기지점으로 하여 수신기를 설치한 미지점의 위치를 결정하는 후방교회법에 의한 측량방법이다.

정답 57 ① 58 ④ 59 ① 60 ②

제4과목 측량학

61 강을 사이에 두고 교호수준측량을 실시하였다. A점과 B점에 표척을 세우고 A점에서 5m 거리에 레벨을 세워 표척 A와 B를 읽으니 1.5m와 1.9m이었고, B점에서 5m 거리에 레벨을 옮겨 A와 B를 읽으니 1.8m와 2.0m이었다면 B점의 표고는?(단, A점의 표고 = 50.0m)

① 50.1m　② 49.8m
③ 49.7m　④ 49.4m

해설

$h = \frac{1}{2}[(a_1 + a_2) - (b_1 + b_2)]$

$= \frac{(1.5+1.8)-(1.9+2.0)}{2} = -0.3$

$\therefore H_B = H_A + h = 50 - 0.3 = 49.7\text{m}$

62 그림과 같은 사변형삼각망의 조건식 총수는?

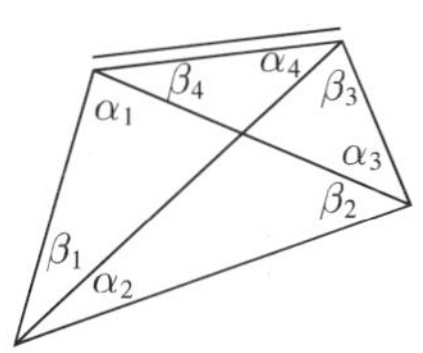

① 4개　② 5개
③ 6개　④ 7개

해설

조건식 총수 $= a - 2P + 3 + B = 8 - (2 \times 4) + 3 + 1 = 4$

63 지구를 장반지름이 6,370km, 단반지름이 6,350km인 타원형이라 할 때 편평률은?

① 약 $\frac{1}{320}$　② 약 $\frac{1}{430}$
③ 약 $\frac{1}{500}$　④ 약 $\frac{1}{630}$

해설

$P = \frac{a-b}{a} = \frac{6,370-6,350}{6,370} = \frac{1}{318.5} \fallingdotseq \frac{1}{320}$

64 등고선의 성질에 대한 설명으로 옳지 않은 것은?

① 등고선 간의 최단거리의 방향은 그 지표면의 최대 경사의 방향을 가리키며 최대 경사의 방향은 등고선에 수직인 방향이다.
② 등고선은 경사가 일정한 곳에서 표고가 높아질수록 일정한 비율로 등고선 간격이 좁아진다.
③ 등고선은 절벽이나 동굴과 같은 지형에서는 교차할 수 있다.
④ 등고선은 분수선과 직교한다.

해설

등고선은 경사가 일정한 곳에서 표고가 높아질 때 등고선의 간격은 같다.

65 수평각을 관측할 경우 망원경을 정·방위 상태로 관측하여 평균값을 취해도 소거되지 않는 오차는?

① 망원경 편심오차　② 수평축오차
③ 시준축오차　④ 연직축오차

해설

연직축오차는 망원경을 정·방위 상태로 관측하여 평균값을 취해도 소거되지 않는다.

66 그림과 같은 삼각망에서 $\overline{CD}$의 거리는?

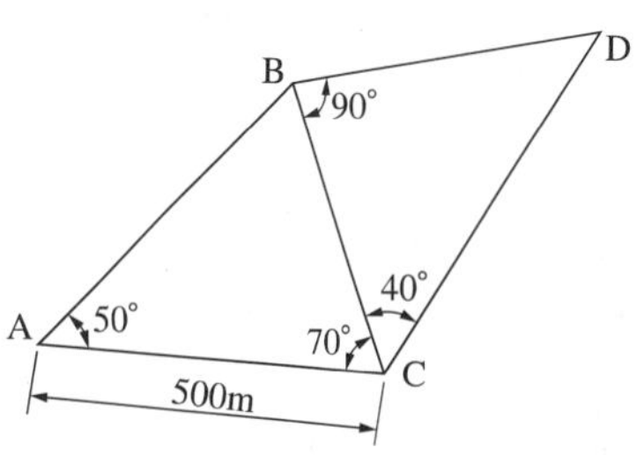

① 383.022m　② 433.013m
③ 500.013m　④ 577.350m

해설

$\overline{BC} = \frac{\sin 50°}{\sin 60°} \times 500 = 442.276\text{m}$

$\overline{CD} = \frac{\sin 90°}{\sin 50°} \times 442.276 = 577.350\text{m}$

정답 61 ③ 62 ① 63 ① 64 ② 65 ④ 66 ④

67 오차의 원인도 불분명하고, 오차의 크기와 형태도 불규칙한 형태로 나타나는 오차는?

① 정오차
② 우연오차
③ 착 오
④ 기계오차

해설
부정오차(= 우연오차)
일어나는 원인이 확실치 않고 관측할 때 조건이 순간적으로 변화하기 때문에 원인을 찾기 힘들거나 알 수 없는 오차를 말한다. 때때로 부정오차는 서로 상쇄되므로 상차라고도 하며, 부정오차는 대체로 확률법칙에 의해 처리되는데 최소제곱법이 널리 이용된다.

68 기지점 A, B, C로부터 수준측량에 의하여 표와 같은 성과를 얻었다. P점의 표고는?

노 선	거 리	표 고
A → P	3km	234.54m
B → P	4km	234.48m
C → P	4km	234.40m

① 234.43m
② 234.46m
③ 234.48m
④ 234.56m

해설
경중률(P)는 거리에 반비례한다.

$$P_1 : P_2 : P_3 = \frac{1}{S_1} : \frac{1}{S_2} : \frac{1}{S_3} = \frac{1}{3} : \frac{1}{4} : \frac{1}{4} = 4 : 3 : 3$$

$$L_0 = \frac{P_1H_1 + P_2H_2 + P_3H_3}{P_1 + P_2 + P_3}$$

$$= 234 + \frac{4\times0.54 + 3\times0.48 + 3\times0.40}{4+3+3}$$

$$= 234.48\text{m}$$

69 어떤 각을 4명이 관측하여 다음과 같은 결과를 얻었다면 최확값은?

관측자	관측각	관측횟수
A	42°28′47″	3
B	42°28′42″	2
C	42°28′36″	4
D	42°28′55″	5

① 42°28′46″ ② 42°28′44″
③ 42°28′41″ ④ 42°28′36″

해설
경중률은 관측횟수(N)에 비례한다.

$$P_1 : P_2 : P_3 = N_1 : N_2 : N_3$$

$$L_0 = \frac{P_1l_1 + P_2l_2 + P_3l_3}{P_1 + P_2 + P_3}$$

$$= 42°28' + \frac{3\times47'' + 2\times42'' + 4\times36'' + 5\times55''}{3+2+4+5}$$

$$= 42°28'46''$$

70 다각측량의 특징에 대한 설명으로 틀린 것은?

① 측선의 거리는 될 수 있는 대로 같게 하고, 측점수는 적게 하는 것이 좋다.
② 거리와 각을 관측하여 점의 위치를 결정할 수 있다.
③ 세부기준점의 결정과 세부측량의 기준이 되는 골조측량이다.
④ 통합기준점 결정에 이용되는 측량방법이다.

해설
다각측량(트래버스측량)의 특징
- 삼각점이 멀리 배치되어 있어 좁은 지역에서 세부 측량의 기준이 되는 점을 추가 설치할 경우 편리하다.
- 복잡한 시가지나 지형의 기복이 심하여 기준이 어려운 지역의 측량에 적합하다.
- 선로와 같이 좁고 긴 곳의 측량에 적합하다.
- 거리와 각을 관측하여 도식해법에 의하여 모든 점의 위치를 결정할 경우 편리하다.
- 삼각측량과 같이 높은 정도를 요구하지 않는 골조측량에 이용한다.
- 측선의 거리는 될 수 있는 대로 같게 하고, 측점의 수는 적게 하는 것이 좋다.
- 세부기준점의 결정과 세부측량의 기준이 되는 골조측량이다.

정답 67 ② 68 ③ 69 ① 70 ④

71 1 : 1,000 수치지도 도엽코드 [358130372]에 대한 설명으로 틀린 것은?

① 1 : 1,000 지형도를 기준으로 72번째 인덱스 지역에 존재한다.
② 1 : 50,000 지형도를 기준으로 13번째 인덱스 지역에 존재한다.
③ 1 : 10,000 지형도를 기준으로 303번째 인덱스 지역에 존재한다.
④ 1 : 50,000 지형도를 기준으로 경도 128~129°, 위도 35~36° 사이에 존재한다.

해설

도엽코드 : 1/10,000 도엽을 100등분하여 1/10,000 도엽코드 끝에 두 자리 코드를 추가하여 구성한다.
– 도곽의 크기 : 18″×18″

01	02	03	04	05	06	07	08	09	10
11									
21									
31									
				3581303					
71	72								80
									90
								99	00

358130372

72 관측점이 10점인 폐합 트래버스 내각의 합은?

① 180° ② 360°
③ 1,440° ④ 2,160°

해설

다각형의 내각의 합은 180°$(n-2)$
$E = 180°(10-2) = 1{,}440°$

73 450m의 기선을 50m 줄자로 분할 관측할 때 줄자의 1회 관측의 우연오차가 ± 0.01m이면 이 기선 관측의 오차는?

① ±0.01m ② ±0.03m
③ ±0.09m ④ ±0.81m

해설

우연오차 $= \pm\delta\sqrt{n} = \pm 0.01\sqrt{\dfrac{450}{50}} = \pm 0.03\text{m}$

74 정확도가 ±(3mm + 3ppm × L)로 표현되는 광파거리 측량기로 거리 500m를 측량하였을 때 예상되는 오차의 크기는?

① ±2.0mm 이하 ② ±2.5mm 이하
③ ±4.0mm 이하 ④ ±4.5mm 이하

해설

$E = \pm(0.003\text{m} + 3\times10^{-6}\times500)$
$= \pm4.5^{-3} = \pm0.0045\text{m} = \pm4.5\text{mm}$

※ 1ppm은 1 : 1,000,000이므로 $\left(\dfrac{1}{1{,}000{,}000} = 10^{-6}\right)$

75 성능검사를 받아야 하는 측량기기와 검사주기가 옳은 것은?

① 레벨 : 2년
② 토털 스테이션 : 1년
③ 금속관로 탐지기 : 4년
④ 지피에스(GPS) 수신기 : 3년

해설

성능검사의 대상 및 주기 등(공간정보의 구축 및 관리 등에 관한 법률 시행령 제97조)
검사주기는 모두 3년이며 측량기기는 트랜싯(데오드라이트), 레벨, 거리측정기, 토털 스테이션, 지피에스(GPS) 수신기, 금속 또는 비금속 관로 탐지기가 있다.

76 일반측량을 한 자에게 그 측량성과 및 측량기록의 사본을 제출하게 할 수 있는 경우가 아닌 것은?

① 측량의 중복 배제
② 측량의 정확도 확보
③ 측량성과의 보안 유지
④ 측량에 관한 자료의 수집 · 분석

해설

일반측량의 실시 등(공간정보의 구축 및 관리 등에 관한 법률 제22조)
일반측량을 한 자에게 그 측량성과 및 측량기록의 사본을 제출하게 할 수 있는 경우
- 측량의 정확도 확보
- 측량의 중복 배제
- 측량에 관한 자료의 수집 · 분석

정답 71 ③ 72 ③ 73 ② 74 ④ 75 ④ 76 ③

77 "성능검사를 부정하게 한 성능검사대행자"에 대한 벌칙은?

① 1년 이하의 징역 또는 1,000만원 이하의 벌금
② 2년 이하의 징역 또는 2,000만원 이하의 벌금
③ 3년 이하의 징역 또는 3,000만원 이하의 벌금
④ 5년 이하의 징역 또는 5,000만원 이하의 벌금

해설
벌칙(공간정보의 구축 및 관리 등에 관한 법률 제108조)
성능검사를 부정하게 한 성능검사대행자는 2년 이하의 징역 또는 2,000만원 이하의 벌금에 처한다.

78 공간정보의 구축 및 관리 등에 관한 법률에서 정의하고 있는 용어에 대한 설명으로 옳지 않은 것은?

① "기본측량"이란 모든 측량의 기초가 되는 공간정보를 제공하기 위하여 국토교통부장관이 실시하는 측량을 말한다.
② 국가, 지방자치단체, 그 밖에 대통령령으로 정하는 기관이 관계 법령에 따른 사업 등을 시행하기 위하여 기본측량을 기초로 실시하는 측량은 "공공측량"이다.
③ "수로측량"이란 해상교통안전, 해양의 보전·이용·개발, 해양관할권의 확보 및 해양재해예방을 목적으로 하는 항로조사 및 해양지명조사를 말한다.
④ "일반측량"이란 기본측량, 공공측량, 지적측량 및 수로측량 외의 측량을 말한다.

해설
정의(해양조사와 해양정보 활용에 관한 법률 제2조)
해양조사란 선박의 교통안전, 해양의 보전·이용·개발 및 해양관할권의 확보 등에 이용할 목적으로 이 법에 따라 실시하는 해양관측, 수로측량 및 해양지명조사를 말한다.
정의(공간정보의 구축 및 관리 등에 관한 법률 제2조)
일반측량이란 측량, 공공측량, 지적측량 외의 측량을 말한다.
※ 출제 시 정답은 ③였으나 법령 개정(20.2.18)으로 인해 ③·④ 복수 정답

79 측량의 실시공고에 대한 사항으로 ( )에 알맞은 것은?

> 공공측량의 실시공고는 전국을 보급지역으로 하는 일간신문에 1회 이상 게재하거나, 해당 특별시·광역시·특별자치시·도 또는 특별자치도의 게시판 및 인터넷 홈페이지에 ( ) 이상 게시하는 방법으로 하여야 한다.

① 7일
② 14일
③ 15일
④ 30일

해설
측량의 실시공고(공간정보의 구축 및 관리 등에 관한 법률 시행령 제12조)
기본측량의 실시공고와 공공측량의 실시공고는 전국을 보급지역으로 하는 일간신문에 1회 이상 게재하거나 해당 특별시·광역시·특별자치시·도 또는 특별자치도의 게시판 및 인터넷 홈페이지에 7일 이상 게시하는 방법으로 하여야 한다.

80 측량기준점을 구분할 때 국가기준점에 속하지 않는 것은?

① 위성기준점
② 지적기준점
③ 통합기준점
④ 수로기준점

해설
지적기준점은 국가기준점에 속하지 않는다.
측량기준점의 구분(공간정보의 구축 및 관리 등에 관한 법률 시행령 제8조)
• 국가기준점 : 우주측지기준점, 위성기준점, 수준점, 중력점, 통합기준점, 삼각점, 지자기점
• 공공기준점 : 공공삼각점, 공공수준점
• 지적기준점 : 지적삼각점, 지적삼각보조점, 지적도근점

정답 77 ② 78 ③·④ 79 ① 80 ②

2020년 제4회 과년도 기출문제

제1과목 응용측량

01 클로소이드 곡선에서 곡선반지름(R)이 일정할 때 매개변수(A)를 2배로 증가시키면 완화곡선 길이(L)는 몇 배가 되는가?

① $\sqrt{2}$ ② 2
③ 4 ④ 8

해설
$A^2 = RL$
$2^2 = 4L$

02 도로선형을 계획함에 있어 A점의 성토면적이 25m², B점의 성토면적이 10.42m²인 경우, 두 지점 간의 토량은? (단, 두 지점 간의 거리는 20m이다)

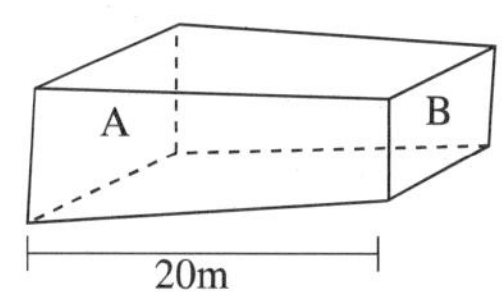

① 308.4m³ ② 354.2m³
③ 380.2m³ ④ 500.4m³

해설
$$V = \frac{A_1 + A_2}{2} \times h$$
$$V_1 = \frac{25 + 10.42}{2} \times 20 = 354.2\text{m}^3$$

03 노선측량의 작업단계에 해당되지 않는 것은?

① 시거측량 ② 세부측량
③ 용지측량 ④ 공사측량

해설
노선측량 세부 작업과정
- 노선선정
- 계획조사측량
- 실시설계측량
- 세부측량
- 용지측량
- 공사측량

04 그림과 같은 토지의 면적을 심프슨 제1공식을 적용하여 구한 값이 44m²라면 거리 D는?

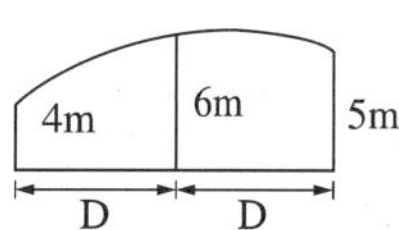

① 4.0m
② 4.4m
③ 8.0m
④ 8.8m

해설
$$A = \frac{d}{3}[y_0 + y_n + 4(y_1 + y_3 + \cdots y_{n-1})]$$
$$= \frac{d}{3}[4 + 5 + 4(6)]$$
$$44 = \frac{d}{3} \times 33$$
$$\therefore d = \frac{44 \times 3}{33} = 4\text{m}$$

05 터널측량에 대한 설명으로 틀린 것은?

① 터널 내의 곡선설치는 일반적으로 지상에서와 같은 편각법을 사용한다.
② 터널 외 중심선 측량은 트래버스측량 등으로 행한다.
③ 터널 내의 측량에서는 기계의 십자선 및 표척 등에 조명이 필요하다.
④ 터널측량의 분류는 터널 외 측량, 터널 내 측량, 터널 내외 연결측량으로 나눈다.

해설
터널 내의 곡선설치는 갱내는 협소하므로 현편거법이나 다각측량에 의해 설치한다.

정답 1 ③ 2 ② 3 ① 4 ① 5 ①

06 노선측량의 단곡선 설치를 위해 곡선반지름과 함께 필요한 중요 요소는?

① B.C(곡선시점) ② E.C(곡선종점)
③ I(교각) ④ T.L(접선장)

해설
단곡선의 반경 R과 교각 I로부터 접선길이, 곡선길이, 외할 등을 계산하여 단곡선 시점, 단곡선 종점, 곡선중점의 위치를 결정한다.

07 땅고르기 작업을 위해 토지를 격자(4m × 3m) 모양으로 분할하고, 각 교점의 지반고를 측량한 결과가 그림과 같을 때, 전체 토량은?(단, 표고 단위 : m)

2.4	2.5	2.8	3.0
2.6	2.7	3.0	3.2
2.8	2.9	3.2	

① 123m³ ② 148m³
③ 168m³ ④ 183m³

해설

$$V_1 = \frac{A}{4}(\Sigma h_1 + 2\Sigma h_2 + 3\Sigma h_3 + 4\Sigma h_4)$$

$$= \frac{4 \times 3}{4}(2.4 + 3.0 + 3.2 + 3.2 + 2.8) + 2(2.5 + 2.8 + 2.9 + 2.6) + 3(3.0) + 4(2.7)$$

$$= 168\text{m}^3$$

08 완화곡선의 성질에 대한 설명으로 ( )에 알맞게 짝지어진 것은?

> 완화곡선의 접선은 시점에서 (㉠)에, 종점에서 (㉡)에 접한다.

① ㉠ 곡선, ㉡ 원호
② ㉠ 직선, ㉡ 원호
③ ㉠ 곡선, ㉡ 직선
④ ㉠ 원호, ㉡ 곡선

해설
완화곡선의 접선은 시점에서 직선에, 종점에서 원호에 접한다.

09 비행장의 입지선정을 위해 고려하여야할 주요 요소로 가장 거리가 먼 것은?

① 주변지역의 개발형태
② 항공기 이용에 따른 접근성
③ 지표면 배수상태
④ 비행장 운영에 필요한 지원시설

해설
비행장의 입지선정을 위해 고려하여야 할 주요 요소
- 주변지역의 개발형태
- 기 후
- 항공기 이용에 따른 접근성
- 장애물
- 지원시설

10 자동차가 곡선구간을 주행할 때에는 뒷바퀴가 앞바퀴보다 곡선의 내측에 치우쳐서 통과하므로 차선폭을 증가시켜 준다. 이때 증가시키는 확폭의 크기(Slack)는?(단, R : 차량중심의 회전반지름, L : 전후차륜거리)

① $\frac{L^3}{2R^2}$

② $\frac{L^2}{2R}$

③ $\frac{L^3}{3R^2}$

④ $\frac{L^2}{3R}$

해설
슬랙 : $\varepsilon = \frac{L^2}{2R}$

정답 6 ③ 7 ③ 8 ② 9 ③ 10 ②

11 그림과 같이 중앙종거(M)가 20m, 곡선반지름(R)이 100m일 때, 단곡선의 교각은?

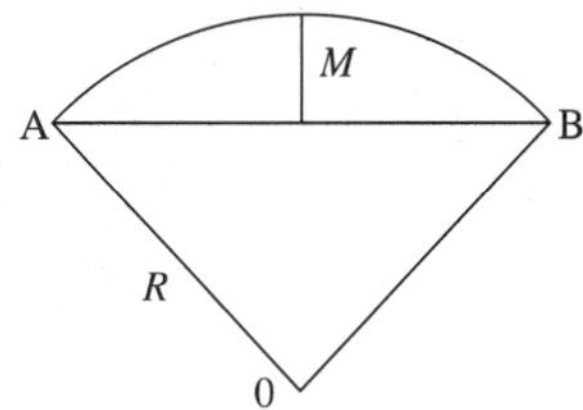

① 36°52′12″ ② 73°44′23″
③ 110°36′35″ ④ 147°28′46″

해설

중앙종거(M) $= R \times \left(1-\cos\frac{I}{2}\right)$

$20 = 100 \times \left(1-\cos\frac{I}{2}\right)$

$\cos\frac{I}{2} = 1 - \frac{20}{100}$

$\cos\frac{I}{2} = 0.8$

$I = 2\times \cos^{-1}0.8$

$I = 73°44'23.26''$

12 그림과 같은 단곡선에서 곡선반지름(R) = 50m, $\overline{AD}$의 방위 = N79°49′32″ E, $\overline{BD}$의 방위 = N50°10′28″ W일 때 $\overline{AB}$의 거리는?

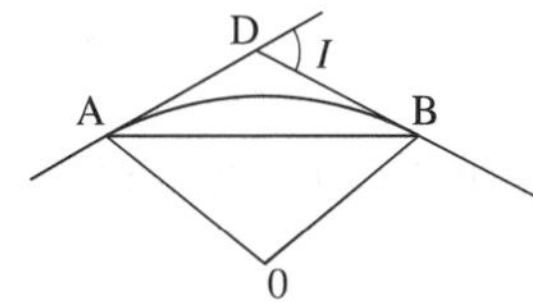

① 10.81m
② 28.36m
③ 34.20m
④ 42.26m

해설

$V_A^d = 79°49'32''$

$V_B^d = 309°49'32''$

$\theta = V_A^d - V_B^d = 79°49'32'' - 309°49'32'' + 360° = 130°$

$\therefore L = 2R\sin\frac{I}{2} = 2\times 50 \times \sin\frac{50}{2} = 42.26\text{m}$

13 □ABCD의 넓이는 1,000m²이다. 선분 $\overline{AE}$로 △ABE와 □AECD의 넓이의 비를 2 : 3으로 분할할 때 $\overline{BE}$의 거리는?

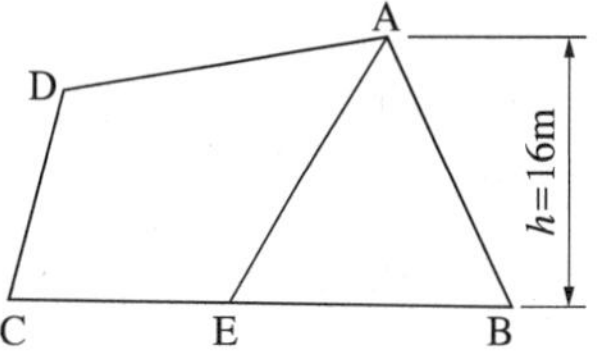

① 37m
② 40m
③ 50m
④ 60m

해설

□AECD $= 1,000 \times \frac{3}{5} = 600\text{m}^2$

△ABE $= 1,000 \times \frac{2}{5} = 400\text{m}^2$

$A = \frac{ab}{2}$

$a = \frac{2A}{b} = \frac{2\times 400}{16} = 50\text{m}$

14 유토곡선(Mass Curve)을 작성하는 목적과 거리가 먼 것은?

① 토공기계의 결정
② 토량의 배분
③ 토량의 운반거리 산출
④ 토공의 단가 결정

해설

유토곡선 작성목적

- 시공방법을 결정한다.
- 평균운반거리를 산출한다.
- 운반거리에 대한 토공기계를 선정한다.
- 토량을 배분한다.
- 작업배경을 결정한다.

정답 11 ② 12 ④ 13 ③ 14 ④

15 **하천측량에서 수위에 관한 용어 중 1년을 통하여 355일간은 이보다 내려가지 않는 수위를 무엇이라 하는가?**

① 저수위
② 갈수위
③ 최저수위
④ 평균최저수위

해설
- 최고수위(HWL), 최저수위(LWL) : 어떤 기간에 있어서 최고, 최저수위로 연 단위 혹은 월 단위의 최고, 최저로 구한다.
- 평균최고수위(NHWL), 평균최저수위(NLWL) : 연과 월에 있어서의 최고, 최저의 평균수위, 평균최고수위는 제방, 교량, 배수 등의 치수 목적에 사용하며 평균최저수위는 수운, 선항, 수력발전의 수리 목적에 사용한다.
- 평균수위(MWL) : 어떤 기간의 관측수위의 총합을 관측횟수로 나누어 평균치를 구한 수위
- 평균고수위(MHWL), 평균저수위(MLWL) : 어떤 기간에 있어서의 평균수위 이상 수위들이 평균수위 및 어떤 기간에 있어서의 평균수위 이하 수위들의 평균수위
- 최다수위(Most Frequent Water Level) : 일정기간 중 제일 많이 발생한 수위
- 평수위(OWL) : 어느 기간의 수위 중 이것보다 높은 수위와 낮은 수위의 관측수가 똑같은 수위로 일반적으로 평균수위
- 저수위 : 1년을 통해 275일은 이보다 저하하지 않는 수위
- 갈수위 : 1년을 통하여 355일간은 이보다 내려가지 않는 수위

16 **해상교통안전, 해양의 보전·이용·개발, 해양관할권의 확보 및 해양재해 예방을 목적으로 하는 수로측량·해양관측·항로조사 및 해양지명조사를 무엇이라고 하는가?**

① 해안조사 ② 해양측량
③ 연안측량 ④ 수로조사

해설
정의(해양조사와 해양정보 활용에 관한 법률 제2조)
해양조사란 선박의 교통안전, 해양의 보전·이용·개발 및 해양관할권의 확보 등에 이용할 목적으로 이 법에 따라 실시하는 해양관측, 수로측량 및 해양지명조사를 말한다.
※ 출제 시 정답은 ④였으나 타법 개정(20.2.18)되었으므로 정답 없음

17 **터널 측량결과 입구 A와 출구 B의 좌표가 표와 같을 때 터널의 길이는?**

[단위 : m]

구 분	X(N)	Y(E)
A	2,288.49	9,367.24
B	2,145.63	9,253.58

① 182.56m
② 194.34m
③ 201.53m
④ 213.49m

해설
$\overline{AB} = \sqrt{\Delta x^2 + \Delta y^2}$
$= \sqrt{(2,145.63 - 2,288.49)^2 + (9,253.58 - 9,367.27)^2}$
$= 182.56\text{m}$

18 **댐을 축조하기 위한 조사계획 단계의 측량과 거리가 먼 것은?**

① 수문자료조사를 위한 측량
② 지형, 지질조사를 위한 측량
③ 유지관리조사를 위한 측량
④ 보상조사를 위한 측량

해설
댐 조사계획 측량
- 수문자료조사를 위한 측량
- 지형, 지질조사를 위한 측량
- 보상조사를 위한 측량
- 재료원조사를 위한 측량
- 가설비조사를 위한 측량

정답 15 ② 16 정답 없음 17 ① 18 ③

19 하천 횡단측량에서 그림과 같이 $\overline{AB}$ 선상의 배 위에서 $\angle \alpha$를 관측하였다. $\overline{BP}$의 거리는?(단, AB⊥BD, $\overline{BD}$ = 50.0m, α = 40°30′)

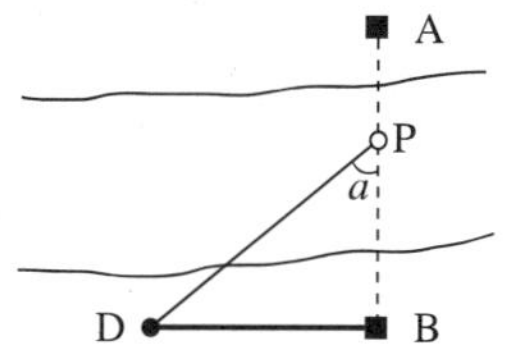

① 32.47m
② 38.02m
③ 42.70m
④ 58.54m

해설

$\tan 40°30' = \dfrac{50}{\overline{BP}}$

$\overline{BP} = \dfrac{50}{\tan 40°30'} = 58.54\text{m}$

20 수로도지에 해당하지 않는 것은?

① 항해용 해도
② 해저지형과 해저지질의 특성을 나타낸 해저지형도
③ 해양영토 관리 등에 필요한 정보를 수록한 영해기점도
④ 지적측량을 통하여 조사된 지적도

해설

※ 출제 시 정답은 ④였으나 법령 개정(20.2.18)으로 인해 정답 없음

제2과목 사진측량 및 원격탐사

21 촬영고도 5,400m, 사진 A의 주점기선길이 65mm, 사진 B의 주점기선길이 70mm일 때 시차차가 1.35mm인 두 점의 높이차는?

① 108m ② 110m
③ 112m ④ 114m

해설

$\Delta p = \dfrac{h}{H} b_0$

$h = \dfrac{H}{h}\Delta p = \dfrac{5{,}400}{\dfrac{65+70}{2}} \times 1.35 = 108\text{m}$

22 도화기의 발달과정 중 가장 최근에 개발되어 사용되는 도화기는?

① 해석식 도화기
② 기계식 도화기
③ 수치 도화기
④ 혼합식 도화기

해설

도화기의 발달과정
기계식 – 해석식 – 수치식

23 ( )에 알맞은 용어로 가장 적합한 것은?

> 절대표정(Absolute Orientation)이 완전히 끝났을 때에는 입체모델과 실제 지형은 ( )의 관계가 이루어진다.

① 상사(相似)
② 이동(異動)
③ 평행(平行)
④ 일치(一致)

해설

절대표정이 완전히 끝났을 때에는 입체모델과 실제 지형은 상사의 관계가 이루어진다.

정답 19 ④ 20 정답 없음 21 ① 22 ③ 23 ①

24 항공사진의 성질에 대한 설명으로 옳지 않은 것은?

① 항공사진은 지면에 비고가 있으면 그 상은 변형되어 찍힌다.
② 항공사진은 지면에 비고가 있으면 연직사진의 경우에도 렌즈의 중심과 지상점의 높이의 차에 의하여 축척이 상이하다.
③ 항공사진은 연직사진이 아니므로 지도를 만들 수 없다.
④ 항공사진이 경사져 있으면 지면이 평탄해도 사진의 경사 방향에 따라 축척이 일정하지 않다.

해설
항공사진에 의한 지형도제작은 촬영, 기준점측량, 세부도화의 세 과정에 의한다.

25 항공사진측량의 촬영비행 조건으로 옳은 것은?(단, 항공사진측량 작업규정 기준)

① 구름 및 구름의 그림자에 관계없이 기온이 25℃ 이상인 날씨에 촬영한다.
② 촬영비행은 영상이 잘 나타나도록 지형에 맞춰 수시로 촬영고도를 변화시킨다.
③ 태양고도가 산지에서는 30°, 평지에서는 25° 이상일 때 촬영한다.
④ 계획 촬영코스로부터의 수평이탈은 계획촬영 고도의 30% 이내로 촬영한다.

해설
① 촬영비행은 시정이 양호하고 구름 및 구름의 그림자가 나타나지 않도록 맑은 날씨에 하는 것을 원칙으로 한다.
② 촬영비행은 예정 촬영고도에서 가급적 일정한 높이로 직선이 되도록 한다.
④ 계획촬영 코스로부터 수평이탈은 계획촬영 고도의 15% 이내로 한하고 계획고도로부터의 수직이탈은 5%이내로 한다. 단 사진축척이 1/5,000 이상일 경우에는 수직이탈 10% 이내로 할 수 있다.

26 다음 중 수동형 센서가 아닌 것은?

① 항공사진 카메라　② 다중분광 스캐너
③ 열적외 스캐너　④ 레이저 스캐너

해설
레이저 스캐너는 능동형 센서에 속한다.

27 위성영상 센서의 방사해상도에서 8bit로 표현할 수 있는 범위로 표현할 수 있는 범위로 옳은 것은?

① 0~255　② 0~256
③ 1~255　④ 1~256

해설
8bit = 2^8 = 256가지

28 촬영고도 1,000m에서 촬영한 사진 상에 나타난 철탑의 상단부분이 사진의 주점으로부터 6cm 떨어져 있으며, 철탑의 변위가 5mm로 나타날 때 이 철탑의 높이는?

① 53.3m　② 63.3m
③ 73.3m　④ 83.3m

해설
$\Delta r = \frac{h}{H} r$

$h = \frac{\Delta r}{r} H = \frac{0.005}{0.06} \times 1{,}000 = 83.3\text{m}$

29 어느 지역 영상의 화소값 분포를 알아보기 위해 아래와 같은 도수분포표를 작성하였다. 이 그림으로 추정할 수 있는 해당지역의 토지피복의 수로 적합한 것은?

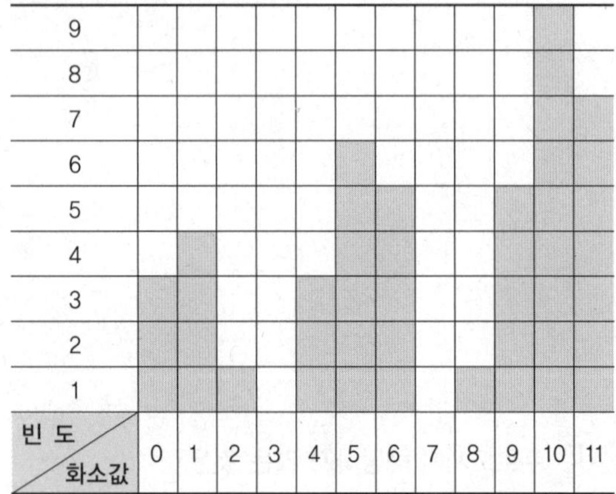

① 1　② 2
③ 3　④ 4

해설
화소에 대한 빈도가 같은 값을 찾으면 화소값에 대한 비도 3, 4, 1, 3, 6, 5, 1, 5, 9, 7 중에서 3, 3, 1, 1, 5, 5이므로 토지피복의 수는 3, 1, 5 총 3개이다.

정답 24 ③ 25 ③ 26 ④ 27 ① 28 ④ 29 ③

30 **사진판독의 요소와 거리가 먼 것은?**

① 색 조 ② 모 양
③ 음 영 ④ 고 도

해설
- 사진판독 주요소 : 색조, 모양, 질감, 형상, 크기, 음영
- 사진판독 보조요소 : 상호위치관계, 과고감

31 **항공사진에 찍혀있는 두 점 A, B의 거리를 관측하였더니 9cm이고, 축척 1 : 25,000의 지형도에서 두 점 간의 길이가 3.6cm이었다면 촬영고도는?(단, 카메라의 초첨거리는 15cm, 사진크기는 23cm × 23cm이며, 대상지는 평지이다)**

① 1,200m ② 1,500m
③ 3,000m ④ 15,000m

해설

$\frac{1}{2,500} = \frac{l}{L}$

$L = 25,000 \times 0.036 = 900\text{m}$

$\frac{1}{m} = \frac{l}{L} = \frac{f}{H}$

$\therefore H = \frac{900}{0.09} \times 0.15 = 1,500\text{m}$

32 **2쌍의 영상을 입체시하는 방법 중 서로 직교하는 두 개의 편광 광선이 한 개의 편광면을 통과할 때 그 편광면의 진동방향과 일치하는 광선만 통과하고, 직교하는 광선을 통과 못하는 성질을 이용하는 입체시의 방법은?**

① 여색입체방법
② 편광입체방법
③ 입체경에 의한 방법
④ 순동입체 방법

해설
편광입체시
서로 직교하는 진동면을 갖는 2개의 편광광선이 1개의 편광면을 통과할 때 그 편광면의 진동방향과 일치하는 진행방향의 광선만 통과하고 여기에 직교하는 광선은 통과하지 못하는 편광의 성질을 이용하는 방법이다.

33 **사진측량은 4차원 측량이 가능하다. 다음 중 4차원 측량에 해당하지 않는 것은?**

① 거푸집에 대하여 주기적인 촬영으로 변형량을 관측한다.
② 동적인 물체에 대한 시간별 움직임을 체크한다.
③ 4가지의 각각 다른 구조물을 동시에 측량한다.
④ 용광로의 열변형을 주기적으로 측정한다.

해설
4차원 측량은 4가지의 각각 다른 구조물을 동시에 측량은 안된다.
4차원 측량
3차원 측량에서 발전한 형태로 지표 지상 건축물 지하시설물 등을 효율적으로 등록공시하거나 관리지원 할 수 있고 이를 등록사항의 변경내용을 정확하게 유지 관리할 수 있다.

34 **관성항법시스템(INS)의 구성으로 옳은 것은?**

① 자이로와 가속도계 ② 자이로와 도플러계
③ 중력계와 도플러계 ④ 중력계와 가속도계

해설
관성항법시스템은 자이로와 가속도계로 구성되어 있다.

35 **물체의 분광반사특성에 대한 설명으로 옳은 것은?**

① 같은 물체라도 시간과 공간에 따라 반사율이 다르게 나타난다.
② 토양은 식물이나 물에 비하여 파장에 따른 반사율의 변화가 크다.
③ 식물은 근적외선 영역에서 가시광선 영역보다 반사율이 높다.
④ 물은 식물이나 토양에 비해 반사율이 높다.

해설
식물은 근적외선 영역에서 가시광선 영역보다 반사율이 높다.
- 근적외선 : 식물에 포함된 엽록소에 매우 잘 반응하기 때문에 식물의 활성도 조사에 사용
- 단파장적외선 : 식물의 함수량에 반응하기 때문에 근적외선과 함께 식생조사에 사용, 지질판독조사에 사용
- 중적외선 : 특수한 광물자원에 반응하기 때문에 지질조사에도 사용
- 열적외선 : 수온이나 지표온도 등의 온도측정에 사용

정답 30 ④ 31 ② 32 ② 33 ③ 34 ① 35 ③

36 **"초점거리 및 중심점을 조정하여 상좌표로부터 사진좌표를 얻는다."와 관련된 표정은?**

① 상호표정 ② 내부표정
③ 절대표정 ④ 접합표정

해설
"초점거리 및 중심점을 조정하여 상좌표로부터 사진좌표를 얻는다."와 관련된 표정은 내부표정이다.
내부표정
도화기의 투영기에 촬영 시와 동일한 광학관계를 갖도록 장착시키는 작업으로 기계좌표로부터 지표좌표를 구한 다음 사진좌표를 구하는 단계적 표정이다.

37 **사진의 중심점으로서 렌즈의 광축과 화면이 교차하는 점은?**

① 연직점 ② 주 점
③ 등각점 ④ 부 점

해설
주점 : 사진의 중심점이라고도 하며 렌즈중심으로부터 화면(사진면)에 내린 수선의 발을 말하며 렌즈의 광축과 화면이 교차하는 점이다.

38 **항공사진촬영 전 지상에 설치하는 대공표지에 대한 설명으로 옳은 것은?**

① 대공표지는 사진상에 분명히 확인할 수 있어야 하며, 그 크기와 재료는 항상 동일하여야 한다.
② 대공표지는 지상에 설치하는 만큼 지표에 완전히 붙어 있어야 한다.
③ 대공표지는 기준점 주위에 설치해서는 안 되며, 사진상에서 찾기 쉽도록 광택이 나야 한다.
④ 설치장소는 천정으로부터 45° 이상의 시계를 확보할 수 있어야 한다.

해설
- 대공표지의 재질은 주로 내구성이 강한 베니어합판, 알루미늄판, 합성수지판을 이용한다.
- 대공표지 한 변의 최소크기 $d = \frac{M}{T}$[m]이다.
- 지상에 적당한 장소가 없을 때에는 수목 또는 지붕위에 설치할 수 있으며 수목에 설치할 때는 직접 페인트로 그릴 수도 있다.

39 **원격탐사 데이터 처리 중 전처리 과정에 해당되는 것은?**

① 기하보정
② 영상분류
③ DEM 생성
④ 영상지도 제작

해설
전처리 과정 : 복사량보정, 기하보정

40 **영상정합(Image Matching)의 대상기준에 따른 영상정합의 분류에 해당되지 않는 것은?**

① 영역 기준 정합
② 객체형 정합
③ 형상 기준 정합
④ 관계형 정합

해설
영상정합의 분류
- 영역 기준 정합
- 형상 기준 정합
- 관계형 정합

정답 36 ② 37 ② 38 ④ 39 ① 40 ②

제3과목 지리정보시스템(GIS) 및 위성측위시스템(GNSS)

41 **지리정보시스템(GIS)의 자료형태에서 그리드(Grid)에 대한 설명으로 옳지 않은 것은?**

① 래스터 자료를 셀단위로 저장하는 X, Y좌표 격자망
② 정방형의 가상격자망을 채워주는 점 자료
③ 규칙적으로 배치된 샘플점의 집합
④ 일반적인 벡터형 자료시스템

해설
벡터형 자료시스템은 아니다.
그리드
바둑판 눈금 또는 석쇠 모양의 동일한 크기의 정방형 혹은 준정방형 셀의 배열에 의해서 정보를 표현하는 지리 자료 모형. 정사각형의 가상 격자망을 채워주는 점들의 자료 값으로 이루어진 데이터베이스. 일반적으로 래스터 자료 체계라고도 한다. 래스터 자료를 셀 단위로 저장하는 X, Y좌표 격자망을 말한다(격자를 이루는 것은 셀이다). 이 셀의 값이 주제나 레이어 값을 나타낸다.

42 **공간 자료 품질의 핵심요소 중 하나로 데이터셋의 역사를 말하며 수치 데이터셋의 경우는 다음과 같이 정의할 수 있는 것은?**

> 자료품질 설명의 일부로서, 자료와 관련 있는 관측 또는 원료의 출처, 자료획득 및 편집 방법, 변환·변형·분석·파생방법, 기타 모든 단계에서 적용한 가정 혹은 기준 등의 정보를 포함한다.

① 연혁(Lineage)
② 완전성(Completeness)
③ 위치 정확도(Positional Accuracy)
④ 논리적 일관성(Logical Consistency)

해설
ISO 19113의 품질개념
품질을 구성하는 요소는 크게 비정량적인 품질개요요소와 정량적 품질요소로 나눌 수 있다.

43 **지리정보시스템(GIS)에서 래스터데이터를 이용한 공간 분석 기능 수행 중 A와 B를 이용하여 수행한 결과 C를 만족시키기 위한 연산 조건으로 옳은 것은?**

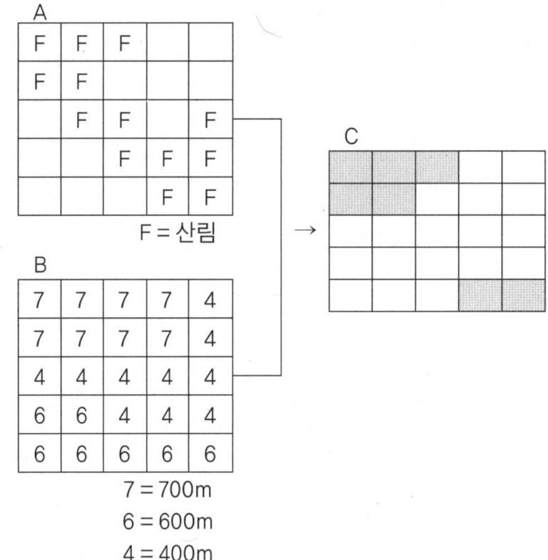

① (A = 산림) AND (B < 500m)
② (A = 산림) AND NOT (B < 500m)
③ (A = 산림) OR (B < 500m)
④ (A = 산림) XOR (B < 500m)

해설
(A = 산림) AND NOT (B < 500m)에 해당한다.

44 **지리정보시스템(GIS)에서 사용하는 수치지도를 제작하는 방법이 아닌 것은?**

① 항공기를 이용하여 항공사진을 촬영하여 수치지도를 만드는 방법
② 항공사진 필름을 고감도 복사기로 인쇄하는 방법
③ 인공위성 데이터를 이용하여 수치지도를 만드는 방법
④ 종이지도를 디지타이징하여 수치지도를 만드는 방법

해설
수치지도를 제작하는 방법
- 항공기를 이용하여 항공사진을 촬영하여 수치지도를 만드는 방법
- 인공위성 데이터를 이용하여 수치지도를 만드는 방법
- 종이지도를 디지타이징하여 수치지도를 만드는 방법

정답 41 ④ 42 ① 43 ② 44 ②

45 **지리정보시스템(GIS)의 자료처리에서 버퍼(Buffer)에 대한 설명으로 옳은 것은?**

① 공간 형상의 둘레에 특정한 폭을 가진 구역(Zone)을 구축하는 것이다.
② 선 데이터에 대해서만 버퍼거리를 지정하여 버퍼링(Buffering)을 할 수 있다.
③ 면 데이터의 경우 면의 안쪽에서는 버퍼거리를 지정할 수 없다.
④ 선 데이터의 형태가 구불구불한 굴곡이 매우 심하거나 소용돌이 형상일 경우 버퍼를 생성할 수 없다.

해설
버퍼분석
- 공간적 근접성을 정의할 때 이용되는 것으로서 점, 선, 면 또는 면 주변에 지정된 범위의 면사상으로 구성
- 버퍼분석을 위해서는 먼저 버퍼 존의 정의가 필요
- 버퍼 존은 입력사상과 버퍼를 위한 거리를 지정한 이후 생성
- 일반적으로 거리는 단순한 직선거리인 유클리디언 거리 이용

46 **GNSS의 활용 분야와 가장 거리가 먼 것은?**

① 실내 3차원 모델링
② 기준점 측량
③ 구조물 변위 모니터링
④ 지형공간정보 획득 및 시설물 유지 관리

해설
GPS 활용
- 측지측량 분야
- 해상측량 분야
- 교통 분야
- 지도제작 분야
- 항공 분야
- 우주 분야
- 레저스포츠 분야
- 군사용
- GSIS의 DB구축
- 기타 : 구조물 변위 계측, GPS를 시각동기장치로 이용 등

47 **임의 지점 A에서 타원체고(h) 25.614m, 지오이드고(N) 24.329m일 때 A지점의 정표고(H)는?**

① −1.285m　② 1.285m
③ −49.943m　④ 49.943m

해설
소구점 표고 = 소구점 타원체고 − 소구점 지오이드고
= 25.614 − 24.329 = 1.285m

48 **다음 중 지도의 일반화 유형(단계)이 아닌 것은?**

① 단순화　② 분류화
③ 세밀화　④ 기호화

해설
지도제작의 추상화, 일반화 과정
- 선 택
- 분류화
- 단순화
- 기호화

49 **GPS 신호 중 1,575.42MHz의 주파수를 가지는 신호는?**

① P코드
② C/A코드
③ L1
④ L2

해설
GPS 신호 중 1,575.42MHz의 주파수를 가지는 신호는 반송파 중 L1에 해당된다.

정답 45 ① 46 ① 47 ② 48 ③ 49 ③

50 **지리정보시스템(GIS)의 특징이 아닌 것은?**

① 자료의 합성 및 중첩에 의한 다양한 공간분석이 용이하다.
② 사용자의 요구에 맞게 새로운 지도를 제작하거나, 수정할 수 있다.
③ 대규모 자료를 데이터베이스화하여 효과적으로 관리할 수 있다.
④ 한번 구축된 지리정보시스템의 자료는 항상성을 유지하기 위해 수정, 편집이 어렵다.

해설
구축된 지리정보시스템의 자료는 새로운 정보의 추가와 수정이 용이하다.

51 **지리정보시스템(GIS)의 데이터 취득에 대한 일반적인 설명으로 옳지 않은 것은?**

① 스캐닝이 디지타이징에 비하여 작업 속도가 빠르다.
② 디지타이징은 전반적으로 자동화된 작업과정이므로 숙련도에 크게 좌우되지 않는다.
③ 스캐닝에 의한 수치지도 제작을 위해서는 래스터를 벡터로 변환하는 과정이 필요하다.
④ 디지타이징은 지도와 항공사진 등 아날로그 형식의 자료를 전산기에 의해서 직접 판독할 수 있는 수치 형식으로 변환하는 자료획득 방법이다.

해설
디지타이징은 수동식이므로 정확도가 높으나 작업의 숙련도가 요구된다.

52 **GNSS 관측 오차에 대한 설명 중 틀린 것은?**

① 대류권에 의하여 신호가 지연된다.
② 전리층에 의하여 코드 신호가 지연된다.
③ 다중경로 오차에 의하여 신호의 세기가 증폭된다.
④ 수학적으로 대류권 오차는 온도, 기압, 습도 등으로 모델링한다.

해설
다중경로 오차는 GPS 위성으로 직접 수신된 전파 이외에 부가적으로 주위의 지형지물에 의한 반사된 전파로 인해 발생되는 오차이다. 신호의 세기는 증폭되지 않는다.

53 **GPS에서 채택하고 있는 기준타원체는?**

① WGS84
② Bessel1841
③ GRS80
④ NAD83

해설
GPS에서 채택하고 있는 기준타원체는 WGS84이다.

54 **수록된 데이터의 내용, 품질, 작성자, 작성일자 등과 같은 유용한 정보를 제공하여 데이터 사용을 편리하게 하는 데이터를 의미하는 것은?**

① 위상데이터
② 공간데이터
③ 메타데이터
④ 속성데이터

해설
메타데이터
데이터에 관한 데이터로서 데이터의 구축과 이용확대에 따른 상호 이해와 호환의 폭을 넓히기 위하여 고안된 개념이다. 메타데이터는 데이터에 관한 다양한 측면을 서술하는 매우 중요한 자료이다.

55 **다음 중 지리정보시스템(GIS)의 구성요소로 옳은 것은?**

① 하드웨어, 소프트웨어, 인적자원, 데이터
② 하드웨어, 소프트웨어, 데이터, GPS
③ 데이터, GPS, LIS, BIS
④ BIS, LIS, UIS, GPS

해설
GIS의 구성요소
• 하드웨어
• 소프트웨어
• 데이터베이스
• 인적자원
• 방법(Application)

정답 50 ④ 51 ② 52 ③ 53 ① 54 ③ 55 ①

56 수치지형모델 중의 한 유형인 수치표고모델(DEM)의 활용과 거리가 가장 먼 것은?

① 토지피복도(Land Cover Map)
② 3차원 조망도(Perspective View)
③ 음영기복도(Shaded Relief Map)
④ 경사도(Slope Map)

해설
수치표고모델의 응용분야
• 도로의 부지 및 댐의 위치 선정
• 수문 정보체계 구축
• 등고선도와 시선도
• 절토량과 성토량 산정
• 조경설계 및 계획을 위한 입체적인 표현
• 지형의 통계적 분석과 비교
• 경사도, 사면방향도, 경사 및 단면의 계산과 음영기복도 제작
• 경관 또는 지형형성과정의 영상모의 관측
• 수치지형도 작성에 필요한 표고정보와 지형정보를 다 이루는 속성
• 군사적 목적의 3차원 표현

57 관계형 공간 데이터베이스에서 질의를 위해 주로 사용하는 언어는?

① DML ② GML
③ OQL ④ SQL

해설
SQL
데이터베이스로부터 정보를 얻거나 갱신하기 위한 표준대화식 프로그래밍 언어를 말한다.

58 GNSS(Global Navigation Satellite System)에 해당되지 않는 것은?

① GPS
② GOCE
③ GLONASS
④ GALILEO

해설
① GPS : 미국
③ GLONASS : 러시아
④ GALILEO : EU

59 다음 중 도형이나 속성자료의 호환을 위해 사용되는 포맷이 아닌 것은?

① ASCII 코드
② SHAPE
③ JPG
④ TIGER

해설
도형이나 속성자료의 호환을 위해 사용되는 포맷
• TIGER 파일형식
• VPF 파일형식
• Shape 파일형식
• Coverage 파일형식
• CAD 파일형식
• DLG 파일형식
• Arcinfo E00
• CGM 파일형식

60 지리정보시스템(GIS)의 분석기법 중 최단경로 탐색에 가장 적합한 것은?

① 버퍼 분석
② 중첩 분석
③ 지형 분석
④ 네트워크 분석

해설
네트워크 분석을 통해 가능한 분석
• 최단경로 : 주어진 기원지와 목적지를 잇는 최단거리의 경로분석
• 최소비용경로 : 기원지와 목적지를 연결하는 네트워크상에서 최소의 비용으로 이동하기 위한 경로를 탐색
• 차량경로 탐색과 교통량 할당 문제 등의 분석 초연결지능망은 초연결과 지능망이라는 두 가지 개념을 합친 네트워크다.

정답 56 ① 57 ④ 58 ② 59 ③ 60 ④

제4과목 측량학

61 수준측량에서 5km 왕복측정에서 허용오차가 ±10mm라면 2km 왕복측정에 대한 허용오차는?

① ±9.5mm
② ±8.4mm
③ ±7.2mm
④ ±6.3mm

해설
$\sqrt{5[\text{km}]}$: 10mm = $\sqrt{2[\text{km}]}$: x
$x = \dfrac{\sqrt{2}}{\sqrt{5}} \times 10 = \pm 6.3\text{mm}$

62 노선 및 하천측량과 같이 폭이 좁고 거리가 먼 지역의 측량에 주로 이용되는 삼각망은?

① 사변형삼각망 ② 유심삼각망
③ 단열삼각망 ④ 단삼각망

해설
단열삼각망(= 삼각쇄)
폭이 좁고 긴 지역에 적합하며 노선 및 하천측량에 주로 이용한다. 측량이 신속하고 경비가 절감되지만 정밀도가 낮다.

63 그림과 같은 트래버스에서 $\overline{\text{CD}}$의 방위각은?

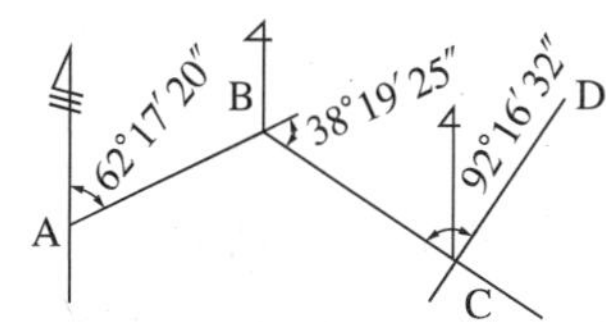

① 8°20′13″
② 12°53′17″
③ 116°14′27″
④ 188°20′13″

해설
$V_B^C = 62°17'20'' + 38°19'25'' = 100°36'45''$
$V_C^D = 100°36'48'' - 180° + 92°16'32'' = 12°53'17''$

64 레벨의 요구 조건 중 가장 기본적인 요소로 레벨 조정의 항정법에 의하여 조정되는 것은?

① 연직축과 기포관축이 직교할 것
② 독취 시에 기포의 위치를 볼 수 있을 것
③ 기포관축과 망원경의 시준선이 평행할 것
④ 망원경의 배율과 수준기의 감도가 평형할 것

해설
항정법
기포관이 중앙에 있을 때 시준선을 수평으로 하는 것

65 삼각측량에서 1대회관측에 대한 설명으로 옳은 것은?

① 망원경을 정위와 반위로 한 각을 두 번 관측
② 망원경을 정위와 반위로 두 각을 두 번 관측
③ 망원경을 정위와 반위로 한 각을 네 번 관측
④ 망원경을 정위와 반위로 두 각을 네 번 관측

해설
1대회관측은 망원경을 정위와 반위로 한 각을 두 번 관측한다.

66 측량에서 발생되는 오차 중 주로 관측자의 미숙과 부주의로 인하여 발생되는 오차는?

① 부정오차
② 정오차
③ 착 오
④ 표준오차

해설
과실(= 착오 = 과대오차)
관측자의 미숙과 부주의로 의해 일어나는 오차로서 눈금읽기나 야장기입을 잘못한 경우를 포함하며 주의를 하면 방지할 수 있다.

정답 61 ④ 62 ③ 63 ② 64 ③ 65 ① 66 ③

67 수평각 관측을 하여 다음과 같은 결과를 얻었다. 1회 관측의 경중률이 같다고 할 때 최확값의 평균제곱근 오차(표준오차)는?

34°56′22″, 34°56′18″, 34°56′19″, 34°56′16″, 34°56′20″

① ±1.0″
② ±1.8″
③ ±2.2″
④ ±2.6″

해설

최확값(평균값) = $\frac{22+18+19+16+20}{5} = \frac{95}{5} = 19$

잔차 = 관측값 − 최확값

표준편차 = $\sqrt{\frac{v^2}{n(n-1)}} = \sqrt{\frac{20}{5(5-1)}} = \sqrt{\frac{20}{20}} = \pm 1.0''$

68 수준측량의 오차 중 개인오차에 해당되는 것은?

① 시차에 의한 오차
② 대기굴절에 의한 오차
③ 지구곡률에 의한 오차
④ 태양의 직사광선에 의한 오차

해설

개인오차
- 기포가 중앙에 있지 않는 경우
- 시차에 의한 오차
- 표척을 잘못 읽음으로 인한 오차
- 표척조정이 잘못에 의한 오차
- 목표물 설치의 잘못에 의한 오차

69 구과량에 대한 설명으로 옳은 것은?(단, A : 구면삼각형의 면적, R : 지구반지름)

① 구과량을 구하는 식은 $\varepsilon = \frac{A}{2R}$이다.
② 구과량에 의해 사변형삼각망에서 내각의 합이 360°보다 작게 된다.
③ 평면삼각형의 폐합오차는 구과량과 같다.
④ 구과량이란 구면삼각형 내각의 합과 180°와의 차이를 뜻한다.

해설

- 구과량(ε)

$$\varepsilon = \frac{A}{R^2} \times \rho''$$

- 구과량에 의해 사변형삼각망에서 내각의 합은 360°보다 크게 된다.

70 트래버스 측량에서 측점 A의 좌표가 X = 150m, Y = 200m이고 측점 B까지의 측선 길이가 200m일 때 측점 B의 좌표는?(단, AB측선의 방위각은 280°25′10″이다)

① X = 186.17m, Y = 396.70m
② X = 186.17m, Y = 3.30m
③ X = 150.72m, Y = 396.70m
④ X = 150.72m, Y = 3.30m

해설

$B_X = A_X + 200 \times \cos 280°25'10''$
$= 150 + 200 \times \cos 280°25'10'' = 186.17\text{m}$
$B_Y = A_Y + 200 \times \sin 280°25'10''$
$= 200 + 200 \times \sin 280°25'10'' = 3.297\text{m}$

71 1 : 25,000 지형도에서 경사 30°인 지형의 두 점 간 도상거리가 4mm로 표시되었다면 두 점 간의 실제 경사거리는?(단, 경사가 일정한 지형으로 가정한다)

① 50.0m　② 86.6m
③ 100.0m　④ 115.5m

해설

$D = ml = 25{,}000 \times 4 = 100{,}000\text{mm} = 100\text{m}$

$L = \frac{100}{\cos 30°} = 115.47\text{m}$

정답 67 ① 68 ① 69 ④ 70 ② 71 ④

72 A, B 두 점의 표고가 각각 118m, 145m이고, 수평거리가 270m이며, AB 간은 등경사이다. A점으로부터 AB선상의 표고 120m, 130m, 140m인 점까지 각각의 수평거리는?

① 10m, 110m, 210m
② 20m, 120m, 220m
③ 20m, 110m, 220m
④ 10m, 120m, 210m

해설

$270 : 27 = x : 2 \rightarrow \frac{270 \times 2}{27} = 20\text{m}$

$270 : 27 = x : 12 \rightarrow \frac{270 \times 12}{27} = 120\text{m}$

$270 : 27 = x : 22 \rightarrow x = \frac{270 \times 22}{27} = 220\text{m}$

73 그림과 같이 a_1, a_2, a_3를 같은 경중률로 관측한 결과 $a_1 - a_2 - a_3 = 24''$일 때 조정량으로 옳은 것은?

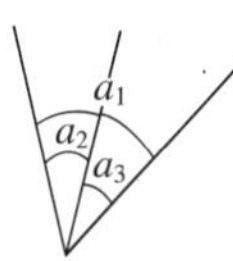

① $a_1 = +8''$, $a_2 = +8''$, $a_3 = +8''$
② $a_1 = -8''$, $a_2 = +8''$, $a_3 = +8''$
③ $a_1 = -8''$, $a_2 = -8''$, $a_3 = -8''$
④ $a_1 = +8''$, $a_2 = -8''$, $a_3 = -8''$

해설

$\text{조정량} = \frac{\text{오 차}}{\text{관측각수}} = \frac{24}{3} = 8''$

- 큰 각 : (−)조정
- 작은 각 : (+)조정

74 표준척보다 3cm 짧은 50m 테이프로 관측한 거리가 200m이었다면 이 거리의 실제의 거리는?

① 199.88m ② 199.94m
③ 200.06m ④ 200.12m

해설

$\text{실제거리} = \frac{\text{부정거리}}{\text{표준거리}} \times \text{관측거리}$

$= \frac{49.97}{50} \times 200 = 199.88\text{m}$

75 5년마다 수립되는 측량기본계획에 해당되지 않는 사항은?

① 측량산업 및 기술인력 육성 방안
② 측량에 관한 기본 구상 및 추진 전략
③ 측량의 국내외 환경 분석 및 기술연구
④ 국가공간정보체계의 활용 및 공간정보의 유통

해설

측량기본계획 및 시행계획(공간정보의 구축 및 관리 등에 관한 법률 제5조)

- 측량에 관한 기본 구상 및 추진 전략
- 측량의 국내외 환경 분석 및 기술연구
- 측량산업 및 기술인력 육성 방안
- 그 밖에 측량 발전을 위하여 필요한 사항

76 기본측량을 실시하기 위한 실시공고는 일간신문에 1회 이상 게재하거나 해당 특별시, 광역시 · 도 또는 특별자치도의 게시판 및 인터넷 홈페이지에 며칠 이상 게시하는 방법으로 하여야 하는가?

① 7일 ② 15일
③ 30일 ④ 60일

해설

측량의 실시공고(공간정보의 구축 및 관리 등에 관한 법률 시행령 제12조)

기본측량의 실시공고와 공공측량의 실시공고는 전국을 보급지역으로 하는 일간신문에 1회 이상 게재하거나 해당 특별시 · 광역시 · 특별자치시 · 도 또는 특별자치도의 게시판 및 인터넷 홈페이지에 7일 이상 게시하는 방법으로 하여야 한다.

정답 72 ② 73 ② 74 ① 75 ④ 76 ①

77 **고의로 측량성과를 사실과 다르게 한 자에 대한 벌칙 기준으로 옳은 것은?**

① 3년 이하의 징역 또는 3,000만원 이하의 벌금
② 2년 이하의 징역 또는 2,000만원 이하의 벌금
③ 1년 이하의 징역 또는 1,000만원 이하의 벌금
④ 과태료

해설
벌칙(공간정보의 구축 및 관리 등에 관한 법률 제108조)
고의로 측량성과를 사실과 다르게 한 자에게는 2년 이하의 징역 또는 2,000만원 이하의 벌금에 처한다.

78 **측량기기 중에서 트랜싯(데오드라이트), 레벨, 거리측정기, 토털 스테이션, 지피에스(GPS) 수신기, 금속관로 탐지기의 성능검사 주기는?**

① 2년
② 3년
③ 5년
④ 10년

해설
성능검사의 대상 및 주기 등(공간정보의 구축 및 관리 등에 관한 법률 시행령 제97조)
검사주기는 모두 3년이며 측량기기는 트랜싯(데오드라이트), 레벨, 거리측정기, 토털 스테이션, 지피에스(GPS) 수신기, 금속 또는 비금속 관로 탐지기가 있다.
※ 법령 개정(22.7.19)으로 "금속관로탐지기"는 "금속 또는 비금속 관로 탐지기"로 용어 변경됨

79 **측량기준점의 구분에 있어서 국가기준점에 해당하지 않는 것은?**

① 위성기준점
② 수준점
③ 중력점
④ 지적도근점

해설
측량기준점의 구분(공간정보의 구축 및 관리 등에 관한 법률 시행령 제8조)
- 국가기준점 : 우주측지기준점, 위성기준점, 수준점, 중력점, 통합기준점, 삼각점, 지자기점
- 공공기준점 : 공공삼각점, 공공수준점
- 지적기준점 : 지적삼각점, 지적삼각보조점, 지적도근점

80 **공공측량에 관한 설명으로 옳지 않은 것은?**

① 선행된 일반측량의 성과를 기초로 측량을 실시할 수 있다.
② 선행된 공공측량의 성과를 기초로 측량을 실시할 수 있다.
③ 공공측량시행자는 제출한 공공측량 작업계획서를 변경한 경우에는 변경한 작업계획서를 제출하여야 한다.
④ 공공측량시행자는 공공측량을 하려면 미리 측량지역, 측량기간, 그 밖에 필요한 사항을 시·도지사에게 통지하여야 한다.

해설
공공측량의 실시 등(공간정보의 구축 및 관리 등에 관한 법률 제17조)
공공측량은 기본측량성과나 다른 공공측량성과를 기초로 실시하여야 한다.

정답 77 ② 78 ② 79 ④ 80 ①

2021년 제2회 최근 기출복원문제

제1과목 응용측량

01 도로의 기울기 계산을 위한 수준측량 결과가 그림과 같을 때 A, B점 간의 기울기는?(단, A, B점 간의 경사거리는 42m이다)

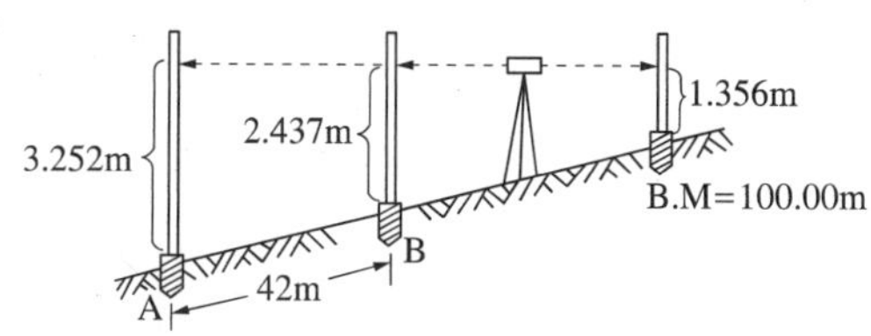

① 1.94% ② 2.02%
③ 7.76% ④ 10.38%

해설

$H_B = 100 + 1.356 - 2.437 = 98.919$m

$H_A = 100 + 1.356 - 3.252 = 98.104$m

$h = 98.919 - 98.104 = 0.815$m

$D = \sqrt{l^2 - h^2} = \sqrt{42^2 - 0.815^2} = 41.992$m

$\therefore\ i = \dfrac{h}{D} \times 100 = \dfrac{0.815}{41.992} \times 100 = 1.94\%$

02 땅고르기 작업을 위해 토지를 격자(4 × 3m) 모양으로 분할하고, 각 교점의 지반고를 측량한 결과가 그림과 같을 때, 전체 토량은?(단, 표고 단위 : m)

2.4	2.5	2.8	3.0
2.6	2.7	3.0	3.2
2.8	2.9	3.2	

① $123m^3$ ② $148m^3$
③ $168m^3$ ④ $183m^3$

해설

$V_1 = \dfrac{A}{4}(\Sigma h_1 + 2\Sigma h_2 + 3\Sigma h_3 + 4\Sigma h_4)$

$= \dfrac{4\times3}{4} \times [(2.4 + 3.0 + 3.2 + 3.2 + 2.9) + 2(2.5 + 2.8 + 2.9 + 2.6) + 3(3.0) + 4(2.7)]$

$= 168m^3$

03 수로측량의 수심을 결정하기 위한 기준면으로 사용되는 것은?

① 대조의 평균고조면 ② 약최고고조면
③ 평균저조면 ④ 기본수준면

해설

육지표고기준을 기본으로 평균해수면(기본수준면)을 통해 수로측량의 수심을 결정하기 위한 기준면으로 사용하고 있다.

04 도로 설계에서 클로소이드곡선의 매개변수(A)를 2배로 하면 동일한 곡선반지름에서 클로소이드곡선의 길이는 몇 배가 되는가?

① 2배 ② 4배
③ 6배 ④ 8배

해설

$A^2 = RL = \dfrac{L^2}{2r} = 2rR^2$

05 그림과 같은 토지의 면적을 심프슨 제1공식을 적용하여 구한 값이 $44m^2$라면 거리 D는?

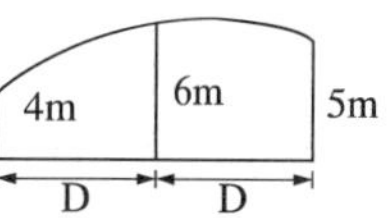

① 4.0m ② 4.4m
③ 8.0m ④ 8.8m

해설

$A = \dfrac{d}{3}[y_0 + y_n + 4(y_1 + y_3 + \cdots + y_{n-1})]$

$= \dfrac{d}{3}[4 + 5 + 4(6)]$

$44 = \dfrac{d}{3} \times 33$

$\therefore\ d = \dfrac{44\times3}{33} = 4$m

정답 1 ① 2 ③ 3 ④ 4 ① 5 ①

06 **하천에서 수심측량 후 측점에 숫자로 표시하여 나타내는 지형표시 방법은?**

① 점고법 ② 기호법
③ 우모법 ④ 등고선법

해설
부호적도법
- 점고법 : 지표면상의 표고 또는 수심을 숫자에 의하여 지표를 나타내는 방법
- 등고선법 : 동일 표고의 점을 연결한 것으로 등고선에 의하여 지표를 표시하는 방법
- 채색법 : 같은 등고선의 지대를 같은 색으로 채색하여 높을수록 진하게, 낮을수록 연하게 칠하여 높이의 변화를 나타내며 지리관계의 지도에 주로 사용한다.

07 **축척 1 : 5,000의 지적도상에서 $16cm^2$로 나타나 있는 정방형 토지의 실제 면적은?**

① $80,000m^2$ ② $40,000m^2$
③ $8,000m^2$ ④ $4,000m^2$

해설

$$\left(\frac{1}{M}\right)^2 = \frac{\text{도상면적}}{\text{실제면적}}$$

실제면적 = $M^2 \times$ 도상면적 = $5,000^2 \times 16 = 400,000,000cm^2$
$= 40,000m^2$

08 **해양지질학적 기초자료를 획득하기 위하여 음파 또는 탄성파 탐사장비를 이용하여 해저지층 또는 음향상 분포를 조사하는 작업은?**

① 수로측량 ② 해저지층탐사
③ 해상위치측량 ④ 수심측량

해설
해저지층탐사의 용어 정의(수로측량 업무규정 제51조)
- "천부지층탐사"란 고주파 대역 음원을 사용하여 해저면 부근의 세밀한 하부 지층 정보를 취득하는 탐사방법을 말한다.
- "심부지층탐사"란 저주파 대역 음원을 사용하여 천부지층탐사보다 깊은 심도의 지층 정보를 취득하는 탐사방법을 말한다.
- "단일채널 탄성파 탐사"란 하나의 수진기(음파 수신 장치)를 이용하는 탐사방법을 말한다.
- "다중채널 탄성파 탐사"란 두 개 이상의 수진기를 이용하는 탐사방법을 말한다.
- "음향상분포도"란 천부지층탐사자료의 음향 특성을 분석하여 동일한 특성을 보이는 구역을 구분하여 도면으로 제작한 것을 말한다.
- "등층후도"란 특정 지층에 대해 같은 두께를 가지는 지점을 연결한 등층후선으로 지층의 두께 변화를 표현한 도면을 말한다.

09 **터널 중심선 측량의 가장 중요한 목적은?**

① 터널 단면의 변위 관측
② 터널 입구의 정확한 크기 설정
③ 인조점의 올바른 매설
④ 정확한 방향과 거리측정

해설
- 중심선 측량은 양쪽 터널 입구의 중심선상에 기준점을 설치하고 좌표를 구하여 터널을 굴진하기 위한 방향 설정과 정확한 거리를 찾아내는 것이 목적이다.
- 터널 측량에서 방향과 높이의 오차는 터널 공사에 영향이 크다.
- 지형이 완만한 경우 일반노선측량과 같이 산정에 중심선을 설치한다.

10 **하나의 터널을 완성하기 위해서는 계획 · 설계 · 시공 등의 작업과정을 거쳐야 한다. 다음 중 터널의 시공과정 중에 주로 이루어지는 측량은?**

① 지형측량
② 세부측량
③ 터널 외 기준점 측량
④ 터널 내 측량

해설
터널 내 측량은 설계중심선의 갱내 설정 및 굴삭, 지보공, 형틀 설치 등의 조사 등 시공과정에서 이루어진다.

11 **캔트(Cant)의 계산에서 속도 및 반지름을 모두 2배로 할 때 캔트의 크기 변화는?**

① 1/4로 감소
② 1/2로 감소
③ 2배로 증가
④ 4배로 증가

해설

$$C = \frac{SV^2}{Rg} = \frac{2^2}{2} = 2$$

따라서 V와 R을 2배로 하면 C는 2배 증가한다.

정답 6 ① 7 ② 8 ② 9 ④ 10 ④ 11 ③

12 다음 중 댐 건설을 위한 조사측량에서 댐 사이트의 평면도 작성에 가장 적합한 측량방법은?

① 평판측량
② 시거측량
③ 간접 수준 측량
④ 지상사진측량 또는 항공사진측량

해설
사진측량은 댐 건설을 위한 조사측량에서 평면도 작성에 적합한 방법이다.

13 유량 및 유속측정의 관측 장소 선정을 위한 고려사항으로 틀린 것은?

① 직류부로 흐름이 일정하고 하상의 요철이 적으며 하상 경사가 일정한 곳
② 수위의 변화에 의해 하천 횡단면 형상이 급변하고 와류(渦流)가 일어나는 곳
③ 관측 장소 상·하류의 유로가 일정한 단면을 갖는 곳
④ 관측이 편리한 곳

해설
수위의 변화에 의해 하천 횡단면 형상이 급변하지 않아야 한다.

14 원곡선 설치에 있어서 접선장(T.L)을 구하는 공식은?(단, R은 곡선 반지름, I는 교각)

① $\mathrm{T.L} = R\sin\frac{I}{2}$
② $\mathrm{T.L} = R\cos\frac{I}{2}$
③ $\mathrm{T.L} = R\tan\frac{I}{2}$
④ $\mathrm{T.L} = R\left(1-\cos\frac{I}{2}\right)$

해설
접선장 $\mathrm{T.L} = R\tan\frac{I}{2}$ 이다.

15 면적측량에 대한 설명으로 틀린 것은?

① 삼사법에서는 삼각형의 밑변과 높이를 되도록 같게 하는 것이 이상적이다.
② 삼변법은 정삼각형에 가깝게 나누는 것이 이상적이다.
③ 구적기는 불규칙한 형의 면적측정에 널리 이용된다.
④ 심프슨 제2법칙은 사다리꼴 2개를 1조로 생각하여 면적을 계산한다.

해설
심프슨 제2법칙은 구역의 경계선을 3차포물선으로 보고 3개의 지거구간을 1조로 구성하여 면적을 계산하는 방식이다.

16 비행장의 입지선정을 위해 고려하여야할 주요 요소로 가장 거리가 먼 것은?

① 주변지역의 개발형태
② 항공기 이용에 따른 접근성
③ 지표면 배수상태
④ 비행장 운영에 필요한 지원시설

해설
비행장의 입지선정을 위해 고려하여야 할 주요 요소
- 주변지역의 개발형태
- 기 후
- 항공기 이용에 따른 접근성
- 장애물
- 지원시설

17 지중레이더(GPR ; Ground Penetration Radar) 탐사기법은 전자파의 어떤 성질을 이용하는가?

① 방 사
② 반 사
③ 흡 수
④ 산 란

해설
지중레이더 탐사기법은 전자파의 반사의 성질을 이용하여 지하시설물을 측량하는 방법이다.

정답 12 ④ 13 ② 14 ③ 15 ④ 16 ③ 17 ②

18 곡선에 둘러싸인 부분의 면적을 계산할 때 이용되는 방법으로 적합하지 않은 것은?

① 모눈종이(Grid)법
② 구적기에 의한 방법
③ 좌표에 의한 계산법
④ 횡선(Strip)법

해설
곡선에 둘러싸인 부분의 면적은 도해법(구적기에 의한 방법, 모눈종이에 의한 방법)으로 해결하는 것이 적합하며, 수치계산법으로 좌표법, 삼각형법, 지거법, 다각형법 등이 있다.

19 측면 주사 음량탐지기(Side Scan Sonar)를 이용한 해저면 영상조사에서 탐지할 수 없는 것은?

① 수중의 암초
② 노출암
③ 해저케이블
④ 바다에 침몰한 선박

해설
침선, 장애물, 해저전선, 해저파이프라인, 어초 등의 물체나 구축물의 확인 등의 조사에 사용하며, 노출암의 경우 해상 표면 위에 도출된 것을 뜻하므로 탐지할 수 없다.

20 그림과 같이 2차포물선에 의하여 종단곡선을 설치하려 한다면 C점의 계획고는?(단, A점의 계획고는 50.00m이다)

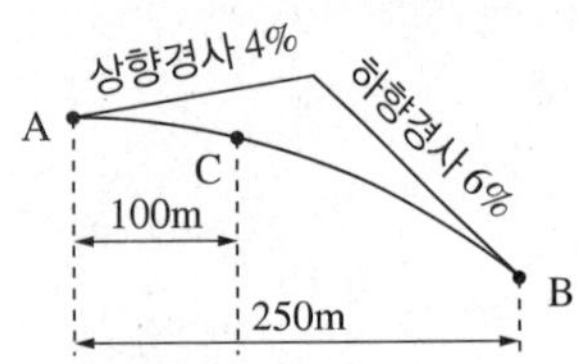

① 40.00m
② 50.00m
③ 51.00m
④ 52.00m

해설
구배선의 계획고

$H_B' = H_A + \frac{m}{100}x = 50 + \frac{4}{100} \times 100 = 54\text{m}$

종단곡선의 계획고

$H_B = H_B' - y = H_B' - \frac{m-(-n)}{2L}x^2$

$= 54 - \frac{0.04-(-0.06)}{2 \times 250} \times 100^2$

$= 52\text{m}$

제2과목 사진측량 및 원격탐사

21 도화기의 순서로 옳은 것은?

① 기계식도화기 – 해석식도화기 – 수치식도화기
② 수치식도화기 – 해석식도화기 – 기계식도화기
③ 기계식도화기 – 수치도화기 – 해석식도화기
④ 수치도화기 – 기계식도화기 – 해석식도화기

해설
도화기의 발달과정
기계식 – 해석식 – 수치식

22 항공사진측량의 촬영비행 조건으로 옳은 것은?(단, 항공사진측량 작업규정 기준)

① 구름 및 구름의 그림자에 관계없이 기온이 25℃ 이상인 날씨에 촬영한다.
② 촬영비행은 영상이 잘 나타나도록 지형에 맞춰 수시로 촬영고도를 변화시킨다.
③ 태양고도가 산지에서는 30°, 평지에서는 25° 이상일 때 촬영한다.
④ 계획촬영 코스로부터의 수평이탈은 계획촬영 고도의 30% 이내로 촬영한다.

해설
① 촬영비행은 시정이 양호하고 구름 및 구름의 그림자가 나타나지 않도록 맑은 날씨에 하는 것을 원칙으로 한다.
② 촬영비행은 예정 촬영고도에서 가급적 일정한 높이로 직선이 되도록 한다.
④ 계획촬영 코스로부터 수평이탈은 계획촬영 고도의 15% 이내로 한하고 계획고도로부터의 수직이탈은 5% 이내로 한다. 단, 사진축척이 1/5,000 이상일 경우에는 수직이탈 10% 이내로 할 수 있다.

정답 18 ③ 19 ② 20 ④ 21 ① 22 ③

23 **항공사진의 촬영 시 사진축척과 관련된 내용으로 옳은 것은?**

① 초점거리에 비례한다.
② 비행고도와 비례한다.
③ 촬영속도에 비례한다.
④ 초점거리의 제곱에 비례한다.

해설
사진축척은 초점거리에 비례하고 비행고도에 반비례한다.
$M=\frac{1}{m}=\frac{f}{H}=\frac{l}{L}$

24 **어느 지역의 영상과 동일한 지역의 지도이다. 이 자료를 이용하여 "밭"의 훈련지역(Training Field)을 선택한 결과로 적합한 것은?**

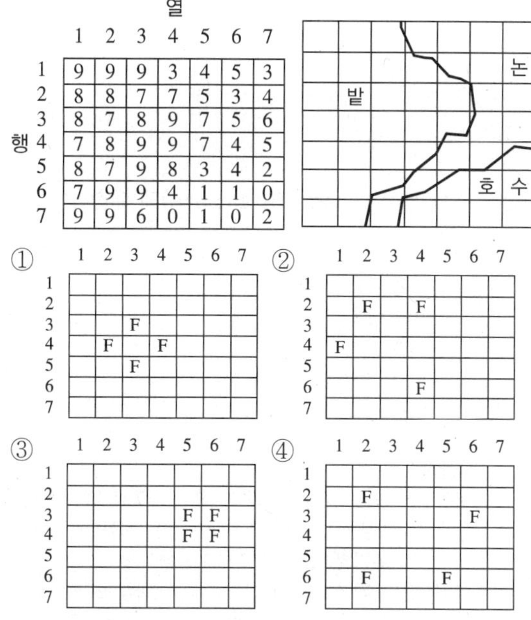

행＼열	1	2	3	4	5	6	7
1	9	9	9	3	4	5	3
2	8	8	7	7	5	3	4
3	8	7	8	9	7	5	6
4	7	8	9	9	7	4	5
5	8	7	9	8	3	4	2
6	7	9	9	4	1	1	0
7	9	9	6	0	1	0	2

①

	1	2	3	4	5	6	7
1							
2							
3			F				
4		F		F			
5			F				
6							
7							

②

	1	2	3	4	5	6	7
1							
2		F		F			
3							
4	F						
5							
6				F			
7							

③

	1	2	3	4	5	6	7
1							
2							
3					F	F	
4					F	F	
5							
6							
7							

④

	1	2	3	4	5	6	7
1							
2		F					
3						F	
4							
5							
6		F			F		
7							

해설
밭의 훈련지역은 2~4열, 3~5행이다.

25 **사진측량에서 말하는 모델(Model)의 의미로 옳은 것은?**

① 촬영지역을 대표하는 부분
② 촬영사진 중 수정 모자이크된 부분
③ 한 쌍의 중복된 사진으로 입체시 되는 부분
④ 촬영된 각각의 사진 한 장이 포괄하는 부분

해설
모델은 다른 위치로부터 촬영되는 2매 1조의 입체사진으로부터 만들어지는 모델을 처리 단위로 한다.

26 **수치영상거리 기법 중 특정 추출과 판독에 도움이 되기 위하여 영상의 가시적 판독성을 증강시키기 위한 일련의 처리과정을 무엇이라 하는가?**

① 영상분류(Image Classification)
② 영상강조(Image Enhancement)
③ 정사보정(Ortho-rectification)
④ 자료융합(Data Merging)

해설
수치영상거리 기법 중 특정 추출과 판독에 도움이 되기 위하여 영상의 가시적 판독성을 증강시키기 위한 일련의 처리과정을 영상강조라 한다.

27 **원격탐사의 탐측기에 의해 수집되는 전자기파 0.7~3.0μm 정도 범위의 파장대를 가지고 있으며 식생의 종류 및 상태 조사에 유용한 것은?**

① 가시광선
② 자외선
③ 근적외선
④ 극초단파

해설
근적외선은 식물에 포함된 엽록소에 매우 잘 반응하기 때문에 식물의 활성도조사에 사용된다.

정답 23 ① 24 ① 25 ③ 26 ② 27 ③

28 사진크기 23cm × 23cm, 축척 1 : 10,000, 종중복도 60%로 초점거리 210mm인 사진기에 의해 평탄한 지형을 촬영하였다. 이 사진의 기선고도비(B/H)는?

① 0.22 ② 0.33
③ 0.44 ④ 0.55

해설

$$\text{기선고도비} = \frac{B}{H} = \frac{ma\left(1-\frac{p}{100}\right)}{mf} = \frac{0.23\left(1-\frac{60}{100}\right)}{0.21} = 0.44$$

29 영상좌표를 사진좌표로 바꾸는 과정을 무엇이라 하는가?

① 영상정합
② 내부표정
③ 상호표정
④ 기복변위 보정

해설

내부표정

사진상 임의의 점과 대응하는 토지의 점과의 상호관계를 정하는 방법으로 지형의 정확한 입체모델을 기하학적으로 재현하는 과정이다. 이를 위해 도화기의 투영기에 촬영 시와 동일한 광학관계를 갖도록 장착시키는 작업으로 기계좌표로부터 지표좌표를 구한 다음 사진좌표를 구하는 단계적 표정을 말한다.

30 야간이나 구름이 많이 낀 기상조건에서 취득이 가장 용이한 영상은?

① 항공 영상
② 레이더 영상
③ 다중파장 영상
④ 고해상도 위성 영상

해설

SAR(고해상도 영상레이더)

레이더 원리를 이용한 능동적 방식으로 영상의 취득에 필요한 에너지를 감지기에서 직접 지표면 또는 대상물에 발사하여 반사되어 오는 마이크로파를 기록하여 영상을 생성하는 능동적인 감지기이다.

- 특 징
  - 구름, 안개, 비, 연무 등의 기상조건에 영향을 받지 않는다.
  - 야간에도 영상을 취득할 수 있다.

31 다음 중 항공사진의 판독요소와 거리가 먼 것은?

① 색조(Tone)
② 형태(Pattern)
③ 시간(Time)
④ 질감(Texture)

해설

사진판독요소 중 주요소는 색조, 모양, 질감, 형상, 크기, 음영 등이 있으며, 보조 요소로는 상호위치관계, 과고감 등이 있다.

32 해석적 표정에 있어서 관측된 상좌표로부터 사진좌표로 변환하는 작업은?

① 상호표정
② 내부표정
③ 절대표정
④ 접합표정

해설

내부표정이란 도화기의 투영기에 촬영 시와 동일한 광학관계를 갖도록 장착시키는 작업으로 기계좌표로부터 지표좌표를 구한 다음 사진좌표를 구하는 단계적 표정을 말한다.

33 영상재배열(Image Resampling)에 대한 설명으로 옳은 것은?

① 노이즈 제거를 목적으로 한다.
② 주로 영상의 기하보정 과정에 적용된다.
③ 토지피복 분류 시 무감독 분류에 주로 활용된다.
④ 영상의 분광적차를 강조하여 식별을 용이하게 해준다.

해설

재배열 및 보간은 기하보정의 마지막 단계로서 기하왜곡의 보정식에 의해 입력화상을 재배열하고 왜곡이 없는 화상으로 출력할 필요가 있다. 재배열방법에는 다음 2가지 방법이 있다.

- 입력화상의 각 화소에 대해 변환 후 출력화상좌표계상에서의 대응위치를 계산하고, 그 위치에 각 화소의 자료를 투영하는 방법
- 출력화상 각 화소에 대해 입력화상좌표계에서의 대응위치를 역으로 계산하고 그 위치에서 화소자료를 구하는 방법

정답 28 ③ 29 ② 30 ④ 31 ③ 32 ② 33 ②

34 **일반적으로 오른쪽 안경렌즈에는 적색, 왼쪽 안경렌즈에는 청색을 착색한 안경을 쓰고 특수하게 인쇄된 대상을 보면서 입체시를 구성하는 것은?**

① 순동입체시
② 편광입체시
③ 여색입체시
④ 정입체시

해설
여색입체시는 여색입체사진이 오른쪽에 적색, 왼쪽은 청색으로 인쇄되었을 때 왼쪽에 적색, 오른쪽에 청색의 안경으로 보아야 바른 입체시가 된다.

35 **카메라의 초점거리가 160mm이고, 사진크기가 18cm × 18cm인 연직사진측량을 하였을 때 기선고도비는?(단, 종중복 60%, 사진축척은 1 : 2,000이다)**

① 0.45
② 0.55
③ 0.65
④ 0.75

해설

$$\text{기선고도비} = \frac{B}{H} = \frac{ma\left(1-\frac{p}{100}\right)}{mf} = \frac{0.18\left(1-\frac{60}{100}\right)}{0.16} = 0.45$$

36 **회전주기가 일정한 인공위성을 이용하여 영상을 취득하는 경우에 대한 설명으로 옳지 않은 것은?**

① 관측이 좁은 시야각으로 행하여지므로 얻어진 영상은 정사투영영상에 가깝다.
② 관측영상이 수치적 자료이므로 판독이 자동적이고 정량화가 가능하다.
③ 회전 주기가 일정하므로 반복적인 관측이 가능하다.
④ 필요한 시점의 영상을 신속하게 수신할 수 있다.

해설
회전주기가 일정하므로 원하는 지점 및 시기에 관측하기 어렵다.

37 **위성영상의 처리단계는 전처리와 후처리로 분류된다. 다음 중 전처리에 해당되는 것은?**

① 영상분류
② 기하보정
③ 3차원 시각화
④ 수치표고모델 생성

해설
전처리 : 방사량보정, 기하보정

38 **측량용 사진기의 검정자료(Calibration Data)에 포함되지 않는 것은?**

① 주점의 위치
② 초점거리
③ 렌즈왜곡량
④ 좌표 변환식

해설
측량용 사진기의 검정자료(Calibration Data)에 포함되는 요소
- 카메라의 초점거리
- 주점의 좌표
- 사진지표
- 방사거리값
- 방사왜곡값
- 렌즈의 왜곡량 등

정답 34 ③ 35 ① 36 ③ 37 ② 38 ④

39 사진상 사진 주점을 지나는 직선상의 A, B 두 점 간의 길이가 15cm이고, 축척 1 : 1,000 지형도에서는 18cm이었다면 사진의 축척은?

① 1 : 1,200
② 1 : 1,250
③ 1 : 1,300
④ 1 : 12,000

해설

$\frac{1}{1,000} = \frac{0.18}{L}$

$L = 1,000 \times 0.18 = 180\text{m}$

$\frac{1}{m} = \frac{l}{L} = \frac{0.15}{180} = \frac{1}{1,200}$

40 절대표정(Absolute Orientation)에 필요한 최소기준점으로 옳은 것은?

① 1점의 (X, Y)좌표 및 2점의 (Z)좌표
② 2점의 (X, Y)좌표 및 1점의 (Z)좌표
③ 1점의 (X, Y, Z)좌표 및 2점의 (Z)좌표
④ 2점의 (X, Y, Z)좌표 및 1점의 (Z)좌표

해설

절대표정에 필요한 최소표정점은 삼각점 2점과 수준점 3점이다.

제3과목 지리정보시스템(GIS) 및 위성측위시스템(GNSS)

41 한 화소에 8bit를 할당하면 몇 가지를 서로 다른 값으로 표현할 수 있는가?

① 2
② 8
③ 64
④ 256

해설

8bit = 2^8 = 256가지

42 지리정보시스템(GIS) 소프트웨어가 갖는 CAD와의 가장 큰 차이점은?

① 대용량의 그래픽 정보를 다룬다.
② 위상구조를 바탕으로 공간분석 능력을 갖추었다.
③ 특정 정보만을 선택하여 추출할 수 있다.
④ 다양한 축척으로 자료를 출력할 수 있다.

해설

지리정보시스템(GIS) 소프트웨어는 위상구조를 바탕으로 공간자료 분석(다각형, 중첩, 삭제, 영향권 설정, 근린지역 등) 능력을 갖추었다.

43 사이클 슬립(Cycle Slip)의 발생 원인이 아닌 것은?

① 장애물에 의해 위성신호의 수신이 방해를 받은 경우
② 전리층 상태의 불량으로 낮은 신호-잡음비가 발생하는 경우
③ 단일주파수 수신기를 사용하는 경우
④ 수신기에 급격한 이동이 있는 경우

해설

사이클 슬립의 발생원인

- GPS 안테나 주위의 지형지물에 의한 신호단절
- 높은 신호 잡음
- 낮은 신호 강도
- 낮은 위성의 고도각
- 사이클 슬립은 이동측량에서 많이 발생한다.

정답 39 ① 40 ④ 41 ④ 42 ② 43 ③

44 **지리정보시스템(GIS)의 자료입력 방법이 아닌 것은?**

① 수동방식(디지타이저)에 의한 방법
② 자동방식(스캐너)에 의한 방법
③ 항공사진에 의한 해석도화 방법
④ 잉크젯 프린터에 의한 도면 제작 방법

해설
잉크젯 프린터에 의한 도면 제작 방법은 출력방식이다.

45 **GPS의 위성신호 중 주파수가 1,575.42MHz인 L1의 50,000 파장에 해당되는 거리는?(단, 광속 = 300,000km/s로 가정한다)**

① 6,875.23m
② 9,521.27m
③ 10,002.89m
④ 15,754.20m

해설
$\lambda = \frac{c}{f}$
(여기서, λ : 파장, c : 광속도, f : 주파수)
MHz를 Hz 단위로 환산하면
$\lambda = \frac{300,000,000}{1,575.42 \times 10^6} = 0.19042541\text{m}$
∴ L1 신호 10,000 파장거리 = 50,000 × 0.19042541 = 9,521.27m

46 **관계형 공간 데이터베이스에서 질의를 위해 주로 사용하는 언어는?**

① DML
② GML
③ OQL
④ SQL

해설
SQL
데이터베이스로부터 정보를 얻거나 갱신하기 위한 표준대화식 프로그래밍 언어를 말한다.

47 **태양폭풍 영향으로 GNSS 위성신호의 전파에 교란을 발생시키는 대기층은?**

① 전리층
② 대류권
③ 열 권
④ 권계면

해설
태양폭풍 영향으로 GNSS 위성신호의 전파에 교란을 발생시키는 대기층은 전리층이다.

48 **GNSS 관측을 통해 직접 결정할 수 있는 높이는?**

① 지오이드고
② 정표고
③ 역표고
④ 타원체고

해설
GNSS에 의해 관측되는 높이는 타원체고이고 표고로 변환하기 위해서는 관측된 타원체고로부터 그 지점의 지오이드고를 감산해야한다.

49 **래스터데이터의 특징이 아닌 것은?**

① 벡터데이터보다 데이터 구조가 단순하다.
② 데이터양이 해상도의 제곱에 비례한다.
③ 벡터데이터보다 시뮬레이션을 위한 처리가 복잡하다.
④ 벡터데이터보다 빠른 데이터 초기 입력이 가능하다.

해설
래스터데이터(Raster Data)의 특징
- 자료구조가 간단하다.
- 여러 레이어의 중첩이나 분석이 용이하다.
- 자료의 조작과정이 매우 효과적이고 수치영상의 질을 향상시키는데 매우 효과적이다.
- 수치이미지 조작이 효율적이다.
- 다양한 공간적 편의가 격자의 크기와 형태가 동일한 까닭에 시뮬레이션이 용이하다.
- 격자형의 네모난 형태로 가지고 있기 때문에 수작업에 의해서 그려진 완화된 선에 비해 미관상 매끄럽지 못하다.
- 좌표변환을 위한 시간이 많이 소요된다.

정답 44 ④ 45 ② 46 ④ 47 ① 48 ④ 49 ③

50 근접성 분석을 위하여 지정된 요소들 주위에 일정한 폴리곤 구역을 생성해 주는 것은?

① 중 첩　② 버퍼링
③ 지도 연산　④ 네트워크 분석

해설
버퍼분석은 공간적 근접성을 정의할 때 이용되는 것으로서 점, 선, 면 또는 면 주변에 지정된 범위의 면 사상으로 구성되어 있다.

51 상대측위(DGPS) 기법 중 하나의 기지점에 수신기를 세워 고정국으로 이용하고 다른 수신기는 측점을 순차적으로 이동하면서 데이터 취득과 동시에 위치결정을 하는 방식은?

① Static Surveying
② Real Time Kinematic
③ Fast Static Surveying
④ Point Positioning Surveying

해설
Real Time Kinematic(RTK)
하나의 기지점에 수신기를 세워 고정국으로 이용하고, 다른 수신기는 측점을 순차적으로 이동하면서 데이터 취득과 동시에 위치결정을 하는 방식이다.

52 아래와 같은 100M 해상도의 DEM에서 최대 경사방향에 해당하는 경사도는?

200	225	250
225	250	275
250	275	300

① 20%　② 25%
③ 30%　④ 35%

해설
해상도 100m×100m로서 픽셀 하나의 길이가 100m이다.

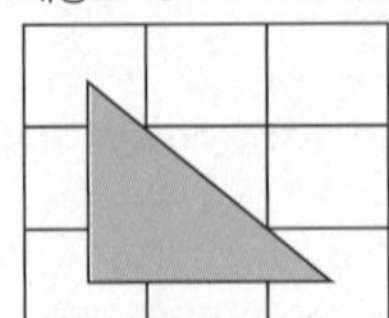

$\sqrt{200^2 + 200^2} = 282.84\text{m}$

$282.84 : 100 = 100\% : x$

$x = \frac{100}{282.84} \times 100 = 35.35\% \fallingdotseq 35\%$

53 위상(Topology)관계에 대한 설명으로 옳지 않은 것은?

① 공간자료의 상호 관계를 정의한다.
② 인접한 점, 선, 면 사이의 공간적 대응 관계를 나타낸다.
③ 연결성, 인접성 등과 같은 관계성을 통하여 지형지물의 공간 관계를 인식한다.
④ 래스터데이터는 위상을 갖고 있으므로 공간분석의 효율성이 높다.

해설
위상관계는 벡터데이터의 기본적인 구조로 점으로 표현되며 객체들은 점들을 직선으로 연결하여 표현할 수 있다.

54 래스터(Raster)데이터의 구성요소로 옳은 것은?

① Line
② Point
③ Pixel
④ Polygon

해설
벡터데이터는 점, 선, 면으로 구성되며, 래스터데이터는 Pixel로 구성된다.

55 지리정보시스템(GIS)에서 공간데이터베이스의 유지·보안과 관련이 없는 것은?

① 전체 데이터베이스의 주기적 백업(Backup)
② 암호 등 제반 안전장치를 통해 인가받은 사람만이 사용할 수 있도록 제한
③ 지속적인 데이터의 검색
④ 전력 손실에 대비한 UPS(Uninterruptible Power Supply)

해설
공간데이터베이스의 유지·보안
- 전체 데이터베이스의 주기적 백업(Backup)
- 암호 등 제반 안전장치를 통해 인가받은 사람만이 사용할 수 있도록 제한
- 전력 손실에 대비한 UPS(Uninterruptible Power Supply) 등

정답 50 ② 51 ② 52 ④ 53 ④ 54 ③ 55 ③

56 **우리나라 측지측량 좌표 결정에 사용되고 있는 기준타원체는?**

① Airy 타원체
② GRS80 타원체
③ Hayford 타원체
④ WGS84 타원체

해설
우리나라는 IAG 및 IUGG(국제측지학협회 및 지구물리학연합)가 1979년에 채택한 것으로 타원체의 형상이나 축의 방향 및 지구 중심이 타원체의 원점이나 축의 방향 및 지구중심이 타원체의 원점으로 정해져 있는 GRS80 타원체를 채용하고 있다.

57 **지리정보시스템(GIS)의 자료형태에서 그리드(Grid)에 대한 설명으로 옳지 않은 것은?**

① 래스터 자료를 셀 단위로 저장하는 X, Y좌표 격자망
② 정방형의 가상격자망을 채워주는 점 자료
③ 규칙적으로 배치된 샘플점의 집합
④ 일반적인 벡터형 자료시스템

해설
벡터형 자료시스템은 아니다.
그리드(Grid)
바둑판 눈금 또는 석쇠 모양의 동일한 크기의 정방형 혹은 준정방형 셀의 배열에 의해서 정보를 표현하는 지리자료 모형을 말한다. 정사각형의 가상 격자망을 채워주는 점들의 자료값으로 이루어진 데이터베이스로, 일반적으로 래스터 자료 체계라고도 한다(래스터 자료를 셀 단위로 저장하는 X, Y 좌표 격자망을 말하며, 이 격자를 이루는 것은 셀이다. 이 셀의 값이 주제나 레이어값을 나타낸다).

58 **임의 지점 A에서 타원체고(h) 25.614m, 지오이드고(N) 24.329m일 때 A 지점의 정표고(H)는?**

① −1.285m
② 1.285m
③ −49.943m
④ 49.943m

해설
소구점 표고 = 소구점 타원체고 − 소구점 지오이드고
= 25.614 − 24.329 = 1.285m

59 **다음 중 지도의 일반화 유형(단계)이 아닌 것은?**

① 단순화
② 분류화
③ 세밀화
④ 기호화

해설
지도 제작의 추상화, 일반화 과정
• 선 택
• 분류화
• 단순화
• 기호화

60 **GPS 신호 중 1,575.42MHz의 주파수를 가지는 신호는?**

① P코드
② C/A코드
③ L1
④ L2

해설
GPS 신호 중 1,575.42MHz의 주파수를 가지는 신호는 반송파 중 L1에 해당된다.

정답 56 ② 57 ④ 58 ② 59 ③ 60 ③

제4과목 측량학

61 노선 및 하천측량과 같이 폭이 좁고 거리가 먼 지역의 측량에 주로 이용되는 삼각망은?

① 사변형삼각망
② 유심삼각망
③ 단열삼각망
④ 단삼각망

해설
단열삼각망(= 삼각쇄)
폭이 좁고 긴 지역에 적합하며 노선 및 하천측량에 주로 이용한다. 측량이 신속하고 경비가 절감되지만 정밀도가 낮다.

62 UTM 좌표에 관한 설명으로 옳은 것은?

① 각 구역을 경도는 8°, 위도는 6°로 나누어 투영한다.
② 축척계수는 0.9996으로 전 지역에서 일정하다.
③ 북위 85°부터 남위 85°까지 투영범위를 갖는다.
④ 우리나라는 51S~52S 구역에 위치하고 있다.

해설
UTM 좌표
- 원점에서 축척계수는 0.9996
- 지구 전체를 경도 6°씩 60개 구역으로 나누고, 각 종대의 중앙자오선과 적도의 교점을 원점으로 하여 원통도법인 횡메르카토르투영법으로 등각투영한다.
- 각 종대는 180°W 자오선에서 동쪽으로 6° 간격으로 1~60까지 번호를 붙인다.
- 종대에서 위도는 남북 80°까지만 포함시킨다.
- 횡대는 8°씩 20개 구역으로 나누어 C~X까지 20개의 알파벳 문자로 표현한다.
- 우리나라는 51~52종대, S~T 횡대에 속한다.

63 그림과 같은 교호수준측량의 결과가 다음과 같을 때 B점의 표고는?(단, A점의 표고는 100m이다)

$a_1 = 1.8\text{m},\ a_2 = 1.2\text{m},\ b_1 = 1.0\text{m},\ b_2 = 0.4\text{m}$

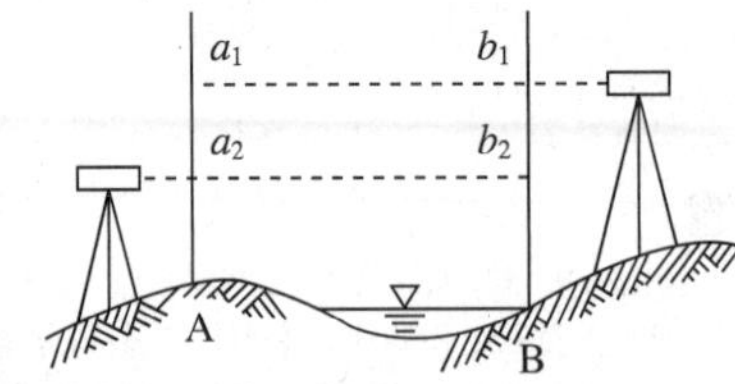

① 100.4m　② 100.8m
③ 101.2m　④ 101.6m

해설
$$H = \frac{1}{2}[(a_1 + a_2) - (b_1 + b_2)] = \frac{1}{2}[(1.8 + 1.2) - (1.0 + 0.4)] = 0.8\text{m}$$
$$\therefore H_B = H_A + H = 100 + 0.8 = 100.8\text{m}$$

64 지구의 반지름이 6,370km이며 삼각형의 구과량이 15″일 때 구면삼각형의 면적은?

① 1,934km²　② 2,254km²
③ 2,951km²　④ 3,934km²

해설
$$\varepsilon = \frac{F}{R^2}\rho''$$
$$F = \frac{\varepsilon}{\rho''}R^2 = \frac{15'' \times 6,370^2}{206,265''} = 2,950.8\text{km}^2 ≒ 2,951\text{km}^2$$

65 토털 스테이션이 주로 활용되는 측량 작업과 가장 거리가 먼 것은?

① 지형측량과 같이 많은 점의 평면 및 표고좌표가 필요한 측량
② 고정밀도를 요하는 국가기준점 측량
③ 거리와 각을 동시에 관측하면 작업 효율이 높아지는 트래버스 측량
④ 비교적 높은 정밀도가 필요하지 않은 기준점 측량

해설
최근 고정밀 기준점측량은 GPS 측량방법에 의한 해석으로 처리를 하기에 토털 스테이션은 비교적 높은 정밀도가 필요로 하지 않은 기준점측량에 사용된다.

정답 61 ③ 62 ④ 63 ② 64 ③ 65 ②

66 지성선 중 등고선과 직각으로 만나는 선이 아닌 것은?

① 최대경사선 ② 경사변환선
③ 계곡선 ④ 분수선

해설

지성선은 지표가 많은 능선, 계곡선, 경사변환선, 최대경사선으로 이루어졌다고 생각할 때 이 평면의 접합부, 즉 접선을 말하며 지세선이라고도 한다.

67 그림과 같은 개방 트래버스에서 $\overline{\mathrm{DE}}$의 방위는?

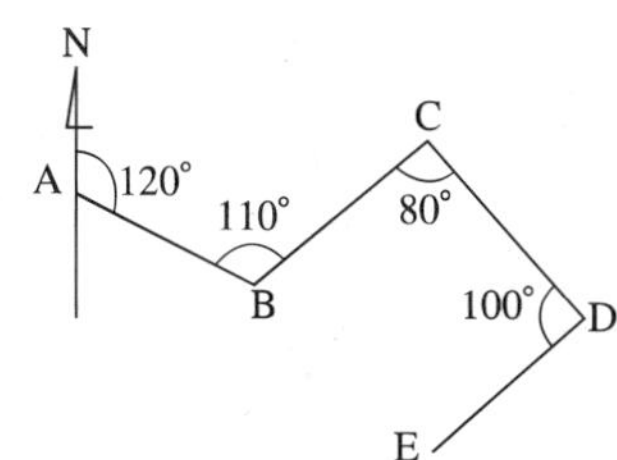

① N52°E ② S50°W
③ N34°W ④ S30°E

해설

$\theta_{BC} = 120° + 180° + 110° - 360° = 50°$
$\theta_{CD} = 50° + 180° - 80° = 150°$
$\theta_{DE} = 150° + 180° - 100° = 230°$
∴ $\overline{\mathrm{DE}}$의 방위 = S(230° − 180°)W = S50°W

68 측량의 오차와 연관된 경중률에 대한 설명으로 틀린 것은?

① 관측 횟수에 비례한다.
② 관측값의 신뢰도를 의미한다.
③ 평균제곱근오차의 제곱에 비례한다.
④ 직접수준측량에서는 관측거리에 반비례한다.

해설

- 경중률은 관측 횟수에 비례한다.
- 경중률은 평균제곱오차의 제곱에 반비례한다.
- 경중률은 정밀도의 제곱에 비례한다.
- 직접수준측량에서 오차는 노선거리의 제곱근에 비례한다.
- 직접수준측량에서 경중률은 노선거리에 반비례한다.
- 간접수준측량에서 오차는 노선거리에 비례한다.
- 간접수준측량에서 경중률은 노선거리의 제곱에 반비례한다.

69 한 기선의 길이를 n회 반복 측정한 경우, 최확값의 평균제곱근오차에 대한 설명으로 옳은 것은?

① 관측 횟수의 비례한다.
② 관측 횟수의 제곱근에 비례한다.
③ 관측 횟수의 제곱에 비례한다.
④ 관측 횟수의 제곱근에 반비례한다.

해설

평균제곱근오차는 표준편차와 같은 의미로 $\sigma = \pm\sqrt{\dfrac{\Sigma v^2}{(n-1)}}$ 로 관측 횟수의 제곱근에 반비례한다.

70 강철줄자로 실측한 길이가 246.241m이었다. 이 때 온도가 10℃라면 온도에 의한 보정량은?

① −10.4mm
② 10.4mm
③ 14.4mm
④ −14.4mm

해설

$C_t = L \cdot \alpha(t - t_0) = 246.241 \times 0.0000117 \times (10 - 15)$
$= -0.0144\text{m} = -14.4\text{mm}$

71 삼변측량에서 $\cos\angle A$를 구하는 식으로 옳은 것은?

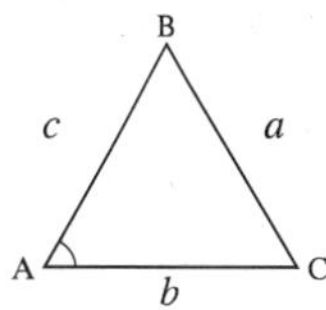

① $\dfrac{a + c^2 - b^2}{ac}$ ② $\dfrac{b^2 + c^2 - a^2}{2bc}$
③ $\dfrac{a^2 + b^2 - c^2}{2bc}$ ④ $\dfrac{a - c^2 + b^2}{ac}$

해설

코사인 제2법칙에 의한 계산방식이다.

$\angle A = \dfrac{b^2 + c^2 - a^2}{2bc}$

$\angle B = \dfrac{a^2 + c^2 - b^2}{2ac}$

$\angle C = \dfrac{a^2 + b^2 - c^2}{2ab}$

정답 66 ④ 67 ② 68 ③ 69 ④ 70 ④ 71 ②

72 **최소제곱법에 대한 설명으로 옳지 않은 것은?**

① 같은 정밀도로 측정된 측정값에서는 오차의 제곱의 합이 최소일 때 최확값을 얻을 수 있다.
② 최소제곱법을 이용하여 정오차를 제거할 수 있다.
③ 동일한 거리를 여러 번 관측한 결과를 최소제곱법에 의해 조정한 값은 평균과 같다.
④ 최소제곱법의 해법에는 관측방정식과 조건방정식이 있다.

해설
최소제곱법은 우연오차를 소거하는데 사용된다.

73 **그림과 같이 a_1, a_2, a_3를 같은 경중률로 관측한 결과 $a_1 - a_2 - a_3 = 24''$일 때 조정량으로 옳은 것은?**

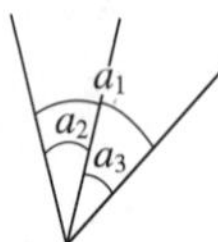

① $a_1 = +\,8''$, $a_2 = +\,8''$, $a_3 = +\,8''$
② $a_1 = -\,8''$, $a_2 = +\,8''$, $a_3 = +\,8''$
③ $a_1 = -\,8''$, $a_2 = -\,8''$, $a_3 = -\,8''$
④ $a_1 = +\,8''$, $a_2 = -\,8''$, $a_3 = -\,8''$

해설

$$\text{조정량} = \frac{\text{오차}}{\text{관측각 수}} = \frac{24}{3} = 8''$$

• 큰 각 : (−) 조정
• 작은 각 : (+) 조정

74 **국토지리정보원장이 간행하는 지도의 축척이 아닌 것은?**

① 1/1,000
② 1/1,200
③ 1/50,000
④ 1/250,000

해설
지도 등 간행물의 종류(공간정보의 구축 및 관리 등에 관한 법률 시행규칙 제13조)
축척 1/500, 1/1,000, 1/2,500, 1/5,000, 1/10,000, 1/25,000, 1/50,000, 1/100,000, 1/250,000, 1/500,000 및 1/1,000,000의 지도

75 **측량기준점 중 국가기준점에 해당되지 않는 것은?**

① 위성기준점　② 통합기준점
③ 삼각점　④ 공공수준점

해설
측량기준점의 구분(공간정보의 구축 및 관리 등에 관한 법률 시행령 제8조)
• 국가기준점 : 우주측지기준점, 위성기준점, 수준점, 중력점, 통합기준점, 삼각점, 지자기점
• 공공기준점 : 공공삼각점, 공공수준점
• 지적기준점 : 지적삼각점, 지적삼각보조점, 지적도근점

76 **측량업자로서 속임수, 위력, 그 밖의 방법으로 측량업과 관련된 입찰의 공정성을 해친 자에 대한 벌칙 기준은?**

① 3년 이하의 징역 또는 3,000만원 이하의 벌금
② 2년 이하의 징역 또는 2,000만원 이하의 벌금
③ 1년 이하의 징역 또는 1,000만원 이하의 벌금
④ 300만원 이하의 과태료

해설
벌칙(공간정보의 구축 및 관리 등에 관한 법률 제107조)
측량업자로서 속임수, 위력(威力), 그 밖의 방법으로 측량업과 관련된 입찰의 공정성을 해친 자는 3년 이하의 징역 또는 3,000만원 이하의 벌금에 처한다.

77 **성능검사를 받아야 하는 측량기기와 검사주기가 옳은 것은?**

① 레벨 : 2년
② 토털 스테이션 : 1년
③ 속관로 탐지기 : 4년
④ 지피에스(GPS) 수신기 : 3년

해설
성능검사의 대상 및 주기 등(공간정보의 구축 및 관리 등에 관한 법률 시행령 제97조)
• 트랜싯(데오드라이트) : 3년
• 레벨 : 3년
• 거리측량기 : 3년
• 토털 스테이션(Total Station) : 3년
• 지피에스(GPS) 수신기 : 3년
• 금속 또는 비금속 관로 탐지기 : 3년

정답 72 ② 73 ② 74 ② 75 ④ 76 ① 77 ④

78 기본측량성과의 검증을 위해 검증을 의뢰받은 기본측량 성과 검증기관은 며칠 이내에 검증결과를 제출하여야 하는가?

① 10일
② 20일
③ 30일
④ 60일

해설
기본측량성과의 검증(공간정보의 구축 및 관리 등에 관한 법률 시행규칙 제11조)
검증을 의뢰받은 기본측량성과 검증기관은 30일 이내에 검증 결과를 국토지리정보원장에게 제출하여야 한다.

79 공공측량 작업계획서에 포함되어야 할 사항이 아닌 것은?

① 공공측량의 사업명
② 공공측량의 작업기간
③ 공공측량의 용역 수행자
④ 공공측량의 목적 및 활용 범위

해설
공공측량 작업계획서의 제출(공간정보의 구축 및 관리 등에 관한 법률 시행규칙 제21조)
공공측량 작업계획서에 포함되어야 할 사항은 다음과 같다.
- 공공측량의 사업명
- 공공측량의 목적 및 활용 범위
- 공공측량의 위치 및 사업량
- 공공측량의 작업기간
- 공공측량의 작업방법
- 사용할 측량기기의 종류 및 성능
- 사용할 측량성과의 명칭, 종류 및 내용
- 그 밖에 작업에 필요한 사항

80 공공측량의 실시에 대한 설명으로 옳은 것은?

① 다른 공공측량성과나 일반측량성과를 기초로 실시한다.
② 기본측량성과나 다른 공공측량성과를 기초로 실시한다.
③ 기본측량성과나 일반측량성과를 기초로 실시한다.
④ 기본측량성과만을 기초로 실시한다.

해설
공공측량의 실시 등(공간정보의 구축 및 관리 등에 관한 법률 제17조)
1. 공공측량은 기본측량성과나 다른 공공측량성과를 기초로 실시하여야 한다.
2. 공공측량의 시행을 하는 자(이하 "공공측량시행자"라 한다)가 공공측량을 하려면 국토교통부령으로 정하는 바에 따라 미리 공공측량 작업계획서를 국토교통부장관에게 제출하여야 한다. 제출한 공공측량 작업계획서를 변경한 경우에는 변경한 작업계획서를 제출하여야 한다.
3. 국토교통부장관은 공공측량의 정확도를 높이거나 측량의 중복을 피하기 위하여 필요하다고 인정하면 공공측량시행자에게 공공측량에 관한 장기 계획서 또는 연간 계획서의 제출을 요구할 수 있다.
4. 국토교통부장관은 제2항 또는 제3항에 따라 제출된 계획서의 타당성을 검토하여 그 결과를 공공측량시행자에게 통지하여야 한다. 이 경우 공공측량시행자는 특별한 사유가 없으면 그 결과에 따라야 한다.
5. 공공측량시행자는 공공측량을 하려면 미리 측량지역, 측량기간, 그 밖에 필요한 사항을 시·도지사에게 통지하여야 한다. 그 공공측량을 끝낸 경우에도 또한 같다.
6. 시·도지사는 공공측량을 하거나 제5항에 따른 통지를 받았으면 지체 없이 시장·군수 또는 구청장에게 그 사실을 통지하고(특별자치시장 및 특별자치도지사의 경우는 제외한다) 대통령령으로 정하는 바에 따라 공고하여야 한다.

정답 78 ③ 79 ③ 80 ②

MEMO

좋은 책을 만드는 길
독자님과 함께하겠습니다.

도서나 동영상에 궁금한 점, 아쉬운 점, 만족스러운 점이
있으시다면 어떤 의견이라도 말씀해 주세요.
SD에듀는 독자님의 의견을 모아 더 좋은 책으로 보답하겠습니다.

www.sidaegosi.com

2022 Win-Q 측량 및 지형공간정보산업기사 필기

초 판 발 행	2022년 04월 05일 (인쇄 2022년 03월 03일)
발 행 인	박영일
책 임 편 집	이해욱
편 저	김명배
편 집 진 행	윤진영, 남미희
표지디자인	권은경, 길전홍선
편집디자인	심혜림, 박동진
발 행 처	(주)시대고시기획
출 판 등 록	제10-1521호
주 소	서울시 마포구 큰우물로 75 [도화동 538 성지 B/D] 9F
전 화	1600-3600
팩 스	02-701-8823
홈 페 이 지	www.sidaegosi.com
I S B N	979-11-383-2069-6(13350)
정 가	25,000원